MÉMOIRES

Le témoin
de la vingt-cinquième heure

DU MÊME AUTEUR
chez le même éditeur

ROMANS

LA VINGT-CINQUIÈME HEURE suivie de
DE LA VINGT-CINQUIÈME HEURE A L'HEURE ÉTERNELLE
LA SECONDE CHANCE.
LES SACRIFIÉS DU DANUBE.
LES MENDIANTS DE MIRACLES.
LA CRAVACHE.
PERAHIM.
LA MAISON DE PETROVADA.
LES IMMORTELS D'AGAPIA.
LE MEURTRE DE KYRALESSA.
LA TUNIQUE DE PEAU.
LA CONDOTTIERA.
L'ESPIONNE.
L'ŒIL AMÉRICAIN.
L'HOMME QUI VOYAGEA SEUL.
DIEU NE REÇOIT QUE LE DIMANCHE.
LES INCONNUS DE HEIDELBERG.
LE GRAND EXTERMINATEUR.
LES AMAZONES DU DANUBE.
DIEU A PARIS.

RÉCITS

LE PEUPLE DES IMMORTELS.
SAINT JEAN BOUCHE D'OR.
LA VIE DE MAHOMET.
LA JEUNESSE DU DOCTEUR LUTHER.
POURQUOI M'A-T-ON APPELÉ VIRGIL?
LA VIE DU PATRIARCHE ATHÉNAGORAS.
CHRIST AU LIBAN.

Chez d'autres éditeurs

En Roumanie :
LA VIE DE TOUS LES JOURS DU POÈTE, (poésies).
CALLIGRAPHIE SUR LA NEIGE, (poésies).
LES RIVAGES DU DNIESTR SONT EN FLAMMES, (reportage de guerre).
AVEC LE SOUS-MARIN À L'ASSAUT DE SÉBASTOPOL, (reportage de guerre).
L'HEURE DE LA PRIÈRE, (poésies).
ARMAND CALINESCU, (poésies).
LA DERNIÈRE HEURE, roman).

Ailleurs :
CONTES ROUMAINS, (Heidelberg).
LE SUSPECT, (roman, La Haye).
ON EMBAUCHE DES HÉROS, (roman, Barcelone).
ÉLOGE DE LA CORÉE, (Seoul).

VIRGIL GHEORGHIU

MÉMOIRES

Le témoin
de la vingt-cinquième heure

PLON

8, rue Garancière
PARIS

ISBN 2-259-01435-6

Pour la Tulipe noire

I

LA VÉRITABLE IDENTITÉ

1

Aucun être humain ne peut choisir la date ni le lieu de sa propre naissance. Pas plus qu'il ne choisit ses parents, la couleur de ses yeux ou la langue qu'il devra parler tout au long de sa vie.

Ces éléments nous sont imposés. Ils nous sont infligés. Nous ne pouvons pas les refuser. Il faut les subir. Et nous les assumerons pendant toute notre existence terrestre. Jusqu'à notre dernier souffle.

Sur les documents qui servent à nous identifier auprès de la police, de la justice, ou aux frontières, ne figurent que ces seuls éléments imposés à notre personne de l'extérieur.

Notre véritable identité est-elle, réellement, uniquement cette identité qui nous est fatalement imposée? Notre liberté de choix et notre volonté ne participent-elles donc en rien à la formation de notre propre identité? Apparemment, nous demeurons complètement étrangers à l'élaboration de notre identité. Tout nous a été imposé. Absolument tout. Nous ne choisissons pas la date et le lieu de notre naissance. Notre taille, nos parents, notre nationalité, le pays où nous sommes né, notre race, notre religion, la langue que nous parlons, non, rien de tout cela n'est délibérément choisi par nous-même. L'homme, dont on prétend qu'il est le roi de la création, est-il, en réalité, semblable aux bêtes? Est-il enchaîné, comme le règne animal, aux lois mécaniques de la multiplication, de la croissance et de la mort?

N'a-t-il aucune possibilité d'émancipation et d'affranchissement? N'existe-t-il aucun moyen d'évasion? N'aurait-il aucune chance d'avoir pour lui une existence et une identité selon sa volonté, sa raison et son choix? Est-il condamné, de la naissance à la mort, à une existence programmée avec un corps qui lui a été imposé dès son arrivée au monde, comme on inflige un uniforme pénitentiaire à un bagnard?

On nous dit que l'on peut s'évader en rêve. Mais c'est faux. Certes, chacun de nous peut s'imaginer qu'il est né en Afrique, avec la peau noire et qu'il mène une existence exotique. On peut même s'imaginer qu'on est né de parents esquimaux, dans un igloo en Laponie. On peut aussi rêver qu'on est né, avec les yeux bridés et la peau jaune, quelque part dans l'Empire Céleste, ou encore sur les bords de la Seine, au temps du Roi-Soleil, ou, pourquoi pas, à Venise, au temps des doges... On est en droit de tout rêver. Le drame est que, dès que l'on se rêve ailleurs et autrement que ce que l'on est, on ne se reconnaît plus. On n'est plus soi-même. C'est un autre qui s'évade. L'identité, inscrite sur notre passeport, est enracinée au fond de nous-même, dans le subconscient, et jusqu'au fond de l'inconscient. Elle a des racines très puissantes. Impossible de l'arracher. Celui qui s'évade n'est pas moi, mais un autre. Un étranger. Nous sommes condamné à rester, même en rêve, avec notre identité actuelle, dans le même endroit, toujours prisonnier. Notre véritable identité se réduit-elle à un corps imposé de l'extérieur, comme un uniforme pénitentiaire, et sommes-nous forcé à vivre selon un programme imposé, durant un temps limité et dans un lieu circonscrit comme une cour de prison?

2

Il est aussi insensé de réduire l'identité de l'homme aux simples éléments marqués sur son passeport que d'estimer la qualité d'une œuvre d'art selon la couleur et le coût du papier de son emballage. L'homme est la seule créature du cosmos à être libre et souveraine. Il est dit dans l'Écriture sainte que Dieu créa l'homme à son image et à sa ressemblance [1].

L'affirmation semble invraisemblable car, un peu plus loin, il est dit que personne n'a vu Dieu, à l'exception de Moïse, qui ne l'a vu que de dos et d'ailleurs uniquement son épaule. Comment l'Écriture peut-elle affirmer que l'homme est créé à l'image de Dieu, du moment que personne n'a vu Dieu? En quoi consiste cette ressemblance? Est-ce que l'homme ressemble à Dieu par la taille, la couleur des yeux, la forme du visage? Sûrement pas, puisque la face et la taille de Dieu sont inconnues.

Plus tard, nous avons appris que c'est par *la liberté* que l'homme est semblable à Dieu. Car, de toutes les créatures du cosmos, l'homme seul est libre et souverain, comme Dieu. Et comme la liberté est totale, l'homme est libre de s'opposer et de dire non, même à son créateur, même à son Dieu.

1. Genèse, I, 27.

La caractéristique indélébile de l'homme est cette prérogative divine : *la liberté.*

L'identité véritable de l'homme est celle de créature libre. L'unique créature libre du cosmos.

3

Pendant son existence terrestre, l'homme est sujet aux changements. Être sujet aux changements signifie renaître continuellement. Mais ici, la naissance ne vient plus d'une intervention étrangère comme dans notre naissance physiologique. Cette naissance résulte de notre libre choix. Car l'homme est souverain et a la possibilité de se posséder, de se diriger et de choisir. Ainsi, nous sommes et devenons – dans un sens – nos propres parents – en nous créant nous-même, tels que nous voulons être et, par notre volonté, nous nous façonnons selon le modèle que nous choisissons [1].

L'identité de l'homme sur terre se manifeste dans l'usage qu'il fait des éléments qui lui ont été octroyés à sa naissance. L'identité véritable de l'homme n'est pas dans la description signalétique de son passeport, mais dans sa façon de répondre aux défis et aux obstacles de l'environnement et de l'histoire, en se façonnant lui-même.

La façon de répondre aux défis révèle notre prérogative de créature libre, et elle est plus importante que tous les éléments imposés à notre identité par le lieu et la date de notre naissance, par le climat, la race, l'époque, la nationalité, les parents, la généalogie et l'hérédité [2].

Voici un exemple. En explorant la terre, au début de son existence, l'homme arriva au bord de l'Océan. L'eau était un obstacle sur sa route. Un défi. Il ne pouvait plus avancer. Mais il n'a pas rebroussé chemin. Il a coupé un gros arbre, construit une embarcation et est allé, à force de rames, dans l'île voisine. L'obstacle était surmonté. C'était une éclatante victoire de l'homme sur l'Océan. La pirogue était inventée. Et de nos jours, en Polynésie, les hommes continuent à l'utiliser.

En Europe, l'homme inventa, lui aussi, la pirogue. Mais il s'obstina à chercher. Pour traverser l'Océan, l'homme européen construisit le transatlantique et, ensuite, l'avion à réaction. En Polynésie et en Europe l'homme est le même. L'obstacle, l'Océan, est le même. Ce qui diffère, c'est la réponse apportée par l'homme. Et en cela réside son identité.

La réponse de l'homme de Polynésie à l'Océan, c'est la pirogue. La réponse de l'homme européen, ce sont le transatlantique et l'avion à réaction. Ils ont donné à eux deux la civilisation occidentale, l'unique merveille du monde. Car si autrefois il y avait sept merveilles du

1. Saint Grégoire de Nysse, P.G. 44, col. 327 A.
2. Arnold J. Toynbee : *Study of History*, Londres, 1949.

monde, aujourd'hui il n'y en a plus qu'une seule, c'est la civilisation technique occidentale. C'est à cette merveille que rêvent tous les hommes de la planète. Cette civilisation qui a relégué les sept merveilles d'autrefois au rang des faits banals, elle est l'œuvre de l'homme occidental, la carte d'identité de l'homme européen.

L'identité de l'homme ne doit donc pas se chercher dans sa taille, dans sa race, dans le lieu et la date de sa naissance, comme nous le font croire les passeports, mais dans ses réponses aux défis de l'environnement et de l'histoire.

La véritable identité de l'homme est celle qu'il se façonne lui-même, en se modelant selon sa raison, son libre arbitre et sa propre volonté.

L'homme est une créature libre et, grâce à ce capital divin, grâce à la liberté, chaque homme devient ce qu'il veut être. Il devient son propre père.

Certes, il y a des sociétés et des environnements peu propices à l'exercice de notre libre arbitre et de notre volonté. Il y a des environnements et des sociétés foncièrement hostiles. Ils nous écrasent. Nous étouffent. Nous paralysent.

Mais si l'on va au fond des choses, on se rend vite compte que l'important est moins l'environnement dans lequel on vit que la manière d'y vivre. Adam se perd dans le paradis et Lot se sauve à Sodome [1]. « Adam est vaincu au paradis et Job est vainqueur sur le fumier [2]. »

4

Une précision s'impose lorsqu'il s'agit de la véritable identité de l'homme. Le mot *homme* ne peut jamais être utilisé au pluriel. Il ne peut l'être qu'au singulier. Il n'y a pas *des hommes*. Chaque homme est créé en exemplaire unique et irremplaçable. Il est dit : « L'homme fut créé individu unique, pour qu'on sût que quiconque supprime une seule existence humaine, l'Écriture lui impute exactement comme s'il avait détruit le monde entier, et quiconque sauve une seule existence humaine, l'Écriture lui en tient compte comme s'il avait sauvé le monde entier [3]. »

L'être humain échappe à toute définition : « ... l'idée que nous avons de la personnalité humaine, de ce quelque chose de personnel qui fait de chaque individu humain un être unique au monde, absolument incomparable, irréductible aux autres individualités, l'idée de la personne nous vient de la théologie chrétienne. La philosophie de l'Antiquité ne connaissait que les individus humains. La personne humaine ne peut

1. Saint Jean Chrysostome, P.G. 49, col. 344.
2. Saint Augustin : *Tractatus in epistolam Joannis* IV, 4.
3. Le Talmud : Sanhédrin, IV, 4.

pas être exprimée dans des concepts. Elle échappe à toute définition rationnelle, à toute description même, car toutes les propriétés par lesquelles on voudrait la caractériser peuvent être retrouvées chez d'autres individus. La personne peut seulement être saisie dans la vie par une intuition directe ou se traduire par une œuvre d'art. Quand nous disons " c'est du Mozart " ou " c'est du Rembrandt ", nous nous trouvons chaque fois dans un univers personnel qui n'a son équivalent nulle part [1] ».

Chaque être humain est un univers unique, qui n'a pas existé auparavant et qui n'existera plus jamais après lui. Chaque homme est donc un exemplaire unique et irremplaçable. Et précisément cette caractéristique essentielle, la merveilleuse civilisation technique occidentale l'ignore totalement. Pour cette civilisation, l'homme est une pièce dans la machine sociale. Un outil de production et de consommation. L'homme est évalué, apprécié et traité selon son utilité et selon son rendement. Il est remplaçable, comme toutes les pièces de rechange des machines.

L'ignorance de l'unicité de la personne humaine est le péché mortel de notre civilisation. Cette civilisation est construite selon le modèle des usines. Et l'usine ne connaît que le travail à la chaîne et en série. La machine ignore *l'unique* et *l'irremplaçable,* donc *l'homme* dans sa véritable identité.

5

La réaction aux défis est toujours personnelle. Le même obstacle suscite toujours autant de réactions que de personnes. Certains hommes ne survivent pas à la perte de leurs richesses. Pour eux, la fortune est l'essentiel. D'autres préfèrent mourir s'ils perdent leur honneur. D'autres encore sont désemparés par la perte de l'être aimé.

Mon plus grand malheur fut la perte de ma patrie. C'était dans la soirée du 23 août 1944. J'avais vingt-sept ans. J'étais attaché culturel à l'ambassade roumaine. Je me trouvais en poste à l'étranger. Les émissions radiophoniques du pays où je me trouvais se terminaient, chaque soir, par une chanson intitulée *Lakou noci,* « Bonne nuit ». Je n'éteignais jamais le poste avant la fin de cette chanson. Cette nuit-là, après la berceuse, le programme continua. Exceptionnellement. On lut la proclamation du roi de Roumanie qui ordonnait à son armée, combattant contre l'envahisseur étranger, de déposer les armes et de se mettre au service de l'ennemi.

C'était l'effondrement. Brutalement, je n'avais plus de pays. J'étais suspendu dans le néant.

1. Vladimir Losky : *la Théologie mystique de l'Église de l'Orient,* Paris, 1944, p. 52.

Mon pays était depuis quelques années en guerre. Je savais qu'une guerre peut être perdue ou gagnée. Il y a toujours des vainqueurs et des vaincus. De même que tous les hommes sont mortels. Ce qui n'empêche, chaque fois que la mort enlève un être proche, d'avoir l'impression qu'elle a frappé pour la première fois. Qu'elle n'existait pas auparavant.

Il me semblait inimaginable de perdre mon pays. Comme si je perdais mon propre corps. C'était contre nature. Car c'est contre nature de ne plus avoir de la terre sous les pieds. Si le toit s'était écroulé sur ma tête, j'aurais été moins surpris. Je serais tombé et j'aurais été écrasé sur le sol. Maintenant, je n'avais plus de sol sur lequel tomber. Ni pour y être écrasé. J'étais dans le vide. Suspendu. Sans aucun point d'appui dans l'espace. J'étais en chute libre. Dans le néant. Rien pour m'accrocher. Pas même un endroit où tomber.

Je ne m'imaginais pas auparavant que le pays natal, ma patrie, avait une telle importance. Que mon existence dépendait de la patrie. Il y a des gens pour qui la patrie ne signifie rien. D'aucuns disent : *Ubi bene ibi patria,* « Où l'on est bien, là est la patrie [1] ».

Cette nuit-là, j'ai compris ceux qui disent qu'un homme sans terre n'est pas un homme véritable et que la mort est préférable à l'exil. J'ai compris que la Roumanie, mon pays natal, était le prolongement naturel de mon propre corps.

6

La réponse que j'ai apportée à ce défi capital n'est guère originale. J'avais réagi à la perte de ma terre natale, comme mes ancêtres. Comme mon peuple. Exactement de la même manière.

La Roumanie est née à la fin du premier siècle. Elle a deux mille ans. Le même âge que l'Église du Christ. Elle est mal située sur la carte géographique. La Roumanie se trouve en Europe. Mais elle est hors des murs. Elle est dans les grandes banlieues orientales de l'Europe.

A l'est, dans les immenses terres de l'Oural, de la Mongolie et de l'Altaï, où se trouvent les grands réservoirs de peuples, les barrages se rompent, dans des périodes presque cycliques, et des peuples innombrables fondent vers l'Occident. Ils déferlent, comme les eaux du déluge. Submergeant, engloutissant tout sur leur passage. Rien ne saurait les arrêter. On ne peut pas dresser un barrage contre l'Océan déchaîné. Les Mongols, les Huns, les Tartares, les Vandales, les Goths, les Visigoths, les Gépides, les Ostrogoths, Attila, Gengis Khân, Tamerlan, tous ces fléaux sont sortis du même réservoir. Ils déferlaient tous vers l'Occident. Le premier pays européen à être submergé par les

1. Cicéron : *Tusculanus,* V, 37.

Barbares fut la Roumanie. Les premiers envahisseurs arrivèrent dès la naissance de la Roumanie. Mon pays est l'une des dernières colonies romaines. Établie par Trajan. A l'arrivée des Barbares, une partie des Romains se retirèrent. Ils n'ont pas même tenté d'arrêter les Barbares. Ils sont rentrés en Italie. Ils sont devenus des Italiens. Une autre partie des Romains gardèrent fidélité à leurs ancêtres. Ils sont restés romains. Ils ont résisté aux ennemis. Ils sont devenus des Roumains. Ils gardèrent le nom de Rome. Car entre Roumain et Romain il n'y a qu'une seule lettre de différence. Pendant deux mille ans, il n'y a guère eu que soixante-quatre ans de répit. De liberté. Le reste du temps, ils l'ont vécu sous l'occupation des envahisseurs. Qui venaient toujours de l'est. En Roumanie, depuis deux mille ans, chaque génération a connu une ou plusieurs invasions. Nous nous y sommes habitués. A chaque invasion, les Roumains se retirent dans la montagne. Ils campent sur les hauteurs. Ils appliquent la stratégie des orchidées. J'ai fait de même.

7

Les orchidées sont des fleurs tropicales. Elles sont peut-être les plus belles fleurs du monde [1]. Pour vivre, les orchidées, qui ont une racine minuscule pas plus grande et pas plus épaisse que l'aiguille d'une brodeuse, n'ont besoin que d'une miette de terre, d'un peu d'air frais et de quelques rayons de soleil. Ce n'est pas beaucoup. Mais la terre dans la forêt tropicale est envahie, exactement comme la Roumanie, par des arbres géants, hauts de dizaines de mètres. Ces géants végétaux confisquent toute la terre, avec leurs troncs et leurs racines démesurés. Pas une parcelle de terre libre dans laquelle l'orchidée puisse enfoncer sa minuscule racine. Même si, par miracle, l'orchidée trouve une poussière de terre pour y planter sa petite racine, cela ne lui sert à rien. Elle ne peut pas survivre. Car les envahisseurs ne confisquent pas uniquement la terre, mais aussi l'air et la lumière. Dans les forêts tropicales, il fait nuit en plein jour. Les arbres envahisseurs ne permettent pas au soleil d'y pénétrer et d'y descendre. Les occupants géants des tropiques confisquent aussi l'air. Dans les forêts tropicales on suffoque, on manque d'air, comme dans les galeries souterraines.

Sans air, sans terre et sans lumière, l'orchidée est vouée à la disparition. Il ne lui reste qu'un seul moyen de survivre : devenir une plante parasite.

Toutes les créatures végétales des forêts tropicales et vivant à côté des envahisseurs sont des parasites. Elles y vivent très bien. Mais l'orchidée ne peut pas devenir une fleur parasite. Elle perdra sa beauté. On ne peut

1. Virgil Gheorghiu : *Pourquoi m'a-t-on appelé Virgil?* Paris, 1968, ch. 11.

pas être parasite et beau. Le parasite est laid. Dégoûtant. Et l'orchidée est faite pour ravir le monde par sa beauté.

L'orchidée grimpe donc, avec désespoir, sur les arbres géants, sur ces cathédrales végétales. Elle parvient au sommet. A des dizaines de mètres de la terre. Dès qu'elle est au faîte des arbres, l'orchidée soulève ses racines et les jette au-dessus de ses pétales. L'orchidée enfonce ainsi ses racines dans le ciel, tout comme les autres plantes et fleurs enfoncent leurs racines dans la terre. L'orchidée tire sa sève, sa subsistance, des rayons du soleil, de l'humidité des nuages et de l'azur. Elle se nourrit et s'abreuve littéralement du ciel. Comme les autres fleurs se nourrissent de la terre.

Parce que la terre lui est interdite, elle pousse au ciel. C'est une performance qui tient du miracle. Mais les miracles accomplis par une petite fleur peuvent aussi bien être réalisés par l'homme qui est le roi de la création. D'autant que l'homme n'est pas aussi étranger au ciel : Platon affirmait que l'homme est une plante céleste dont les racines sont au ciel [1].

Mon peuple roumain pratique depuis deux mille ans la stratégie des orchidées. Quand le déluge des envahisseurs de l'Est se déverse sur la terre roumaine et l'engloutit, les hommes se retirent sur les hauteurs de la montagne. Privés de leur terre, ils vivent à la manière des orchidées.

On prétend que l'homme ne peut pas vivre sans pain. L'histoire des Roumains prouve le contraire. Moi, personnellement, je me suis nourri – au sens propre – du ciel, quand il n'y avait pas de pain. Et j'ai survécu.

Voici les faits.

Dans mon village de montagne, sur le versant oriental des Carpates, la nourriture manquait. L'hiver, surtout, entre Noël et Pâques, c'était la famine. On ne trouvait nulle part le moindre grain de blé ou de maïs. Nous étions plusieurs enfants. Nous n'avions pas de vêtements. Dehors il faisait froid. Nous restions tous enfermés dans la maison. On avait faim. Mes sœurs et moi criions en même temps. Nous pleurions en demandant quelque chose à manger. La *mama presbytera*, ma mère, prenait sous la solive la Bible, l'ouvrait au chapitre de Job et nous lisait, à haute voix, les terribles souffrances du saint homme. En apprenant les malheurs de Job, nous oubliions notre faim. Quand le calme revenait, la *mama presbytera* reposait la Bible à sa place, sous la solive. Après une demi-heure, nous recommencions à crier famine. Et, à nouveau, la *mama presbytera* prenait la Bible et nous lisait un autre chapitre de Job. Et, à nouveau, nous oubliions la faim. Cela se passait plusieurs fois par jour. Chaque jour. Tous les jours. Pendant tous les jours de l'hiver. A la place du pain, on nous donnait du Job. Je peux dire que, durant mon

1. Platon : *Timée*, 90 B.

enfance, je me suis nourri de Job. J'ai survécu, sans nourriture. Sans pain. Car on se nourrissait du ciel. Comme les orchidées.

Mon peuple a vécu, à peu près, de la même manière. Pendant deux mille ans. Comme les orchidées.

Je suis poète. La mission des poètes, c'est la beauté.

Maintenant que je venais de perdre ma terre natale, j'ai grimpé sur le tronc des peuples étrangers, comme les orchidées. J'ai jeté toutes mes racines en haut. Au-dessus de ma tête. C'est une existence dangereuse. C'est dangereux de vivre sur le faîte des arbres. On est sans cesse à la merci des tempêtes. On est à la merci de toutes les intempéries. On mène une existence périlleuse. Précaire. Sans possibilité de s'appuyer sur quoi que ce soit. Sans abri. Livré aux caprices des vents, de la pluie, de la moindre tempête.

Ce changement d'existence a profondément modifié mon identité. Mon pays natal a pris pour moi une valeur démesurée. Considérable. Il est devenu sacré. Ma chair est soudée à ma terre natale et mon souffle se confond avec le souffle de mon peuple.

Je sais, la patrie véritable de l'homme est au ciel, où il vivra éternellement, et qu'ici-bas nous vivons uniquement quelques dizaines d'années, provisoirement.

Malgré cela, je n'échangerais pas la terre rocailleuse et stérile de mes montagnes contre la terre de Canaan. Je ne l'échangerais pas contre toutes les terres des Amériques. Je n'échangerais pas la Roumanie, même contre le pays de Cocagne. Je ne rêve que d'elle. Et je ne chante qu'elle.

Je suis le poète du Christ et de la Roumanie. C'est là ma véritable identité.

II

LIEU ET DATE DE NAISSANCE

1

Je suis venu au monde, au mois de septembre 1916, dans un village de montagne, au nord de la Roumanie, dénommé la Vallée blanche. Chaque homme soutient que la meilleure des femmes est sa propre mère. L'appréciation n'est pas entièrement subjective. Car, pour chaque individu, la femme qui l'a le plus aimé, et qui s'est occupée le plus fidèlement de lui, c'est bien sa propre mère. Aucune autre femme, si sainte soit-elle, ne la dépasse jamais.

Nous avons donc raison d'être fier tout un chacun de notre propre mère, en la considérant objectivement supérieure à toutes les autres femmes.

Je suis fier de ma patrie, la Roumanie, comme de ma propre mère.

C'est dans la terre de ce pays que se trouvent mes racines, enfoncées profondément et imbriquées aux os de tous mes ancêtres. Ma mère patrie a un très joli nom. Comme toutes les bien-aimées. Elle s'appelle la Roumanie. C'est le seul pays latin qui garde le nom de Rome. Dans ma langue, Roumain s'écrit « Român », donc *Romain,* avec, en plus, un chapeau pointu sur le « a », avec un accent circonflexe. Ceux qui ignorent la prononciation de l'accent circonflexe nous appellent *Roman.* Le même nom que se donnaient nos ancêtres de Rome.

Les étrangers qui nous appellent Romans n'ont pas tort. Notre langue est latine. Si on parle lentement le roumain, toute personne qui connaît le latin le comprend.

Si vous descendez du train dans une gare roumaine, n'importe laquelle, vous entendez de tous les côtés les gens s'interpellant avec des noms romains; Titus, Horatius, Tibère, Ovide, Virgil, César, Livia, Valeria, Sabina... C'est comme si on se trouvait à Rome au temps de l'Empire. La statue de la Louve romaine, avec les jumeaux Romulus et Remus est présente partout, aux carrefours des rues, sur les places publiques, dans les halls des ministères, sur les couvertures des cahiers comme sur la première page des livres des écoliers.

La Roumanie est ronde comme la lune. Comme la pleine lune. En regardant sa silhouette sur la carte géographique, on dirait qu'elle est dessinée au compas. C'est une image agréable et cela fait plaisir d'être né dans un pays qui ressemble à la pleine lune. Cela cause sans doute plus de plaisir que si l'on était né dans un pays qui a la forme d'une botte, ou d'une trompe d'éléphant, telles l'Italie ou la Suède.

La Roumanie se trouve dans les banlieues orientales de l'Europe, à environ trois mille kilomètres à l'est de la France. Elle appartient géographiquement et culturellement à l'Europe. Mais elle est placée hors les murs, et exposée à tous les malheurs. C'est parce qu'elle est hors des murs de l'Europe que la Roumanie a eu une destinée moins heureuse que ses sœurs latines, la France, l'Italie, l'Espagne, ses sœurs qui font la gloire et l'admiration du monde.

La Roumanie n'est ni trop grande ni trop petite. Elle a à peu près la même taille que l'Angleterre, l'Italie et la Norvège. Les frontières de la Roumanie sont le Danube, le Dniestr, la plaine de Tisza et, au nord, la montagne.

Au milieu du pays sont situées les Carpates. Elles ont la forme d'un croissant qui traverse le pays du nord au sud. Au centre du pays s'élève un massif montagneux, comme un château fort. Comme un castel inexpugnable. C'est dans cette forteresse des Carpates que se réfugient les Roumains quand les Barbares envahissent le pays, engloutissant tout sur leur passage comme les eaux du déluge.

La Roumanie est placée, sur le planisphère, sous la même latitude que la moitié sud de la France.

L'année est divisée en quatre saisons, bien séparées les unes des autres, comme les morceaux d'une pomme coupée en quatre. La neige arrive toujours – avec l'exactitude des horaires de chemin de fer – après la fête de saint Dimitri et le printemps arrive en avril, après la fête de saint Georges. L'hiver, il fait très froid. Le thermomètre descend jusqu'à moins trente degrés dans certaines régions. La pierre des roches éclate et la sève gèle dans le tronc des arbres. Les congères sont plus hautes que les maisons, et tout le pays est blanc comme une robe de mariée.

Les peuples du Sud avaient peur de franchir le Danube et de pénétrer au nord. La neige les effrayait. Ils pensaient que les gros flocons blancs étaient des plumes. « Quant aux régions situées au nord du Danube, on dit qu'elles ne sont ni visibles ni abordables, à cause des plumes qui tombent de tous les côtés... L'air est tellement rempli de plumes qu'on ne peut ni voir ni pénétrer plus avant [1]. »

Les terreurs de l'hiver qui ravagent la Roumanie ne sont pas

1. Hérodote, IV, 7.

européennes. Elles viennent de la Russie. Comme tous les malheurs qui s'abattent sur nous.

A l'est de la Roumanie se trouve la steppe. Elle commence en Asie et couvre toute la Russie. Les rafales de vent, les tempêtes de neige, le froid glacial, déjà sibérien, comme d'un réservoir dont les barrages se sont rompus, se déversent à travers la steppe russe pour déferler vers l'Europe, menaçant de l'engloutir. Ce sont de véritables invasions. Elles traversent la steppe russe et se précipitent vers l'Europe. Rien ne les arrête.

Le seul rempart contre le froid, la glace et les tempêtes de neige sibériennes est le croissant des Carpates qui s'élève au centre de la Roumanie. C'est sur ce mur protecteur que se brise le froid envahissant sorti de la taïga et des glaces de Sibérie. Sans les Carpates, la neige et le froid sibérien envahiraient toute l'Europe.

La Roumanie, placée comme elle l'est sur la carte de l'Europe, subit tous les envahissements du froid, chaque hiver, comme elle subit toutes les invasions des Barbares qui déboulent du même endroit que les tourbillons de neige.

L'emplacement de la Roumanie sur la carte géographique est une source de grands malheurs pour elle.

2

Le relief de la Roumanie est comme le dos d'une assiette : au centre, c'est le massif des Carpates. Tout autour du plateau sont les collines et les coteaux, les plaines et les vallées ensoleillées. Tous les chemins sont ondulés. En marchant, on monte et on descend, harmonieusement, comme si on scandait un sonnet ou les *Géorgiques* de Virgile. A chaque pas surgit un paysage nouveau. Tout est harmonie. Il n'y a pas de montagnes escarpées qui agressent et déchirent le ciel et les nuages. Les cimes les plus hautes dépassent rarement deux mille mètres. La nature est à la mesure de l'homme. Sans violence. Sans brutalité. Il y a, malgré cela, deux dissonances : le Bouceak et le Baragan. Ce sont deux « invasions géographiques » venues de l'est, comme les invasions barbares et les agressions hivernales de rafales de vent et de tourbillons de neige. La steppe russe, elle aussi, a envahi la Roumanie. La steppe sauvage a franchi la rivière frontière du Dniestr en deux endroits. Ces deux intrusions de la steppe dans l'harmonie du paysage roumain sont dissonantes.

Baragan signifie « tempête de neige ». Panaït Istrati a décrit cette plaine dans son livre *les Chardons du Baragan*. Pendant les étés de sécheresse, la terre plate de Baragan se transforme en poussière. Le vent la soulève en vrilles, comme il soulève l'eau de l'Océan dans les cyclones. Le ciel devient jaune et le soleil s'obscurcit.

Ce sont des spectacles étrangers à la Roumanie. Ces deux plaines sont des enclaves. Des vestiges des invasions passées. Hors de ces deux plaines, le paysage de la Roumanie s'harmonise comme un rondeau.

Les Roumains ressemblent au pays où ils vivent. Ils ont le sens de la mesure. Ce sont d'authentiques Romains. Ils n'ont pas la démesure de leurs voisins slaves, ni l'impétuosité des Magyars, ni le caractère excessif des Orientaux. Le peuple roumain est frugal. Il est simple. Il n'est ni orgueilleux ni servile. Son caractère et ses goûts sont illustrés par l'emblème qu'il s'est choisi.

Certains peuples adoptent pour emblème le lion, le tigre, l'aigle et même l'aigle à deux têtes. Ce sont des peuples orgueilleux, agressifs, dominateurs et conquérants. Comme l'Angleterre ou l'Allemagne. D'autres peuples ont choisi comme emblème une fleur. La France des rois, la fleur de lis; la Perse, la rose; les Philippines, la Corée, l'hibiscus; la Hollande, la tulipe, et plusieurs peuples d'Asie la fleur de lotus. Le peuple roumain a préféré la feuille verte. La simple feuille verte de n'importe quel arbre et de n'importe quelle plante. Toutes les romances populaires, les Doïnas, commencent par l'évocation d'une feuille verte : feuille verte de chêne, feuille verte de cerisier, d'érable, de basilic, feuille verte de châtaignier, de saule ou de mûrier... Qu'il soit gai ou triste, le Roumain chante toujours la feuille verte. Le plus souvent, il chante la feuille verte de l'herbe. La plus simple, la plus commune et la plus modeste de toutes les feuilles. C'est en elle que la Roumanie trouve la beauté totale, une beauté qui lui suffit.

Un des plus grands poètes américains, Walt Whitman, donna le même titre à tous les livres qu'il publia : *Leaves of grass*, « Feuilles d'herbe »...

Malgré sa frugalité et ses modestes exigences, le Roumain a toujours eu une vie dure. La cause principale en est les deux mille ans d'occupation étrangère. Les malheureux, qui ne trouvent le bonheur nulle part, regardent vers le ciel. Certes, c'est dans la nature de l'homme de regarder vers le haut. De toutes les créatures du cosmos, l'homme, seul, a été créé vertical. « La stature de l'homme est droite, tendue vers le ciel et regardant vers le haut [...] tandis que le corps de tous les autres animaux est penché vers le sol[1]. »

Les peuples heureux regardent la terre. Ils s'occupent des choses qui les entourent. Les Roumains, pour oublier les malheurs terrestres, ont les yeux fixés vers la coupole bleue du ciel. Les Roumains ont toujours chanté le ciel, plus que la terre.

Au-dessus de la Roumanie se trouve un couloir aérien, large d'environ deux cents kilomètres, qui va du nord au sud. C'est la route qu'empruntent les oiseaux migrateurs. En automne, ils quittent les pays nordiques, le froid et la neige, et s'en vont vers les terres chaudes et ensoleillées d'Égypte, de Palestine, de Grèce et de Syrie.

1. Saint Grégoire de Nysse, P.G., 44 col. 144 B.

Chaque automne, des milliers d'oiseaux fleurissent le ciel de la Roumanie, au-dessus de nos têtes, en myriades multicolores.

Nous les regardons émerveillés. Nous aimons la beauté. On dit que tout Roumain est né poète. Ce qui nous étonne, c'est que les oiseaux qui, pourtant, ne connaissent pas l'alphabet, volent en forme de lettres. Surtout les grues. Elles volent comme si elles écrivaient des vers sur la page bleue du ciel.

Nous sommes contents que les oiseaux partent vers le sud à l'approche de l'hiver. Ils ne subiront pas les affres de l'hiver dans le Nord. Ils ne seront pas meurtris par les rafales du vent glacial et leurs ailes ne souffriront pas de gelures dans les flammes blanches des tempêtes de neige.

Nous, les Roumains, en regardant les oiseaux qui partent en automne vers les pays chauds, nous ne les envions pas. Nous pensons aux anges. Car les anges ne sont pas comme les hirondelles et les grues qui nous quittent à la mauvaise saison [1]. Ils restent avec nous, subissent avec nous les calamités de l'hiver. A cause des anges, qui sont à nos côtés, les Roumains n'ont jamais eu l'envie de quitter leur terre natale en temps de malheur.

Les oiseaux migrateurs s'arrêtent toujours sur le sol roumain. Ils y font une escale. Ils descendent sur notre sol pour se reposer et pour se restaurer. Tous les oiseaux qui font escale en Roumanie, surtout les hirondelles, prennent dans leur bec, au départ, un épi de blé. Ils le laisseront tomber au-dessus des monastères de Grèce, du Sinaï, ou du désert de Nitrie en Égypte, où vivent les moines solitaires. Les ermites de ces contrées désertiques ramassent le blé apporté par les hirondelles et en font des hosties pour la messe.

Nous, les Roumains, nous sommes fiers de fournir du blé pour les hosties des saints chrétiens d'Orient et de l'Afrique. Chaque fois qu'on ramasse le blé, on laisse dans le champ des épis, qui seront cueillis par les hirondelles, pour être portés aux chrétiens lointains qui n'en ont pas, même pour leurs offices religieux.

La Roumanie a toujours été célèbre pour son blé. Quatre siècles avant le Christ, lorsque Alexandre le Grand voulut conquérir le pays de mes ancêtres, il eut du mal à avancer à cause des champs de blé. La chronique relate : « Les soldats d'Alexandre s'avancent protégés par la nuit et la hauteur du blé. [...] L'infanterie s'avance, courbe et écarte les épis à l'aide de ses piques et gagne ainsi un terrain découvert [2]. »

La Roumanie possède aussi environ deux cents kilomètres de littoral.

1. Cardinal Joseph Saenz de Aguirre : théol. S. Anselmi, tome 3, sec. 4., disp. 125, Salamanque, 1685, p. 457.

2. Flavius Arrianus : *les Expéditions d'Alexandre le Grand* (traduction française, Paris, 1575).

Elle a donc une fenêtre vers la mer. Malheureusement, c'est une fenêtre sur une mer fermée : la mer Noire.

3

Mes ancêtres habitèrent le pays rond du Danube, depuis la création du monde. Les archéologues trouvent chaque jour leurs traces enfouies dans la terre. En dehors de ce que nous racontent les archéologues, on ne sait pas grand-chose sur eux. On connaît un peuple le jour où il entre dans l'Histoire. On dit qu'on entre dans l'Histoire quand on commence à écrire sur vous. Ce sont les Grecs et les Romains qui ont parrainé presque tous les peuples de l'Europe dès leur entrée dans l'Histoire. Ce sont les Romains qui ont écrit, les premiers, sur les Germains, les Celtes, les Gaulois. C'est grâce à eux que nous les connaissons. C'est à l'occasion des guerres que la plupart des peuples entrent dans l'Histoire, que l'on commence à écrire sur eux. Les Grecs ont, eux aussi, parrainé, à leur entrée dans l'Histoire, une foule de peuples. Surtout lors des expéditions d'Alexandre le Grand.

Les Grecs et les Romains appelaient mes ancêtres, qui habitaient la Roumanie actuelle, les Daces ou les Gètes. Eux-mêmes s'appelaient les Immortels. Ils disaient cela, qu'ils étaient immortels, sur un ton naturel, comme d'autres peuples affirment qu'ils sont français, belges, ou italiens. Hérodote écrit : « Les Gètes se croient immortels et pensent que celui qui meurt va trouver son roi au ciel [1]. »

Mes ancêtres pensaient que leur véritable patrie était le ciel. Qu'ils ne se trouvaient sur terre que provisoirement. La mort était pour eux un rapatriement. A cause de cela ils attendaient la mort, comme les voyageurs à l'étranger attendent leur retour chez eux. Pendant la guerre, « s'ils meurent, ils croient que Dieu leur a été favorable, mais s'ils ne meurent pas au combat ils croient qu'il se sont rendus coupables d'un forfait quelconque et que c'est pour cela qu'ils n'ont pas eu la chance de mourir [2] ».

Les Immortels avaient un roi, qui siégeait au ciel. Sur la terre, les Immortels étaient divisés en deux castes : les nobles, ou les *pelleati*, qui étaient reconnaissables de loin, car ils portaient un couvre-chef. Les *capillati* formaient la seconde classe. Ils n'avaient pas le droit de couvrir leur tête. Ils étaient exclus des fonctions publiques. Ils n'avaient pas même le droit à la parole dans les assemblées [3].

La ségrégation n'était due ni à la naissance ni à la fortune, mais uniquement à la sagesse.

1. Hérodote, IV, 94.
2. Hérodote, IV, 94.
3. Jordanes : *De Gothorum origine et Rebus gestis*, XI, 72.

Les gens qui faisaient preuve de bon sens et de sagesse étaient autorisés à porter un chapeau. Ceux-là avaient dans leur tête un cerveau capable de raisonner, donc un bien précieux. Ils obtenaient le droit, voire l'obligation, de le protéger. Ceux qui se comportaient comme s'ils étaient démunis de raison et manquaient de cerveau n'avaient pas besoin de couvrir leur tête, qui ne renfermait rien de précieux. Une tête vide, démunie de raison, ne mérite pas d'être couverte et protégée. Le passage d'une caste à l'autre se faisait en permanence. Ce n'étaient pas des castes fermées. Chaque jour des gens donnaient la preuve de leur bon sens, et qu'ils étaient capables de prendre de bonnes décisions. Ils recevaient immédiatement le droit de couvrir leur tête.

Le plus souvent c'étaient les *pelleati* qui perdaient le droit de porter un couvre-chef. Ils étaient alors relégués dans la caste des nu-tête. Porter un chapeau était une gloire. La gloire monte à la tête, plus que l'alcool. La plupart des gens puissants se comportent comme des hommes ivres. « Quand l'homme est en gloire, il perd l'intelligence et se comporte comme les bêtes sans raison [1]. »

Peu de temps après la naissance du Christ, les Romains occupèrent le pays des Immortels. Les légions romaines de l'empereur Trajan franchirent le Danube, à Turnul Severin, sur un pont monumental construit par Apollodore de Damas, le plus célèbre architecte de l'époque. Le pays des Immortels fut transformé en colonie romaine. Cette conquête est illustrée par des bas-reliefs sur la Columna Trajana. Ils sont visibles encore de nos jours, dans le Forum, à Rome. Les chefs des Immortels ne purent accepter la défaite. Ils se suicidèrent. Tous. Pour ne pas tomber dans l'esclavage.

Dans la nouvelle colonie, les conquérants découvrirent des mines d'or et d'argent. A cette époque, il y avait à Rome une catégorie de gens exterminables. C'étaient les chrétiens. Ils étaient jetés en pâture aux bêtes, dans les cirques. Néron les brûlait pour éclairer Rome, pendant la nuit, en les transformant en torches.

L'empereur Trajan décida d'utiliser cette main-d'œuvre : les chrétiens. Il les envoya aux travaux forcés, dans les mines, *ad metala*, au pays des Immortels.

Parmi les plus célèbres chrétiens envoyés aux mines se trouvait le pape saint Clément, qui est mort aux mines de marbre en Crimée [2]. Une grande partie des saints bagnards envoyés dans les mines du pays des Immortels furent les compagnons des Apôtres.

« Avant d'être descendus dans les mines, les condamnés *ad metala* étaient battus aux verges [...] on les marquait au front, on leur rivait les entraves aux pieds [...] On brûlait les nerfs d'un jarret au fer rouge [...]

1. Psaume 48, 21.
2. *Acta Marturii Clementis* (de Siméon Metaphraste, dans *Surius*, du 23 nov.) *Acta Constantini*, M. Bolland, 9 mai.

on arrachait un œil avec un poignard à tout un convoi puis on cautérisait l'orbite rouge au fer rouge [1]. »

Ce sont ces saints bagnards qui apportèrent l'Évangile au pays des Immortels. Prêchant la parole du Christ, ils confirmèrent le peuple des Immortels dans sa croyance en l'immortalité.

4

Le peuple des Immortels a disparu depuis deux mille ans. Mais son souvenir est toujours présent dans la montagne. Comme s'il vivait encore. Non loin de mon village natal il y a un beau rocher qui s'élève au-dessus des autres. Il a la silhouette d'une femme. Il s'appelle Dacia ou Dokia. Les jeunes filles et les garçons de tous les villages alentour y viennent le dimanche. Ils déposent des bouquets de fleurs, dansent autour et chantent :

Entre la pierre foudroyée
Et le pied de l'ermite
Il y a un rocher
Qui fut autrefois fille d'un grand roi.

On dit en effet que ce rocher fut autrefois une belle princesse. Elle s'appelait Dacia. Elle était la fille du premier roi des Immortels. Après la défaite et la mort de son père, Dacia se réfugia, ici, dans la montagne avec ses suivantes. L'empereur Trajan ordonna de l'arrêter. Lorsque les soldats romains furent sur le point de la capturer, la belle princesse immortelle et ses suivantes se transformèrent en rochers. Elles échappèrent ainsi à l'esclavage. Elles restèrent libres. Elles devinrent de très beaux rochers.

On sait que le jour où les trompettes des anges sonneront la résurrection, la princesse pétrifiée reviendra à la vie. Car, ce jour-là, tous les êtres humains reviendront à la vie. Ceux qui sont enterrés dans les cimetières sortiront de leurs tombes, ceux qui sont morts noyés sortiront des eaux, ceux qui ont perdu la vie par le feu ressusciteront des cendres et ceux qui sont morts pétrifiés sortiront des rochers.

Ce jour-là, le rocher Dacia, redevenu princesse immortelle, marchera à côté de nous, vers le trône de Dieu.

Mon village natal s'appelle *Vale Alba*, la Vallée blanche. C'est un hameau de la commune de Rasboeni, dans le district de Neamtz. Il est pareil aux autres villages de la montagne qui se trouvent sur le versant oriental des Carpates, au nord de la Roumanie. Au milieu

1. Dom H. Leclercq : *les Martyrs*, Paris, 1909. Virgil Gheorghiu : *le Peuple des Immortels*, Paris, 1955, p. 252.

du village coule une rivière à l'eau pure et transparente comme les larmes.

Le nom de mon village m'intrigua. J'ai demandé pourquoi on l'appelait la Vallée blanche. Car il n'était pas blanc. La vallée non plus n'était pas blanche. Elle avait la couleur des autres vallées de la montagne : blanche en hiver, verte au printemps et en été, et couleur de bronze, de cuivre et d'or en automne, quand les feuilles tombent.

On me raconta qu'il fut un temps – pas très lointain – où mon village natal et la vallée tout entière furent blancs en toutes les saisons, pendant plusieurs saisons, pendant plusieurs années. La rivière qui traverse le village était, elle aussi, blanche, comme si c'était une rivière de lait.

L'armée turque, qui occupa la Roumanie pendant cinq siècles, avança au mois de juillet 1496 jusqu'à mon village natal. C'étaient les unités ottomanes de janissaires, qui tuaient et brûlaient tout sur leur passage.

Le prince moldave Étienne le Grand essaya de les arrêter. Les Turcs étaient nombreux comme les grains de sable de la mer. C'était comme une marée d'hommes, armés jusqu'aux dents. Les Roumains furent submergés et engloutis par la multitude des Turcs. L'armée moldave fut décimée.

Après le combat, les Turcs se retirèrent. Mais le pays était mort. Silencieux. Comme un cimetière. La terre était dévastée. Vide. Il n'y avait plus ni villages, ni vergers, ni âme qui vive. Hommes et bêtes avaient disparu. Tous. Il n'y avait que des cendres. La Moldavie n'était plus que la terre de la désolation. Le pays de la mort. Il y eut ensuite un vent chaud qui souffla sur le pays et une épidémie acheva les rares rescapés cachés dans les forêts et dans les grottes. Ne restèrent en vie ni hommes ni bêtes. Même les poules, les chats et les chiens étaient morts. Et ce fut un silence absolu qui descendit sur la montagne. Les étrangers qui passèrent plus tard n'osèrent pas s'approcher de mon village natal, où avait eu lieu le massacre.

Les voyageurs regardaient de loin. Car c'était la terre de la mort. Le règne des vautours, de la pestilence et des charognes. L'hiver arriva. La neige épaisse couvrit comme un linceul blanc la montagne. Au printemps suivant, en 1497, la neige fondit. La montagne devint verte. Comme tous les printemps. Mais la terre où était mon village resta blanche. Toute la vallée était blanche. En plein été. Comme si elle était couverte d'une neige épaisse. Les voyageurs se signaient, de loin, et passaient vite. La terre resta blanche, durant toutes les saisons, pendant plusieurs années. Ce n'était pas la neige. C'étaient les os blancs des morts. Des os plus blancs que la neige. Comme des congères. Tout cela parce que, après la bataille, il n'y avait plus de vivants dans le pays pour venir enterrer les morts. Et les morts sont demeurés à la surface de la terre. Et les morts sont devenus blancs. La rivière avait la couleur du lait, parce que son eau, pure comme les larmes, coulait sur des os blancs. Le lit de la rivière était tout pavé d'os.

C'est à partir de cette époque que mon village natal reçut le nom de la Vallée blanche.

Avant de mourir, en 1504, le prince Étienne distribua la terre de mon village aux plus vaillants de ses soldats.

Quand les soldats reçurent la terre, en récompense de leur vaillance, les os des morts n'étaient plus blancs. Les os des morts avaient perdu leur blancheur pour se transformer en poussière. La vallée n'était plus blanche. Mais elle garda le nom.

La terre du champ de bataille, engraissée par les innombrables morts, est devenue la plus fertile du pays. En terre de Canaan, les champs n'étaient pas aussi fertiles que dans la Vallée blanche.

Depuis que j'ai entendu cette histoire, j'ai changé. Je ne pouvais plus marcher comme auparavant. Je savais maintenant que je marchais sur des morts. Que la terre, toute la terre autour de moi, était composée de leurs os. Où que j'aille, je posais mon pied sur des ancêtres. Car la terre de ma vallée, c'étaient les os de mes ancêtres. J'ai appris que les morts transforment un champ pierreux et aride en terre fertile. Les os, transformés en terre, montent en sève, dans les troncs des arbres, et deviennent pommes, cerises, pêches. Chaque fois que je goûtais une pomme, je mangeais des ancêtres. Pour moi, les ancêtres avaient maintenant un goût. C'était le goût du pain, des fruits, des légumes. Car ils étaient dans le blé, dans le maïs, dans les framboises, dans tout ce que je mangeais. Je connaissais le parfum de mes ancêtres car ils étaient dans les fleurs des rosiers, du lilas, du basilic, et je le respirais dans les pivoines. Je connaissais leur couleur. Quand le vent levait la poussière, il soulevait les ancêtres, en tourbillons. Jusqu'aux nuages. Et des nuages, les ancêtres tombaient sur la terre dans chaque goutte de pluie et dans les flocons de neige. Les ancêtres étaient dans les feuilles des arbres, dans le bois. Ils étaient dans l'eau que je buvais. Notre maison était faite des ancêtres, car ils étaient dans la terre dont on a fabriqué les briques des murs. Ils étaient dans le bois dont on a fait le toit de ma maison natale, dans le bois des portes, dans le bois des chaises et de la table. Mes ancêtres étaient toits, murs, portes, maisons, nourriture et boisson.

Cela est vrai partout. Dans tous les pays. Pour tous les hommes. Mais ceux qui ne sont pas nés sur le versant oriental des Carpates, dans la Vallée blanche, l'ignorent. Car leur terre natale ne fut pas blanche, comme la mienne, durant toutes les saisons, et pendant si longtemps.

5

Je n'étais jamais seul, pendant mon enfance, à la Vallée blanche. Mes ancêtres me tenaient compagnie, présents dans tout ce qui se trouvait autour de moi. Ils étaient dans la terre, dans les arbres, dans les fleurs, dans l'herbe, dans les murs des maisons. Partout.

J'étais en sécurité, toujours parmi les miens. Mais, un jour, une idée affreuse germa dans ma tête. Je demandai à mon père :

– Les Turcs, les janissaires, qui nous envahirent et nous massacrèrent, n'ont pas eu, eux aussi, de morts dans la bataille?

– Les Turcs ont eu cent fois plus de morts que les Moldaves, dit mon père. Les infidèles sont morts ici, par dizaines de milliers. A cause de cela ils se sont retirés, quoique victorieux.

– Et où sont-ils maintenant, les Turcs morts?

– Ici, sous nos pieds. Dans la terre. Comme nos morts. Ils sont cent fois plus nombreux.

Je suis resté sans voix. Pétrifié. Tous mes rêves s'étaient évanouis. Effondrés.

– Les Turcs morts sont ici, dans notre terre? ai-je demandé.

Je n'ai pas attendu la réponse. J'ai éclaté en sanglots. Je n'avais donc autour de moi, sous moi, non pas uniquement mes ancêtres, mais aussi des Turcs. Des ennemis. Des sauvages venus nous massacrer. Violer nos mères. Tuer nos enfants. Brûler nos terres. Enchaîner nos hommes et les amener pour les vendre comme esclaves... J'étais suffoqué par les larmes. C'était horrible. Insupportable. Je mangeais les os de ces tueurs sans foi ni loi, venus nous massacrer. Je les buvais, et je vivais avec eux. En communion totale. Mon estomac et mes entrailles étaient retournés. Je me jurai de ne plus rien manger, car ils étaient dans toute nourriture, dans le pain, dans les fruits, dans les légumes. J'avais envie de m'enfuir. De quitter cette terre infestée. Infecte. Truffée des os des tueurs. Mais pour le moment je ne pouvais rien faire. Rien dire. Le choc était trop grand. J'étais désarmorcé. Sans voix. Sans force.

Mon père me prit dans ses bras. Mes joues étaient brûlantes. J'étais en larmes. Mon cœur était meurtri. Humilié.

– Les Turcs sont nos parents, répéta mon père. Ils sont chair de notre chair...

Je me suis desserré de ses bras. Je me suis sauvé. En courant. Je voulais fuir le plus loin possible. Je ne pouvais plus l'écouter. Ses paroles étaient le comble de l'horreur. C'était du blasphème. Du sacrilège. Comment pouvait-on proférer de telles paroles? Ces hordes qui sèment le carnage, la désolation, le deuil et la mort, sont-ils nos parents? Comment peuvent-ils être nos parents, eux qui nous envahissent, nous massacrent, capturent nos mères et nos sœurs et les vendent comme esclaves? Eux qui brûlent nos maisons, nos récoltes, eux qui passent par le fil de l'épée tout ce qui est vivant? Dire que le fléau de Dieu est mon frère, c'en était trop. Je me suis juré de ne plus jamais écouter mon père. Jamais. J'ai bouché mes oreilles, mon père m'a rattrapé.

– Non, ai-je dit. Ne me parle pas. Je ne t'écouterai plus jamais!

Pour des enfants, la pire offense est de leur dire qu'ils ressemblent à l'idiot du village, à un bossu, à un homme détesté et épouvantable.

M'entendre dire que j'étais frère des Turcs, c'était la pire offense. C'était m'annuler. M'abaisser. M'anéantir. Car, selon les récits, les Turcs étaient l'abomination du monde, le comble de la calamité. Le nom de Turc est synonyme de dévastateur, d'incendiaire, de massacres, de la mort. Le Turc, c'est le mal. C'est l'enfer. Depuis des générations, dès qu'on entend le nom des Turcs, on abandonne tout et on s'enfuit pour se cacher. Pour ne pas tomber entre leurs mains. Même les peuples qui n'ont pas subi les invasions des Turcs en sont terrorisés. Le pape a ordonné à tous les chrétiens d'Occident de sonner, chaque jour, les cloches, à midi, pour implorer la grâce de Dieu, et épargner à l'Europe l'invasion des Turcs. Pendant un siècle on a sonné, dans toute l'Europe occidentale, les cloches à midi. C'étaient « les cloches des Turcs ». Car les Turcs s'avancèrent jusqu'à Vienne. Et l'Europe entière tremblait de terreur.

– Les Turcs sont nos fils, dit mon père. Exactement comme tu es mon fils.

– Moi, frère des Turcs? ai-je demandé en sanglotant. Qu'est-ce que je t'ai fait pour que tu me punisses en me disant une telle chose?

– Tu ne me crois pas? demanda mon père.

Je me suis tu. Impossible d'accepter la parenté avec les Turcs. C'était trop blessant. Trop invraisemblable.

Plus tard, j'ai dû me rendre à l'évidence. Les Turcs étaient bel et bien mes frères.

Voilà l'histoire :

Quand les Turcs sont sortis de leurs steppes d'Asie et se sont jetés, comme des hordes de loups affamés, sur l'Europe, les peuples chrétiens se sont unis pour les arrêter. Les chrétiens leur livrèrent d'innombrables batailles. A Kosovo, en 1389, sur le Champ des Merles. A la Vallée blanche, en 1496. Dans les plaines de la Hongrie. Les chrétiens se défendirent héroïquement, sous leurs princes Hunyadi, Étienne le Grand, le roi Lazare de Serbie, Skanderberg d'Albanie. Mais ils furent vaincus. Les forces étaient inégales. Les Turcs étaient trop nombreux. Ils asservirent les Balkans et toute l'Europe orientale.

Les nations soumises par les Turcs furent organisées en *raîas*, en troupeaux. Comme du bétail. Pour les Turcs, les peuples vaincus étaient un cheptel. Sa fonction était de produire de la nourriture, et des richesses pour le conquérant. Les peuples asservis avaient la même utilité et le même statut que les troupeaux de moutons, de vaches, de bœufs, qui produisent du lait, de la viande, de la laine et des peaux. Les peuples chrétiens asservis ont été pendant cinq siècles les bêtes de somme et les troupeaux des Turcs. Les chrétiens n'avaient pas d'état civil. Les bêtes ne sont pas inscrites dans les registres à la mairie, à leur naissance ou à leur mort. Les bêtes sont inventoriées comme les objets. Sur les registres d'état civil n'étaient inscrits que les Turcs. Les musulmans. Eux seuls étaient des êtres humains. Les non-musulmans étaient du cheptel. Du bétail.

Les Turcs augmentaient chaque année le tribut. Mais ils ne se contentaient pas uniquement de demander du blé, de l'or, de l'argent, des fruits, de la laine, du miel, des moutons. Les Turcs exigèrent, comme tribut, des enfants en bas âge. Des bébés des deux sexes. Ce prélèvement des enfants comme tribut dû au vainqueur s'appelait en grec *Pédomazôma* [1], et en turc *Devshirmé*.

Les collecteurs d'impôt arrachaient chaque automne des milliers et des milliers de bébés du sein de leur mère chrétienne et les transportaient à Istanbul. A la Sublime Porte ottomane. C'était le tribut des chrétiens pour le sultan. Les enfants de sexe féminin étaient destinés à être vendus comme esclaves et comme femmes de harem. Les garçons étaient élevés dans la foi musulmane et dans la discipline militaire. Ils formaient les troupes d'élite de l'Empire ottoman : les terribles, les sanguinaires janissaires qui semèrent la terreur, la mort, et la désolation dans les pays conquis par les Turcs. C'étaient ces enfants chrétiens, enlevés par les Turcs et devenus janissaires, qui massacrèrent les Roumains de la Vallée blanche, dans mon village natal. Les tueurs sauvages qui s'acharnaient contre nous, en nous massacrant, étaient réellement nos frères, nos cousins, nos parents. Ils étaient chair de notre chair. Os de nos os. Dans leurs veines coulait le même sang que dans les nôtres. Des véritables frères. C'était la réalité. Il fallait l'accepter.

Depuis que je sais cela, je regarde l'ennemi avec d'autres yeux. Je sais maintenant que l'ennemi peut être mon frère. Selon la chair. Et j'hésite à le frapper, pour me défendre. Mon peuple a payé le tribut en enfants, en chair vivante, le tribut de sang, pendant cinq siècles. Sans hésitation.

Il n'y avait qu'un moyen de ne pas payer ce tribut terrible : c'était d'abjurer le Christ. De devenir musulman.

Mais aucune femme, aucun homme de ma montagne n'a abjuré la foi chrétienne. Jamais. Quand les Turcs nous ont conquis, nous étions tous chrétiens. Quand les Turcs nous ont quittés, après cinq siècles, nous étions toujours chrétiens. Tous. Sans un seul « musulman roumain ».

Le Christ, dans le ciel, est sûrement content de nous. Nous avons tenu bon. Cinq cents ans. Cela fut terriblement dur. Sans fléchir. Coupant chaque automne un morceau de notre propre chair. Un morceau de nous-mêmes. Pour rester chrétiens. Nous ne sommes pas pour cela meilleurs chrétiens que les autres. Loin de là.

Si nous avons préféré qu'on arrache nos enfants du sein de leur mère, au lieu d'abjurer le Christ, c'est que, pour nous, être chrétien est la chose la plus importante de la terre. Plus importante que notre propre

1. *Nouvelle encyclopédie de l'islam*, vol. 2, p. 217-219. Article : *Devshirmé*.
Péphanis : le Pédomazôma, Athènes, 1948.
A. Vacalopoulos : *Histoire du néo-hellénisme*, Salonique, 1964, t. B. 1, p. 50-61.
Virgil Gheorghiu : *De la vingt-cinquième heure à l'heure éternelle*, Paris, 1965.

vie. Depuis deux mille ans nous sommes assujettis. Privés de liberté. Nous cherchons la liberté, comme les assoiffés égarés dans le désert de sable cherchent une gorgée d'eau. Prêts à donner leur vie pour une goutte d'eau. Nous n'avons nulle part trouvé la liberté ailleurs que dans la foi. Uniquement dans la foi chrétienne. Elle nous confirme que, malgré l'asservissement dans lequel l'Histoire nous a plongés, nous sommes des créatures libres. Nous sommes égaux. Souverains. Tous. A l'église, nous sommes rétablis dans notre condition naturelle. Dans notre dignité d'homme. Placés sur notre véritable piédestal. L'homme est le roi de la création. Tout ce qui existe dans le cosmos, absolument tout, a été créé pour l'homme.

Dans l'église nous redevenons nous-mêmes. Nous nous y retrouvons, ainsi que nous sommes véritablement. C'est le seul endroit de la terre où nous respirons librement. Où nous redevenons des personnes, créées à l'image de Dieu, en exemplaire unique, irremplaçable et immortel.

L'homme peut renoncer à tout. Sauf à la liberté. Car cela, c'est contraire à la nature de l'homme.

C'est pour cela que mon peuple des Carpates resta chrétien. Donc libre.

6

Quand je suis venu au monde, au mois de septembre 1916, il n'y avait plus d'occupation ottomane. Les Turcs étaient partis. La Roumanie était devenue un royaume. Un pays libre et souverain. Le premier roi de Roumanie fut couronné le 10 mai 1880, avec une couronne ciselée dans l'acier des canons que nous avions ravis aux Turcs pendant la Guerre d'Indépendance, à Plevna, en 1878.

Les Turcs étaient donc vaincus et chassés du pays. On pouvait, à nouveau, respirer librement et dire à haute voix que l'on était roumain. Car jusqu'à l'indépendance il nous était interdit de dire que nous étions roumains. Il nous fallait dire que nous étions des Moldaves, des Valaques ou des Transylvains. Le nom de Roumain était banni. De même, lorsque les deux provinces roumaines, la Valachie et la Moldavie, se réunirent en un seul État, le 24 janvier 1861, et se choisirent un seul prince, les Turcs s'opposèrent à ce que le nouvel État porte le nom de Roumanie. Il fut appelé « les principautés unies ». Il existe encore, de nos jours, à Paris, près du Sénat, un hôtel qui s'appelle « Hôtel des principautés unies », en souvenir du temps où il était défendu aux Roumains de s'appeler roumains.

Je suis donc venu au monde dans un pays libre et indépendant. A ma naissance, le royaume de Roumanie était tout jeune : il avait trente-six ans. Il n'était pas rond comme la pleine lune. Il avait la forme d'un croissant de lune. Car seuls les versants oriental et méridional des

Carpates, c'est-à-dire la Moldavie et la Valachie, furent libérés, réunis et élevés au rang de royaume.

C'était un tiers du territoire national. Une superficie de 131 020 kilomètres carrés. Les deux autres tiers de la terre roumaine étaient toujours sous occupation étrangère. Le royaume de Roumanie avait à cette époque 6 200 000 habitants. Un tiers du peuple roumain. Deux tiers de nos frères, plus de douze millions, étaient toujours asservis.

Je suis venu au monde juste au milieu de la Première Guerre mondiale. En 1914, quand cette guerre éclata, la Roumanie voulut se battre, elle aussi, pour libérer tous les Roumains. Mais de quelque côté qu'elle se rangeât, la Roumanie sortait perdante. Le dilemme était total. Si la Roumanie se rangeait aux côtés des Alliés, elle pouvait libérer les Roumains de Transylvanie, mais elle renonçait automatiquement à un tiers de son territoire qui était occupé par les Russes. Car les Russes étaient dans le camp des Alliés. Si la Roumanie se rangeait du côté de l'Allemagne, elle pouvait libérer les Roumains asservis par les Russes, mais laissait alors en esclavage un tiers de son peuple qui vivait sous l'occupation de l'Autriche-Hongrie.

Trois semaines avant ma naissance, le 15 août 1916, la Roumanie se confia à Dieu et déclara la guerre à l'Allemagne, pour libérer les provinces roumaines de Transylvanie, Banat, Crisana, Maramures et Bukovina.

Une mission militaire française, commandée par le général Berthelot, arriva en Moldavie. Cinq cent mille soldats russes, qui combattaient en Podolie et en Galicie, furent dépêchés en Moldavie pour renforcer l'armée roumaine. Trois cent mille autres soldats russes arrivèrent par mer, dans le port de Constantza. Le commandant suprême des armées russe, française et roumaine, décida d'ouvrir le combat. L'attaque fut déclenchée au sud du Danube. Les troupes roumaines se trouvaient en première ligne. Elles attaquèrent à Turtucaia, le 6 septembre 1916. Les Russes, pourtant tout près, ne bougèrent pas. Pas plus que les Français, alors à Salonique, sous le commandement du général Sarrail. L'armée roumaine était toute seule. Les Allemands l'encerclèrent et la massacrèrent. Aucun soldat roumain ne survécut. Ce n'était pas une défaite. C'était un désastre. Il n'y eut pas de survivants.

L'armée roumaine de Turtucaia fut décimée. Le lieutenant Virgil Popescu et le pelotonnier Trajan Stephanescu du 84ᵉ régiment d'infanterie se jetèrent dans le Danube avec le drapeau, pour le ramener à la patrie, à la nage. Ils furent fusillés au milieu du fleuve.

La nouvelle du désastre fut connue deux jours plus tard, dans tout le pays. C'était le 9 septembre 1916. C'est ce jour-là que je suis venu au monde, à *Valea Alba.*

Le 16 décembre 1916, les Allemands occupèrent Bucarest. Le roi et ses ministres se réfugièrent en Moldavie. Il n'y avait ni palais ni bâtiments appropriés pour les héberger. Ils furent logés chez des particuliers.

La Roumanie fut réduite en quelques jours à la moitié de son territoire. Elle n'avait plus même la forme d'un croissant de lune. Elle était devenue un morceau de croissant.

L'hiver 1916-1917 – le premier hiver de ma vie sur terre – fut le plus rude que le pays ait jamais connu. Un rapport de la mission française en Roumanie la décrit ainsi : « L'hiver est là. La Roumanie est exsangue... La fatalité s'acharne sur elle. Le froid, durant trois mois, va se révéler d'une exceptionnelle rigueur : – 30 degrés le jour et – 40 degrés la nuit. Les souffrances deviennent indicibles. L'exode a fait refluer 1 500 000 réfugiés civils venus s'ajouter à la population normale de Moldavie... Les 40 000 prisonniers allemands, bulgares, autrichiens et turcs, eux aussi, ont été amenés... Toutes ces bouches sont à nourrir. L'implantation de l'armée russe, comptant plus de 500 000 hommes, aggrave les difficultés. Ses troupes réquisitionnent sans ménagement à leur profit tous les dépôts de vivres. La famine sévit immédiatement. Le soldat roumain reçoit par jour 300 grammes de *mamaliga* (farine de maïs), jamais de pain, et, deux fois par semaine, 300 grammes de viande... Il n'y a pas de logements pour la population excédentaire, pas de combustible. La misère devient affreuse. Il s'ensuit que le typhus exanthématique apparaît bientôt, exerçant ses terribles ravages. Réfugiés, prisonniers, soldats meurent chaque nuit par centaines. En peu de semaines des villages entiers disparaissent. Les cadavres des chevaux morts de faim couvrent la campagne. Les loups et les chiens les dévorent. A Jassy, capitale de la Moldavie, s'est installé le gouvernement roumain, ainsi que le roi Ferdinand ayant toujours à ses côtés le général Berthelot, chef de la mission française... [1] »

L'armée roumaine décimée par la famine, le typhus, la malchance, se redresse, dans un désespéré sursaut, et attaque les Allemands à Marasesti. Les Roumains luttent à l'arme blanche. Au corps à corps. Désespérément. Ils sont victorieux.

Mais l'incroyable victoire de Marasesti ne sert à rien. L'armée russe qui combat à côté de nous se mutine. Les soldats russes des Carpates tournent les armes contre leurs propres officiers. Ils pactisent avec l'ennemi. Ils s'organisent en bandes, qu'ils appellent des *soviets*. La révolution bolchevique est déclenchée. Les *soviets* sont, ainsi, nés dans nos montagnes, presque en même temps que moi.

Les *soviets* et moi, nous grandirons ensemble. Inséparables. Comme des frères siamois.

1. Général Chambe : *Route sans horizon*, Paris, 1981, p. 146.

7

Le sol était gelé. Dur comme pierre. On ne trouvait rien à manger. Les habitants détachaient l'écorce des arbres pour la faire bouillir. C'était leur seule nourriture. Aucune femme n'osait sortir. Elles vivaient cachées et barricadées dans les maisons. On violait. En plein jour. Dans la rue. Sur la neige. En bande. Les pires ravages étaient perpétrés par nos Alliés : les Russes. Surtout par les « cavaliers sauvages », la division *tchoumène.* Elle était cantonnée dans mon district. C'était une unité de cavalerie, russe, composée par des brigands mongols, des sauvages farouches, recrutés au-delà de l'Oural. Ils étaient commandés par le général comte Keller.

Aussi redoutables que les « cavaliers sauvages », étaient les bandes des soldats russes mutinés, les *soviets.* Ils pillaient. Il ne restait plus alors, dans toute la région, un seul cheval, une seule vache, un seul veau. Tout était emporté. Il n'y avait ni poules ni canards. Rien. Le blé, le maïs, l'orge et le seigle disparurent de la terre moldave. Quoiqu'il n'y eût plus rien à emporter, les bandes armées écumaient et terrorisaient jour et nuit les villages.

L'autre terreur, c'étaient les réquisitions faites par l'armée roumaine. Elle passait au crible chaque village, chaque maison, chaque grange.

Une nuit, trois gendarmes du service des réquisitions firent irruption dans notre maison. Ils étaient armés jusqu'aux dents. Farouches. D'épaisses moustaches. De lourdes capotes fourrées, aux boutons brillants de cuivre. Ils cherchaient des « biens soustraits à la réquisition ». Un cochon caché, des poules non déclarées, un sac de pommes de terre ou des haricots... Ils prenaient tout. Ils ne partaient jamais sans avoir trouvé quelque chose à réquisitionner. A confisquer. Ils prenaient des couvertures – sous prétexte qu'elles avaient appartenu à l'armée – des tapis, des assiettes, de la vaisselle. Tout. Ils étaient insatiables. Ils disaient que l'heure était grave. Que la nation souffrait. Que l'État avait besoin de tout. Ils donnaient en échange des « bons de réquisition », des petits carrés de papier bleu, tamponnés à l'encre violette.

Après le passage des services de réquisitions, la maison résonnait de lamentations et de pleurs, comme après un décès. Car les réquisitionneurs ne se contentaient pas de faire main basse. Ils frappaient. Ils menaçaient. Ils demandaient la provenance des casseroles, des serviettes ou des bottes qu'ils vous enlevaient. Si vous ne leur fournissiez pas la preuve que vous les aviez achetées, et où et quand, vous étiez accusé de vol. Et l'on vous dressait un procès-verbal. Souvent, on vous passait les menottes et on vous emmenait. En temps de guerre les voleurs sont jugés par la justice militaire. Et fusillés.

Les trois gendarmes ont fouillé toute la maison. De fond en comble. Mais cette nuit-là ils n'ont rien trouvé à emporter. Pas même une bougie. Car, la dernière fois, ils avaient confisqué les quelques bouts de bougies qu'ils avaient trouvés au fond d'un tiroir. Ils avaient dit que l'heure était grave. Que l'État avait besoin des bougies. De lumière. Pour s'éclairer. On ne peut pas faire la guerre dans le noir. Ils avaient donc confisqué les bouts de bougies. Ils avaient laissé, à la place, sur la table, un bon de réquisition pour « bougies partiellement consommées ».

Cette nuit-là ils ne trouvèrent rien. Ils étaient furieux. Ils jetèrent un regard méchant sur le lit. L'un d'eux arracha la couverture et la jeta par terre. Je commençai à pleurer. Car j'étais fourré sous les couvertures et l'édredon. Avec une seule ouverture pour respirer.

– Pourquoi cachez-vous le bébé? demanda le brigadier.

– Je ne le cache pas, répondit mon père.

– Pourquoi est-il enfoui sous les couvertures si vous ne le cachez pas?

– C'est à cause du froid, répondit mon père. Nous n'avons plus de bois de chauffage. Les bébés sont fragiles. Il n'a que quelques mois. Et l'hiver est terrible...

Les trois militaires n'écoutaient pas ce que mon père leur disait. Ils étaient très mécontents de n'avoir rien trouvé à emporter. Ils me regardaient avec des yeux méchants. Comme si j'étais responsable de ce qu'il n'y eût plus rien à réquisitionner.

– Quel âge a-t-il? demande le premier réquisitionneur.

– Il est né le jour où on a annoncé le désastre de Turtucaia...

– Quand est-il né? demande à nouveau le réquisitionneur. Répétez-moi ça.

Mon père blêmit. Il s'est rendu coupable! Il a parlé de la défaite de Turtucaia. Ceux qui parlent d'une défaite sont des défaitistes. Les défaitistes et les traîtres sont passibles de la Cour martiale. Ils sont fusillés. Ma mère comprend, elle aussi, le danger. Elle essaie de réparer la faute et elle reprend :

– Le bébé est né le lendemain de la Santa Maria. Le 9 septembre. Le jour de la fête des saints Joakim et Anna. On a même voulu l'appeler Joakim. Mais on a renoncé. Il s'appelle Virgil. N'est-ce pas que c'est un beau nom? Virgil est plus joli que Joakim. Ne trouvez-vous pas?

Les gendarmes ne répondent pas. Ils regardent le bébé. Ma mère n'est pas rassurée. Le silence des gendarmes réquisitionneurs ne prévoit rien de bon. Elle veut se donner du courage. Mais elle sent la menace. La vie de son bébé est en danger. Certes, les gendarmes sont des Roumains. Ce ne sont pas des Turcs. Ce ne sont pas des janissaires. Les gendarmes roumains n'enlèvent pas les bébés du sein de leur mère pour les envoyer à Istanbul. Les Turcs sont partis. Ils ont été chassés. La Roumanie est un royaume, libre et souverain.

En Roumanie on ne paie pas le tribut en enfants... Mais ma mère est de plus en plus inquiète. Elle se reproche de n'avoir pas mieux caché son bébé. Même s'il n'y a plus de Turcs, il faut cacher les enfants.

Toujours. Car il y a la guerre. Et qui sait si l'armée roumaine n'a pas reçu l'ordre de ramasser, elle aussi, les bébés? Qui sait? En temps de guerre tout est possible... Tout.

– Avez-vous déclaré la naissance de votre enfant? demande le premier gendarme. Avez-vous reçu un certificat de naissance?

– Je n'ai pas de certificat, répond mon père.

– A quelle date avez-vous déclaré l'enfant? demande le gendarme.

– Pourquoi me demandez-vous toutes ces choses? demande mon père. Nous n'avons commis aucun crime. Pourquoi me demandez-vous le certificat de naissance de mon fils? Je ne savais pas que les enfants doivent être munis de certificats de naissance. C'est notre premier enfant...

– Je ne vous demande pas son certificat, dit le gendarme. Bien sûr que les bébés ne sont pas obligés de porter leur certificat de naissance dans leur layette. Non. Les autorités ne sont pas si stupides pour réclamer une chose pareille. Rassurez-vous. Ce n'est pas cela que je réclame. Je veux savoir si vous avez déclaré à la mairie la naissance de votre enfant. C'est tout.

– Il n'y a plus de mairie à Razboeni, répond mon père. La mairie a été réquisitionnée. C'est l'armée russe qui y cantonne.

– Mais il y a toujours un maire dans la commune, dit le gendarme.

– Il n'y a plus de maire, dit mon père. M. le maire est mobilisé. Il est dans l'infanterie. Il vient d'écrire à sa femme qu'il a été promu caporal...

– Durant l'absence du maire, c'est l'autorité militaire qui garde les registres d'état civil.... Le village est placé sous l'administration de l'armée. Avez-vous déclaré la naissance de votre enfant à l'autorité militaire?

– Non, dit mon père. Je ne savais pas que les bébés étaient du ressort de l'armée.

– Tout citoyen qui ne déclare pas la naissance d'un enfant, dans un délai de six mois, est passible d'une peine de prison. Ça peut aller jusqu'à deux ans de prison ferme. C'est la loi.

Les gendarmes ont emmené mon père. Ils ne lui ont pas mis de menottes. Mais ils l'ont emmené. Ma mère a pleuré toute la journée. Seule, avec moi.

Le soir, mon père est rentré. Pâle. Exténué. Mais content.

– Ils ont été gentils avec moi, dit-il. Surtout le lieutenant. Ils ont enregistré la naissance de notre fils. Mais, pour qu'ils puissent me libérer et éviter qu'on m'envoie devant la Cour martiale, ils ont dû écrire que Virgil est né le 15 septembre. Si l'on avait inscrit la date exacte, j'étais en infraction. Mais, grâce à Dieu, maintenant, tout est en ordre.

Ma mère pleurait. Elle avait pitié de moi. C'était un mauvais présage. J'entrais dans la vie avec une fausse date de naissance...

III

LES PARENTS

1

Mon père s'appelait Constantin et ma mère Maria Skobay. Je suis né dans un presbytère. Car mon père était prêtre à la Vallée blanche, commune de Razboeni.

Mon père est né lui aussi dans un presbytère, car son propre père était prêtre à Vale Seca.

Ma mère était née également dans un presbytère : le père de ma mère, Pater Thomas Skobay, était prêtre à Blebea, sur la Ozana.

Tous mes ancêtres, aussi bien du côté maternel que du côté paternel, ont été des prêtres, dans les villages et les hameaux de la montagne, sur le versant oriental des Carpates, en haute Moldavie, au nord de la Roumanie. Tous ont été des curés de campagne. Depuis des siècles. Sans interruption.

L'Église d'Orient choisit les prêtres, aussi bien parmi les célibataires que parmi les gens mariés. L'Église suit l'exemple du Christ qui a choisi ses douze Apôtres, aussi bien parmi les célibataires – comme saint Jean l'Évangéliste – que parmi les gens mariés, comme saint Pierre, le coryphée des Apôtres. L'Évangile dit que saint Pierre était marié et que sa belle-mère vivait dans sa maison [1].

Les épouses des Apôtres ont suivi leur mari et le Christ dans la prédication de l'Évangile [2].

Les catholiques d'Orient choisissent eux-mêmes leurs prêtres, aussi bien parmi les gens mariés que parmi les célibataires. En Roumanie il y a un million et demi de catholiques. Leurs prêtres sont mariés. Comme chez les orthodoxes. Et ils sont de bons catholiques. Des catholiques à part entière, comme les Espagnols, les Italiens ou les Français. C'est

1. Matthieu 8, 14. Marc 1, 29. Luc 4, 38.
2. Saint Paul : Première Épître aux Corinthiens 9, 5.

uniquement en Occident que les catholiques ont décidé, depuis le Moyen Âge, de n'ordonner prêtres que les célibataires. En Orient, nous avons gardé la tradition, pour ne pas être accusés de vouloir faire mieux que le Christ lui-même.

Autrefois c'étaient les fidèles qui choisissaient parmi eux celui qui était le plus digne d'être leur prêtre. C'était un choix plus sévère et plus équitable que celui des professeurs de théologie réunis en commission. Les fidèles se connaissent entre eux. Ils vivent ensemble depuis leur enfance. Ils ne peuvent pas se tromper dans leur choix. Ils désirent tous avoir un bon prêtre, pour les enterrer, pour marier leurs enfants, pour baptiser leurs bébés et pour prier pour eux. Leur choix était sévère. Dans les temps modernes, les fidèles doivent choisir leur prêtre uniquement parmi les gens qui ont étudié au séminaire et possèdent leur diplôme de théologien.

Pour avoir la chance d'être choisi et ordonné prêtre, mon père fut envoyé au séminaire Veniamin Kostaky de Iassy. C'est le plus célèbre séminaire de Moldavie. Mon père était dans sa troisième année, quand son père mourut. La presbytera Elena, sa mère, restée veuve, travailla dur pour payer les études de son fils. Mon père termina les huit années de séminaire le 28 juin 1914. Le lendemain, fête des saints Apôtres Pierre et Paul, il devait entrer à la maison. Il avait dix-neuf ans et demi.

Les études au séminaire sont les mêmes que dans les lycées, avec, en plus, les études de théologie et la pratique religieuse. Les séminaristes sont internes. Ils sont habillés en uniforme noir et vivent, derrière les hauts murs, la stricte vie monacale : le réveil au lever du jour, les longues prières des matines, dans l'église du séminaire, ensuite les cours, et après les cours, les offices. Dans l'après-midi, se succèdent l'étude et les prières, jusqu'à la tombée de la nuit. Mon père et ses vingt camarades qui venaient de terminer leurs huit ans d'études étaient presque tous du même âge.

Le 29 juin 1914, après l'office religieux, ils quittent le séminaire. Ils n'y reviendront plus. Pour la dernière fois, ils traversent la cour, en colonne. Devant eux, la lourde porte en fer est largement ouverte. Pendant huit ans, ils ont vu cette porte toujours fermée. Sauf à de rares et brèves exceptions. Les sorties des séminaristes, même en groupe, et même le dimanche, sont très rares. Depuis Pâques, aucun élève n'est sorti par cette porte.

Mon père, comme ses camarades, est mince, maigre et pâle. Leurs silhouettes sont comme les tiges des tulipes qui ont grandi sans air et sans lumière, derrière les hauts murs de pierre.

Les jeunes diplômés en théologie sont surmenés et sous-alimentés. La fin de l'année a été épuisante. Les durs examens de fin d'année ont coïncidé avec le jeûne des saints Apôtres Pierre et Paul. Ce jeûne a duré quatre semaines. Des repas sans viande, sans graisse, sans lait, sans œufs, sans poisson. Uniquement des légumes secs, des pommes de terre et des haricots. Ils sont épuisés. Fatigués. Et malgré cela, ils sont heureux. Bientôt ils seront ordonnés prêtres. Pour l'éternité [1].

Mon père se réjouit, comme la plupart de ses camarades, de prendre le train. Le train est une nouveauté. Un luxe. Le royaume de Roumanie a trente-trois ans. L'âge du Christ quand il est monté sur la croix. La Roumanie, malgré sa jeunesse, possède déjà plus de mille kilomètres de chemin de fer. C'est une performance. Depuis quatre ans mon père prend le train à chacune de ses vacances. Cela lui donne presque le vertige. Un plaisir immense. Mais la joie de monter à nouveau dans le train est de courte durée...

Devant la porte du séminaire se trouve sa mère, la presbytera Elena de la Vale Seca. Elle est avec la calèche, et ses beaux chevaux . Elle attend devant la porte depuis longtemps. Autour d'elle il y a d'autres femmes, et des prêtres qui sont venus chercher leur fils. Plus de la moitié des séminaristes sont attendus par leurs parents. Presque tous sont fils de prêtres paysans.

La joie qu'éprouve mon père de retrouver ma mère est plus grande que celle de prendre le train. Mais une seconde surprise l'attend. Plus extraordinaire encore. Sa mère, la hautaine, la distante presbytera Elena, s'approche de lui et l'embrasse. Avec force. C'est la première fois qu'elle le fait. Jusqu'alors, mon père s'inclinait devant sa mère, et lui baisait la main. De temps en temps elle lui baisait le front. Protocolairement, c'était tout. Maintenant elle le serre sur sa poitrine avec force.

Mon père ne reconnaît plus sa mère. Elle se comporte comme si elle avait bu. Ce n'est pas normal. Toutes les autres mères embrassent leurs fils, quand elles se séparent d'eux, ou quand elles les retrouvent. La plupart des mères ont des larmes aux yeux. Elles pleurent à chaque séparation et à chaque retour. Pour elles c'est normal. Mais pas pour la presbytera Elena de Vale Seca, sa mère. Elle est toujours droite, comme les sapins. Parfaitement perpendiculaire à la terre. Elle est toujours égale à elle-même. On ne voit jamais ni sa douleur ni sa joie. Quand elle marche, son pas est géométrique, égal, ferme. Ce n'est pas normal qu'elle l'embrasse et le serre sur sa poitrine, comme les autres femmes. La mère de mon père n'est pas comme les autres femmes. Mon père se demande ce qui a bien pu lui arriver.

– Ton camarade Nicolas Skobay a passé lui aussi les examens?

– Il est aussi théologien diplômé, comme moi.

– Grâce à Dieu, dit ma grand-mère. Appelle-le, qu'il vienne avec nous. Nous le conduirons en calèche.

1. Saint Paul. Épître aux Hébreux 5, 6.

– Mais, Skobay habite à Blébéa sur Ozana, dit mon père...

– Nos chevaux sont les meilleurs de Moldavie. Nos chevaux peuvent faire un détour, pour conduire ton camarade. Appelle-le.

Mon père s'exécute. Mais il ne comprend rien. Absolument rien. Pour conduire Skobay chez lui, il ne s'agit pas de faire un petit détour. C'est une distance de trente kilomètres de plus. Aller et retour cela fait soixante kilomètres de plus.

– Appelle-le, ordonne ma grand-mère. Dis à ton camarade que j'ai promis à son père de le lui amener à la maison.

Mon père s'exécute. Nicolas Skobay est un garçon du même âge que mon père. Mais totalement différent. Il est grand. Blond. Lymphatique. Ses mouvements sont lents. Il s'approche. Il rougit. Il baise la main de la presbytera Elena et monte dans la calèche, à la première invitation. Sans être surpris.

Dès qu'ils sont partis, la presbytera Elena donne une corbeille d'osier à son fils.

– Il y a dedans du poulet, du fromage, du pain. Partage avec ton camarade. Vous devez avoir faim.

Les deux théologiens ouvrent la corbeille et mangent. Sans se poser de questions. Ils sont contents. Les chevaux avancent au trot, vers l'ouest, vers les montagnes qui s'élèvent jusqu'au ciel. L'air est embaumé de l'odeur de l'herbe coupée et du foin. C'est l'époque de la fenaison. Toute la Moldavie sent le lilas, la pivoine et la marguerite. Les cerises sont mûres. C'est un soleil de jour de fête.

– Maintenant vous allez chanter pour moi, tous les deux, dit ma grand-mère. Vous allez chanter un beau *Tropaire*. Bientôt vous serez prêtres tous les deux.

Mon père reconnaît de moins en moins sa mère.

– Vous m'attendiez depuis longtemps devant le séminaire, mère? demande-t-il. Quand êtes-vous partie de chez nous pour arriver de si bonne heure?

Ma grand-mère ne répond pas.

– Je voulais prendre le train, dit mon père, comme d'habitude. Pourquoi êtes-vous venue? C'est la première fois que vous le faites. Même quand j'étais petit, vous n'êtes jamais venue me chercher. Avez-vous des affaires à régler à Iassy?

– Non, répond ma grand-mère. Je n'ai aucune affaire à régler dans la ville. Je suis venue uniquement pour te chercher. Je suis arrivée ce matin. Avant le lever du jour.

– Vous avez voyagé la nuit?

– Exactement, dit ma grand-mère.

– Vous êtes arrivée avant le lever du jour?

– Je vous ai attendus devant la porte, plus de trois heures.

– Pourquoi avez-vous fait cela?

– Je vous ai priés de chanter... dit ma grand-mère. Vous avez mangé.

Maintenant, chantez un beau *Tropaire*. Comme à l'église. Car vous serez bientôt prêtres. Tous les deux.

2

Mon père et son camarade Skobay chantent. Ils oublient de poser des questions. Les beaux chevaux avancent au trot. La ville de Iassy est restée loin en arrière. On approche des montagnes. Les forêts sont des plus denses.

La presbytera Elena de Vale Seca n'écoute pas son fils chanter. Ses pensées sont ailleurs. Elle remercie Dieu pour l'avoir aidée à trouver son fils sain et sauf. De l'avoir, à nouveau, à côté d'elle pour la protéger.

La veille, le 28 juin 1914, la presbytera a entendu que le grand archiduc François-Ferdinand de Habsbourg, archiduc d'Autriche, a été assassiné. Il a été tué par des nationalistes serbes, à Sarajevo, capitale de la Bosnie, au cœur des Balkans. La presbytera Elena a tellement été impressionnée par la nouvelle qu'elle a eu l'impression d'entendre, de ses propres oreilles, les coups de feu tirés à Sarajevo, à mille kilomètres de là. Non pas qu'elle aimât spécialement le pauvre archiduc. Non. Mais, depuis quelque temps, on ne parle que de la guerre. On attend que la guerre éclate. Elle est imminente. Tous les peuples de l'Europe centrale et de l'Europe orientale qui subissent la domination de l'Autriche veulent se libérer. Les pays voisins ont décrété la mobilisation générale. La Roumanie entrera en guerre. Elle aussi. Il y a douze millions de Roumains qui vivent sous domination étrangère. On fera la guerre pour les libérer. Ils sont nos frères. Mais, dans toutes les guerres, les premiers tués sont les garçons de vingt ans. Son fils a vingt ans. Il est destiné à mourir, parmi les premiers. Ma grand-mère est prise de panique. Elle attelle en hâte ses beaux chevaux. Elle part pour Iassy. Entre Vale Seca et Iassy il y a soixante-dix kilomètres. La nuit tombe. Les routes sont mauvaises. Ma grand-mère voyage toute la nuit. Trois heures avant le lever du jour elle est devant la porte du séminaire. Elle ne demande pas qu'on lui ouvre. On ne réveille pas les gens en pleine nuit. D'ailleurs, même pendant le jour, les visites sont interdites au séminaire. Elle attend. Heureuse d'être là. Tout près de son fils. Pour le secourir à tout instant.

Au lever du jour d'autres femmes arrivent. Ce sont les mères des autres séminaristes. Elles aussi sont angoissées. Elles ont passé une nuit blanche. Elles sont venues pour sauver la vie de leur fils. Les garçons de vingt ans sont comme les papillons, qui volent volontairement au milieu des flammes. Et se font brûler. Dès qu'une guerre éclate, les garçons de vingt ans courent vers le danger. Ils s'engagent volontaires. Ils vont au milieu des flammes. Exactement comme les papillons. Et ils se font tuer.

Ils pensent être des gens courageux. Des héros. Des surhommes. Mais leurs mères en souffrent, tremblent et pleurent. Elles n'ont pas fermé les yeux de la nuit. Elles sont ici. Devant la porte du séminaire. Toutes. En même temps. Comme la presbytera de la Vale Seca.

L'armée roumaine a trente mille soldats. Une petite armée. Elle a besoin d'officiers. Elle cherche des jeunes garçons ayant terminé leurs études. On dit qu'un général viendra dès ce matin au séminaire. Il promettra aux théologiens diplômés de beaux uniformes avec l'occasion de devenir des héros. De se couvrir de gloire. Et les séminaristes se porteront volontaires, et voleront, comme les papillons, au milieu des flammes. Et ils mourront. Les mères sont angoissées, devant les portes, pour les en empêcher.

La presbytera Elena est contente. Elle est arrivée à temps. Elle a sauvé la vie de son fils. Mais le garder longtemps hors du danger sera ardu. Les belles paroles ne suffisent en rien. Les jeunes garçons de vingt ans n'entendent jamais les invitations à la prudence. Pour les garder il faut les enchaîner. Mais même les lourdes chaînes en fer sont inutiles. Inutile aussi de les enfermer. Ils trouveront toujours le moyen de s'évader. Personne ne pourra les garder prisonniers. Pour sauver la vie d'un papillon qui se dirige vers les flammes, il suffit d'allumer sur sa route une autre flamme. Plus forte. C'est le seul moyen de détourner le papillon de sa trajectoire vers la mort.

Toute jeune fille sait, instinctivement, allumer la flamme de la passion. Par sa simple présence.

La presbytera de Vale Seca amène son fils chez le pater Skobay, à Blébéa, car celui-ci a une fille. Elle est en âge de se marier. Elle s'appelle Maria. Elle est devenue ma mère.

3

Les jeunes théologiens ont chanté tout le répertoire qu'ils ont appris au séminaire. Ensuite ils se sont endormis. Maintenant ils dorment, bercés par le balancement de la voiture. Ils ont leurs têtes appuyées l'une sur l'autre. Comme deux enfants fatigués d'avoir trop joué. La presbytera de Vale Seca les regarde avec tendresse et les laisse dormir. Elle sourit. Elle est contente. Elle a son fils à côté d'elle. Elle l'a empêché de se porter volontaire. De devenir officier. Comme tant de ses camarades. Qui mourront au combat. Comme les papillons meurent dans les flammes.

La presbytera Elena sait que le seul moyen de garder son fils du danger est de le marier. Le marier très vite. Elle le mariera avec la sœur de son camarade Nicolas Skobay. C'est pour cela qu'elle l'a invité dans la voiture, et qu'on le conduit à sa maison. Le but de son voyage à Blébéa, c'est le mariage de son fils. Il se fera dans quelques semaines.

Son fils ne connaît pas sa future épouse. Mais cela n'a aucune importance. Dès que les jeunes se trouveront l'un en face de l'autre, ils tomberont amoureux. Son fils a dix-neuf ans et demi. C'est normal qu'il tombe amoureux de la première jeune fille qu'il rencontre.

On approche de Targul Neamtz. Depuis le départ de Iassy on a fait une seule et courte halte. Les chevaux de la presbytera Elena sont les plus rapides de la haute Moldavie. Ceux qui ne la connaissent pas, en la regardant sur la route, l'appellent « la femme aux beaux chevaux ».

Avant d'entrer dans la ville, la voiture tourne à gauche. Elle emprunte un chemin de campagne. On arrive, ensuite, à la rivière Ozana. L'eau de torrent est pure et transparente comme le cristal. La voiture traverse la rivière à gué, au galop, afin que les chevaux ne soient pas tentés par l'eau. Ils ont soif, mais sont trop fatigués pour qu'on les laisse boire. Les roues de la calèche et les sabots des chevaux au galop soulèvent l'eau de la rivière en trombes. Les deux théologiens se réveillent sous la tornade, comme sous une douche froide. La voiture arrive sur la rive droite d'Ozana. C'est le village de Blébéa. Ce hameau fut autrefois habité par les serfs du monastère, par la *plèbe*. La *plebes rustica*. C'est pour cela que le village s'appelle Blébéa.

En 1864, le très aimé prince moldave Alexandre Ion Cuza distribua la terre des grands latifundia aux paysans. A cause de cette réforme, le bon prince Cuza perdit son trône. Les propriétaires des latifundia le détrônèrent et le chassèrent du pays. Il mourut à Heidelberg, exilé, pauvre et malheureux. A sa place, on installa sur le trône de Roumanie un prince étranger, un Hohenzollern. Mais la terre distribuée par Cuza resta la propriété des anciens serfs, de la plèbe.

La voiture s'arrête devant un immense porche en bois de chêne sculpté : c'est le presbytère du pater Thomas Skobay, le curé des anciens serfs. La maison est entourée de hauts murs en pierre. Ces murs servent moins de clôture que de digue contre les eaux du torrent, qui grossissent, au printemps, emportant tout sur leur passage.

La grande porte s'ouvre. La cour du presbytère est pavée de galets ronds, bien polis, égaux entre eux. Ce sont les galets de la rivière Ozana. Ils sont comme des soucoupes. Parfaitement ronds. Ils ont la taille des feuilles de lotus. Les femmes les utilisent aussi comme couvercles, pour la cuisine; car ils sont beaux et minces. C'est avec ces galets gris clair, comme les nuages, que sont construits les digues, les puits, les caves et les fondements des maisons.

Pater Thomas Skobay arrive à la rencontre de son fils et de ses visiteurs. C'est le plus vénérable prêtre de la montagne. Un patriarche. Il est de grande taille. Presque deux mètres. Il a une longue barbe grise, comme les prophètes de l'Ancien Testament. Il porte une soutane avec des manches amples, comme les moines du mont Athos, une large ceinture en cuir noir et des bottes. Il ne coupe jamais ses cheveux qui sont ramassés sous son couvre-chef ecclésiastique, le *Kamilawkion.*

Le père du pater Thomas Skobay a été, lui aussi, curé de Blébéa, lorsque les habitants étaient des serfs. Le grand-père du pater Skobay, et son arrière-grand-père, comme tous ses ancêtres ont été, depuis des générations, les curés des serfs à Blébéa. Tous. Depuis plusieurs siècles. Sans interruption. Des curés de plébéiens.

Le grand-père du pater Skobay s'appelait aussi Thomas. Il y eut un grand malheur dans sa vie. Une nuit, les eaux du torrent Ozana grossirent. Subitement. Tous les habitants dormaient. Les eaux furieuses emportèrent l'église et plusieurs maisons. Quand les habitants sortirent de leurs lits, réveillés par le vacarme des eaux dévastatrices, ils virent leur église emportée par le torrent, flottant comme un navire. Les maisons flottaient elles aussi, comme des barques, avec tout ce qu'il y avait dedans. Les morts se comptèrent en grand nombre. Ils furent tous emportés, pendant leur sommeil, avec leurs maisons.

Le grand-père de pater Skobay construisit une autre église, sur la colline qui domine le village. L'église de Blébéa était maintenant sur les hauteurs, afin que les eaux ne puissent plus arriver jusqu'à elle et l'emporter. C'était une église en bois. Le curé vendit ses chevaux, ses vaches et ses moutons et, grâce à cet argent, il construisit l'église. Mais son fils, le père de pater Thomas Skobay, eut aussi le malheur de perdre son église. Un dimanche, on négligea d'éteindre une veilleuse allumée dans le sanctuaire. Un incendie se déclara pendant la nuit. Les flammes de l'église qui brûlait sur les hauteurs illuminaient tout le village. Les habitants se réveillèrent et gravirent la colline avec des seaux d'eau, pour éteindre le feu. Le curé, en courant avec deux seaux d'eau, regardait les flammes et priait Dieu qu'elles ne consument pas entièrement l'église. Quand les fidèles et leur prêtre arrivèrent sur la colline, l'église était déjà brûlée. Il n'y avait plus rien à éteindre. Il ne restait plus que des cendres. Le père de pater Skobay ne put voir les cendres de son église. En courant pour éteindre le feu, et en regardant les flammes, il avait perdu la vue. Complètement. Mais il ne resta pas dans le noir comme les autres aveugles. Il avait devant ses yeux des flammes. Les flammes qui dévoraient son église. Quoiqu'il fût complètement aveugle, on lui permit de célébrer l'office. Il vendit, lui aussi, tout ce qu'il possédait et fit construire une autre église à Blébéa. Une église en pierre. Qui ne peut pas brûler. C'est l'église actuelle. C'est pater Thomas, le fils du prêtre aveugle, qui y célèbre l'office. Il est mon grand-père maternel.

Pater Thomas Skobay est loin d'imaginer que son église, elle aussi, sera détruite. Cette fois ce ne seront plus les eaux du torrent qui l'emporteront. Ni les flammes qui la dévoreront. Mais, dans trente ans, le 23 août 1944, l'église construite par les curés des serfs à Blébéa sera complètement détruite par l'Armée rouge qui envahira le pays, en submergeant tout, comme les eaux du déluge.

Pater Thomas Skobay ignore l'avenir. Il est serein. Content. Il serre son fils dans ses bras. Avec tendresse. Il embrasse ensuite le camarade de son fils. Avec la même chaleur. Il invite la presbytera Elena et les deux théologiens dans la maison. Selon la coutume, on leur sert de la confiture de cerises noires, du café et de l'eau fraîche.

Pater Thomas a toujours un visage radieux. C'est une lumière qui vient de l'intérieur. Du dedans. Car il a accompli, entièrement, son devoir sur la terre. Il n'attend plus que le départ. Le rapatriement. La mort. Il a fait toutes les choses de son mieux. Il a reconstruit l'église de Blébéa. Il a bâti un beau presbytère, entouré de digues en pierre. Pater Skobay a défriché les terres incultes autour de Blébéa et les a transformées en champs fertiles. Ce sont des terres rocailleuses, stériles, qui n'ont jamais été cultivées, depuis la création du monde. Sur ces terres, pater Skobay a planté des pruniers, des pommiers et des cerisiers. Il a planté d'innombrables arbres fruitiers. Il les a soignés de ses mains. Il a labouré la terre rocailleuse sous les arbres. Il a semé de la luzerne, du trèfle, et même du seigle. Il a construit un moulin à eau. Il a creusé des puits. Il a fait élever des poules, des canards, des oies, des moutons et des chevaux. Il cultive spécialement le chanvre et le lin – afin que tous ses fidèles aient des chemises. Il ramasse l'écorce des arbres pour teindre la laine dont on fait les vêtements et les tapis. Chaque année il ramasse des kilos de champignons et de fruits. Il les fait sécher. Ils sont une manne céleste pour tout le village, après Noël, quand la neige est haute de deux mètres et lorsqu'il n'y a plus rien à manger dans la montagne. Derrière le presbytère, des séchoirs pour les prunes fument, pendant tout l'automne, jusqu'à la tombée de la neige. Les pruneaux seront la nourriture des pauvres, pendant l'hiver.

Pater Skobay récolte des essaims d'abeilles et les élève dans les ruches du presbytère. Tous les enfants du village ont du miel. Il fait cueillir les mûres, les fraises et les cerises, et les conserve pour l'hiver. Pater Thomas Skobay est pour son village comme Joseph, le nourricier dont parle la Bible. Pater Skobay accomplit chaque jour le miracle d'Aaron, qui a fait fleurir le bâton dans ses mains. Il est comme le pollen, car il transmet la vie à tout ce qu'il touche. Il fait fleurir et fructifier la terre rocailleuse et la pierre stérile du village.

Pater Skobay a treize enfants. Deux sont morts. Des onze qui lui restent, neuf sont des filles. Les deux garçons devaient être prêtres. Mais Dieu refusa le sacerdoce à un de ses fils, Ion. Il est né imberbe. C'est un signe que Dieu n'en veut pas comme prêtre. Celui qui est marqué est exclu du sacerdoce. Ion est devenu instituteur, à Blébéa, et chantre à l'Église. L'autre garçon, c'est Nicolas. Le camarade de séminaire de mon père. Les huit années de séminaire ont été pour lui huit années de torture. Nicolas a une foi ardente. Il est pieux. Il chante admirablement. Il a la patience, la pudeur, la retenue et un bon caractère. Mais il n'aime pas les études. Pas du tout. Elles furent pour lui un long calvaire, ces huit années de séminaire. Mais selon la nouvelle loi, les prêtres doivent faire des études. Maintenant, l'épreuve est terminée. Il est rentré à la maison. Il sera prêtre, ici à Blébéa, comme son père, comme son grand-père, comme tous ses ancêtres.

Les neuf filles de pater Thomas Skobay ont été élevées pour devenir des épouses de prêtres, comme l'épouse de saint Pierre et celles des autres disciples qui ont suivi le Christ et leurs maris apôtres dans la prédication de l'Évangile [1].

Les cinq premières filles de pater Thomas Skobay sont déjà mariées. Leurs maris sont prêtres dans les villages de montagne, de la vallée d'Ozana, de Bistritza, de Moldova et de Topolitza. Les autres se marieront elles aussi avec des garçons qui deviendront prêtres dans la montagne.

L'aînée des quatre dernières filles de pater Thomas Skobay s'appelle Maria. Elle a dix-sept ans. Elle est devenue ma mère.

4

La presbytera Elena de Vale Seca, ma grand-mère, réalisa son plan. Le 28 juin 1914, quand elle entendit les balles de Sarajevo, qui déclenchèrent la Première Guerre mondiale, elle courut à Iassy et amena son fils à Blébéa. Elle le maria avec Marie, la fille de pater Thomas Skobay. Le mariage de mon père, Constantin Gheorghiu, diplômé en théologie, avec Maria Skobay de Blébéa, fut célébré le 10 octobre 1914. C'est le jour où mourut le premier roi de Roumanie, Carol Ier de Hohenzollern. Quelques mois plus tard mon père fut ordonné prêtre à la Vallée blanche. Il était le plus jeune prêtre de la montagne. Je vins au monde une année plus tard. Le mois où la Roumanie entrait en guerre et le jour où elle livra sa première bataille. Tous les pays de l'Europe se battaient avec rage. La Première Guerre mondiale durait depuis deux ans. Ce n'était pas une bonne date pour naître. Ni un bon endroit. On peut même dire qu'il n'y avait pire date et pire endroit pour venir au monde. Le prophète Ezéchiel raconte qu'il fut placé dans une vallée pleine d'ossements. Il dit : « La main de Dieu me plaça dans une vallée remplie d'ossements blancs [2]. » Le prophète Ezéchiel fut placé dans cette vallée macabre, en rêve. Et pour une très courte durée. Moi, j'étais placé, réellement, dans une vallée d'ossements, à la Vallée blanche. Le jour où je suis né, la Roumanie livra la bataille catastrophique de

1. Matthieu 8,14. Marc 1,29. Luc 4,38. Saint Paul I, Cor. 9,5.
2. Ezéchiel, 37,1.

Turtucaia, sur la rive droite du Danube. Elle fut encerclée et massacrée.

On dit que ma grand-mère de Vale Seca assista à mon baptême. Je ne le sais pas. La première image que j'aie d'elle date de plus tard. J'avais deux ans et demi. Ma grand-mère arriva inopinément à la Vallée blanche. Le presbytère était sens dessus dessous. Tout était en désordre. On était exaspérés par la faim, le froid. L'épidémie de typhus exanthématique faisait des ravages. Et, surtout, on avait peur des bandes de déserteurs, des *soviets,* et des coupe-gorge qui vous attaquaient chez vous en plein jour.

On n'osait pas sortir de la maison, pas même pour puiser de l'eau à la fontaine, de peur d'attraper la maladie, ou pour ne pas être poignardé par les bandes de *soviets.*

Ma grand-mère nous apporta et posa sur la table un pain de sucre. A l'époque, on ne connaissait que les pains de sucre. Pas de sucre en morceaux, cristallisé, raffiné. Un pain de sucre qui pesait plus de deux kilos. C'était un cône, de couleur grise, presque noire. Comme la terre. Le cône grisâtre avait un bout de ficelle comme la mèche des cierges, pour être transporté et accroché au mur. Je n'avais mangé de sucre que trois ou quatre fois jusqu'alors. Le sucre avait disparu de la surface de la terre. A cause de la guerre. Le pain de sucre, au milieu de la table, avec sa mèche de chanvre, était enveloppé dans un épais papier bleu-mauve. Un papier de si mauvaise qualité qu'il se déchirait dès qu'on le touchait. J'avais l'eau à la bouche en regardant le cône de sucre. Depuis que je n'étais plus allaité par ma mère, je connaissais la faim comme les adultes. Je mangeais chaque jour la même bouillie sans goût et sans odeur, faite de farine de maïs, d'orge et de haricots. J'ai levé le regard vers ma grand-mère. J'attendais la permission de toucher des doigts le pain de sucre et de les lécher ensuite.

Ma grand-mère était au milieu de la chambre. Perpendiculaire. C'était sa position naturelle. Avec la tête haute. Personne ne l'a vue autrement. Mais un miracle se produisit. Au moment où je la regardais, ma grand-mère se pencha. Sa taille se courba. Se plia. Comme si elle avait voulu se prosterner, toucher la terre avec son front. Elle prit, ainsi pliée, la main droite de mon père et la baisa. Pieusement. Ensuite elle se redressa.

Mon père était pétrifié. Dans sa soutane noire, il était maigre et mince, il ressemblait à un séminariste. A un adolescent.

– Habitue-toi à ce que je te baise la main, dit ma grand-mère. Je suis ta mère. Mais, toi, tu es prêtre. Je dois te baiser la main. Si on rencontre dans la rue un prêtre et un ange, il faut saluer d'abord le prêtre. Le prêtre transforme le pain et le vin en corps et sang du Christ. L'ange ne peut pas faire cela. Toi, prêtre, tu tiens Dieu dans tes mains, chaque dimanche. Et tu t'étonnes que ta mère te baise la main? Tu es prêtre, fils. Aucun roi et aucun empereur ne possède ton pouvoir. Un empereur, qu'il soit Napoléon, Alexandre le Grand ou César, ne commande que sur la terre, et uniquement pendant qu'il est empereur. Toi, prêtre, tu as le pouvoir de commander sur la terre et au ciel. Et pour l'éternité. Ce que toi tu lies ou délies, est lié et délié sur la terre et au ciel. Maintenant et pour l'éternité... Voilà ce que tu es. Et voilà pourquoi je te baise la main.

Mon père évita le regard de sa mère. Par humilité. Car aucun homme ne se sent digne d'être prêtre. Il lui dit :

– Mère, je ne vois pas votre voiture dans la cour. Où est-elle?

– Je n'ai plus de voiture, répondit ma mère. Je n'ai plus de chevaux non plus. Ils ont été réquisitionnés. Tous. C'est la guerre. Mais la guerre finira un jour. Toutes les choses ont une fin. Les pires maux que nous subissons dans cette guerre ne nous viennent pas de l'ennemi, mais de nos alliés. De nos camarades d'armes. Nos alliés sont pires que nos ennemis. Pires que le typhus exanthématique. Pires que la famine. Pires que tout. Ce sont les *soviets.* Dès que nous sommes entrés en guerre, un million de soldats russes sont venus pour nous aider. Pour combattre à côté de nous. Dès qu'ils sont arrivés sur notre sol, l'armée russe s'est mutinée. Les soldats ont fusillé leurs officiers par-derrière. Avec une balle dans la nuque. Un million de soldats mutinés se sont dispersés dans notre pays. Sur le front de Turtucaia, ils n'ont pas bougé. A Marasesti, de même. Les soldats roumains, pieds nus, corps à corps et à l'arme blanche, ont combattu les Allemands avec une bravoure surhumaine. Et les ont vaincus. L'armée russe resta l'arme au pied. Sans bouger. Elle pactisa ensuite avec l'ennemi. Le 27 juillet 1917, bien que nous ayons été vainqueurs, nous avons dû demander la paix aux Allemands. A cause de la mutinerie de l'armée russe. Les mutins se sont organisés, comme les loups affamés, en bandes, qu'ils appellent des *soviets.* C'étaient des bandes de coupe-jarrets. Des bandes de tueurs. En tournant les armes contre leurs officiers et en pactisant avec l'ennemi sur le champ de bataille, ils ont poignardé dans le dos leurs alliés : les Roumains, les Français, les Anglais. Ils ont poignardé tous les Alliés. Chez les *soviets,* le meurtre et l'assassinat sont des actes de gloire.

Le sergent mutiné Krilenko a été élevé au grade de général parce qu'il a assassiné, le 25 septembre 1917, le commandant en chef Dakhounine. Leiba Trotski a été nommé généralissime des mutins. Le 17 octobre 1917, les *soviets* ont fait main basse sur toute la Russie. Le 16 juillet 1918, les bandes des *soviets* ont massacré le tzar, la tzarine, leurs cinq enfants et tous les membres de leur famille. A Ekaterinenbourg. Ils ont brûlé les cadavres et les ont jetés dans une mine. Le 28 juin 1918 ils ont créé l'Armée rouge. Le 3 mars 1918, les mutins devenus maîtres de toutes les Russies ont signé la paix avec les Allemands à Brest-Litovsk.

Le 16 avril 1918, Bela Kun, le cousin de Leiba Trotski, attaque la

Roumanie, par-derrière. Sur la plaine de Tisza. A la tête des *soviets* hongrois...

– D'où est-ce que vous savez tout cela, mère? demanda mon père.

– D'où est-ce que je le sais? Mais ces bandes de coupe-jarrets, les *soviets*, sont nés ici, sous nos yeux, en Roumanie. C'est de Roumanie que les bandes des *soviets* se sont répandues vers la Russie... Les *soviets* sont nés sur notre sol. Dans nos villages. C'est d'ici que le malheur s'est répandu. Nous sommes les mieux placés pour les connaître. Personne n'a vu les *soviets* à l'œuvre mieux que nous, en Roumanie. Ils sont nés en même temps que ton fils Virgil. Toi, tu les connais aussi. Comme tu connais ton fils.

Ma grand-mère est rouge de colère. Ses yeux brillent de larmes.

– Asseyez-vous, mère, dit mon père.

Ma grand-mère regarde autour d'elle. Elle n'a pas d'endroit où s'asseoir. Dans notre chambre, il n'y a pas de chaises. Il n'y a qu'un lit et une table en bois blanc. La pauvreté dans le presbytère est totale. Nous n'avons qu'une seule marmite. Après avoir fait bouillir le *mamaliga*, on y fait bouillir le potage. On n'a que deux assiettes en bois. Je mange dans la même assiette que ma mère. On mange avec des cuillers en bois. Je suis assis sur le lit. Mon père et ma grand-mère sont debout.

– Tu ne me demandes pas pourquoi j'ai parcouru trente kilomètres, sur les routes infestées de *soviets*, pour venir te voir?

– Si, mère, répond mon père.

Mais il n'ose pas demander à sa mère pourquoi elle est venue.

– Les Français sont partis. Ils ont quitté la Roumanie, avec le général Berthelot à leur tête. C'était le 12 mars, dans la matinée. Ils se sont embarqués à Socola. Trois trains, pleins de Français. Le roi et la reine sont allés à la gare pour les saluer. La reine, toute de blanc vêtue, en uniforme d'infirmière, ceinte de noir, en signe de deuil, a pleuré. Sur le quai de la gare, en s'adressant aux Français, elle leur a dit : « Les uniformes bleu horizon que vous portez, messieurs les Français, sont les derniers morceaux de ciel bleu que nous, les Roumains, avons pu encore contempler, avant d'entrer dans les ténèbres... » Ce sont les paroles de la reine Maria. Iliana, ta sœur, les a entendues de ses oreilles. Elle y était.

– Qu'est-ce qu'Iliana faisait à Iassy? demande mon père.

– Un grand malheur s'est abattu sur nous. Tu viens avec moi à Vale Seca. Immédiatement. On part ensemble.

– Qu'est-il arrivé à ma sœur, à Iliana? demande mon père.

– Viens dehors, ordonne ma grand-mère. Ce sont les *soviets*...

Ma grand-mère ouvre la porte. Elle est sur le point d'éclater en sanglots. Elle ne veut pas que sa belle-fille et moi, son petit-fils, nous la voyions pleurer. Elle se domine. Avant de sortir elle dit à ma mère :

– Pater Constantin te dira plus tard de quoi il s'agit. Pardonne-moi d'aller dehors... J'ai besoin de lui parler seul à seul. Uniquement à lui. Comme à un père. Comme en confession.

Ma grand-mère et mon père sortent. Je les regarde par la fenêtre. Ils arpentent la cour. A grands pas. On voit qu'ils parlent de choses graves. De choses terribles. Les *soviets* ont commis un crime chez nous. Dans notre famille. Ont-ils violé et tué la sœur de mon père? Comme ils ont tué le tzar, la tzarine et leurs cinq enfants? Ma mère casse le pain de sucre. Elle me donne un petit morceau. Ensuite, elle tombe à genoux. Elle demande à Dieu d'épargner le monde du fléau des *soviets*, comme il l'a épargné des Turcs et des eaux du déluge.

5

Au mois de mars 1918 les *soviets* ont perpétré un crime dans ma famille. C'est mon premier souvenir d'eux. Ils ont assassiné le beau-frère de mon père. Ils l'ont tué par-derrière. De plusieurs balles tirées dans la nuque. C'est pour cela que ma grand-mère est venue, affolée. Voici les faits :

Un dimanche matin, trois militaires russes à cheval ont frappé à la porte du presbytère de la Vale Seca. Ma grand-mère est allée à leur rencontre. Elle leur demanda ce qu'ils désiraient.

– Son excellence le colonel prince Igor K..., adjoint du commandant de la mission militaire russe auprès de Sa Majesté le roi de Roumanie, désire vous rendre visite. Il m'envoie vous demander le jour et l'heure où vous pourrez le recevoir.

Ma grand-mère était grimpée sur un escabeau, construit à cet usage, et parlait aux Russes par-dessus la porte. Il était dangereux d'ouvrir. Les trois militaires portaient des uniformes flambant neufs. Ils montaient de très beaux chevaux, avec de belles selles. Ils portaient les insignes du grand quartier général des forces alliées. Depuis l'occupation de Bucarest par les Allemands, en automne 1916, le roi, la cour royale, le gouvernement et l'état-major s'étaient repliés dans la capitale de la Moldavie, à Iassy. Le général Belaiev, et le général français Henry Mathias Berthelot étaient les conseillers militaires du roi. Il n'y avait pas suffisamment de bâtiments à Iassy pour loger le roi, sa cour, sa famille, les ministres et les généraux alliés. On réquisitionna donc les châteaux autour de Iassy pour héberger les hauts dignitaires civils et militaires. La famille royale était installée à Ghidiceni, au sud de la Vallée blanche, dans le château d'un riche banquier grec. Les officiers supérieurs russes logeaient dans un château, à la lisière de la forêt de Motzka, à l'est de Vale Seca. Pour aller et venir autour de Iassy, les Russes passaient devant le presbytère de ma grand-mère. Les généraux et les officiers supérieurs circulaient en calèche, accompagnés de fortes escortes à cheval. Il y avait très peu d'automobiles dans le pays.

– Qui vous a envoyés? demande ma grand-mère.

– C'est son excellence le lieutenant-colonel prince Igor K... Il est l'adjoint du général Belaiev, le conseiller du roi, et chef de la mission militaire russe. Nous passons souvent par ici. On a le quartier de Motzka.

– Vous vous trompez d'adresse, dit ma grand-mère.

– Non. C'est chez vous, chez Mme la presbytera Elena Gheorghiu de Vale Seca, que son excellence nous a envoyés, dit le sergent russe.

Il parle admirablement bien le roumain. Il est de Bessarabie, la province roumaine occupée par les Russes depuis un siècle.

– Pourquoi vous a-t-on envoyés chez moi?

– Son altesse désire vous rendre visite et vous demande quel jour et à quelle heure vous pourrez le recevoir.

– Le prince désire me rendre visite? demande ma grand-mère, surprise. Pour quelle raison?

– Pour une visite de politesse, dit le sergent. Son altesse habite le château. Elle passe chaque jour devant votre maison. Vous avez dû la voir. Son altesse vous connaît. Elle connaît aussi Mlle Iliana, votre fille. Elle l'admire. Elle la voit monter à cheval à l'orée du bois. Son altesse admire aussi vos chevaux. Vous avez les plus beaux chevaux du pays.

– J'ai compris, dit ma grand-mère. Votre colonel veut faire la connaissance de ma fille, n'est-ce pas? Il fallait le dire dès le début.

– Bien sûr, dit le sergent. Il l'admire beaucoup. Quand il l'a vue pour la première fois, il m'a ordonné : « Allez et informez-vous, que l'on sache qui est la belle amazone de Vale Seca. » C'est ainsi qu'il appelle Mlle Iliana.

– Allez dire à son altesse que la presbytera de Vale Seca et sa fille sont très flattées de l'attention qu'on leur accorde. Elles apprécient la politesse du prince. Il y a peu de gens qui font usage de bonnes manières et de savoir-vivre, surtout en temps de guerre. Mais sa visite n'est pas souhaitable. Je suis veuve et ma fille n'est pas mariée. Nous sommes deux femmes seules. Et si une maison de femmes seules ouvre sa porte et reçoit des militaires en temps de guerre, elle porte un nom infamant.

Le courrier du prince part, déçu, mais il revient le soir même. Il apporte une lettre d'excuses. Le prince demande par écrit à être reçu. La presbytera ne répond pas à la lettre. Le colonel ne renonce pas. Il envoie des lettres chaque jour. Il finit par se présenter, un jour, en personne, devant la porte du presbytère. La presbytera lui parle par-dessus la porte. Sans lui ouvrir.

Le lieutenant-colonel Igor K... était blond, grand. Presque deux mètres. Mais il était mince. Souple. Ses cheveux étaient couleur de lin. Ses joues roses, comme les visages des enfants. Il avait les yeux bleus. Très bleus. Comme les vitraux d'église. Le prince portait l'uniforme de lieutenant-colonel de la garde du tzar. Il montait un très beau cheval noir. Il était entouré de ses gardes du corps, armés jusqu'aux dents. A côté du prince se trouvait le sergent interprète.

– Je suis venu en personne présenter mes excuses pour le malentendu que j'ai provoqué, dit le prince.

Il rougit. Comme un adolescent.

La presbytera de Vale Seca fut impressionnée par la beauté du prince et par son attitude de repentir. Elle fut surtout impressionnée par sa candeur, candeur qui contrastait avec ses titres, son uniforme et l'imposante garde armée qui l'accompagnait. La presbytera céda. Elle ouvrit la porte. Elle l'invita sur la terrasse. Pas dans la maison. Les gardes à cheval restèrent devant la porte.

La terrasse ou plutôt la véranda du presbytère est en bois. Elle est entourée de fleurs grimpantes, de liserons et de lierre. Surtout de roses. La maison est pareille aux autres maisons du village. Ce qui la différencie, c'est l'ordre, la propreté. Un ordre austère. Monacal. Sévère. Malgré les fleurs qui grimpent jusqu'au toit.

Sur la véranda il y a une table en bois et quatre chaises. Le colonel a été invité à s'asseoir. La presbytera a pris place à l'autre bout de la table. Le sergent interprète est entre eux. Le colonel dit qu'il a vingt-neuf ans. A cet âge, normalement, on a le grade de lieutenant. Il est lieutenant-colonel, parce qu'il a un régime d'avancement spécial. Comme tous les officiers de la garde personnelle du tzar. Il raconte combien il a dû lutter pour avoir l'autorisation de venir sur le front. Sa famille s'opposait farouchement à son départ. Mais il a réussi quand même. Il y est content.

Il parle de sa mère. Et il montre à la presbytera une photo d'elle. C'est une très belle femme. Très élégante. Il lui parle aussi de ses trois sœurs, qui sont plus jeunes que lui. Il montre aussi leurs photos, elles sont dans un collège impérial. Il s'arrête et dit brusquement :

– J'ai écrit à ma mère que je suis amoureux de votre fille. De Mlle Iliana. Que je n'ai jamais réussi à lui parler. Que je me suis renseigné. Que je sais tout sur elle. Que je la vois de temps en temps monter à cheval à l'orée du bois. Mais, que, dès que j'approche, elle disparaît.

Le prince montre à la presbytera les lettres de réponse de sa mère. Des lettres en russe. Il les a fait traduire en roumain et les a fait taper à la machine.

– Vous pouvez vérifier que ce que je viens de vous dire est vrai. Que j'ai parlé à ma mère de mes sentiments. Elle est au courant de tout.

La presbytera Elena fait venir sa fille. Le prince et l'interprète se lèvent et se mettent au garde-à-vous. Le prince s'incline. Il n'ose pas serrer ou baiser la main de la jeune fille. Iliana, la sœur de mon père, a dix-huit ans. Elle est très belle. Elle est impressionnée par la beauté du prince. C'est le plus bel homme qu'elle ait jamais rencontré.

– Je vous remercie de votre visite, altesse, dit ma grand-mère après un quart d'heure.

Elle se lève. La visite est terminée.

– J'ai une faveur à vous demander, madame. Puis-je avoir une photo de Mlle Iliana, pour l'envoyer à ma mère?

– La seule photo de ma fille est celle de son baptême. Une photo de bébé.

– Puis-je venir pour vous amener un jour, en calèche, à Pascani, chez le photographe?

– Nous irons seules chez le photographe. Vous aurez votre photo.

– Merci, dit le prince. Ma mère me l'a demandée plusieurs fois. Elle sera ravie d'avoir la photo de Mlle Iliana. Vous lirez cela dans ses lettres.

La mère du prince a reçu la photo d'Iliana. Elle lui a envoyé, en échange, une photo d'elle, dans un médaillon en argent. Et une belle lettre de remerciements.

Le prince est revenu souvent. Il a toujours été reçu sur la terrasse. Il a raconté qu'il y a dans sa famille plusieurs évêques et des moines. Que sa famille est très croyante. Il apporta ensuite des cadeaux. Du sucre, du thé et du café. De ces choses qui manquent en temps de guerre. La presbytera refusa. Mais le prince Igor insista tellement qu'elle finit par consentir. Le prince était au comble du bonheur quand Iliana et sa mère acceptaient ses cadeaux. Elles les reçurent pour lui faire plaisir. Il apporta aussi des livres de conversation française. Il les a offerts à Iliana. Il s'est proposé pour lui donner des leçons de français. Iliana a pris les livres, mais elle a refusé les leçons. Il venait toujours accompagné de son interprète.

Un jour, le prince s'est armé de tout son courage pour dire :

– Ma mère a donné son accord.

– Son accord pour quoi? demande ma grand-mère.

– Pour qu'Iliana et moi nous nous fiancions.

– On parlera de cela plus tard. Quand la guerre sera terminée, répondit ma grand-mère. Il faut attendre.

– Pourquoi attendre la fin de la guerre?

– Les amours de guerre finissent avec la guerre. Il faut attendre la paix.

Le prince écrivait chaque jour à Iliana. De longues lettres. Avec des citations de poètes. Il les faisait traduire en roumain et taper à la machine.

Un jour, le prince arriva au presbytère, affolé. On ne le reconnaissait plus. Il était bouleversé. C'était au printemps 1918.

– Nous partons! La Roumanie a fait la paix avec l'Allemagne. A Cotroceni. Le 7 mars. Le gouvernement usurpateur de la Russie, lui aussi, a fait la paix avec l'Allemagne. A Brest-Litovsk. Les missions militaires alliées ont l'ordre de quitter la Roumanie. Tout de suite. Les

Français partiront le 12 mars. Nous devons partir en même temps qu'eux. Ils ne peuvent rentrer en France que par la Russie. Ils partent pour Arkhangelsk et Mourmansk. D'autres iront, à travers la Sibérie, s'embarquer à Vladivostok. Ils retourneront en France par le Japon. Nous quittons Iassy dans le même convoi que les Français. En Russie la lutte a été organisée contre les usurpateurs et les mutins. Les généraux Alexeev, Kurilov et Kalenine ont constitué, depuis novembre 1917, un commandement de coordination. Le général Wrangel et l'amiral Kolchiak remportent des victoires. Je me joindrai à eux. Avec tout l'état-major des forces russes de Roumanie. Nous rétablirons le gouvernement légitime de la sainte Russie.

– Que Dieu vous garde en vie, prince, dit ma grand-mère.

Iliana est immobile. Figée de tristesse. Son prince s'en va livrer bataille aux ennemis. Exactement comme le font tous les princes dans les contes de fées.

– Avant de me joindre à mes camarades sur le front, je passe à la maison, dit le prince. Mes supérieurs m'en ont accordé l'autorisation. J'ai téléphoné cette nuit à ma mère. Elle nous attend... Je ne pars pas seul.

– Bien sûr, que vous ne partez pas seul, dit ma grand-mère. Vous partez avec vos camarades.

– Iliana part aussi, dit le prince. Elle vient avec nous. Je la conduis à la maison. Elle restera avec ma mère. Et, moi, je partirai sur le front.

– Non, dit ma grand-mère.

Elle se lève. Furieuse. Elle ajoute :

– Vous ne pouvez pas dire une chose pareille. Vous ne pouvez pas dire à ma fille de vous suivre. Un prince ne peut pas faire cela. Vous ne pouvez pas inviter Iliana à suivre l'armée qui se retire. Comme les cantinières. Comme les filles à soldats... Non!

– Ce n'est pas cela, s'exclame le prince. J'ai parlé cette nuit avec ma mère au téléphone. Elle est d'accord. Mes supérieurs aussi. Iliana et moi allons nous marier.

– Vous marier? demande ma grand-mère. Quand et où?

– Immédiatement, dit le prince. Nous avons six heures devant nous.

– Vous voulez vous marier, tout de suite? Dans les six heures qui suivent? C'est de la folie!

– Les événements sont fous, pas nous, répond le prince. Tout est prêt. L'évêque vicaire de la métropolie de Iassy, l'aumônier des forces armées russes et le curé de Vale Seca nous attendent à l'église du village. J'ai apporté les alliances. Et le voile blanc. Tout est prêt. Bien sûr, il faut se dépêcher. Mais on a largement le temps de se marier. Et ma mère nous a donné par téléphone sa bénédiction... Elle est heureuse.

– C'est de la folie, dit ma grand-mère.

– Les événements sont fous, pas nous, continue le prince.

Ma grand-mère sait que les Russes sont un peu fous. Tous. Le prince Igor, qui est colonel à l'âge où on est lieutenant, est pardonnable d'être fou. Il est russe, il est jeune et il est amoureux. Mais sa mère, qui n'a pas son âge, est aussi folle. Et toute sa famille. Les supérieurs du prince sont fous eux aussi. Mais Iliana, sa fille, n'est pas russe. Et elle est folle! Elle aussi! Car elle se réjouit.

Ma grand-mère a dû céder. On l'a prise par surprise. Elle n'a pas eu le temps de s'opposer. Elle a participé au mariage. Un mariage célébré par l'évêque auxiliaire de la métropolie de Moldavie, l'aumônier militaire russe et le curé de Vale Seca. Un très beau mariage. L'église était pleine de généraux et d'officiers supérieurs, russes, français, roumains. Après la cérémonie le cortège est parti vers Iassy. On devait s'embarquer pour la Russie. C'était le dernier train.

La presbytera resta seule. Elle est devenue la mère d'une princesse. Mais elle ne voulait parler de cela à personne. Tout ce qui venait de se passer était un conte de fées. Les contes de fées sont pour les enfants. Les adultes n'ont pas le droit d'y croire. Et parce que ce conte de fées était réel, la presbytera était mal à l'aise. Inquiète. Elle avait peur. Car il n'est pas normal que les contes de fées deviennent réalité.

Le lendemain, vers le soir, un carrosse, entouré d'une forte escorte militaire, arrive à Vale Seca. Il s'arrête devant le presbytère. La princesse Iliana descend du carrosse. Elle dit à sa mère :

– A Ungheni, au passage de la rivière Pruth, le train du commandement militaire russe en Roumanie a été attaqué par les *soviets*. Les soldats russes qui étaient dans le train se sont mutinés. Le prince Igor a été tué. La plupart des officiers qui étaient dans le train ont été fusillés, comme lui. Par-derrière. Par leurs propres soldats. Voilà. Je n'ai pas voulu continuer le voyage. Ils ont insisté pour que je parte avec eux. Je suis restée à Ungheni, jusqu'à ce que le train reparte. En emportant mon mari mort. Vers la Russie. On m'a donné la bague de mariage d'Igor. Ensuite, les militaires m'ont ramenée à la maison. C'est tout. J'ai été princesse et mariée pendant quelques heures.

Depuis lors Iliana refuse de parler. Elle refuse de se lever. Elle refuse de boire et de manger. Cela dure depuis quelques jours.

– Je suis venue demander ton aide, dit ma grand-mère. Elle ajoute : Le prince Igor était un rêve incarné. Les *soviets* ont tué le rêve, en le fusillant par-derrière. Dans le dos.

Ce jour-là, c'est la seule fois que j'ai vu ma grand-mère pleurer.

IV

LES PREMIÈRES ANNÉES SUR MA TERRE NATALE

1

Les premières années de ma vie sur terre – entre 1916 et 1919 – furent trois années terribles pour la Roumanie. Le pays était en guerre. Occupé par l'ennemi. Le territoire national était réduit à une bande de terrain, qui avait la forme d'une moitié de croissant : la Moldavie, ma province natale. Ici étaient entassés le roi, le gouvernement, le parlement, l'état-major, deux millions de réfugiés, les armées étrangères alliées et un million de soldats russes mutinés. Le pays était décimé par la famine, le typhus exanthématique, la peur et les bandes armées de mutins. La Moldavie était une terre de désolation, de dévastation et de douleur. On ne comptait plus les morts.

On peut penser que j'étais le plus malheureux des enfants. Mais ce n'était pas vrai. J'ignorais tous les malheurs qui m'entouraient. Pour moi, ces années terribles de l'histoire roumaine furent les plus heureuses de ma vie. Je suis né le mois où la guerre et la désolation commencèrent, mais je ne vivais pas encore sur la terre. Je vivais dans les bras de ma mère. J'étais heureux comme les justes au sein d'Abraham. Plus la famine et la terreur étaient grandes, plus ma mère me serrait fort dans ses bras. J'étais protégé. J'étais à l'abri de toute agression et de tout contact avec la terre et le monde. Autour de moi c'était la famine. Les gens mangeaient l'écorce des arbres. Mais ma nourriture était assurée. C'était d'abord le lait de ma mère. Plus tard, avant que j'aie des dents, ma mère mâchait la nourriture à ma place. Je n'avais qu'à ouvrir la bouche et la recevoir. Je vivais en symbiose avec ma mère. J'étais attaché au corps de ma mère, comme une branche l'est au tronc de l'arbre. J'étais tout le temps dans ses bras. Elle n'osait jamais me déposer à terre. La terre autour de nous était infestée de dangers de toutes sortes, de vermine, de maladie, d'épidémies atroces. Ma mère avait peur de me décoller de sa poitrine. Je faisais un seul corps avec elle. Toutes les terreurs, tous les dangers autour de moi m'étaient inconnus. Ils tournaient à mon avantage. Car plus ils étaient grands, plus j'étais dorloté. Ma mère, me sachant en danger de mort permanent, me disait que, s'il m'arrivait malheur, elle mourrait avec moi. Elle me faisait, sans arrêt, des déclarations d'amour et des serments de fidélité. Elle me disait qu'elle m'aimait plus « que les prunelles de ses yeux ». Qu'elle ne survivrait pas si je disparaissais ou si je m'éloignais d'elle.

Ma mère n'avait pas encore vingt ans et j'étais son premier enfant. Elle m'aimait plus que tout au monde. Elle cousait, faisait le ménage et la cuisine en me tenant dans ses bras. Si elle me posait pour quelques instants à côté d'elle, elle gardait sa main et ses yeux sur moi. Afin de ne pas me perdre. Elle et moi vivions comme si nous n'avions qu'un seul corps. Je ne me suis jamais éloigné de ma mère. Si je le faisais, m'avait-elle dit, elle mourrait. Immédiatement. Automatiquement. J'ai pris ses mots à la lettre. Je n'avais aucun doute quant à la véracité de ses paroles. A cause de cela je fus terriblement bouleversé et étonné quand ma mère fit entrer dans notre chambre une femme étrangère. Ma mère me mit dans les bras de l'étrangère et lui ordonna de m'éloigner d'elle.

– Gardez-le le plus loin possible, intima ma mère. Ne l'amenez pas auprès de moi. Pour rien au monde.

Je pensai que c'était un jeu. Que ma mère faisait cela pour rire. J'en fus vite détrompé. La femme étrangère qui me serrait fortement dans ses bras m'amena dehors.

Devant notre maison il y avait un cerisier. Il était en fleur. La femme étrangère me posa à terre, sous le cerisier. Ma première réaction fut de révolte. Je voulus retourner dans la maison. Auprès de ma mère. Mais l'étrangère m'en empêcha. Je cherchai de l'aide autour de moi. Tout était hostile. Étranger. J'étais dans un environnement inamical. Ennemi. Même les rayons du soleil, auparavant si doux, me perçaient les yeux comme des flèches. Je commençai à pleurer. A crier. A me débattre. Comme un poisson sorti de l'eau et jeté sur la terre ferme.

J'ai supplié du regard la femme étrangère, d'avoir pitié de moi et de me ramener dans ma patrie, dans les bras de ma mère. L'étrangère resta inflexible.

J'ai crié et j'ai pleuré de plus en plus fort. J'avais souvent pleuré auparavant. Comme tous les enfants. Mais chaque fois que je pleurais, ma mère me prenait dans ses bras, me dorlotait, me couvrait de baisers et les larmes séchaient. L'étrangère fut indifférente à mes larmes. C'était la première fois qu'on me regardait pleurer sans intervenir. Quelque chose de grave venait de se produire. J'étais en danger.

L'étrangère se décida enfin à me ramener dans la maison. Mais pas dans la chambre de ma mère. Dans une autre pièce. Je continuai à protester. A crier. A pleurer. Puis, fatigué de tant de larmes, je m'endormis.

Quand je me réveillai, la femme étrangère était toujours auprès de moi. J'étais son prisonnier. Dans un univers hostile. Elle me prit dans ses bras. J'éclatai en sanglots. L'ennemi extérieur m'envahissait. Il pénétrait en moi. La poitrine et les bras de cette femme étrangère avaient une odeur inconnue. Agressive. Différente de celle de ma mère. Son sourire même me faisait peur.

– Emmène-moi chez ma mère, ai-je supplié.

Cette fois l'étrangère céda. Elle me ramena dans la chambre de ma mère. La terreur cessa.

Ma mère était étendue sur le lit. Elle était plus belle que jamais. Son visage était blanc et lumineux. Ses yeux étaient brillants.

J'étais tellement heureux de retrouver mon paradis, ma patrie, que dès que la femme étrangère me posa sur le plancher, je me précipitai vers ma mère, me jurant de ne plus m'éloigner d'elle. Pas même une seconde. Durant toute ma vie. De rester toujours collé à sa poitrine. Comme une branche est fixée au tronc de l'arbre auquel elle appartient.

J'ai grimpé sur la bordure du lit. J'ai voulu reprendre ma place, sur la poitrine de ma mère. Ma place était occupée. Il y avait auprès d'elle quelque chose de rose. Une tête de bébé. Un nouveau-né. Je suis monté dans le lit. J'ai essayé d'éloigner l'intrus. L'usurpateur. Mais je n'ai pas réussi. La femme étrangère qui était derrière moi m'a pris par les épaules, m'a soulevé et m'a descendu du lit. J'ai cherché la protection de ma mère.

– Reste où tu es, dit ma mère. Nous avons de la visite. Tu as une petite sœur. N'est-ce pas qu'elle est belle? Elle s'appelle Elena.

Ma mère embrassa la tête blonde du bébé. Elle ne me regardait plus. Elle était toute caresse pour l'usurpateur. Pour celui qui avait pris ma place.

2

Le lendemain matin on m'amena de nouveau dans la cour. J'étais encombrant. Il n'y avait plus de place pour moi, auprès de ma mère. Toute la place était réservée au nouveau-né. La femme étrangère me posa devant la maison, sous le cerisier blanc.

– Joue ici, dit-elle, et elle s'éloigna. Elle me laissa seul.

Il faisait froid. Les rayons du soleil me piquaient les yeux, comme des abeilles. J'étais fatigué d'avoir pleuré toute la nuit. Le nouveau-né a pleuré aussi. Ma mère m'a laissé pleurer. Mais elle faisait tout pour consoler le nouveau-né. Je l'ai entendue dire au bébé les mêmes mots de tendresse qu'elle me disait auparavant à moi. Exactement les mêmes. Elle lui disait : « Tu es la prunelle de mes yeux. Ne pleure pas, mon trésor. Si tu pleures, je pleure aussi. »

C'était un jour précoce de printemps. Autour de moi la terre était noire, ravagée, défoncée par le dégel, comme après un bombardement. Un spectacle de désolation. J'avais à nouveau les larmes aux yeux. Devant moi apparut mon père. Il était très mince, dans sa soutane noire. Il avait le visage pâle.

– Tu es grand, maintenant, dit mon père. Ta place n'est plus auprès de ta mère. Cesse de pleurer. Partout ailleurs les garçons de ton âge vont à l'école. Au Kindergarten. Tu es resté aussi longtemps à la maison parce que chez nous c'était la guerre. Les écoles étaient fermées. Maintenant la guerre est terminée. Il faut rattraper ton retard. Car tu es grand.

Mon père s'assit à côté de moi. Sur une grosse pierre. Un morceau de rocher. Nous étions tous les deux sous le cerisier. Mon père sentait bon. Il sentait le basilic, l'eau fraîche et l'herbe. Il était tout le temps dehors. On l'appelait partout. Chez les malades, chez ceux qui mouraient. Chez les malheureux de toute sorte.

J'ai regardé mon père étonné. C'était la première fois qu'on me disait que j'étais grand. Jusqu'alors on me disait le contraire. On me disait : « mon petit », « mon petit bonhomme » ou « mon petit trésor ». J'étais donc petit. Pourquoi mon père me disait-il maintenant que j'étais grand? Avais-je grandi subitement? Sans le savoir? Je regardais mes jambes, mes bras et ma poitrine. Je les comparais aux jambes et aux bras de mon père.

– Personne ne t'a dit que tu es grand? demanda mon père.

– Personne, ai-je répondu.

Je lui ai montré mon corps. Pour lui montrer que j'étais petit.

– Je suis grand comment? ai-je demandé. Suis-je grand comme toi?

Mon père était embarrassé par ma question.

– Tu es grand comme la Roumanie, dit-il.

L'idée lui en était venue subitement. Depuis quelques mois on ne parlait que de la Grande Roumanie. La proclamation de la Grande Roumanie était annoncée. Partout. Par des affiches collées sur les murs des mairies. Sur les portes des églises. Sur les poteaux télégraphiques. Même sur les arbres bordant les routes. Le mot grand était devenu synonyme de Roumanie.

– Oui, dit mon père, tu es grand comme la Roumanie. Quand tu es venu au monde, la Roumanie était petite. Elle était comme toi tu l'étais à ta naissance. Vous avez grandi en même temps. Toi, et la Roumanie. Maintenant, vous êtes grands. Tous les deux.

J'étais ravi d'entendre cela. Tous les garçons sont heureux quand on leur déclare qu'ils sont grands. Je souriais. Mes lèvres étaient brûlées par la fièvre et par les larmes de la nuit. Mon sourire encouragea mon père. Il ramassa une branche. Quelqu'un l'avait utilisée comme bâton, en arrivant chez nous, et, en partant, l'avait abandonnée sous le cerisier.

– Tiens-toi droit, dit mon père.

Il fixa le bâton à côté de moi. Il me mesura. Comme avec un mètre. J'étais fier. Je me sentais important. C'était la première fois qu'on prenait mes mesures. Comme chez le tailleur.

Après m'avoir mesuré, mon père aplatit la terre autour de lui, et traça un cercle avec le bâton.

– Ce cercle, c'est la carte de la Grande Roumanie, dit-il. Ça, c'est ton pays. C'est le seul pays au monde qui est parfaitement rond. Il n'y a pas d'autres pays ronds comme la Roumanie. Je l'ai dessinée ici à tes mesures. De haut en bas et de l'est à l'ouest, elle a exactement ta taille. C'est une Roumanie à ta taille. Grande comme toi. Au sud c'est le Danube et la mer Noire. A l'est c'est le Dniestr et à l'ouest c'est la Tisza. Et ici, à cet endroit, c'est notre village, la Vallée blanche.

Mon père désigna une croix au nord du cercle et dit :

– C'est ici l'endroit exact où nous nous trouvons en ce moment, notre maison, toi et moi.

J'ai retourné la tête. En effet, notre maison était là. Derrière moi. Mon père était là. Moi aussi.

– Quand tu es né, au début du mois de septembre 1916, la Roumanie était toute petite. Elle avait la forme d'un croissant. La forme d'une fine tranche de melon. Tu ne sais pas ce qu'est le melon. Mais tu as mangé des courges. A ta naissance, la Roumanie ne comprenait que la Moldavie et la Valachie. Sur les versants oriental et méridional des Carpates. Elle avait la forme d'une mince tranche de courge.

Je léchais mes lèvres. C'était la plus fine, la plus délicate friandise que j'aie jamais mangée. Les tranches cuites de courge, jaunes comme le miel, étaient onctueuses, et sucrées. J'étais heureux que mon pays eût la forme d'une tranche de courge. Je connaissais maintenant la couleur, le goût, le parfum et la forme de mon pays natal.

– Le 15 août 1916, fête de la sainte Marie la Grande, le roi ordonna qu'on sonne les cloches dans tous les villages du pays. La mobilisation générale était décrétée. La Roumanie entra en guerre pour délivrer les Roumains qui vivaient sous domination étrangère. Trois semaines après la mobilisation générale, tu es venu au monde. Dès que tu es né, tu étais engagé dans le combat.

– Ce n'est pas vrai, ai-je dit. Les bébés ne vont pas à la guerre.

– Si, répondit mon père. Tu t'es engagé dans le combat, dès que tu es venu au monde. Tout de suite. Je pensais que tu étais né, exprès, pour combattre. Pour aller à la guerre.

– Ce n'est pas vrai, ai-je répété. Vous vous moquez de moi.

– Tu as rejoint l'armée, dès le premier jour, dit mon père. Tu as augmenté l'effectif des combattants. Tu as contribué à la victoire. Tout soldat, si petit soit-il, contribue à la victoire.

– Je n'ai pas été soldat... ai-je dit.

– Tu as combattu pour faire la Grande Roumanie. Certes, tu étais tout petit. Tu ne pouvais pas aller sur le front, à Marasesti ou à Turtucaia. Tu ne pouvais même pas marcher. Tu étais un bébé. Mais tu as combattu. Comme un brave. Comme un héros. Comme tous les Roumains. Une partie de la victoire, qui a été célébrée le 1er décembre 1918, fut remportée aussi grâce à ton combat. Peut-être que si tu n'étais pas venu au monde, pour participer au combat, on n'aurait pas aujourd'hui une Grande Roumanie, ronde comme la pleine lune. Le sort d'une guerre dépend de chaque soldat.

– Je n'étais pas soldat. J'étais trop petit.

– Tu n'étais pas soldat sur le front. Tu n'étais pas soldat en uniforme. Bien sûr que non. Mais tu as donné toutes tes rations de sucre aux soldats qui étaient sur le front. Les soldats ont mis le sucre que tu leur as cédé dans leur thé, afin qu'ils aient de la force et puissent lutter. Car nos soldats ont lutté à la baïonnette. Corps à corps. A l'arme blanche. Les cartouches manquaient, pour lutter avec les fusils. Tous tes morceaux de sucre, tu les as donnés aux soldats qui étaient sur le front. Tu n'as jamais mangé de sucre. Tu t'es sacrifié. Mais tu ne leur as pas seulement donné du sucre. Tu as renoncé à tes rations de lait. Tu as donné le lait aux soldats blessés qui étaient dans les hôpitaux. Tu leur as donné tes rations de pain. Combien de fois as-tu mangé du pain, pendant ton enfance? Très rarement. Quelquefois. Le dimanche. Car tu as donné ton pain aux soldats qui luttaient pour la Grande Roumanie, sur le front. Tu as donné aux soldats la viande à laquelle tu avais droit. Tu as donné aux soldats le beurre, l'huile. Tout. Tu t'es sacrifié pour nourrir les soldats. Tu as contribué à la victoire de la Roumanie. Héroïquement. Tous les enfants aiment les bonbons. Eh bien, tu n'as presque pas mangé de bonbons, pour qu'ils aillent chez les soldats blessés. Pour un enfant, renoncer à ses bonbons, c'est de l'héroïsme. Pourquoi dis-tu que tu n'étais pas soldat? Tu as combattu comme les plus grands généraux. Avec les armes de ton âge. Pour faire de la Roumanie, petite comme un croissant, une Grande Roumanie, grande comme la pleine lune. Un pays où tous les Roumains vivront libres. Un pays qui s'étend de Tisza juqu'au Dniestr et du Danube à Hotin. Un beau pays. Qui a grandi en même temps que toi. Tu auras la chance de vivre dans un pays heureux. Tu vivras mieux que nos ancêtres.

J'avais les joues empourprées de plaisir en entendant ces paroles. Je regardais autour de moi pour voir la Grande Roumanie, ronde comme la lune. Mais, autour de moi, il n'y avait que notre maison, et la terre grise, défoncée par le gel et ravagée comme après un bombardement. Je levai la tête, espérant voir la Roumanie au-dessus de ma tête. J'ai vu la coupole bleue du ciel à travers les branches et les fleurs du cerisier, comme à travers un voile de dentelle...

Un pétale est tombé sur mon visage. C'était une caresse de velours et de soie. Le pétale de fleur de cerisier était blanc et frais comme une étoile de neige. Mon père prit le tronc du cerisier des deux mains et le secoua lentement. Une pluie de pétales blancs tomba sur mon visage, sur mes lèvres, sur mon cou. Les pétales blancs sont aussi tombés sur la tête de mon père, sur ses épaules, sur sa soutane, et sur la carte de la Roumanie dessinée sur la terre à mes mesures. La Grande Roumanie, mon père et moi, nous étions tous les trois couverts de fleurs.

– Tu es exactement comme ce beau cerisier, dit mon père.

– Je n'ai pas de fleurs comme le cerisier, ai-je dit. Tu te moques à nouveau de moi.

– Tu es comme le cerisier, répéta mon père, parce que tu es roumain. Les Roumains sont des paysans. Les paysans comme les cerisiers ne reçoivent d'ordres que du ciel, de la terre et des saisons... Le cerisier fleurit même s'il y a la guerre, l'épidémie, l'occupation étrangère, la famine et autres cataclysmes. Les Roumains et les arbres sont des frères. Ils sont fidèles aux saisons... Il y a, à l'autre bout de la terre, un peuple qui s'appelle le Japon. Au printemps, quand les cerisiers fleurissent, c'est la plus grande fête du Japon. C'est comme la fête de Pâques chez nous. Tous les Japonais, l'empereur à leur tête, les généraux en grand uniforme, la musique militaire, les ministres, les ouvriers, les étudiants et les élèves de toutes les écoles sortent de la ville et vont saluer les cerisiers en fleur.

Mon père ramassa une poignée de pétales blancs et les jeta sur ma tête. J'étais à nouveau couvert de fleurs comme des confettis. J'ai fermé les yeux. J'étais heureux. C'était ma première fête nationale sur ma terre natale.

3

Pendant la nuit, j'ai rêvé des cerisiers en fleur. D'innombrables cerisiers. Ils couvraient tout le village. Tout le pays. Moi, mon père et la carte ronde de la Roumanie étions couverts de pétales. Nous étions enfouis dans les pétales du cerisier, comme dans la neige. Jusqu'au cou. Le lendemain, je me suis précipité dehors. J'étais bien décidé à honorer mon cerisier, avec plus de pompe encore et de politesse que les Japonais. J'ai trouvé, sous l'arbre, la carte ronde de la Roumanie, dessinée la veille par mon père. Je me suis placé debout, à l'extrémité nord du cercle, là où mon père m'a dit que se trouvaient notre village et notre maison. Je me suis tourné vers le cerisier et lui ai fait une profonde révérence, comme on m'avait dit qu'en faisait l'empereur du Japon lui-même. Les rayons du soleil me piquaient les yeux. Je fermai les paupières. Je sentais les rayons chauds du soleil sur mes joues et mon cou, comme du miel, chatouillants, agréables. Je suis resté les yeux fermés, rêvant que le roi et la reine de Roumanie et tous les ministres et l'empereur du Japon en personne étaient venus s'incliner en saluant les fleurs de mon cerisier.

J'ai ramassé une poignée de pétales frais et ensuite je me suis laissé conduire dans la maison par la femme étrangère. Je ne lui en voulais plus. J'avais oublié que ma place auprès de ma mère était occupée par le nouveau-né, et que j'étais expulsé, frappé d'ostracisme. J'avais un beau cerisier en fleur, comme l'empereur du Japon, une carte de la Roumanie tracée à mes mesures, et je savais faire des révérences aux fleurs et au printemps. Dans l'après-midi il tomba de la pluie. En averses. Le vent souffla avec force, faisant claquer les volets de bois contre les fenêtres. On m'interdit de sortir.

Le jour suivant, de très bonne heure, je me suis faufilé dehors, pour saluer mon cerisier. Mais il n'était plus là. A la place du cerisier blanc, se trouvait un arbre chétif. Noir. Le tronc et les rameaux vides étaient de la couleur du charbon mouillé. Laids. Macabres, comme les griffes et les ailes du corbeau. La carte ronde de la Roumanie était toujours là. Mais elle était couverte d'une mousse verdâtre, presque noire.

– Ne reste pas ici, dit mon père, arrivant auprès de moi. Viens dans la maison.

– Où est-il, notre cerisier? ai-je demandé.

– Tu l'as devant toi, répondit mon père. Il me montra le tronc et les branches noires de l'arbre.

– Où sont-elles, les fleurs blanches?

– Tombées, dit mon père.

– Tombées... Où sont-elles tombées?

– Sous tes pieds. Toutes les fleurs blanches sont par terre. Gelées. Mortes. Cette nuit a soufflé le vent glacial de la Russie. De la Sibérie. Il est tombé une gelée blanche. Les bourgeons et les fleurs ont gelé. Ils ont été tués.

A mes pieds, il n'y avait plus de fleurs. Uniquement de la vase. Une sorte de limon gluant. Noirâtre. Un tapis de moisissure. Les bourgeons étaient comme de grosses mouches mortes. Comme des vers de terre écrasés.

– Ça, ce sont les fleurs? ai-je demandé. Les fleurs blanches?

J'ai ramassé la mousse verdâtre. J'ai pensé que les pétales du cerisier étaient tombés dans la boue et s'étaient salis. Je voulus les nettoyer. Mais la mousse que j'ai ramassée collait désagréablement à mes doigts. Les pétales de fleurs et les bourgeons se sont transformés en une pâte mousseuse, visqueuse, repoussante.

Mon père sortit un mouchoir et me nettoya les mains.

– Ne reste pas ici, dit-il. Viens avec moi dans la maison.

– Les fleurs étaient blanches, ai-je dit. Ce ne sont pas des fleurs.

– Si blanches soient-elles, les fleurs, dès qu'elles tombent sur la terre, se transforment en boue. L'immaculé flocon de neige, aussi, dès qu'il touche la terre, devient de la boue. Cette année on n'aura pas de cerises.

Les fleurs sont mortes. Avant de porter des fruits. La mort des bourgeons est un spectacle désolant. Comme la mort des enfants nouveau-nés. Nos ancêtres les Romains n'avaient pas le courage d'enterrer les nouveau-nés à côté des autres morts. Ils les déposaient sous une corniche, dans des alvéoles pareilles aux nids des hirondelles. Ils appelaient le cimetière des petits enfants le *larmier*.

Mon père m'a pris dans ses bras. Il m'a ramené dans la maison. Quand j'ai appris à lire, j'ai écrit une prière pour les fleurs de cerisier mortes de froid, dans la nuit, en plein printemps. C'était ma première poésie.

4

Un matin on m'a sorti du lit de très bonne heure. On m'a habillé et invité à descendre dans la cour.

Devant le presbytère il y avait un grand cheval blanc, attelé à un chariot à tente. Un chariot à tente comme ceux des gitans et des nomades. Plus tard j'ai vu des chariots à tente similaires au cinéma, dans des films américains, avec des pionniers qui voyageaient vers le Far West, traversant mille et un périls. Ce matin-là, tous les meubles et tous les objets de notre maison étaient chargés dans le chariot. Pêle-mêle, notre table, notre lit, la marmite, le matelas, les tapis, les icônes et tous les ustensiles de cuisine. Même le seau à eau était attaché derrière le chariot. Je ne comprenais pas de quoi il s'agissait. Ma mère sortit de la maison. Elle était habillée d'une robe longue, un châle, un *maphorion*, lui couvrait la tête et les épaules et tombait comme une large tunique lui enveloppant le corps. Ma mère portait dans ses bras son nouveau-né, ma sœur Elena.

Quand ma mère est apparue, dans le cadre de la porte, enveloppée dans son *maphorion*, avec le bébé dans ses bras, elle ressemblait à la Mère de Dieu, telle qu'elle est représentée dans l'icône de « la Fuite en Égypte ».

C'était la première fois que je voyais ma mère ainsi habillée. Je l'avais toujours vue à l'intérieur de la maison. Jamais dehors. Je pensai tout de suite qu'elle était habillée dans le costume des femmes qui fuyaient en Égypte. L'icône de « la Fuite en Égypte » était sur le mur de notre chambre. Je connaissais l'histoire. Peu de temps avant la naissance du Christ à Bethléem, le roi Hérode ordonna le massacre, dans le pays, de tous les enfants qui avaient moins de deux ans. Le Christ était en danger. Mais un ange avertit Joseph et lui enjoignit de prendre la Mère et l'Enfant et de fuir en Égypte « car Hérode cherche l'enfant pour le faire périr ».

J'avais terriblement peur. Pourquoi ma mère était-elle habillée en costume « de femme qui fuit en Égypte »? Ma sœur, âgée de moins de deux ans, était-elle en péril d'être tuée? L'ange avait-il averti mon père du danger?

Ma mère monta dans le chariot, sous la tente. Mon père me prit dans ses bras et me plaça sur le siège du cocher. Ma mère était derrière moi. Elle serrait son bébé dans ses bras. Comme si elle voulait le cacher. Afin que sur la route, les soldats d'Hérode ne le voient pas et ne le fassent pas périr par le glaive. Je savais que pour arriver en Égypte il fallait traverser le désert. Et que la route était très longue. Mon père était à côté de moi. Il me dit :

– Fais le signe de la croix. Nous quittons la Vallée blanche pour toujours. Le métropolite m'envoie dans une autre paroisse. Dans un village riche. Dans la plaine. Là-bas nous aurons à manger. Nous aurons du lait pour ta petite sœur et pour toi. Nous aurons même du pain... En route, Rossinanta. En route, dit mon père au cheval.

Il se tourna vers moi :

– C'est le premier voyage de ta vie. Tu ne l'oublieras pas.

Au carrefour les paysans attendaient mon père. Ils se découvrirent. Ils prirent, l'un après l'autre, congé de lui en lui disant : « Père Constantin, nous vous souhaitons un bon voyage. Faites très attention. Les routes sont très dangereuses. N'oubliez pas que vous ne voyagez pas seul. Vous avez votre famille avec vous. »

Les paysans avaient du chagrin de voir partir mon père. Ils étaient tous plus âgés que lui, mais l'appelaient « mon Père », tout en lui donnant des conseils comme on donne à ses propres enfants.

Avant de sortir du village, nous nous arrêtâmes devant l'église. Mon père enleva son couvre-chef et fit le signe de la croix. L'église était toute petite. Entièrement en bois. Couverte de bardeaux. Mon père avait de la peine à quitter la petite église. C'était ici qu'il avait célébré sa première messe.

– Dès qu'on sortira du village, je te donnerai les guides. Tu conduiras tout seul le chariot, dit mon père. Aimes-tu notre grand cheval blanc?

– Est-ce qu'il est à nous, ce cheval? ai-je demandé.

– Il est à nous en toute propriété. Nous sommes propriétaires d'un cheval. D'un beau et grand cheval. C'est une jument. Elle s'appelle Rossinanta. Un nom célèbre. Cela ne t'étonne pas que j'aie eu tant d'argent pour acheter un cheval? Car un cheval coûte beaucoup d'argent. Une fortune. Ce n'est pas à la portée de tout le monde d'acheter un cheval blanc comme le nôtre... Mais j'ai eu de la chance. On m'a donné Rossinanta. Sans rien payer. Gratuitement. C'est un cadeau.

– Qui nous a fait cadeau d'un cheval?

– Un ange, répondit mon père. Car tout homme, si petit soit-il, a un ange gardien. Et toi, moi, ta mère et ta petite sœur Elena, nous avons tous notre ange gardien. Et un de ces anges, peut-être le tien, ou celui d'Elena, nous a offert le cheval.

– C'est un ange qui vous a offert ce grand cheval blanc?

J'étais émerveillé. Je n'arrivais pas à comprendre qu'un ange puisse offrir à mon père un si grand et beau cheval.

– Veux-tu savoir où et comment l'ange m'a offert ce cheval? demanda mon père. Je vais te le dire. Les anges savent tout ce qui se passe sur la terre. Or notre ange savait que le métropolite de Moldavie m'enverrait dans un autre village. L'ange savait que nous sommes très pauvres. Que nous ne pouvions pas louer un chariot et un cheval pour aller tous les quatre dans ma nouvelle paroisse. Alors l'ange a dit : « Il faut offrir au père Constantin un chariot à tente et un cheval, afin qu'il puisse se rendre à sa nouvelle église avec son fils Virgil, la petite Elena, la presbytera Maria et leurs affaires. Ils ne peuvent pas voyager à pied. » Et l'ange m'a donné le cheval et le chariot.

– Avez-vous vu l'ange qui vous a donné le cheval? Comment est-il?

– Non, répondit mon père. Malheureusement, je ne l'ai pas vu. Mais il était là. Hier je suis allé en ville. Sur la place du marché il y avait beaucoup de monde. Un officier de l'intendance militaire vendait les chevaux réformés de l'armée. Je me suis approché pour voir ce qui se passait. La vente des chevaux était terminée. Il ne restait que Rossinanta. Personne ne voulait l'acheter. Elle est trop vieille. Elle n'a presque plus de dents. Elle a fait toute la guerre. Elle a été plusieurs fois blessée. Le lieutenant de l'intendance qui dirigeait la vente, constatant qu'il n'y avait pas d'acheteur pour Rossinanta, ordonna à un soldat de la conduire immédiatement à l'abattoir, pour récupérer sa peau. « Je comprends qu'il n'y ait pas d'acheteur, dit l'officier. C'est un vieux cheval. Il n'est plus bon à rien. C'est une bouche inutile. Certes, Rossinanta a fait toute la guerre. Elle a combattu, vaillamment, pour la Grande Roumanie et pour la libération des Roumains. C'est une vaillante cavale. Mais maintenant, elle est vieille. » J'avais tellement pitié du pauvre cheval blanc que j'ai dit à l'officier de ne pas envoyer Rossinanta à l'abattoir. Tout le monde m'a regardé. Ils étaient étonnés que je donne des conseils à un officier. Cela ne se fait pas.

« Vous demandez, pater, qu'on n'envoie pas Rossinanta à l'abattoir?

– Par pitié, ne l'envoyez pas, ai-je demandé.

– Et qui la nourrira, si elle reste en vie? demanda l'officier. Vous avez vu qu'il n'y a aucun acheteur. L'armée n'a plus besoin d'elle. Elle a fait son temps. Certes elle a fait toute la guerre. Mais l'État ne verse pas de pensions de vieillesse aux chevaux. Cela, non. L'État ne donne pas de pensions aux chevaux invalides ou réformés... Qui la nourrira si elle ne sert plus à rien?

– Moi, je la nourrirai, ai-je dit.

– Prenez-la, pater, si vous avez de l'argent à jeter par la fenêtre et pour nourrir les bouches inutiles. Je vous la donne. »

– J'ai pris le cheval par la bride et je suis retourné à la maison. A pied. Avec Rossinanta. En arrivant à la maison je trouve l'ordre écrit du métropolite. Il me disait de me présenter immédiatement dans ma nouvelle église à Margineni. J'ai tout de suite compris pourquoi l'ange m'a offert le cheval. Je n'avais aucun moyen de transport. Le chariot, je l'ai acheté à crédit. C'est un gitan qui l'a abandonné au village. Le maire m'a dit de le prendre et de le payer lorsque j'en aurai les moyens. Et nous voilà propriétaires d'un cheval et d'un chariot à tente. Maintenant, nous voyageons comme des grands seigneurs. Nous voyagerons toute la nuit. Quand tu auras sommeil, tu pourras te coucher. Il y a du foin plein le chariot. Tu dormiras mieux que dans un lit... Demain nous arriverons à Margineni. A notre nouvelle église.

– Margineni est en Égypte, père, n'est-ce pas? ai-je demandé.

– Mais non, pourquoi veux-tu que Margineni soit en Égypte? D'où sors-tu le mot Égypte? D'abord, sais-tu ce que c'est, l'Égypte? C'est un pays qui se trouve au-delà de la mer. Très loin. On ne peut pas se rendre en Égypte en chariot. Il faut s'embarquer sur un bateau.

– Dans l'icône de « la Fuite en Égypte », la Mère de Dieu voyage sur un âne. Pas en bateau, ai-je dit.

– La Mère de Dieu était en Palestine. Un pays voisin de l'Égypte. Nous, nous sommes en Roumanie. Si on y allait, par terre, avec Rossinanta, il nous faudrait un ou deux ans pour y arriver. Mais avec Rossinanta on ne pourra jamais aller en Égypte. Elle mourrait en route. Car elle est très vieille, la pauvre. Mais nous n'allons pas en Égypte. Nous allons à Margineni, qui se trouve en basse Moldavie. Dans la plaine. Là où la terre est bonne et fertile. Une vraie terre de Canaan. Une terre comme du velours.

Je regardais avec tendresse la vieille Rossinanta. Elle avançait à petits pas. Elle se tenait droite. Elle marchait au milieu de la route. Mais le chariot était trop lourd pour elle.

– Est-ce qu'elle a des poils blancs parce qu'elle est vieille? ai-je demandé à mon père.

– Non, répondit-il. Elle est née blanche. Elle a dû être autrefois un très bon cheval de trait. Les chevaux de trait blancs sont rares en Roumanie. Je ne sais pas où l'armée a pu se procurer Rossinanta.

Le village de la Vallée blanche est resté en arrière. La route est défoncée. Le chariot est fortement secoué. Au pied d'une colline, Rossinanta s'arrête.

– Elle nous invite à descendre, dit mon père. La montée sera très dure pour elle si nous restons dans le chariot. Au milieu de la pente, il faudra, aussi, pousser un peu le chariot. Pour aider la pauvre Rossinanta.

Mon père et moi, nous avons monté la pente à pied, derrière le chariot, en le poussant de temps en temps. Ensuite nous avons repris nos places. Nous sommes arrivés à une rivière. Elle était légèrement en crue. A la vue de l'eau, Rossinanta a accéléré le pas. Elle avait soif. Elle avait hâte de boire. Elle s'arrêta sur le rivage, pencha la tête, et s'abreuva.

– Non, Rossinanta, dit mon père, en secouant les guides. Va boire au milieu de la rivière. C'est là que l'eau est la meilleure. Auprès des rivages, l'eau a un goût de pourri, de terre et de moisissure.

Rossinanta s'arrêta au milieu de la rivière. Elle but longuement. Mon père était content que Rossinanta boive. Mais, après quelque temps, il a trouvé qu'elle exagérait.

– Rossinanta a passé toute sa vie à l'armée, dit mon père. Elle a appris les ruses des soldats. Elle fait semblant de boire pour se reposer le plus longtemps possible. Pour rester sur ses vieux sabots le plus longtemps possible. Laissons-la tricher un peu, pauvre vieille...

L'eau du torrent était rapide, comme une flèche. Elle était pure et transparente. Au fond de la rivière les galets brillaient comme des disques d'argent.

Notre chariot se mit brusquement à basculer. Il était sur le point de se renverser. C'était comme un tremblement de terre. Ma mère se mit à pleurer. Le gros corps de Rossinanta chancelait lui aussi, comme le chariot. Il vacillait et était prêt à tomber au milieu de la rivière. Mon père blêmit. Il hésita un instant. Puis il sauta dans l'eau. L'eau lui montait jusqu'à la ceinture. Il avança, luttant contre le courant, vers la tête de Rossinanta. Il se plaça devant elle, lui couvrit les yeux des deux mains, et la tira, par la tête, vers la berge.

Cela n'avait duré qu'une minute ou deux. Mais cela sembla terriblement long. Le chariot fut enfin sorti de l'eau. Rossinanta se secoua, vivement, en nous aspergeant avec sa longue queue. Elle était bien contente qu'on l'ait tirée de la noyade.

– La pauvre Rossinanta a bu en regardant l'eau rapide du torrent qui dévalait sous ses yeux. Elle a été prise de vertige. Une seconde de plus et elle serait tombée dans l'eau, entraînant avec elle le chariot. C'est pour qu'elle n'ait plus le vertige que je lui ai couvert les yeux, avant de la tirer de l'eau...

– Comment saviez-vous que Rossinanta avait le vertige? ai-je demandé à mon père. J'étais très fier de lui.

– Ma mère, la presbytera Elena, était le meilleur éleveur de chevaux du pays. On l'appelait « la femme aux beaux chevaux ». C'est chez elle que j'ai appris.

Mon père essora avec soin sa soutane. Il craignait fort de l'abîmer, car il n'en avait qu'une. Et la soutane est l'uniforme de Dieu. L'uniforme du Christ prêtre. Car il est dit : « On a vu qu'il est prêtre parce qu'il portait une longue tunique [1]... »

1. Apocalypse 1, 13.

Mon père monta à côté de moi. Et le voyage se poursuivit. On arriva sur la grande route. D'innombrables chariots avançaient, au pas, sur la droite de la chaussée. C'étaient les montagnards. On les appelle « les hommes aux longs chariots ». Ils sont toujours sur les routes. Ils transportent des troncs de sapins, longs de trente ou quarante mètres, vers la plaine et vers les scieries des grandes villes. Malgré leur très lente allure, ils nous dépassaient. Tous. Notre chariot à tente était le plus lent. Chaque fois qu'un long chariot arrivait à notre hauteur, les bûcherons nous regardaient avec curiosité et demandaient à mon père en le saluant : « Bénissez-nous, pater. » Mon père levait la main droite, joignait l'annulaire au pouce, redressait l'index et bénissait les routiers, en faisant sur eux le signe de la croix.

– Pourquoi placez-vous les doigts ainsi? ai-je demandé.

– Je forme avec les cinq doigts les initiales du Christ, dit mon père. La main de chaque homme est le monogramme du Christ...

J'ai regardé avec respect mes cinq doigts qui signifient Jésus-Christ. Ensuite j'ai regardé le paysage et je me suis endormi, en m'appuyant sur mon père. On a roulé toute la nuit.

Le lendemain, vers midi, nous sommes arrivés dans la nouvelle paroisse. C'était un village dans la plaine. Les hommes de Margineni sont venus à notre rencontre. Ils étaient vêtus de chemises de lin et de pantalons blancs de bure. Ils portaient de larges ceintures rouges de laine. Ils étaient trapus et paraissaient graves. L'air était chaud et pesant. Il vous collait à la peau. On respirait plus difficilement que dans la montagne.

Le village de Margineni n'était pas en Égypte, comme je le croyais. Mais il ne ressemblait pas non plus à la Vallée blanche ni aux autres villages de la montagne. L'église était grande et blanche. Elle ressemblait à une cathédrale. Auprès de l'église se trouvait le presbytère, la maison du prêtre, où nous devions loger. Il y avait six chambres, une grande véranda, et de gros arbres tout autour.

Les habitants de Margineni sont venus pour nous aider à emménager. Mais il n'y avait presque rien à décharger. Nous n'avions que le lit et quelques menus objets, entassés sous la tente, dans le chariot. Ma mère rougit de honte. Même les bohémiens ont plus de choses et de meubles dans leur chariot à tente. La dizaine de paysans venus autour du chariot pour décharger les meubles du nouveau curé nous regardaient avec un sourire méprisant. Car Margineni est un village riche. La terre y est grasse, fertile et bien travaillée. Dans un village riche, la pauvreté est une honte. C'est comme la calvitie. Et mon père était pauvre. Il était gêné devant ses filles et ses fils qui étaient opulents. Il n'avait aucun meuble et, en plus, il arrivait dans ce village dans un chariot à tente, comme les nomades, comme les bohémiens, et avec un vieux cheval blanc au bord de l'agonie!

Ces choses sont méprisables à Margineni. Ici, chaque homme a une maison, avec plusieurs chambres, une étable, une grande cour entourée d'une belle clôture. Tout paysan possède un chariot à bœufs, au moins un cheval et des vaches laitières. Il y avait dans le village un château, appartenant au général Dragu et à son beau-frère, le sénateur Biciulescu. Il y avait aussi plusieurs auberges, des boutiques tenues par des juifs et une école, grande comme une préfecture. Le village possédait un grand pâturage, un étang, et deux forêts. Pour un tel village, il est honteux d'avoir un curé pauvre. Mais mon père était décidé à vivre avec les chrétiens riches. Je ne sais pas s'il aurait réussi, mais Dieu lui écourta cette épreuve. Car, peu de temps après, le métropolite lui ordonna d'aller dans une autre paroisse. A Petricani. C'était un village très pauvre, au pied de la montagne.

– Pourquoi le métropolite vous envoie-t-il dans un autre village? ai-je demandé. Pourquoi ne nous permet-il pas de rester à Margineni?

– Dans les paroisses riches, le métropolite envoie des prêtres riches, et dans les paroisses pauvres, il envoie des prêtres pauvres. Petricani est pauvre comme moi.

– Est-ce que vous êtes très pauvre, père? ai-je demandé.

– Oui, je suis pauvre comme le Christ, dit mon père. Mais la pauvreté n'est pas plus mauvaise que la richesse. Celui qui possède des richesses s'y attache, et leur consacre sa vie. Il fait ainsi son malheur, car les richesses terrestres peuvent bien occuper une place dans la vie de l'homme, mais elles ne sauraient jamais la remplir.

– Vous êtes pareil au Christ, père? ai-je demandé.

J'attendais une réponse affirmative. J'aurais été très fier d'apprendre que mon père ressemblât au Christ, ne fût-ce que par la pauvreté. Mais mon père m'a détrompé.

– Je suis le cheval du Christ. Je suis prêtre. Je porte le Christ dans la montagne, chez les hommes qui ont besoin de lui. As-tu compris? Ton père à toi est le cheval du Christ. Comme Rossinanta est notre cheval. Je porte le Christ partout. Sur toutes les routes de la montagne.

V

LA GRANDE LITURGIE COSMIQUE DE MON ENFANCE

1

La nouvelle paroisse de mon père s'appelle Petricani. C'est un village de deux cents maisons, éparpillées le long de la rivière, au pied de la montagne. Quand nous sommes arrivés avec notre chariot à tente et Rossinanta, notre cheval blanc, les habitants nous attendaient devant l'église. Ils ne nous ont pas accueillis avec un sourire méprisant, comme ceux de Margineni. Au contraire, ils ont admiré notre équipage. Ils nous ont dit que Rossinanta était une excellente jument. Très résistante. Que l'on pouvait avoir toute confiance en elle. Ils ont admiré notre chariot, et ont dit que la toile de la tente était de très bonne qualité. Une qualité d'avant-guerre. Comme on n'en fabrique plus. Ils étaient enchantés de leur nouveau curé.

A Petricani la terre est rocailleuse. Stérile. Les gens cultivent de leur mieux les champs, mais le rendement est faible. La terre ne peut pas les nourrir. Les hommes quittent le village, chaque printemps, à la fête de saint Georges. Ils descendent dans la plaine, avec leurs longs chariots chargés de sapins pour les aciéries. Ils y restent tout l'été, et travaillent comme ouvriers agricoles. En automne, à la fête de saint Dimitri, ils rentrent au village avec les chariots chargés de blé, de maïs et de seigle. Ce sont les provisions pour l'hiver. A la tombée de la neige, à la fête de saint Nicolas, les hommes de Petricani quittent à nouveau le village. Ils montent dans les forêts. Ils y travaillent comme bûcherons. Tout l'hiver. Ils ne redescendent au village qu'à la fonte des neiges, vers Pâques, avec un peu d'argent pour leurs familles. Et ils préparent à nouveau leurs chariots pour descendre dans la plaine.

Les habitants de Petricani sont des montagnards de haute taille, aux visages ovales, maigres, des gros os. Ils se tiennent droits. Comme les sapins. Ils sourient rarement. Ils sont pauvres. Tous. Mais leurs curés ont toujours été plus pauvres qu'eux. Car le curé de Petricani ne peut pas descendre en été dans la plaine, pour travailler. Ni aller dans les forêts, en hiver, comme bûcheron. Il doit rester au village et prendre soin des familles, des maisons et des bêtes, pendant que les hommes sont absents.

– Pendant une année vous pouvez habiter dans cette maison, dit le chef du village.

Il nous aidait à décharger les meubles et les objets dans une petite maison, tout en bois. C'était plutôt une cabane. Elle était près de l'église.

– Vous avez deux chambres, père, dit le chef du village. Vous y serez à l'aise. Le propriétaire est mort. Son fils est à l'armée. Il fait son service militaire. Jusqu'à son retour, dans un an, la maison est à vous. En une année, vous aurez le temps de vous construire une maison à vous. Comme tout homme.

Mon père et ma mère étaient terrifiés à l'idée de se trouver dans un an sans toit. Expulsés. Car Petricani n'avait pas de presbytère.

– Une maison à moi? demanda mon père.

Il n'avait jamais rêvé de se construire une maison. Cela lui semblait une chimère. Il était trop pauvre pour avoir une maison à lui. Une maison en toute propriété.

– Dans un an on trouvera une autre maison à louer, dit mon père. Je ne suis pas assez riche pour construire la mienne.

– Il n'y a pas de maisons à louer à Petricani, dit le chef du village. Il n'y en aura ni dans un an ni jamais. Nous, nous sommes pauvres. Mais ici, tout homme a sa propre maison. Vous aurez aussi la vôtre.

Le chef du village dit aux autres de continuer à décharger les affaires du chariot. Il s'adressa ensuite à mon père :

– Nous irons maintenant à l'église, père. Notre ancien curé vous y attend. Il est dans l'église depuis une heure.

– Pater Ion est dans l'église? demande mon père, étonné. Le métropolite m'a dit que pater Ion était très malade. Paralysé. Qu'il a réclamé d'urgence un successeur. C'est à sa demande que le métropolite m'a envoyé ici. J'ai sa lettre dans ma poche. Pourquoi m'a-t-il envoyé ici, si votre curé peut aller à l'église?

Mon père était debout. Auprès du chariot. Il était embarrassé. Il pensait que c'était un malentendu. Qu'il avait fait ce long voyage inutilement. Pourquoi lui avait-on dit que le curé de Petricani était mourant?

– Pater Ion, notre ancien curé, est mort, dit le chef du village, il est dans l'église. Il est paré de ses ornements liturgiques. Les fidèles sont autour de lui. On n'attend que vous... Pater Ion ne voulait pas mourir avant votre arrivée au village. Il ne voulait pas nous laisser orphelins. Sans prêtre. Il a lutté contre la mort corps à corps. Il a résisté héroïquement à la mort. Les deux dernières semaines il n'a rien mangé. Rien. Mais il n'a pas cédé. Il a été plus fort que la mort. Car il ne voulait pas abandonner son église. Cette nuit, enfin, il a appris que vous veniez.

Il a appris que pater Constantin Gheorghiu de Margineni était en route pour Petricani, pour prendre sa succession. Il a rendu l'âme. Libéré. Il avait le droit de mourir... Il y a une heure, nous avons transporté son corps à l'église. Nous l'avons habillé comme pour la grand-messe, dans ses ornements sacerdotaux, comme on le fait avec les prêtres morts.

– Pourquoi ne m'avez-vous pas dit que pater Ion était mort?

– Mais je viens de vous le dire, dit le chef du village.

C'est un homme entre les deux âges. Il est boiteux. Un arbre lui a écrasé le pied, quand il était bûcheron dans la montagne. Depuis l'accident, il ne peut plus aller avec les autres, ni dans la plaine, en été, ni dans les forêts, en hiver, pour couper les arbres. Il est invalide. Il reste au village avec le curé, les femmes, les vieux et les enfants. Il est devenu charpentier. Il est aussi *kristiac*, marguillier, lecteur, et cantor de l'église. Il tient à la main une clé en fer. Une clé immense pour qu'on la trouve facilement et ne la perde pas.

On se dirige vers l'église. Mon père en tête. Ils marchent sur l'herbe du cimetière. Entre les tombes.

– C'est moi qui ai fait toutes les croix tombales, dit le chef du village. Mon nom est Tudor. Comme vous le voyez, je suis infirme. J'ai dû tout abandonner et apprendre un métier. Je suis devenu charpentier. C'est moi qui ai fait ce matin le cercueil de pater Ion. Je me suis mis au travail dès que j'ai appris sa mort. Depuis des années je travaille le bois. Je fais des croix, des cercueils, des chariots, des maisons, des tables, des chaises. Tout ce qu'on peut faire avec du bois. C'est moi qui construirai votre maison, pater. Des fondations jusqu'au toit. Portes, fenêtres, meubles, tout. Je vais vous la construire tout en bois, car le bois ne manque pas chez nous. Tout autour du village il n'y a que des forêts. Vous n'avez qu'à vous procurer le terrain.

– On parlera de cela une autre fois, dit mon père. Le jour où j'aurai assez d'argent pour me construire une maison.

– Vous n'avez pas besoin d'argent, père, dit Tudor. Je vous construirai la maison et vous me la paierez quand vous aurez les moyens, si vous en avez jamais. Sinon, je serai payé au ciel. Vous savez que je suis aussi votre chantre et votre lecteur à l'église...

Mon père marche avec la grande clé dans sa main. La petite église de Petricani a une clé aussi grande que la clé du paradis que tient saint Pierre dans les icônes. L'église de Petricani est au milieu du cimetière. Elle n'est pas plus grande que les arbres qui l'entourent. Elle est entièrement en bois. Le toit et les murs sont couverts de bardeaux.

– L'année passée, j'ai refait la couverture de l'église, dit Tudor. Ici l'air est vif. Il faut changer la couverture des maisons tous les dix ou quinze ans.

Je marchais derrière mon père. Personne ne faisait attention à moi. Ma mère était restée avec les femmes du village venues l'aider à emménager.

– Comme je viens de vous le dire, notre vieux curé n'a accepté de mourir qu'au moment où il a appris qu'un autre prêtre venait le remplacer. Voilà pourquoi nous vous sommes reconnaissants d'être venu... D'avoir accepté d'être notre curé.

– Je suis prêtre, dit mon père. Je vais là où le métropolite m'ordonne d'aller.

– Aucun jeune prêtre n'accepte de venir chez nous, dit le chef du village. Petricani est une paroisse pauvre. Très pauvre. La pauvreté est comme la gale. Elle fait peur. La gale et la pauvreté rebutent les gens. Même les prêtres les redoutent. C'est à cause de cela que pater Ion refusait de mourir. Il avait peur que Petricani reste sans prêtre... Que personne ne vienne lui succéder. Qu'on ne célèbre plus la divine liturgie dans notre église... Mais vous, vous êtes venu. Vous avez accepté d'être notre curé. C'est un miracle. On savait que vous n'aviez pas peur de la pauvreté. Le métropolite nous a dit : « Ce pater Constantin Gheorghiu de Margineni est dans la pauvreté comme le poisson dans l'eau... » C'est pour cela que nous vous sommes reconnaissants. Je vous ferai une belle maison. Pour vous et votre famille. A l'aide de mes deux mains.

Tudor, le charpentier, montre avec fierté ses deux mains. Elles sont immenses. Comme deux haches.

– Venez d'abord voir où j'ai creusé la tombe de pater Ion, dit Tudor.

Mon père le suit. Du côté oriental de l'église se trouve une tombe fraîchement creusée, près du mur de l'église.

– Elle vous plaît, pater Constantin? demande le charpentier. De l'autre côté du mur, à l'intérieur de l'église est situé l'autel. La Table sainte. La *Hagia Trapeza*. C'est à un mètre de distance de l'autel que pater Ion attendra le Second Avènement du Christ et la résurrection. Nous enterrons les prêtres tout près de l'autel. N'est-ce pas que cela vous plaît, pater?

La tombe fraîchement creusée est profonde de deux mètres. L'odeur de la terre remuée embaume l'air. Mon père fait le signe de la croix et se dirige vers l'entrée. Le groupe de paysans le suit en silence. Je suis mêlé à eux. Derrière mon père.

– Pater Ion est un de vos parents éloignés, dit le charpentier.

– On le dit, répond mon père. Mais je ne l'ai jamais rencontré.

– Vous ne l'avez pas connu, dit le charpentier. Nous le savons. Mais vous êtes son parent. Il est venu au village à pied. Avec la presbytera, sa femme, et son fils Ionel. Je n'étais pas né. Mais mon père l'a vu arriver. Pater Ion a fait le voyage à pied. Il était très pauvre. Il n'avait pas un beau chariot à tente et un cheval blanc comme vous. Toute sa vie il a marché. Son fils Ionel devait lui succéder. Mais un grand malheur arriva. Ionel était dans sa dernière année de séminaire. Il devait venir en vacances. Pour les fêtes de Noël. La neige était haute de deux mètres.

Ionel voyageait à pied. Vaillamment. Il n'avait peur ni de la fatigue, ni de la neige, ni du froid. Quand il descendit la Montagne Chauve, il fut attaqué par les loups. En plein jour. En arrivant, vous êtes passé par l'endroit où le fils de pater Ion a été attaqué par les loups. Nous y avons élevé un calvaire. Vous l'avez sûrement vu. Les loups ont complètement dévoré Ionel. Nous n'avons retrouvé que ses bottes dans la neige. Car les loups sont ainsi faits. On ne sait pas pourquoi. Mais ils ne touchent pas aux bottes. C'est parce que ce brave garçon a été mangé par les loups dans la montagne que pater Ion est resté sans successeur... Il y avait peu de chances qu'un séminariste étranger accepte de venir chez nous. Heureusement, vous êtes venu. Pour prendre sa place. Maintenant que pater Ion est parti célébrer la liturgie cosmique avec notre évêque du ciel, le Christ... Car c'est ainsi que cela se passe avec vous, les prêtres. Quand vous partez d'ici, vous allez célébrer au ciel, chaque jour, la liturgie autour du grand évêque qui est le Christ. La mort d'un prêtre est un avancement. C'est pater Ion qui nous disait cela, les derniers jours, encore... C'est une grande chose d'être prêtre, pater... Venez dans l'église.

2

Mon père s'est penché pour pénétrer dans l'église de Petricani. La porte, en bois de chêne, est basse et étroite. Dans la montagne les portes et les fenêtres sont petites, à cause du froid. Je suis mon père. De très près. Presque collé à ses pas. Derrière moi arrivent les hommes du village.

Dans l'église il fait sombre. Les rayons de soleil qui pénètrent par les petites fenêtres se mélangent à la lumière pâle des veilleuses et des cierges. L'air est tout imprégné du parfum des fleurs, de l'encens et des cierges. Je me tiens tout près de mon père. Derrière lui. Je suis tout petit. Ma tête arrive à peine à sa ceinture. Et j'ai peur. Car, chaque fois que je pénètre dans une église, mon cœur se met à battre fortement. Dès que je franchis le seuil de l'église, je suis tellement ému que je ferme les yeux. Je sais que l'église est le ciel reconstruit sur la terre. Elle est bâtie selon les révélations faites par Dieu à Moïse, aux prophètes, à saint Jean, dans l'Apocalypse et aux autres saints. En pénétrant dans l'église, j'entre réellement dans le ciel. Je ne marche plus sur la terre. Je pose mes pieds dans le ciel. Je respire le ciel. Je suis entièrement, de tout mon corps, dans le ciel. C'est normal, que je sois ému. C'est une émotion naturelle. On est ému même lorsque l'on franchit une frontière pour entrer dans un pays étranger. Comment ne pas être ému qand on abandonne la terre pour pénétrer dans le ciel?

Dieu, la Mère de Dieu, les saints, les prophètes sont tous présents à l'église, dans les icônes. Pendant les offices, Dieu, Sa Mère, les saints et les anges sont réellement là. Autour de nous. Saint Paul dit que les femmes doivent voiler leur tête à l'église, à cause des anges qui y sont présents avec leurs grandes ailes. « Tout le sanctuaire et l'espace autour de l'autel sont remplis des puissances célestes, pour honorer Dieu qui est présent sur l'autel [1]. »

Mon père qui est prêtre, et qui tient Dieu dans ses mains, tous les dimanches, est ému comme moi, chaque fois qu'il pénètre dans l'église. A l'approche du dimanche il est pris d'une sorte de panique. Il commence à se préparer dès le samedi. Il nettoie ses vêtements, coupe ses ongles, retourne les poches de sa soutane et les secoue pour enlever le moindre grain de poussière, car, le lendemain, il entrera dans le ciel. Il y sera à côté du Christ, son grand évêque. A la célébration de la liturgie, il sera aidé par les anges. Les saints y seront, invisiblement présents. Mon père ne peut pas se présenter en négligé dans une telle assemblée. Il aura Dieu dans ses mains. Pas seulement dans ses mains. Il le portera à sa bouche, dans le calice. Il le mangera. Il le boira. Il aura Dieu dans son corps. Il sera concorporel avec Dieu.

Toutes ces choses extraordinaires ne suffisent-elles pas à vous donner le vertige? C'est à cause de cela que j'ai toujours fermé les yeux, d'émotion, en franchissant le seuil de l'église et en pénétrant dans le ciel. Aujourd'hui je fais de même.

J'ai avancé de quelques pas, mes paupières fermées. Quand j'ai ouvert les yeux, j'étais devant le cercueil du prêtre mort. Un cercueil neuf, en bois de sapin, placé sur une table, au milieu de l'église.

Pater Ion avait le visage exposé. Sa tête était toute blanche. Une longue barbe. Il avait les mains croisées. Sur sa poitrine était posé l'évangéliaire argenté et incrusté de pierres multicolores et brillantes. Aux quatre coins du cercueil quatre grands cierges étaient allumés. La table, le cercueil et le plancher de l'église étaient parsemés de fleurs. Des centaines de fleurs. De toutes les couleurs. Saint Grégoire de Nazianze dit que chez nous les morts sentent bon parce qu'ils sont couverts de fleurs. Le corps du vieux prêtre mort est aussi couvert de fleurs. Les hommes du village se sont approchés du cercueil l'un après l'autre. Ils se sont inclinés. Ils ont baisé l'évangéliaire et la main du prêtre mort. Comme s'il était vivant. Je me suis aussi approché du cercueil. Mais la table était trop haute. Un des paysans m'a soulevé, et j'ai baisé moi aussi l'évangéliaire puis la main froide et blanche du prêtre mort de Petricani. Quand on m'a posé à terre, auprès du cercueil, j'ai vu que le prêtre mort portait l'étole, l'*epitrakhêlion*, aux sept étoiles brodées de fil d'or de mon père. Les mains du prêtre mort, croisées sur sa poitrine, portaient les *épimanikias*, les manchettes ornées d'une croix de mon père. Le mort était ceint de la belle *zône*, la ceinture sacerdotale de mon père. Le mort était revêtu de tous les ornements de mon père. Je

1. Saint Jean Chrysostome, *Dialogue sur le sacerdoce*, 6, 4. P.G. 50, col. 443 C.

les connaissais bien. Je ne pouvais pas me tromper. J'avais vu mon père revêtir lui-même chaque vêtement, chaque ornement et insigne sacerdotaux. Je connaissais aussi les prières que mon père disait en ajustant la ceinture, les manchettes, l'étole, le *stikharion* ou l'*epitrakhêlion*. Une angoisse terrible s'empara de moi et je me demandai : « Pourquoi le mort porte-t-il les vêtements et les beaux ornements de mon père? Où est mon père? Est-il mort, lui aussi? »

J'ai regardé à ma droite. Mon père n'y était pas. Il n'était pas non plus à ma gauche. Ni devant moi. Je me suis retourné. Derrière moi, près de la porte, se tenaient, adossés au mur, les paysans de Petricani. Une dizaine. Tous ceux qui nous avaient reçus, à notre descente du chariot. Ceux qui nous avaient montré la tombe de pater Ion et nous avaient ensuite conduits dans l'église. Ils étaient tous là. Les bras croisés. Droits. Graves. Mon père ne se trouvait pas à côté d'eux. J'avais perdu mon père... Des larmes se mirent subitement à couler sur mes joues. La peur de perdre mon père était ancienne. J'ai toujours eu cette angoisse. Elle était motivée.

Tous les gens de la montagne sont des hommes forts, massifs, comme les arbres. Ils ont les bras et les pieds solides. Telles des grosses branches de chêne. Quand ils marchent, leurs pas résonnent sur la route de pierre, comme les sabots des chevaux. Ils parlent fort. On entend de loin leurs paroles, comme le bruit du torrent qui roule de gros éclats de roc, en les projetant contre les parois de granit de son lit. Mon père, au contraire, est grand, souple et fragile, comme un jeune sapin. On ne l'entend jamais. Ni quand il arrive ni quand il part. J'avais donc peur de le perdre. J'avais peur qu'un jour il se détache de moi, comme un cerf-volant, et qu'il se perde dans le ciel. Que je reste sans père. J'ai toujours eu cette peur. Et maintenant, ce que je craignais était arrivé. Mon père avait disparu. Il s'était évanoui. Envolé. Il n'était plus dans l'église. C'est pour cela que les hommes du village étaient graves et tristes. C'est pour cela que le prêtre mort portait les ornements sacerdotaux de mon père.

Je regardais autour de moi, à travers mes larmes. Et je me suis appuyé avec les deux mains sur le cercueil du prêtre mort. Et j'ai pleuré. C'est alors que j'ai entendu la voix de mon père. Il était derrière moi.

– Pourquoi pleures-tu? m'a-t-il demandé.

Il m'a pris ensuite par la main et m'a conduit dans le sanctuaire. Nous sommes entrés par la porte sud de l'iconostase, la porte de droite, que garde un archange armé d'une épée de feu. En dehors du prêtre et des servants de l'église, personne n'entre dans le sanctuaire.

En y pénétrant, mon père a desserré sa main de la mienne. Il s'est prosterné trois fois devant la Table sainte placée au milieu du sanctuaire. Il a baisé, sans la toucher, sauf de ses lèvres, la Table sainte, qui est le Christ, et est bâtie sur les reliques des saints. Il a baisé la croix, et l'évangéliaire. Ensuite il s'est tourné vers moi et m'a demandé à nouveau pourquoi j'avais pleuré.

– J'ai eu peur de vous perdre, père, ai-je dit.

A ma droite, sur le mur, se trouve l'icône du Christ Pantocrator, qui a ma taille.

– Me perdre? demande mon père. D'où sors-tu ces craintes-là? Pourquoi as-tu peur de me perdre?

– Vous n'étiez nulle part, ai-je dit. Et le prêtre mort porte vos vêtements sacrés et vos insignes. Pourquoi les porte-t-il?

– Ce ne sont pas mes ornements, dit mon père. Tu t'es effrayé pour rien. Tous les prêtres portent des ornements identiques. Tu n'as pas vu d'autre prêtre que moi. Voilà pourquoi tu as pensé que les ornements du pater Ion étaient mes ornements. Maintenant, essuie tes larmes.

J'ai exécuté les ordres de mon père. Le sanctuaire de l'église de Petricani est trois fois plus petit que le sanctuaire de Margineni. Mais il est construit et meublé exactement de la même façon. Je reconnaissais l'agencement de tous les objets et du mobilier liturgiques. Je repris courage.

– Il est temps, Virgil, que tu prennes conscience de ta personne, dit mon père. Tu es un grand garçon. Sais-tu ce que tu es? Réponds-moi, qui es-tu?

– Je suis votre fils Virgil.

– Tu es mon fils, selon la chair, mais tu es d'abord fils de Dieu. Car il est dit : « Vous êtes tous fils de Dieu [1]. » Tu es fils de Dieu car tu es un homme. Certes, tu es encore tout petit. Mais tu es un homme. Sais-tu ce qu'est un homme? L'homme est ce qu'il y a de plus grand dans le cosmos. Car tout ce qui a été créé par Dieu, la terre, le ciel, la lune et le soleil, la faune et la flore, tout cela a été fait expressément pour l'homme. Uniquement pour l'homme. Et pour lui seul. L'homme est le maître de tout. Et l'homme est créé à l'image de Dieu. L'homme est la seule créature libre, souveraine et indépendante. Comme Dieu [2]. Et tu dis que tu as peur? Comment, toi qui es un homme, peux-tu avoir peur? Peur de quoi? Réponds-moi.

– J'avais peur de vous perdre, père. J'ai vu que pater Ion portait vos vêtements sacerdotaux. Et comme je ne vous trouvais nulle part, j'ai craint que vous ne soyez mort vous aussi.

J'étais à nouveau sur le point de pleurer en imaginant mon père mort, dans le cercueil, comme le vieux prêtre de Petricani.

– Tu blasphèmes, Virgil, dit mon père. As-tu oublié le symbole de la foi? Dans le symbole de la foi tu dis : « Je crois en la résurrection des morts et en la vie éternelle. » Comment peux-tu avoir peur de la mort

1. Psaume 81, 6.
2. Saint Grégoire de Nysse, P.G. 44 col. 1165 D-1168 A.

quand tu crois en la résurrection et la vie éternelle? C'est stupide d'avoir peur de la mort. La mort n'existe pas. Elle a été vaincue la nuit de Pâques. Nous ressusciterons tous. Comme le Christ. Pourquoi craindre la mort?

– Je ne veux pas vous voir dans le cercueil, père. Je ne veux pas que vous me laissiez seul.

Je m'agrippai à ses genoux et, les serrant contre mes joues, je lui répétais :

– Ne me laissez jamais seul...

– Mais tu n'es jamais seul, Virgil. Même si ton père ou ta mère mouraient, tu ne resterais pas seul. Tu es toujours avec ton ange gardien. Il est auprès de toi jour et nuit. Et les autres anges sont aussi à côté de toi. Pour t'aider, te soutenir et te tenir compagnie. Une multitude d'anges t'entourent toujours et partout. Il y a ton ange gardien. Il y a l'ange de notre village, de la Roumanie, de l'Église... Ils sont tous avec toi. Tu n'es jamais seul. Quoi qu'il t'arrive. Il ne faut jamais oublier cela. Les anges sont toujours autour de toi.

J'ai regardé autour de moi. J'ai vu les icônes du Christ, de la Mère de Dieu, de saint Jean-Baptiste, et celles des archanges.

– Avez-vous vu des anges? ai-je demandé à mon père. Avez-vous vu l'ange de la Roumanie et les autres anges qui sont autour de moi?

– Non, répondit mon père. Je n'ai pas vu les anges qui te protègent, mais je sais qu'ils sont présents.

– Je ne pourrais pas voir mes anges gardiens et l'ange de la Roumanie?

– Tu les verras un jour. Nous les verrons un jour. Tous. Face à face. Dieu aussi, nous le verrons. Pour le moment nous savons qu'ils sont présents. Mais nous ne les voyons pas encore.

– D'où savez-vous qu'ils sont ici, si ni vous ni moi ne les voyons?

– Est-ce que tu vois ton cœur? demanda mon père.

– Non, ai-je répondu.

– Et mon cœur à moi, le cœur de ton père, le vois-tu?

– Non. Je ne vois pas votre cœur, père.

Mon père prit ma main droite et la posa sur ma poitrine.

– Sens-tu ton cœur battre?

– Oui.

– Les anges sont comme ton cœur. Ils existent, même si tu ne les vois pas.

Mon père prit ma tête et la posa sur sa poitrine.

– Est-ce que tu entends le cœur de ton père?

– Oui, père, ai-je dit.

J'étais heureux.

– Vois-tu le cœur de ton père?

– Non. Je ne le vois pas. Mais il est là, dis-je. Il est là.

Et je me suis serré plus fortement encore auprès de mon père. Depuis ce jour je sais, avec certitude, que l'ange est comme le cœur : on ne le voit pas. Mais il est toujours présent. Au fond de notre poitrine. Mon père me serra contre lui et dit :

– Tu dois avoir confiance dans les anges. Un saint français disait : « En compagnie des anges l'homme est en sécurité. Les anges ne peuvent pas être trompés ni nous tromper. Ils ne peuvent pas être vaincus. Pourquoi avoir peur? Attachons-nous à eux [1]. »

– Les anges restent toujours auprès de nous? Ils ne s'éloignent jamais? Même quand nous dormons?

– Même quand nous serons morts, les anges resteront auprès de nous... Une seule chose les fait fuir : c'est le péché... « Le péché met les anges en fuite comme la fumée les abeilles et la puanteur les colombes [2]. »

Ce jour-là, j'ai pris la décision d'éviter le péché, pour ne pas faire fuir les anges qui m'accompagnent.

3

Avant d'apprendre à lire et à écrire, je savais par cœur toutes les prières. J'accompagnais mon père à l'église à chaque office. Je restais auprès de lui, émerveillé. Car il n'y a pas de cérémonie plus fastueuse, plus émouvante et plus complète, que la sainte et divine Liturgie.

Mon père était extrêmement mince. Il était haut et droit comme un jeune sapin. Il ressemblait plutôt à un adolescent qui aurait grandi trop vite qu'à un adulte – et surtout qu'à un père. Il me donnait une telle impression d'immatérialité et de fragilité que j'ai toujours cru, lorsque j'étais petit, que le souffle d'un vent un peu plus fort que d'habitude le soulèverait de terre pour le porter au ciel. Les plis de sa soutane se changeraient en de grandes ailes, comme les ailes multiples des séraphins. J'avais toujours peur de le perdre ainsi et de rester orphelin de père. Avec le temps, je me suis expliqué pourquoi, à mes yeux, mon père était plutôt une icône – c'est-à-dire une créature céleste – qu'un habitant de la terre.

L'explication en est toute simple. Il est bien connu de tout le monde que les serviteurs parfaits, les serviteurs authentiques, ceux qui servent dans les demeures royales et vivent tout le temps dans l'intimité des grands seigneurs, finissent par les imiter. Tous les valets des châteaux et des grandes maisons princières, après un certain temps, imitent la voix, l'intonation, les expressions, les gestes et les habitudes de leurs maîtres. Tout serviteur fidèle arrive automatiquement, sans le vouloir, à imiter son patron. En tout. Un serviteur fidèle s'identifie tellement à son

1. Saint Basile, P.G. 29, col. 363 B.
2. Saint Bernard, P.L. 183 col. 234.

maître qu'il devient son ombre, lui ressemblant en tout et le suivant partout.

C'est ce qu'il est advenu à mon père qui était le serviteur de Dieu. Son regard angélique, sa voix céleste et douce, sa démarche immatérielle, comme le vol des anges, toutes ces choses qui faisaient de lui plutôt une créature céleste que terrestre sont les attributs de Dieu. De son Maître. Car mon père passait toute la journée avec son Maître. Mon père se réveillait en présence de Dieu. Il se couchait en présence de Dieu; mangeait en présence de Dieu. Il n'avait sur terre d'autre souci que de servir son Maître. Il n'avait pas d'affaires à lui, d'opinions à lui, d'entreprises à lui. Il n'avait que les opinions de Dieu, les pensées de Dieu et ne travaillait que selon ce que Dieu lui ordonnait de faire. Aucun serviteur fidèle n'a d'occupations propres. Il travaille uniquement pour son Maître.

Mon père était extrêmement jeune. Malgré son amour et son dévouement pour le Maître qu'il servait, il n'aurait pas dû pouvoir s'identifier à lui comme un vieux serviteur. Et, malgré tout, mon père s'était identifié à Dieu, comme s'il l'avait servi depuis de longues années. Cela s'explique par le fait que mon père était né dans le service de Dieu. Le père de mon père était aussi un serviteur de Dieu. Et son grand-père aussi était un serviteur de Dieu. Et tous ses ascendants de sexe masculin, tous, et toujours, ont été prêtres et serviteurs de Dieu. Il n'y a eu, pendant des siècles et des siècles, jusque dans la nuit des temps, aucune exception. Dans notre famille, on est serviteur de Dieu et prêtre de père en fils, comme les juifs de la tribu de Lévy. Tous étaient prêtres de campagne. Dans les villages de montagne, sur le versant oriental des Carpates.

Mon père se conduisait, tout naturellement, comme on se comporte dans le ciel. Il avait les manières et les gestes qu'on voit là-haut, non sur la terre. Car le lieu où mon père servait Dieu, c'était le ciel. C'était la maison de Dieu. Tous mes ancêtres, génération après génération, ont servi leur Maître dans le ciel. C'est là-haut qu'ils ont accompli leur tâche, non sur la terre. Un serviteur sert son maître dans la demeure de celui-ci. Et la maison de Dieu est le ciel reconstruit sur la terre, c'est l'église. Certes l'église est un bâtiment de pierre, de bois, de marbre, qu'on voit sur terre, au centre des villages ou des villes. Mais l'église n'est pas un bâtiment de la terre. Elle représente le ciel reproduit sur terre, à l'aide de symboles, parce qu'il est impossible de construire autrement une réalité céleste. Mais, pour montrer clairement qu'elle est du ciel et non de la terre, l'église est édifiée en forme de nef, ce qui signifie qu'elle est sur la terre de la même manière que le navire est sur l'Océan : elle vogue. Mais elle est une réalité d'ailleurs.

Mon père étant né serviteur dans le ciel, et tous ses ancêtres ayant été serviteurs dans le ciel reconstruit sur la terre, il est tout à fait normal qu'ils aient oublié petit à petit les manières de la terre et qu'ils aient adopté les façons, le langage et les habitudes du ciel. Mon père et tous mes ancêtres étaient toujours en tenue de service. Ils avaient aussi les habitudes, le langage et les gestes de leur service. Ils agissaient tout le temps exactement comme s'ils se trouvaient devant leur Maître, dans la demeure de Celui-ci, dans le Sanctuaire, c'est-à-dire dans le ciel. Mon père imitait – comme il est normal pour tout homme – non seulement son Maître qui est Dieu, mais aussi ses compagnons de service qui sont les archanges, les anges, les séraphins, les saints, les martyrs, les confesseurs, les docteurs de l'Église et les prophètes. Il était tout le temps en leur compagnie. Quand le prêtre officie, cet office s'accomplit simultanément dans le ciel et sur terre « car il y a une seule Église là-haut et ici-bas... Avec cette différence que, là-haut, c'est sans voiles et sans symboles, et ici-bas par symboles, parce que nous sommes embarrassés de ce fardeau d'une chair sujette à la corruption [1] ». Le prêtre est accompagné dans son office par toutes sortes de divinités et de hiérarchies célestes.

« Dieu a institué sur terre l'ordre sacerdotal pour tenir sa place. Ainsi Dieu est lui-même visible, et ses mystères ne cessent pas d'être visibles à ceux qui ont des yeux pour voir [2]. »

Les puissances célestes accompagnent le prêtre pendant l'office. Elles l'aident à l'accomplissement des saints mystères. Au moment où l'on porte en procession l'Évangile, pendant la liturgie, le prêtre prie secrètement en disant : « Maître, Seigneur notre Dieu, toi qui as établi dans les cieux les ordres et les armées d'anges et d'archanges au service de ta gloire, fais qu'avec notre entrée se fasse aussi l'entrée des anges qui célèbrent avec nous, et avec nous glorifient ta bonté [3]. »

Les prêtres et les fidèles chantent en chœur avec les anges qui les accompagnent – invisiblement [4]. Mon fragile, immatériel et très jeune père, à force de passer tout son temps dans le ciel avec son Maître, notre Dieu – et en compagnie des autres serviteurs, les archanges, les anges, les prophètes et tous les saints – avait adopté toutes leurs habitudes célestes et saintes. Phénomène qui arrive à tous les serviteurs et que tous les sociologues des temps modernes ont expliqué scientifiquement dans leurs études sur le réflexe d'imitation chez les serviteurs.

Après des siècles et des siècles de service dans les demeures célestes de Dieu en compagnie d'êtres divins, mes ancêtres ont fini par adopter non seulement les gestes, le langage, la démarche et les habitudes mais aussi les traits du visage de leur divin Maître et de leurs célestes compagnons de service. Et c'est ainsi que mon père ressemblait à une icône et non pas à un être de la terre.

1. Saint Syméon de Thessalonique, P.G. 155 col. 337-340.
2. Saint Maxime le Confesseur, P.G. 91 col. 6041 ; Épître 21.
3. Prière sacerdotale secrète de la Micra Eisodos – ou Petite Entrée – dans la divine Liturgie orthodoxe.
4. Nicomas Cabasilas, P.G. 150 col. 372 D et 413 A.

4

Comme je viens de le dire, je craignais que mon père ne possédât pas un corps de chair et d'os, comme tout le monde. Je n'ai pas eu l'occasion de vérifier mes craintes. Je n'ai jamais vu mon père sans soutane. Poussé par l'inquiétude, et le doute, je me collais à lui, quand j'en avais l'occasion, et je palpais à travers sa soutane, pour m'assurer avec mes doigts qu'il possédait bien de la chair, des os et des muscles, comme tout le monde. Je n'y suis jamais arrivé. Et tâtant, je sentais que, sous la soutane, il possédait si peu de corps que c'était comme s'il n'en avait pas possédé du tout. La personne physique de mon père était construite avec extrêmement peu de matière lourde. On aurait plutôt dit une ligne très fine, longue et perpendiculaire à la terre. Son corps avait un mouvement ascensionnel, comme les tours de certaines églises gothiques, qui, de loin, ressemblent à de fins traits de plume, dessinés dans le ciel. La silhouette de mon père avait aussi le mouvement ascensionnel des flammes qui, après avoir jailli du brasier, se dirigent verticalement vers le ciel, pour se confondre dans les nuages. Lorsque mon père était trop fatigué et se dirigeait vers l'église en descendant la colline, son corps ondulait, exactement comme les flammes qui veulent se détacher de la terre pour s'évader vers le haut. A cause de toutes ces choses, j'ai toujours eu la peur, l'angoisse de rester orphelin, et de perdre mon père subitement, comme on perd son cerf-volant. J'étais certain que ce malheur m'arriverait un jour, que mon père se détacherait de la terre et fuirait vers le haut, pour se fondre dans les nuages blancs comme les flammes. J'ai passé mon enfance dans cette crainte, que je savais inévitable. Car je savais avec certitude que personne ne pourrait jamais enchaîner une flamme à la terre pour la garder prisonnière. On ne peut pas posséder une flamme. Et mon père en était une.

Contrairement à celle des gens de notre village, qui étaient des montagnards grands, massifs et durs comme des rocs, et dont les pas résonnaient comme les sabots des chevaux, la démarche de mon père était toujours silencieuse.

Même s'il était aussi de chair et d'os – fait que je ne suis jamais parvenu à vérifier – il était surtout constitué de l'esprit. Or, l'esprit n'a pas de pesanteur. Pas plus que les anges. A cause de cette absence de pesanteur angélique, chaque fois qu'il partait ou qu'il arrivait, on entendait à peine un bruit léger, comme un frottement d'ailes soyeuses. J'imagine qu'en dehors de sa légèreté d'ange, sa démarche silencieuse était due également à une habitude qu'il avait prise dans la maison de son Maître, dans le ciel reconstruit sur terre. Car, dans l'église, on marche sur la pointe des pieds, sans bruit, pour être en harmonie avec les anges qui célèbrent la liturgie en convergence avec les prêtres.

J'étais très fier de mon père. Il y a, dans le monde contemporain, une attitude générale – que je trouve hérétique – qui consiste à ne pas être fier de la beauté, de l'intelligence exceptionnelle, du savoir hors série. Il n'en a pas toujours été ainsi. Les hommes religieux rendent grâces à Dieu chaque fois qu'ils voient une belle femme, un homme de talent exceptionnel, un champion, un savant; ils disent, comme le font encore les juifs de nos jours : « Sois loué, Éternel notre Dieu, Roi de l'Univers, qui as donné à un mortel une part de ta sagesse, ou de ta beauté, ou de ton intelligence, ou de ton savoir [1]. »

Moi aussi, chaque soir avant de me coucher, je remerciais Dieu avec ferveur de m'avoir donné un père qui était comme une créature angélique, comme une icône, qui était serviteur fidèle de Dieu et qui ressemblait à Dieu lui-même et à ses anges... Or, juste à cette époque, où j'étais si fier de mon père, il me déçut. Il me déçut terriblement. Je suis certain que s'il existait des appareils pour examiner les blessures de l'âme, comme on observe les blessures des poumons, avec des rayons X, on verrait aujourd'hui encore dans mon âme la cicatrice immense de la blessure que mon père, mon père angélique, m'a faite, quand j'étais tout petit et si fier de lui...

5

Les faits se sont passés de la manière suivante... C'était un dimanche. Chez nous, chaque dimanche, c'est Pâques. C'est le jour de la Résurrection. Le dimanche ne ressemble à aucun autre jour, comme Pâques ne ressemble pas aux autres fêtes, si grandes soient-elles, tout comme la lune n'est semblable à aucune autre étoile, parmi les millions qui l'entourent. A cause de cette importance que nous donnons aux dimanches, les semaines chez nous sont d'un jour plus longues qu'ailleurs. Nous savons que Dieu créa le monde en six jours, et que le septième jour fut le Sabbat. Mais, après les sept jours de la semaine, vient le dimanche. *Dies octava*, le huitième jour. Car c'est un dimanche que Jésus-Christ, en ressuscitant, édifia la création nouvelle du monde. Et le dimanche – à cause de cette création nouvelle – est plus important que les sept premiers jours. Ce n'est pas parce que nous avons le goût de la théologie que nous comptons le dimanche comme un huitième jour. Les anciens docteurs et pères de l'Église comptaient eux aussi comme nous. Et la *dies octava* – le huitième jour de la semaine – est une réminiscence des saints bagnards qui, au cours des trois premiers siècles de l'ère chrétienne, furent envoyés dans les mines d'or de mon pays et nous apportèrent l'Évangile et le baptême [2].

C'était donc un dimanche. Et c'était après la divine Liturgie. Je

1. *Rituel des prières journalières des juifs*, chapitre : « Actions de grâces ».
2. Tertullien : *De idolatria*, chap. 14, P.G. 1. col. 652-655; Saint Grégoire le Théologien, Oraison 44,44 P.G. 36.

regardais les gens du village sortant de l'église. Mon père se tenait sur les marches et prenait congé de chaque fidèle. Tout le village était présent. Car, le dimanche, personne ne manque jamais la divine Liturgie. Il y avait les vieux montagnards, avec leurs barbes blanches, pareils aux figures des patriarches de la Bible illustrée, les femmes, les hommes et les enfants. Tous en habits de dimanche, des vêtements de lin ou de laine, toujours blancs comme le lait et comme la neige. Le blanc, c'est la couleur nationale, dans nos montagnes. Pour tous les âges et pour les deux sexes. Mais la pureté du blanc des habits était peu de chose comparée à la pureté des regards et des visages. Tout le monde, sortant de la divine Liturgie, semblait transfiguré, dépouillé de toute préoccupation terrestre, sanctifié. Et même plus que sanctifié : déifié... Je savais pourquoi tous les visages étaient beaux et pourquoi tous les regards étaient illuminés. Car les femmes laides étaient belles. Les durs bûcherons portaient sur leurs joues et sur leur front une lumière semblable aux auréoles des saints. Les enfants étaient comme des anges. En sortant de la divine Liturgie, tous les hommes et femmes de notre village étaient des Théophores, c'est-à-dire des « Porteurs de Dieu ». Tous avaient communié. Et dans leurs veines coulait le sang de Dieu. Ils étaient fils de Dieu et déifiés. Certes, ces gens sont des paysans rudes, misérables et pauvres. Ils savent ce qu'ils sont. Pour cela, avant de communier ils disent cette prière :

« Seigneur, je ne suis pas digne que tu entres sous le toit sordide de mon âme.

« Mais comme tu as daigné reposer dans une grotte et dans une crèche à bestiaux,

« Et dans la maison de Simon le lépreux,

« ... daigne venir aussi dans la crèche de mon âme et dans mon corps impur [1]. »

Et Dieu, après la communion, était entré sous le « toit de chaque âme », chez les gens de notre village.

Et, en sortant de l'église, ils portaient Dieu en eux. Ils marchaient avec précaution. Comme on marche quand on transporte quelque chose d'inestimable. Et ils étaient aussi Théophores, « Porteurs de Dieu ». Lorsqu'on porte une lampe ou un cierge, on a le visage illuminé par la flamme; quand on porte Dieu en soi, Dieu qui est la lumière des lumières, on est illuminé, du dedans, de telle manière que toute la chair et tout le corps sont transfigurés, embellis. On sait comment les artistes, sur la scène, dans les représentations à grand spectacle, sont transformés par les feux des projecteurs et par les lumières au néon. Sous la lumière intense, on reconnaît à peine son fils, ou sa fille, tant ils sont changés. Ainsi je reconnaissais à peine les habitants de notre village

1. *La Divine Liturgie de saint Jean Chrysostome*, Prières préparatoires à la communion. La troisième prière.

quand ils sortaient de l'église, portant Dieu « sous le toit de leur âme », tant ils étaient beaux, superbes, sublimes... Je n'ai jamais vu peau ni chair plus belles que sur le visage des Théophores, ceux qui portent en eux l'éblouissante lumière de Dieu. Leur chair était déifiée, sans poids ni volume, transfigurée par la lumière de l'Esprit divin. Je regardais donc, comme on regarde un spectacle, le défilé des villageois porteurs de Dieu. J'étais ravi et transporté. Comme toute personne qui assiste à un spectacle merveilleux. Tous les paysans, qui irradiaient la lumière comme le diamant, s'approchaient de mon père. Ils s'arrêtaient devant lui, à une petite distance, et s'inclinaient, comme devant une icône. Cela me semblait naturel. Car mon père était une icône. Ensuite les fidèles, tendant leurs deux mains, les paumes réunies en calice, recevaient la main droite de mon père, comme on reçoit une relique, et la portaient pieusement à leurs lèvres; ils la baisaient, comme on baise le pain bénit, l'*anaphore*, avant de le manger. En baisant la main droite de mon père, le fidèle disait :

– Bénissez-moi, mon père.

Et mon père répondait :

– Que Dieu te bénisse, mon fils.

C'était la première fois que j'apprenais cela : tous les gens appelaient mon propre père « mon père »! Et lui – mon admirable et vénéré père – appelait tous les habitants du village « mon fils »!

Je fus terrassé de stupeur. C'était incroyable. Ma première réaction fut de refuser de croire une telle énormité. Je me dis que j'avais mal entendu. Une telle chose ne pouvait être vraie. Je savais déjà – bien que tout petit – qu'il faut toujours se méfier des sens, car l'œil vous trompe et l'oreille vous ment. Je m'approchai donc de mon père. J'étais presque collé contre ses genoux. Bientôt je fus édifié. Il n'y avait plus de doute. L'incroyable chose était vraie : tous les villageois, en baisant la main droite de mon père, l'appelaient « mon père ». Mon propre père à moi était appelé « mon père » par tous! Et lui, mon père, appelait « mon fils » tous les villageois. Je fermai les yeux, pour ne plus voir une chose pareille. J'éclatai en sanglots, et je m'enfuis. Le plus loin possible. Pour ne plus entendre et ne plus voir. Une telle injustice était insupportable pour ma frêle et petite personne. A partir de ce jour-là, j'examinai attentivement les enfants des voisins. C'étaient des enfants du même âge que moi. En les regardant, j'éclatai à nouveau en sanglots. Car, de ces enfants – contrairement à moi – chacun avait son père à lui. Exclusivement à lui. Pas comme moi. Car moi, j'avais un père que je devais partager avec tout le village. Et personne, personne au monde, ne peut s'imaginer la douleur que peut éprouver une toute petite personne en découvrant que son père adoré est le père de tout le monde. C'était pire que si je n'avais pas eu de père du tout...

Ce jour-là, à midi, j'ai refusé de manger. Je me suis caché. Et j'ai pleuré sur mon malheur. Mon père est venu me consoler.

– Pourquoi pleures-tu? m'a-t-il demandé.

– Tous les enfants du monde ont leur père à eux. Sauf moi.

– Toi, tu as aussi un père. C'est moi, ton père.

– Oui, tu es mon père. C'est vrai. Mais tu n'es pas uniquement mon père à moi. Dis que ce n'est pas vrai! Et je continuais, en pleurant : Tu es même le père de gens plus âgés que toi. Je les ai entendus. Et vus. Père de vieillards! Tu les appelles « tes fils ». Tu es même le père de tout le monde. Père de n'importe qui. Tu es même le père des gens méchants. Ou sales.

Mon malheur m'empêchait de parler. Il me serrait à la gorge. Comme un nœud. Et les mots ne sortaient plus. Et j'avais raison d'être malheureux. J'aimais mon père. Et quand on aime, on désire posséder. En toute propriété. S'approprier et posséder la chose aimée, c'est une loi de la nature. Celui qui aime est disposé à payer n'importe quel prix et à faire n'importe quel sacrifice, afin de posséder la chose aimée. Quand un homme aime une femme, il l'épouse, et elle devient « sa femme ». Exclusivement à lui. Et pour toujours. S'il achète une maison, elle devient « sa maison ». C'est ainsi qu'est faite la nature humaine. Le collectivisme, même s'il est théoriquement plus équitable et plus raisonnable que la propriété privée, n'a pas réussi à se greffer sur la nature humaine. L'Église chrétienne a tenté, elle aussi, de réaliser le communisme et le collectivisme en abolissant la propriété privée. Elle a échoué. Comme ont échoué toutes, absolument toutes les tentatives de ce genre. Le résultat de ces expériences, c'est qu'elles rendent malheureux, qu'elles tuent même, ceux qu'on oblige à les subir. L'église chrétienne a renoncé, une fois pour toutes, à cette utopie : réaliser le communisme sur la terre. Elle y a renoncé, non sans regret, mais sans équivoque. Elle déclare : la propriété privée est une institution nécessaire, du moins dans notre monde déchu... Il faut tolérer cet état de choses, comme une concession à la faiblesse humaine, et non l'applaudir, comme souhaitable en soi. L'idéal – si la nature humaine avait pu s'élever jusqu'à lui – c'est le communisme. *Communis enim usus omnium, quae sunt in hoc mundo, omnibus hominibus esse debuit* [1].

Lorsqu'on aime un être, une chose, on ne peut le livrer à l'usage collectif.

– Moi, je t'aime tellement! Et je viens de découvrir que tu es le père de tout le village, ai-je dit.

Je séchai mes larmes. Mais d'autres larmes arrivaient.

– Dis-moi, pourquoi es-tu le père de tout le monde? J'aurais tant aimé avoir, moi aussi, un père à moi! A moi tout seul!... Comme les autres enfants. Pourquoi n'es-tu pas uniquement à moi?

– Je suis le père de tous parce que je suis prêtre, répondit mon père.

1. Gratien, Decretum pars., II, *Causa*, XII, Q.I., C., II. Sec. cf. R.H. Tawney, *Religion and the rise of Capitalism*. Trad. fr., Paris, 1951, p. 39.

Il était navré pour moi. Mais il ne pouvait rien changer.

– Comment, le père de tous? me suis-je écrié. Tu serais même le père de gens qui n'habitent pas notre village?

Je demandais cela parce que, jusqu'alors, je n'avais vu que ceux de notre village l'appeler « mon père ».

– Oui, répondit-il. Je suis le père des gens qui habitent notre village. Et de ceux qui habitent les villages voisins et les villages de l'autre bout de la terre. Je suis le père de gens que je n'ai jamais vus. Je suis tout de même leur père. Plus que cela : je suis le père des gens morts et enterrés depuis des siècles et des siècles.

Les larmes coulaient sur mes joues. Larmes chaudes comme du métal fondu. C'est à peine si j'ai pu lui demander, effrayé par l'énormité de ce que je venais d'entendre :

– Tu es le père des morts? De tous les morts?

C'était le comble du malheur. Ma douleur s'accrut. Car mon père répondit affirmativement :

– Je suis le père des morts. Je suis le père des vivants. Et je suis aussi le père de ceux qui naîtront demain, dans un siècle, ou dans mille siècles, jusqu'à la fin du monde.

J'étais si accablé par cette terrible révélation que j'étais prêt à abandonner mon père. J'étais comme mes ancêtres les Immortels, qui n'acceptaient que l'absolu, ne comprenaient ni les compromis, ni les accommodements, ni les transactions. Dieu m'avait donné un père, ce qui est personnel, exactement comme, pour tous, est personnel son propre corps, et je ne voulais pas accepter de faire de lui une chose publique. Il était à moi. A moi seul. A ma personne. Et, si je ne pouvais pas l'avoir tout à moi, je préférais encore l'abandonner. Comme les Immortels avaient préféré mourir plutôt que de vivre avec leurs vainqueurs. Je n'étais pas plus haut que le genou de mon père mais je l'aimais et je ne voulais pas le partager.

– Je te quitte, ai-je dit. Puisque tu as tant d'enfants, vivants, morts ou à naître, tu n'as pas besoin de moi. Je ne suis qu'un malheureux enfant de plus, parmi tes millions d'enfants, à chacun desquels tu dis si tendrement : « Mon fils ».

Mais je n'avais pas le courage et la force de partir. Je restais immobile, tout petit, devant mon père. Et je sanglotais.

– Pourquoi le prêtre est-il le père de tant de monde? ai-je demandé.

Mon père se taisait. Il était aussi triste que moi. Il était bouleversé. Les questions que je lui avais posées ne lui étaient jamais passées par la tête. Quoique son père à lui fût prêtre, lui aussi. Mes questions étaient une surprise pour lui. C'étaient des questions tout à fait nouvelles, imprévues. Il ne s'attendait ni à mes larmes ni à ma jalousie. J'étais un enfant poète et ma destinée était de voir le fond des choses. Comme les autres hommes les voient au moyen des rayons X. Le poète est un être humain qui vit exclusivement pour enlever les rideaux des conventions, des règles, des mots, pour voir et pour montrer aux autres ce qui se trouve derrière ces rideaux. Le poète déchire toute étiquette, pour découvrir ce qui se cache dessous. Les autres hommes se contentent de regarder l'étiquette.

En outre, mon père était embarrassé par mes larmes et par ma souffrance. Il aurait bien voulu me consoler. Comme on console d'habitude les enfants. Mais il ne pouvait pas tricher ni mentir. Il ne pouvait pas répondre n'importe quoi. Être chrétien signifie avant toute chose être sérieux. Ne rien prendre à la légère. Tout acte du chrétien, même la réponse qu'il donne à un enfant qui pleure, doit être sérieux. Car tout acte, pour le chrétien, n'a pas seulement des conséquences ici-bas, dans cette existence terrestre, mais aussi et surtout là-haut, et pour toujours. Jusqu'à la fin des siècles. Un homme religieux ignore totalement l'hypocrisie. Avec l'hypocrisie et l'esprit malin, on peut cacher la réalité aux voisins, aux juges terrestres, et l'on peut ensuite attendre l'oubli. Pour le chrétien, c'est tout à fait différent. L'existence même de l'hypocrisie est inconcevable pour lui. Car le chrétien sait que l'œil de Dieu ne peut pas être abusé, que la mémoire de Dieu est incapable d'oubli et que, devant Lui, rien ne peut être celé. Mon père ne pouvait donc me répondre que sérieusement. Ce qu'il allait me dire devait constituer une réponse valable et valable aussi devant Dieu. Bien qu'il s'adressât à un tout petit enfant. Et je pleurais. C'était mon premier grand malheur. Et mes larmes étaient mélangées à la théologie, la source de ma première douleur sur terre...

6

A dater de ce jour-là, mes discussions avec mon père furent théologiques. Exclusivement. Car mon grand chagrin, c'était d'avoir un « père collectif ». Je savais que j'étais son unique enfant. J'étais le seul à avoir le droit de l'appeler « mon père ». Et le bonheur d'être appelé « mon fils » par mon père m'était réservé, en exclusivité. Or il appelait « fils » tout le monde, et tout le monde l'appelait « père ». Je me disais que si mon père avait eu un métier comme tout le monde, je n'aurais pas éprouvé cette douleur terrible. Et j'aurais eu un père à moi tout seul. Je le savais, et je souffrais de ma condition de fils de prêtre, et pourtant, malgré cela, je n'ai jamais désiré que mon père fît autre chose, eût un autre travail que celui de serviteur dans la demeure de Dieu, au ciel.

– Ton activité de prêtre est de célébrer la divine Liturgie, de baptiser les enfants, de confesser les hommes et les femmes, de leur donner la communion et de demander la bénédiction de Dieu pour leurs œuvres, pour leurs peines et leurs joies... Tu enterres les morts, tu pries pour les vivants, tu maries les jeunes gens... C'est cela, l'activité d'un prêtre. Est-il nécessaire aussi d'être le père de tous et de tous les appeler tes fils et tes filles, eux qui sont des étrangers, qui ne sont pas tes fils comme moi?

– Le prêtre est le père des hommes sur la terre, comme Dieu est le père des hommes dans le ciel, me répondit-il. Toute activité d'un prêtre, comme celle de Dieu, est surtout une activité de père.

Je ne comprenais toujours pas. J'étais tout petit, j'avais à peine six ans. Un âge mince comme deux pages d'abécédaire. Et c'était tout de même difficile à comprendre. La vérité, c'est que la vie de tout chrétien, même du plus petit, commence, non pas avec sa date de naissance, mais à la création du monde. Comme il n'y a pas, dans la nature, d'atomes à l'état libre, il n'y a pas de chrétiens solitaires, autonomes. La vie du chrétien commence avec la création du premier homme. L'histoire du monde fait partie intégrante, inséparable, de la vie personnelle de chaque individu, de tout chrétien. La vie d'un homme ne peut pas être localisée dans un seul espace et dans un seul temps. Pour faire la biographie d'un homme – fût-il aussi petit que j'étais moi-même à cette époque-là – il faut commencer par abolir les notions de temps et d'espace, qui nous en séparent. Tout chrétien est contemporain du premier homme, et de tous les hommes de tous les temps et de toutes les terres habitées. Aucun chrétien n'est seul au monde. Aucun chrétien n'a vécu, ne vit et ne vivra jamais seul, à une seule époque, en un seul temps et en un seul endroit. Un chrétien vit dans tous les temps, présents, passés et futurs, simultanément, et ce, partout où il y a des hommes. L'histoire de tout chrétien est l'histoire complète du monde, avec ses sept jours de la création et, le huitième jour, celui de la création nouvelle, réalisée par la Résurrection.

En écoutant mon père dire ces choses, je me suis rembruni.

– Je ne me savais pas si vieux que cela, lui ai-je dit.

Et, à partir de ce jour-là, je sus que tous les hommes sont contemporains, et que l'âge est une question d'état physique, une question de matière, qui n'a pas de rapport essentiel avec l'homme en soi. J'avais été créé avec le premier homme. Sa vie était ma vie. En écoutant les récits de la Genèse, j'écoutais donc ma propre biographie.

– L'homme a été conçu avec ordre de devenir dieu, me dit mon père, en me regardant.

Maintenant je savais que cet ordre – de devenir dieu – m'était aussi adressé. Car l'histoire du premier homme était aussi la mienne. J'étais agréablement surpris. Cela fait plaisir de s'entendre dire qu'on a la mission de devenir général, ministre, roi... Mais la mission de devenir dieu, c'est beaucoup mieux!... C'était sublime.

« Après avoir terminé la création de l'homme – qui était tout neuf et tout beau – Dieu lui dit : " Homme, tu seras le maître de la terre et supérieur à tout ce qui existe dans l'univers. Tu seras égal à moi, ton

Dieu. Comme gage de ta ressemblance avec Dieu, je te donne dès maintenant la prérogative divine par excellence : la liberté [1]. " »

« Dieu fit connaître à l'homme qu'il est la seule créature libre dans tout l'univers. Les animaux, les plantes, les astres, la lune et le soleil, les minéraux et toute la nature morte et vivante, tous sont enchaînés à leurs lois mécaniques, à l'instinct et à leur condition. L'homme seul est libre, comme Dieu. La mission de l'homme est d'hériter le Royaume de Dieu, et de participer à tous les mystères divins. »

J'étais rouge de plaisir. Jusqu'au bout des oreilles. Je connaissais maintenant mes titres de noblesse, mes droits de naissance. J'étais donc le fils de Dieu et égal à Lui-même. J'étais fier de mes frères, les autres hommes. J'étais déiforme. J'étais héritier du Royaume de Dieu. Et j'étais libre comme Dieu. J'étais si heureux de ma condition humaine que j'en avais oublié le grand, le terrible chagrin qui avait provoqué ces révélations : la douleur d'avoir un père que je devais partager avec tout le monde, parce qu'il était prêtre...

Mon père continua à m'expliquer :

– Au lieu d'être jaloux et de pleurer, quand les hommes et les femmes appellent « mon père » ton propre père, qui est prêtre, tu dois rendre grâces à Dieu, pour la faveur que tu as reçue.

– Quelle faveur? ai-je demandé.

– Je suis doublement ton père, et tu es doublement mon fils : une fois selon la chair, et une fois selon l'esprit. Pense bien que les autres enfants ont un père qui n'est leur père qu'une seule fois, selon la chair.

Ce soir-là, j'ai longuement remercié Dieu. Non, je n'avais pas un « père collectif », que je devais partager avec tous les hommes vivants, morts ou à naître; j'avais un père qui était doublement mon père! Et j'étais doublement son fils! C'était un bonheur auquel je n'avais jamais rêvé, tellement il était grand.

7

J'attendais avec impatience le 1er septembre 1923, date à laquelle je devais aller à l'école. Mon père ne voulut pas que j'apprenne à lire et à écrire avant l'âge de sept ans. Sa mère, qui était une célèbre éleveuse de chevaux, lui disait que si l'on met la selle sur un poulain trop jeune il ne sera jamais un bon cheval. Le fait de le seller trop tôt a des conséquences

1. Saint Grégoire de Nazianze, P.G. 36 col. 524, a dit : « C'est donc par la liberté que l'homme est déiforme et saint, car l'indépendance et l'autonomie sont le propre de la sainteté divine. » Ailleurs saint Grégoire de Nysse dit : « L'homme créé à l'image de Dieu doit avoir tous les biens de son Maître. Or, parmi ces biens, il y a le fait d'être libre. » (P.G. 44 col. 184). Ensuite, il dit aussi : « La liberté est la ressemblance avec celui qui est sans maître et souverain – *adespotos et autokratos*, ressemblance qui nous a été donnée, à nous les hommes, par Dieu, à l'origine. » Les Actes des Apôtres (17, 28) affirment la même chose : « Nous sommes de la race divine. »

dans l'avenir. Apprendre à un enfant à lire et à écrire avant l'âge de sept ans, c'est comme si on posait la selle sur un poulain trop jeune. Et c'est à cause de cela que je comptais avec impatience les mois, les semaines et les jours jusqu'à la rentrée de l'école. J'attendais ce jour comme les prisonniers attendent le jour de leur libération. Vivre sans savoir lire équivaut à vivre coupé du monde. Isolé. Enfermé dans une cellule. Pis que cela. C'est comme si l'on était aveugle. Car je regardais les livres comme si je ne les voyais pas. L'écriture restait sans contenu, muette. Parfois j'avais le sentiment d'être infirme. Et j'étais humilié jusqu'aux larmes.

Mon père recevait des journaux et des lettres. Chaque fois que le facteur les lui apportait, je me blottissais contre lui. Je le regardais lire avec émerveillement. J'épiais chacun de ses gestes, le mouvement de ses yeux, et j'essayais de comprendre comment il faisait pour lire. Moi, je regardais la page, comme lui, et je ne voyais rien. Mais lui, il voyait. Et c'était pour moi le plus grand mystère qui soit. Toute personne qui savait lire était à mes yeux une personne extraordinaire. Mon père me disait que je connaîtrais, moi aussi, le secret de l'écriture, et même mieux que lui. Mais moi je désespérais de connaître un jour ce grand mystère. En lisant, le visage de mon père changeait. Tantôt il souriait, tantôt il devenait soucieux et des plis apparaissaient sur son visage. J'avais le sentiment qu'il parlait à quelqu'un. Je ne comprenais pas comment un papier, couvert de signes, puisse faire rire, rendre soucieux, en colère ou heureux.

Un jour, j'étais assis sur les marches de l'église, à côté de mon père. Il venait de recevoir le courrier. Il reçut une enveloppe, presque aussi grande que moi. Il n'avait jamais reçu de lettre aussi volumineuse. En fait, c'était un colis. Il l'ouvrit avec soin, sans abîmer le papier jaune de l'emballage. Sur l'étiquette l'on voyait, comme sur toutes les lettres que mon père recevait, le sceau et les armoiries du métropolite de Moldavie.

Mon père sortit de l'emballage, non pas une lettre imprimée, mais un drapeau tricolore. Il le mit sur le plancher, avec mille soins, pour ne pas le froisser ou le salir.

– C'est le drapeau de la Roumanie, m'expliqua mon père. Tu n'as encore jamais vu le drapeau de ton pays? C'est ton drapeau. Car tu es roumain. Et le bleu, jaune, rouge, est le drapeau de chaque Roumain.

C'était vrai. Jusqu'alors je n'avais encore jamais vu le drapeau roumain. C'était la première fois que je le voyais et j'étais heureux.

– Notre drapeau est tricolore, comme tu peux le voir. Le bleu représente le ciel qui est au-dessus de notre pays. Le jaune, c'est la couleur de nos champs de blé, et le rouge, c'est la couleur du sang versé par nos parents pour faire de notre pays un grand royaume, libre et indépendant. Tout Roumain passant devant le drapeau enlève son chapeau et le salue. Même le roi se met au garde-à-vous et salue. Car le drapeau est le symbole du pays. Il est sacré.

Mon père était fier d'avoir le drapeau roumain sous ses yeux. Il me le présentait comme s'il était le pays entier, avec ses montagnes, ses fleuves, ses plaines et son histoire. Il parlait de la Roumanie comme si elle lui appartenait en propre, à lui comme à moi. La Roumanie était un bien à nous, et nous étions fiers d'elle.

– Avant l'indépendance, il nous était interdit de hisser notre drapeau national. Celui qui osait le faire était arrêté et jeté en prison. C'est le 14 octobre 1834 que les Turcs nous permirent pour la première fois de hisser notre drapeau. Le sultan l'a accordé à la supplique du prince Alexandre Ghika. Et pour cela, nous avons payé aux Turcs de grosses sommes d'argent et subi d'immenses humiliations. Quand nos princes se présentaient au sultan, à Constantinople, ils devaient se couvrir la tête avec le fez, marcher les yeux baissés et les bras croisés sur la poitrine. Devant le sultan de la Sublime Porte ottomane, le prince roumain devait se prosterner et toucher le plancher avec son front. Ensuite, il devait baiser les chaussures du sultan. Il ne se redressait pas avant que le sultan l'ordonnât. Il ne parlait que si le sultan l'y autorisait. C'est ainsi que nous avons été humiliés pendant des siècles. Notre indépendance n'est pas un vain mot. La Roumanie ne s'est pas faite toute seule. Nos ancêtres ont versé leur sang. C'est la couleur rouge de leur sang qui est sur notre drapeau.

Mon père sortit de l'emballage les portraits du roi et de la reine de Roumanie.

– Regarde-les, s'exclama mon père.

Il les admira. J'en fis autant. Le roi Ferdinand était en uniforme. Il avait une petite barbe, comme celle de mon père. La reine Maria était habillée tout en blanc, avec un voile sur la tête, pareil à celui des mariées à l'église, pendant la cérémonie. Je n'avais jamais vu auparavant une femme aussi belle que la reine Maria de Roumanie.

– Le 15 octobre 1922, nous allons couronner le roi et la reine, dit mon père. C'est pour cela que le métropolite m'a écrit. Il m'envoie le drapeau et les portraits de Leurs Majestés, avec l'ordre de les afficher dans le vestibule de l'église. De préparer la fête du couronnement, le *Te Deum*, la sainte et divine liturgie et de décorer somptueusement l'église... De mettre des fleurs devant toutes les icônes.

J'imaginais déjà le roi, en grand uniforme, comme sur la photo, et la reine en robe blanche, la tête couverte d'un voile, venir à Petricani, suivis des ministres, de toute la cour, ainsi que de tous les généraux et des hauts dignitaires de l'État. Ils pénétreraient dans notre église et mon père leur poserait les couronnes sur la tête... Et on jetterait dans l'église à pleines mains des fleurs et des bonbons. Tandis que le chœur chanterait...

J'étais très heureux que le roi et la reine de Roumanie viennent à Petricani, pour être couronnés par mon père. Nous avions à l'église de très belles couronnes dorées, aux pierres multicolores, que mon père posait sur la tête des gens qui se mariaient. Dans l'église orthodoxe l'office du mariage s'appelle la cérémonie du couronnement. C'est un très bel office. Une des missions de mon père était de couronner les gens qui se mariaient. J'étais toujours ébloui par cette cérémonie et je n'étais donc pas surpris que le roi Ferdinand et la reine Maria viennent se faire couronner par mon père, à Petricani, dans notre très petite et belle église.

– C'est le 15 octobre, dans la matinée, que Leurs Majestés seront couronnées, à Alba Julia, en présence de l'armée, du gouvernement, de tous les hauts dignitaires, des rois étrangers, et des représentants des gouvernements étrangers.

– C'est à Alba Julia que le roi sera couronné? Ce n'est pas chez nous? Pas à Petricani?

– Le roi sera couronné aussi à Petricani, bien sûr qu'il sera couronné chez nous. Le métropolite me donne des instructions précises sur la cérémonie. Le couronnement sera célébré, à la même heure, dans toutes les églises de Roumanie. Les cloches sonneront en même temps sur tout le territoire, de Tisza, jusqu'au Dniestr et du Danube jusqu'à Hotin...

Après avoir accroché le drapeau et les portraits des souverains sur le mur en bois dans le vestibule de l'église, mon père me dit :

– Notre roi est un Hohenzollern. La dynastie la plus ancienne du monde... Ils règnent en Europe depuis plus de mille cinq cents ans. Ils ont régné avant Charlemagne, par la branche Tassillon. Tu apprendras cela plus tard à l'école. Dans ton livre d'histoire. Le château de la dynastie des Hohenzollern est en Allemagne, à Sigmaringen, en Forêt-Noire. C'est là-haut qu'est né notre roi. Le château de Sigmaringen se trouve tout près des sources du Danube... Le seul fleuve d'Europe qui coule vers l'Orient. Après avoir traversé Vienne, Bratislava, Budapest et d'autres villes illustres, le Danube vient marquer la frontière sud de la Roumanie, et ensuite se jette dans la mer Noire, sur notre territoire, dans le delta du Danube... Le roi a fait le même itinéraire que le Danube, en partant de la Forêt-Noire pour venir en Roumanie, après avoir régné sur d'autres pays d'Europe pendant un millénaire et demi.

Je suivais avec difficulté les explications de mon père. Il y avait trop de mots étrangers. Difficiles à prononcer. J'ai compris une seule chose : notre roi n'était pas roumain. Cela m'a choqué. Comment pouvions-nous être libres et indépendants si nous étions dirigés par un roi étranger?

La veille j'avais ouvert la Bible au hasard et avais supplié ma mère de lire quelques lignes. Je faisais cela plusieurs fois par jour. Chaque jour. Ma mère n'avait jamais le courage de me le refuser. Elle m'avait lu à haute voix le passage où il est dit : « Tu ne te donneras pas comme roi un étranger, mais tu choisiras ton roi parmi ton peuple [1]. »

Je voulais demander à mon père pourquoi nous n'avions pas choisi un

1. Deutéronome 17, 15.

roi roumain, comme le prescrit la Bible. Mais mon père ne me laissa pas de répit.

– Le roi Ferdinand est un grand roi... C'est lui qui pendant la guerre a commandé l'armée et remporté la victoire. C'est lui qui a fait la Grande Roumanie. En 1918 les Allemands occupèrent la capitale et la plus grande partie de notre pays. Le roi ne se laissa pas vaincre. Il se réfugia ici, dans la montagne, et continua la lutte. Le 1er décembre 1918 il rentra à Bucarest, victorieux. A la tête de son armée. Acclamé par tout son peuple. Le roi Ferdinand est le neveu du roi Carol Ier de Hohenzollern, le fondateur de la dynastie roumaine. Carol arriva en Roumanie le 10 mai 1866. Il fut proclamé roi par le peuple. Plébiscité. A cause de cela, en bas du portrait il est écrit : « Par la grâce de Dieu et par la volonté nationale, roi de Roumanie. » Il est le roi par la volonté de notre peuple. Dieu l'a protégé dès le début de son règne, car il passa par des moments très difficiles. En 1916, juste l'année de ta naissance, l'armée russe, notre alliée, venait de se mutiner. Ici, sur notre front. Sur la ligne de feu. Pendant les combats. Les mutins s'organisèrent en soviets. Sous la conduite de Trotski. Le roi Ferdinand chassa les mutins soviétisés, au-delà du Dniestr, en Russie. Le 16 avril 1918, pendant que le roi luttait contre les mutins à l'est, sur le Dniestr, Béla Kun, un parent de Trotski, attaqua la Roumanie à l'ouest. L'armée roumaine riposta. Le roi n'avait pas peur de lutter sur deux fronts. Il écrasa l'envahisseur de l'ouest, comme il écrasa les mutins russes de l'est. Les soldats roumains, commandés par le général Rudescu, entrèrent victorieux à Budapest, le 4 août 1919. Ils délivrèrent la Hongrie de la dictature soviétique. Béla Kun se réfugia à Moscou. Mais les soviets ne pardonnèrent pas au roi de Roumanie de les avoir vaincus. Ils projetèrent de le tuer. Le 8 décembre 1920, Max Goldstein, un autre parent de Trotski et de Béla Kun, fit exploser une bombe dans le Parlement roumain, pendant que le roi y lisait son message.

Le ministre de la Justice Dimitri Greceanu, le métropolite Radu de Oradea et d'autres personnes furent tués. Il y eut de nombreux blessés. Le sang coulait. Partout. Le Parlement était en flammes. Le roi Ferdinand sortit indemne. Pendant l'attentat il ne broncha pas. Il resta immobile. Calme. Il ne céda pas à la panique. Ainsi qu'il sied aux rois.

Après l'attentat, on a fait des prières dans toutes les églises du pays. Nous avons remercié Dieu d'avoir épargné la vie de notre souverain. Mais Trotski, Béla Kun, Max Goldstein et l'Armée rouge n'ont pas désarmé. Ils essayèrent toujours de tuer notre roi, d'occuper la Roumanie et de la transformer en république soviétique.

En écoutant mon père, j'avais les joues rouges de colère. Je savais que les Soviétiques étaient des assassins. Ils avaient tué le prince général Igor, le mari de la sœur de mon père. Ils l'avaient tué par-derrière. Quand il passait la frontière. Quelques heures après leur mariage. Les soviets étaient des assassins. Comme il est dit : « Ils ont été assassins dès le commencement. »

– Nous avons un grand roi, répéta mon père. Il nous faut en remercier Dieu. Tous les peuples n'ont pas cette chance. Le peuple grec, par exemple, a chassé son roi. Cela se passait le 22 septembre 1922. Le même jour il a fusillé cinq ministres et le chef d'armée. Ils n'ont pas eu la chance d'avoir un roi comme le nôtre. Un bon roi. Et parce qu'il est un bon roi, nous allons le couronner à Alba Julia, l'ancienne capitale de nos ancêtres les Immortels. Avec le plus grand faste.

Mon père admira, sur le portrait, la beauté de notre reine Marie.

– Elle est la petite-fille de la reine Victoria d'Angleterre, m'expliqua mon père.

Dès le lendemain, les gens venant à l'église s'arrêtaient dans le vestibule et admiraient les portraits royaux. Mon père leur annonça les cérémonies religieuses qui auraient lieu le jour du couronnement, le 15 octobre 1922. Tout le monde commença à s'occuper des préparatifs.

Je savais que, le jour du couronnement, les anges de la Roumanie seraient présents dans l'église de Petricani. Comme ils seraient présents autour du Christ à Alba Julia, et dans toutes les églises du pays. Dans le ciel on célébrerait simultanément la liturgie cosmique du couronnement. Petricani serait le centre du monde. Dieu y serait.

On attendait avec ferveur la fête du couronnement. Mais, quelques jours plus tard, on avait oublié la cérémonie du couronnement du roi. On l'avait complètement oubliée. Une autre fête royale était annoncée. Une fête qui éclipsait entièrement toutes les autres : la Mère de Dieu, la reine du ciel, allait venir dans notre village. A Petricani. Et personne ne pensait plus au couronnement du roi. La visite de la Mère de Dieu, dans notre village, annulait toutes les autres préoccupations. Toutes.

8

La Mère de Dieu arriva effectivement, dans notre village, quelques semaines plus tard. Cela se passait en 1922. J'avais six ans. Nous savons que la Mère de Dieu, après sa mort, monta au ciel avec son corps. On célèbre cet événement le 15 août, à la fête de l'Assomption, ou la Dormition de la Toute-Sainte, notre Souveraine, la Mère de Dieu et toujours Vierge Marie.

La Mère de Dieu est donc au ciel. Elle y règne au-dessus de toutes les puissances célestes. Comme il est dit dans l'hymne que nous chantons chaque dimanche à la liturgie : « Toi qui es plus vénérable que les chérubins et incomparablement plus glorieuse que les séraphins [1]. »

1. Liturgie de saint Jean Chrysostome.

Mais la Mère de Dieu habite aussi près de Petricani, le village des Carpates où mon père est prêtre. Comment est-il possible que la même personne soit présente, en même temps, en deux endroits différents? Cela est contraire aux lois de la physique. Et pourtant, cela est vrai. La Mère de Dieu habite, en même temps, au ciel et dans la montagne, près de mon village. L'explication est la suivante :

Après la crucifixion, les autorités de la Palestine déclenchèrent une terrible persécution contre les chrétiens. Tous les disciples et amis du Christ, ainsi que Sa Mère vivaient cachés, de peur d'être tués. Lapidés. Comme saint Étienne [1].

La persécution dura très longtemps. Pendant les trois siècles qui suivirent la crucifixion, il fut interdit aux chrétiens d'habiter à Nazareth. Toutes les villes de Palestine qui rappelaient le Christ furent interdites aux chrétiens [2]. La persécution s'intensifiant, la plupart des Apôtres et disciples du Christ se réfugièrent au Liban. La Mère de Dieu fit de même. Elle trouva abri à Antaradus, une ville située sur la côte libanaise entre Beyrouth et Antioche.

Antaradus est située à l'embouchure du fleuve Eleutherus, Syrie, et s'appelle aujourd'hui Tartous. En face de la ville, à une distance de cinq kilomètres, se trouve l'île d'Aradus, ou Rouad. Lorsque la population d'Antaradus était menacée par les envahisseurs, elle quittait la côte et s'abritait dans l'île, comme dans un château fort.

La ville où se réfugia la Mère de Dieu a été construite, peu de temps après le déluge, par Canaan, le petit-fils de Noé [3]. Antaradus était autrefois célèbre dans le monde entier pour ses statues de Phidias et de Praxitèle [4]. Saint Paul les admira quand il y fit escale.

La Mère de Dieu fut accueillie à Antaradus par le saint évangéliste Luc. Il était de la région, étant natif d'Antioche. Saint Luc était médecin et peintre. Il fit, à Antaradus, le portrait de la Mère de Dieu, la représentant avec le Christ dans ses bras. L'Église nous explique pourquoi :

« Peignant Ton tout vénérable portrait, le divin Luc, l'écrivain de l'Évangile du Christ, inspiré par la voix divine, représenta le Créateur de toutes choses, dans Tes bras [5]. »

Saint Luc montra son portrait à la Sainte Vierge. L'Église nous dit :

« Lorsque pour la première fois Ton icône fut peinte par l'annonciateur des mystères évangéliques et qu'elle Te fut apportée, afin que Tu la connaisses et lui confères la puissance de sauver ceux qui Te vénèrent, Tu T'es réjouie... Toi qui es miséricordieuse et qui as fait notre salut,

1. *Actes des Apôtres*, 5, 7.
2. Épiphane, P. G. 41 col. 423.
3. Genèse, 10, 18.
4. Strabon, 17, 753.
5. Office des matines, 15 août, canon Ton 4.

Tu fus comme la bouche et la voix de l'icône... En regardant l'icône, Tu dis avec puissance : " Ma grâce et ma force sont avec cette image. " Et nous croyons vraiment que Tu as dit cela, Notre Souveraine, et que Tu es avec nous dans cette image [1]. »

Les chrétiens des Carpates croient que la Mère de Dieu est présente dans son icône. Elle y est réellement. Sa grâce y est. Sa force y est. L'icône est sa bouche. Sa voix.

Certes, nous n'adorons ni le bois, ni le métal, ni les couleurs. Saint Jean Damascène explique : « Je n'adore pas la matière. J'adore le Créateur de la matière, qui est devenu matière, qui a habité la matière et qui a opéré notre salut par la matière. Nous ne rendons pas culte à la matière, mais à celui qui est représenté par elle [2]. »

Dans nos églises, il n'y a pas de tableaux religieux. Pas de statues. Aucun art plastique. L'icône de la Très Sainte Marie n'est pas une peinture. Elle est la reproduction pieuse de l'icône peinte par saint Luc. La Mère de Dieu est réellement dans cette icône. Car l'Église nous enseigne que la force et la grâce de la Reine du ciel se trouvent dans toutes les icônes qui reproduisent fidèlement les traits authentiques de la Mère de Dieu peinte par saint Luc.

Si l'on nous demande des preuves historiques, scientifiques, archéologiques, sur le fait que saint Luc a réellement peint cette icône et sur les paroles que la Mère de Dieu a prononcées en la regardant, nous répondons que nous n'en avons pas. Les preuves sont nécessaires pour ceux qui ont des doutes. Mais nous n'avons absolument aucun soupçon quant au fait que le Christ est présent, sang et chair, dans le calice, et que la voix, la grâce et la puissance de la Reine du ciel sont présentes dans l'icône peinte par saint Luc et dont nous possédons les copies dans nos églises. Pour ceux qu'intéressent les preuves matérielles, on peut ajouter qu'à Antaradus fut construite la première église dédiée à la Mère de Dieu. Cette chapelle fut consacrée par saint Pierre lui-même. Elle fut reconstruite en 346, par saint Constantin. En 1123, aux temps des croisades, commencèrent les grands pèlerinages des chrétiens d'Occident, qui venaient à Antaradus vénérer la première chapelle de Notre-Dame. Après les invasions des musulmans, l'église d'Antaradus fut transformée en étable, en prison et ensuite en mosquée. Elle fut rendue au culte et classée monument historique par le général français Gouraud, le gouverneur de Syrie en 1922. Mais comment se fait-il que la Reine du ciel se trouve, maintenant, ici, dans nos forêts des Carpates?

C'est l'empereur Jean VIII Paléologue de Byzance qui, en 1424, apporta cette icône au monastère de Neamtz, en Moldavie. L'empereur de Byzance est venu l'apporter lui-même. Constantinople était menacée par les musulmans. L'empereur apporta l'icône de la Mère de Dieu en

1. Office des vêpres, 15 août, Stichère Ton 6.
2. Saint Jean Damascène, P. G. 94 col. 1245 et 1356.

Roumanie, pensant qu'elle serait en sécurité dans nos forêts. Depuis ce jour, la Mère de Dieu séjourne chez nous. Près de notre village.

Chaque été, quand nous pouvons rassembler assez d'argent pour la fête, nous invitons la Mère de Dieu chez nous. Presque tous les villages, si pauvres soient-ils, l'invitent de temps en temps. Car la Reine du ciel ne refuse pas de descendre chez les pauvres, dans les villages des anciens serfs. Dans des petites églises. Elle n'est pas comme les princes de ce monde. La Mère de Dieu est comme les anges et comme le ciel lui-même, qui nous approchent sans arrière-pensées, sans remarquer que nous sentons mauvais, comme tous les pauvres, que nous mangeons mal, et que nous sommes en proie à tous les malheurs... Non. La Reine du ciel et les anges, quand ils descendent chez nous, nous traitent en égaux. En amis. Et ils nous ordonnent, comme Dieu le Père nous l'a ordonné, de leur dire *Tu*, avec audace, avec *parrhésia*, avec liberté de parole. Et comme Dieu nous invite à être familier avec lui et à l'appeler *Tu*, et *Père*, ainsi la Reine du ciel, en descendant dans notre village, nous invite à l'appeler : *Toi, notre Mère*. L'arrivée de la Mère de Dieu dans notre village fut et reste le plus important événement que j'aie jamais vécu. J'avais six ans. Notre village, sur les bords de la rivière, est très pauvre. Il fut, très longtemps, habité exclusivement par les serfs des monastères. Comme tous les villages de la région. Serfs dont mes ancêtres avaient été les curés.

Maintenant le servage est aboli. Mais la pauvreté et la misère subsistent. Atrocement présentes. Le village est tout petit. Les habitants sont sur les routes, avec leurs longs chariots. Mais nous étions tout de même assez nombreux pour recevoir la Reine du ciel chez nous.

Les préparatifs étaient commencés depuis longtemps. Sans connaître la date exacte de la visite. Il fallait rassembler de l'argent. La réception coûtait très cher. Surtout par rapport à nos moyens d'existence. Les statisticiens de passage ont relevé comme une curiosité, que, chez nous, une famille achetait une seule boîte d'allumettes tous les cinq ans. Pour ne pas gaspiller le feu, on le recouvrait chaque soir avec des cendres, afin qu'il reste en sommeil jusqu'au matin. Aucun habitant du village n'a jamais acheté de sel. C'était trop cher. On avait découvert, dans la montagne, des sources d'eau salée. Et on apportait l'eau salée dans des tonneaux. En hiver, en traîneaux. Cette eau servait à abreuver les bêtes et nous la mêlions à notre nourriture avec une cuillère de bois fabriquée de nos propres mains. Je n'ai vu de sel en cristaux que très, très tard. Pour moi le sel était liquide.

Par conséquent, ce n'était pas dans un village riche que la Reine du ciel descendait pour vingt-quatre heures. C'était chez les pauvres des pauvres. On amassait donc l'argent plusieurs mois avant sa venue. Quelques jours avant l'arrivée de la Reine du ciel, les murs de toutes les maisons étaient reblanchis à la chaux. On coupait les épines au bord des routes. Les branches mortes étaient ramassées, les mauvaises herbes arrachées, et on nivelait les routes... Mon père sortait dans le cimetière devant l'église, sur l'herbe verte des tombes, les chandeliers, les veilleuses, et avec l'aide des jeunes filles et des vieilles femmes, il nettoyait les vases et les objets sacrés. Afin que tout brille pour l'arrivée de la Reine. On couvrait tout avec des fleurs, afin que la misère reste cachée. Car c'était la Reine du ciel qui s'en venait. Pas une image. Pas un portrait de la Reine. Et pour la recevoir, on envoyait à sa rencontre une escorte de cavaliers. Tous les beaux chevaux étaient rassemblés. On les lavait dans les eaux glacées de la rivière. On faisait briller leur poil. Au lieu de selles – car, des selles, nous n'en avions jamais eu, les envahisseurs nous les prenaient régulièrement – on les parait de jolis tapis. Puis, les plus aimables jeunes hommes du village se présentaient habillés tout de blanc, en costume national, bien lavés. Pour être chevalier dans la garde de la Reine du ciel, on devait être beau, jeune et pur. On devait aussi jeûner tout un jour. Ensuite, quelques douzaines de jeunes gens, fleur au chapeau, éclatants de propreté et tout de blanc vêtus, allaient chercher, à cheval, la Reine du ciel dans le village où elle se trouvait. Et cette fois, par miracle, pour la première fois depuis que le hameau existait, on choisit, pour aller chercher la Reine du ciel à cheval et lui servir d'escorte, non seulement des cavaliers, mais également un page. Ce fut moi. On savait que je serais prêtre du village plus tard. On connaissait ma dévotion ardente pour la Mère de Dieu. En plus, j'avais un amour démesuré pour les chevaux. Avant de savoir vraiment marcher, je savais monter à cheval. Je pouvais me tenir debout, chevaucher de toutes les manières. Je savais que plus tard, lorsque je serais prêtre, je ne pourrais plus monter à cheval. Et j'en profitais. Tous les chevaux du village me connaissaient. J'étais leur ami. Je me baignais à cheval, dans les eaux de la rivière. Et chaque fois que je passais devant une maison où il y avait un beau et jeune cheval, on me disait :

– Virgil, tu ne veux pas conduire mon cheval pour le faire boire, car il a soif?

C'était pour me faire plaisir. Et au cheval aussi. Car jamais les chevaux ne sont plus heureux que lorsqu'ils sont montés par des enfants [1].

Pour toutes ces raisons, on me choisit non comme chevalier, certes, car un chevalier de la Reine du ciel doit être un jeune homme, mais comme page à cheval. Et comme j'avais un cheval blanc – c'était Rossinanta, ma blanche cavale – et comme j'étais le plus petit, on me mit en tête du cortège. J'étais heureux comme jamais je ne le fus de toute ma vie. Car je savais que j'étais réellement page de la Reine du ciel. Et qu'en allant à sa rencontre avec les chevaliers du village, j'allais la rencontrer. Et elle me regarderait. Et je m'agenouillerais, en descendant de cheval, devant elle. Et elle me dirait quelque chose... Je ne savais pas quoi. Mais

1. Virgil Gheorghiu : *la Maison de Petrodava*, Paris, 1962.

tout mot prononcé par la Reine du ciel serait comme une pierre précieuse et immortelle pour moi. Il y avait du soleil, ce jour-là. De très bonne heure, le matin, nous étions prêts. Les chevaux, parés de colliers de fleurs des champs et de roses, étaient avec leurs cavaliers devant l'église. On donna le signal du départ. Nous nous dirigeâmes vers l'ouest en longeant la rivière dont l'onde était brillante comme un miroir.

Nous avions le soleil derrière nous. La nuée de poussière que nos chevaux levaient nous suivait comme une traîne. Elle n'était plus blanche, à cause du soleil, et nous la voyions flotter, semblable à un nuage d'or derrière nous. Tous les chevaux étaient fraîchement ferrés. On entendait leurs fers frapper la pierre de la route, comme le son des simandres. Nous étions pressés et nous allions au trot. Bien qu'on eût tout le temps. Et nos cœurs battaient et faisaient le même bruit, dans nos poitrines, que les fers des chevaux sur la route parsemée de marguerites et de pétales de roses. Nous étions émus. Tous. Surtout moi, le seul page de la Reine du ciel, que les cavaliers de la Reine avaient laissé chevaucher en tête du cortège. Et j'entendais le cœur de ma blanche cavale, Rossinanta, et aussi ceux des autres chevaux qui formaient l'escadron de la Mère de Dieu, battre, en cadence, avec nos cœurs et avec les sabots. Ceux qui étaient derrière nous ne voyaient que les sabots ferrés de nos chevaux qui, en touchant la pierre et le granit de la route, faisaient jaillir des étincelles grandes comme des étoiles... Nous formions une belle escorte accompagnée par les tambours de nos cœurs, par un nuage d'or et d'étoiles forgées par les sabots des chevaux... Nous nous dirigions vers l'ouest, avec en face de nous les Carpates. La montagne était bleue, haute jusqu'au ciel, tout à fait comme les iconostases, dans nos saintes églises orthodoxes. Et, en avançant vers l'iconostase des Carpates, nous n'aurions pas été surpris de voir le mur bleu des Carpates s'ouvrir exactement comme s'ouvrent pendant la liturgie les portes saintes de l'iconostase à l'église, pour laisser sortir le Roi des Rois... qui s'avancerait vers nous... Mais, après une bonne heure de chevauchée dans les forêts où les sapins semblaient monter la garde, droits comme des hussards, dans des villages, des vallées, des clairières, nous vîmes devant nous une autre nuée d'or : les chevaliers qui raccompagnaient la Reine du ciel. Nous nous rencontrâmes à mi-chemin. La cavalerie qui précédait la Vierge fit une manœuvre et se rangea des deux côtés de la route. Nous attendîmes, immobiles, sur nos chevaux. Pas très longtemps. Car, dès que les cavaliers se furent rangés des deux côtés de la route, nous vîmes le carrosse noir, brillant, tiré par quatre chevaux noirs, dans lequel se trouvait la Reine du ciel. Nous fîmes demi-tour pour prendre la place de l'avant-garde qui s'était retirée. C'était nous, maintenant, qui étions en tête du cortège. A ce moment-là, d'un côté et de l'autre de la route, dans tous les villages, des hommes, des enfants, des femmes en habit de fête s'agenouillaient. Et nous savions que, derrière nous, il y avait le carrosse à quatre chevaux de la Reine du ciel que nous précédions de quelques dizaines de mètres. Au trot. Et à la tête de l'escadron de cavaliers, il y avait le page de la Mère de Dieu. Un page de six ans. Et c'était moi qui la guidais vers notre village. Les cloches de toutes les églises, dans la montagne, sonnaient à toute volée. Les simandres rivalisaient avec les cloches, avec le bruit des sabots, avec les battements de cœur des chevaux, des cavaliers et du page. Et nous avions le soleil en face qui nous éclairait, nous et la Reine. Avant l'entrée du village, nous touvâmes tout le monde : tous les habitants étaient sortis et s'étaient agenouillés des deux côtés de la route pour recevoir, au chant des cantiques, la Reine du ciel. Nous nous arrêtâmes devant l'église. Toit et murs couverts de bardeaux. Tout autour, les croix de bois du cimetière. Des tombes de gazon vert fraîchement tondu, parsemées de fleurs. Nous mîmes pied à terre, et nous nous rangeâmes de chaque côté de la route qui mène à l'église. Et à genoux, pendant que tout le peuple chantait l'hymne Acathiste. Et j'ai vu de près le carrosse de la Reine du ciel. Les quatre chevaux noirs, des étalons de pure race, luisants comme de la soie, s'étaient arrêtés. Harnachés de cuir brillant et d'argent. Le cocher de la Reine de Dieu était un moine. Jeune, avec une longue barbe, portant *kalimakva* et ceinture de cuir. Comme tous les moines d'Orient. Derrière le carrosse de la Vierge, s'en trouvait un deuxième. De ce carrosse descendirent deux moines. Très beaux. Avec des gestes pieux, tels des gens de la Cour impériale, ils ouvrirent les portes du carrosse de la Mère de Dieu. L'intérieur était tapissé de velours rouge. Il y avait un piédestal – également recouvert de velours – et sur ce piédestal trônait la Reine du ciel, en argent, avec des yeux de pierres précieuses, des perles, des bijoux d'or et d'argent. Les deux moines servants du deuxième carrosse étaient un hiéromoine, un prêtre-moine, et un hiérodiacre, un diacre-moine. Aidés par des jeunes filles du village et par des adolescents, ils descendirent l'icône d'argent de la Reine du ciel. J'étais à genoux. Je vis ses yeux brillants. Ému, je n'entendis plus que les cloches, les chants. Et je vis à travers mes larmes mon père revêtu des ornements et les sept prêtres venus des villages voisins pour accueillir chez nous la Reine du ciel.

Toute la nuit, la Reine du ciel est restée dans notre église. Dans notre village. Sur son piédestal de velours rouge. Devant les portes saintes. Au milieu de l'église. Après avoir ramené mon cheval à la maison, je suis venu me prosterner devant l'icône. Et de mes oreilles j'ai entendu ces paroles sortir de sa bouche : « Ma grâce et ma force sont avec cette image. » Et ensuite mon père et les sept prêtres qui l'accompagnaient ont chanté : « Et nous croyons que Tu as dit cela, Notre Souveraine, et que Tu es avec nous par cette image. »

Toute la journée, toute la soirée et presque toute la nuit, je suis resté à l'église. Je ne me rassasiais pas de regarder la splendeur de la Reine du ciel, car je savais qui était dans cette image. Personne dans le village ne ferma l'œil. On avait la Reine du ciel parmi nous. Les portes des étables furent ouvertes et les brides des bêtes enlevées. Les veaux et les moutons ont tété le lait de leur mère. Librement. Comme au jour de Pâques. Car comment continuer à tenir en laisse les chiens, à enfermer le bétail, à traire les vaches, à faire travailler les bêtes de somme comme aux jours ordinaires, maintenant que, non seulement le ciel, mais la Reine du ciel elle-même étaient avec nous? Elle était sous le toit de notre église. Chacun des villageois est venu demander ce dont il avait besoin. On a demandé la santé pour les malades, on a demandé un mari pour les vieilles filles, on a demandé de bonnes récoltes, des veaux pour les vaches stériles... Toutes choses qu'on peut demander à une Souveraine, à une Reine et à une femme qui a vu crucifier son fils et qui connaît les douleurs et les larmes, les injustices et les souffrances... Mais on a surtout demandé à notre Mère de Dieu, à la Reine du ciel, de venir au secours au jour du Jugement dernier, à la *Parousie*, au second avènement du Christ... Car pour nous, qui n'avons rien sur terre et qui n'espérons rien ici-bas, toute notre foi et tout notre espoir sont dans le ciel et à partir du Jugement dernier, à la *Parousie*. Nous espérons que nous recevrons notre pardon. Et que nous ne le pourrons que grâce à la Reine du ciel. Et on en a profité pour le lui demander. Avec des larmes. A genoux. Pendant vingt-quatre heures. Sans interruption.

Le lendemain, on a sorti la Mère de Dieu de l'église. On a célébré la liturgie en plein air. En demandant la paix. Et la rémission des péchés. Et ensuite, après un jour et une nuit de bonheur, on a formé l'escorte et conduit la Souveraine royalement dans un autre village. J'étais, à nouveau, comme pour son arrivée, page à cheval dans l'escadron de l'escorte de la Mère de Dieu et Reine du ciel. Ce fut, de toute ma vie, la plus grande, la plus glorieuse de toutes les journées.

Car, ce jour-là, je fus réellement page à cheval de la Reine du ciel. Quelle gloire aurait pu surpasser celle-là?

VI

UN NOM POUR L'ÉTERNITÉ

A l'âge de six ans j'ai décidé de devenir un saint. Ce fut ma première décision importante. J'ai été tenu de la prendre. Voici pourquoi. Un jour, j'ai demandé à ma mère :

– Quel est le jour de mon anniversaire?

– Qu'est-ce que tu me demandes? répliqua-t-elle.

Elle était à nouveau en colère. Je lui posais des questions auxquelles il n'y avait pas de réponse. Car je n'avais pas de jour d'anniversaire.

Nous ne fêtons jamais le jour de notre naissance charnelle. Ce n'est pas un événement qui mérite d'être transformé en jour de fête. Ni de se souvenir de lui chaque année. Nous venons au monde de la même manière que tous les autres mammifères. Et cela est plutôt humiliant. Au début ce n'était pas ainsi. C'est après l'expulsion du paradis que les hommes commencèrent à se multiplier à la manière des animaux. Au début, la multiplication par la voie sexuelle était inconnue. Adam ne connut Eve, sexuellement, qu'après la chute. « Il y a d'innombrables créatures célestes qui se multiplient sans connaître le sexe [1]. » A l'origine, l'homme faisait partie de ces créatures. Le sexe est une maladie contractée au paradis, dit saint Sophronie de Jérusalem, mais elle était inconnue au paradis.

Nous fêtons, en échange, le nom que nous avons reçu au baptême. Par le baptême l'homme retrouve sa véritable nature. C'est dans les eaux du baptistère que nous naissons véritablement. Ce jour-là notre nom est inscrit simultanément, par le prêtre, sur la terre, et par les anges dans le ciel. Exactement comme l'enfant né à l'étranger est inscrit, simultanément, au consulat et dans la métropole. Le nom reçu au baptême est un nom pour l'éternité. Valable sur la terre et au ciel. Et c'est la fête de ce nom qui est notre jour d'anniversaire.

1. Saint Jean Chrysostome, P.G. 48 col. 545. Saint Grégoire de Nysse, P.G. 44 col. 181 A et 302. Saint Sophronie de Jérusalem, P.G. 87 col. 335 B.

Le saint dont nous portons le nom fait partie intégrante de notre vie. Nous recevons son icône le jour de notre baptême et nous la conservons toute notre vie; sur le mur oriental de notre maison, à côté de l'icône du Christ et de la Mère de Dieu. Quand nous déménageons, nous l'emportons avec nous. Le jour de notre mort, on posera cette icône sur notre poitrine, dans le cercueil, et nos amis en prenant congé de nous baiseront l'icône de notre saint. A la fête anniversaire, le saint dont nous portons le nom descend du ciel dans notre maison et reste avec nous toute la journée. Avec lui, c'est tout le ciel qui descend. Le toit de notre maison est soulevé et ouvert vers le haut. L'azur du ciel se mélange à l'argile de la terre et les créatures célestes côtoient invisiblement les créatures terrestres. Toute la famille vit, ce jour-là, en compagnie des anges et des puissances célestes.

Ce n'est pas une illusion. C'est une réalité.

Certes, un grand nombre d'hommes nient l'existence des anges et des personnages immatériels, car ils ne les ont jamais vus de leurs yeux. Mais peut-on nier l'existence des atomes et des vitamines, sous prétexte qu'on ne les voit pas non plus?

Dans la langue russe, ceux qui parlent allemand, français ou italien, sont appelés « *les muets* ». Peut-on affirmer que tous les peuples qui ne parlent pas russe sont dénués du don de la parole, qu'ils n'ont pas de langue, ou qu'ils sont muets?

Il y a des gens qui n'ont jamais vu la mer. Malheur à eux s'ils disent que la mer n'existe pas et qu'ils ne croient que ce qu'ils ont vu, entendu et touché.

C'est la même chose avec les gens qui ne connaissent pas le ciel. Ils nient son existence. Nous, dans nos villages des Carpates, nous tirons plus notre nourriture du ciel que de la terre. Comment le laboureur pourrait-il douter de l'existence du champ d'où il tire son maïs, ses pommes de terre et toute sa nourriture?

Le jour de notre *fête onomastique*, comme à la liturgie, nous passons par-dessus les choses terrestres et nous ouvrons réellement le ciel. Comme on ouvre une fenêtre. Et le ciel entre réellement dans notre village. Il y est. Concrètement. Comme notre champ de maïs. Comme notre maison. Nous le touchons. Et nous y vivons. Nous, les chrétiens des Carpates, nous attendons notre fête onomastique comme on attend les fêtes de Pâques.

– Quel est le jour de ma fête onomastique? ai-je à nouveau demandé.

– Ne me pose jamais cette question, cria ma mère. Tu n'as pas de fête onomastique. Tu n'as pas d'anniversaire.

– Tout le monde en a, ai-je dit.

– Tout le monde, mais pas toi. N'insiste plus.

– C'est injuste, ai-je dit, les larmes aux yeux.

– Juste ou injuste, c'est ainsi. Personne ne peut plus rien y changer.

– Pourquoi moi, et moi seul, suis-je privé de fête onomastique?

– Parce qu'il n'y a pas de saint Virgil dans le calendrier. C'est clair, oui ou non?

– Il n'y a pas de saint Virgil?

Ma stupeur était totale. Je ne m'étais jamais imaginé qu'il y avait des noms dépourvus de saints propres. Et voilà. Il y en avait un. Et c'était justement le mien : Virgil.

– Pourquoi m'appelle-t-on Virgil, s'il n'y a pas de saint Virgil? ai-je demandé, en larmes.

– C'est ton nom. Mais il n'est pas dans le calendrier. Tu portes un nom païen.

Que je n'eusse pas de fête onomastique, pour faire entrer un jour de chaque année le ciel dans notre maison, c'était le comble du malheur. C'était une injustice. M'entendre dire que je portais, en plus, un nom païen, c'en était trop! Que je n'aie pas de fête à moi, je le savais. Que mon nom soit hors la loi, cela c'était tout à fait nouveau. Car être païen, parricide, hors la loi, c'était tout du pareil au même dans ma petite tête. C'était plus qu'un enfant ne pouvait supporter. En sanglotant, j'ai demandé :

– Pourquoi Dieu n'a-t-il pas fait un saint Virgil?

– Tout ce que Dieu a fait est bon, dit ma mère.

Elle était toute jeune. Dans les vingt et quelques années. J'étais son premier enfant. Elle était d'un caractère intransigeant. Indomptable. Ses paroles étaient comme le fer rougi par le feu. Ses mots me brûlaient les oreilles et pénétraient comme des clous dans ma chair. Son exigence, c'était sa substance et son existence.

– Si je t'entends encore une fois prononcer le nom de saint Virgil je t'arrache les oreilles. C'est un sacrilège de mettre le mot *saint* à côté d'un nom païen. Cela t'ouvre la porte de l'enfer. Et à moi aussi. Car, jusqu'à sept ans, la mère prend sur elle tous les péchés de ses enfants. Veux-tu envoyer ta mère en enfer, en prononçant ce mot que je ne veux pas répéter?

Je me suis tu. Pour ne pas faire brûler ma mère en enfer à cause de moi. Mais je me demandais, au fond de mon cœur, comment Dieu, qui a si bien fait toute chose et qui ne commet jamais d'erreur, avait pu créer des noms qui n'avaient pas de saints.

– Ce n'est pas Dieu qui a fait les saints, dit ma mère en devinant ma pensée. Il ne faut pas juger Dieu.

– Qui les fait alors, maman, si ce n'est pas Dieu? Dieu fait toute chose. Il fait certainement aussi les saints.

– De telles discussions ne sont pas de ton âge. De plus, celui qui parle de ces choses réveille et excite les diables. Tais-toi et ne recommence pas.

J'ai couru en pleurant chez mon père.

– Est-ce vrai que je porte un nom païen? ai-je demandé.

Mon père me caressa la tête. Son silence était une confirmation.

– Vous qui êtes prêtre, et fils de prêtre, et petit-fils de prêtre, comment avez-vous pu me donner un nom païen? Pourquoi avez-vous fait cela, père? Je suis votre enfant.

– Ton nom est païen, en effet, dit mon père. Mais ce nom païen est Virgil. Un nom romain. Les Roumains doivent porter des noms romains.

– Je suis chrétien, père. Comme vous. Comme ma mère. Comme ma sœur. Pourquoi n'ai-je pas un nom chrétien?

– Tu as un nom romain. Cela est essentiel. Si, au cours de l'histoire, nous avions oublié, même pour un court instant, que nous sommes descendants de Rome, nous aurions cessé automatiquement d'être chrétiens. Comprends-tu cela?

– J'aurais voulu avoir un nom chrétien, ai-je dit. Une fête onomastique.

– Notre pays est mal situé sur la carte géographique, dit mon père, en me caressant la tête. Pendant deux mille ans d'histoire, nous avons connu au moins une invasion barbare à chaque génération. Toutes les hordes de l'Asie ont déferlé sur notre pays. Elles nous ont pillés, tenus en esclavage, massacrés. Elles ont essayé de changer nos coutumes, notre langue, notre foi. Nous avons tenu bon. Deux mille ans. Nous n'avons jamais oublié que nous sommes les descendants de Rome. Si nous avions oublié que notre mère est Rome, nous aurions changé tout le temps. Nous serions devenus musulmans, avec l'invasion des Turcs. Nous serions devenus juifs avec l'invasion des Khazars. Nous serions devenus chamanistes avec les Huns. A chaque invasion nous aurions changé de Dieu, de langue, de coutume et de nom. Tu aurais porté le nom d'Ali ou de Mahomet, sous les Turcs. Tu te serais appelé Arpad sous l'occupation des Huns, Moïse sous les Khazars et Wulphila sous les Goths. A force de changer et de devenir chaque jour autre chose, on arrive à n'être plus rien. En changeant d'identité selon les circonstances, on arrive à n'avoir pas d'identité du tout. On devient le néant. Et le néant ne peut pas être chrétien. Pour être chrétien il faut d'abord « être » et ensuite « être libre ». Et *liberté* signifie « *identité avec sa propre nature* [1] ». A cause de cela, pour garder notre foi dans le Christ, nous devons d'abord rester roumains. Garder notre identité. Notre origine roumaine. Notre langue latine. Être nous-mêmes. Et pour ne pas oublier notre identité, il faut porter des noms latins. Des noms romains. Même s'ils ne sont pas des noms chrétiens. C'est uniquement à ce prix que le Christ restera en Roumanie. Parmi nous. Au Jugement dernier, nous serons fiers de parler au Christ dans la langue de Virgile. Tu dois aimer ton nom, Virgil. Il est très beau.

– C'est vrai, Virgil, c'est un beau nom. Mais c'est tout de même un nom païen. Il n'est pas dans le calendrier.

1. Saint Grégoire de Nysse, P.G. 46. col. 101. D.

Subitement, une idée me vint à l'esprit et je posai à mon père la même question que j'avais posée à la *mama presbytera* :

– Pourquoi Dieu n'a-t-il donné à aucun saint ce beau nom de Virgil? Pourquoi Dieu a-t-il donné toutes sortes de noms aux saints et jamais, à aucun, le nom de Virgil?

– Ce n'est pas Dieu qui donne leurs noms aux saints, cria *mama presbytera* en entrant subitement dans la chambre où je parlais avec mon père. Les noms des saints, ce sont les mères qui les donnent. Les pauvres mères. Comme moi. Et comme toutes les mères de la terre.

– Alors, pourquoi n'y a-t-il pas de saint Virgil dans le calendrier? ai-je demandé.

– Parce que tous les hommes qui ont porté le nom de Virgil sur cette terre ont été des débauchés, des misérables, des chairs à fournaise. Tous les Virgil ont été des rien du tout. De la poussière. Qui sont retournés à la poussière.

– Tous les hommes qui portèrent le nom de Virgil furent des misérables? demandai-je.

C'était un malheur de plus. Il semblait que ce nom n'apportait que des malheurs. Primo, il manquait au calendrier. Secundo, il était païen. Tertio, il n'avait été porté que par des misérables. Exclusivement par des misérables.

– Alors, les Virgil ne furent que des hors-la-loi?

– Absolument certain, répondit ma mère. Si quelques Virgil reçurent des honneurs, ils les reçurent de Satan. Car tous ont été les serviteurs du diable. Aucun n'a été capable de servir Dieu et de sanctifier son nom. De devenir saint. De faire des miracles. Il y a des dizaines de saint Pierre, des dizaines de saint Jean, saint Nicolas, saint André... Tous ces noms furent sanctifiés. Car il y eut des saints parmi ceux qui les portèrent. Mais aucun saint Virgil. Aucun. C'est dommage pour le genre humain. Car, en réalité, c'est un beau nom. Mais il fut porté uniquement par des misérables et des voluptueux. Qui ont pourri dans leur tombe. Car les os et la chair des saints ne pourrissent jamais. Les os des saints deviennent de saintes reliques... Et les saints, non seulement font des miracles de leur vivant, mais même leurs os continuent à en faire... Et les objets leur ayant appartenu et leur nom continuent à secourir et à aider la pauvre humanité...

Les dures paroles que *mama presbytera* avait prononcées sur ceux qui avaient porté mon nom avant moi avaient percé mon cœur. Heureusement, elle s'était éloignée. Comme un cyclone. Comme une tempête. Je restai seul avec mon père. Et je sanglotais.

– Tu pourrais avoir ta fête d'anniversaire, dit mon père.

– Comment avoir ma fête s'il n'y a pas de saint Virgil dans le calendrier? Comment ça?

– Il n'y a pas de saint Virgil pour le moment. Mais on aura un saint Virgil. Un saint Virgil aussi grand que saint Nicolas, que saint Jean.

– Quand aura-t-on un saint Virgil? ai-je demandé.

– On peut l'avoir dès maintenant. Toi-même, si tu le veux, tu peux devenir saint Virgil.

– Moi, devenir saint Virgil?

– Et tu seras dans le calendrier. A côté des autres saints.

– Vous vous moquez de moi, père. Comment pourrais-je devenir saint? Vous savez bien que cela est impossible!

– Je te parle sérieusement, dit mon père. Si tu veux, tu peux devenir saint Virgil. Tout homme peut devenir saint. Il a même le devoir de le devenir. Saint Basile disait que l'homme est une créature qui a reçu l'ordre de devenir Dieu [1]. Pourquoi dis-tu que tu ne peux pas devenir saint Virgil? Tu penses que les hommes qui sont devenus saints étaient différents de toi?

Je connaissais la vie de tous les saints. Je savais que pour devenir saint il fallait avoir la tête tranchée, comme saint Jean-Baptiste, ou être dévoré par les bêtes, comme saint Ignace d'Antioche, ou encore être transpercé de flèches, comme saint Sébastien.

– Je ne veux pas devenir saint, ai-je dit. J'ai trop peur de la douleur. Je ne pourrais jamais me laisser brûler vif, comme Jeanne d'Arc, ou être enterré vivant. Non. Je ne veux pas.

– Il n'est point obligatoire de subir le martyre pour devenir saint.

– Que faut-il faire alors pour devenir saint? ai-je répliqué... Tous les saints ont subi le martyre. A cause de cela, ils sont saints. Saint Maxime le Confesseur a eu la langue et les mains coupées, les yeux arrachés. Je ne pourrais jamais supporter ce que les saints ont subi. Jamais!

– Le martyre n'est pas obligatoire. Il suffit d'aimer tes ennemis. Aimer ses ennemis comme soi-même.

Mes yeux s'illuminèrent.

– Je peux aimer mes ennemis, ai-je dit.

– Si tu le peux, tu seras saint Virgil.

– Il suffit d'aimer mes ennemis, rien que ça, pour devenir saint Virgil? Réellement?

– Cela suffit. Largement.

– Je vous promets. Je deviendrai saint. J'aimerai mes ennemis, comme je vous aime, père, et comme j'aime ma mère.

Mon père parlait sérieusement. Il ne mentait jamais. Je lui faisais confiance. Je l'ai regardé avec amour. Reconnaissance. Et subitement, une idée me passa par la tête. Et je lui demandai :

– Pourquoi n'êtes-vous pas devenu saint, vous-même?

Mon père aurait été un des plus beaux saints de l'Église. Aussi beau que l'archange qui est peint sur la porte du sanctuaire.

– Répondez-moi, père, pourquoi n'avez-vous pas essayé de devenir saint?

1. Saint Basile le Grand, P.G. 36 col. 560 A.

– Personne ne désire devenir saint, de nos jours, répondit mon père. Moi non plus, je ne l'ai pas voulu. Tout simplement. Cela ne m'est pas passé par la tête...

– Vous avez renoncé à être saint, tout en sachant que vous le pourriez!

– Tous les hommes renoncent à quelque chose de formidable et se contentent d'être curé, avocat, instituteur. C'est notre condition terrestre.

Mon père était triste. D'une tristesse immense.

– J'ai pensé, rêvé et décidé, de passer d'abord mes examens au séminaire, dit-il. Ensuite, de devenir prêtre. Comme prêtre je voulais donner un bon exemple à mes fidèles. Mes pensées et mes rêves étaient immédiats. On dit qu'on rêve toujours ailleurs, mais cet ailleurs n'est jamais très haut. Ni très loin. J'ai honte de l'avouer. Je n'ai jamais songé à devenir un saint. Ni moi, ni mes camarades, ni aucun des hommes que j'ai rencontrés n'ont rêvé qu'à l'immédiat. A ce qu'on a sous les yeux.

J'eus grande pitié de mon père. Il dit :

– Pour empêcher les juifs de regarder vers le ciel, les pharaons les obligeaient à fabriquer des briques. Quand on fabrique des briques, on a les pieds, les mains et le regard dans la boue. Jamais en haut. Nous fabriquons tous des briques. Comme les esclaves juifs en Égypte. Cela nous empêche de voir loin. Notre activité est strictement terrestre, et, si importante soit-elle, elle est entièrement contenue dans des limites. Comme les briques que l'on confectionne sont contenues dans des moules. Et tout ce qui est contenu dans des limites n'est pas grand. Ni à la mesure de l'homme.

– Je vous promets que j'aimerai mes ennemis, lui ai-je dit. Je deviendrai saint. Je les aimerai de tout mon cœur. De toutes mes forces. Tous les ennemis.

J'ai baisé la main droite de mon père et je suis parti. J'étais heureux. Ma carrière et ma destinée sur terre et dans le ciel, dans le temps et dans l'éternité étaient décidées. Je deviendrais un saint. Rien ne m'arrêterait dans ma décision. Mais mon bonheur ne fut pas de longue durée. Je revins auprès de mon père, les larmes aux yeux. Il m'a demandé pourquoi je pleurais.

– Je ne peux pas commencer immédiatement ma lutte pour la sainteté, lui dis-je. Et je pleurais. Comme je n'ai jamais pleuré de ma vie. J'ajoutai : Je ne serai jamais un saint, mon père, et il n'y aura jamais de saint Virgil dans le calendrier... Je ne peux pas aimer mes ennemis...

– Non? demanda mon père.

Il savait que c'est une chose impossible quand on ne dispose que des forces humaines. Sur la terre, le Christ, seul, a réussi à aimer réellement ses ennemis. Mon père était étonné que je me rendisse compte si vite de la difficulté de la chose. Car il est plus facile d'aller au martyre que d'aimer ses ennemis.

– Pourquoi ne peux-tu pas aimer tes ennemis? me demanda-t-il.

– Je n'ai aucun ennemi, père..., répondis-je en pleurant. Comment pourrais-je aimer quelque chose que je n'ai pas?...

Et je pleurais. J'étais désespéré. De ne pas avoir d'ennemis. Je n'en avais aucun. Ma tentative pour devenir saint tombait à l'eau. Faute d'avoir des ennemis. Et de les aimer. Ce qui me semblait plus terrible encore, c'était que je désespérais de jamais en avoir. Toute la nuit, j'ai prié Dieu de me donner, à moi aussi, un ennemi. Au moins un seul. Pour pouvoir l'aimer et devenir un saint. Mais le lendemain, je n'avais pas plus d'ennemi. Je cherchai en vain. Partout. Toute la journée. Et le soir, je demandai avec désespoir à mon père :

– Pensez-vous, père, que je réussirai à avoir au moins un ennemi sur cette terre? Sinon, la voie de la sainteté sera toujours fermée pour moi. Sans ennemis, on ne peut pas devenir saint.

– C'est l'unique chose qui n'ait jamais manqué à aucun homme depuis la création du monde. Et tout homme, si saint soit-il, a toujours des ennemis. Plus même que son amour ne peut en supporter.

– Alors, es-tu sûr que j'aurai moi aussi des ennemis un jour?

– Sans aucun doute, tu en auras! Plus vite que tu ne t'imagines!

Je me suis endormi heureux. Et j'ai bien dormi. Ce fut la plus belle nuit de ma vie. Toute cette nuit, j'ai rêvé que mes ennemis arrivaient par légions. J'en avais tant besoin! Car, sans ennemis, pas de sainteté!

VII

LA CONSTITUTION, L'ABÉCÉDAIRE ET LE CALENDRIER

1

1923 est une année cruciale. J'ai sept ans. L'âge de raison. Jusqu'à sept ans toutes les fautes que j'ai commises ont été au compte de mes parents. C'étaient ma mère et mon père qui étaient responsables, devant Dieu, de toutes mes fautes. A partir de maintenant, c'est moi seul qui suis responsable de mes actes. A cause de cela, dorénavant, avant de communier, je devrai me confesser.

Le 1er septembre 1923 j'irai à l'école. L'abécédaire n'est pas un livre comme les autres. L'abécédaire est la clé merveilleuse, avec laquelle je pourrai ouvrir tous les livres. Comme on ouvre les portes des palais enchantés. Exactement comme dans les contes de fées. Celui qui possède le mystère de l'alphabet peut s'approprier toutes les richesses, toutes les merveilles et tous les trésors de la science. De l'histoire. De la beauté du monde amassée dans les livres. Le 1er septembre 1923 j'entrerai en possession de cette clé miraculeuse. Je saurai lire et écrire. C'est une année capitale de ma vie.

– Cette année est aussi une date capitale dans l'histoire de la Roumanie, m'expliqua mon père. Le 25 mars 1923 le peuple roumain a reçu sa première Constitution.

– La Constitution? ai-je demandé. Mais qu'est-ce que la Constitution?

– La Constitution est la loi fondamentale de la nation. C'est la mère de toutes les lois. Grâce à la Constitution, dorénavant, tous les Roumains auront des droits et des devoirs égaux. Les riches comme les pauvres. Les puissants comme les faibles. Tous seront égaux devant la loi. Comme devant Dieu. Même le roi, qui est garant de la Constitution, doit la respecter.

Mon père était content. Avec la Constitution, le peuple entrait dans une ère nouvelle. Rien ne serait plus comme avant. La Constitution serait pour les Roumains ce qu'étaient, pour les juifs, les Tables de la Loi, les dix commandements. Car toutes les lois en découlent.

Mon père est parti. On venait le chercher d'urgence. Il m'a promis de m'expliquer en détail l'importance de la Constitution. J'étais en pleine euphorie. Je n'avais pas besoin d'apprendre plus. Je savais l'essentiel. J'avais compris que, le 23 mars 1923, Dieu était descendu du ciel pour donner au peuple roumain la Constitution. Comme il avait donné à Moïse les Tables de la Loi.

Le jour où j'ai appris que nous avions dorénavant une Constitution, comme les juifs avaient le Décalogue, c'était le 23 avril, la fête de saint Georges. J'ai donc su la nouvelle avec un mois de retard. Je n'ai pas assisté à l'événement. Mais cela est compréhensible. Même au temps de Moïse, Dieu a défendu au peuple de s'approcher de la montagne, sous peine de mort. Les Roumains ne purent pas non plus s'approcher et assister à la remise de la Constitution. Mais l'événement a dû se dérouler selon le protocole divin. Comme il est décrit dans la Bible. « Il y eut un fracas de tonnerre, des éclairs, un épais nuage couvrant la montagne et le son de la trompette retentit avec éclat... La montagne tremblait avec violence [1]! »

J'étais fier d'être roumain et d'être sur terre, en ce jour mémorable du 25 mars 1923, quand le ciel donna au peuple roumain la Constitution. Dieu savait que nous, les Roumains, qui vivons dans les grands faubourgs orientaux de l'Europe, au nord du Danube, dans les Carpates, avions subi pendant deux millénaires l'esclavage, l'occupation étrangère et l'asservissement. Mais nous n'avions jamais perdu notre foi. Dieu savait que nous avions combattu vaillamment à Plevna, à Turtucaia et à Marasesti pour conquérir notre indépendance et notre liberté. Dieu nous a récompensés en nous donnant la Constitution. Il l'a donnée au roi Ferdinand, sur les Carpates, comme il l'a donnée à Moïse, sur le Sinaï, après les terribles souffrances subies par le peuple dans le désert.

Dans mon imagination, je voyais Sa Majesté le roi Ferdinand de Roumanie, avec Sa couronne sur la tête, habillé en grand uniforme comme sur les portraits, recevoir de la main de Dieu la Constitution roumaine sur le sommet des Carpates.

J'étais étonné que les Roumains ne fussent pas sortis dans la rue pour crier de joie et pour danser. Car c'était la première fois que nous avions un Livre de lois, nous qui avions toujours été traités sans loi, par tous les envahisseurs étrangers.

2

C'est fin juillet 1923. Le facteur vient d'apporter le courrier. Des lettres et des journaux avec les belles armoiries du métropolite de Moldavie. Mon père s'est assis sur les marches de l'église. Il ouvre avec

1. Genèse, 19, 16-19.

soin les enveloppes et lit. Au fur et à mesure qu'il lit, son visage se rembrunit et devient de plus en plus triste. Je suis assis à côté de lui. Je n'aime pas voir mon père triste et je lui demande :

– Avez-vous reçu de mauvaises nouvelles, père?

– De mauvaises nouvelles, répond mon père. Les pauvres Turcs sont très malheureux...

– Vous dites « les pauvres Turcs »?

J'étais étonné que mon père s'attristât pour les malheurs des Turcs. Je savais que pendant cinq siècles ils avaient été nos bourreaux. Ils ont massacré nos ancêtres. Ils ont gardé les Roumains en esclavage et ont enlevé nos enfants en bas âge, comme on enlève du bétail. Ils entassaient nos enfants dans les galères, dans les ports du Danube, et les envoyaient en Turquie pour en faire des eunuques, des esclaves et des janissaires.

– Si les Turcs sont malheureux c'est une juste punition de Dieu, ai-je dit.

– Dieu intervient très rarement sur la terre pour punir les méchants, dit mon père. La justice de Dieu sera effective après la *Parousie.* Nous n'attendons, ici-bas, ni châtiment ni récompense. Mais, quelquefois, Dieu se manifeste aussi sur la terre. Dans l'Histoire. Et chaque fois qu'il le fait, sa colère est terrible. Dieu est intervenu au temps de Noé et les eaux du déluge ont détruit l'humanité. Il a puni Sodome et Gomorrhe et brûlé les deux villes par une pluie de feu et de soufre. Maintenant il semble que la colère divine s'est abattue effectivement sur les Turcs. Les pauvres malheureux...

– Pourquoi avez-vous pitié des Turcs? C'est Dieu que les châtie.

– J'ai pitié des Turcs, dit mon père. Aucun homme ne peut rester indifférent aux malheurs de ses semblables. Certes, les Turcs ont commis des crimes abominables. Ils ont exterminé des peuples entiers. Ils ont massacré, en les passant au fil de l'épée, d'innombrables innocents. Une multitude de femmes et d'enfants. Ils ont gardé en esclavage de nombreuses nations. Les Turcs ont été le fléau de l'Histoire. Mais ils restent toujours nos semblables. Et aujourd'hui ces hommes sont dans le malheur.

– Quel malheur leur est-il donc arrivé? ai-je demandé.

– Leur empire, qui s'étendait sur trois continents, sur l'Asie, sur l'Afrique et sur l'Europe, est mort. L'Empire ottoman est mort comme la Bête de l'Apocalypse. La mort de la Bête doit nous réjouir. Mais le malheur des hommes, même si ces hommes sont des bourreaux, nous afflige toujours. Les Turcs qui, depuis des siècles, imposent par l'épée et par la terreur la foi musulmane aux peuples étrangers, aujourd'hui n'ont plus le droit d'être des musulmans eux-mêmes. Il est interdit aux Turcs de prier Allah. Dans toute la Turquie, la loi défend aux *muezzins* de monter dans les minarets et d'appeler le peuple à la prière. Toutes les confréries, les associations religieuses des Bektakis, de Mevlevis et autres derviches sont supprimées. Les Turcs n'ont plus le droit de porter des caftans, des turbans et des fez. Si un Turc ose sortir dans la rue coiffé d'un turban, on lui coupe la tête. Les voiles, les chausses multicolores et les autres atours des femmes sont interdits. Les Turcs sont obligés des s'habiller comme les Européens, de porter vestons, pantalons, chemises avec cravate et chapeau, ou casquette. Toutes les lois islamiques ont été abolies. Les tribunaux jugent selon le code civil suisse, selon le code commercial allemand, selon le code de procédure français et selon le code de procédure pénale italien. Le seul enseignement qui existait en Turquie, l'enseignement islamique, a été aboli. Toutes les *medreses,* toutes les écoles coraniques ont été fermées. Les écoles primaires, secondaires et universitaires devront enseigner dorénavant selon le modèle européen. L'alphabet turc a été supprimé et les Turcs n'ont plus le droit d'utiliser les caractères de leur propre écriture, mais doivent se servir de l'alphabet latin. Les journaux, les livres, ainsi que les enseignes de boutiques, les plaques de rues, doivent être écrits en lettres latines. Même le nom d'Allah est interdit. A sa place les Turcs prieront *Tanri,* un dieu mythique. Ils n'ont plus le droit de s'appeler Ali, Soleiman, Mustafa ou Mahomet. Ils doivent porter un patronyme. On a aboli le calendrier turc et adopté le calendrier du pape Grégoire le Grand. La prestigieuse ville de Constantinople, ou Istanbul, a été abandonnée. Le gouvernement s'est installé dans la triste bourgade d'Ankara, au cœur de l'Anatolie. Le califat, la suprême autorité de l'islam, et le sultanat, la fabuleuse Sublime Porte ottomane ont été supprimés. Supprimés aussi les titres de sultan, pacha et vizir. Le dernier sultan de la Sublime Porte ottomane, Mehmed VI, doit la vie sauve au commissaire anglais sir Charles Harington. Le sultan s'est enfui de son sérail, par la porte de service, comme un malfaiteur. Il s'est caché dans une ambulance de la Croix-Rouge anglaise, et a quitté Istanbul le 17 novembre 1922, en s'embarquant sur un croiseur britannique. Le dernier sultan du prestigieux Empire ottoman, le seigneur des seigneurs, la terreur de l'Univers, se cache depuis l'automne dernier à San Remo, comme un vulgaire criminel, et tremble pour sa vie.

– Qui a imposé aux Turcs les coutumes et les lois des étrangers? ai-je demandé.

– Ce sont les Turcs eux-mêmes qui s'interdisent d'être turcs. Après avoir imposé, par la terreur, la foi islamique aux peuples assujettis, les Turcs obligent maintenant, par le glaive, leur propre peuple à abjurer l'islam. C'est la plus grande punition que Dieu pouvait leur infliger.

Une jeune femme nous interrompt. Elle demande l'aide de mon père. Elle tient par la main un garçon.

– Aidez-moi, père, dit-elle. Demain c'est la rentrée. Mon garnement refuse d'y aller.

– Pourquoi ne veux-tu pas aller à l'école? demande mon père.

Le garçon se tait.

– Il a peur d'aller à l'école, père, explique sa mère. Il prétend que s'il va demain à l'école, il lui poussera des cornes, comme aux vaches. Il dit que tous les enfants qui iront à l'école perdront le don de la parole et au lieu de parler mugiront comme des taureaux. Dites-lui, père, que ce n'est pas vrai... Je ne sais pas qui leur a mis ces idées dans la tête. Tous les enfants du village ont peur d'attraper des cornes s'ils vont à l'école...

– Dites-lui que Virgil, notre fils, ira lui aussi à l'école. Et qu'il n'a pas peur.

3

Le 1er septembre 1923, à huit heures du matin, à la rentrée des classes, Petricani est devenu le village de la lamentation. De partout on entend des pleurs et des cris d'enfants. Ils transpercent l'air, les oreilles et les cœurs. On a l'impression que ce ne sont pas uniquement les enfants qui pleurent, mais les forêts aussi, et les vallées et les collines, autour du village car l'écho multiplie les lamentations à l'infini.

Les garçons et les filles qui sont âgés de sept ans, comme moi, refusent d'aller à l'école. Tous. Sans exception. Leurs parents sont obligés de les traîner jusqu'au seuil de l'école et de les lâcher dans la classe, comme on lâche les fauves dans la cage. Les mamans essaient de raisonner leurs petits et leur disent : « Tu envoies ta mère et ton père au bagne, si tu refuses d'aller à l'école. Les gendarmes viendront nous enchaîner et nous traîner en prison. » Les parents ont réellement peur. La Constitution roumaine a été promulguée le 25 mars de cette année. Elle a six mois. Elle est toute neuve. Mais elle est impitoyable. Elle stipule que l'enseignement est gratuit et obligatoire. Surtout obligatoire. Les parents qui refusent d'envoyer leurs enfants à l'école seront punis de lourdes amendes et de peines de prison ferme. Les parents ont donc raison de conduire de force leurs enfants à l'école. S'ils ne le font pas, ils seront emprisonnés. Mais les enfants de Petricani ont eux aussi raison de refuser d'aller à l'école. Ils ont peur. Une peur terrible. On raconte que les enfants qui iront à l'école seront transformés en veaux. Il leur poussera des cornes. Comme aux taureaux. Ils perdront l'usage de la langue, et au lieu de parler ils mugiront. Ils ne pourront plus vivre dans la maison, avec leurs parents, et seront attachés dans des étables, avec les animaux. Ils ne pourront plus manger que de l'herbe et du foin.

La peur des enfants vient du fait que l'école de Petricani est une étable qu'on appelle le « Château du taureau ». Il suffit de regarder le bizarre bâtiment pour avoir peur. Il est tout neuf. Géométrique. Il est plus grand que l'église. Son toit pointu est en tuiles rouges, comme le bonnet du diable. Il est menaçant. Toutes les maisons de la région sont construites en bois et leur toit est couvert de bardeaux. Le « Château du taureau » fait exception. Il est seul, construit à l'écart du village, au bord de la route. Ses murs sont en béton noirâtre et de toutes petites fenêtres sont placées très haut, juste au-dessous du toit, comme l'œil des cyclopes. Sur la porte noire, massive, comme les portes des prisons, est écrit en grosses lettres, couleur d'acier : « Zootechnie ». Un mot suspect, qui permet de penser à toutes sortes de malheurs.

Le « Château du taureau » a été louche dès le début. Il a été entièrement construit avec des matériaux étrangers. On a refusé d'utiliser la pierre, le bois et même le gravier de la région. Tout a été apporté d'ailleurs par camions. On ne sait pas d'où. Et pourtant la pierre, le gravier ne manquent pas dans le village. Les architectes, les ingénieurs, les contremaîtres et les ouvriers étaient tous des étrangers. Ils ont travaillé sur le chantier, sans jamais se mêler à la population. Sans adresser la parole à personne. Comme s'ils ne connaissaient pas la langue roumaine. Ils ne parlaient qu'entre eux.

Les habitants du village ont été offensés. Que les constructeurs du Château aient refusé d'engager le charpentier, le forgeron et les manœuvres du village, on pouvait le pardonner. On voulait construire avec des ouvriers qualifiés. Des spécialistes. Mais le fait de refuser le bois, la pierre, le gravier et même le sable du village, était suspect et blessant. Les forêts de la région sont célèbres. Chaque fois que les grandes villes de Constantinople, d'Athènes et même d'Égypte, étaient détruites par les incendies, on les recontruisait avec le bois de nos forêts. Tous les monastères du mont Athos sont construits avec du bois de Roumanie. Maintenant que l'on élevait, pour la première fois dans le village, un bâtiment officiel, on refusait notre bois et notre pierre! Cela n'était pas normal. C'était suspect. Louche. L'idée de construire un château, pour héberger un taureau, était aussi une idée bizarre. Il n'y avait eu aucun exemple. On construit des châteaux pour les rois, pour les princes, pour les grands seigneurs. Mais pas pour les bêtes. On n'a jamais entendu parler de châteaux construits à l'usage des taureaux. Les bêtes vivent dans les étables et dans les écuries. Pas dans un château plus grand que l'église.

Les gens ne comprenaient rien. Ils faisaient toutes sortes de suppositions. On pensa immédiatement au veau d'or que les juifs avaient fabriqué, en l'absence de Moïse, et auquel ils rendaient un culte, comme à Dieu.

On avait peur qu'une chose pareille se passe chez nous. Le préfet et les spécialistes de la « Zootechnie » sont venus à Petricani pour calmer les craintes des habitants et pour expliquer leur projet. Le préfet leur dit qu'il ne s'agissait nullement d'idolâtrie. Que le gouvernement de Sa Majesté n'avait nullement l'intention d'introduire le culte du veau d'or.

Le château qu'on construisait était destiné à un veau, qui ne serait pas en or, comme celui dont parle la Bible, mais un veau en chair et en os. Il leur expliqua :

– Nous les Roumains, nous sommes un peuple libre et souverain. Nous avons pris notre place parmi les nations d'Europe. Mais nous avons un retard de mille ans sur les pays civilisés. Pour récupérer le temps perdu et atteindre le niveau de nos sœurs latines, la France, l'Italie et l'Espagne, il faudra procéder scientifiquement. Nous sommes à peine sortis de deux millénaires d'asservissement. L'ignorance, la pauvreté, la misère, la mortalité infantile font des ravages. La priorité des priorités est de vaincre la faim. Tant que notre peuple aura faim, nous ne pourrons pas accéder à la civilisation. Nous avons fait le recensement. Nous avons fait l'inventaire de nos richesses. Afin de prendre les mesures adéquates de redressement. Ici, à Petricani, vous avez une vache pour trois familles. Mais vos enfants sont sous-alimentés. Une vache de Petricani donne deux ou trois litres de lait par jour. C'est une vache misérable. Comme ses propriétaires. Dans les pays civilisés, une vache donne dix fois plus de lait que vos vaches. Il faut changer cela. Nos spécialistes de la zootechnie ont étudié le problème. Et ils sont arrivés à la conclusion qu'on ne peut pas tuer vos vaches et les remplacer par d'autres vaches importées de Hollande et de Suisse, mais le gouvernement a décidé d'acheter un certain nombre de taureaux de race. On amènera les taureaux dans vos villages et on les mariera avec vos vaches. Les génisses qui naîtront de ces mariages donneront en quelques années autant de lait que les vaches des pays civilisés. Une seule vache vous donnera la même quantité de lait que vous donnent aujourd'hui dix vaches. Vos enfants n'auront plus faim. Ils ne seront plus malades de malnutrition. Vous aurez du lait en abondance. Vous aurez autant de lait que dans le paradis des musulmans, où il coule des rivières de lait. Ayant du lait en abondance, vous aurez aussi du beurre, du fromage. Le surplus, vous le vendrez. Vous aurez de l'argent. Vous pourrez vous acheter des vêtements, des chaussures, des outils de travail. Une bonne vache change complètement le niveau de vie. Avec de bonnes vaches, on métamorphose automatiquement le niveau économique. On s'enrichit. La pauvreté, c'est la vache maigre. Vous êtes pauvres parce que vos vaches sont maigres. Ici, les hommes de science sont entièrement d'accord avec l'Écriture sainte. La Bible nous dit que la calamité des calamités, ce sont les vaches maigres, et le bonheur, la prospérité et l'abondance, ce sont les vaches grasses. C'est le rêve du pharaon, expliqué par le sage Iosephe. Vous aurez tous des vaches grasses. Dorénavant, vous ne serez plus pauvres. La misère sera abolie. Grâce aux vaches. Car tout dépend des vaches. Si la vache est maigre, le pays est pauvre. Si la vache est grasse, le pays est riche. Tout est en fonction de la vache. Car c'est là, pour la vache, que le progrès, l'abondance et la civilisation lui viennent...

Quelques jours après la visite du préfet le taureau promis est arrivé au village. Il n'y est pas venu à pied. Le taureau avait sa propre voiture. Un immense camion, que l'on a garé à côté du château, pour qu'il soit toujours prêt à démarrer. Le taureau se déplaçait toujours en voiture. Il avait son chauffeur en uniforme bleu marine, bottes de cuir, boutons dorés et casquette d'officier sur laquelle brillaient en lettres d'or : Zootechnie.

Le taureau immense, comme un auroch, descendit avec des mouvements lents. Il était aidé par deux valets. En uniforme. Des jeunes gens qui n'avaient d'yeux que pour leur maître, pour le taureau. Ils voulaient le servir de leur mieux. C'étaient les valets personnels du taureau.

Un deuxième camion amena du foin, de la paille et des sacs de céréales, pour le repas de la bête. Car sa nourriture venait d'ailleurs. Elle aussi. Comme arrivèrent d'ailleurs les matériaux qui ont servi à la construction de son château. Nous avions la meilleure herbe dans nos prairies et nous étions étonnés qu'on apporte du foin d'ailleurs. Il ne pouvait pas être supérieur au nôtre. Sont descendus d'une troisième voiture d'autres accompagnateurs du taureau, pour s'occuper de lui. Il y avait un vétérinaire, qui devait rester jour et nuit à ses côtés, afin de veiller à sa santé. Un intendant qui s'occuperait de l'administration. La domesticité du taureau était donc composée de six personnes, qui devaient demeurer en permanence auprès de lui. Certes, comme le préfet l'avait dit, on n'imposerait pas un culte divin du taureau, mais il menait un grand train de vie. Car un taureau qui a auprès de lui six serviteurs, en permanence, affiche un train de vie de grand seigneur. Il menait une vie supérieure à celle des boyards roumains. Une vie de roi.

On nous a fait dire que le gouvernement avait payé pour ce taureau un prix fabuleux, réglé en pièces d'or. On s'attendait donc à voir la vie changer. Venir l'opulence. Le progrès. La fortune. Couler les rivières de lait. Mais les événements ne se sont pas déroulés comme prévu. Ils ont mal tourné et ce fut une véritable faillite.

Le jour où devait avoir lieu le mariage tant souhaité, les paysans sont venus, à la porte du château, avec leurs vaches. On a inscrit dans les registres les noms des propriétaires, les mensurations et signalement des vaches. Ensuite on les a introduites, l'une après l'autre, dans l'enceinte du château. Sur la prairie verte, avec le gazon fraîchement tondu, où les attendait le taureau. A la surprise générale, le taureau n'accorda aucune attention à la vache visiteuse. Il l'ignorait complètement. Il regardait, comme à son habitude, au-dessus des gens. Avec son regard lointain. On approcha la vache du taureau. Mais il continuait à regarder ailleurs. Comme si elle n'existait pas. Il n'a même pas tourné la tête. Indifférence totale.

On a promené la vache autour du taureau plusieurs fois. Ensuite on l'a fait sortir. On a introduit une autre vache. Ensuite une troisième. Et toujours la même indifférence du taureau. On pensa que le taureau était indisposé. De mauvaise humeur. Préoccupé par d'autres choses. Le vétérinaire, après l'avoir examiné, a annulé tous les mariages qui devaient avoir lieu ce jour-là. Les paysans sont rentrés chez eux, avec leurs vaches. Tristement.

Le lendemain matin, les serviteurs en uniforme ont fait la toilette du taureau, le lavant à grande eau, lui brossant les poils, lui astiquant les cornes et les sabots. Ensuite, on l'a conduit sur le gazon et on lui a présenté les vaches l'une après l'autre. Tout comme on l'avait fait la veille.

Ce jour-là, le taureau a carrément tourné le dos aux visiteuses. Sans les regarder. Il s'est retiré dans un angle de l'enclos pour considérer, mélancolique, les montagnes et les champs. Hautement. Il était clair qu'il refusait de faire connaissance avec les vaches de Petricani. Toute insistance eût été inutile.

– Le taureau vient de Hollande, expliqua l'intendant. Il appartient à la plus noble race flamande. C'est normal qu'il refuse la compagnie de vos vaches. Car vos vaches sont sales. Elles sentent mauvais. Comment voulez-vous qu'un taureau de noble race regarde des vaches sales? Allez à la rivière. Faites descendre vos vaches dans l'eau. Lavez-les bien. Avec du savon. Faites briller leurs cornes et leurs sabots. Revenez ensuite avec vos vaches propres, et vous verrez que le taureau s'intéressera à elles.

Les paysans sont rentrés eux aussi, avec leurs vaches. Ils les ont brossées, lavées, nettoyées. Ils savaient que la pauvreté et la richesse dépendraient de la propreté de leurs vaches.

Le lendemain, toutes les vaches du village étaient propres. Méconnaissables. Leur poil était enduit de graisse. Comme de la brillantine. Leur poil brillait. On a mis des fleurs entre leurs cornes. Afin qu'elles sentent bon. On les aurait même parfumées, si on avait eu de l'eau de rose. Comme on parfume les cocottes. Car la mission des vaches était de séduire l'indifférent et noble taureau. Une activité de cocotte. Mais le résultat fut nul. Le taureau tourna le dos, comme le jour précédent, aux vaches qu'on lui présentait. Il ne les regarda pas, pour voir combien elles étaient propres et qu'elles avaient le poil enduit et des fleurs entre les cornes.

On a réitéré l'opération durant une semaine. Chaque matin. Avec le même résultat, nul. Le taureau ne voulait décidément pas s'approcher des vaches de Petricani. Il ne voulait pas regarder les vaches maigres. De race inférieure. Il ne voulait avoir aucun contact avec elles. Pas même apercevoir leur présence auprès de lui.

Le septième jour, on fit monter le taureau dans sa voiture pour le conduire à un autre village et lui proposer le mariage avec des vaches supérieures à celles de Petricani. Des vaches plus à son goût, peut-être.

Les habitants de Petricani étaient offensés. Humiliés. Qu'ils étaients misérables, ils le savaient. Mais que leurs bêtes étaient à ce point détestables que même un taureau ne daignait pas les regarder, cela les avait blessés, profondément. Ils se sont rendu compte de leur terrible misère.

Par la suite, on a fait venir au village un autre taureau. Plus petit. Mais le résultat fut le même. D'ailleurs, la plupart des habitants se sont abstenus d'exhiber leurs vaches au nouveau taureau. Ils avaient les taureaux nobles en horreur. Les autorités ont dû accepter l'échec. On a compris que Petricani resterait un village pauvre. Avec des vaches maigres. Les vaches du village ne seraient jamais à la hauteur des vaches hollandaises et suisses. Les rivières de lait ne couleraient jamais à Petricani. Ni les montagnes de beurre. Ni l'abondance. La pauvreté qui dévore la montagne comme une gangrène y resterait pour l'éternité. Le « Château du taureau » resta vide. Les mauvaises herbes ont envahi le gazon. Les murs de béton se sont noircis davantage. On haïssait le « Château du taureau ». Car il était là, avec son bonnet du diable, pour leur rappeler leur échec. De devenir riches. D'échapper à la misère. Il leur rappelait le mépris que le taureau de luxe avait infligé à leurs pauvres vaches.

En 1923, quand la Constitution fraîchement adoptée instaura l'enseignement obligatoire, on fut forcé d'ouvrir une école à Petricani. Mais il n'y avait aucun bâtiment libre. Sauf le « Château du taureau ». On répugnait à admettre les enfants dans ce château du méchant et arrogant taureau. Mais on n'avait pas le choix. On y était bien obligés.

Le 1er septembre 1923, la rentrée des classes se fit donc dans le « Château du taureau », transformé en école. Les esprits rancuniers voulaient prendre leur revanche en effrayant les enfants et en les empêchant d'aller dans le « Château du taureau » pour apprendre l'alphabet. Dans ce but, ils lancèrent le bruit que les enfants qui iraient à l'école, dans le « Château du taureau », seraient transformés en bœufs, en veaux et en vaches. Les enfants, terrifiés, refusèrent d'aller en classe. Au risque d'envoyer leurs propres parents en prison.

Mais la peur disparut peu à peu, au fur et à mesure que les heures de classe se succédaient. Les enfants furent séduits par le mystère de l'alphabet. L'écriture les intéressait. C'était un vrai mystère. Comme le mystère du Christ. La maîtresse de l'école leur a dit :

– L'écriture symbolise la descente du Christ sur la terre. Sa mise au tombeau et sa résurrection. La parole n'existe que dans votre pensée. Elle s'incarne dans chaque lettre que vous désignez sur le papier. Elle prend corps. Ensuite la parole incarnée est mise au tombeau sur la page du cahier. Et elle ressuscite dans la tête de celui qui la lit. Dans l'écriture se trouve tout le mystère chrétien. Ainsi, en écrivant, nous avons la certitude d'accomplir un acte religieux.

A l'école, l'ennui majeur était que les fenêtres du château étaient extrêmement petites et placées trop haut. Tout près du plafond. Pour avoir de la lumière dans la classe, il fallait laisser la porte largement ouverte. Cela était agréable en automne. Mais dès que le froid commença, on dut la fermer. Et la classe fut plongée dans le noir. La maîtresse d'école apporta deux lampes à pétrole. On les allumait en plein jour. Pour écrire et pour lire.

Vers la Saint-Nicolas, quand le grand froid commença, on grelottait. On avait les pieds et les mains gelés. Il faisait très froid dans la classe, car il n'y avait pas de cheminée. Le bâtiment avait été construit pour servir de résidence d'été. Aux taureaux. La maîtresse d'école nous permit de garder en classe nos paletots, nos pelisses et nos bonnets de fourrure. On avait ainsi moins froid. Mais on avait le sentiment de commettre un grand péché en écrivant la tête couverte. L'écriture est un acte sacré. Il faut l'accomplir la tête découverte. Comme à l'église.

Vers Noël on nous apporta une cheminée en métal. Une toute petite cheminée. Mais elle fumait. Nous étions tous enrhumés et nous toussions. Nous étions vingt et un garçons et filles. Un beau jour, l'agent sanitaire vint à l'école pour nous apprendre que l'école allait être fermée. Il nous dit que dans notre village sévissait une épidémie de scarlatine, de toux convulsive et de grippe. Et que, par ordre supérieur, l'école de Petricani serait fermée.

Tous les élèves reçurent la nouvelle avec des larmes dans les yeux. La peur d'être transformés en taureaux avait disparu, mais maintenant nous redoutions de rester analphabètes. A présent, nous savions que l'écriture était un acte sacré. On pleurait. L'école était fermée. Nous étions donc exclus du sacrement du savoir. Excommuniés. Interdits à la célébration de l'alphabet.

4

J'attendais toujours avec impatience un ennemi pour l'aimer. Car celui qui aime son ennemi devient un saint. Et mon premier ennemi apparut. C'était pendant l'hiver 1923. Mon ennemi venait de fermer l'école primaire de Petricani. Il m'interdisait d'apprendre à lire et à écrire. Cet ennemi, c'était le « *ministère de l'Hygiène et de la Salubrité publiques* ». Un nom rébarbatif. Un véritable nom d'ennemi. C'était lui qui avait envoyé l'agent sanitaire chasser les élèves de leur classe et coller sur la porte l'affichette : « *École fermée pour cause d'épidémie* ».

Je rentrai à la maison en courant et confiai à mon père :

– Je le hais de tout mon cœur.

Et je pleurai car j'étais très malheureux. Le ministère était mon ennemi. Il m'avait fait du mal. La haine est l'enfer. Au propre et au figuré. A cause de ma haine contre le ministère, je ne deviendrais jamais saint Virgil. Jamais je ne pourrais l'aimer. Aimer mon propre ennemi.

– Tu n'es pas obligé de l'aimer, dit mon père. Le ministère n'est pas un être en chair et en os.

– Qu'est-ce qu'un ministère? ai-je demandé.

Mon père ne savait pas quoi me répondre. Il me dit que le *ministère* n'est pas un être humain. Qu'il n'est en aucune façon une créature de Dieu. Le ministère n'est ni homme, ni animal, ni plante. Il n'est rien de tout cela. Au lieu du visage il a une estampille. Il est dépourvu de sentiments, il est froid, il n'a pas d'âme. Mais il n'est pas non plus une machine ou un outil. Ministère signifie serviteur. Mais son nom est la négation de lui-même. Car il est le contraire de ce qu'il se prétend être. Il se dit ministère, donc serviteur. Mais il est l'opposé. En réalité c'est un despote. Un tyran. Il considère tous les habitants comme ses propres serviteurs. Des esclaves. On ne peut pas expliquer ce qu'il est. Mais il ne faut jamais faire ce que le ministère fait. C'est le Christ qui a conseillé aux disciples de faire toujours le contraire de ce que les ministères font [1].

J'étais très malheureux. Mes études étaient interrompues deux mois après les avoir commencées. Mon père proposa de me donner des leçons à la maison. Ma mère aussi. Ils étaient aussi compétents que la maîtresse d'école. Mais cela ne me convenait pas. Rien ne remplace l'école. Comme aucune prière individuelle, à la maison, ne remplace la prière liturgique à l'église.

L'hiver était très rude. La neige montait jusqu'aux fenêtres. Et on attendait des jours encore plus froids et des neiges plus abondantes. Les congères bloquaient déjà les routes du village. Même les portes des maisons étaient bloquées. Le matin, il fallait sortir par le toit pour dégager la neige devant la maison afin de pouvoir ouvrir la porte. C'était le froid qui venait de Sibérie. De la Russie. Les tempêtes de neige étaient comme des flammes blanches, qui vous brûlaient le visage, exactement comme les flammes rouges du feu.

Quelques jours plus tard mon père m'annonça :

– Je t'ai inscrit à l'école du village, dans la vallée. Le maître d'école est d'accord. Tu pourras aller à l'école dès demain matin.

– Comment pourra-t-il aller à l'école du village, dans la vallée? cria ma mère. Tu te moques de ton propre enfant?

– Je l'ai inscrit à l'école d'en bas, répéta mon père.

– Et comment fera-t-il pour y arriver? La neige est plus haute que lui. Il se noiera dans la neige. L'envoyer dans la vallée, c'est comme si tu jetais ton pauvre gosse à la mer. Il sera englouti par les congères. On ne le retrouvera qu'au printemps. A la fonte des neiges. C'est insensé de proposer une chose pareille. A mi-chemin il disparaîtra. Il n'arrivera

1. Marc, 1. 10, 42.

jamais à l'école. Il ne rentrera plus jamais à la maison. C'est un gamin de sept ans. La neige est trois fois plus haute que lui.

– Je peux y aller, ai-je dit. Mais je n'étais pas sûr de ce que je disais.

– Essaie, et tu rencontreras la mort, dit ma mère. Aller dans la vallée en plein hiver, c'est comme essayer de traverser la mer à pied. Il faut marcher une heure et demie dans la neige plus haute que toi. Il faut partir de la maison à six heures. Pour être en classe à huit heures. A cette heure il fait noir. Il n'y a personne dehors. Tu seras dévoré par les fauves. Les loups affamés rôdent toute la nuit. Ils entrent chez nous. Pour dévorer notre vieille cavale. Sa chair les attire. Ils rôdent chaque nuit autour de l'écurie. Si tu veux aller à la rencontre des loups affamés, sors de la maison avant le lever du jour. Tu ne feras qu'une petite bouchée pour ces bêtes féroces...

– Mais Virgil n'ira pas seul à l'école, dit mon père.

– Qui l'emmènera? demanda ma mère. Tu vas engager un valet pour conduire, sur ses épaules, ton fils à l'école, chaque jour?

– Il ira à l'école à cheval. Avec Rossinanta.

Ma mère s'est signée. Elle était sidérée. On n'avait jamais entendu une chose pareille.

Mais, dès le lendemain, je suis monté sur Rossinanta et je suis allé à l'école. Il faisait encore noir. La neige était haute. Les flammes blanches de neige brûlaient mes joues. Je n'avais pas de selle. Et je sentais, sous moi, le corps chaud de Rossinanta. Ma blanche et vieille cavale. Elle prenait les raccourcis, fendant les congères qui lui montaient jusqu'à sa poitrine. Comme un bulldozer.

Rossinanta marchait au pas. De temps en temps elle s'arrêtait. Elle avait peur quand elle voyait surgir de la neige des formes noires, des troncs d'arbres. Elle avait l'expérience de l'ennemi. Elle avait passé toute sa vie, avec les soldats, comme cheval de guerre, dans les casernes, et sur le front. Les points noirs qui surgissaient pouvaient être des loups. Car la région en était infestée. Tout autour du village il y avait des forêts. En hiver, les loups ne trouvant plus rien à manger, descendaient dans les villages. Pour manger un mouton, une poule, un veau. Au risque de leur vie. Je me signais. Je pensais à mon ange gardien. Je savais que Dieu me protégeait, quand Rossinanta reprenait sa marche.

Mon arrivée à l'école, en selle sur Rossinanta, provoqua une explosion de joie. Des cris. Des hurlements. L'hilarité était générale. Les élèves, oubliant la présence du maître d'école, accoururent aux fenêtres, montèrent sur leurs chaises, ouvrirent largement la porte. J'étais comme un garçon tombé d'une autre planète. Car sur la terre, on n'a jamais vu aucun élève arriver à l'école avec un cheval blanc. Après avoir mis pied à terre, juste sur le seuil, devant la porte de l'école, j'ai enlevé la bride de Rossinanta et je lui ai donné une petite tape. Elle s'en est retournée, comme à regret que je la congédie, à pas lents, vers la maison, en suivant ses propres traces sur la neige.

La scène se passa dans la joie générale, parmi les cris et les hurlements des trente élèves. Même la maîtresse d'école, malgré elle, participait à cette manifestation. Car c'en était une. Une véritable manifestation. Un spectacle. Avec des applaudissements et des sifflements. Comme au cirque. Je suis entré en classe avec mon cartable. J'avais aussi gardé la bride de Rossinanta. Les élèves me l'ont arrachée et se la sont passée de l'un à l'autre en la jetant par-dessus ma tête. Enfin le calme est revenu, mais pas tout à fait. Pas complètement. Car toutes les cinq minutes des rires éclataient. Et toute la classe riait. Contaminée. Le lendemain je suis arrivé sans bride. Maintenant Rossinanta connaissait la route. Je n'avais plus besoin de la guider. Les élèves n'avaient plus la bride comme objet de distraction. Après quelques jours on s'habitua à moi et à ma cavale. Mais j'étais toujours reçu par des explosions de joie et de rires. Le spectacle d'un élève qui arrive à l'école à cheval était trop extravagant. Il y avait aussi beaucoup d'admiration, mais également de la jalousie. Mes petits camarades m'enviaient et ils auraient bien aimé, eux aussi, venir à l'école à cheval. Leurs maisons étaient tout près. Ils n'avaient pas la chance d'habiter loin comme moi, d'enfourcher, chaque matin, pour venir à l'école, un cheval blanc. Comme celui de saint Georges.

En peu de temps je suis devenu le meilleur élève de la classe. Mes camarades contestaient mon mérite. Ils disaient que le fait de venir à l'école à cheval m'avait valu la promotion. Et donc que le mérite revenait à Rossinanta. Pas à moi.

Quelquefois mes camarades me suppliaient de faire entrer Rossinanta dans la classe. Mais la cavale était indifférente aux cris des enfants. Elle reprenait sa marche de retour, après m'avoir déposé sur le seuil de l'école.

L'idée originale de mon père se révéla efficace. Chaque matin, Rossinanta m'attendait dans l'écurie. Debout. Impatiente. Elle semblait heureuse d'aller avec moi à l'école. J'étais convaincu que cela lui plaisait. Les cris des enfants, leurs applaudissements, dès que nous arrivions dans la cour de l'école, lui rappelaient ses défilés militaires. Les fêtes nationales, qu'elle vécut comme cheval de l'armée. Et les parades. Mais, un matin, mon père me dit :

– Il ne faut pas te presser. Aujourd'hui tu ne vas pas à l'école.

– J'irai à l'école, ai-je protesté.

– Tu ne pourras pas. Rossinanta est morte cette nuit. Quand je suis allé lui apporter de l'eau, ce matin, je l'ai trouvée étendue sur la paille. Morte.

Mon père avait les larmes aux yeux. Rossinanta faisait partie de notre famille.

Je suis allé la voir. Je l'ai vu étendue. Morte. J'ai éclaté en sanglots.

J'ai pleuré toute la journée. Rossinanta était ma meilleure camarade. Mon premier grand ami. Mais maintenant elle était morte. Et je suis tombé malade de douleur. J'ai gardé le lit plusieurs jours. Un matin, mon père me dit :

– Quand tu seras guéri, tu iras de nouveau à l'école.

J'éclatai en sanglots car je savais que Rossinanta était morte. Et sans Rossinanta je ne pourrais plus jamais aller à l'école. La neige était haute comme la maison. C'était l'époque la plus dure de l'hiver.

– Quand tu seras guéri, je te mettrai en traîneau et je t'amènerai à Blébéa... J'ai parlé avec ton grand-père, pater Thomas Skobay. Tu resteras chez lui, jusqu'à la fin de l'année. L'école se trouve tout près de sa maison. Le directeur de l'école est son fils Niko. La sœur de ta maman sera ta maîtresse. C'est elle qui s'occupera de toi. Tu dormiras dans sa chambre...

La semaine suivante j'étais installé dans la maison de mon grand-père, pater Thomas Skobay de Blébéa. C'était la première fois que je dormais dans une maison étrangère. Loin de mes parents. La maison de mon grand-père me semblait un palais. Je me suis rendu compte combien mon père était pauvre. Chez nous la pauvreté était totale. On la sentait, on l'entendait. On la touchait. Dans le presbytère de mon grand-père, c'était le contraire. Le lit avait des coussins de duvet, des draps blancs, un matelas moelleux. Le plancher était couvert de tapis. Le plafond était en bois, avec de belles solives en chêne. La maison sentait bon le coing, le basilic, la cannelle. J'étais fatigué, mais je ne pouvais pas m'endormir. J'écoutais avec ravissement le tic-tac de la pendule. C'était la première fois de ma vie que je dormais dans une maison où il y avait une pendule. Cette nuit, j'ai compris que le comble de l'opulence, du bonheur, de la richesse, est d'entendre, la nuit, dans la maison, une pendule. Je me suis endormi heureux. J'étais comme au paradis. Comme Adam avant la chute. J'entendais le tic-tac, et je sentais les parfums des fleurs, des plantes et des fruits posés sur les solives, au-dessus de ma tête.

5

Le 29 juin 1924, fête des saints Apôtres, fut une grande journée. Une journée mémorable. Pleine de gloire. C'était la fête de fin d'année scolaire à Blébéa. Depuis la veille, une estrade était érigée, grande comme la scène d'un théâtre, dans la cour de l'école, sous les noyers séculaires. La scène était ornée de guirlandes, de drapeaux tricolores et de bouquets de fleurs. A deux heures de l'après-midi la fête commença. Les élèves récitèrent des poésies. On chanta et dansa. Devant la scène s'étaient rassemblés tous les habitants du village et ils nous regardaient. Au milieu d'eux, se trouvait mon grand-père, pater Thomas Skobay, le curé de Blébéa. A ses côtés il y avait l'inspecteur général de l'Instruction publique, venu spécialement pour la fête, les notables de la commune, mon père et ma mère. Les femmes portaient les bébés dans leurs bras. Car tout le monde était présent. Du plus âgé au plus petit.

A la distribution des prix, le directeur de l'école a appelé sur scène les lauréats, l'un après l'autre. C'est alors que j'ai entendu mon nom :

– Gheorghiu Virgil, premier prix avec couronne!

Je suis monté sur la scène. Le directeur a déposé sur ma tête une belle et riche couronne en feuilles de chêne, parsemée de fleurs et de glands. La maîtresse d'école m'a offert un paquet de livres, entouré d'un ruban tricolore. Le chœur a chanté pour moi, trois fois, *ad multos annos*. Le directeur m'a serré la main et l'assistance m'applaudissait, frappant fort des mains tout en criant « *ad multos annos* », « *bravos* » et « *vivat* ».

Je suis descendu de la scène, avec la couronne sur ma tête et les livres enrubannés sous le bras. J'avais les joues rouges et brûlantes. Comme des flammes. Mon cœur battait fort, comme s'il voulait sortir de ma poitrine. J'étais heureux. Comme si j'avais des ailes. Comme si je volais. Je ne savais plus où je posais les pieds. J'avais la sensation de ne plus être sur la terre. Comme si je marchais sur des nuages. Je me suis précipité vers mon père, qui était au premier rang des spectateurs, et me suis blotti contre lui. Car mon corps n'avait plus d'équilibre.

Ce jour-là, je venais de terminer ma première année d'études, glorieusement, sous les applaudissements, portant sur ma tête une couronne, comme les empereurs et les rois.

Quand la fête fut terminée, l'inspecteur général de l'Instruction publique monta sur l'estrade. C'était un monsieur corpulent, ses cheveux étaient gris. Il avait des lunettes, était vêtu de noir et portait des souliers vernis. C'était la première fois que je voyais des souliers vernis. Je les trouvai tellement beaux que je ne pouvais en détacher mes yeux. L'inspecteur avait une belle voix, grave comme le son du violoncelle. Il nous dit :

– Habitants du village de Blébéa, les portes de la richesse, de l'abondance et de la gloire se sont largement ouvertes devant vous. Vous ne serez plus jamais pauvres. Ni humiliés. Car vous avez une école. Et c'est de l'école que le bien-être jaillit, comme l'eau jaillit des sources. En arrivant chez vous, j'ai vu le cimetière du village. J'ai regardé les tombes de vos ancêtres et je me suis dit que, parmi vos morts, il y en avait beaucoup qui auraient pu inventer le télégraphe ou la locomotive, auraient pu découvrir l'Amérique et devenir des hommes célèbres. Mais ils sont morts inconnus. Tous. Personne n'a jamais entendu parler d'eux. Et peut-être étaient-ils plus intelligents que beaucoup des grands hommes de l'Histoire. Pourquoi sont-ils morts sans laisser derrière eux aucune réalisation importante sur la terre? Parce qu'ils ne savaient ni lire ni écrire. Toutes les routes vers le progrès leur étaient interdites, barrées.

A présent, vos enfants vont à l'école. Les chaînes de l'ignorance, qui faisaient de vous des captifs, des prisonniers, des esclaves, sont brisées.

Grâce à l'instruction gratuite et obligatoire, vous êtes devenus des hommes libres. Vous pouvez montrer au monde que nous, les Roumains, nous sommes au moins aussi intelligents et aussi capables que les enfants des grandes nations. Nos fils et nos filles peuvent créer, inventer, découvrir, contribuer au progrès de l'humanité. L'instruction offre plus de liberté que l'indépendance politique, plus de liberté que le vote universel, et la souveraineté nationale. Profitez pleinement de la liberté que vous avez acquise par l'instruction. Devenez des hommes illustres, connus et admirés par toutes les nations.

L'inspecteur dit ensuite :

– J'ai une autre grande nouvelle à vous annoncer. A partir du 1er octobre 1924, nous, les Roumains, aurons le même calendrier que les grandes nations civilisées du monde. Les Roumains auront le même calendrier que les Français, les Italiens, les Allemands et les Anglais.

Les paysans étaient fiers d'apprendre cela. Jusqu'alors, nous ignorions également que nous, les Roumains, nous n'avions pas le même calendrier que les grands peuples de la terre. L'inspecteur général de l'Instruction publique continua :

– Le calendrier est un instrument pour mesurer le temps. Comme la montre. Aucune montre, même la meilleure, n'est parfaite. Soit elle retarde, soit elle avance. De temps en temps il faut la régler. Le calendrier est pareil. Il avance, ou il retarde, comme tout instrument. Notre calendrier a été fait par l'empereur romain Julius César, notre ancêtre, en l'an 47 avant le Christ. C'était le meilleur calendrier que l'on ait jamais eu. Mais le calendrier de l'empereur Julius César retardait d'un jour par siècle. Pour être plus exact, en cinq cents ans, il retarda de quatre jours.

« En 1582, le calendrier était en retard de dix jours. Le pape Grégoire XIII le rectifia. Il ordonna qu'au lendemain du 4 octobre 1582 l'on passerait au 15 octobre. Dix jours furent ainsi supprimés. Nous, les Roumains, à cette époque, nous nous trouvions sous la domination ottomane et nous n'avons pas pu rectifier le calendrier. Le temps passa, et comme nous n'avons pu le rectifier à temps, nous avons aujourd'hui un retard de treize jours. Nous avons donc décidé de mettre notre calendrier à jour. Le lendemain du 1er octobre de cette année sera donc le 15 octobre. Nous supprimerons treize jours du calendrier. Et nous aurons ainsi le même calendrier que les peuples civilisés. Voilà la grande nouvelle que j'avais à vous annoncer. Avec le nouveau calendrier, c'est une autre facilité qui est donnée à notre peuple, pour qu'il prenne sa juste place parmi les grandes nations de la terre.

L'inspecteur a été longuement applaudi. Il est descendu de l'estrade et a caressé la tête des enfants. Il a parlé avec les parents d'élèves. Les gens ont fait cercle autour de lui.

– Le lendemain du 1er octobre de cette année sera le 15 octobre? demanda un vieux.

– Exactement, répondit l'inspecteur.

– Il n'y aura donc pas de 14 octobre dans le calendrier?

– Non, répondit l'inspecteur. On passera directement du 1er au 15 octobre.

– Le 14 octobre, c'est la fête de sainte Paraskiva, dit le vieux. C'est la sainte protectrice de la Moldavie. Ses reliques sont à Iassy. Dans la cathédrale. Chaque fois que nous sommes en peine, c'est à sainte Paraskiva que nous adressons nos prières. Afin qu'elle intercède pour nous auprès de Dieu... C'est un péché de supprimer sa fête.

– Sainte Paraskiva nous pardonnera ce péché, car nous changeons le calendrier pour le bien-être du peuple, dit l'inspecteur. Sainte Paraskiva n'aura pas sa fête cette année. C'est exact. Mais elle nous en pardonnera. Les saints savent pardonner. Soyez-en rassurés...

– On supprime donc treize levers du soleil et treize soirées? demanda le vieux. Même si sainte Paraskiva nous pardonne, c'est un grand péché de faire cela. C'est un péché de supprimer les jours et les nuits créés par Dieu.

– Les évêques de toutes les Églises orthodoxes se sont réunis en concile à Constantinople et ont décidé de changer le calendrier. La suppression de treize jours n'est donc pas un péché. Ce que le Concile décide, c'est une décision de Dieu. Car Dieu parle par la bouche des évêques. Les évêques se sont réunis en concile sous la présidence du Saint-Esprit. Si le Concile des évêques a décidé de supprimer treize levers du soleil et treize couchers du soleil, cela signifie que c'est Dieu Lui-même qui les a supprimés. Et Dieu peut les supprimer. Car c'est Dieu qui les a créés...

Un silence lourd comme le plomb tomba sur les hommes qui entouraient l'inspecteur de l'Instruction publique. Personne n'osait plus poser de questions. Mon père me prit par la main et m'amena au presbytère de Blébéa, chez mon grand-père, pour le remercier de m'avoir hébergé et pour prendre mes affaires.

Mon grand-père est déjà rentré. Il est sur la terrasse ombragée par des rosiers grimpants, le lierre et la vigne sauvage. Autour de lui se sont rassemblés l'inspecteur et une dizaine de personnes. Des parents et des notables. L'inspecteur est assis à côté de pater Skobay. Je me faufile à côté d'eux, auprès de mon père. J'ai toujours la couronne en feuilles de chêne sur ma tête. Il faut que je la porte jusqu'au soir.

– J'ai écouté avec grand intérêt le discours que vous avez fait à l'école, dit pater Pascal, en s'adressant à l'inspecteur général de l'Instruction publique.

Pater Pascal est mon oncle. Il est marié à la sœur aînée de ma mère. Il est le curé du beau village d'Oglinzi. Il est grand, élégant, et porte une soutane soyeuse. Sa barbe blonde comme le tabac est toujours bien taillée. Pater Pascal est le seul prêtre de la famille à avoir fait des hautes études de théologie. Il parle à l'inspecteur sans aucun complexe. D'égal à égal.

– Je suis ravi que vous ayez apprécié mon petit speech, dit l'inspecteur.

– C'était un beau discours. Malgré l'erreur qu'il contenait, dit pater Pascal.

– Quelle erreur?

– Vous avez affirmé que le calendrier était fait par l'empereur Julius César, dit pater Pascal.

– C'est exact. Je l'ai dit et je le maintiens. Là-dessus toute contestation est impossible. Notre vieux calendrier a été fait par Julius César, l'imperator. Tout le monde le sait. Et c'est à cause de cela qu'il s'appelle « *le calendrier julien* ».

– Le calendrier n'est pas une œuvre humaine, répond pater Pascal. La division du temps, la prescription des jours sacrés et des fêtes sont l'œuvre de Dieu. Les fêtes sont sacrées parce que Dieu les a prescrites à Moïse et les a données avec les Tables de la Loi. Comme telles, les fêtes font partie des commandements divins [1].

– Personne ne conteste le caractère sacré des fêtes, réplique l'inspecteur. C'est pour cela que nous n'avons pas changé le calendrier sans l'approbation et selon les décisions du Concile œcuménique des Églises orthodoxes.

– Même si un ange descendu du ciel nous annonçait un évangile différent, nous ne l'écouterions pas, dit pater Pascal [2].

– Le calendrier n'est pas l'Évangile, dit l'inspecteur. Le calendrier n'est même pas une affaire de doctrine. C'est un simple instrument à mesurer le temps.

– La tradition nous enseigne que « changer le calendrier, c'est troubler l'ordre du monde, des saisons et des astres ». Le *Livre des jubilés* dit textuellement que quiconque entre en conflit avec le calendrier se met en contradiction avec l'harmonie du ciel. En contradiction avec les assemblées célestes qui observent, elles aussi, les jours sacrés. Les fêtes sont célébrées simultanément sur la terre et au ciel, par une liturgie qui est commune aux hommes et aux anges. C'est pour cela que quiconque change le calendrier se met en désaccord avec l'harmonie du cosmos.

– Pater Pascal, vous ne pouvez affirmer cela. Vous êtes théologien. Tous les chrétiens du monde, depuis trois siècles, on adopté le nouveau calendrier. Personne n'ose dire qu'ils sont hérétiques pour autant. Le nouveau calendrier ne touche pas aux dogmes ni aux fêtes. Il rectifie leurs dates. C'est tout.

1. Le *Livre des jubilés*, 8, 32-33.
2. Saint Paul, Épître aux Galatos, I, 8.

– Le peuple refuse le changement du calendrier, dit pater Pascal.

– Le peuple le refuse parce qu'il est ignorant, dit l'inspecteur. Il faut l'éclairer. Quand il sera éclairé il acceptera le changement.

– Le peuple refuse le changement parce qu'il est fidèle à la foi de ses pères et fidèle à Dieu.

– Fidèle à l'erreur.

– Tout changement, en matière de foi, est dangereux, dit pater Pascal. C'est pour cela que le peuple refuse en bloc tout changement. Même le plus futile. Au IVe siècle, Arius a introduit dans le symbole de la foi une seule lettre : le « I ». Et en rajoutant un « I » il a nié le Christ, l'Évangile et toute la doctrine chrétienne. Au lieu de dire que le Christ est *Homoousios* – de la même substance que le Père – il a dit *Homoiousia* qui signifie « d'une substance semblable ». A cause d'un « I », d'une simple lettre, les partisans de l'Arius se sont trouvés hors du christianisme. A cause d'un seul mot – *Filioque* – ajouté par l'Église latine à la fin du VIIe siècle au *Credo*, la chrétienté s'est scindée en deux : orthodoxe en Orient et catholique en Occident. A cause de *Filioque*; un seul mot a provoqué le schisme. L'Église, le corps du Christ, a été sciée en deux. Pire que l'écartèlement du corps du Christ sur la croix. Voilà pourquoi le peuple ne veut plus rien changer à la foi de ses pères.

– Changer le calendrier est une opération similaire au réglage d'une montre. Nous avons l'exemple du pape, et de tous les chrétiens de la terre, qui, eux, ont changé le calendrier tout en restant des chrétiens véritables. Il n'y a rien de dangereux. Ceux qui refusent le changement sont des ignorants. Des rétrogrades.

– Ce n'est pas par ignorance que le peuple refuse le changement, dit pater Pascal. C'est par fidélité à sa foi. Les Allemands ont attendu cent dix-huit ans, avant d'adopter le nouveau calendrier. Et le peuple allemand n'est pas un peuple rétrograde. Les Anglais, eux aussi, ont réfléchi cent soixante-dix ans, avant de changer le calendrier. Les Anglais, non plus, ne sont pas des ignorants. Les Hollandais et les Suédois ont hésité cent soixante-douze ans, avant d'adopter le nouveau calendrier... Et ni les Suédois ni les Hollandais ne peuvent être accusés d'ignorance. Vous êtes injuste envers les Roumains.

– Vous, personnellement, êtes-vous contre le changement du calendrier?

– Je suis contre la manière dont on le change, répond pater Pascal.

– Vous êtes donc contre les décisions du Concile œcuménique?

– Je ne suis pas contre les décisions des évêques et des patriarches réunis en concile, sous la présidence du Saint-Esprit. Ils sont la tête de l'Église. Mais la tête n'existe pas quand il manque le corps. Le corps de l'Église est le peuple des fidèles. Si la tête se sépare du corps, il n'y a plus d'Église. Car l'évêque sans les fidèles n'est plus une Église. De même, les fidèles sans évêque ne font pas, non plus, une Église. Il n'y a pas de tête sans corps ni de corps sans tête. Les évêques ont ordonné le changement du calendrier sans consulter le peuple. Par décret. Et cela, ils n'ont pas le droit de le faire. Ni le pouvoir. Ce sont eux-mêmes qui l'ont déclaré solennellement, dans une lettre envoyée au pape Pie IX en 1848 : « *Chez nous, ni les patriarches ni les conciles ne pourraient jamais introduire de choses nouvelles, parce que les défenseurs de la religion sont le corps même de l'Église, à savoir le peuple, qui veut sa croyance éternellement inchangée et identique à celle de ses pères* [1]. »

– Nous sommes obligés de récupérer le temps perdu, dit l'inspecteur. Les Roumains ne peuvent pas se permettre une réflexion de cent soixante-dix ans. C'est pour le progrès et le bien-être du peuple qu'on change le calendrier.

– Le changement du calendrier, imposé à l'aide de la police et du gendarme, déclenchera la guerre civile. Et la guerre, ce sont les larmes et la douleur. Pas le progrès.

L'inspecteur regarde sa montre. Il se lève brusquement.

– Vous restez dîner avec nous, monsieur l'inspecteur, n'est-ce pas? demande pater Thomas Skobay.

– Impossible, pater. Demain j'aurai une réunion importante au ministère. Il faut que je prenne le train pour Bucarest, cette nuit même.

Il prit congé, monta dans sa belle petite calèche et repartit. Tous regardèrent la calèche s'éloigner et personne n'osait parler ni se regarder. Un silence lourd, comme le plomb, pesait sur le presbytère de Blébéa. Mon père se leva le premier. On salua le pater Skobay. L'un après l'autre. Avec gravité. Et chacun rentra chez soi.

Sur le chemin du retour, mon père ne prononça pas un seul mot. J'étais assis, dans le chariot, entre lui et ma mère. J'avais toujours sur la tête la couronne en feuilles de chêne. Je l'avais gardée pour faire plaisir à mes parents. Mais ils ne faisaient aucune attention à moi. Ni à ma couronne. C'était comme si je n'existais pas. J'étais humilié, je souffrais. Ils étaient graves. Silencieux. Angoissés. Leur angoisse était d'autant plus pesante qu'elle n'était pas précise. Une catastrophe devait arriver. C'était certain. Mais mes parents ne savaient pas quand elle arriverait, ni comment elle se déclencherait. Ils savaient seulement qu'elle était proche. Inévitable. Imminente. Je sentais l'angoisse de mes parents, de la même manière que je sentais la chaleur de leur corps à ma droite et ma gauche. Charnellement. Avec eux j'avais peur. Je fus, moi aussi, envahi par l'angoisse de mes parents. Ils m'avaient transmis leur peur. Par contagion. Et tout cela m'arrivait maintenant, alors que j'aurais dû être heureux d'avoir reçu le premier prix avec la couronne. Quand le

1. *Lettre des patriarches orthodoxes au pape Pie IX*, en 1848. J. Karmiris : *Ta dogmatika kai symbolika...*, Athènes, 1953, tome II, 920.

chariot arriva au sommet de la route, à Boistéa, mon père, parlant pour la première fois de tout ce voyage, dit :

– Quand j'étais au séminaire, j'ai lu le *Livre des jubilés*, dont a parlé pater Pascal. Il est écrit : « *Pourquoi les juifs ont-ils péri et subi la captivité des pays étrangers ? C'est parce qu'ils ont oublié les commandements de Dieu, qui prescrivent les fêtes, les jubilés et les jours sacrés... Les juifs ont été punis et ont souffert la mort et la captivité parce qu'ils sont entrés en conflit avec le calendrier... Ils ont célébré les jours profanes et ont profané les jours sacrés. Voilà d'où sont venues la colère et la punition divines.* »

Mon père s'est tu. Il n'a ajouté aucun mot tout le long du voyage. J'avais peur. Nous, les Roumains, allions bientôt changer le calendrier, et nous allions, nous aussi, entrer en conflit avec l'harmonie cosmique. Comme les juifs. Et nous allions attirer sur nous, sur tout notre peuple, la colère de Dieu. Nous serions peut-être traînés en captivité. Jusqu'à Babylone. Exactement comme les israélites. On nous emmènerait peut-être en Égypte. Aux travaux forcés. A la construction des pyramides. Sur la Roumanie allait peut-être tomber la pluie de soufre et de feu, comme sur Sodome et Gomorrhe.

Le 1er octobre 1924, nous, les Roumains, allions entrer en conflit avec le nouveau calendrier. J'espérais que Dieu serait miséricordieux envers nous. Moins terrible qu'il ne le fut avec les juifs.

Mais le malheur arriva aussi sur nous. Il devait arriver. Il était inévitable.

D'abord, tout s'est passé normalement. Pour moi, c'étaient les vacances d'été. J'ai lu les livres que j'avais reçus comme prix. Des livres de Ion Creanga. C'est le plus grand conteur roumain. Il est né à quatre kilomètres de notre village. A Humulesti.

Le 1er septembre, je suis allé à l'école, à Petricani. Je commençais la deuxième année scolaire. Le « Château du taureau » avait été transformé en une véritable école. On avait percé les murs et construit de grandes fenêtres afin que la lumière puisse pénétrer. On avait installé une très belle cheminée en terracotta et apporté un grand tableau noir. Sur les murs il y avait la carte en couleurs de la Roumanie et les portraits du roi Ferdinand et de la reine Marie. Le « Château du taureau », cette fois, était devenu une véritable salle de classe. Les élèves étaient plus nombreux que l'année précédente. Ils manifestaient un grand enthousiasme de venir à l'école. Les parents étaient eux aussi pleins de zèle. On rêvait d'une exceptionnelle année scolaire. Sans maladie, sans épidémie. Sans fermeture de l'école...

Mais une semaine à peine après la rentrée, le malheur arriva. Les hommes du village – tous – reçurent des feuilles de mobilisation. Ils durent abandonner leur travail et se présenter à leurs casernes. Le jour même. Sur les portes de la gendarmerie et de la mairie, des proclamations étaient affichées. Des ordres de mobilisation. Des appels au calme et au sentiment patriotique. L'état de guerre était proclamé ainsi que l'instauration de la loi martiale. Des camions militaires et des patrouilles de soldats en tenue de combat, avec casque d'acier, ont commencé à sillonner les villages et les routes de la montagne. De plus en plus nombreux.

La maîtresse d'école nous explique ce qui se passe. La patrie est en danger. Les bandes de Soviétiques qui se sont constituées sur le front, chez nous, pendant la guerre et qui ont instauré par la suite la dictature et la terreur en Russie, ont envahi notre terre et veulent rayer la Roumanie de la carte, en l'annexant à l'Union soviétique. Ces bandes venues de Russie se sont infiltrées en Roumanie par le delta du Danube, ce « Royaume des roseaux ». Les envahisseurs sont entrés sur notre terre vêtus d'uniformes roumains. Ils se sont installés dans les villes et les villages au nord du delta. Ils y ont constitué des dépôts considérables d'armes, de munitions de toute sorte, parvenues clandestinement de Russie, par le delta, en bateaux de guerre et en barques de pêcheurs. Dans la deuxième semaine de septembre 1924, le combat fut déclenché. En une seule nuit, dans des dizaines de villages, les communistes ont assassiné tous les notables, les maires, les gendarmes et les sentinelles. Ils se sont emparés des mairies, des préfectures, des casernes. Ensuite, ils ont proclamé la création de la *République soviétique moldave*. Le centre de l'insurrection était la bourgade de Tatar, à la lisière de la steppe de Bougeak et du delta du Danube. C'est à Tatar Bunar que fut installé le Soviet suprême qui déclara l'annexion de la nouvelle république à l'Union soviétique. La population civile fut massacrée, déportée, ou prit la fuite. En moins de deux jours, les *soviets* s'étaient rendus maîtres du Bougeak, par le massacre et la terreur.

La maîtresse d'école nous a montré sur la nouvelle carte en couleurs l'endroit où se trouve Tatar Bunar. C'est une ville roumaine. En Bessarabie. A l'est de la Roumanie. En regardant Tatar Bunar, qui se trouve auprès d'un lac bleu, au nord du delta, sur la carte, nos yeux se sont fixés sur une autre bourgade, placée un peu plus au nord de Tatar Bunar : c'était Paris. Un grand village, sur la rivière de Cogalnik.

Tatar Bunar est donc située entre le delta du Danube et ce Paris inconnu qui se trouve en Roumanie de l'Est. Paris de Bessarabie fut elle aussi ravagée par l'invasion soviétique de septembre 1924. Les envahisseurs de Tatar Bunar avaient des complices en Roumanie. C'étaient ces mêmes terroristes qui essayèrent de tuer le roi Ferdinand de Roumanie en faisant exploser une bombe au Sénat, le 8 décembre 1920. Après l'attentat manqué du roi, les membres du complot s'étaient réfugiés en Russie. Ils revinrent avec les envahisseurs de Tatar Bunar et se répandirent dans toutes les grandes villes de Roumanie. Pour commettre des attentats et des sabotages, dans les usines et sur les réseaux de chemin de fer. On fit la chasse aux *soviets* venus de l'Est. Les portraits des envahisseurs furent collés sur les portes des mairies et des gendarmeries dans tout le pays. La police et l'armée les cherchaient partout. Parmi eux, se trouvait une femme nommée Anna Pauker, qui par la suite a commis plus de crimes contre les Roumains que tout autre envahisseur.

Les élèves de Petricani, assis sur leurs bancs, dans le « Château du taureau », écoutèrent avec effroi le récit de l'invasion des *soviets* et leurs atrocités perpétrées à Tatar Bunar. J'éclatai en sanglots. Pour moi la Roumanie n'était pas la même chose que pour les autres. Je savais que j'avais contribué à la création de la Roumanie. Mon père me l'a dit. Je suis né quand la Roumanie entreprit la guerre de l'indépendance. J'ai fait cette guerre. D'un bout à l'autre. Entièrement. Certes, j'étais dans le berceau, mais au berceau, je n'ai pas eu de sucre et de lait. On m'en a privé. Mon lait et mon sucre furent envoyés et distribués aux soldats roumains blessés sur le champ de bataille. Au berceau, j'étais enveloppé dans des morceaux de vieux tapis et de vieilles couvertures, parce que mes langes de bébé furent envoyés sur le front, pour servir de pansements et de bandages aux soldats blessés. Mon père m'a raconté que j'avais donné mon pain et ma nourriture aux soldats. J'ai souffert la faim, le froid, pour faire la Roumanie. Le Royaume roumain est un pays qui m'appartient, comme m'appartient la maison de mes parents. Les *soviets*, en envahissant la Roumanie, à Tatar Bunar, envahissaient ma maison. La construction à laquelle j'avais contribué. La patrie n'est pas la même chose pour un citoyen ordinaire ou pour un combattant, qui a donné son bras, sa jambe ou ses yeux, ou encore un morceau de chair pour la défendre et la faire. J'ai contribué à la libération et à la construction de la Roumanie en cédant le lait de mon biberon, mon pain, ma nourriture aux soldats et en supportant le froid et la misère. La Roumanie m'appartenait charnellement, car j'avais souffert pour qu'elle se fasse et devienne libre. Heureusement nous avons remporté la victoire.

Le 14 septembre, je suis allé à l'école. J'étais heureux. Les envahisseurs étaient vaincus. Mis en fuite, exterminés. Tatar Bunar était délivrée. Ma terre était libérée, sauvée. Hors de danger. L'état de siège fut levé. Mon père célébra un *Te Deum*, et rendit une action de grâces à Dieu pour avoir sauvé la Roumanie du danger de l'Est.

Sur le toit du « Château du taureau », comme sur la mairie, le drapeau tricolore flottait. Le drapeau de la victoire.

Je suis donc retourné à l'école le 14 septembre. D'un pas victorieux comme les soldats à la parade. La poitrine bombée. J'étais heureux. Ma Roumanie était victorieuse. L'ennemi était vaincu. Dans la classe, la maîtresse d'école était assise sur la chaire. Elle tenait sa tête entre ses mains. Je m'approchai mais elle ne leva pas la tête. Je regardai la classe. Les banquettes étaient vides. Aucun élève.

– Que se passe-t-il? demandai-je. On a fermé l'école? Il y a une épidémie?

– L'école n'est pas fermée, elle est ouverte.

Elle avait les yeux rouges. Elle venait de pleurer.

– Mais où sont les élèves? ai-je demandé.

– Ils ne sont pas venus à l'école. Aujourd'hui c'est la fête de sainte Paraskiva. Fête chômée. Les parents n'ont pas permis à leurs enfants de venir à l'école. Jamais les enfants ne viendront à l'école quand il y aura une fête selon l'ancien calendrier. Jamais. Ils me l'ont dit. Ils sont tous venus, ici, pour me le dire.

Les larmes coulaient sur les joues de la maîtresse. Elle venait d'avoir une discussion violente avec les parents. Le changement de calendrier était un grand malheur qui s'était abattu sur nous. Mais on ne pouvait rien faire. Rien. Que peut-on faire contre les autorités?

– On ne fera pas de classe aujourd'hui, me dit la maîtresse. Tu peux rentrer à la maison. On ne fait pas de cours pour un seul élève. Rentre chez toi...

– Vous restez ici?

J'avais de la peine de la laisser toute seule, dans sa classe vide. Pleurant sur la chaire.

– Je suis obligée d'y rester, dit-elle. L'inspecteur a ordonné à toutes les maîtresses d'école de ne pas quitter les salles de classe. Même si aucun élève ne vient.

Je suis rentré à la maison. Triste.

– Il existe des malheurs plus grands encore, me dit mon père pour me consoler.

Et, en vérité, des malheurs plus grands sont arrivés, par la suite. Le 26 octobre 1924, à la fête de saint Dimitri, l'école était fermée. Comme chaque année. C'était un jour chômé. Un jour de repos dominical. La Saint-Dimitri est une très grande fête. Saint Dimitri est très vénéré. Il est natif de Thessalonique. C'est un voisin. Presque un compatriote. Et on est fier de lui. Comme d'un membre de la famille qui aurait pris place parmi les saints. On le représente à cheval sur les icônes. Comme saint Georges. Il est armé, tout comme les saints archanges Michel et Gabriel. C'est un saint militaire. Il a sauvé sa ville natale et l'empire chrétien, à plusieurs occasions. On l'appelle le *saint myroblite*, car ses reliques coulent sans arrêt. Des gouttes d'huile parfumée qui guérissent les maladies.

Comme chaque jour de fête, la porte de l'église de Petricani était largement ouverte. Je suis allé à l'église. J'avais le souffle coupé. En franchissant le seuil de l'église et en y pénétrant, on quitte la terre et on pénètre dans le ciel. Un ciel reconstruit sur terre. Mais toujours un ciel. Véritablement. Je suis entré avec précipitation dans le sanctuaire. Mon père était agenouillé sous l'icône du Christ. Il serrait sa tête entre ses mains. Comme les hommes en détresse. Il était tout seul dans l'église. Il ne remarqua pas ma présence. Je me suis agenouillé à côté de lui. Mon père faisait semblant de ne pas me voir. Il était très malheureux. Je posai ma main sur son épaule.

Ce qui venait de se passer était prévisible. Fatal. Ce jour du 26 octobre 1924 était la fête de saint Dimitri, selon le nouveau calendrier. Mais selon l'ancien calendrier ce jour était un jour comme les autres. Un jour ordinaire. Les paroissiens de Petricani étaient restés fidèles à l'ancien calendrier. Ils n'acceptaient pas le changement. Pour eux, ce jour était un jour ouvrable. Ils sont donc allés dans les champs, ou dans la forêt. Ils ne sont pas venus à l'église, pour célébrer la fête de saint Dimitri. Ils la célébreraient, selon l'ancien calendrier, treize jours plus tard.

– Je suis là, père, ai-je dit. Ne commencez-vous pas la liturgie?

– L'église est vide, dit mon père. Il n'y a aucun fidèle. Pas même le brave Tudor, notre sacristain. Lui aussi est absent.

– L'église est vide, père, mais moi je suis ici. C'est la fête de saint Dimitri. Commençons la liturgie.

– Un prêtre seul, sans fidèles, ne peut pas célébrer. Tu le sais bien, il n'y aura pas de liturgie.

– Moi, je suis ici, père, ai-je répété... C'est vous-même qui m'avez dit que là où il y a un prêtre et un seul fidèle, Dieu est présent. Vous pouvez célébrer la liturgie. Saint Dimitri sera content. Vous y avez des fidèles. C'est moi. Votre église n'est pas vide.

Mon père oublia son malheur. Il sourit. Il caressa mon front.

– Théologiquement, parce que toi et moi sommes là, nous pouvons célébrer la liturgie. Mais mon âme est troublée. Si un prêtre est en proie au trouble, il doit s'abstenir de célébrer. Il ne doit pas s'approcher de l'autel.

Nous avons pris congé du Christ et de l'église, en nous inclinant profondément et nous sommes sortis. Mon père me tenait par la main, nous marchions vers la maison. Le malheur qui s'était abattu sur lui était total. Mon père était anéanti. Annulé. Il était sans église. Car les fidèles sont le corps de l'église. Pas les murs. Et les fidèles l'avaient abandonné. Jamais solitude n'est plus grande que celle d'un prêtre seul. Je serrais la main de mon père, mais je savais qu'il y a des malheurs qui n'ont pas de solution, comme il y a des maladies sans remède. Celui de mon père était de ceux-ci. Il était un prêtre abandonné par ses fidèles.

Devant nous, au carrefour, sont apparus trois hommes et deux femmes, amenés par des gendarmes. Ils avaient les mains liées dans le dos. Avec des cordes. Les gendarmes les escortaient, baïonnette au fusil.

– Ils ont contrevenu à la loi du repos dominical, dit le brigadier de Petricani en saluant mon père. Je les ai trouvés dans les champs. Ils travaillaient. Comme si ce n'était pas la fête de saint Dimitri. Jour du repos dominical. J'ai l'ordre strict de faire respecter la loi.

– Brigadier, on n'arrête pas les gens comme des assassins, pour une contravention, les mains liées dans le dos. Car, enfreindre la loi du repos dominical, c'est commettre une simple contravention. Ce n'est pas un crime. Ce n'est pas un assassinat. Ni une attaque à main armée. On n'envoie pas les hommes au bagne pour une simple contravention... Déliez leurs mains, brigadier, et laissez-les aller à la maison.

– Vous avez prononcé le mot bagne, pater, dit le brigadier. C'est le mot juste : *le bagne*. Ils iront au bagne pour le crime de rébellion à la force publique. Pas pour infraction à la loi du repos dominical. Les crimes de rébellion et outrage à l'autorité sont punis de bagne.

Mon père insista mais le brigadier resta intraitable. Nous avons suivi le convoi des prisonniers jusqu'à la gendarmerie. Mon père voulait les faire libérer, à tout prix. Il marchait la tête penchée. Il priait. Je l'ai entendu dire :

– Seigneur, aie pitié des gendarmes et de toutes les autorités qui font couler les larmes et le sang des innocents.

– Vous priez pour les gendarmes, père, ai-je dit. J'étais surpris. Il faut prier pour les captifs. Pour les malheureux. Pas pour les gendarmes.

– Les véritables malheureux sont les gendarmes. Les autorités... Les souffrances de la guerre, de la captivité, la torture ont toutes une fin. Mais ce que les gendarmes et les autorités font, ce sont des malheurs sans fin : c'est le péché.

VIII

L'AIGLE DU ROI

J'ai terminé l'école primaire le 29 juin 1927. A l'école de Petricani on a donné une grande fête de fin d'année, avec distribution des prix. Après la fête je suis revenu seul à la maison. C'était la fin de l'après-midi. Mes parents étaient restés dans la cour de l'école bavarder avec le maire, le chef de la gendarmerie et les gens du village. Je n'avais pas les clés pour entrer dans la maison. Je me suis installé sur la véranda. J'ai posé la couronne de chêne et le paquet de livres, reçus comme prix, sur la table et j'ai attendu le retour de mes parents. J'étais fatigué et heureux. Je venais de terminer les quatre classes primaires. En automne j'irai au séminaire Veniamin Kostaky de Iassy. C'est là-bas qu'ont étudié la théologie mon père, mes deux grands-pères et tous mes parents qui furent et sont prêtres dans les villages de la haute Moldavie sur le versant oriental des Carpates.

J'ai maintenant trois sœurs : Elena, Lucia et Florica, ainsi qu'un frère qui s'appelle Nicolas. Tous sont plus petits que moi. J'ai eu encore une autre sœur, Rodica, qui est morte en bas âge et qui est enterrée dans le cimetière de Blébéa.

Nous avons une maison à nous. En toute propriété. Mon père a été obligé de la construire, car Petricani n'avait pas de presbytère pour loger le prêtre et, des maisons à louer, il n'en existait pas. Mon père a acheté un hectare de terre, au nord du village, loin de toute habitation, au bord de la route qui est au milieu des champs. C'est une terre stérile, inadéquate à la construction, car elle est trop éloignée du village. C'est une terre impropre à la culture, car elle est trop rocailleuse. A cause de cela elle se vendait bon marché et, ainsi, mon père put l'acquérir. Tudor, sacristain et menuisier du village, commença immédiatement la construction de notre maison, dès que mon père fit l'acquisition du terrain. Les hommes de Petricani, avec leurs longs chariots, transportèrent des gros troncs de chênes de la forêt, et des gros galets de la rivière, pour faire le fondement et la charpente de notre maison. Ensuite ils apportèrent de longs troncs de sapins, pour en faire les murs et des bardeaux pour couvrir le toit. Tous les habitants du village donnèrent un coup de main à la construction de notre maison. Le travail avança vite. Mais un jour il s'arrêta. Brusquement. Mon père n'avait plus d'argent. La maison était construite aux trois quarts quand on interrompit le travail. Il y a sept ans de cela. Depuis, on n'a plus rien construit. La maison est restée inachevée.

Nous avons aménagé deux chambres. On s'y est installés. La seule dépense que l'on se soit permise toutefois fut de creuser un puits devant la maison, au bord de la route, car la plus proche fontaine était à un kilomètre de notre maison et on ne pouvait pas vivre sans eau. Les charretiers qui passent, jour et nuit, devant notre maison ont pitié de nous et nous plaignent. Sans nous connaître. Car nous n'avons ni clôture ni portes. Le toit et les murs ne sont pas terminés. Autour de la maison il n'y a pas d'arbres. Pas un seul. Pas de fleurs. Aucun brin de verdure. On sent la misère et le dénuement total de ceux qui y habitent. Dans la montagne, toutes les maisons, même les plus pauvres, ont des belles clôtures et des portails en bois de chêne ouvragé et sont entourées d'arbres fruitiers. Chaque maison est construite au milieu d'un beau verger et d'un jardin fleuri.

L'arrêt de la construction de notre maison et la misère de mon père furent causés par le changement brutal du calendrier. Les paroissiens abandonnèrent, tous, l'église et leur prêtre. Ils allaient dans des maisons de prière clandestines, cachées au fond de la forêt, où des prêtres itinérants venaient célébrer les jours de fête selon l'ancien calendrier.

Peu de temps après le changement du calendrier, un autre malheur vint s'abattre sur nous : le gouvernement interrompit le paiement des salaires aux prêtres et aux maîtres d'école. Le gouvernement manquait d'argent. Mon père reçut, uniquement, chaque année, le salaire d'un mois ou de deux mois. Dans le meilleur des cas. Car, souvent, il ne recevait rien du tout.

Pendant l'été et en automne nous réussissions à nous débrouiller. Nous avions des fruits, des orties pour préparer la soupe. Nous avions des oignons, des betteraves, des haricots et du maïs. Mais pendant l'hiver et le printemps, au presbytère, c'était la famine. La véritable famine. Je n'étais pas spécialement malheureux de la pauvreté et la misère de mes parents. Étant enfant et poète je ne vivais pas totalement dans la réalité. Ce qui me faisait le plus de mal, chez nous, et me blessait les yeux, c'était la laideur qui entourait notre maison. La terre où était construit le presbytère avait la couleur désolante des alluvions charriées par les torrents. Rien n'y poussait. Même pas des mauvaises herbes. La terre était comme ravagée. Grise. Morte. Comme après un bombardement au canon. Comme après un incendie.

J'ai toujours aimé la terre de mon village. Comme j'aime ma mère et mon père. Je ne peux pas voir les êtres que j'aime en haillons, en guenilles. Sales. Or la terre, autour de ma maison, était comme en guenilles. Défrichée, froissée, blessée. J'avais envie d'habiller la terre. De lui donner des belles parures. De la rendre belle.

– Toutes les maisons de Petricani sont belles. Elles sont entourées d'arbres, sauf la nôtre, ai-je dit au sacristain.

– Les arbres, il faut les planter, répondit-il.

Ces paroles furent comme un éclair. C'était élémentaire. Mais jusqu'alors je n'avais pas pensé à cela. A partir de ce jour, je commençai à planter des arbres. Bientôt je possédais un véritable trésor. C'était mon premier trésor sur la terre : j'avais des sacoches, des boîtes et des bocaux remplis de noyaux de cerises, d'abricots, de pêches, de prunes... Innombrables. Tous ces noyaux, je les ramassais un peu partout. J'en avais les poches pleines. Mes sœurs, mon frère et mes camarades, tous les enfants du village les ramassaient pour moi. Les filles et les garçons ne jetaient plus les noyaux de cerises, d'abricots et de prunes qu'ils mangeaient. Ils les gardaient pour moi, dans leurs poches, et me les apportaient ensuite. Je collectionnais les noyaux, comme un avare collectionne les pièces d'or. Je les séchais et les triais. Je les comptais. Je les admirais. Je les gardais précieusement jusqu'au printemps, pour alors les enfoncer dans la terre, tout autour de la maison. J'inspectais chaque jour les endroits où je les avais plantés. J'attendais avec impatience qu'ils germent et apparaissent à la surface de la terre. Le malheur, c'est que les poiriers, les cerisiers, les pruniers, les abricotiers, tous, lorsqu'ils sortent de la terre, se ressemblent. Aucune différence entre eux. Les tiges vertes, fraîches et frêles sont toutes pareilles à des brins d'herbe. Je les entourais de petites palissades, de treillis, de petites clôtures en bois. Je rêvais de planter le plus beau verger du pays, de couvrir la terre d'arbres, comme d'une parure. J'ai semé partout, autour de la maison. Je ne semais pas seulement sur notre terre, mais aussi au bord de la route et sur la terre des voisins. Je pensais que rien ne pourrait davantage faire plaisir aux voisins que de voir surgir un arbre fruitier sur leur terre. Je faisais ainsi cadeau d'arbres. Avec prodigalité. Je semais partout. Car rien n'est plus merveilleux qu'un arbre. Mais ce qui est beau est aussi bon. Les tiges des arbres, à peine sorties de terre, ont le goût sucré. Elles sont tendres, comme les fraises. Elles sont bonnes à manger. Et, dès que les tiges vert pâle de mes arbres sortaient de la terre, elles étaient mangées, dévorées. Tous les animaux les broutaient. Et non seulement les lièvres, les lapins, et autres herbivores, mais tous les autres animaux étaient friands de mes arbres. Y compris les oiseaux. Y compris les insectes. Je constatai avec désolation que les poules, les moineaux, toutes les créatures se jetaient sur mes arbres-bébés, et les dévoraient. Même les animaux carnivores s'attaquaient à mes arbres poussins et les mangeaient! J'ai vu jusqu'à des chiens manger le faîte de mes arbres minuscules. Les chats aussi. Toutes les créatures connaissent la saveur parfumée des bourgeons et des tiges fraîches. Et je m'en désolais. Chaque jour j'inventais des nouveaux moyens de défense pour sauvegarder mes arbres naissants. Malheureusement, ils n'étaient pas nombreux. Surtout en hiver, quand les bêtes affamées, les chiens, les lièvres et les oiseaux trouvaient mes bébés-arbres sous la neige. J'ai essayé de vaincre les adversaires par la quantité. Par le nombre. Je semais partout et tout le temps d'innombrables arbres, avec l'espoir qu'un seul sur mille soit épargné et devienne un grand arbre. Mais c'était un travail désespéré. Tel celui de Sisyphe et de Tantale. J'étais désolé, comme si j'avais vu ma propre mère pieds nus, sans vêtements et couverte de boue. La terre était ma bien-aimée. Je ne supportais pas de la voir laide et démunie de sa parure d'arbres et de verdure. Dans la forêt qui se trouvait derrière notre maison il y avait une clairière couverte d'un beau gazon, dense et moelleux. L'herbe était comme la soie. Comme le velours. Épaisse et serrée, tels les poils d'une brosse. Les brins d'herbe et leurs racines s'imbriquaient les uns les autres, tissaient, comme des fils, un grand tapis. L'herbe poussait dans cette clairière depuis la création du monde et personne ne l'avait encore jamais foulée. Je décidai de la poser autour de notre maison.

J'apportai avec moi un couteau de cuisine. Je coupai l'herbe avec ses racines et la terre qui était en dessous en carrés de la forme et de la taille des briques. Je les transportai à la maison et pavai la cour du presbytère de mes briques vertes. Chaque soir je les arrosais. Bientôt, autour de la maison il y eut une pelouse. Superbe, comme un beau tapis vert. La cour du presbytère était maintenant pavée avec des briques végétales. C'était comme la pelouse d'un château. Mais ma belle pelouse, qui s'étendait chaque jour davantage, mettait en évidence la laideur de notre maison inachevée. Je souffrais, chaque soir, lorsque je rentrais de l'école, de l'apercevoir, solitaire, abandonnée au milieu du champ. Une fois je vis dans un jardin des roses grimpantes; je suppliai le propriétaire de m'en donner une racine. Ce qu'il fit, et je la plantai devant notre maison. Par la suite, je découvris d'autres racines. Et encore d'autres. Je plantai les rosiers grimpants les uns à côté des autres, tout autour de la maison. Les rosiers grimpants poussent vite. Sans qu'on s'occupe d'eux. En peu de temps, les rosiers couvraient notre maison, les murs et les fondations jusqu'au toit. Bientôt on ne vit plus que la maison n'était pas terminée. Le presbytère de Petricani était devenu une maison de conte de fées. Car les murs de la maison s'étaient transformés en murs de fleurs, faits de roses roses, blanches et jaunes. Maintenant les charretiers qui passaient sur la route, en files ininterrompues, dans leurs longs chariots, jour et nuit, regardaient, émerveillés, notre maison. Ils n'avaient jamais vu, nulle part, une maison bâtie avec des roses.

Quand mes rosiers sont arrivés au faîte du toit, ils ont grimpé sur la cheminée. Ils ne voulaient plus s'arrêter. Ils voulaient monter plus haut. Jusqu'aux nuages. Jusqu'au ciel. Je me demandai un jour si mes rosiers ne s'accrocheraient pas sur un nuage et n'emporteraient pas notre maison entière, comme un bouquet de fleurs, vers le ciel. Mais notre maison restait toujours sur terre, sa laideur cachée. J'étais fier de mon travail. C'était mon premier grand travail de poète. Car une des tâches du poète est de supprimer la laideur. Le soleil lui-même imite le travail du poète « quand il descend dans les villes. Il ennoblit le sort des choses les plus viles [1] ».

La partie la plus fleurie du presbytère de Petricani était la véranda, le *ceardac*, où je me trouvais maintenant assis devant ma couronne. C'était mon dernier prix de l'école primaire. Une autre étape de ma vie commençait. Je regardais à l'ouest la chaîne des Carpates, bleue comme le saphir. Mon père rentra aussi. Il monta sur la terrasse. Je ne l'entendis pas arriver. Il s'assit en face de moi, de l'autre côté de la table. Il posa à côté de ma couronne une pile de journaux et de revues.

– Je me suis attardé à l'école, pour écouter les gens, dit-il. Et il ajouta : Il y avait le chef de la gendarmerie, le maire et les gens du village. Ils sont inquiets. La situation est très grave. Dans tout le pays, les gens ont peur.

– Les *soviets*? ai-je demandé. Car, automatiquement, chez nous, tout malheur vient de l'Est. De la Russie. Des *soviets*. Ce sont eux qui ont déclenché la mutinerie en pleine guerre, sur le front, et ont amené l'occupation de la Roumanie par les Allemands. C'est toujours à cause des *soviets* que la Moldavie fut remplie de réfugiés contaminés par le typhus, ravagés par la famine et la mort. Ce sont les *soviets* qui ont tué le prince Igor, celui qui épousa la sœur de mon père, quelques heures après leur mariage. Tout malheur venait de l'Est. C'étaient les *soviets* qui avaient occupé Tatar Bunar, en y massacrant la population, et proclamant la création d'une république soviétique de Moldavie sur notre territoire et son annexion à la Russie soviétique. Ce sont les *soviets* qui ont mis le feu au Sénat, le 8 décembre 1920, et ont essayé d'assassiner notre roi. Ce sont les *soviets* qui ont envoyé Anna Pauker en 1922 en Roumanie, pour détruire les chemins de fer, les ponts, incendier les usines et les villages et mettre le pays à feu et à sang...

– La Roumanie est au bord de l'abîme, dit mon père. Le peuple est mécontent. Les étudiants sont en révolte.

Je suis devenu pâle. C'est comme si l'on m'avait annoncé que le feu s'était déclaré dans notre propre maison. Je savais qu'il y avait du mécontentement. De la colère. Mais pas la révolution. Trois ans auparavant, le 1er mars 1924, le préfet de police de Iassy, un sadique, avait fait irruption dans les foyers d'étudiants, à la tête de ses sbires. Il avait arrêté les étudiants, les avait enchaînés et battus à mort. Sur la place publique. Il les avait jetés en prison. Beaucoup d'étudiants étaient morts, enchaînés, dans les sous-sols de la police de Iassy, où ils avaient

1. Charles Baudelaire, *le Soleil*.

été jetés par le préfet Manciu. Les parents, les professeurs et les citoyens avaient protesté auprès du gouvernement. Au lieu de prendre des sanctions contre le préfet Manciu, le Premier ministre l'avait décoré et cité à l'ordre du jour de la nation pour ses mérites. Le préfet Manciu continua ses atrocités contre les étudiants, les élèves, les jeunes intellectuels et les ouvriers. Un jour il entra dans la salle d'audience du tribunal pour malmener les étudiants qui avaient porté plainte contre lui. En perdant son calme, le chef des étudiants, Corneliu Zélea Codréanu, sortit un revolver et tua le préfet de police Manciu. En pleine salle d'audience du tribunal de Iassy. Le procès de Codréanu eut lieu à la cour d'assises de Turnu-Séverin. Il fut acquitté le 25 mai 1925. Un très grand nombre de Roumains témoignèrent contre les crimes du préfet Manciu.

– La semaine passée, le 24 juin 1927, à la Saint-Jean, les étudiants de Iassy ont créé une unité de combat. Ils se sont organisés en formations paramilitaires. Leur organisation guerrière s'appelle *la Légion de l'archange Michel*. Ils ont même imprimé un journal qu'ils ont répandu dans tout le pays. Le journal s'appelle *la Terre ancestrale*. Le voici. Ils nous l'ont envoyé, à nous aussi. A la mairie de Petricani. C'est un véritable manifeste. Un cri de guerre. Un appel aux armes.

J'avais la chair de poule. C'était la première fois que mon père me parlait de choses politiques. C'était pour discuter de ces événements qu'il s'était attardé avec les notables, après la fête, dans la cour de l'école. Je savais que le peuple était malheureux. Certes, nous étions un pays libre et souverain. Depuis le 25 mars 1923 nous avions une Constitution qui prévoyait que tous les Roumains seraient libres et égaux. Mais la Constitution était restée lettre morte. Le peuple souffrait toujours de l'oppression. Il ne pouvait même pas faire usage du droit de vote. Les partis politiques étaient organisés en cartel, en trust. C'était une minorité qui détenait le pouvoir politique, les autres, donc la majorité du peuple, n'avaient en fait aucun droit, et ils demandaient à jouir des mêmes droits que la minorité du pays. Les étudiants, n'ayant aucun moyen de s'exprimer, prirent les armes et s'adressèrent au peuple, l'incitant à la révolte. J'aurais aimé en apprendre davantage. Mais mon père changea de sujet, brusquement, en me demandant :

– Maintenant que tu as terminé les quatre classes primaires, que désires-tu faire?

– Pourquoi me demandez-vous cela, père? Vous savez bien qu'au 1er septembre j'irai à Iassy. Au séminaire Veniamin Kostaky. Au séminaire où vous-même avez étudié. Là où ont étudié tous les nôtres. J'aurai peut-être le même pupitre que vous jadis.

– Tu n'iras pas au séminaire, dit mon père. Il faut que tu le saches dès maintenant. Clairement. Je n'ai pas les moyens de payer tes études. Je te le dis sans détour.

– Il ne faut pas être riche pour aller au séminaire, ai-je dit. Votre père à vous n'était pas riche non plus. Malgré tout, il vous a envoyé au séminaire...

– Autrefois c'était différent. On pouvait être séminariste et pauvre. Maintenant cela n'est plus possible. Nous sommes devenus une nation moderne. Il y a deux ans, le 25 février 1925, l'Église roumaine a été élevée au rang de patriarcat. Elle est devenue égale au patriarcat de Jérusalem, aux patriarcats d'Alexandrie, d'Antioche et de Constantinople. Nous sommes une grande Église. Le 7 novembre, nous avons élu notre premier patriarche. Sa Béatitude Miron Cristea. Cela nous impose des obligations. Dorénavant, nos prêtres doivent obtenir une licence de théologie. Le garçon qui désire être prêtre doit étudier huit ans au séminaire, puis il doit suivre pendant quatre ans le cours de la faculté de théologie. Je ne suis pas capable de payer de si longues études. Je n'en ai pas les moyens.

Mon père me considéra avec pitié. Il dit :

– Pourquoi pleures-tu? Tu pourras faire autre chose dans la vie.

Je me suis levé. Pour m'enfuir. Pour pleurer tout seul. Cette nouvelle m'effondrait.

– Reste ici, ordonna mon père. Pourquoi es-tu catastrophé?

– Je suis réprouvé par Dieu, ai-je dit.

Et j'ai continué à pleurer. Que mon père n'ait pas d'argent pour mes études, cela, j'aurais pu le supporter. Mais j'étais réprouvé, répudié par Dieu. Car c'était cela dont il s'agissait. Et cela, je ne pouvais pas l'accepter. Dans notre famille on est prêtre de père en fils depuis plus de cinq siècles. Mon père est né dans un presbytère. Son père était prêtre. Mes ancêtres étaient tous nés dans des presbytères et fils de prêtres. Tous. Dans notre famille on est prêtre de père en fils, comme dans la tribu de Lévi. Avant d'apprendre à lire et à écrire, je connaissais par cœur la liturgie et les offices. Je savais depuis toujours que je serais prêtre. Tous les hommes du village le savaient. Mes camarades d'école aussi le savaient. Ils contribuaient à mon éducation de prêtre, en me corrigeant, pour que je sois plus tard un bon prêtre. Car ils savaient que c'était moi qui les marierais, qui baptiserais leurs enfants, qui enterrerais leurs parents et prierais pour eux. Ils voulaient avoir un bon prêtre. Ils ne me permettaient pas de faire ou de dire des choses qu'ils faisaient ou qu'ils disaient eux-mêmes. Car ce n'était pas digne d'un prêtre. Tout le monde, des plus petits aux plus âgés, ont participé, depuis ma naissance, à mon éducation de futur prêtre.

Et voici que j'apprends brusquement que je ne serai pas prêtre. Cela signifie que Dieu me réprouve. Car c'est Dieu qui choisit ses prêtres. Et bien que nous soyons, dans la famille, prêtres de père en fils, depuis toujours, comme dans la tribu de Lévi, de temps en temps, Dieu répudie certains hommes de notre famille. Il ne veut pas les avoir comme prêtres. Il a répudié le frère Nikou, le frère de ma mère, qui est maintenant directeur de l'école primaire de Blébéa. Il n'est pas prêtre comme il l'aurait voulu. Car il est imberbe. Il a été réprouvé. Marqué. Éliminé du sacerdoce. Car pour être prêtre il faut être entier. Dieu signale ceux qu'il réprouve, en les faisant naître bossus ou boiteux, sourds ou borgnes. Moi j'étais réprouvé parce que j'étais né pauvre. Mon père n'avait pas d'argent pour payer mes études au séminaire...

– Tu n'es pas réprouvé, dit mon père. Tu pourras devenir prêtre plus tard.

– Sans le séminaire?

– Tu peux faire tes études au lycée, et t'inscrire par la suite à la faculté de théologie.

– Si vous n'avez pas assez d'argent pour payer mes études au séminaire, vous n'en aurez pas non plus pour payer mes études au lycée. D'autant que les études au lycée sont plus coûteuses qu'au séminaire.

Mon père posa sur la table, auprès de ma couronne, le *Journal officiel.* Il l'ouvrit.

– Le *Journal officiel* est envoyé aux autorités. Notre maire me l'a prêté. Pour toi. Il y a dedans des pages réservées aux ministères. Il y a ici des communiqués du ministère de la Guerre. Il existe en Roumanie six lycées militaires, qui appartiennent au ministère de la Guerre. Toutes les dépenses des élèves sont à la charge du ministère de la Guerre. Les élèves portent le même uniforme que le roi. Le ministère paie les livres, les uniformes, les voyages des élèves. Les taxes, les professeurs. Tout. Les élèves sont appelés les Aigles du roi. Les lycées militaires ont les meilleurs professeurs du pays. Il y a même des professeurs universitaires qui passent des examens pour être admis comme professeurs aux lycées militaires. Les officiers des lycées militaires ont eux aussi fait des études universitaires et ont au moins une licence. Ils portent un uniforme différent, bleu marine, comme la couleur des marins et des aviateurs. C'est un corps d'élite. Nulle part ailleurs on ne peut faire de meilleures études et recevoir une meilleure éducation que dans les lycées militaires. Dans notre région aucun garçon n'a encore réussi à être admis dans un lycée militaire. L'éducation des élèves est faite selon le modèle des meilleures écoles anglaises, allemandes et françaises. Chaque année il y a des concours d'admission aux lycées militaires. Au mois de juillet, je peux t'inscrire.

– Le mois de juillet est après-demain, lui ai-je dit. Il n'y a pas suffisamment de temps pour accomplir toutes les formalités.

– Il s'agit du mois de juillet de l'année prochaine, dit mon père.

– Et jusqu'à l'année prochaine, que ferai-je?

– Tu auras beaucoup à faire. Une année suffit à peine pour la préparation à ce concours. Pour réussir, il faut être extrêmement bien préparé. Il y a uniquement quarante places à pourvoir et, pour ces places, se présentent environ deux à trois mille candidats. Parmi eux, il y a des garçons qui ont déjà passé deux ou trois ans dans des lycées. La concurrence est féroce. C'est une véritable olympiade. J'ai parlé avec maître Pintilie, le directeur de l'école primaire de Targul-Neamtz. Il se charge de te préparer. Il m'a dit qu'il te faudra travailler très dur. Intensément. Sans répit. En outre, il possède la collection complète de tous les problèmes qui ont été posés aux élèves dans les lycées de Roumanie. Plus de cinq mille problèmes. Il a aussi la collection de tous les sujets qui ont été proposés aux examens, en composition, en géographie, histoire, sciences naturelles. Il se charge de te faire travailler tous ces sujets, afin que tu puisses répondre et résoudre toutes les questions. De la sorte, tu pourras gagner ce concours et être admis au lycée militaire. Tu revêtiras le même uniforme que le roi. Tu viendras en vacances, gratuitement, par chemin de fer, dans le wagon des officiers. Je me suis arrangé aussi avec M. Dornescu. Tu le connais. C'est le maréchal-ferrant. Il habite vis-à-vis la place aux bestiaux, à Targul-Neamtz. Tu pourras travailler tout le temps. Tu seras bien nourri. Pas comme à la maison. Cela aussi est essentiel pour être admis. L'examen médical importe plus que tous les papiers que je dois présenter et plus encore que l'examen oral et écrit. Il dure dix jours. C'est un examen capital. Les élèves admis dans les lycées militaires doivent être en parfaite santé. Ils doivent être beaux et forts. Le roi ne choisit que le fleuron de la nation. C'est un examen extrêmement sévère. On mesure même la quantité d'air que l'on inspire. Cela est mentionné dans le communiqué du ministère de la Guerre concernant le concours. Mais ce n'est qu'une des épreuves. Il y en a des dizaines. Le roi veut avoir dans les lycées militaires les garçons les plus intelligents, les plus beaux et les plus sains de Roumanie. Il s'agit d'une sélection impitoyable. On ne reçoit que quarante candidats parmi les deux ou trois mille inscrits. On ne reçoit que la fleur de la nation. Pour leur éducation, le ministère dépensera des sommes considérables.

Au fur et à mesure que j'écoutais mon père je devenais rouge de plaisir. Participer à une telle compétition m'enthousiasmait. Rien ne me séduisait plus que le dépassement de soi. Plus le but est élevé et plus l'épreuve est dure, plus la compétition est enivrante. J'étais prêt à tous les sacrifices. Pas un instant je n'envisageai la défaite. L'idée que j'aurais pu échouer à aucun moment ne m'effleura l'esprit. Je savais que l'homme peut marcher sur l'eau, comme saint Pierre, s'il a la foi et s'il le veut. Tous les miracles sont à la portée de l'homme. De tous les hommes. Pour réussir, il suffit d'avoir la détermination, la foi et l'esprit de sacrifice. Je suis préparé à tout instant à passer les épreuves, devant Dieu, au Jugement dernier. Comment ne pourrais-je pas passer des épreuves devant les hommes? Étant décidé, depuis toujours, à conquérir le ciel et la sainteté, l'épreuve des examens pour réussir mon admission au lycée militaire me semblait facile.

C'est éblouissant d'être habillé comme le roi. De porter son uniforme.

Et je détenais le pouvoir de réaliser cela. L'homme est une créature qui a reçu l'ordre de devenir Dieu [1]. Comment celui qui peut devenir Dieu ne pourrait-il pas porter l'uniforme du roi?

– Pour préparer tous les documents innombrables exigés pour ta candidature au lycée militaire, j'ai aussi besoin d'une année.

– Une année de travail pour constituer le dossier? ai-je demandé.

– Dans le *Journal officiel*, sur trois pages serrées, en petites lettres, sont mentionnés tous les documents que l'on doit présenter et toutes les formalités que l'on doit accomplir, sous peine d'être exclu du concours. On demande l'acte de naissance du candidat. L'acte de naissance de son père. L'acte de naissance de sa mère. Les actes de naissance des grands-parents maternels et paternels. Les actes de baptême correspondants. Un certificat du percepteur, sur la fortune et les revenus des parents. Le casier judiciaire des parents et des grands-parents. Certificat de santé. Certificat de moralité. Attestation du service militaire effectué par le père et le grand-père... Chaque document doit être fourni en double exemplaire, authentifié par le tribunal ou les autorités compétentes. Un grand nombre de candidats sont éliminés pour n'avoir pas présenté le dossier complet.

– Il faut que vous déposiez aussi les certificats de naissance, de santé et de revenus de votre père qui est décédé?

– Et ceux aussi de ta grand-mère. Il faut les copier dans les registres de l'état civil, et ensuite aller au tribunal. C'est un travail d'Hercule que de se procurer tous ces documents.

Ma mère nous appela à table. L'été on mange dehors et on prépare la cuisine en plein air. Autour de la table ronde, nous étions réunis, mes sœurs, mon frère et ma mère. Mon père bénit la table. Chacun fit le signe de la croix et s'assit sur les tabourets en bois blanc. Sur la table, il y avait de la soupe aux orties, de la polenta, du fromage et du lait. Les regards de mes sœurs et de mon frère étaient tournés vers moi. Je me rendis compte qu'ils étaient au courant que je ne serais pas prêtre et que j'irais au lycée militaire. Tous le savaient. Moi seul, je venais de l'apprendre ce soir. Cela se passait toujours de la sorte. J'y étais habitué. Je ne savais jamais rien de ce qui se passait à la maison. J'étais présent, mais je me trouvais ailleurs. J'étais plongé dans les livres. Mes sœurs et mon frère, me voyant toute la journée caché, immobile avec un livre entre les mains, m'avaient surnommé le Trépassé. Car, selon eux, les morts uniquement sont immobiles et étrangers à tout ce qui se passe autour d'eux.

– C'est vrai que Virgil ira au lycée militaire? demanda mon frère Nicolas.

– Oui, c'est vrai, Virgil ira au lycée militaire, répondit ma mère. Il portera l'uniforme du roi. Il aura les meilleurs professeurs.

1. Saint Grégoire de Nazianze, P.G. 36, col. 560 A.

– Je sais ce qu'est un lycée militaire. C'est un lycée où on apprend aux élèves à tuer...

– Cesse de dire des bêtises, cria ma mère. Au lycée militaire on apprend les mêmes choses que dans les autres écoles...

– On y apprend peut-être les mêmes choses que dans les autres écoles, mais au lycée militaire on apprend surtout à tuer...

– Tais-toi, cria ma mère.

Nicolas déposa sa cuiller et se mit à pleurer.

– Mange, ordonna ma mère.

– Je mangerai, mais je dirai quand même que Virgil va à l'école militaire pour apprendre à tuer. Un officier est un homme qui tue et qui apprend aux soldats à tuer. Moi, je n'irai jamais au lycée militaire. Je ne veux pas tuer. Je ne veux tuer personne.

Nicolas jeta sa cuiller et quitta la table. Il avait six ans.

IX

ASILE DE NUIT POUR PROLÉTARIAT ECCLÉSIASTIQUE

1

J'ai redoublé la quatrième classe primaire à Targul-Neamtz. J'ai travaillé durement pour l'examen d'admission au lycée militaire de Kichinev. Il y a environ trois mille candidats pour quarante places. Une rude bataille. Comme les combats de gladiateurs. Il faut avoir travaillé comme un champion olympique. J'ai réussi à résoudre tous les problèmes de mathématiques proposés aux examens d'admission à toutes les écoles secondaires de Roumanie, dans les dernières années. Au total, 5 800 problèmes. Tous plus ardus les uns que les autres. J'ai étudié tous les sujets proposés aux candidats, en géographie, en histoire, sciences naturelles et composition libre.

J'habite chez le maréchal-ferrant Dornescu et j'ai reçu des leçons particulières par le maître Pintilie, le directeur de l'école, quatre heures chaque après -midi, y compris le dimanche. Maintenant, la préparation est terminée. La date des examens est fixée. Je descends dans l'arène. Je pars pour Kichinev. C'est le 8 juillet 1928. Le début de l'après-midi. Le chariot à cheval blanc du sacristain Tudor est devant la maison. Mon père et moi, nous irons en chariot jusqu'à Targul-Neamtz. Là, nous prendrons l'autobus jusqu'à la gare de Pascani. Ensuite, le train jusqu'à Kichinev. L'examen commence le 10 juillet, à huit heures du matin. Je suis habillé en culottes courtes, chemise de lin et veste en toile confectionnée au village.

La première étape du voyage est Targul-Neamtz. La station d'autobus est au centre de la ville, en face de l'école primaire où j'ai redoublé ma dernière année. Chaque jour, en sortant de l'école, je regardais les autobus qui arrivaient et partaient pour la gare de Pascani. Il me semblait impensable qu'un jour je prendrais moi aussi place dans l'autobus, parmi les passagers, une valise à la main. Et voilà, ce jour est arrivé. C'est aujourd'hui. Jusqu'à ce jour, je ne suis encore jamais monté dans un autobus. J'en suis tout ému. Car voyager en autobus est une véritable promotion sociale. Ce n'est pas à la portée de tout le monde.

L'examen ne me fait pas peur. Je suis capable de répondre, sans hésitation, à toutes les questions orales ou écrites qui ont été posées aux candidats aux examens d'admission dans les écoles secondaires de Roumanie, dans les dix dernières années. Maître Pintilie, qui les a rassemblées dans un gros bouquin, me les a fait travailler. Toutes. Pour m'habituer aux effets de la surprise. Il interrompait brusquement ses leçons, sortait la montre de sa poche et la posait devant mes yeux en me disant : « en improvisé ». Ensuite, il me proposait un sujet. Je devais le traiter en dix minutes, sur une seule page de cahier, me gardant à l'essentiel, sans rien omettre et sans faire de fautes. Aucune. Les sujets d'improvisation embrassaient tous les domaines, de la mathématique, l'histoire et la géographie aux sciences naturelles. Je devais tout écrire, sur le sujet donné, en un minimum de temps et en un minimum de mots. Et cela par surprise. Car maître Pintilie me donnait un sujet de géographie en pleine leçon de mathématiques, ou un sujet de sciences naturelles, en pleine leçon d'histoire. Après un pareil entraînement, quotidien, durant une année, je me sentais de force à rivaliser avec les milliers de concurrents, voire à les dépaser.

Avant de monter dans le chariot, je pris longuement congé de ma mère, de mes trois sœurs et de mon frère. Mon père monta à côté du sacristain sur le siège et moi je pris place derrière eux, au fond du chariot. C'était la première fois que mon père quittait, pour si longtemps, sa paroisse. Il avait beaucoup d'instructions à donner au sacristain. Pendant ses trois semaines d'absence, il serait remplacé par un mien cousin, pater Nikita de Tarpesti.

Le chariot est parti. Le sacristain, mon père et moi-même avons tous trois fait un grand signe de croix. Ainsi que nous faisions chaque fois que nous commencions une nouvelle activité. A ce moment précis, mon frère Nicolas, qui ira à l'école du village, au « Château du taureau », au mois de septembre, car il a sept ans, commença à courir autour du chariot et à crier de tous ses poumons :

– Je sais pourquoi Virgil va à Kichinev... Je le sais...

– Tais-toi, Nicolas, et cesse de faire le pitre, ordonna ma mère. Te crois-tu intelligent de crier comme un fou que tu sais pourquoi ton frère va à Kichinev? Tout le monde le sait... Il va aux examens d'admission au lycée militaire.

– Je sais pourquoi Virgil veut entrer au lycée militaire... Je le sais! hurla Nicolas de plus en plus fort. Virgil veut s'habiller avec les vêtements d'un mort. Il veut porter l'uniforme du roi mort. Moi, je ne porterai jamais les vêtements d'un mort. Jamais. Même si le mort était un roi. Je ne veux pas des vêtements des trépassés...

Malgré les remontrances de ma mère, Nicolas tournait autour du chariot en criant à tue-tête qu'il ne voulait pas des habits des morts. Que les vêtements des morts portent malheur. Mon père continuait à parler avec le sacristain. Il ne fit aucune attention aux paroles de mon frère. Moi non plus. J'étais habitué à ses pitreries. Mais ses paroles m'avaient touché au cœur. Ce qu'il disait était vrai. J'allais à Kichinev pour l'examen. Si j'étais admis au lycée militaire, je deviendrais un *Aigle du roi*. Je porterais le même uniforme que le roi. Mais je ne porterais pas l'uniforme du nouveau roi, de Sa Majesté Mihai. L'actuel roi est un enfant. Il a le même âge que mon frère Nicolas. Pas encore sept ans. Le roi Mihai s'habille, comme tous les garçonnets de son âge, en culottes courtes. Si j'étais admis au lycée militaire je porterais l'uniforme du roi. L'uniforme du roi Ferdinand. Le roi mort. Car Ferdinand est mort le 20 juillet 1926. Il y a un an de cela. Le roi est mort le jour même où je commençais les préparatifs pour l'examen d'admission. La mort du roi était pour nous un présage. Un mauvais présage... La mort du roi Ferdinand de Roumanie a plongé notre famille dans la tristesse. Une véritable tristesse. Le roi Ferdinand de Roumanie, notre souverain, faisait d'une certaine manière partie de notre famille. Si je suis admis aux examens, le roi sera présent au presbytère de Petricani, par mon uniforme. Il sera présent dans notre maison, à notre table. En permanence il deviendra une sorte de membre effectif de notre famille. Car un membre de la famille, moi en l'occurrence, portera le même uniforme que lui. En me regardant, mon père, ma mère, mes sœurs et mon frère penseront au roi. Et en regardant le roi, ils penseront à moi, *l'Aigle du roi*.

Le roi Ferdinand était déjà membre de notre famille, mais pour une autre raison. Il portait une barbe, comme celle de mon père. En regardant le portrait du roi, nous pensions à notre père, et en regardant notre père, nous pensions au roi. Le visage du roi était parmi nous. On l'aima ensuite, parce qu'il créa notre pays. Il le modela de sa main. Comme un potier façonne la glaise. Quand le roi Ferdinand monta sur le trône, la Roumanie avait la forme d'un croissant de lune. C'était un petit royaume. Ferdinand fit la guerre de l'indépendance et de la réunification de tous les Roumains. La Grande Roumanie était maintenant ronde, comme la pleine lune. Un beau pays. Pour créer ce royaume rond, comme la pleine lune, au nord du Danube et dans les Carpates, le roi Ferdinand commanda les opérations militaires pendant la Première Guerre mondiale. Les quelques millions de soldats russes, qui combattaient en Roumanie, en tant qu'alliés, sous son commandement suprême, se mutinèrent et s'organisèrent en bandes de soviets. En pleine bataille. En juillet 1917. A cause de la mutinerie de l'armée russe, les Roumains subirent la défaite. Le pays et le palais royal furent occupés par l'ennemi. Le roi et la reine se réfugièrent en Moldavie. Ils habitèrent dans des maisons de fortune, près de notre village. Mais le roi ne céda pas. Il reprit la lutte et, le 1er décembre 1918, il entra victorieux à Bucarest. Le 15 octobre 1922, il fut couronné à Alba-Julia. C'était le premier roi de tous les Roumains. Il était courageux et vaillant. Un roi soldat. Le 8 décembre 1920, quand l'agent soviétique Max Golstein tenta de le tuer, en plein Sénat, tout le monde fut pris de panique. Sauf le roi Ferdinand. Il resta calme et maître de lui, dans le Sénat incendié. Le 16 avril 1918, quand Bela Kun pénétra en Roumanie, avec les bandes des soviets de Hongrie, le roi commanda personnellement les opérations. Il repoussa l'agresseur hors de Roumanie, occupa Budapest le 4 août 1919 et libéra la Hongrie des bandes de soviets. Il dirigea victorieusement les opérations à Tatar Bunar au début de septembre 1924, lorsque les soviets pénétrèrent à nouveau en Roumanie, par le delta du Danube. Il déjoua le complot d'Anna Pauker, venue de Russie pour mettre le pays à feu et à sang. Le roi Ferdinand épousa une des plus belles princesses du monde, Maria de Saxe-Cobourg-Gotha, fille du duc d'Édimbourg et petite-nièce de la reine Victoria d'Angleterre. Le mariage eut lieu à Sigmaringen, le 10 janvier 1893 au château millénaire des Hohenzollern. Ce fut un mariage comme dans les contes de fées. La belle princesse Maria était alors âgée de dix-sept ans. Le roi Ferdinand avait toutes les raisons d'être heureux. Comme roi, comme soldat et comme homme. Et, malgré cela, c'était tout le contraire. Il était triste. Dans les portraits officiels, sa tristesse est mise en évidence par l'exubérance et la gaieté de la reine Maria qui est toujours à ses côtés. Le roi Ferdinand avait trois raisons d'être triste. La première était que lorsqu'il épousa la belle princesse Maria, il fut excommunié par le pape. Maria, anglaise, n'était pas catholique. Être excommunié, c'est dramatique pour tout homme. Mais pour le roi Ferdinand l'excommunication était un drame insupportable. Il appartenait à une dynastie qui, pendant un millénaire et demi, donna des princes et des rois au Saint Empire romain germanique. L'Église catholique eut rarement des dynasties royales aussi fidèles que les Hohenzollern. Maintenant, Ferdinand de Hohenzollern était excommunié par l'Église que sa famille avait défendue pendant mille cinq cents ans.

Le roi Ferdinand et la belle reine Maria eurent six enfants qui furent baptisés à l'Église orthodoxe. A cause de cela, le pape l'excommunia pour la deuxième fois. La douleur de cette double excommunication se lisait dans les yeux du roi Ferdinand sur tous les portraits des souverains. Il tenta de se consoler en protégeant les catholiques de Roumanie. Il leur accorda des privilèges exceptionnels. Il invitait régulièrement à sa table les moines assomptionnistes, auxquels il offrit l'Institut byzantin de Bucarest.

Le 10 mai 1927, le roi signa le concordat avec le Vatican. Mais sa double excommunication ne fut pas levée pour autant. Le roi mourut excommunié. Deux de ses filles étaient déjà reines. Marioara, née à Gotha le 27 décembre 1899, était reine de Yougoslavie. Elisabeta, qui est née à Castel Peles, à Sinaia, le 29 septembre 1892, était reine de Grèce. La troisième raison qui rendait le roi Ferdinand malheureux, c'était son fils Carol, le prince héritier. Il était né en 1893. Pendant la Première Guerre mondiale, le prince Carol commandait une unité de chasseurs alpins sur le front de Moldavie. En pleine guerre, il tomba amoureux de la fille d'un général, Zizi Lambrino. Il abandonna son unité, alla à Odessa et se maria avec Zizi Lambrino, la fille du général, dans l'église Prokowska. Ils eurent un enfant. Plus tard, il se sépara d'elle. Et le mariage fut annulé. En 1922 il se réconcilia avec la famille royale et se maria avec la princesse Hélène de Grèce. Ils eurent un enfant, le prince Michel. Peu de temps après la naissance de celui-ci, le prince héritier Carol tomba à nouveau amoureux d'une autre femme aux cheveux roux, nommée Magda Lupescu, une divorcée.

Le prince Carol abandonna son épouse, ainsi que son enfant et renonça au trône. Il quitta la Roumanie et partit à l'étranger avec Magda Lupescu, la femme aux cheveux roux.

A la mort du roi Ferdinand, c'est le fils du prince Carol qui monta sur le trône. Il avait cinq ans et demi.

Si j'étais admis au lycée militaire, je serais l'*Aigle d'un roi* enfant, et revêtu de l'uniforme d'un mort.

2

Je suis arrivé à Kichinev le 9 juillet 1928. A sept heures et demie le train entra en gare. Je me tiens debout auprès de mon père, dans le couloir, ma petite valise à la main. Nous attendons avec impatience l'arrêt du train et l'ouverture des portes.

– Nous irons d'abord visiter le lycée militaire, dit mon père. Après cela nous irons à l'hospice. N'es-tu pas trop fatigué?

– Oh, non! ai-je répondu.

Quand mon père m'a dit que nous irions d'abord visiter le lycée militaire, j'étais justement sur le point d'ouvrir la bouche pour le lui demander. Mais mon père répondait toujours à mes questions avant que je ne les lui pose. Comme s'il lisait en permanence dans mes pensées, ou comme s'il pensait exactement à la même chose en même temps que moi. Aller directement de la gare visiter le lycée militaire nous semblait à tous les deux la chose la plus importante. Celle qui passait avant toutes les autres. Depuis une année le lycée militaire accaparait toutes nos activités et toutes nos pensées. Il était le but final de tous nos efforts.

– On regardera le bâtiment, de l'extérieur, dit mon père. L'intérieur, nous le visiterons après nous être reposés et lavés. Pour être convenables. Comme il sied.

Kichinev possède deux lignes de tramway. Elles partent toutes les deux de la gare et traversent la ville d'un bout à l'autre. Deux lignes parallèles. Nous prendrons le tramway qui passe par l'artère principale, l'avenue Alexandre-le-Bon. De ce tramway on voit toute la ville avec un seul ticket. Sur l'avenue Alexandre-le-Bon se trouvent la cathédrale, la mairie, le palais du gouverneur, le Palais de justice, l'université, le théâtre, le lycée militaire. Tous les monuments et tous les édifices publics s'y trouvent.

– Du lycée militaire à l'hospice nous irons à pied. Ils ne sont pas loin l'un de l'autre. Mais tu es peut-être trop fatigué? Ne veux-tu pas d'abord te reposer?

– Non, père, ai-je répondu. Je ne suis pas fatigué.

Mais je l'étais. Mon père l'était aussi, terriblement. Nous avions voyagé toute la nuit dans un wagon de troisième classe, bondé de passagers. Sur les banquettes en bois s'entassaient des soldats, des femmes avec leurs bébés, des commerçants avec de lourds ballots de marchandises. Après avoir été longtemps debout, nous avions trouvé une place assise que j'avais partagée avec mon père tout au long du voyage.

Il faisait très chaud. Le wagon avait de petites fenêtres, comme dans les trains de marchandises. Toutes les fenêtres étaient restées ouvertes pendant le voyage. La fumée de la locomotive était comme un immense nuage qui couvrait notre train d'un bout à l'autre. Elle se déroulait comme une immense écharpe noire, attachée à la cheminée de la locomotive et flottait au-dessus des wagons. Quand le train prenait un virage, la fumée – qui continuait sa route droite – pénétrait avec force par toutes les fenêtres dans les wagons. Comme notre train faisait continuellement des virages, la fumée épaisse s'engouffrait dans notre wagon tantôt par les fenêtres de gauche, tantôt par les fenêtres de droite, et il était ainsi en permanence rempli de fumée. Une fumée qui collait comme la suie, sur la peau, sur les cheveux et sur les vêtements. L'ampoule électrique suspendue au plafond du wagon était complètement noire de fumée. Elle était allumée et cependant les voyageurs restaient plongés dans l'obscurité. La fumée, grasse, s'infiltrait dans les yeux, dans les oreilles, dans le nez et dans la bouche. On avait, sur les lèvres et sur la langue, un goût âpre, amer, de charbon. La locomotive de notre train était très vieille. Le charbon brûlait mal dans la chaudière. En grande partie, il partait avec la fumée, en fine poussière qui noircissait les voyageurs, les wagons, les gares et les arbres que le train croisait sur son passage. Dès que je mis le pied sur le quai de la gare de Kichinev, je dus fermer les yeux. Après une nuit de voyage dans la fumée et dans la demi-obscurité, la lumière du soleil blessait mes yeux. Elle les brûlait.

– Qu'est-ce que tu as? demanda mon père, en me regardant.

– Je n'ai rien.

Mon père s'approcha de moi et me regarda attentivement.

– Tes yeux sont congestionnés. Est-ce qu'ils te font mal? Réponds-moi!

– Non, père. Je n'ai pas mal.

– Tes yeux sont très rouges, remplis de sang. Tous les deux. Qu'est-ce que tu as? Tu ne peux pas rester comme ça. Demain commencent les épreuves médicales. Si on voit tes yeux ainsi, tu seras éliminé.

Mon père et moi, nous fûmes paniqués. Le mot « éliminé » me pétrifia. Ce travail surhumain pendant toute une année, toutes nos peines et tous nos sacrifices, étaient-ils inutiles? Avions-nous peiné pour rien? Avions-nous fait le voyage inutilement? Étions-nous venus à Kichinev en vain?

Je levai un regard suppliant vers mon père. Mais à ce moment un autre drame survint. Effrayé je lui criai :

– Vos yeux, père, sont rouges eux aussi. Ils sont très rouges. Comme si vous aviez du sang dans les yeux.

Ma terreur augmenta. Le fait que mon père eût les yeux ensanglantés comme moi aggravait terriblement la situation. Notre situation était sans issue. Car, parmi les actes exigés au lycée militaire, il y avait aussi bien les certificats de santé de mon père, que de ma mère, de mes grands-parents, de mes grand-mères, de mes sœurs, de mon frère et de tous mes collatéraux. Tous ces certificats servaient à prouver que, dans la famille du candidat, il n'y avait pas de maladies héréditaires. Quand les examinateurs verraient qu'aussi bien moi que mon père nous avions les yeux congestionnés, ils soupçonneraient une maladie héréditaire. Transmise de père en fils. Dans toute notre famille. Et je serais éliminé.

– Mes yeux sont ensanglantés? demanda mon père. En es-tu sûr?

Il sourit, rassuré.

– Vous vous réjouissez?

– Oui, je suis même content. Parce que, si mes yeux sont rouges comme les tiens, dit mon père, ce n'est pas grave. Pas grave du tout. C'est à cause de la fumée. Et des courants d'air. De la fatigue, aussi. D'ici demain matin cela passera... Nous irons directement à l'hospice éparchial. Tu te rinceras bien les yeux, avec beaucoup d'eau. Tu dormiras avec des compresses froides sur les yeux. Et quand tu te réveilleras, reposé, tes yeux seront éclaircis et propres. Comme le cristal. Les miens aussi.

J'ai repris courage. Je suis monté dans le tramway, en espérant que le sang qui tachait mes yeux et ceux de mon père disparaîtrait avec de l'eau, comme la noirceur qui tachait nos visages et nos mains. Mais un fond d'inquiétude persistait encore. Je n'étais pas si sûr que mes yeux s'éclairciraient aussi vite que mon père le prétendait. J'avais peur d'être éliminé à l'examen médical.

– Nous irons d'abord au lycée militaire? demandai-je à mon père.

– Non, répondit-il. Ce n'est pas prudent. Nous pourrions rencontrer les professeurs et les officiers de la commission d'examen. S'ils nous voient avec les yeux congestionnés, ils pourront se le rappeler aux examens. C'est risqué. Il vaut mieux que nous allions directement à l'hospice éparchial. C'est une grande chance pour nous. Nous avons un gîte assuré en ville. Que ferions-nous si nous n'avions pas de logis? Nous serions exclus de la compétition. Maintenant, la première épreuve pour nous est de guérir tes yeux. Vite. C'est une nouvelle épreuve. Imprévue. Non inscrite dans le programme. Nous avons vingt-quatre heures devant nous. Pour réussir, nous n'avons besoin que d'un lit et d'eau. Du repos et du sommeil. D'urgence. Les autres épreuves à ton examen d'admission viendront par la suite.

3

J'attends avec impatience d'arriver à l'hospice éparchial. Pour m'allonger dans le lit et appliquer des compresses froides sur mes yeux. Mais le voyage en tramway – mon premier voyage en tramway – n'en finit pas. L'avenue Alexandre-le-Bon de Kichinev est parfaitement droite, comme tirée à la corde. Elle est interminable. Mon père m'avait dit que sur cette avenue se trouvent tous les édifices importants. Mais je ne les ai pas vus, car j'avais les yeux fermés. Ils me faisaient trop mal. Notre chance est d'avoir un logis, et de ne pas être obligés de chercher un hôtel, par cette chaleur, dans cette immense ville inconnue. Nous l'avons. C'est notre protecteur qui nous l'a donné. Il nous est tombé du ciel. Voici comment cela s'est passé : l'année précédente je préparais à la maison l'examen d'admission au lycée militaire de Iassy. Un soir, j'étais sur la véranda fleurie de notre maison. La nuit était tombée. Une nuit claire et chaude. C'était le mois de juillet 1927. Les Carpates, comme une iconostase bleue, s'élevaient à l'ouest, jusqu'au ciel. La montagne sentait bon. La coupole du ciel était d'émail bleu. Le silence était si parfait qu'on eût entendu, comme dit le poète, « la sève monter dans le tronc des arbres et dans les tiges des fleurs »...

Devant notre maison se trouve la route qui va de Targul-Neamtz à Roman. Jour et nuit y passent les longs chariots chargés de sapins. C'est une belle route. Non goudronnée. Des deux côtés sont plantés des cerisiers. A une vingtaine de mètres les uns des autres. Comme des sentinelles qui garderaient la route. Les couronnes des cerisiers se touchent au milieu de la chaussée qui n'est pas très large, et forment, avec leurs branches, une voûte verte. Une sorte d'arc de triomphe continu. Au printemps, quand les cerisiers sont en fleur, les voyageurs qui empruntent la route de Petricani passent sous une longue voûte de fleurs blanches.

A Petricani ne passent jamais de voitures – sauf en période électorale, quand les bateleurs de la politique traversent les villages en jetant des affiches. Ce soir-là, bien qu'il n'y eût pas d'élection, on entendit une automobile s'approcher du village. On vit de loin les phares qui déchiraient, comme des poignards, les ténèbres de la nuit. On perçut ensuite le bruit du moteur. La voiture passa très vite devant notre maison couverte de roses, en soulevant un nuage de poussière. Mais elle n'alla pas très loin. A moins de deux cents mètres elle s'arrêta. Les villageois accoururent. L'arrêt d'une automobile à Petricani était un événement. Le chauffeur démonta une roue et s'affaira à réparer une chambre à air. A côté de la voiture, regardant le chauffeur se démener, se tenait debout un homme aux cheveux gris. Il était très bien habillé et portait de beaux souliers noirs. Près de lui se tenait sa femme, élégante, elle aussi, avec un tailleur gris perle. C'était un couple de citadins. Des personnes importantes. Ils étaient inquiets et fatigués. Ils avaient peur. Ils regardaient autour d'eux. Angoissés comme s'ils s'attendaient à être attaqués. Mon père s'approcha d'eux et les pria d'entrer chez nous, à la maison. On alluma sur la véranda la grande lampe à pétrole, et on recouvrit la table d'une nappe blanche. On leur apporta du lait caillé et de la polenta, dans des plats de terre cuite. Les citadins mangèrent avec appétit, tout en surveillant leur voiture arrêtée au milieu de la route avec les phares allumés et leur chauffeur s'affairant autour d'elle, entourée par les ombres mystérieuses des villageois.

Mes sœurs, mon frère et moi nous tenions à distance autour de la véranda, en regardant les citadins manger. Le monsieur dit à mon père qu'il s'appelait Constantin Tomesco, qu'il était le doyen de la faculté de théologie de Kichinev et conseiller éparchial de Bessarabie. La dame était sa femme. Elle était professeur au lycée de filles à Kichinev. Ils étaient venus, comme chaque été, passer leurs vacances au monastère de Neamtz où l'air est bon et tonique. Le professeur demanda à mon père s'il avait des problèmes dans la vie religieuse du village. Mon père lui répondit que depuis le changement du calendrier, en 1925, les paroissiens avaient abandonné l'église et s'étaient séparés de leur prêtre.

– La faute en est aux prêtres, dit le professeur. Vous, les prêtres, vous n'avez pas su expliquer aux fidèles que le changement du calendrier n'est pas une affaire de théologie. C'est une opération mécanique. Changer le calendrier, c'est comme remonter une montre et mettre les aiguilles à l'heure. Les fidèles n'ont pas été suffisamment éclairés. C'est à cause de cela qu'ils ont abandonné l'église.

Mon père était gêné. Honteux. Comme un élève appelé au tableau noir et qui ne sait pas sa leçon.

– Nous, les prêtres, nous ne pouvons pas demander aux paroissiens de rester fidèles aux fêtes sacrées et en même temps de les changer. On ne peut pas être fidèle et changeant. On est ou l'un ou l'autre.

– Votre situation matérielle doit être précaire, n'est-ce pas? demanda le professeur. Comment faites-vous pour vivre, vous et votre famille?

Le professeur Tomesco examina notre maison inachevée et sans clôture, la soutane usée de mon père, l'habillement des enfants et leurs pieds nus. Il regarda l'assiette et la cruche en terre cuite dans laquelle nous avions apporté le lait caillé et la polenta. Il ajouta :

– En Bessarabie les prêtres de campagne ont une meilleure situation que chez vous, dans la montagne. Chez nous la terre est fertile. Possédez-vous des terres? Avez-vous du bétail? De quoi vivez-vous? Votre salaire est insignifiant, n'est-ce pas?

Mon père ne répondit pas. Il changea de sujet. Il raconta au professeur que je préparais l'examen d'admission au lycée militaire de Iassy. Que j'aurais voulu aller au séminaire pour devenir prêtre, comme tous nos ancêtres depuis plusieurs siècles. Mais que les frais au séminaire étaient trop grands. Il ne pouvait me faire étudier qu'au lycée militaire. Là-bas, c'était le ministère de la Guerre qui payait les vêtements, les livres, la nourriture et toutes les dépenses scolaires des élèves.

– Pourquoi ne présentez-vous pas votre garçon au lycée militaire de Kichinev? demanda le professeur. Si vous l'amenez à Kichinev, je vous offre, pour vous-même et pour votre garçon, l'hébergement gratuit à l'hospice éparchial. Certes, Iassy est plus près de chez vous. Mais vous serez obligés de payer l'hôtel pendant les examens. La note de l'hôtel pendant trois semaines est lourde, surtout pour des gens comme vous. Venez à Kichinev. Nous avons là-bas un foyer pour les prêtres nécessiteux. C'est le métropolite Gurie qui l'a créé. Et c'est moi qui l'administre. Si vous vous décidez à venir à Kichinev, vous pouvez loger à l'hospice ecclésiastique sans rien payer pendant toute la durée des examens.

Nous avons suivi le conseil du professeur Tomesco. Et c'est ainsi que nous avons décidé de venir au lycée militaire de Kichinev.

4

Le voyage en tramway est terminé. Le conducteur annonce :

– Station du *Sobor* et de la sainte Métropolite!

Nous descendons. Nous sommes dans le centre de la ville. Devant nous s'élève, majestueuse, la belle, l'immense, l'extraordinaire cathédrale de Kichinev. Elle est cent fois plus grande que l'église de Petricani. Ses tours dorées et multicolores touchent les nuages. Je n'ai jamais vu quelque chose d'aussi grand et d'aussi beau. Jamais je n'avais imaginé qu'il puisse exister sur terre de si belles et si grandes églises. Le *Sobor*, comme on appelle ici la cathédrale, me semble plus grand que la basilique Saint-Pierre de Rome et la Sainte-Sophie de Constantinople dont j'ai vu les photographies dans les livres. La cathédrale de Kichinev me semble le sommet de la beauté, de la grandeur et du sublime.

Le *Sobor* est entouré d'un parc avec de beaux arbres, des arbustes, des allées et des parterres de fleurs symétriquement arrangés. Comme dans un tableau. Le parc du *Sobor* est comme le jardin du paradis.

L'avenue Alexandre-le-Bon est très large. Une vingtaine de voitures peuvent y rouler les unes à côté des autres. L'asphalte y est fraîchement lavé et brille au soleil comme le parquet d'une salle de fêtes. Vis-à-vis du *Sobor* se trouve le palais du métropolite.

– C'est dans ce palais que nous habiterons, dit mon père.

– Non, ce n'est pas possible!

– Si, dit mon père. L'hospice éparchial est dans le palais du métropolite. Il est ici. Nous y serons logés.

Nous avons quitté la station du tramway. Tout éblouis. Nous nous sommes avancés, en marchant timidement, vers le palais du métropolite. C'est une demeure de roi. L'allée sur laquelle nous avançons est couverte de sable fin, avec des reflets d'or et d'argent. Exactement comme les allées des palais décrites dans les contes des *Mille et Une Nuits*. Des parterres de fleurs, de toutes les couleurs, sont plantés d'un côté et de l'autre de chaque allée. Ces fleurs sont disposées selon leur taille et leur couleur. Exactement comme les vers dans une poésie. C'est un jardin plus beau que l'arc-en-ciel. Des jardiniers à chapeaux de paille et uniformes verts en toile s'affairent dans le parc, pour tondre le gazon, ramasser les feuilles mortes et les brins d'herbe desséchés pendant la nuit.

D'autres jardiniers taillent soigneusement les arbustes et les haies avec d'immenses ciseaux. Tout à fait comme les coiffeurs. J'avais pourtant lu tous les livres que maître Pintilie m'avait donnés pour que je les étudie, mais nulle part je n'avais lu qu'il existait sur terre des coiffeurs pour les arbres, comme il en existe pour dames et d'autres pour messieurs. J'étais ébloui.

– Méritons-nous père, d'habiter ici? ai-je demandé. Sommes-nous dignes d'y loger? Est-ce que ce n'est pas trop beau pour nous?

– Nous sommes les invités du métropolite de Bessarabie, me répondit mon père. Le professeur Tomesco est le premier conseiller du métropolite, et quand le professeur Tomesco invite un prêtre ici, c'est en fait une invitation du métropolite lui-même.

J'étais au septième ciel. Je marchais comme si je volais. Mes joues brûlaient de bonheur. De félicité. Je savais depuis toujours que j'éprouverais une sensation de bonheur et de félicité pareille, mais ce serait le jour où j'irais au ciel, après ma mort, lorsque je marcherais parmi les anges dans les jardins du paradis! Je ne pensais pas jouir de cette félicité sur terre. Pourtant, c'était bien ce qui m'arrivait.

5

Nous fûmes reçus dans le palais métropolitain de Kichinev comme des rois. Un portier avec casquette et uniforme nous salua et nous conduisit au bureau du directeur administratif. Les murs du palais étaient blancs. Le parquet en bois de chêne brillait et fleurait bon. C'était une odeur de cire d'abeille et de propreté. Nous traversâmes plusieurs pièces. Ensuite, des couloirs. Un huissier en uniforme nous précédait pour nous montrer le chemin. Dans toutes les pièces il y avait de belles icônes de la Mère de Dieu et du Christ et des veilleuses allumées. Chaque pièce du palais était comme une chapelle.

« Vous êtes du Vieux Royaume? » s'enquit le directeur de l'administration. Il nous invita à nous asseoir sur des chaises au dossier en velours rouge, toutes semblables aux trônes des évêques dans les églises. Il était assis derrière un bureau très grand, avec des dorures. Quand il nous demanda si nous arrivions du Vieux Royaume, je me sentis réellement vivre un conte de fées. Nos visages étaient noircis par la fumée, nos vêtements étaient froissés, nos yeux étaient rouges et enflammés. Et lui, le directeur de l'administration, nous demandait si nous arrivions du Vieux Royaume! Je ne comprenais pas ce qui pouvait lui faire croire que nous étions des voyageurs venus du Royaume. Ni mon père ni moi n'avions rien de royal. La première image qui me vint à l'esprit quand j'entendis le mot royaume fut celle du Royaume du Ciel. Mais nous n'avions rien qui puisse nous faire prendre pour des voyageurs descendus du Royaume du Ciel. Ni même d'un royaume de la terre. Je rougis fortement. J'étais confus.

– Je suis le prêtre de la paroisse de Petricani, dans les montagnes Neamtz, dit mon père.

– Vous venez donc du Vieux Royaume, reprit le directeur.

Il avait raison. A ma naissance, en 1916, la Roumanie était un petit royaume qui comprenait les provinces de Moldavie et de Valachie. Il avait, sur la carte, la forme d'un croissant de lune. En 1918 la Roumanie récupéra tous ses territoires et devint la *Grande Roumanie*. Depuis, la Roumanie a, sur la carte, la forme ronde de la pleine lune. Les Roumains des provinces de Bessarabie, de Transylvanie et de la Boukovina nous appellent, nous qui sommes de Moldavie et de Valachie, *les habitants du Vieux Royaume*. Du royaume qui avait la forme du croissant de lune. Car eux sont des habitants du Grand Royaume. Celui qui est rond comme la pleine lune. C'était la première fois que nous nous entendions traiter de Roumains du Vieux Royaume. Nous étions tout confus. Car nous avions été jusqu'ici des habitants du Vieux Royaume sans le savoir.

– Le professeur Tomesco vous a donné l'hébergement dans l'hospice de la métropolie pendant votre séjour à Kichinev. Combien de temps désirez-vous être hébergés chez nous?

– Trois semaines, dit mon père. Mon fils passe les examens d'admission au lycée militaire.

– Nous logeons ici les prêtres nécessiteux qui viennent en ville pour une nuit ou deux, dit le directeur. Jamais plus de quelques jours. Mais si le professeur Tomesco vous a donné le gîte pour trois semaines, je ne peux qu'exécuter ses ordres. Il est le président du conseil d'administration. Vous serez une ou deux personnes?

– Deux personnes, répondit mon père.

– Vous aurez donc deux lits pour trois semaines. C'est une dérogation. Nous n'avons jamais hébergé ici deux personnes durant trois semaines. Vous connaissez bien le professeur Tomesco?

– Il vient chez nous, à la montagne, chaque année. Pour passer ses vacances. Au monastère de Neamtz.

– Voici le bon d'hébergement pour deux personnes et pour trois semaines, dit le directeur.

Il nous tendit un papier. Il nous serra la main. A mon père. Et à moi. Mais il le fit à contrecœur. Il ne nous aimait pas. Peut-être était-ce parce que nous venions du Vieux Royaume. Ou peut-être parce que nous occuperions l'hospice pour trop longtemps et à deux. Il ne nous aimait peut-être pas parce que nous venions de la campagne. Ou parce que nous avions le visage noirci par la fumée et les vêtements froissés. Parce que nous avions les yeux rouges. Il pensait peut-être que nous avions les yeux malades. Les maladies des yeux sont très contagieuses. Peut-être encore avait-il peur que nous contaminions l'hospice ecclésiastique de Kichinev? Qui sait? J'avais hâte de gagner notre chambre et de me laver soigneusement, de m'étendre dans le lit avec des compresses d'eau froide sur les yeux et de dormir. Quand nous nous réveillerions, nous n'aurions plus, mon père ni moi, les yeux ensanglantés. Les gens ne craindraient plus que nous leur transmettions une maladie des yeux.

– Le portier vous montrera l'hospice, dit le directeur. J'attire votre attention sur le fait qu'ici, dans le palais métropolitain, nous suivons strictement l'horaire monastique. La ponctualité est de rigueur. A l'heure des vêpres, les portes du palais se ferment et demeurent closes jusqu'au lendemain à l'heure des matines. Soyez ponctuels. Vous avez une montre? Réglez-la bien.

Nous sortîmes. Mon père se sentit humilié lorsque le directeur lui conseilla de régler sa montre, car mon père n'avait pas de montre. Toute sa vie il avait rêvé d'en avoir une, mais il n'en eut ni quand il était au séminaire, ni quand il fut ordonné prêtre, ni maintenant. Chaque jour il croyait de moins en moins en la réalisation de son rêve : acheter une montre. Mais il se consola. Il savait que les rêves des hommes restent pour la plupart irréalisés sur la terre. Il s'était résigné à mourir sans avoir de montre. Cela n'était pas très grave. Même sans montre, mon père n'était jamais en retard à l'église. On peut être ponctuel sans posséder de montre, et nous le serions durant notre séjour dans le palais du métropolite.

6

Le portier qui nous avait reçus comme des rois dans le palais du métropolite lut le billet d'hébergement et nous le rendit d'un air hautain.

– Il est en ordre, dit-il. Je vais vous inscrire. Venez que je vous montre la porte d'entrée de l'hospice.

Il passa devant nous. Nous le suivîmes. On marcha longuement. On s'arrêta au fond d'un interminable couloir.

– C'est ici l'entrée du dortoir, dit-il. Vous entrerez le soir par la rue qui est derrière la métropolie. Quand vous y arriverez, vous sonnerez. Voici la sonnette.

J'avais dit à mon père, en descendant du tramway, que c'était trop beau pour nous. Que nous n'étions pas dignes de loger dans un palais. C'était la vérité. Car on ne nous ferait pas entrer par le bel escalier de marbre. Nous pénétrerions par la petite rue qui est derrière la métropolie. Nous emprunterions l'escalier de service. Mais j'avais hâte d'arriver dans notre chambre.

– Maintenant vous connaissez le chemin, dit le portier. Faites attention de ne pas être en retard ce soir. Si vous arriviez une minute en retard, vous trouveriez la porte fermée. Vous risquez de passer la nuit dans la rue. Ici, nous suivons un strict horaire monastique. Maintenant je vous dis au revoir.

– Où est l'hospice? demanda mon père.

– Le veilleur de nuit vous le montrera, dit le portier. Le dortoir est à l'étage. Sous les toits. Dans la mansarde.

– Nous avons voyagé toute la nuit, dit mon père. Nous arrivons directement de la gare. Nous aurions voulu monter dans notre chambre pour nous laver. Mon fils surtout. Il a les yeux rouges. Vous le voyez vous-même. Le wagon était enfumé. Demain il commence ses examens. Si on lui voit les yeux enflammés et rouges les examinateurs pourront croire qu'il a une maladie des yeux. On est très strict au lycée militaire. On vous élimine pour un rien.

– Vous voudriez monter maintenant dans le dortoir? demanda le portier? Mais vous n'y pensez pas! C'est tout à fait exclu. L'accès au dortoir n'est autorisé que le soir. A sept heures précises. Je vous ai averti que nous avions un horaire monastique. Venez à sept heures et le veilleur de nuit vous donnera un lit.

– On ne peut pas y aller maintenant? demanda mon père. Pour une demi-heure seulement, pas plus.

– Nous sommes en plein jour, dit le portier. Le dortoir est fait pour y dormir. Pour la nuit. Est-ce que vous, dans le Vieux Royaume, vous dormez en plein jour? Ici, pendant la journée, on travaille.

– Nous arrivons de voyage, dit mon père.

– Vous me l'avez déjà dit, répondit le portier. Je le vois bien que vous arrivez de voyage. Cela ne change rien. Le dortoir n'est pas ouvert. D'ailleurs, même si je voulais vous y conduire, je ne le pourrais pas. La porte est fermée. C'est le veilleur de nuit qui a la clé. C'est lui qui attribue les lits, le soir. A sept heures. Le matin, à six heures, le dortoir doit être évacué, disponible pour le nettoyage. Il reste fermé toute la journée.

– Peut-on, au moins, déposer notre valise? demanda mon père.

– Le veilleur de nuit arrive à sept heures du soir. Vous vous débrouillerez avec lui. S'il accepte de garder votre valise, c'est son affaire. D'après le règlement on ne peut laisser aucun objet dans le dortoir. Il vous le dira lui-même. Je n'ai rien à faire avec le dortoir. Ce n'est pas dans mes attributions. Je suis portier. Je ne m'occupe que de la porte principale.

Nous sommes sortis du palais métropolitain en empruntant l'escalier de service, la valise à la main et par une chaleur accablante. On approchait de midi. C'était le mois de juillet, le mois le plus chaud de l'année. Kichinev est une ville construite dans la steppe. Au milieu de la plaine. Pas très loin du Dniestr, la rivière qui sépare la Roumanie de l'Union soviétique. Le climat y est rude. Il n'y règne pas d'air frais, vivifiant, comme chez nous, dans la montagne.

7

Mon père et moi étions littéralement à la rue. En arrivant nous étions tout heureux d'avoir un logis à Kichinev. Mais nous n'avions en fait que deux lits à l'asile de nuit ecclésiastique. Et deux lits que nous n'avions le droit d'utiliser que la nuit! Après sept heures du soir. Et que nous devions quitter à six heures du matin. Toute la journée, nous resterions dans la rue, la valise à la main. Et cela, pendant toute la durée des examens. Pendant trois semaines.

Nous marchions en silence. Posant un pied devant l'autre. Automatiquement. Sans penser à rien. A quoi bon penser quand il n'y a pas de solution à trouver? Nous ne connaissions personne dans la ville. Nous n'avions pas assez d'argent pour aller à l'hôtel. Nous avions tant compté sur l'hospice éparchial. Nous ne savions pas que l'hospice éparchial de Kichinev était un asile de nuit, non un hôtel. Nous pouvions, certes, passer les journées dans la rue, nous n'étions pas si fragiles, mais il ne serait pas possible de rester treize heures dans la rue et de subir en même temps des examens. Les athlètes les plus forts, s'ils descendent sur les stades fatigués, ne seront pas aptes à combattre. Ils ne remporteront pas la victoire. Je devais dépasser deux mille candidats. Une dure épreuve. Si je me présentais aux examens fatigué, je serais éliminé dès le premier jour. Même Goliath serait éliminé. Logiquement, il ne nous restait plus qu'à nous déclarer vaincus, avant même de commencer la compétition. Retourner à Petricani.

Nous étions si meurtris qu'il nous était impossible de prendre la moindre décision. Pour le moment, nous marchions en silence. Sans même savoir où nous allions. Nous arrivâmes à nouveau dans l'avenue Alexandre-le-Bon. Nous marchions dans la direction opposée à celle de la gare. Sans trop rien regarder. La rue était animée. Il y passait de belles calèches, des fiacres, des officiers en grand uniforme et des femmes élégantes. Nous ne regardions ni à droite ni à gauche. Pas même devant nous. La rue était droite comme si elle avait été tracée à la règle et à l'équerre. Toutes les rues de Kichinev sont parfaitement parallèles et perpendiculaires entre elles. Des figures géométriques. Des quadrilatères. Des carrés. Ici on les appelle des *quartales*. Mon père était tellement triste qu'il semblait sur le point de pleurer. Je ne pouvais le consoler. Je ne pouvais pas lui dire que je subirais les examens avec les yeux rougis de fatigue et après avoir passé les journées debout dans la rue. Je ne pouvais pas lui mentir. Je me taisais et marchais à côté de lui. En silence. Brusquement mon père s'arrêta. Il me montra du doigt la maison qui était de l'autre côté de la rue.

– C'est ton lycée, dit mon père. C'est le lycée militaire.

Depuis que je suis sorti du palais métropolitain je n'ai regardé que l'asphalte du trottoir. Les yeux baissés. Maintenant, je vois le palais blanc comme l'écume de la mer. Sur le fronton est écrit en lettres d'or, qui brillent au soleil : « Lycée militaire du roi Ferdinand ». A côté du palais blanc s'élèvent les coupoles dorées d'une église, au toit et au fronton multicolores.

– C'est ton église, dit mon père. L'église du lycée militaire.

Il me regardait, admiratif. Comme si cette merveille d'église était à moi, m'appartenait. Mais il n'avait pas tort. Car elle serait à moi si je passais les examens, si je devenais élève du lycée militaire de Kichinev. Je serais un Aigle du roi. Et l'église serait à moi. Le prestige du lycée militaire de Kichinev augmenta à mes yeux.

– Ni la faculté de théologie, ni l'université de Bucarest, ni aucune université de Roumanie n'a une église plus belle que celle-ci, m'expliqua mon père. Tous les guides de la ville la mentionnent. La cathédrale métropolitaine, le *Sobor*, est plus grande, mais elle n'est pas si belle que l'église du lycée militaire. C'est une œuvre construite en dentelle de pierre et de marbre. Une véritable broderie.

Nous contemplâmes longuement les croix dorées sur les coupoles, les icônes polychromes du fronton. Je souris de plaisir. J'étais heureux. C'est dans cette église que je prierais pendant huit ans. J'avais oublié tout chagrin. J'aurais voulu entrer et allumer un cierge, mais la porte de l'église, avec sa grille et ses fers de lance aux pointes dorées, était fermée. Je regardai à nouveau le palais du lycée militaire. Toutes les écoles, partout, sont grises comme les casernes, les hôpitaux et les bâtiments administratifs. Mais le lycée militaire de Kichinev est une exception. Il est beau. Un véritable palais. Il est gai et lumineux. L'escalier du palais descend jusqu'au trottoir. Il est en marbre blanc et large de quelques dizaines de mètres. Ses marches brillent au soleil. En haut de l'escalier se trouve la porte monumentale, haute de plusieurs mètres. Elle est largement ouverte. C'est une double porte. Si l'on traverse la rue et que l'on s'approche du palais, on peut voir le hall du lycée qui est carré, immense, avec des colonnes dignes d'un temple et le plancher couvert de mosaïques multicolores. Du grand hall part un autre escalier. Aussi large que celui de l'extérieur. Il mène à un corridor également couvert de mosaïques. De ce corridor part un troisième escalier en marbre blanc qui monte vers les étages. Au milieu il se sépare pour former deux beaux escaliers parallèles. La balustrade en marbre brille comme le métal poli.

– C'est dans ce palais que tu vivras pendant huit ans, dit mon père.

J'avais le souffle coupé. C'était un véritable palais. Une demeure de roi. On ne se rassasiait pas de le regarder. Comme on ne se rassasie jamais de regarder la coupole bleue du ciel et les étoiles.

Dans la rue, des deux côtés de l'escalier monumental, se trouvent deux guérites tricolores. Devant elles, des sentinelles en gants blancs montent la garde. Comme au palais royal. Des officiers élégants, en bottes vernies et éperons d'argent, et avec des rosettes d'or, comme les cavaliers d'autrefois, montent et descendent les marches de l'escalier. Je me dis qu'un jour je serais comme eux.

Des candidats avec leurs parents arrivaient de partout. Plusieurs officiers les recevaient debout, dans le hall. Les visiteurs restaient quelques instants et partaient. Les officiers qui les accueillaient leur disaient probablement que l'accès du lycée était interdit jusqu'au lendemain. Car c'était le lendemain que les examens d'admission commençaient.

– Ce n'est pas la peine d'aller plus près, dit mon père. Nous ne sommes pas présentables.

Nous avons jeté une dernière fois un regard admiratif vers l'escalier, le grand hall, les portes dorées, les officiers et les sentinelles aux gants blancs. Ensuite nous sommes partis. Nous avons fait le tour du bâtiment ou plus précisément, le tour des bâtiments. Le lycée militaire et son église sont l'un à côté de l'autre dans un beau parc avec des arbres et des fleurs. Tout est entouré de grilles en fers de lance à la pointe dorée. Derrière le lycée et l'église il y a un grand terrain de sport, une sorte de stade municipal. Le lycée militaire avec ses bâtiments annexes et son terrain sportif occupe un « carré » entier. Il comporte trois cents élèves et presque mille personnes, professeurs officiers et ordonnances qui s'occupent d'eux. Trois personnes pour chaque élève.

Nous avons parcouru lentement les quatre rues qui entourent le lycée militaire. Nous ne faisions pas attention au temps qui passait. Je me suis brusquement arrêté.

– Père, je suis fatigué, mes chaussures me font très mal. Puis-je les ôter un instant?

Nous étions dans la rue Cantemir, derrière le lycée. La rue était vide. Les brodequins que je portais étaient neufs. Je n'étais pas habitué à marcher longuement avec des chaussures. A la maison mon frère, mes sœurs et moi nous étions la plupart du temps pieds nus. Même mon père ne mettait de chaussures que lorsqu'il allait à l'église. Sans attendre son approbation, j'ai défait les lacets et j'ai ôté les brodequins. Je me suis frictionné les pieds qui étaient rouges. Mon père s'est placé devant moi en me faisant un paravent pour que personne ne me voie enlever mes souliers. Pour un futur Aigle du roi il est indigne de se déchausser dans la rue. Mais la manœuvre de mon père ne réussit pas. Quelqu'un m'avait vu. C'était un cocher de fiacre qui stationnait tout près, au bord du trottoir sous un acacia. Il s'approcha de mon père, en le saluant!

– Mon cheval est lui aussi fatigué, comme votre fils, dit le cocher. Mon cheval est fatigué et a mal aux pieds parce qu'il est trop vieux et votre fils parce qu'il est trop jeune. Est-ce que vous l'amenez au concours d'admission? Vous venez du Vieux Royaume?

Le cocher nous parlait amicalement. Il gardait sa casquette à la main, par respect pour mon père qui est prêtre. Il portait un pardessus serré à la taille, à la mode des cosaques. C'est l'uniforme des cochers de fiacre.

– La ville est remplie de candidats pour l'examen d'admission au lycée militaire, dit le cocher. Ils viennent de Boukovina, de Transylvanie, d'Olténie. De partout. On dit qu'il y a plus de deux mille candidats, pour quarante places. C'est un dur examen. Il faut être champion pour le passer. Mais votre fils réussira. Pour qu'il réussisse, laissez-le bien se reposer avant les épreuves. S'il est bien reposé il réussira. C'est cela que je fais avec mon cheval. Je le laisse se reposer avant les grandes courses.

Mon père demanda l'heure au cocher. Il était presque deux heures de l'après-midi. Nous avions encore cinq heures d'attente, avant l'ouverture de la porte de l'asile.

– N'y a-t-il pas par ici une auberge très bon marché? demanda mon père. Nous avons voyagé toute la nuit. Nous voudrions nous asseoir quelque part. Manger et boire quelque chose.

– Une auberge bon marché, pater? Vous me faites rire. Cela n'existe pas par ici. Vous êtes dans le centre de la ville. Les restaurants dans le centre ne sont ni pour vous ni pour moi. Si j'y entre il faut que j'y laisse le gain de toute une journée. Si vous voulez une auberge bon marché il faut vous éloigner du centre. Sortir de la ville. Prenez le tramway. Descendez au terminus. Marchez ensuite dans n'importe quelle direction et vous y trouverez des auberges bon marché. Dans les faubourgs où j'habite, je mange tant que je veux avec quelques sous.

J'avais remis mes chaussures et j'écoutais la bouche entrouverte le cocher qui parlait de restaurants où l'on peut bien manger. Je me rendis compte que j'avais très faim.

– Dans quel quartier habitez-vous? demanda mon père. Nous voudrions aller à l'auberge que vous connaissez.

– C'est loin d'ici, père, dit le cocher. Le faubourg s'appelle Melesteu et l'auberge dont je vous ai parlé s'appelle *la Cambuse.* Ce n'est pas tout à fait une auberge. C'est plutôt une cantine. Si vous voulez vraiment y aller, descendez du tramway une station avant la gare. Vous prenez ensuite la première rue à votre gauche et vous demandez où se trouve *la Cambuse.* On vous le dira. Tout le monde la connaît. Mais je ne sais pas si cela vous plaira.

– Cela nous plaira, dit mon père. Sûrement. Nous habitons à l'hospice ecclésiastique. Là-bas on ne nous laisse pas entrer avant sept heures du soir. Je veux aller quelque part où mon fils puisse se reposer. Demain il commence les examens. *La Cambuse* fera bien notre affaire. Pourra-t-on s'y laver aussi? Mon fils a les yeux très rouges. Si les examinateurs le voient ainsi, il risque d'être éliminé.

– Le patron de *la Cambuse* s'appelle Terenti. C'est un ami à moi. Un ancien marin. Dites-lui que c'est Martin, le cocher, qui vous a envoyés chez lui. Si vous lui dites que vous venez de ma part, il vous soignera bien. Il vous donnera tout ce que vous lui demanderez. Autour de *la Cambuse* il y a des arbres et de l'herbe. Votre fils pourra enlever ses chaussures et marcher pieds nus. Pour se reposer.

Nous étions très reconnaissants envers le cocher. Envers Martin. Il était apparu sur notre route comme un ange descendu du ciel pour nous indiquer la direction à prendre. Et nous sommes partis tout de suite vers *la Cambuse.*

8

Nous avons facilement trouvé *la Cambuse.* Elle est hors de la ville. A un quart d'heure de marche en partant de l'avant-dernière station de tramway. Les rues y sont étroites, poussiéreuses et très sales. Il n'y a pas de goudron, pas de trottoirs, pas de canalisations. Les maisons, distantes les unes des autres, sont sans étage, très basses, et construites à même le sol, à l'aide de matériaux hétéroclites. Heureusement, partout les arbres, les haies vertes et la végétation cachent la laideur et la saleté. Le quartier semble non habité. La plus grande partie du faubourg est composée de terrains vagues entourés de fils barbelés et d'immenses hangars, d'entrepôts, de dépôts et de remises de toute sorte.

La cantine de *la Cambuse* se trouve à côté d'un immense tilleul, deux fois plus grand qu'elle. C'est une masure, semblable aux cabanes que les cultivateurs construisent dans les vignes, dans les jardins potagers et dans les vergers pour surveiller la récolte. Elle est construite à même le sol en briques séchées au soleil. Le toit est en fer-blanc. Flambant neuf qui brille au soleil. Devant la masure il y a une table, fabriquée en planches de sapin non rabotées et fixées par des clous, sur des pieux, enfoncés solidement dans la terre. Trois planches, fixées à des piquets autour de la table, servent de bancs. Au-dessus de la porte, il y a un écriteau : « *la Cambuse, Kwas, Tabac, Boublichki. Bortsch, à toute heure* ».

Dès que nous nous sommes approchés de *la Cambuse*, un homme de haute taille, avec d'immenses épaules, blond, vêtu d'une chemise bleue, sur sa tête une casquette de marin, et portant un tablier en toile cirée est sorti de la masure, par la porte, en se penchant. Il est sorti courbé, la tête en avant, comme une énorme bête qui sortirait de sa tanière. Le cambusier est venu à notre rencontre, en s'essuyant les mains. Il nous souriait, amicalement, comme s'il nous connaissait et attendait notre arrivée.

– Salut, pater, dit-il, en élevant sa casquette. Venez-vous directement de la gare?

Il regardait la valise que mon père tenait à la main. Il n'entendit pas la réponse. Il se mit à nettoyer la table et les bancs. Il dit :

– Avez-vous fait un bon voyage, père? Vous venez de loin, n'est-ce pas? Vous venez du Vieux Royaume. Vous avez la soutane boutonnée en face. Comme les prêtres européens. Chez nous, en Bessarabie, les prêtres ont la soutane boutonnée sur l'épaule. Comme la *roubach*, la blouse des moujiks. J'ai tout de suite compris que vous veniez du Vieux Royaume. J'ai fait mon service militaire dans la marine. Dans la marine fluviale. Sur le Danube. J'ai vu beaucoup de villes. Les ecclésiastiques de chez vous boutonnent leur soutane comme les prêtres d'Europe. Vous serez content de *la Cambuse*. Vous ne regretterez pas d'être venus chez moi, chez Terenti. Oh, non!

– C'est un de vos amis, M. Martin, le cocher, qui nous a recommandé votre cantine, dit mon père.

– Ah, vous connaissez ce *schnapphahn*, ce filou? Cela me fait plaisir que vous connaissiez ce fripon de Martin. Il est mon meilleur ami. Il est aussi mon plus proche voisin. Il habite ici, tout près de *la Cambuse*. A trois cents mètres. Vous voyez ces trois beaux bouleaux? C'est là qu'il habite. Le toit en tuiles rouges, c'est son écurie. Maintenant il n'a plus qu'un seul cheval. Autrefois, il avait les plus beaux chevaux de tous les cochers de Kichinev. Mais le malheur est arrivé. La maladie lui fit tout perdre... Aujourd'hui il n'a plus qu'un seul cheval et malgré tout, il garde bon moral. Il est toujours courageux et de bonne humeur. Car il a un cœur en or. C'est à lui que je dois la concession pour *la Cambuse*. C'est lui qui m'a procuré les autorisations et les licences exigées, et tous les papiers. Il connaît toutes les personnalités de Kichinev. Il connaît les fonctionnaires, les officiers, les policiers, les artistes... Tout le monde. C'est grâce à lui que j'ai réussi à installer mon commerce. Cela me fait plaisir que vous connaissiez mon ami Martin... Ce vieux *schnapphahn.*

– Est-ce que nous pourrions nous laver chez vous? demande mon père. Nous avons voyagé toute la nuit et nous sommes sales...

– A *la Cambuse,* vous êtes chez vous, dit Terenti... Suivez-moi. Je vous donnerai tout ce qu'il vous faut. Il n'y a pas d'eau courante. Mais j'ai installé une pompe. J'ai une eau meilleure que celle des robinets. C'est la meilleure eau de Kichinev. C'est de l'eau de source.

Nous sommes entrés dans *la Cambuse.* La porte est très basse. Terenti et mon père doivent se plier pour y pénétrer. Dedans il fait sombre. Il n'y a qu'une minuscule fenêtre. La lumière entre surtout par la porte ouverte. Sous nos pieds, c'est de la terre battue et au milieu de la pièce trône une grande table. C'est le comptoir de *la Cambuse.* Une balance à plateaux repose sur la table. Un bocal en verre, avec des graines de tournesol grillées. Un autre bocal rempli de bonbons. Des paquets de tabac, des allumettes, des crayons, des bougies. Au-dessus de la table, sont suspendus au plafond, comme des colliers, des boublichki, des bretzels enfilés. Autour de la table et le long des murs, s'empilent les sacs remplis de graines de tournesol, de graines de citrouille, de haricots blancs et de riz, des tonneaux de choux en saumure, de concombres et de pommes en conserve. D'autres tonneaux sont remplis de raisins secs, d'olives et de fromage blanc de Braila... On peut à peine passer. Pas un seul endroit où poser les pieds. *La Cambuse* est un vrai bazar. Un capharnaüm. Terenti, malgré son corps volumineux, réussissait à traverser la pièce, sans rien renverser. Il ouvre une deuxième porte, nous invitant à le suivre.

Dans la cour, derrière la boutique, il y a un foyer. Au-dessus est suspendu un chaudron. C'est ici que Terenti prépare la cuisine. En plein air. A côté de l'âtre, se trouve une table sur laquelle sont posés des pommes de terre et un bassin rempli de toutes sortes de légumes, surtout des betteraves et des choux. Tout autour, à même la terre, des caisses en bois, des bouteilles vides et des tonneaux. Terenti dégage la table et nous apporte un seau d'eau et une cruche en terre cuite pour nous laver.

Mon père pose la valise, à côté du seau. Il l'ouvre. C'est la première fois que nous ouvrons la valise depuis que nous sommes en voyage. Cette petite valise, en carton pressé, couleur café, avec des serrures en métal blanc, est semblable à toutes les valises que l'on vend dans les foires. C'est la moins chère de toutes les valises qu'on fabrique. Mais pour notre famille elle est sans prix. Précieuse, elle porte même un nom. Comme les êtres vivants. Elle s'appelle *la valise du chemin de fer de maman.* Cette valise a toujours été dans notre chambre, enveloppée dans un linge blanc, et placée sur l'armoire, tout près du plafond, le plus haut possible, afin que les enfants ne puissent pas la toucher. Ma mère la descendait de temps en temps, la posait sur la table, enlevait la housse, et l'ouvrait. Elle profitait de l'occasion pour nettoyer et faire briller les serrures en fer-blanc. La valise était vide. Mais elle avait l'intérieur en papier rouge à carreaux. Ma mère nous racontait l'histoire merveilleuse de sa valise et nous l'écoutions, éblouis. L'histoire commençait le 28 juin 1914, à la veille de la fête des saints Pierre et Paul. Mon père venait de terminer ses études au séminaire de Iassy. Ce jour-là, l'archiduc François-Ferdinand, héritier du trône impérial d'Autriche, était assassiné à Sarajevo, en Bosnie, ce qui déclencha la Première Guerre mondiale.

Ma grand-mère vint à Iassy chercher son fils diplômé en théologie. Sur le chemin du retour, elle s'arrêta à Blébéa, chez pater Skobay, mon grand-père maternel. C'est ici que mon père connut ma mère. Dès qu'ils se rencontrèrent, ma mère et mon père s'aimèrent d'un grand amour. Ils se marièrent la même année. C'était en pleine guerre. C'était la même année qu'était mort le premier roi de Roumanie, Carol Ier. A cause du deuil national, le mariage de mes parents fut retardé d'une semaine. L'année suivante, mon père était ordonné prêtre à la cathédrale de Iassy. Ma mère y assista aussi. A l'occasion de ce voyage, ses parents à elle lui firent cadeau d'une valise. C'était *la valise du chemin de fer de maman*. C'était la première et la dernière fois que ma mère voyagea par le train. Elle garda religieusement la valise de son extraordinaire et unique voyage. Nous, les enfants, nous étions tous émerveillés lorsqu'elle nous racontait cela. Pour nous, ce voyage était plus fabuleux que celui d'*Alice au Pays des merveilles*. Après son récit, ma mère fermait soigneusement la valise vide, l'enveloppait à nouveau dans sa housse et la reposait sur l'armoire. Elle n'espérait plus effectuer de second voyage par le train. C'est avec moi que la valise de maman fit son deuxième voyage en chemin de fer, pour aller à l'examen d'admission au lycée militaire de Kichinev. J'eus bien du mal à me faire à l'idée qu'une autre personne que ma mère puisse voyager avec sa valise. Nous étions tous convaincus que la petite valise avait été conçue exclusivement pour le voyage en chemin de fer de notre mère. Pas pour une autre personne. Maintenant, cette valise est ouverte sur la table de *la Cambuse*. A l'intérieur, il y a deux longues chemises de nuit, en chanvre. Une pour mon père, une pour moi. Des chaussettes de rechange. Elles sont neuves, comme les chemises de nuit. Les chaussettes ont été tricotées par ma mère qui les a teintées en noir, à l'écorce de chêne. Il y avait aussi deux serviettes et du savon, deux chemises de jour et encore diverses petites choses, le tout bien arrangé. Mon père sort une savonnette rose et me la donne. Je commence à me laver. Mon père me verse de l'eau avec la cruche en terre cuite. Dans les deux mains. Et sur la nuque. Ensuite, c'est lui qui se lave et c'est moi qui lui verse de l'eau sur la nuque avec la cruche.

– Il sent drôlement bon, votre savon, dit Terenti, le cambusier... En Bessarabie nous n'avons pas de savon de luxe, comme celui du Vieux Royaume.

Terenti saisit la savonnette et hume avec délice son parfum.

– Vous avez de la chance de vous laver avec un tel savon, dit-il.

– L'aimez-vous? demande mon père.

– Qui n'aimerait pas un tel savon? C'est un savon pour les princes.

– Je vous l'offre, dit mon père.

– A moi? Ah, non! Je ne puis l'accepter. C'est trop précieux pour moi.

– Prenez-le, insiste mon père. Je vous le donne de tout cœur. Nous en avons d'autres. Au presbytère, chez nous, on manque de beaucoup de choses, mais pas de savonnettes. Nous n'en manquons jamais. Nous en avons même en abondance. A chaque baptême, les parents apportent une savonnette et une serviette, pour que les prêtres se lavent les mains. C'est la coutume. Après l'office, le savon et la serviette sont offerts au prêtre. C'est ainsi que nous ne manquons jamais ni de savons ni de serviettes. Je vous offre celui-ci, de bon cœur. Prenez-le.

Terenti est au comble du bonheur. La savonnette est toute petite. Comme ces échantillons que l'on reçoit dans les hôtels. Elles sont fabriquées spécialement pour les baptêmes, à la campagne. Des savonnettes minuscules, mais qui ont de belles couleurs et sentent le parfum du lilas, de la rose ou de l'œillet.

Après nous être bien lavés, nous avons repris du courage. Nos yeux semblaient moins rouges.

– Pourrions-nous manger quelque chose? demande mon père.

– Bien sûr que vous pouvez manger. Vous avez vu l'enseigne de *la Cambuse* : « *Bortsch à toute heure* ».

Nous avons pris place à table, sous le tilleul. Terenti nous apporte deux grandes soupières de bortsch. Une pour chacun. Deux tranches de pain et des cuillères.

– Voilà, dit Terenti, deux portions de bortsch. Vous allez vous régaler!

– Une seule portion suffira, dit mon père.

– Une seule portion pour deux?

– Oui, répond mon père.

Dans chaque soupière il y avait environ deux litres de soupe. C'était trop. La soupe à la manière ukrainienne est préparée avec du choux, des betteraves, des poivrons, des haricots verts, et encore d'autres sortes de légumes. Elle est de couleur rouge à cause des betteraves.

– C'est comme vous voulez, dit Terenti. Mais hors le bortsch, il n'y a rien d'autre.

Terenti reprit l'une des soupières et se retira. Nous attendions qu'il nous apporte une assiette vide. Mais notre attente fut vaine. Nous n'avons pas eu le courage de lui en réclamer une autre. Nous avions commandé une seule portion, nous n'avions droit qu'à une seule assiette. Mon père poussa la soupière devant moi et me dit de manger. C'était la première fois que je mangeais du bortsch. Je mangeai avec précipitation. J'étais affamé. La soupe était très chaude. Après quelques cuillères je ne pouvais déjà plus manger. J'avais avalé trop vite. Je poussai la soupière vers mon père. Il mangea à son tour. Sans hâte. Lentement. Comme s'il enfilait des perles. Il tenait la cuillère comme il tenait d'habitude son porte-plume, quand il écrivait. Il ne se pressait pas. Il savourait tous les légumes qui composaient la soupe, les uns après les autres. En le regardant manger l'appétit me revint.

– Veux-tu continuer? demanda mon père.

Il poussa la soupière devant moi. J'ai mangé encore, mais pas beaucoup. Je repoussai à nouveau la soupière vers mon père. Nous nous sommes ainsi passé la soupière l'un à l'autre et avons savouré le bortsch jusqu'à la dernière goutte. C'était un bon repas. Quand nous eûmes fini, Terenti revint. Il m'apportait un verre de kwas. C'est une sorte de cidre. Pendant que je buvais, Terenti a réapparu avec une bouteille de vin rouge et deux verres. Un pour lui et l'autre pour mon père.

– Vous m'avez honoré en m'offrant un savon de luxe, dit-il. Maintenant, c'est mon tour à moi de vous régaler avec un verre de vin de chez nous. C'est du vin rouge de Kichinev.

Mon père but à la santé du cambusier, et le cambusier but à la santé de mon père et à la mienne. En regardant mon père, je vis qu'il avait les lèvres tachées de sang. J'en fus effrayé.

– Qu'as-tu à me regarder ainsi? demanda mon père.

Quand il me parla, mon angoisse augmenta. Non seulement ses lèvres, mais aussi sa langue et ses dents, étaient rouges, comme tachées de sang. La bouche de mon père ressemblait à celle d'un poitrinaire qui crache du sang. C'était un spectacle insoutenable. Heureusement, je me suis vite rendu compte qu'il ne s'agissait pas de sang. C'était le vin rouge de Kichinev qui tachait la bouche de mon père. Mais la frayeur persistait encore et je dis à mon père :

– Vous avez la bouche tachée de rouge, père. C'est comme du sang...

Il essuya ses lèvres. Mais les taches rouges persistaient. Ma crainte augmenta. Je ne pouvais plus le regarder. Je tournai la tête car j'avais toujours eu peur de perdre mon père. Et maintenant, le voyant ainsi, la pensée qu'il pourrait mourir et m'abandonner me terrorisait. Aucun père ne fit autant de sacrifices pour son fils que lui en fit pour moi. Depuis bien plus d'une année il ne travaillait que pour mon examen d'admission. Davantage que moi. Je désirais ardemment réussir. Pas tant pour moi, mais pour le rendre heureux. Je suis certain que mon père, lorsqu'il avait mon âge, ne réalisa pas tous ses rêves et qu'il aurait aimé les réaliser à travers moi. Il eût aimé que moi, son fils, je réalise tous ses rêves. Je voulais ardemment réussir...

– Demain, votre fils commence les examens au lycée militaire, dit le cambusier. Il réussira. Sûrement. Mais le combat sera dur. Chaque année des milliers de garçons de toutes les régions de la Roumanie viennent à Kichinev, avec leurs parents, pour l'examen. Et chaque année, il y en a des centaines qui tombent. Éliminés. Une véritable hécatombe. Un massacre. Car, à l'exception de quarante, tous les autres sont éliminés. Pendant trois semaines, la durée des examens, la ville est remplie de larmes. Chaque jour, des centaines d'enfants se dirigent vers la gare et s'embarquent, en pleurant, dans les trains, pour rentrer chez eux. Battus. Éliminés. Les parents pleurent aussi. Mais ceux qui réussissent deviennent des princes. De véritables princes. Ils deviennent non seulement des « Aigles du roi », mais des fils du roi. Les officiers du lycée militaire se lèvent chaque jour deux heures avant les élèves. Vers quatre heures du matin. Ils accourent chaque matin au lycée, que le temps soit à la pluie, à la neige, ou à la tempête, c'est comme s'il y avait le feu. Car à six heures du matin, quand les élèves ouvrent les yeux, les officiers doivent se trouver à côté d'eux. C'est comme dans une nursery. Les officiers descendent avec les élèves sur le stade. C'est la demi-heure de gymnastique. Les officiers surveillent les élèves, sur le terrain de sport, tout comme les poules surveillent leurs poussins. Après la gymnastique, ils montent avec eux dans les salles d'eau. Ils les surveillent pour voir s'ils se brossent bien les dents, s'ils ont mis assez de dentifrice sur la brosse à dents ou s'ils en ont trop mis, s'ils lavent bien leurs oreilles, leurs bras, leurs mains, leurs jambes, s'ils restent suffisamment sous la douche, ou trop longtemps. Tout est strictement surveillé. Ensuite, on regagne les dortoirs et les officiers assistent à l'habillement. Ils contrôlent si les lits sont bien faits. On jette une pièce de monnaie au milieu de chaque lit. Si la pièce ne ricoche pas comme une balle, cela signifie que le drap n'est pas bien tendu. Et l'élève doit refaire son lit. Complètement. La couverture ne doit comporter aucun pli. Les dortoirs doivent être quittés avec des lits parfaits. Comme tracés à l'équerre, lisses, ou comme si l'on avait utilisé un fer à repasser. On vérifie si les chaussures brillent, si les boutons luisent et si les plis des pantalons sont pareils au tranchant de l'épée. Suit le rassemblement. Le rapport. C'est l'heure d'arrivée des officiers du grade supérieur. On fait la prière. On entonne l'hymne national. On lit l'ordre du jour. Les officiers accompagnent les élèves dans les salles à manger. Ils y restent debout pendant que les élèves prennent leur café au lait. A huit heures commencent les cours. Pendant les leçons, un lieutenant reste dans la classe et surveille aussi bien les élèves que les professeurs. A dix heures c'est la collation. Elle est servie par les ordonnances, gantés, qui attendent les élèves devant la porte à la sortie des classes, avec des plateaux couverts de tartines au beurre et à la confiture. Les élèves déficients reçoivent en plus une tranche de foie de veau. A midi, après les cours, c'est la visite médicale quotidienne. Chaque élève se présente nu devant le médecin qui l'examine de la tête aux pieds. Suit le rassemblement de midi. Le rapport. La lecture de l'ordre du jour. Dans l'après-midi, c'est le même programme. Jusqu'à neuf heures du soir quand, après le dernier rassemblement, après l'hymne national et la prière, on sonne la retraite et l'extinction des feux. Les officiers rentrent alors chez eux. Mais pas tous. Il reste des officiers qui font des rondes et contrôlent toute la nuit les plantons, les dortoirs, et les sentinelles. Un grand nombre de garçons ne parviennent pas à tenir le coup. Ils ne peuvent pas suivre le rythme. Chaque année, et dans chaque classe, une partie des élèves est éliminée. Mais ceux qui restent sont réellement la fleur de la nation. De véritables champions. Des aigles royaux.

– Comment se fait-il que vous connaissiez si bien le lycée militaire, demande mon père. Y avez-vous travaillé?

– Vous me demandez pourquoi je connais si bien le lycée militaire? s'étonne Terenti. Martin le cocher ne vous a pas mis au courant? *La Cambuse* se trouve à la porte du lycée militaire. Tout ce qui se passe au lycée, les plus insignifiants événements, sont immédiatement commentés à *la Cambuse*. Devant moi. Ce filou de Martin aurait dû vous le dire. Le lycée militaire que vous avez vu sur l'avenue Alexandre-le-Bon n'en est qu'une petite partie. Le plus gros se trouve ici, à deux cents mètres, derrière vous. Tournez la tête et vous le verrez. Il est trois fois plus grand que celui que vous avez vu. Dans la ville il y a un effectif de mille personnes. Ici, derrière vous, il y en a deux mille. Tous appartiennent et travaillent au lycée militaire et la majorité d'entre eux sont mes clients. *La Cambuse*, c'est leur cantine.

Nous avons tourné la tête. Nous avons vu un terrain militaire, comme il y en a beaucoup dans le quartier. Avec d'immenses bâtiments en brique rouge, des hangars, des dépôts et des remises de toute sorte. Le terrain et les bâtisses que nous voyons sont entourés, comme les autres camps militaires, par des murs, des palissades et des barbelés. Devant nous il y a une porte. Largement ouverte. Au-dessus d'elle se trouve une sorte d'arc de triomphe sur lequel est écrit en grosses lettres : « Ministère de la Guerre. Lycée militaire du roi Ferdinand ».

– Le voyez-vous? demande Terenti. C'est ici que se trouvent les bâtiments administratifs et les écuries du lycée militaire, les calèches, les fourgons, les palefreniers et les chevaux. C'est ici que se trouvent aussi tous les bureaux de l'intendance, les dépôts, les entrepôts. Les bâtiments en brique rouge sont les ateliers du lycée militaire, où l'on confectionne les uniformes, les passementeries, les képis, les galons, les aigrettes. A côté, ce sont les ateliers de chaussures. Ensuite, ce sont les ateliers de charpenterie, de mécanique, de plomberie, les forges, la blanchisserie, les habitations du personnel civil, la caserne des ordonnances...

Terenti est tout fier, comme si tous ces bâtiments, installations et ateliers étaient ses propriétés. Il se lève pour nous les montrer de plus près et nous invite à le suivre. Il laisse la porte de *la Cambuse* ouverte et passe devant nous. Nous le suivons. On marche sur le terrain vague qui entoure *la Cambuse*. J'ai une sensation étrange. Comme si je ne marchais pas sur la terre. Le sol que je foule m'est étranger. C'est une terre noire. Grasse. Moelleuse. L'herbe, les plantes et les bruyères qui y poussent me sont inconnues. Même les orties ont une autre silhouette, elles sont d'une taille différente, et leurs feuilles ont un contour autre que chez nous. La terre m'est depuis toujours familière. Je n'ignore rien d'elle. Je connais son odeur, sa couleur, sa souplesse ou sa rigidité et sa chaleur. Je la connais comme je connais mon propre corps. Ici, autour de *la Cambuse*, elle m'est étrangère. Sa chaleur est lourde. Comme si l'air lui-même avait une pesanteur.

A Petricani, dans la montagne, quand je marche, je sens monter dans mon corps la vie de la terre, comme la sève monte dans les arbres. Ici, dans la plaine, je me sens étranger.

– C'est ici que commence le domaine du lycée militaire, dit Terenti. C'est un véritable domaine qui se suffit à lui-même. Il produit ses légumes, possède ses propres troupeaux, ses boulangeries, ses bouchers, ses vaches laitières. Tous les corps de métier y sont représentés : charpentiers, chaudronniers, maréchaux-ferrants, jardiniers, cochers, valets de ferme... J'ai oublié de vous dire qu'ici, au fond du domaine, se trouvent aussi les bains du lycée militaire. Les plus beaux bains de Kichinev. Les élèves y viennent chaque samedi...

Nous marchons encore quelques pas et nous nous arrêtons devant la porte, auprès de la sentinelle. Le domaine du lycée militaire est immense. Il est entouré d'un mur surmonté de fils de fer barbelés. Au-dessus de plusieurs bâtiments en brique rouge s'élèvent les hauts fourneaux. Comme au-dessus des usines. Une route goudronnée commence à la porte et mène à l'intérieur du domaine. La route est entourée d'espaces verts. Du beau gazon. Terenti, qui a laissé la porte de *la Cambuse* ouverte, regarde de temps en temps vers sa boutique, qui est à deux cents mètres derrière nous.

– Ma clientèle est composée exclusivement du personnel du lycée militaire, dit-il. Ce sont des soldats, des gradés, des maîtres artisans et même, quelquefois, des officiers de l'administration.

Sur la pelouse, à l'intérieur du domaine, apparaissent plusieurs femmes. C'est une surprise, car on ne s'attend pas à voir des femmes sur un camp militaire. Elles sortent, l'une après l'autre, d'un très grand bâtiment en brique rouge, et portent sur leurs têtes des corbeilles à linge. Elles s'éparpillent sur le gazon, où se trouvent, attachées à des poteaux, des cordes à sécher le linge. Ce sont les blanchisseuses, les lavandières du lycée militaire. Elles ont les cheveux serrés sur la nuque à l'aide de carrés aux couleurs vives. Elles portent des chemises kaki, comme les soldats, avec le col déboutonné et les manches relevées. Elles ont des jupes larges, en coton, de couleur rouge, bleue, verte... Le spectacle est inattendu. Dans la montagne, chez nous, il n'y a jamais autant de couleurs; les hommes et les femmes de chez nous s'habillent en noir et blanc.

Les femmes dispersées sur la pelouse verte du camp militaire, avec leurs jupes de couleurs vives, comme un arc-en-ciel, sont jeunes. Toutes sont blondes. Très blondes.

– Ce sont des Ukrainiennes, nous explique Terenti. Ce sont des miraculées. Il y en a dans le camp environ une centaine. Le colonel Stankof, le commandant du lycée militaire, est un homme généreux. Il a un cœur en or. Il a recueilli ces filles ressuscitées. Car ce sont réellement des ressuscitées. Elles sont sorties de leurs tombes. Comme Lazare. Exactement comme Lazare...

Les jeunes femmes blondes éparpillées sur le gazon étendent des draps blancs avec des gestes souples, harmonieux. Comme des danseuses. C'est un véritable ballet. Elles se haussent sur la pointe des pieds, lèvent les bras au-dessus de leurs têtes et étendent les draps blancs. Avec des gestes lents. Ensuite elles se penchent, comme si elles faisaient des révérences pour prendre d'autres draps dans les corbeilles en osier qui sont à leurs pieds, sur le pré. C'est un ballet champêtre... De temps en temps les têtes blondes disparaissent derrière les draps étendus sur les cordes, comme si elles jouaient à cache-cache entre elles... En peu de temps la cour du domaine est remplie de draps blancs, suspendus sur des cordes et qui flottent dans le vent, comme des ailes blanches. C'est une féerie.

Le mot Ukrainiennes frappe mes oreilles comme la musique. Un nom que j'aime. J'ai fait, avec maître Pintilie, à Targul-Neamtz, plusieurs « improvisations » sur les Ukrainiens. Ukrainie signifie « *le pays voisin* ». Tous les peuples de la terre l'appellent l'Ukraine. Même les Américains, les Australiens, et les Africains qui vivent très loin d'ici. Mais l'Ukraine n'est réellement « *le pays voisin* » que pour nous, les Roumains. Les Ukrainiens sont nos plus proches voisins. Entre eux et nous, il n'y a que la rivière du Dniestr. Les Ukrainiens sont plus de trente millions. Ils sont blonds, paisibles et pieux. Ils vivent sur la terre la plus fertile d'Europe. Ils sont presque en totalité des agriculteurs et leur pays est un grenier. Les champs de blé d'Ukraine s'étendent, en été, comme une mer infinie, avec des vagues d'or, jusqu'à l'horizon où ils touchent les plaines bleues du ciel.

La capitale de l'Ukraine est Kiev. C'est dans cette ville qu'avait été fondée, vers l'an mille, la Russie. Kiev était la capitale. C'est beaucoup plus tard que la capitale de la Russie fut installée à Moscou. Kiev est aussi la première ville chrétienne de la Russie. C'est à Kiev que fut bâtie la première église et c'est là que vécurent les premiers saints de Russie. C'est à Kiev que fut fondée la première université de Russie, la Movilana, par le prince moldave Pierre Movila. Toutes les autres universités de Russie et toutes les autres églises, les autres monastères et imprimeries furent construits selon le modèle de Kiev. C'est par l'Ukraine et par Kiev que le Christ pénétra en Russie. C'est par l'Ukraine et Kiev que la culture et la civilisation occidentales pénétrèrent chez les Slaves de l'Est. L'Ukraine est une terre riche en blé, en saints et en poètes. Les hommes y sont bons, doux et tranquilles. On les surnomme « les hommes de mie de pain ». Son histoire a été dramatique. Sanglante. Le pays a été d'innombrables fois occupé, dévasté et partagé entre eux par les conquérants. En 1917, quand les soviets s'emparèrent du pouvoir en Russie, l'Ukraine déclara son indépendance; mais l'Armée rouge l'annexa à l'État des soviets et une nouvelle terreur s'abattit sur *le pays voisin*. Plus grande que celle subie par le peuple ukrainien sous Gengis Khan, les Tatars ou les autres envahisseurs. L'Ukrainien est amoureux de la terre. Il aime le champ qu'il cultive, comme on aime un être vivant. Pour lui la terre a une âme. Elle fait partie de la famille. Les soviets ont confisqué leur terre, pour la collectiviser et pour la cultiver, comme on travaille la matière morte dans les usines. Les paysans d'Ukraine se sont opposés à la collectivisation des terres. Comme ils se seraient opposés à la collectivisation de leurs femmes. La terre est comme une mère. On ne collectivise pas les mamans. Ni les épouses. Les soviets ont déclaré les paysans hors la loi, ennemis de la révolution. Les soviets ont ordonné l'extermination de la paysannerie. Car sans collectivisation, il n'y a pas de pouvoir soviétique, et les paysans étaient un obstacle à la collectivisation.

Les brigades internationales ont détruit au canon les villages d'Ukraine, d'un bout à l'autre du pays. Les paysans ont été massacrés. En dix ans, les soviets ont exterminé la moitié du peuple ukrainien. Il y eut des millions de mort. Un authentique génocide. Les soviets décidèrent d'exterminer toute la population. Par la famine. Des brigades d'affameurs, recrutés parmi les étrangers, surtout en Occident, arrivèrent en Ukraine et confisquèrent tout ce qui était comestible, afin que le peuple meure de faim. On appelle ces brigades « les ventouses à blé » car elles parcourent le pays d'un bout à l'autre, en confisquant les récoltes, jusqu'au dernier grain de blé, de maïs et de tournesol. Les habitants d'Ukraine errent sur la steppe, en mangeant des racines, de l'écorce d'arbres, et en broutant l'herbe. Ils errent en bandes affamées. Squelettiques. Comme les bêtes. Rendus fous par la faim, ils sont devenus cannibales. Ils mangent les cadavres. Chaque hiver, quand la rivière du Dniestr gèle, les bandes de paysans affamés se bousculent sur la glace, pour s'enfuir vers l'ouest. Pour s'évader du pays maudit de la famine. Les affamés arrivent sur la glace du Dniestr, à la tombée de la nuit, en bandes. Par centaines. Par milliers. Les soviets les attendent sur les berges avec leurs armes automatiques. Les bandes de paysans sont fauchées par les mitrailleuses, à la lumière des projecteurs, sur la glace du fleuve, comme on fauche le blé. Et cela se répète chaque nuit. Du soir jusqu'au matin. Tout le long du Dniestr. Sur quelque mille kilomètres de rivière glacée. Du Hotin jusqu'à la mer Noire. Depuis dix ans. Sans discontinuité. Chaque nuit. Chaque hiver. Le matin, la glace est jonchée de cadavres. Des milliers et des milliers de morts. La neige tombe sur eux et les couvre d'un linceul blanc. Chaque jour, vers midi, les soviets cassent la glace du Dniestr au canon. Les cadavres sont emportés par les eaux, vers la mer Noire. Chaque jour. Et la nuit suivante l'opération recommence. Quelquefois les fuyards affamés, blessés, réussissent à passer le Dniestr. Ils tombent sur la rive opposée. Sur la terre roumaine. Les soldats qui gardent la frontière et la population des villages proches enterrent, chaque jour, les morts gelés qui tombent sur notre sol. Des centaines d'enterrements. Des morts gelés. Recroquevillés. On n'arrive pas même à les redresser pour les placer dans des cercueils. Quelquefois, se produisent des miracles. Dans les tas de cadavres gelés, on trouve des hommes qui respirent encore. Des survivants. Des miraculés.

Les paysans roumains, qui habitent dans les villages sur la rive droite du Dniestr, amènent les survivants dans leurs maisons. Ils les étendent et les couchent dans leurs propres lits. Ils les dégèlent et les soignent, pour les ramener à la vie. Ils réussissent très rarement. Chaque famille se fait un honneur de découvrir dans le tas de morts gelés des survivants afin de leur rendre la vie. Les paysans et les gardes-frontières roumains attendent le lever du jour pour fouiller dans la neige, avec l'espoir ancré de découvrir des survivants. Tous les villages de Roumanie sur la rive droite du Dniestr accueillent des rescapés. Le colonel Stankof, le commandant du lycée militaire, en recueille chaque hiver. Il les nourrit. On leur apprend un métier. On leur procure du travail. Et une chance de vivre. Le Dniestr est tout près. Quelquefois, par les nuits claires en hiver, on entend même à Kichinev les canons. Alors les gens retirent leurs chapeaux. Ceux qui dorment se lèvent du lit. Et on prie. Tous. Pour les victimes. On sait que, de l'autre côté du fleuve, des soviets tuent les paysans... Les filles que l'on voit ici étendre le linge ont été trouvées parmi les morts enfouis dans la neige. Ce sont toutes des miraculées. Des ressuscitées. Elles sont sorties de leurs tombes de neige et de glace. Comme Lazare.

Les filles ressuscitées sont maintenant rentrées dans la bâtisse rouge. Au lavoir. Nous sommes revenus à *la Cambuse.* Terenti nous dit qu'il est un témoin oculaire de ces massacres. Il est né à « la Bouche du Bîg ». C'est un village situé à l'endroit où la rivière Bîg, qui traverse Kichinev, se déverse dans le Dniestr. Toute sa famille habite dans le village. Ils sont témoins des massacres commis par les Soviétiques sur le Dniestr chaque hiver, chaque nuit. Depuis qu'ils ont pris le pouvoir...

– Il y a eu une dizaine de millions d'Ukrainiens massacrés, en dix ans, dit Terenti. Et quelques milliers de rescapés. Des miraculés.

Si je suis admis au lycée militaire, je coucherai chaque nuit dans des draps lavés par les femmes ukrainiennes ressuscitées. Ce sont des martyres qui laveront les chemises que je porterai. Qui repriseront mes chaussettes. Elles coudront les boutons de mes chemises, et chaque soir, quand je me coucherai dans les draps lavés par elles, chaque matin lorsque j'enfilerai ma chemise et mes chaussettes, je penserai à elles. Et aux dix millions d'Ukrainiens. A tous ceux qui ont été massacrés. Car le massacre continue. Chaque hiver. Chaque nuit. Ici, à Kichinev, j'entendrai, moi aussi, les canons des exterminateurs. En Ukraine. Les canons qui tuent mes voisins, les pieux, les paisibles paysans de l'Ukraine.

9

Nous avons quitté *la Cambuse* vers quatre heures de l'après-midi et nous sommes revenus, en tramway, dans le centre de la ville. Mais il était encore trop tôt pour entrer à l'hospice. Nous fûmes obligés d'attendre encore deux heures dans la rue. Nous sommes entrés dans la cathédrale pour prier et attendre l'ouverture du dortoir. Nous étions très fatigués. Dans les églises orthodoxes il n'y a pas de bancs pour s'asseoir. Nous avons allumé un cierge et sommes restés debout devant les portes du sanctuaire. Mon père tient toujours la valise à la main. J'aurais voulu demander à Dieu son aide pour réussir mes examens. Mais je n'ai pas osé. Ma mère dit qu'il ne faut demander à Dieu que l'essentiel. Il ne faut pas solliciter de biens terrestres, car Dieu n'a pas promis des choses matérielles aux hommes mortels, mais des choses éternelles aux hommes immortels [1]. Ceux qui croient en Dieu pour des biens terrestres sont les plus malheureux des hommes.

– Si tu es trop fatigué, mets-toi à genoux, dit mon père.

Je me mis à genoux. Mon père fit de même. En nous reposant ainsi, agenouillés, l'un à côté de l'autre, avec la valise entre nous, nous avons demandé à Dieu l'essentiel, ce qui veut dire de nous rendre dignes de nous présenter devant Lui, à la *Parousie*, le jour du Jugement dernier.

A six heures et demie nous sommes allés à nouveau à la métropolie et nous nous sommes présentés à la porte de service. Il était une demi-heure trop tôt. La porte était toujours fermée. Mais le veilleur de nuit était là. Il nous a vus et nous a laissés entrer. Le dortoir est à l'étage. C'est une très belle pièce, au plafond très haut, des murs blancs et de larges fenêtres qui s'ouvrent vers la ville et le parc de la Métropolie. C'est comme une salle de fêtes. Au milieu du plafond pend une suspension en cristal. Sur le mur oriental se trouve une grande icône en argent de la Mère de Dieu. Le parquet en bois clair, couleur de miel, brille comme un miroir et sent bon la cire d'abeille. Au milieu de la pièce, une dizaine de lits blancs en métal, comme à l'hôpital, sont

1. Œcumenius : P. G. 119, col. 5L6. Pierre : I, 3.

parfaitement alignés. Ils ont des draps blancs en toile de Hollande et des couvertures gris clair. Cette pièce qui sert de dortoir aux prêtres indigents a sûrement été, initialement, le bureau d'un évêque ou d'un haut dignitaire de la Métropolie. Peut-être même a-t-elle été le bureau du professeur Tomescu en personne.

Nous nous sommes arrêtés sur le seuil éblouis par le luxe dans lequel nous allions dormir pendant trois semaines. Le veilleur de nuit, qui nous a conduits au dortoir, en montant l'escalier devant nous, est vieux, petit et recroquevillé. Il s'adresse à mon père en l'appelant *Batuchka,* petit père.

– Cette nuit, vous serez seuls dans le dortoir, dit le veilleur. A cette époque de l'année les prêtres ruraux sont occupés aux travaux des champs. Ils ne viennent pas à la ville. C'est en automne, quand les travaux agricoles sont terminés, et surtout en hiver qu'ils viennent régler leurs affaires à la métropolie. Alors, le dortoir est plein. Je suis même obligé d'ajouter des lits jusque dans le corridor... Si vous avez besoin de quelque chose, n'hésitez pas à me le demander. Je suis ici pour vous servir. Vous pourrez me chercher à n'importe quelle heure de la nuit. Je ne peux pas dormir. Je suis toute la nuit dans ma chambrette, au fond du couloir. Mon nom est Grégorios. Et vous, *Batuchka,* d'où venez-vous?

– Nous venons de la montagne, du district de Neamtz, répond mon père.

– Je suis de Dubossary, dit le veilleur de nuit. Avez-vous entendu parler de Dubossary?

– Dubossary est une ville située sur la rive gauche du Dniestr, en Ukraine... au nord de Tiraspol... ai-je dit, en répondant comme aux examens. J'ai regardé, honteux, en direction de mon père. Car j'ai répondu sans être questionné...

– A Dubossary il y a beaucoup de Roumains, dit le veilleur de nuit. Chez nous tout le monde parle roumain. A l'arrivée des soviets, ceux qui n'ont pas été tués ou déportés se sont enfuis. Ils ont passé le Dniestr vers l'ouest. Comme moi. Mais il reste encore beaucoup de gens de l'autre côté... Sur la rive gauche du Dniestr, en Ukraine, la population parle le roumain, comme ici. Les soviets ont même dû créer une République soviétique moldave, dont la langue officielle est le roumain. C'est le 10 mai 1925, qu'ils l'ont créée. Tiraspol en est la capitale. C'est un territoire grand comme un tiers de la Belgique. Plus de dix mille kilomètres carrés. La terre y est bonne. Fertile. Comme la terre de Canaan. Mais tout le monde s'enfuit... J'ai eu la chance de partir avant *la grande famine.* Ceux qui sont restés ont tellement faim qu'ils mangent leurs morts... Ils sont devenus des cannibales. Et ils n'ont plus d'abri, car les villages ont été détruits au canon. Pauvres *ciolovecs.* Pauvres hommes!

Grégorios se tourne vers l'Orient et fait le signe de la croix. Il nous montre ensuite la salle d'eau. C'est une pièce entièrement revêtue de carrelage blanc, avec une belle cuvette, un miroir et une douche. Pendant que nous regardons la salle d'eau, Grégorios nous apporte deux serviettes et deux morceaux de savon couleur de miel. Les serviettes-éponges sont grandes comme des draps et les morceaux de savon sont cinq fois plus grands que nos savonnettes.

– Nous avons du savon et des serviettes, dit mon père.

– Même si vous en avez, je vous en donne, répond le veilleur de nuit. C'est le règlement. Chaque hôte doit recevoir une serviette et un savon. Maintenant je vous laisse. Je m'absente pour une heure, pas plus. Je vais aux vêpres. La chapelle de la métropolie est en bas. Reposez-vous bien, *Batuchka.*

Le veilleur de nuit revient tout de suite pour fermer les volets et allumer la suspension. Mon père ouvre la valise. Il me donne ma chemise de nuit et me conduit à la salle d'eau pour me montrer comment utiliser les robinets d'eau chaude et d'eau froide. Il sait s'en servir parce que, au séminaire, il a eu des douches et des robinets. Chez nous à Petricani, les douches et les robinets sont inconnus. Je suis émerveillé des installations de la salle d'eau. C'est la première fois que je prends une douche à l'eau chaude. Je savais que cela existait. J'ai lu cela dans les livres. Mais j'ai toujours associé la notion de douche à l'eau chaude à celle des stations thermales, où l'eau sort bouillante de la source. Je ne m'imaginais pas trouver de l'eau chaude à Kichinev, dans le palais de la métropolie. Toute mon enfance je me suis servi d'eau chaude avec parcimonie et avec l'angoisse que je n'en aurais pas assez car, si grands qu'ils étaient, les chaudrons dans lesquels on chauffait l'eau n'en contenaient jamais assez pour prendre un bon bain. Maintenant, j'utilisais la douche avec volupté. Mais l'angoisse ne m'abandonnait pas complètement. J'avais toujours peur que l'eau chaude s'arrête de couler. Qu'il n'y en ait pas assez. Il me semblait invraisemblable que cela dure. Que l'eau chaude du robinet ne s'arrête qu'une fois celui-ci fermé. J'étais émerveillé. Pendant que je me séchais dans l'immense serviette-éponge, mon père me parla à travers la porte. Sans l'ouvrir.

– Quand tu sortiras, ne marche pas pieds nus. J'ai mis tes chaussures devant la porte. Mets-les pour ne pas salir le parquet.

J'étais étonné de cette recommandation. Chez nous, à la campagne, on essuie ses pieds avant d'entrer dans la maison quand on vient du dehors, avec des chaussures sales de boue ou de neige. Je me demandais, intrigué, comment j'aurais pu salir le parquet avec des pieds propres que je venais justement de bien laver, sous la douche avec du savon et beaucoup d'eau chaude. En sortant de la salle d'eau, habillé d'une longue chemise de nuit et chaussé, j'ai commencé à examiner le parquet. Attentivement. Je voulais comprendre comment j'aurais sali le parquet avec mes pieds bien propres.

J'ai découvert que le parquet était couvert d'une mince couche de cire qui le rendait beau, brillant et glissant. J'ai alors compris la recommandation de mon père, mais j'étais humilié de ma condition de campagnard. Chez nous, dans les villages, même les tables sur lesquelles nous mangeons ne sont aussi belles ni aussi propres que le parquet sur lequel les citadins marchent avec leurs chaussures. Mon père est allé lui aussi faire sa toilette. Je me suis étendu sur le lit, restant seul dans le dortoir.

Les draps, les murs, le parquet sentent bon. C'est l'odeur de la propreté. Je regarde la suspension en cristal et son ampoule électrique. C'est la première fois que je me trouve dans une maison où il y a la lumière électrique.

J'ai appris avec maître Pintilie tout ce qui est écrit dans les manuels scolaires sur l'électricité. Mais dans notre région il n'y a pas de courant électrique, sauf dans la capitale, à Piatra. Targul-Neamtz, la deuxième ville du district, où j'ai passé la quatrième année de l'école primaire n'a pas de lumière électrique non plus. On venait juste de l'installer pendant que je m'y trouvais. Cela à titre expérimental, uniquement dans une dizaine de maisons, sur la Grande Rue, au centre de la ville. Un de mes condisciples chez qui on avait installé le courant électrique me racontait que, le premier soir, quand on alluma les lampes électriques chez eux, sa grand-mère fut si émerveillée qu'elle refusa d'aller se coucher. Elle resta éveillée toute la nuit. Elle fit sortir de ses tiroirs tout le linge, et jusqu'au matin elle reprisa, cousit, broda, tricota. Elle était fascinée de pouvoir coudre, broder et repriser au milieu de la nuit, comme en plein jour.

Maintenant, j'étais comme la grand-mère de mon condisciple de Targul-Neamtz. Je tombais de fatigue, mais je ne voulais pas fermer les yeux. Comment aurais-je pu dormir quand tout autour de moi rayonnait une si éclatante et radieuse lumière? J'avais envie de lire, d'écrire et d'étudier toute la nuit, jusqu'au matin. Je voulais profiter de l'éblouissante lumière électrique. Comment dormir quand on a le bonheur d'avoir un si bel éclairage? La lumière électrique est un prodige réalisé par les hommes. J'en fus au comble de l'orgueil. Car je suis un homme. Et les hommes sont capables d'accomplir des miracles. Comme Dieu. Je me suis rappelé qu'il y a deux mille ans, quand les Apôtres, en Palestine, s'émerveillaient des prodiges accomplis par leur Maître, le Christ leur dit : « Les miracles que je fais, vous les ferez aussi. Et vous en ferez même de plus grands [1]. »

La promesse du Christ s'est réalisée. Les hommes font aujourd'hui des prodiges. Comme Dieu. L'homme peut éclairer la nuit. Comme le soleil. Tout comme il est dit dans l'Apocalypse : « Cette ville n'a besoin ni du soleil ni de la lune pour s'éclairer, parce que la lumière de Dieu éclaire tout [2]. »

1. Saint Jean :14, 12.
2. Apocalypse : 21, 23.

J'ai fait le signe de la croix sur l'oreiller et je me suis endormi heureux. Le lendemain, lorsque j'ai ouvert les yeux, mon père était à côté de mon lit. Il était déjà habillé, prêt à partir.

– Je t'ai réveillé parce qu'il le faut. Je sais que tu as encore sommeil. Mais il le faut. A six heures nous devons quitter le dortoir. C'est le règlement. Nous n'avons pas le droit de rester une minute de plus après six heures du matin. Habille-toi vite. Nous avons encore un quart d'heure.

Je me suis habillé en hâte. Subitement, je me suis arrêté : ma chemise de la veille, la chemise avec laquelle j'avais voyagé dans le train, et qui hier soir était noire au col et aux manchettes comme si elle avait des taches de goudron, était maintenant propre, blanche comme neige. Mes chaussettes également. Mes chaussures brillaient. Parfaitement nettoyées et cirées. Je levai des yeux étonnés vers mon père.

– Il faut que nous nous présentions correctement au lycée militaire, dit mon père. Propres. Aujourd'hui commencent les examens. C'est le 10 juillet... J'ai lavé nos chemises, nos chaussettes et nos linges de corps. Ils en avaient grandement besoin...

J'étais si surpris et ému en apprenant que pendant la nuit mon père avait lavé mes chaussettes et ma chemise que j'arrivais à grand-peine à retenir mes larmes. J'avais envie de lui sauter au cou et de me blottir contre sa poitrine, de l'embrasser et lui dire que dorénavant ce serait moi qui laverais nos chemises et nos chaussettes. Chaque soir. Pour être propres et corrects le lendemain. Que ce n'était pas une tâche pour lui... Mon père ne me laissa pas le temps de parler. Il changea de sujet et me dit :

– Le veilleur de nuit, ce brave Grégorios, a accepté de garder notre valise pendant la journée dans sa chambrette alors que cela est strictement défendu par le règlement de l'hospice. Il l'a dissimulée sous son lit de camp. Personne ne la verra. J'ai uniquement pris ton plumier. Selon le règlement du concours publié dans le *Journal officiel,* les candidats n'ont le droit d'avoir aucun livre, cahier ou papier écrit sur eux. Mais ils sont obligés de se présenter à l'examen avec un porte-plume. Et des plumes de rechange. Ils trouveront de l'encre sur leur pupitre. Aujourd'hui c'est l'examen médical, mais ils pourraient néanmoins demander aux candidats d'écrire quelque chose. Ils est plus prudent d'avoir le porte-plume avec soi.

Nous sommes descendus. Le veilleur de nuit nous a souhaité du succès. Devant la métropolie, les citernes municipales lavaient la rue et le trottoir. Les jardiniers arrosaient la pelouse de la cathédrale. L'herbe et les fleurs arrosées sentaient bon, comme au temps de la fenaison à la montagne; comme chez nous. Sur l'avenue Alexandre-le-Bon qui mène au lycée militaire, se trouve le jardin public de Kichinev. Un jardin immense. Nous y entrâmes. On venait à peine d'en ouvrir les portes. Dans les belles allées il n'y avait personne. A côté du kiosque à musique, une guérite en bois où l'on vendait des glaces, des bonbons et des boissons rafraîchissantes, venait juste d'ouvrir. Mon père acheta deux boublichki, deux grands bretzels, à peine sortis du four et deux verres de kwas. Nous nous assîmes sur un banc, juste en face du kiosque. Nous mangeâmes les boublichki, en regardant les fleurs et bûmes ensuite le kwas. C'était un petit déjeuner de rois. Nous décidâmes d'y revenir chaque matin et d'y prendre notre petit déjeuner. Le même qu'aujourd'hui : deux boublichki et deux verres de kwas.

10

Le 13 juillet 1928, à huit heures du matin, je me suis présenté au concours. C'était l'examen médical.

Les épreuves avaient bien commencé le 10 juillet, comme prévu. Je me trouvais à Kichinev depuis trois jours et j'attendais, chaque matin, à huit heures, devant le lycée. Mais les candidats étaient appelés par ordre alphabétique. Quelques centaines chaque jour. Mon nom commence par la lettre G. C'est la septième lettre de l'alphabet. J'ai donc dû attendre pendant trois jours que soient examinés les candidats dont le nom commençait par une des six lettres qui précèdent mon initiale. Enfin, la lettre G arriva.

A huit heures moins dix, les candidats et leurs parents étaient rassemblés dans la cour du lycée. Une foule immense. Un jeune officier, monté sur l'estrade et muni d'un porte-voix, lut les noms des candidats qui seraient examinés dans la journée. Le silence était total. Un silence lourd. J'ai entendu mon nom. Et j'ai eu subitement peur. Peur de me présenter aux examens. J'aurais voulu me cacher, reculer, mais c'était déjà trop tard. Je me trouvais dans un groupe de quelques centaines de garçons. Nous suivîmes l'officier qui venait de lire nos noms sur la liste. Nous sommes d'abord sortis de la cour du lycée pour aller dans la rue et de la rue nous sommes entrés dans le lycée militaire. Par la porte principale. Nous montions en groupe compact, lentement, l'escalier monumental en marbre blanc.

Les parents se sont rassemblés, en hâte, sur le trottoir opposé, pour nous regarder entrer dans l'immense hall et ensuite disparaître. A chaque marche que je gravissais, mon cœur battait de plus en plus fort. J'étais dans l'angoisse. Derrière moi les autres candidats me poussaient vers l'avant. Je ne pouvais plus reculer. Il ne me restait rien d'autre à faire qu'avancer.

Je n'avais jamais eu peur auparavant. Maintenant c'était une peur subite, neuve. La peur qui saisit l'homme au moment d'une décision capitale, irrévocable. Le Christ lui-même a connu cette angoisse sur le mont des Oliviers, avant de boire le calice. C'est une peur semblable qu'a dû avoir César, avant de franchir le Rubicon. Et même Alexandre le Grand avant de trancher le nœud gordien. C'est la peur qu'éprouvent les naufragés, quand ils ferment les yeux et se jettent à l'eau de leur navire en flammes.

J'avais peur car je n'étais pas un candidat comme les autres. Si je ne réussissais pas à l'examen, je n'avais plus aucune autre chance. Je ne pouvais pas devenir prêtre comme mon père. Je ne pouvais aller ni au séminaire ni à une autre école. Faute d'argent. Je ne pouvais pas non plus rester au village, car nous n'avions ni terre ni bétail. L'entrée au lycée militaire était pour moi la seule chance d'avenir. Mon unique chance. Sinon, ce serait le vide, le néant. J'étais *obligé* de réussir. C'était à cause de cela que j'avais tellement peur. Et je me sentais subitement seul. Très seul. Une solitude inimaginable. Dans toutes les épreuves capitales l'homme est seul. Au Jugement dernier ce sera pareil. Ce jour-là, devant le trône de Dieu, nous serons, tous, seuls. Personne ne nous accompagnera. Ni le frère jumeau, ni la mère, ni l'épouse, ni le meilleur ami ne se trouveront à côté de nous. Personne.

Je franchis le seuil de la monumentale porte et me trouvai dans l'immense hall couvert de mosaïque multicolore, près des belles colonnes en marbre. J'étais ébloui. De la rue, j'avais vu le beau hall du lycée et je l'avais admiré. Mais c'était la première fois que je me trouvais à l'intérieur. Subitement, ma peur et mon angoisse disparurent, comme par enchantement. Elles s'étaient évanouies, comme brouillées. Je suis devenu tout d'un coup maître de moi-même et je repris courage. Je pouvais affronter n'importe quelle épreuve. Plus que cela : j'étais détendu, heureux. Il m'avait suffi de voir autour de moi la beauté de la mosaïque sur laquelle je marchais, la splendeur des colonnes et le double escalier en marbre blanc qui montait du hall vers l'étage, pour me sentir bien. J'étais envahi de courage et de force. Je me sentais moi-même, et sous ma véritable identité. Ce changement était survenu brusquement. Et c'est toujours ainsi. Dès que je pénètre dans un édifice monumental et beau, je me sens bien, je suis à l'aise et me détends. Toute peur, toute angoisse et toute inquiétude disparaissent. Je nage dans la joie, dans la plénitude, dans la félicité. Le changement qui vient de se produire en moi est naturel. Voici pourquoi. Pour nous, les chrétiens, le but de l'existence terrestre est le retour au ciel, au paradis. Car c'est là-haut que se trouve notre véritable patrie, le seul endroit où nous nous sentirons bien, comme chez nous à la maison.

Nous avons fort peu de renseignements sur le paradis. En dehors de quelques détails, révélés à saint Jean dans l'Apocalypse, et à d'autres prophètes, on ignore tout sur le lieu de notre futur séjour. Ce que nous savons avec certitude, c'est que le paradis est beau. D'une beauté qu'on ne peut même pas s'imaginer. Rien ne dépasse en splendeur et en magnificence le paradis. Là-haut réside la beauté suprême, le sublime. Durant toute la vie terrestre, notre souci primordial est d'accéder à cet endroit de beauté suprême, au paradis. Tous les autres buts que nous

nous donnons pendant notre vie terrestre sont secondaires, temporels, provisoires.

Chaque fois que nous rencontrons, ici-bas, un endroit ou quelque chose qui surpasse la beauté ordinaire, nous avons un avant-goût du paradis. En regardant la beauté sur la terre, nous pensons automatiquement au paradis. Lorsque l'on rencontre un oiseau aux plumes étincelantes, on dit que c'est un oiseau de paradis. Lorsque l'on voit un beau visage d'enfant, on dit que c'est un visage d'ange. La beauté nous transporte dans le voisinage du ciel. Et, automatiquement, nous nous sentons bien. Exactement comme les navigateurs qui, après avoir erré ballottés par la tempête, aperçoivent de loin la terre ferme, cet endroit où ils seront en sécurité. Quand on est en mer, la simple vue de la terre rassure les matelots et leur donne paix et courage. Le simple fait de se trouver dans le hall magnifique du lycée militaire m'a redonné la paix. Car le hall était beau et la beauté est la patrie de tout homme. C'est le paradis.

Dès que j'ai mis les pieds sur la mosaïque multicolore et que j'ai vu auprès de moi les colonnes monumentales, et le bel escalier en marbre blanc, j'ai recouvré la tranquillité. Il n'y avait plus dans mon âme ni inquiétude ni angoisse. C'est ainsi que je me sentirais au moment où je marcherais vers notre patrie. C'était un avant-goût du paradis. Car l'homme fut créé pour vivre au paradis, c'est une condition naturelle. L'existence sur la terre n'est qu'un accident. Un accident qui ne dure, heureusement, que quelques décennies. Guère plus de cent ans... L'homme s'en revient après chez lui. Dans sa patrie initiale. La mort, c'est un rapatriement. C'est à cause de cela que, plus la beauté que nous rencontrons est grande, plus nous nous sentons à l'aise. Devant la beauté, nous sommes en plénitude, en félicité.

Je marchais pour la première fois sur la mosaïque du hall du lycée militaire de Kichinev, avec la sensation de l'accomplissement, du bien-être et de la félicité. Comme si j'étais déjà admis au paradis. J'ai monté le double escalier de marbre, qui mène à l'étage. Là-haut, dans la grande salle des cérémonies, siège la commission médicale, composée d'une dizaine de médecins officiers supérieurs. Avant de nous présenter devant eux, on nous scinda en plusieurs groupes, puis nous fûmes introduits dans une pièce vide, où il n'y avait que quelques bancs rangés le long des murs. Nous étions une trentaine de candidats. On nous ordonna de nous déshabiller et de ranger soigneusement nos vêtements sur les bancs. Ensuite, l'examen médical commença. Je fus introduit dans une cabine, derrière un panneau métallique, noir et froid. C'était l'examen radiologique. Le capitaine-médecin, en blouse blanche et képi, se tenait de l'autre côté du panneau. Dans le noir. Il m'ordonna de respirer profondément et de ne pas bouger, puis de me retourner.

J'avais appris avec maître Pintilie ce qu'est une radiographie. Je savais que le médecin militaire regardait, à l'aide des rayons X, mes os, mes poumons et mon cœur. Il examinait l'intérieur de mon corps. Et j'avais un sentiment de quiétude, comme dit le Psalmiste qui demande à Dieu d'examiner son cœur, ses pensées et ses entrailles, pour vérifier qu'il n'y a rien de mal en lui. J'avais en tête les paroles du Psaume 26 : « *Proba me Domine et sonda me...* » « Examine-moi, Seigneur, sonde-moi. Fais-moi passer au creuset mes reins et mon cœur. Constate, Seigneur, si je ne Te cache rien. » L'examen radiologique était pour moi une répétition de ce qui se passerait au Jugement dernier quand Dieu scruterait mon cœur et mes reins... L'officier éclaira la cabine. Il m'appela devant lui et me demanda :

– D'où viens-tu, mon garçon? Dans quelle montagne es-tu né?

Je répondis que j'étais de Neamtz, de la haute Moldavie. J'étais étonné qu'il sache que j'étais né à la montagne.

– Tu n'as jamais été examiné aux rayons X? On ne t'a jamais fait de radioscopie jusqu'à maintenant? demanda le médecin. Eh bien, apprends, mon garçon, que tu as un très beau cœur. Un cœur droit. Parfaitement vertical. Le savais-tu? Non? Réjouis-toi! Car ce n'est pas donné à tout le monde d'avoir un cœur vertical. La plupart des gens, et moi-même je ne fais pas exception, ont le cœur oblique. Penché d'un côté ou de l'autre. Il existe même des cœurs horizontaux. Carrément couchés dans la poitrine. Ce n'est certes pas leur faute. C'est héréditaire. Mais toi, tu as le cœur vertical. Droit. Parfaitement perpendiculaire. Essaie de vivre conformément à la droiture et à la verticalité du cœur que Dieu a mis dans ta poitrine... Va, mon brave garçon, va...

Je rougis jusqu'au bout des oreilles. Mes joues brûlaient. Je sortis de la cabine sous le regard amical de l'officier radiologiste. Un infirmier en blouse blanche me prit par la main et me plaça sous un autre appareil pour mesurer ma taille. Ensuite on me pesa. J'étais de plus en plus détaché de la terre. J'avais la sensation d'entreprendre le voyage, tel que nous le ferons après la mort, quand les anges nous pèseront avant de comparaître devant Dieu, au Jugement dernier. Car, ce jour-là, on pèsera nos péchés et nos actes en présence des anges. J'étais renforcé dans cette vision par le fait que tous les infirmiers et les médecins qui nous examinaient portaient des blouses blanches, marquées de la croix rouge. Un sergent sanitaire mesura ma poitrine avec un mètre de tailleur. Il m'ordonna d'inspirer et d'expirer, successivement. Et chaque fois, il mesura ma poitrine. Puis il me présenta un tube, comme celui des narguilés, et me dit d'aspirer profondément et d'y souffler. Pendant que je soufflais dans le tube en verre, une lame mince indiquait la quantité d'air que mes poumons contenaient.

– De quelle montagne viens-tu? me demanda le sergent.

Exactement la même question que m'avait posée le capitaine radiologiste. Je lui répondis de la même façon.

– Bravo, mon garçon! Tu as de véritables poumons de montagnard.

J'étais soulagé. Je redoutais cet examen médical. Je me trouvais dans une très mauvaise condition physique. D'abord à cause de la rougeur de mes yeux. Ensuite parce que l'air de Kichinev ne me convenait pas tel qu'il était, pesant, lourd. Il y faisait très chaud et je respirais difficilement. J'avais mal à l'estomac. J'avais la colique. Les boublichki, le kwas et le bortsch quotidiens, je ne les supportais pas bien. Et, surtout, il y avait la fatigue des douze heures que nous devions passer chaque jour, dans la rue, à la recherche d'un banc pour nous asseoir.

Je fus conduit devant un autre officier. C'était l'ophtalmologiste militaire. Il retourna mes paupières avec un instrument métallique, comme on retourne les poches d'un vêtement. Il examina l'intérieur de mes paupières, afin de découvrir si je n'avais pas une conjonctivite ou bien quelque autre maladie. Il me fit lire à distance et me montra des cartons multicolores grands comme des cartes de jeu, pour que je lui dise la couleur de chacun d'eux. C'était logique de subir cet examen. Si j'étais admis au lycée militaire, je deviendrais un Aigle du roi. Je devais donc avoir une vue parfaite. Comme les aigles. Voir tout, de loin comme de près, distinguer les couleurs, avoir les paupières saines. Des deux côtés. Tout en m'examinant, l'ophtalmologiste réclama à un infirmier :

– La lanterne pour l'examen du fond des yeux.

L'infirmier en blouse blanche lui donna une lampe qu'il fixa à son front. Il l'alluma et me dit de le regarder, en face, sans bouger. Ensuite, il observa longuement le fond de mes yeux. J'en fus fasciné. J'ignorais que les médecins puissent faire cela. J'étais convaincu jusque-là que le privilège de regarder le fond des yeux appartenait exclusivement à Dieu. C'est Lui seul qui voit le fond de nos yeux et notre cœur où se trouvent nos secrets et nos pensées les plus intimes.

Je sentais la chaleur de la lumière, comme du velours sur mes prunelles. Je gardais les paupières ouvertes afin que le docteur puisse lire au fond de mes yeux, comme dans un livre.

– Fond des yeux, bien! déclara l'officier ophtalmologiste. Ce que l'infirmier assis à côté de lui inscrivit aussitôt sur ma fiche.

Pendant une heure je passai d'innombrables épreuves. Rien ne me fut épargné. On examina mes jambes, pour vérifier si elles étaient normalement constituées, robustes, et avaient de bons réflexes. On inspecta mes côtes, l'une après l'autre, mes clavicules. Mon estomac. Ma bouche. Mes gencives, mes dents et ma gorge. On m'examina le nez et ensuite les oreilles. Attentivement. Aussi bien à l'intérieur qu'à l'extérieur. Car si j'étais admis au lycée militaire je deviendrais un jour officier. Être officier ne signifie pas uniquement être vaillant, instruit et prêt à sacrifier sa vie pour la défense de la patrie et de son peuple. L'officier doit être un bel homme. La beauté est plus importante pour l'officier que pour les acteurs. L'acteur est sur la scène, mais seulement quelques heures, le soir, pendant la durée du spectacle. Tandis que l'officier est en permanence devant ses soldats. Comme sur la scène. Les soldats le regardent et l'examinent sans arrêt, de la tête aux pieds. Ils le jugent. Si l'officier a le nez et les oreilles trop grands ou trop petits les soldats se moquent de lui. L'officier ne peut pas avoir les oreilles décollées, il n'en imposerait pas à ses hommes. Pour se faire écouter et obéir par ses hommes, l'officier doit être beau. Que les soldats puissent le regarder avec plaisir et l'admirer. J'ai donc parfaitement compris pourquoi on étudiait avec tant de minutie mon visage et tout mon corps, pour vérifier que je n'avais pas de cicatrices, de taches, de difformités. Ils voulaient s'assurer que mes épaules étaient assez larges, et surtout si elles étaient droites. Car c'est sur mes épaules que je porterais les galons. On regarda même les doigts de mes deux mains. Longuement. Mes orteils et ma plante des pieds. J'ai appris qu'il y a des gens qui ont la plante des pieds plate. Un homme normalement constitué doit avoir la plante des pieds voûtée. C'est très important. Je ne le savais pas auparavant, mais j'ai trouvé cela très beau que l'homme, qui est le roi de la création, ait son corps placé sur des voûtes. Les voûtes plantaires. Comme les temples. Car l'homme est lui aussi un temple.

L'examen médical fut pour moi comme une répétition générale des épreuves que je subirais avant le Jugement dernier. Car avant de me présenter devant le trône de Dieu, je serai comme ici, au lycée militaire, mesuré, pesé, en présence des anges, interrogé et ausculté.

Après les examens je fus reconduit, toujours nu, dans la grande salle des cérémonies. Là, tout était beau, brillant, superbe. Une dizaine d'officiers supérieurs en uniformes étincelants siégeaient derrière une table dorée, sur une estrade recouverte d'un magnifique tapis rouge. La commission était présidée par un médecin-colonel. Il m'a interrogé sur mon nom, mon lieu de naissance, la profession de mon père... et d'autres questions encore... Il ne faisait d'ailleurs pas attention à mes réponses. Il se souciait seulement de savoir si je prononçais bien les mots, si je m'exprimais avec aisance, si je n'étais pas bègue, si mon corps était droit, si je ne me balançais pas comme les oies en marchant, ou si je n'avais pas les yeux qui louchaient. Les autres officiers supérieurs me regardaient, m'observaient tous et notaient chacun, sur des feuilles, leurs appréciations.

– Bien, mon garçon! Bien. Tu peux t'en aller, dit le colonel.

Je crus voir sur son visage un sourire de satisfaction et je compris alors que j'étais admis aux épreuves médicales.

Un infirmier me reconduisit dans la salle où nous avions déposé nos vêtements. Je m'habillai en hâte et descendis dans la rue. J'étais très fatigué. Comme si j'avais coupé du bois. Mon père m'attendait en face du lycée, sur le trottoir, en compagnie des autres parents de candidats.

– Comment cela s'est-il passé? me demanda-t-il.

Il savait que les résultats seraient affichés vingt-quatre heures plus tard. Mais il était impatient.

– Je crois que j'ai réussi. J'en suis même presque sûr.
– Comment le sais-tu? Qu'est-ce qui te fait croire cela? insista-t-il. Te l'a-t-on dit?
– Non, mais on m'a déclaré : « Tu as un beau cœur, mon garçon. Un cœur droit. Vertical. Bravo! Il y a peu de gens qui ont le cœur vertical dans leur poitrine... »
– On t'a dit cela?
– Ils me l'ont dit, père. Ils m'ont examiné aux rayons X. Ensuite ils ont regardé le fond de mes yeux. Et le docteur a dit : « Fond des yeux bon ». Et l'infirmier a écrit cela.
– Ils ont regardé le fond de tes yeux?
– Oui, père. Ils ont même inspecté ma voûte plantaire et chacun de mes os.
Je racontai tout à mon père, depuis le début. Il m'écouta en silence. C'étaient des choses nouvelles pour lui. Il ne comprenait pas tout. Il n'avait jamais subi de tels examens. Au séminaire, on n'examinait pas les candidats au fond des yeux et on ne regardait pas sous leurs pieds pour voir s'ils possédaient une belle voûte plantaire... Nous avions parlé en marchant et nous arrivâmes devant la porte du jardin public dans lequel nous entrâmes.
– Veux-tu boire un kwas? demanda mon père. Veux-tu manger un boublichki?
– Non, père. Je n'ai ni faim ni soif... Je suis très content que l'on m'ait dit que j'avais un cœur droit. Parfaitement vertical. Je ne le savais pas. On m'a dit que cela était héréditaire. C'est de vous, père, que j'ai hérité mon cœur droit et vertical. C'est le médecin radiologiste qui me l'a dit. Mais sûrement, votre cœur est-il encore plus droit et plus vertical que le mien.

11

J'ai réussi l'examen médical. Aujourd'hui, le 21 juillet 1928, c'est la première épreuve écrite que nous devons passer. Ce sont les mathématiques. Le nombre de candidats diminue régulièrement. Nous sommes chaque jour moins nombreux que la veille. Les candidats éliminés disparaissent, sans prendre congé. Humiliés. Ce matin je me suis réveillé plus difficilement que d'habitude. Mon corps était tout engourdi et j'avais sommeil. Ma tête était lourde. Je me frottai les yeux, et dis à mon père :
– Aujourd'hui ma tête ne fonctionne pas bien... J'appréhende de me présenter à l'examen. Je ne me sens pas en forme.
Mon père s'est moqué de moi.
– Tu te comportes comme un cheval, me dit-il.
– Comme un cheval? ai-je répliqué. J'étais ulcéré.

– Les chevaux de Petrodava se comportent exactement comme toi, dit mon père. Pendant la guerre on avait envoyé nos chasseurs alpins se battre dans la plaine. Ils prirent avec eux les petits chevaux de la montagne pour transporter les armes lourdes, les munitions et les provisions. Dès qu'ils arrivèrent dans la plaine, les petits chevaux furent pris de langueur. Ils perdirent l'appétit. Ils maigrissaient. Ils perdirent leurs poils. On pensa d'abord à une épizootie. On fit venir des vétérinaires. On découvrit que les chevaux ne supportaient pas la plaine. Leur peau était irritée jusqu'au sang par la poussière, la chaleur et l'air salé. Ils souffraient de manque d'altitude. A la montagne il n'y a pas un brin de poussière, car la terre y est pierreuse et nettoyée sans arrêt par le vent. En altitude, les nuages passent comme des éponges imbibées d'eau, et nettoient les prairies, les routes, les maisons et les forêts. Les nuages lavent plusieurs fois par jour chaque feuille des arbres. L'air y est pur et transparent comme une vitre. On y respire avec toute la peau. Par tous les pores. Pas seulement par les poumons. Dans la plaine, les pores sont bouchés par la poussière, encrassés par la chaleur. Les petits chevaux suffoquaient, mais pas les hommes. Ils se sont battus, sur la plaine, comme des lions. Tu ne dois pas te laisser asphyxier par la plaine comme les chevaux. Tu n'es pas un cheval. Tu es un homme.

Les paroles de mon père m'ont remué. Je me suis redressé et une heure plus tard je pénétrais dans la cour du lycée militaire d'un pas ferme et décidé. L'officier de service faisait l'appel des garçons, par ordre alphabétique.

L'examen écrit se déroulait simultanément en dix salles différentes, par groupes de cinquante candidats, et en deux séries. Je me suis trouvé au milieu de cinquante garçons. On nous a fait sortir dans la cour puis dans la rue et de la rue nous sommes entrés dans le bâtiment du lycée, par l'escalier principal, sous les regards des parents qui étaient rassemblés sur le trottoir d'en face.

Nous fûmes ensuite alignés en trois rangs, dans le couloir revêtu de mosaïque. Devant la porte de la salle d'examen se tenaient des sentinelles. Deux devant chaque salle, au garde-à-vous. A côté d'elles se trouvait une table sur laquelle il y avait deux corbeilles en osier. L'officier nous dit :

– Déposez dans les corbeilles vos livres, vos cahiers, les sacoches, les cartables et tous vos objets personnels. Il est strictement interdit aux candidats de pénétrer dans la salle d'examen avec d'autres objets qu'un porte-plume.

Nous nous sommes exécutés, en déposant, l'un après l'autre, tous nos objets dans les corbeilles. Nous sommes entrés dans la salle d'examen, le porte-plume à la main. Nous étions tous très émus. C'était un moment solennel.

Cette salle d'examen était grande, lumineuse, son plafond haut et ses murs blancs. Les pupitres étaient alignés sur quatre rangées. Sur l'estrade, un major en uniforme et, à ses côtés, deux professeurs en civil avaient le visage grave. Ils étaient immobiles, comme des statues. Quatre officiers nous attendaient debout, placés aux quatre coins de la pièce. Ils étaient là pour surveiller le moindre de nos gestes.

La salle avait huit grandes fenêtres s'ouvrant sur l'avenue Alexandre-le-Bon. Elles étaient fermées conformément au règlement et resteraient fermées afin que personne du dehors ne puisse jeter aux candidats des papiers contenant les solutions des problèmes qui leur étaient posés. Pendant l'examen nulle personne, fût-ce même le général, n'avait le droit de pénétrer dans la salle. Nous étions tous entrés. On ferma la porte. Nous nous assîmes. Le major nous dit :

– Aujourd'hui, vous allez passer l'épreuve écrite de mathématiques. Vous avez deux heures pour accomplir votre travail. Regardez la pendule au mur, devant vous, et organisez bien votre temps. Les quatre officiers ici présents vous distribueront des copies. Elles sont estampillées. Elles sont ici, dans ce paquet que j'ouvre devant vous. Il est envoyé par le ministère de la Guerre sous scellés.

Le major trancha la ficelle du paquet et rompit le sceau de cire rouge. Il sortit une copie et nous la montra.

– Chacun de vous recevra une copie. Elle est double et contient quatre pages. Sur la première page, en haut et à gauche, est collée une enveloppe. Dans l'enveloppe il y a un petit carton. Sortez-le pour y inscrire votre nom et votre prénom, et ensuite remettez-le dans l'enveloppe et collez-la. Ainsi, vos feuilles d'examen seront anonymes. Les enveloppes ne seront ouvertes qu'après la correction et l'annotation des textes. L'impartialité est totale. En haut, sur la première page, sont imprimés trois problèmes. Vous en choisirez un seul et vous le résoudrez. Vous aurez deux heures pour le faire. Il est strictement interdit aux candidats de parler entre eux, de se faire des signes et de regarder les voisins. Ceux qui ne respectent pas ces règles seront immédiatement expulsés et éliminés. Dès que le travail est terminé, le candidat se lève et attend debout qu'un officier vienne à son pupitre et prenne sa feuille. Le candidat sortira ensuite de la classe, en marchant sur la pointe des pieds, sans faire de bruit, pour ne pas déranger ses camarades.

La voix du major est rigide. Solennelle. Elle vous glace le sang. Les candidats écoutent, figés sur leurs bancs, immobiles. Paralysés par l'émotion.

Les quatre officiers distribuèrent les feuilles, en les posant devant chaque candidat, sur les pupitres. Le silence était absolu. On n'entendait que le tic-tac de la pendule et le bruissement des feuilles que les quatre officiers posaient sur les pupitres.

J'ai regardé la pendule. Il était huit heures et demie. J'ai lu le premier problème imprimé en lettres grasses de typographie en haut de la page.

C'était un problème facile. Depuis une année j'en avais résolu des centaines et des centaines semblables à celui-là, des dizaines chaque jour. Maître Pintilie sortait par surprise la montre de sa poche et la posait sur la table, sous mes yeux, en disant : « Improvisation! Voilà un problème. Vous n'avez que dix minutes pour le résoudre. »

Maintenant j'ai procédé de la même façon : j'ai résolu le premier problème, sans perdre de temps. Sans lire les suivants. Comme à l'Extemporel. En dix minutes. Lorsque j'ai fini, j'ai regardé la pendule : il était neuf heures moins vingt. Je n'avais pas dépassé le temps prescrit par l'Extemporel. J'ai regardé à droite et à gauche. Discrètement, sans lever la tête. Aucun de mes camarades n'avait encore commencé. Ils étaient tous penchés sur leurs feuilles blanches, émus, concentrés. Ils réfléchissaient. Conformément aux consignes, je devais me lever, et attendre debout qu'un officier vienne prendre ma feuille, car j'avais résolu un des trois problèmes. J'avais terminé l'examen écrit de mathématiques. Mais je n'osais me lever. Cela aurait offensé mes camarades. Cela les aurait blessés et troublés. Ce n'était pas une chose à faire. Malgré tout, je ne pouvais rester sans rien faire. J'ai lu le deuxième problème. Il était plus simple que le premier. Puis j'ai résolu le troisième problème. Au même rythme. Chacun en dix minutes. Comme pendant les improvisations. Comme j'avais l'habitude de le faire.

J'ai regardé à ma droite et à ma gauche. J'étais satisfait. J'avais à résoudre un seul des trois problèmes en deux heures et je venais de les faire tous les trois, en trente minutes. C'était une performance. J'avais réussi ce tour de force parce que j'avais de l'entraînement. Depuis un ans je ne faisais que cela. Les mathématiques sont comme la mécanique. Comme l'horlogerie. Un problème de mathématiques est semblable à la minuterie d'une montre. Celui qui a démonté une montre, pièce par pièce, pour ensuite la remonter, s'il répète l'opération plusieurs fois, est capable de monter et démonter toutes les montres du monde. Les mathématiques sont pareilles.

J'avais la satisfaction du travail accompli et bien fini. Comme un artisan. Je n'avais aucun sentiment d'orgueil. Ni de supériorité. Je regardai mes camarades. Aucun d'eux n'avait encore décidé lequel des trois problèmes choisir. Ils réfléchissaient.

Tandis que je regardais autour de moi, une chose grave se produisit. Les cinquante candidats levèrent la tête. Ils avaient tous le regard tourné vers moi. Ils étaient effrayés.

Je sentis mes joues brûler. Je regardai vers l'estrade, où siégeait la commission. Le major pointait son doigt accusateur vers moi. Sa main tendue était comme un glaive. J'étais pétrifié de peur. Mais je ne comprenais rien. J'ignorais de quoi il s'agissait. Un des officiers se dirigea vers moi. Le major continuait à me désigner de son bras tendu et de son doigt. Les candidats me regardaient aussi. Ils étaient aussi paniqués que moi.

– Qu'est-ce que tu as? me demanda l'officier.

Il était venu tout près de moi et me parlait à voix basse. Je sentais sa respiration chaude, sur mon oreille, ma nuque et ma joue gauche. Je sentais la chaleur de son corps, l'odeur de son uniforme et même celle de ses bottes en cuir. Je me levai.

– Reste assis, ordonna l'officier. Continue ton travail sans regarder à droite ni à gauche. Compris? Si tu récidives, tu seras expulsé.

Je levai les yeux vers lui, sans rien dire. J'étais étranglé par l'émotion. Il était fraîchement rasé. Ses joues sentaient l'eau de Cologne. Son regard était sévère, mais sans méchanceté. J'avais même la sensation qu'il avait pitié de moi. Il dit encore :

– Il est défendu de regarder les devoirs de ses voisins. Reprends ton travail.

– J'ai terminé, lui dis-je comme si je demandais pardon. Comme si j'implorais la grâce, car j'étais très mal à l'aise. J'étais accablé. Écrasé.

– Tu as terminé? demanda l'officier, surpris.

– Oui, monsieur, ai-je répondu, en me disculpant.

– As-tu résolu un des trois problèmes? Complètement? me demanda-t-il.

– Je les ai résolus tous les trois, monsieur.

– Lève-toi, et reste debout, m'ordonna-t-il.

Il ne me croyait pas. Il prit ma feuille et sans la regarder, la déposa sur la table de la commission, puis d'un geste tranchant, de sa main droite, comme d'un coup d'épée, me fit signe de sortir. Il n'y avait pas moyen de se méprendre. C'était l'ordre de quitter la salle qu'il m'intimait. J'étais expulsé. Les candidats étaient blêmes. Leurs regards pleins de compassion et de pitié étaient dirigés vers moi. Je sentais les yeux apitoyés de ces cinquante garçons, plantés dans ma chair, comme des pointes de piques. Je baissai les yeux et sortis sur la pointe des pieds. Je repris mon plumier dans la corbeille d'osier, et je me précipitai, sous les regards des sentinelles, vers la sortie.

Ma victoire s'était transformée, par un malentendu, en défaite, en humiliation. En sortant du lycée, je fus ébloui par le soleil. La lumière était tellement forte que je baissai la tête. Sur le trottoir d'en face, où s'étaient rassemblés les parents des candidats, mon père m'avait vu sortir. Il voyait que j'avais la tête baissée, comme si je pleurais. Il voulait m'épargner les questions que les parents d'élèves me poseraient et se détacha de la foule, traversa la rue en courant, me prit par la main et m'entraîna loin du lycée.

Après une dizaine de mètres, loin des parents curieux, mon père me demanda :

– Que s'est-il passé? Pourquoi es-tu sorti avant la fin de l'examen?

– Il ne s'est rien passé, père. J'ai terminé. On nous a donné trois problèmes. Il fallait en choisir un, je les ai résolus tous les trois. Je n'avais plus rien à faire. Je suis sorti.

– Tu as fait les trois problèmes en une demi-heure? demanda mon père. Il était incrédule. Il ajouta : On vous a donné deux heures pour résoudre un seul problème, et toi, tu prétends les avoir résolus tous les trois en trente minutes! Cela ne peut pas être vrai.

– Si père. Je ne vous mens pas. C'est ainsi. Je n'y suis pour rien. Pendant une année, j'ai résolu, chaque jour, des dizaines et des dizaines de problèmes. Maître Pintilie m'interrompait brusquement dans mon travail, mettait sa montre sur la table et me disait : « Fais ce problème en dix minutes. » Et cela pendant une année. Je n'y suis pour rien, père. Je suis conditionné.

Les larmes me vinrent aux yeux. J'avais envie de m'enfuir et de me cacher.

– Les candidats, dans la classe, croyaient comme vous, père. Ils ont pensé que j'étais expulsé, éliminé. Ils me regardaient avec pitié et même avec compassion. C'était terrible pour moi. Je ne savais pas comment m'enfuir le plus vite possible... mais je n'ai rien fait de mal pour subir cela. Rien! A cause des improvisations, je suis capable de résoudre très vite tous les problèmes. Je suis conditionné. C'est tout. Rien d'autre. Je n'y suis pour rien.

Nous sommes entrés dans le jardin public. Nous nous sommes assis, comme d'habitude, sur le même banc, devant le kiosque à musique. J'ai raconté à mon père, en détail, tout ce qui s'était passé. Il me dit alors :

– Je suis content de toi.

– Merci, père.

Et j'ai pris sa main droite et l'ai baisée.

12

La liste des candidats admis au lycée militaire de Kichinev fut affichée le 1er août 1928, à huit heures du matin. Dans le hall du lycée, pas dans la cour, comme avaient été affichées les listes précédentes.

J'ai lu, sur le panneau, les noms des candidats admis. Ils étaient inscrits par ordre alphabétique. J'avais le souffle coupé. Quand je suis arrivé à la lettre G mon cœur battait tellement fort que j'ai posé la main sur ma poitrine. J'ai lu les noms Gaida, Gasca... Enfin, Gheorghiu. J'y étais! J'étais sur la liste. J'étais admis au lycée militaire. Je serais un *Aigle du roi*. Dans un mois je serais habillé en uniforme du roi. J'aurais sur la tête un képi, avec une aigrette rouge... Les efforts, les sacrifices, la persévérance étaient récompensés.

J'ai lu mon nom une deuxième fois. Puis une troisième fois. Il était là, mon nom, en toutes lettres, écrit sur le panneau d'affichage. Sur la liste des candidats admis. Je le voyais bien. Mais je le relisais. Pour me convaincre que c'était vrai, que je ne rêvais pas. Car depuis une année, je ne pensais qu'à cet instant-là. Et cet instant était arrivé.

J'ai lu et relu la liste des candidats admis, depuis le début, plusieurs fois, jusqu'à mon nom. Quand j'arrivais à Gheorghiu, je me relisais. Et je ne pouvais aller plus loin. J'ai tourné la tête. Derrière moi, dans le groupe compact des candidats et des parents, entassés les uns sur les autres, très serrés, comme une grappe de corps et de têtes, j'ai découvert mon père. Il lisait, lui aussi. Son cou était allongé. Son visage était sombre. Terriblement sombre. Ses yeux étaient noirs comme l'encre. Son front et ses joues étaient gris, comme la tête du Christ, sur la montagne des Oliviers : « Tout gris et fondu [1]. »

J'ai appelé mon père. Il ne m'a pas répondu. Il avait les yeux fixés sur le grand panneau. Il lisait en bas de la liste. J'ai regardé aussi, et j'ai lu : « Les 47 candidats qui ont été admis ont tous reçu la note *quum maxime* et la commission ne les a pas départagés. Les sept candidats reçus en plus, seront *solventi*, payants. Ils acquitteront, au début de la première année, une somme de 12 000 lei. Les sept élèves *solventi* ont été choisis parmi les six catégories suivantes : 1) ceux qui ne sont pas orphelins de père et de mère, 2) ceux dont le père n'est pas mort sur le champ de bataille, 3) ceux dont le père n'est pas mutilé ou infirme de guerre, 4) ceux dont le père n'est pas décoré. 5) Sont exceptés aussi les fils de militaires, 6) de même, les élèves dont les parents ont présenté un certificat de pauvreté. Sur la liste alphabétique des sept candidats admis, le premier nom était Gheorghiu Virgil. Le mien.

C'était cette deuxième liste que mon père lisait. Je l'ignorais. J'étais admis au lycée militaire de Kichinev. Mais j'étais admis comme élève payant. *Solventi.*

Mon père fixait, comme hypnotisé, le communiqué affiché sur le panneau. Tout en regardant il s'amenuisait, fondait. Son visage s'allongeait et devenait de plus en plus pâle, de plus en plus gris-vert. Ses yeux s'enfonçaient dans leur cavité orbitale comme dans deux trous sombres.

– Viens, ordonna mon père.

Il me prit par la main. Il m'entraîna dans la rue. Nous nous éloignâmes du lycée militaire. Nous marchions sans ouvrir la bouche, la tête baissée vers l'asphalte du trottoir. Nous entrâmes dans le jardin public. Automatiquement. C'était notre domicile permanent depuis trois semaines. Nous nous assîmes sur notre banc habituel. Nous regardions autour de nous, mais ni mon père ni moi ne voyions rien. Absolument rien. Le kiosque à musique, l'autre kiosque à kwas et à boublichki étaient devant nous. Nous les regardions. Fixement. Mais nous ne les voyions pas. Nous ne voyions ni l'allée, à nos pieds, ni les arbres, ni les fleurs. Rien. Devant nous, il n'y avait que le désert. Le néant. Infinis. Comme si tout ce qui existait avait disparu de l'univers. Disparus, les

1. Rainer Maria Rilke, *le Mont des Oliviers*.

arbres, les fleurs, les maisons, les villes. Tout s'était évanoui. Il ne restait plus, dans l'univers, que notre désert. Notre immense désert. Notre désolation. Notre infinie tristesse. Notre déception. Tous nos rêves, tous nos efforts, toute notre fatigue et tous nos sacrifices avaient été vains. Nous avions tout sacrifié pour rien. Tout ce que nous avions accompli avait été inutile.

– Nous attendrons ici jusqu'au soir, dit mon père. A sept heures, nous irons à l'hospice ecclésiastique chercher notre valise. Ensuite, nous irons directement à la gare.

Sa voix était triste, opprimée, comme si elle venait de loin. Sa voix n'était ainsi que le vendredi saint, quand il chantait, à l'église, le déchirant office de la mise au tombeau du Christ... C'est la plus poignante cérémonie religieuse. Ce vendredi-là, nous, les chrétiens, nous mettons notre Dieu au tombeau. Nous enterrons notre Sauveur.

Mon père parlait maintenant avec sa voix de vendredi saint.

– Dommage que nous ne puissions récupérer notre valise tout de suite et aller à la gare. Mais Grégorios ne vient à l'asile qu'à sept heures. A sept heures précises nous serons devant la porte de l'hospice, pour prendre notre valise et aller à la gare sans perdre de temps. Il y a un train qui part à onze heures du soir.

Mon père parlait comme un automate. Il avait hâte de quitter la ville. Il se tut, brusquement, et resta immobile. Le silence tomba entre nous comme du métal froid. Lourd. Pesant. Il pesait sur nos têtes. Sur nos épaules. Sur nos âmes. Et nos cœurs battaient au ralenti, comme sur le point de s'arrêter. Nos cœurs bougeaient à peine sous le poids de la douleur qui nous écrasait.

– Je ne suis pas éliminé, père, lui dis-je. Je suis admis. J'ai passé avec succès toutes les épreuves. Toutes. Certes, je suis admis comme élève *solvent*. Payant. Mais je ne suis pas éliminé.

– Tu n'es pas éliminé, répondit mon père. Bien sûr que non.

– Nous ne pouvons pas payer, n'est-ce pas?

– Oui, c'est cela. Nous ne pouvons pas payer une telle somme. Nous n'avons jamais eu tant d'argent.

Je savais bien que même en vendant notre maison, qui n'était d'ailleurs pas terminée, nous n'aurions pas la somme demandée. Même si l'on vendait tout ce que nous possédions, les lits, les couvertures, la table, la vaisselle, et même les habits que nous portions, nous n'arriverions pas à rassembler une telle somme d'argent. Personne ne nous donnerait 12 000 lei pour tout ce que nous possédions. Même en vendant jusqu'au dernier objet, y compris nos chemises. A une époque passée nous aurions pu nous vendre nous-mêmes, comme esclaves, pour payer la taxe. Cela se passait souvent. Mais aujourd'hui on ne pouvait plus se vendre soi-même, pour devenir serf et payer les dettes. Pour nous, il n'y avait pas d'issue. Aucune. Je raisonnais comme pendant les improvisations, quand je devais résoudre un problème en dix minutes. Je compris tout de suite que je ne serais jamais élève du lycée militaire de Kichinev, malgré mon admission, avec la note *quum maxime*, malgré le fait que j'eusse passé toutes les épreuves, écrites et orales, avec brio. L'examen fut juste. Mais cela ne suffisait pas encore. Il fallait remplir aussi d'autres dispositions. Être orphelin de mère et de père. Mes deux parents étaient en vie. S'ils avaient été morts, j'aurais été admis. Étant orphelin, j'aurais pu devenir Aigle du roi. Revêtir l'uniforme du roi. Mais je ne remplissais pas cette condition. Je ne pouvais donc devenir élève du lycée militaire.

J'aurais pu être admis, sans payer, même si ma mère était en vie. Mais, dans ce cas-là, il aurait absolument fallu que mon père fût mort sur le champ de bataille, pendant la guerre. Or, mon père n'avait pas été tué à la guerre. Je ne remplissais pas non plus cette condition. Je pouvais être admis, mon père et ma mère étant en vie, si mon père était estropié. Grand mutilé, invalide. Je ne remplissais pas non plus cette condition. Mon père n'avait pas été déchiqueté par un obus. Il n'avait pas eu d'œil, de bras ou de pied, arraché par une bombe. Son corps n'avait été déchiré par aucun éclat d'obus, sur le champ de bataille, ni percé par les balles. Il ne se déplaçait pas dans un fauteuil roulant, comme les grands invalides. Je ne remplissais pas cette condition. J'aurais pu être admis, sans avoir mes parents morts, et sans avoir mon père mutilé, si j'avais été fils de militaire. Mais mon père n'était pas militaire. Je ne remplissais pas non plus cette condition.

Mais je pouvais être admis, sans payer les taxes, si mes parents avaient un *certificat* de pauvreté. Certes, nous étions pauvres. Et même très pauvres. Extrêmement pauvres. Démunis de tout. Comme les bêtes de la forêt, qui ne possèdent rien en dehors de leur tanière. Mais nous n'avions pas de certificat de pauvreté, malgré notre pauvreté extrême. Et sans certificat, notre pauvreté ne pouvait être prise en considération. Notre pauvreté n'avait pas de valeur légale. Elle n'avait aucune... valeur. Nous étions à ce point pauvres que nous manquions jusqu'au certificat de pauvreté...

– Il aurait mieux valu que je fusse éliminé dès les premières épreuves, dis-je. Nous sommes restés ici trois semaines, j'ai passé toutes les épreuves avec succès, inutilement. Nous avons perdu notre temps. Pour rien. Il nous faut rentrer le plus vite possible...

13

Nous avons voyagé toute la nuit. Notre train est arrivé à Pascani avec un retard de deux heures. L'autobus qui devait nous amener à Targul-Neamtz était parti depuis une heure et le prochain départ était pour le lendemain matin.

– Nous ne pouvons pas attendre vingt-quatre heures dans la gare le prochain départ de l'autobus, dit mon père. Nous ne pouvons pas non plus rentrer à pied. La route est trop longue. Fatigués comme nous sommes, il nous faudrait deux jours de marche pour y arriver. Allons chez ta grand-mère à Vale Seca. Dans deux heures nous y serons. C'est à sept kilomètres de Pascani. Nous y passerons la nuit. Demain matin de bonne heure nous viendrons à la gare et prendrons l'autobus pour Petricani. Pourras-tu marcher pendant deux heures?

J'étais content d'aller chez ma grand-mère. Nous sommes sortis de la gare. Mon père portait la valise. Nous marchions l'un à côté de l'autre d'un pas lent et las, à la cadence des gens qui suivent un convoi funèbre, car nos cœurs étaient lourds. Et quand l'homme est triste, il marche comme s'il traînait des chaînes. A cinq cents mètres de la gare, c'est la campagne. La vallée du Siret. Riche. Verte. Le Siret est un « chemin sans poussière », une voie de communication. Depuis des temps immémoriaux, les marchands du Nord, de la Baltique, et de la Scandinavie empruntaient la vallée du Siret, en Moldavie, pour descendre vers les pays d'Orient. Au-dessus du Siret se trouve un couloir aérien qu'empruntent les oiseaux migrateurs qui descendent en automne vers le sud et remontent au printemps vers les terres nordiques.

Mon père et moi marchions la tête penchée. Des deux côtés de la route poussaient des herbes sauvages. De temps en temps, je voyais dans les broussailles des coquelicots : ce sont des larmes rouges. Des larmes de sang tombées sur l'herbe au bord de la route. Je n'étais allé qu'une seule fois à Vale Seca, où est né mon père. A l'époque, j'étais trop petit. Je n'en avais pas conservé de souvenir. Aussi, lorsque mon père me désigna de loin la maison, avec ses murs blancs, son toit en bardeaux, et le portail sculpté en bois de chêne, ce fut comme si je la voyais pour la première fois. La maison natale de mon père semblait inhabitée. Il n'y avait aucune vie dans la cour. Ni poule, ni cochon, ni chien. Rien. La porte était fermée. Mon père prit un caillou et frappa. Personne ne répondit. J'avais peur que ma grand-mère fût morte. Elle y vivait seule. Je me souvenais d'elle, quand elle était arrivée à l'improviste, à la Vallée blanche.

Elle nous avait apporté un pain de sucre enveloppé dans du papier bleu. Elle était grave. Elle était venue demander conseil à mon père pour une affaire de famille. Iliana, la sœur de mon père, venait de se marier, en 1918, au printemps, avec le prince Igor. Les soldats russes mutinés et organisés en soviets avaient assassiné le mari d'Iliana, dans le train, le jour de leur mariage. Iliana était à côté de lui lorsqu'il était mort. Elle était devenue veuve après un mariage qui n'avait duré que quelques heures. C'était le premier meurtre commis par les soviets dans ma famille. A partir de ce jour, Iliana vécut cloîtrée, vêtue de noir, comme un ermite. A la fin de l'année 1920, peu de temps avant Noël, un courrier militaire, en motocyclette, apporta au presbytère de Vale Seca une lettre avec un cachet en cire rouge. C'était une lettre de la princesse russe, la belle-mère d'Iliana. Une lettre envoyée de Constantinople, par courrier diplomatique. La mère du prince Igor écrivait à Iliana qu'elle avait réussi à s'enfuir de Russie, et qu'elle se trouvait à Constantinople depuis quelques semaines. Elle disait aussi que toute sa famille avait été massacrée par les soviets, et que tous ses biens étaient confisqués. En automne 1920, la Cavalerie rouge de Boudiennyi écrasait les dernières unités de l'armée russe qui résistaient aux soviets en Crimée.

La France expédia à Sébastopol une mission militaire commandée par le général Martel, et plusieurs navires de guerre, le croiseur *Waldeck-Rousseau*, sous le commandement des généraux Dumesnil et Broussaud. Le général russe Wrangel et 14 600 soldats de l'armée russe antibolchevique furent embarqués pour Constantinople, ainsi que de nombreux civils rescapés du massacre. La mère du prince Igor était parmi ceux-ci. Elle disait à Iliana, sa belle-fille, qu'elle restait le seul membre vivant de sa famille et la suppliait de la rejoindre à Vienne, où elle possédait une belle et grande maison et où elle arriverait avant Noël. Dans l'enveloppe il y avait aussi une importante somme d'argent en livres anglaises, pour les frais de voyage.

Iliana partit pour rejoindre sa belle-mère, mais celle-ci n'arriva jamais à Vienne. Elle disparut pendant le voyage, comme tant d'autres réfugiés russes. Iliana l'attendit à Vienne, dans la grande maison où habitait la cousine de sa belle-mère, la vieille princesse Zita. Celle-ci voulait garder Iliana près d'elle le plus longtemps possible. Elle lui proposa de devenir sa demoiselle de compagnie. Fort bien rémunérée. Depuis huit ans Iliana se trouvait à Vienne. Elle parlait parfaitement l'allemand, accompagnait sa tante Zita aux concerts, au théâtre, écrivait ses lettres et présidait les réceptions.

Mon père frappa plus fort encore contre la porte. Comme il n'y avait pas de réponse, il eut peur, comme moi, que sa mère ne soit morte, car elle vivait absolument seule, depuis qu'Iliana était à Vienne.

Enfin, ma grand-mère apparut sur le seuil de la véranda. Elle était, comme toujours, droite. Perpendiculaire. La tête haute. Elle était vêtue de noir. Bottes de cavalière. Cheveux gris. Une véritable amazone. Depuis la guerre elle n'avait plus de chevaux mais elle gardait les habitudes et la tenue des éleveurs de chevaux. Avant de nous ouvrir la porte, elle jeta de la véranda un coup d'œil sur mon père et moi. Elle nous examina de la tête aux pieds, comme si elle regardait ses chevaux. Pour vérifier leur état, sans rien négliger, en nous jaugeant. Notre délabrement, nos mines tristes et nos visages mornes éclairèrent tout de suite ma grand-mère. Elle comprit que j'étais éliminé à l'examen d'admission au lycée militaire. Pour ne pas nous entendre nous lamenter et ne pas rouvrir les plaies de notre défaite, elle ne parla pas de notre voyage, ni de l'examen. Elle ouvrit la porte massive en bois de chêne. Quand nous entrâmes dans la cour elle reverrouilla la porte et s'inclina ensuite, avec humilité, devant mon père dont elle baisa la main droite.

J'étais à nouveau étonné de voir ma grand-mère baiser la main de son fils. Mais, du jour où il fut ordonné prêtre, son fils devenait en même temps son père. Elle était simultanément la mère et la fille de son fils. Et mon père était le fils, mais aussi le père de sa propre mère.

– Pourquoi boites-tu? me demanda ma grand-mère.

Je venais à peine de faire deux pas devant elle, qu'elle avait remarqué que je marchais mal. Elle avait l'œil exercé des éleveurs de chevaux et des amazones. Elle regardait mes jambes. Elle en était mécontente.

– Il ne boite pas, répondit mon père. Il est fatigué du voyage.

– Même s'il ne boite pas, il marche mal, dit ma grand-mère. On ne peut pas laisser cela ainsi. Il faut soigner ses pieds.

Elle nous introduisit dans la cuisine. Une grande pièce, presque vide, comme si on ne l'utilisait pas.

– Enlève tes brodequins, ordonna-t-elle.

Elle chauffa de l'eau, me fit asseoir, au milieu de la pièce, sur une petite chaise et mettre les pieds dans un bassin d'eau chaude. Elle vérifia les brûlures, les ampoules et les rougeurs que j'avais sur les pieds. Je n'étais pas étonné que mes pieds soient ainsi abîmés. Depuis trois semaines j'étais resté presque tout le temps debout, et je marchais toute la journée.

Ma grand-mère versa une poudre blanche dans l'eau du bassin.

– C'est de l'acide borique, mentionna-t-elle.

Puis elle me fit sécher les pieds et les saupoudra de talc. Enfin, elle couvrit la table d'une belle nappe blanche et nous apporta à manger du lait, de la polenta et des pommes. Elle recommanda à mon père de prendre, lui aussi, un bain de pieds avec de l'acide borique. Depuis notre arrivée, ma grand-mère se comportait avec mon père et moi comme si nous étions des infirmes, des malades, des êtres recueillis au bord de la suprême détresse. Cela me mettait mal à l'aise. Je voulais lui dire que nous n'étions pas des êtres désespérés.

– Je n'ai pas été éliminé du concours, grand-mère, lui ai-je dit. J'ai passé le concours avec succès. J'ai été admis au lycée militaire avec la notation *quum maxime.*

– Tu as réussi?

– Oui, grand-mère.

– Mais pourquoi ne le dites-vous pas? s'écria-t-elle. Pourquoi ne le dites-vous pas?

La tasse qui était dans sa main tomba et se cassa. Elle se précipita vers moi et m'embrassa. Elle me serra très fort sur sa poitrine. Je suffoquais dans ses bras, tellement forte était son étreinte. Quand elle me relâcha, j'avais les yeux pleins de larmes. Elle pleurait aussi. Avec les yeux ouverts. Elle me regardait à travers ses grosses larmes et dit :

– Tu as réussi à l'examen. Mon petit. Mon brave petit. Lumière de mes jours. Tu as réussi le terrible examen. Et tu ne dis rien! Mais pourquoi te tais-tu?

– Il a réussi, dit mon père. Bien sûr qu'il a réussi... Mais...

– Il fallait me le dire dès le début qu'il avait réussi, s'exclama ma grand-mère. Il fallait le crier dans la rue. Que tout le monde l'entende. C'est le premier garçon de toute la région qui ait réussi le concours d'admission au lycée militaire. Le premier! Chaque année il y en a des milliers qui se présentent. Des milliers. Et aucun ne réussit. Tous sont éliminés. Mais lui, il a réussi.

Ma grand-mère se tourna vers moi. Toute rouge d'émotion. Elle me dit :

– Comment as-tu été si bête de frapper à la porte! Tu aurais dû l'escalader, sauter par-dessus pour entrer. Car tu as réussi au terrible examen. C'est ainsi que j'aurais procédé à ta place, si j'avais réussi au lycée militaire... Car réussir un tel examen, c'est un championnat. Un record.

Et elle m'embrassa à nouveau. C'était la première fois qu'elle le faisait. Elle avait toujours été distante, réservée, sévère. Maintenant elle était exubérante. Folle de joie.

– Il a réussi, dit mon père. Mais...

– Il n'y a pas de « mais », s'écria ma grand-mère. Un concours, on le gagne ou on le perd. C'est oui ou non. Il n'y a pas de nuances. Il a réussi. C'est tout. Combien de candidats y avait-il cette année?

– Environ trois mille, répondit mon père. Il fallait choisir quarante élèves parmi trois mille candidats. Mais on en a accepté quarante-sept au lieu de quarante. On a reçu tous ceux qui ont obtenu la note *quum maxime*. On ne les a pas départagés. On les a tous acceptés. Mais les sept qui ont été admis en plus doivent payer une taxe. Ils ont été reçus comme *solventi*. Payants. Les sept *solventi* ont été choisis parmi les élèves qui ne sont pas orphelins de guerre, ni fils d'invalides, ni fils de militaires.

Mon père expliqua à sa mère que je devais payer, pour la première année, une taxe de 12 000 lei.

– Nous ne pouvons pas payer cette somme, dit mon père. Voilà pourquoi nous ne vous avons pas dit que Virgil était admis. Nous ne pouvons pas être en joie. Certes, il est admis, il a réussi. Mais il ne sera pas élève du lycée militaire. Non pour ses résultats, mais à cause de la taxe...

Ma grand-mère serra les dents. Elle se retourna et marcha, droite et décidée, vers le buffet de la cuisine. Elle l'ouvrit et prit une boîte en fer-blanc sur laquelle était écrit le mot « Thé ». Elle l'ouvrit et en sortit une liasse de billets de banque. Des billets de mille. Elle commença à les compter, en les posant, l'un après l'autre, sur la table, devant mon père.

– Voilà douze mille, dit-elle. Et voilà encore mille. Le dernier billet que je possède. C'est pour vos frais de voyage. Quand on a réussi au lycée militaire, en dépassant trois mille candidats, on ne refuse pas d'y entrer.

– D'où tenez-vous tant d'argent? demanda mon père.

– C'est l'argent de ta sœur Iliana. C'est elle qui me l'a envoyé de Vienne, par la banque. Je l'ai reçu il y a deux jours.

– Vous ne sauriez disposer de l'argent d'Iliana, dit mon père.

– Ta sœur a été pendant huit ans la demoiselle de compagnie de la princesse Zita. Elle était largement rémunérée. Elle dépose chaque mois son salaire à la banque. Maintenant, la vieille princesse est morte. Ta sœur reviendra à la maison. Pour vivre à côté de moi.

– Elle aura besoin de son argent. Elle a travaillé huit ans pour le gagner.

– Ne t'en fais pas pour elle, dit ma grand-mère. Ce que je t'ai donné n'est qu'une toute petite partie de son argent. La fortune de la princesse Zita est immense. Elle sera partagée entre ses innombrables descendants. Iliana est parmi eux, elle fait aussi partie de la famille. Zita était la cousine de sa belle-mère. En plus, la princesse Zita aimait Iliana plus que tous ses autres parents. Elle lui a laissé par testament une belle somme d'argent. Dès que ta sœur reviendra, la banque transférera son argent en Roumanie. Et nous pourrons retirer de la banque toutes les sommes que nous désirerons et quand nous le désirerons... Iliana est riche maintenant. Elle sera heureuse que je t'aie donné cette somme. Elle veut refaire notre écurie. Elle veut acheter des chevaux et de la terre. Elle veut refaire l'église de son père, et réparer la maison. Aider les pauvres. Voilà.

J'étais tellement étonné de ce qui venait de se passer que je ne revenais pas à moi. La maison de ma grand-mère était vide. La pauvreté totale. C'était comme une maison abandonnée. Comment croire que dans cette maison il puisse y avoir tant d'argent dans une boîte en fer-blanc, et que cet argent nous serait offert? Les juifs qui mouraient de soif dans le désert furent pareillement éblouis, lorsqu'ils virent que l'eau jaillissait subitement du rocher. J'étais en train de vivre le même miracle.

Il était aussi inattendu de recevoir ici et maintenant cette somme que de voir sortir l'eau du rocher, en plein désert. Mais, grâce à ce miracle, je pourrais affirmer, en rentrant à la maison, au village, que j'étais admis au lycée militaire et que dans trois semaines je revêtirais l'uniforme du roi.

X

L'ESCALIER DE FER

Cela fait une semaine que nous sommes rentrés à Petricani. La nouvelle de mon admission au lycée militaire s'est vite répandue dans toute la montagne. Tel un véritable événement. Les parents des autres garçons se prirent à rêver qu'ils pourraient, eux aussi, voir leurs enfants vêtus de l'uniforme du roi avec ses boutons en or et le képi à aigrette rouge, et devenir Aigles du roi. Comme moi.

Le ministère de la Guerre publia le 9 août, dans le *Journal officiel*, la liste des quarante-sept élèves admis au lycée militaire de Kichinev. Le même jour, le commandant du poste de la gendarmerie de Petricani se présenta au presbytère. Il vint à la véranda et salua solennellement mon père, lui remit une grande enveloppe, en lui demandant de signer le procès-verbal de réception.

C'était l'ordre de nous présenter, mon père et moi, à la gare de Kichinev, le 1er septembre 1928 à zéro sept heures et quarante-cinq minutes, par le train en provenance de Pascani. C'était une bonne nouvelle, mais, en écoutant la lecture, nous eûmes un frisson.

– Le lycée militaire n'envoie pas les lettres par la poste ordinaire, expliqua le gendarme, en nous voyant figés et silencieux. Le lycée militaire est une institution qui appartient au ministère de la Guerre. Il utilise la poste militaire. Dans les localités rurales, comme à Petricani, ce sont les gendarmes qui les portent aux destinataires. Comme les ordres de mobilisation, et de réquisition.

Mon frère Nicolas fut, lui aussi, impressionné. Pour la première fois. Il se rendait soudainement compte que je n'étais plus son frère comme auparavant. J'étais devenu quelqu'un de plus important. Plus important même que mon père. Car mon père recevait les lettres de la métropolie par le courrier ordinaire. C'est le facteur du village qui les lui apportait. Moi, je venais de recevoir une lettre par une voie exceptionnelle. Et non seulement la voie, mais aussi les mots utilisés dans la lettre étaient différents de ceux du langage ordinaire. Ce n'étaient pas des mots utilisés par tout le monde. Par exemple, dans ma lettre il n'était pas dit : *« de prendre le train qui arrive à la gare à huit heures moins le quart »*, mais il était écrit : *« zéro sept heures et quarante-cinq minutes »*. Cela signifiait la même chose, mais la manière de le dire changeait tout. Le ton utilisé était lui aussi différent, grave et solennel. Le titre de la lettre était : *« Ordre de se présenter »*. Ces mots vous donnent des frissons. A la fin se trouvait écrit : *« L'élève et son accompagnateur seront présents sur le quai à l'heure indiquée. »* Cette phrase m'a causé quelque peine. Ils appelaient mon père *« l'accompagnateur de l'élève »*. C'était péjoratif. Comme si l'on eût dit « son cocher ». A l'égard de mon père cela n'était pas juste. Mon père ne pouvait pas être relégué au simple rang d'accompagnateur. Heureusement, la lettre était adressée au nom de mon père. Pas au mien. Mon père en était le destinataire. Cela le réhabilitait un peu.

Le jour fixé, « la valise de chemin de fer de maman » fit, en notre compagnie, son troisième voyage par le train. Cette fois, elle était presque vide. On n'avait pas beaucoup de choses. Même pas de chemises de nuit, car mon père ne passerait pas la nuit à Kichinev. Il prendrait le train de retour le soir même. On mit dans la valise plusieurs savonnettes pour les offrir à Terenti, le patron de *la Cambuse*. On avait choisi pour lui celles qui ont le parfum le plus fort et les couleurs les plus vives. Terenti serait content. Nous lui devions bien cela. Pendant les trois semaines que l'examen dura, en nous apportant la soupière de bortsch, il nous manifestait son amitié en offrant à mon père, à chaque repas, un verre de vin rouge. Gratuitement, refusant avec obstination de prendre de l'argent.

Notre train arriva dans la gare de Kichinev à l'heure précise sans une minute de retard. Un lieutenant et deux sergents nous attendaient sur le quai. L'officier tenait une liste à la main. Nous nous sommes approchés de lui. Nous étions une dizaine de garçons, accompagnés de nos parents. Je n'avais pas vu ces autres garçons dans le train. A Pascani j'étais le seul à embarquer. Ils étaient montés dans le train à Iassy et dans les autres gares. Le lieutenant fit l'appel, en lisant nos noms sur la liste, et ordonna ensuite :

– Les élèves et leurs accompagnateurs suivront le sergent...

Le lieutenant resta dans la gare pour attendre les élèves en provenance d'autres directions. La réception des nouveaux élèves dans la gare de Kichinev se poursuivrait toute la matinée. Les derniers arrivaient à 15 heures. Nous, « le groupe de zéro sept heures quarante-cinq », nous suivîmes le sergent, en le regardant avec curiosité. C'était un jeune citadin qui effectuait son service militaire. Il travaillait au bureau et portait sur ses épaules les galons blanc argenté de secrétaire. Il marchait en tête, d'un pas de promenade. Nous le suivions, groupés derrière lui.

– Nous allons au bain du lycée, expliqua le sergent.

Dès que nous arrivâmes à l'avant-dernière station de tramway, nous quittâmes l'avenue Alexandre-le-Bon et tournâmes à droite de la gare. Peu de temps après nous étions devant *la Cambuse.*

C'était la partie de la ville que je connaissais le mieux. Nous y étions venus chaque jour, pendant toute la durée de l'examen. Je cherchai du regard la silhouette de notre ami Terenti, le cambusier. Il aurait dû être quelque part derrière *la Cambuse,* auprès de son four en plein air, en train de préparer le bortsch. Mais il n'y était pas. Sur la porte de la cantine était collée une grande feuille de papier. Je m'approchai et lus : *« Établissement fermé par les autorités pour vente illicite de boissons alcoolisées. »*

– C'est la semaine passée qu'on a fermé *la Cambuse,* expliqua le sergent. Le patron, un ancien marin, dénommé Terenti, vendait des *spiritueux.* Il n'en avait pas la licence. *La Cambuse* se trouve trop près d'un établissement militaire. Il est défendu par la loi de vendre de l'alcool à moins de 500 mètres de la porte d'une école ou d'une caserne. Il est maintenant à l'ombre. On l'a bouclé. Il prétend qu'il ne vendait jamais de boissons alcoolisées et qu'il en offrait gratuitement à ses clients et amis. Mais il n'a aucune chance de s'en tirer. Car, même gratuitement, il est interdit de servir des boissons alcoolisées devant les portes des casernes et des écoles...

Le sergent parlait en marchant. Nous arrivâmes à l'entrée des établissements annexes du lycée militaire. La sentinelle se mit au garde-à-vous et salua le sergent, en nous observant avec curiosité. Sur la pelouse verte, où se trouvaient les cordes à sécher le linge, il n'y avait personne. J'aurais voulu voir de près les Ukrainiennes ressuscitées de leurs tombeaux de neige et de glace sur la rive droite du Dniestr et qui étaient devenues blanchisseuses au lycée militaire de Kichinev. Mais elles n'étaient pas là. Le pavillon du lavoir était fermé. Le sergent nous conduisit à l'autre bout de l'allée, dans un bâtiment en brique rouge, vaste comme un hangar, aux portes largement ouvertes, au sol recouvert de ciment et avec, tout le long des murs, des bancs en bois blanc. C'étaient les bains du lycée militaire.

Le sergent nous compta, puis fit l'appel nominal. Nous étions tous présents. Aucun de nous ne s'était perdu en route. Le sergent nous invita à nous asseoir sur les bancs et dit :

– Attendez ici. On viendra vous prendre en charge au début de l'après-midi. Quand tous les nouveaux élèves seront rassemblés.

Il plia la liste avec nos noms, la glissa dans sa poche et s'en alla. Nous restâmes seuls, dans l'immense hangar. Je ne connaissais pas mes camarades. Ni leurs parents. Nous avions été ensemble pendant trois semaines, mais, pendant les examens, nous étions tellement nombreux que nous n'aurions pu faire connaissance les uns des autres. Ceux que nous avions connus n'étaient plus ici. Ils avaient été éliminés. Nous et nos parents, nous nous considérions avec curiosité et bienveillance. Tout comme des passagers qui se trouvent rassemblés sur un bateau, et qui vivront ensemble pendant la traversée.

Mes regards se sont arrêtés sur la mère d'un de mes camarades. C'était la seule que je reconnusse. Elle ne pouvait pas passer inaperçue. Tout le monde l'avait remarquée. Elle venait chaque matin au lycée en calèche. Elle était habillée du costume national de la région de Muscel. Un costume fastueux. Le corsage, la jupe, la tunique et le voile qu'elle portait sur la tête ou autour du cou étaient tissés en soie avec des fils d'or et d'argent. Elle était vêtue comme une impératrice byzantine. Comme la reine Maria de Roumanie. Elle était assise à côté de nous. Elle avait une valise toute neuve, en peau de porc, couleur feuille-de-tabac. Elle posa sa belle valise près de notre valise en carton pressé. Ensuite, elle se présenta à mon père.

– Je suis la maman de l'élève Radescu Ion.

Elle portait plusieurs colliers autour de son cou. L'un à côté de l'autre. Des colliers lourds, faits de pièces d'or. Mme Radescu nous présenta son fils. Il était habillé, lui aussi, en costume national. Elle nous apprit qu'elle était de Rucar, un des plus beaux villages de Roumanie, dans les Carpates du Sud. Elle nous raconta qu'un jour la reine Maria de Roumanie, qui visitait la région de Rucar, fut impressionnée par la beauté de son costume national. Elle lui rendit visite, chez elle, dans sa maison, accompagnée de toute sa suite. La reine demanda à Mme Radescu de lui confectionner un costume identique au sien. Mme Radescu s'exécuta.

Quand la reine Maria apparut au palais, revêtue de ce beau costume tissé en laine et en soie avec des fils d'or et d'argent par Mme Radescu, toutes les grandes dames de Roumanie voulurent en avoir un semblable.

La reine pria Mme Radescu au palais et lui commanda des costumes pour ses dames de compagnie, et pour ses amies. Par la suite, la reine fonda un atelier pour la confection des costumes nationaux, à Rucar, sous la direction de Mme Radescu.

– C'est ainsi que je suis devenue « Fournisseur de la Maison royale », dit Mme Radescu. J'habille maintenant toutes les grandes dames de la cour et aussi les princesses étrangères qui visitent notre pays et veulent en conserver un souvenir. C'était un coup de chance. Et il tomba bien car je suis veuve de guerre. Mon mari est mort héroïquement à Marasesti, au front. La pension d'une veuve est modeste. Maintenant, je mène une vie correcte.

Le fils de Mme Radescu s'approcha d'elle et lui dit à l'oreille qu'il avait faim. Elle ouvrit sa belle valise en peau de porc. Elle contenait des provisions pour toute une semaine. Mme Radescu nous invita, mon père et moi, à partager le repas. Il y avait plusieurs variétés de viande, du fromage, de la confiture, des gâteaux, des fruits. Mon père refusa, mais Mme Radescu insista tellement que mon père finit par accepter. Nous mangeâmes avec elle et son fils les mets fins que renfermait sa belle valise en peau de porc. Elle offrit même des sandwiches à tous les garçons qui étaient autour d'elle.

– L'examen a été très difficile pour mon garçon, dit Mme Radescu. Pour vous il a été plus facile. J'aurais bien voulu être à votre place...

– Il y avait les mêmes épreuves, pour tous les candidats, dit mon père.

– C'est vous qui le dites, répondit Mme Radescu. Parce que vous ne vous appelez pas Mme Radescu et que vous n'êtes pas fournisseur de Sa Majesté la reine de Roumanie et du palais royal, comme moi. Si vous étiez fournisseur de la reine, vous ne parleriez pas ainsi. Vous me comprenez? En apprenant que mon fils se présentait au concours d'admission du lycée militaire de Kichinev, toutes mes clientes, en commençant par Sa Majesté la reine, les épouses des ministres, des généraux et des membres de la famille royale m'ont proposé de m'aider et d'intervenir auprès de la commission d'examen, afin que mon fils soit admis. J'étais bien contente et très flattée. Mais je ne savais pas qu'on me proposait de faire mon malheur. Le jour même de mon arrivée à Kichinev, un officier du lycée, l'adjoint particulier du commandant, est venu me rendre visite à l'hôtel Bristol, où je venais de descendre, et m'a mise en garde du danger que j'encourais. Il m'a montré le règlement du concours, où il était spécifié en toutes lettres que « tout élève faisant usage d'une protection, n'importe laquelle, en faveur de sa réussite aux examens du concours, serait automatiquement éliminé ». L'intervention en faveur d'un candidat était considérée comme une fraude. Le candidat pour lequel on usait d'une intervention serait exclu de l'examen, écarté comme fraudeur. L'officier ajouta encore que l'on me regardait comme la suspecte numéro un parce que j'étais constamment en contact avec le palais royal, les membres du gouvernement et toute la classe dirigeante du pays.

« J'étais sur le point de voir mon fils exclu de la compétition. Expulsé des examens. J'ai téléphoné, désespérée, à tous mes amis, aux dames de compagnie de la reine, aux femmes des ministres, des généraux et des diplomates, en les suppliant de ne pas intervenir en faveur de mon fils. Ils ne sont pas intervenus. C'est grâce à leur non-intervention qu'il a été admis. Si la reine, un ministre ou un général avait intercédé en sa faveur, mon fils eût été éliminé, chassé, renvoyé sur-le-champ. Et moi, je ne serais pas ici, vous devez le penser, en ce moment.

Mme Radescu s'arrêta brusquement de parler. Un lieutenant se trouvait dans la salle. Il était arrivé dans une belle calèche qui l'avait déposé devant la porte. Il était maintenant devant nous.

– Je suis le commandant de votre classe, dit-il. Je suis le lieutenant Timofti.

Nous nous levâmes tous et restâmes debout, figés. Nous le regardions avec des yeux écarquillés. Sans bouger.

Le lieutenant Timofti est grand, droit, élégant. Il porte des bottes vernies, hautes jusqu'aux genoux, avec des éperons en argent qui sonnent à chacun de ses mouvements. Les officiers du lycée militaire ne portent jamais l'uniforme de service, comme dans les casernes. Ils viennent au lycée dans leurs beaux uniformes de parade, couverts de tous leurs insignes. En bottes noires vernies, avec des épées dont la dragonne, les nœuds et le baudrier sont en fils d'or.

Nous regardâmes notre premier commandant, rêvant qu'un jour – après onze ans d'études – nous aurions aussi le droit de nous habiller comme lui. Le lieutenant ordonna :

– Que les élèves et les parents prennent congé les uns des autres. Par la suite ils n'auront plus l'occasion de le faire. Car vous serez séparés ici même. Les accompagnateurs resteront sur place. Les élèves laisseront toutes leurs affaires ici. Absolument tout. Ils suivront ensuite les agents sanitaires dans les bâtiments adjacents, pour la visite médicale, pour le bain et l'équipement...

Nous nous sommes hâtés de prendre congé de nos parents et nous nous sommes rassemblés au milieu de la salle, en face du lieutenant Timofti. Nos parents sont restés adossés aux murs, les valises à leurs pieds.

J'étais intrigué par les mots « *bâtiments adjacents* ». J'avais bien compris qu'il s'agissait des bâtiments voisins, mais c'était la première fois que j'entendais le mot *adjacent*. Un mot inconnu vous effraie toujours un peu. C'est comme une terre étrangère sur laquelle vous seriez obligé d'aller, dont vous ignorez tout et où tout peut vous arriver, en bien ou en mal : vous êtes sur vos gardes.

Nous avons docilement suivi le brigadier-infirmier, dans une salle « adjacente ». Elle était immense. Comme dans celle que nous venions de quitter, le sol était recouvert de ciment et, le long des murs, il y avait des bancs en bois blanc. Plusieurs soldats nous y attendaient debout, qui nous dévisagèrent.

– Messieurs les élèves se déshabilleront ici, dit le brigadier-infirmier. Messieurs les élèves feront un paquet de leurs affaires. Ils les ficelleront soigneusement et leur mettront chacun une étiquette avec leur nom et leur adresse. Les paquets seront remis aux parents et accompagnateurs qui les emporteront. Les effets de messieurs les élèves n'ayant pas d'accompagnateurs seront expédiés à leurs parents, par la poste.

Les soldats qui nous attendaient dans la salle nous distribuèrent des étiquettes, de la ficelle et nous aidèrent à empaqueter notre linge, nos vêtements et nos chaussures. Nous devions ainsi tout abandonner, nos vêtements et tous nos objets. Nous restâmes nus. Nus comme nous serons au jour de notre mort. Les parents allaient emporter nos vêtements. Comme les vêtements des morts. Mais le jour de notre mort nous abandonnerons aussi notre « tunique de peau [1] », notre corps de

1. Genèse, 2, 21.

chair. Cette « tunique de peau » dont nous fûmes revêtus le jour où nous avons été expulsés du paradis. Maintenant nous conservions uniquement cet ultime vêtement; notre tunique de peau. Notre corps. Nu.

Nous nous sommes à nouveau rassemblés, au milieu de la pièce. En trois rangs. Cette fois nous étions tous pareillement nus. Ensuite nous avons été dirigés, par petits groupes de cinq, dans une nouvelle salle où la lumière était aveuglante. Trois médecins militaires en uniforme, vêtus de pantalons rouges, blouses blanches et coiffés d'un képi, nous attendaient pour la visite médicale. Ils nous examinèrent les yeux, les oreilles, la langue, la gorge et les poumons.

Après la visite médicale, qui se déroula très vite, nous fûmes introduits dans une quatrième salle. Ici nous attendaient cinq soldats-coiffeurs, en blouse blanche par-dessus leur uniforme, avec, à la main, des machines à tondre. Nous fûmes invités, par groupes de cinq, à nous asseoir sur des chaises, au milieu de la salle. C'étaient des professionnels. Chaque élève fut tondu, de très près, en quelques minutes. Quand je pris place sur la chaise, et sentis la tondeuse raser mes cheveux, je fermai les yeux. Je m'efforçai de retenir mes larmes. J'avais de la peine.

A l'église du village, j'assistais chaque dimanche, dans le sanctuaire, à la préparation des oblats. Je pleurais chaque fois quand mon père, habillé de ses ornements sacerdotaux, prenait l'hostie dans sa main et disait : « *Comme une brebis Il a été amené à l'immolation... Et comme un agneau sans tache, muet devant celui qui le tond, ainsi il n'ouvre pas la bouche...* [1] » Ce jour là, à mon tour j'étais tondu. La coupe de cheveux est le symbole de l'immolation. Je me sentis dépossédé de ma personne. Je pleurai, en silence, apitoyé sur mon sort. Et je regardais, muet, à travers mes larmes, les pieds du soldat qui me tondait et marchait avec ses brodequins sur mes cheveux coupés, jetés sur le ciment.

L'opération fut vite expédiée. Déjà, nous étions tous tondus. On nous conduisit dans une cinquième salle *adjacente*, celle des bains turcs. Les bains de vapeur, les célèbres bains du lycée militaire de Kichinev. C'était une salle semblable aux quatre autres que nous avions traversées, mais les bancs en bois blanc placés tout autour des murs étaient remplacés par des gradins, toujours en bois blanc. Des gradins qui montaient du sol jusqu'au plafond, comme les marches d'un escalier. En face des gradins, se trouvaient quatre grosses pierres, brûlantes comme des fournaises, et dont la dimension rappelait celle des bornes kilométriques. Elles étaient chauffées de l'extérieur et par en dessous. Auprès des pierres surchauffées se tenaient deux soldats, torse nu. Nous étions tous là. Le brigadier sanitaire arriva le dernier. Il referma la porte et s'adressa à nous :

– Messieurs les élèves sont invités à monter sur les gradins. Chacun

1. Isaïe, 53, 7-9.

choisira la place qui lui convient. S'ils trouvent que les vapeurs sont trop faibles ils graviront. S'ils trouvent au contraire que les vapeurs sont trop fortes, ils descendront des gradins. Chacun agira selon sa convenance. La durée des bains de vapeur est de vingt minutes. Les soldats baigneurs – qui sont des infirmiers – seront présents dans la salle. Vous pourrez faire appel à eux à tout moment. Je reviendrai moi-même dans vingt minutes.

Le brigadier sortit. Il ne perdait pas une occasion pour nous appeler *« messieurs les élèves »*. A partir de ce jour, tous les soldats, les sous-officiers et les préparateurs, ainsi que le personnel civil, nous appelèrent *« monsieur l'élève »*.

Dès que le brigadier-infirmier fut sorti, les deux soldats au torse nu se mirent à verser de l'eau à l'aide d'une sorte d'arrosoir sur les grosses pierres surchauffées. Des vapeurs blanchâtres, brûlantes comme des flammes, envahirent l'espace. L'eau versée sur les pierres surchauffées se transforma en nuages denses, que l'on aurait pu couper au couteau. Nous nous réfugiâmes sur les gradins supérieurs mais en haut, les vapeurs étaient encore plus denses et plus brûlantes. De véritables flammes. Nous redescendîmes sur les gradins d'en bas. Nous ne voyions plus rien autour de nous. Mes camarades avaient disparu. Ils s'étaient dissous dans les vapeurs. Je les entendais et les sentais autour de moi, mais ne voyais pas leurs corps. Subitement je fus saisi d'un sentiment de vide, de solitude totale. De peur. Je ne voyais plus, pas même mon propre corps. Je ne distinguais ni mes jambes, ni mes bras, ni ma poitrine. Mon corps avait disparu comme celui de mes camarades. Ce n'étaient plus que brouillard et nuages. J'approchai mon bras droit de mes yeux. Mais je n'arrivai à voir qu'un tout petit fragment de mon bras, celui qui se trouvait le plus près de mon visage. Le reste de mon bras était devenu invisible. Au début, les voix de mes camarades étaient fortes. Maintenant ils parlaient toujours autour de moi, criaient, riaient. Mais leurs voix étaient à peine audibles. Les vapeurs étouffent et absorbent les sons. Comme du coton. Je changeai de place. Je montai en haut des gradins. Tout près du plafond. J'eus un sentiment de bien-être. Tout s'était évanoui autour de moi. Mes camarades, les gradins, et mon propre corps. Mon corps lui-même était emporté par les nuages. Avec le corps disparut la pesanteur. Il n'y avait plus de gravitation. Un sentiment de liberté m'envahit. J'étais libéré de tout. Même de mon corps. Tout ce qui était matière s'était dissous. Et mon être était transporté par les nuages. C'est ainsi que cela se passera à la fin des temps. « *Ce jour-là, nous serons tous emportés par la nuée, dans le ciel, à la rencontre du Seigneur...* [1] » Maintenant, j'étais réellement emporté par la nuée. Je vis par anticipation, comme lors d'une répétition générale, ce qui se

1. Saint Paul : I Thess. 4, 17.

passerait ce jour-là, quand les trompettes des anges sonneraient, et que nous tous, vivants ou morts, serions emportés dans le ciel, sur les nuages. A la Parousie. Au dernier jour...

Mais l'euphorie prit fin brusquement. Le brigadier revint dans la salle. Les vapeurs se dissipèrent, je revis alors à nouveau mes camarades, les gradins, et mon propre corps.

– Que messieurs les élèves descendent des gradins et qu'ils passent sous les douches chaudes, dit le brigadier.

Nous quittâmes la salle aux gradins et à la vapeur. Chacun de nous reçut une savonnette. Nous pénétrâmes dans la sixième salle *adjacente* sous les douches d'eau chaude. Les soldats-infirmiers, torse nu, nous aidèrent tout en nous surveillant. Nous savonnâmes nos têtes, nos bras, nos épaules, et nos jambes, plusieurs fois. Ensuite on nous fit passer sous les douches violentes, comme sous des cascades. L'eau chaude s'arrêta brusquement pour faire place à de l'eau froide.

Nous poussions des cris perçants, comme des égorgés, et nous riions ensuite. Les infirmiers nous poussaient sous les douches froides. Et dès qu'on y était, on se sentait bien.

A la sortie, chacun déposa sa savonnette dans une corbeille et reçut une grande serviette de bain. Les soldats-infirmiers nous aidaient à enrouler tout notre corps dedans.

– Messieurs les élèves auront dix minutes pour se sécher et se reposer, dit le brigadier sanitaire.

Les dix minutes écoulées, on nous appela par ordre alphabétique. Nous pénétrâmes nus, bien séchés, dans une salle immense. C'était un grand magasin.

Les murs étaient couverts d'étagères sur lesquelles étaient posés de grandes quantités de chemises, caleçons, chaussettes, tuniques, pantalons, képis, brodequins, ceintures en cuir, ceinturons, baudriers... Une vingtaine de soldats et de maîtres tailleurs, cordonniers, passementiers et chemisiers nous attendaient pour nous habiller en uniforme d'Aigles du roi.

Des fourriers, listes à la main, nous appelaient, l'un après l'autre. Sur leurs bordereaux étaient inscrits nos tailles, les pointures de nos chaussures, nos tours de tête, nos tours de taille, la largeur de nos épaules. Toutes nos mensurations. Ils nous donnèrent tous les effets indiqués sur leurs listes.

Nous nous assîmes, nus, sur les bancs à côté de la montagne de linge et de vêtements que nous avions reçus. Mettre la chemise, le caleçon et les chaussettes fut une opération facile. Il n'en fut pas de même avec le reste des vêtements. Après avoir enfilé les pantalons bouffants, semblables aux pantalons des cavaliers, il fallut enrouler les molletières. Deux bandes de tissu kaki, d'une longueur d'environ soixante centimètres chacune, que l'on devait enrouler autour du mollet, de la cheville jusqu'au-dessous des genoux. Les bandes étaient coupées de façon à bien épouser le mollet. Mais l'opération n'était pas aisée. Heureusement, les soldats des services de l'intendance, avec leurs galons blanc argenté sur l'épaule, s'assirent auprès de chacun de nous pour nous aider à enrouler nos molletières. Fixer la cravate était aussi difficile qu'enrouler les molletières. La cravate militaire est une bande de tissu blanc, large de cinq centimètres et longue d'une quarantaine de centimètres. Au milieu de la bande il y a une fente. Il faut enfiler une moitié dans l'autre, entourer le cou par deux fois et ensuite fixer la cravate sous le menton avec une épingle. Personne de nous ne réussit cette opération. Les soldats nous aidèrent. Il fallut ensuite revêtir les tuniques, aux six boutons dorés en cuivre, et les baudriers. Puis, nous nous rassemblâmes dans la cour, en trois rangs, alignés selon la taille. Le lieutenant Timofti nous passa en revue. Son sourire était méprisant. Nous étions habillés en uniforme militaire, comme l'uniforme du roi, mais nous semblions déguisés. Costumés. Les uniformes tombaient mal sur nos corps. Nous ne savions pas les porter.

– Vous serez consignés, jusqu'à Noël, dit le lieutenant Timofti. Vous ne sortirez en ville qu'après avoir appris à vous habiller, à marcher, à vous bien tenir, à saluer et à vous présenter... Vous avez trois mois pour apprendre...

Le lieutenant Timofti regarda sa montre. Il voulait gagner du temps. Il avait reçu l'ordre de nous amener au lycée, le soir. Discrètement. Pas en plein jour. La population ne devait pas voir dans la rue des élèves du lycée militaire ne sachant pas marcher en colonne et en cadence. Nous emprunterions des petites rues, moins fréquentées, pour ne pas compromettre l'uniforme que nous portions. Le lieutenant s'approcha de moi, et dit :

– Tu es rouge comme une écrevisse... Ta cravate est trop serrée.

Le lieutenant déboutonna le col de ma tunique et enleva l'épingle de ma cravate. Ses mains touchèrent mon menton. Il portait de très souples et très jolis gants en cuir beige qui sentaient très bon.

– La cravate n'est pas un garrot, dit-il. La cravate n'est pas faite pour s'étrangler avec. Pourquoi l'avez-vous tellement serrée autour du cou? Savez-vous d'où vient le mot cravate? Vous êtes supposés être les élèves les mieux préparés de tout le pays. Si vous n'étiez pas les meilleurs vous n'auriez pas réussi à l'examen d'admission au lycée militaire. Et vous ne savez pas l'origine du mot cravate? Personne de vous la connaît?

– Moi, je la sais, mon lieutenant, dit un des élèves.

Il était placé en première ligne. C'était un garçon grand, maigre, au visage long, osseux, de grands yeux noirs, très vifs. Il dit :

– Le mot cravate vient du croate. Ce sont les Croates qui l'ont inventé. Les Croates font partie des peuples slaves qui, avec les Serbes, forment le royaume des Slaves du Sud, ou de la Yougoslavie.

– Bravo, dit le lieutenant. Quel est ton nom?

– Je suis l'Aigle du roi Ghiatza Daniel, mon lieutenant.

Nous étions tous étonnés. Nos yeux étaient fixés sur Ghiatza Daniel, remplis d'admiration pour lui. A ses côtés, nous nous sentions ignorants. Humiliés. Nous éprouvions un sentiment d'infériorité. Ghiatza Daniel serait le premier de la classe. Il nous dépasserait tous. Il était formidable. Nous aurions tous voulu être à sa place.

– D'où connais-tu l'origine du mot cravate, élève Ghiatza Daniel? demanda le lieutenant.

– Je l'ai appris aux mots croisés, mon lieutenant.

Nous éclatâmes tous de rire. Nous étions libérés. Rassurés. Ghiatza Daniel n'était pas plus savant que nous. Il faisait des mots croisés. C'était tout. Cela ne lui conférait aucune supériorité sur nous.

– Qui, parmi vous, sait quelque chose de plus sur les inventeurs de la cravate, sur les Croates? demanda le lieutenant.

Nous nous tûmes. Personne ne savait rien de plus.

– Ghiatza Daniel, toi non plus, tu ne sais rien de plus sur les Croates? C'est dommage. Les Croates sont un peuple unanimement admiré pour ses qualités militaires et sa vaillance. Ce sont des soldats de premier ordre. Depuis des siècles. Napoléon lui-même les tenait en très grande estime. C'est un peuple d'environ cinq millions d'habitants. Ce sont des Slaves. Ils sont arrivés dans les Balkans au Ve siècle. Ils ont reçu le baptême à Split, dans le château de l'empereur Domitien, transformé en cathédrale. Ils se sont organisés en royaume indépendant. C'étaient des braves. Le pape les aimait spécialement et les appelait *Antemurale Christianitas*, les remparts de la chrétienté. Mais les Croates ont été vaincus par Charlemagne. C'est lui le seul qui réussit à les battre. Depuis lors les Croates ont été inféodés par les empereurs d'Autriche-Hongrie, par les Turcs et par Napoléon. Depuis mille ans, ils n'ont jamais cessé de se battre pour leur indépendance et pour leur liberté. A la fin de la Première Guerre mondiale, le 19 octobre, le Parlement de Zagreb proclama l'indépendance de l'État croate. Mais les grandes puissances ne voulaient pas émietter l'Europe. Elles ne voulaient pas morceler l'Europe en une multitude d'États libres et indépendants. Les Croates furent obligés de fonder un État commun, avec les Serbes, les Bosniaques, les Monténégrins, les Slovènes, les Dalmates et les Macédoniens. C'est le royaume des Slaves du Sud, ou royaume de Yougoslavie. Les grandes puissances ont procédé exactement de la même façon qu'avec la Tchécoslovaquie, où ont été englobées plusieurs nations apparentées. Mais les Croates poursuivent avec acharnement leur lutte pour l'indépendance. Surtout ces temps-ci, car, il y a dix jours, le 20 juillet 1928, à Belgrade, les députés croates ont été attaqués en plein Parlement. Il y a eu des morts et des blessés. Le chef des parlementaires croates, Stephan Raditch, se trouve parmi les blessés. Il est dans le coma. On a décrété la loi martiale. Vous êtes, à partir d'aujourd'hui, élèves du lycée militaire. Vous êtes les Aigles du roi. L'œil de l'aigle doit tout voir. Ce qui se passe dans les pays voisins est toujours important.

Chaque fois que la maison du voisin est en flammes, on risque de voir l'incendie embraser sa propre maison. Voilà pourquoi il faut que nous regardions autour de nous. De plus, les affaires de la Yougoslavie sont, dans une certaine mesure, nos affaires car la reine de Yougoslavie, Sa Majesté Marioara, est la fille de notre feu roi Ferdinand. La reine de Yougoslavie, donc la reine des Croates, est une princesse roumaine. Maintenant vous en savez un peu plus sur le peuple qui a donné le nom à la cravate que vous portez autour de votre cou, aujourd'hui, vêtus de l'uniforme militaire... Les coups de feu tirés en Yougoslavie sont spécialement dangereux. Le 28 juin 1914, les coups de feu tirés à Sarajevo, par le Monténégrin Gabriel Princip, ont déclenché la guerre mondiale. Espérons que les coups de feu tirés il y a dix jours contre le chef croate du Parlement de Belgrade n'auront pas les mêmes répercussions que les balles qui tuèrent l'archiduc François-Ferdinand à Sarajevo. Nous les Roumains, nous avons la chance de ne pas être un État formé de plusieurs peuples, comme la Tchécoslovaquie ou la Yougoslavie. Nous les Roumains, nous avons tous la même origine, la même religion, le même passé et le même avenir...

Le lieutenant Timofti était satisfait de nous, car nous l'avions écouté avec attention. Nous étions émus par ses paroles. Nous étions fiers d'avoir un commandant érudit qui en savait autant que les professeurs. Ce qu'il nous disait n'était écrit dans aucun de nos manuels scolaires.

– Maintenant, mettez-vous en colonne de marche. Le mieux que vous le pourrez. On ne vous demandera pas de marcher en cadence. Vous ne l'avez pas appris. Mais marchez avec dignité. Il ne faut pas que vous donniez l'impression d'être un troupeau. En sortant d'ici, vous verrez vos parents sur les deux bords de la route. Ils attendent, sur le trottoir, votre sortie. Pour vous voir en uniforme. Ils vous feront des signes. Ils agiteront des mouchoirs. Même si vous les voyez pleurer, même si vous les entendez vous appeler par votre nom, ne tournez pas la tête. Marchez tout droit, en regardant devant vous, comme si vos parents n'étaient pas là. Comme si vous ne les voyiez et ne les entendiez pas. N'oubliez pas que vous avez déjà pris congé d'eux. Vous ne pouvez leur faire de plus grand plaisir que celui de marcher droit, dignes et fiers. C'est en vous voyant disciplinés qu'ils seront fiers de vous.

Dès notre sortie, nous avons en effet rencontré nos parents qui s'étaient rassemblés sur les trottoirs. Ils nous attendaient pour nous voir passer. Pour nous voir en uniforme. Pour nous faire un signe. J'ai aperçu mon père. Il était, lui aussi, sur le trottoir. Avec un baluchon fait de mes vêtements, mes chaussures et mes sous-vêtements. Il les rapportait à la maison. Sa valise était trop petite. Il remportait mes vêtements à la maison pour les donner à mon frère. Comme on emporte les habits des morts. Car je n'ai rien gardé. Aucun objet. Pas même un mouchoir. C'était défendu. J'ai tout abandonné. Comme les morts abandonnent tout, en passant dans l'autre monde.

Mon père, en me regardant, allongeait son cou et écarquillait les yeux. Il s'était mis sur la pointe des pieds, pour mieux me voir. Il me regardait. Il me voyait. Il était à dix pas de moi mais il ne me reconnaissait pas. Cela me faisait mal. Mon père et moi, nous nous reconnaissions toujours. Même dans le noir. Même sans nous voir. Et maintenant il me regardait, avec des yeux grands ouverts, et il ne me reconnaissait pas. Des larmes me sont venues aux yeux. Je regardais droit devant moi, comme on nous l'avait ordonné. Sans détourner la tête. Mais je continuais à voir mon père. Sans le regarder. Et lui, il me regardait sans me reconnaître.

C'est ainsi que cela se passera, le jour de ma mort. Dans l'autre monde, dans l'au-delà, nous serons tous les mêmes, mais méconnaissables. Transformés. Nous serons tellement changés que nous aurons, comme mon père en ce moment, de la peine à nous reconnaître les uns les autres. La mort et la vie dans l'autre monde ne seraient plus une surprise pour moi. Je venais d'apprendre comment cela se passerait. Je venais de faire une sorte de répétition générale.

Pendant tout le parcours je regardai droit devant moi. Le trajet fut long. Épuisant. Nous marchâmes par des voies détournées en empruntant des ruelles et des rues secondaires, afin de ne pas être vus de la population. Pour ne pas donner aux habitants une mauvaise image des élèves du roi.

Nous sommes enfin arrivés. Nous ne sommes pas entrés dans le palais du lycée militaire par la porte principale. Nous avons contourné le monumental escalier de marbre blanc et avons pénétré dans la cour. Ensuite nous nous sommes introduits dans le bâtiment par un escalier en fer. Un escalier qui partait du sous-sol pour monter jusqu'au toit. Il était entièrement métallique, en métal massif, noir, brillant, éblouissant de propreté. Les marches étaient profondes, larges, presque de trois mètres de largeur. On pouvait les gravir en colonne. Les degrés, les balustrades, les jointures et les pointes étaient en acier, en fonte et en fer. Coulés entièrement en métal. Ouvragés. Ornés de fleurs et de feuilles en relief. Des fleurs et des feuilles en métal fondu.

J'étais tellement impressionné que j'ai pensé à l'échelle de Jacob « qui était posée sur la terre et dont le sommet touchait le ciel [1] ». Je me suis souvenu du grand escalier du temple dont parle l'Ancien Testament [2]. J'ai pensé à l'échelle du paradis de saint Jean Climaque [3]. Ensuite cela m'a rappelé l'escalier de fer de la tour Eiffel, dont j'avais vu la photo dans mes livres de classe. Mais l'escalier en fer du lycée militaire de Kichinev ne ressemblait à aucun autre escalier. Aucun. Il était différent de tous les escaliers en fer du monde. Il était coulé dans le métal, spécialement pour nous. Pour les Aigles du roi.

1. Genèse, 28, 12.
2. Ézéchiel, 40, 31. I Rois, 6, 8, II. Chroniques, 9, 11.
3. Saint Jean Climaque, P. G. 88.

C'était un escalier d'une beauté brutale. Comme la paroi d'une haute montagne, qu'il n'est pas donné à tout le monde d'escalader. Un escalier indestructible. Nous aurions à monter et à descendre cet escalier métallique après chaque heure de classe, d'instruction militaire ou de sciences physiques. Deux fois par jour, au moins. La journée au lycée militaire durait quinze heures et demie. Elle commençait à six heures du matin pour se terminer à neuf heures et demie du soir. Nous aurions à monter trente, quarante fois par jour cet escalier en fer. Chaque jour. Et parfois aussi la nuit. Pendant huit ans.

Si un jour le lycée militaire de Kichinev, avec ses murs, son toit, ses corridors, et ses halls revêtus de mosaïque multicolore, venait à être détruit par un tremblement de terre, ou consumé par l'incendie, cet escalier en fer resterait debout. Ni les flammes ni les secousses telluriques ne pourraient jamais le démolir. Il resterait debout. Majestueux. Inébranlable.

Dès que je posai le pied sur la première marche, je me rendis compte qu'il n'y avait pas d'alternative. Ni pour moi ni pour mes camarades. L'escalier en fer était le symbole du lycée militaire. On était obligé d'avancer. On ne pouvait pas reculer. Ni s'arrêter. Pas une seconde. Jamais. Il fallait toujours monter. Avancer. Car il n'y a pas de progrès sans la marche suivante. Ou ce serait tomber.

XI

UN POÈTE DANS UN NID D'AIGLES

1

Au lycée militaire, la journée est composée de quinze heures et trente minutes. Les activités commencent à six heures du matin, avec les exercices militaires, en plein air, sous la pluie, la neige ou le beau temps; et se terminent quand la sonnerie annonce l'extinction des feux, à neuf heures et demie du soir.

Quatre élèves ont abandonné la course dès les premières semaines. Ils ne pouvaient pas suivre le rythme. Ils sont partis. Notre classe – notre peloton – est composée de quarante-trois élèves. Nous sommes en compétition permanente. Entre nous. Et avec nous-mêmes. Comme sur un stade olympique. Chaque élève a le devoir de dépasser ses camarades et de se dépasser lui-même. A chaque heure. Dans toutes les disciplines. Chaque jour. Tout au long de l'année.

La compétition se déroule sur deux plans. Simultanément. Il y a les performances accomplies en commun. Par toute la classe. Ceux qui ne suivent pas le rythme s'éliminent d'eux-mêmes. Comme les quatre camarades qui sont rentrés chez eux.

Mais la compétition principale est celle qui est accomplie par chacun de nous. Individuellement. Chacun de nous a le devoir de devenir champion, au moins dans une des vingt épreuves de compétition qui comprennent les mathématiques, les lettres, la gymnastique, l'histoire et la géographie, les exercices militaires, la musique instrumentale et vocale, la danse, la calligraphie et le dessin, les sciences naturelles, le sport et le tir à la carabine.

Les élèves qui ne parviennent pas à être champions dans aucune des disciplines doivent au moins obtenir les notes générales les plus élevées. Ils doivent être les premiers de la classe. La seule médiocrité admise, c'est d'être le premier, le deuxième, ou à la rigueur le troisième de la classe. Car en principe chacun a l'obligation d'être un champion.

Je suis champion en poésie. Je suis le poète de la classe. Mais la compétition est permanente. La fièvre du combat nous fait oublier la fatigue. Chacun de nous est comme ce chevalier croisé, qui ne se rendit compte que son corps était coupé en deux qu'à la fin du combat. C'est seulement lorsque l'on sonna la fin des hostilités qu'il remarqua que son corps était coupé en deux. Et c'est à ce moment-là qu'il tomba mort.

Mes heures préférées sont celles du soir. Entre dix-sept et vingt heures, on prépare les leçons du lendemain. On les appelle « *les heures de méditation* ».

La salle de classe est illuminée *a giorno*. Chauffée. Le commandant est assis derrière nous, à son pupitre. Chacun travaille. Individuellement. En silence. Nous sommes détendus. Chacun suit son propre rythme. Sans aucune crainte extérieure. De temps en temps la porte de la classe s'ouvre et, comme des anges descendus du ciel, à pas feutrés, sans bruit, comme s'ils ne touchaient pas le plancher, les préparateurs entrent et passent entre les pupitres, attendant que l'un des élèves leur fasse signe de venir pour l'aider à résoudre son problème. Il y a des préparateurs pour les sciences naturelles, pour les mathématiques, pour les lettres, pour les langues étrangères, pour l'histoire et la géographie. Ils passent, silencieux, de classe en classe et attendent qu'on réclame leur aide. Si aucun élève ne fait appel à eux, ils s'éloignent et restent debout auprès de la porte. Ensuite ils quittent la classe, toujours silencieux. J'aime beaucoup nos préparateurs. J'ai même de la tendresse pour eux. Ils sont pareils aux anges gardiens, qui se tiennent toujours auprès de nous sans jamais nous imposer leur présence. Les anges gardiens, aussi, nous aident, uniquement lorsque nous les appelons pour leur demander d'intervenir. Ils sont la discrétion personnifiée. Quand ils passent auprès de nos pupitres, les préparateurs semblent s'excuser d'avoir un corps visible et d'être matériels. Notre préparateur de mathématiques et de physique a la réputation d'être un grand savant. Il est originaire de Bessarabie. C'est un homme doux, comme tous les Bessarabiens. Il est court, grassouillet et ses cheveux sont gris. Il est le chef du grand laboratoire de physique et de chimie qui se trouve dans le sous-sol. Son nom est Popovici, mais nous l'appelons *Chimicus*. Chaque fois que Chimicus pénètre dans la classe, je brûle d'envie de lui faire signe. Mais je n'ose jamais.

Un soir, alors qu'il passait près de mon pupitre, j'ai levé le bras. Très discrètement. Tout suite j'ai regretté mon geste. J'aurais voulu qu'il ne le remarque pas. Mais Chimicus avait déjà vu que j'avais levé le bras. Il est venu s'asseoir à côté de moi.

– Quelle est votre difficulté, monsieur l'élève? me demanda-t-il.

Chimicus est toujours habillé d'un complet trois pièces, bleu marine. Très strict. Une moustache touffue, parsemée de poils gris. Il me regardait avec ses grands yeux noirs.

– C'est le problème de mathématiques qui vous tracasse?

– Non, ai-je dit. Le problème de mathématiques, je l'ai déjà résolu.
– Alors pourquoi m'avez-vous fait signe?
– Il s'agit d'un problème personnel.
– Un problème personnel? s'étonna Chimicus. Je suis ici pour vos problèmes de mathématiques, de physique et de chimie. Exclusivement.
– C'est un problème de physique, ai-je dit.
– Mais, demain, vous n'avez pas de leçon de physique!

J'ai rougi jusqu'au bout des oreilles. Je ne pouvais plus reculer, je devais lui en parler. J'ai commencé par lui dire que j'étais originaire de Neamtz. Que dans notre montagne il n'y avait pas d'électricité. Que les maisons étaient éclairées avec des lampes à pétrole. Même à Targul-Neamtz on n'utilisait pas de lumière électrique. Et c'était pourtant une ville. La deuxième ville du district. Une sous-préfecture. Mais elle non plus ne connaissait pas l'électricité. La première maison éclairée à l'électricité que j'aie vue dans ma vie, c'était l'hospice de nuit ecclésiastique de Kichinev, où mon père et moi avons été hébergés pendant mon examen d'admission au lycée militaire. J'en avais été ébloui.

– Je pense jour et nuit à l'électricité, lui ai-je dit. Je ne pouvais pas m'imaginer qu'on puisse avoir une telle lumière avant la fin du monde. C'est la plus grande merveille. Grâce à l'électricité, on n'a plus besoin ni de la lune ni du soleil. Les ténèbres de la nuit ont été vaincues. La nuit a été abolie. Comme il est dit dans l'Apocalypse : « Cette ville n'a besoin ni du soleil ni de la lune pour être éclairée, parce que la lumière divine l'éclaire [1]. » « On ne fermera plus les portes à la fin de chaque jour, parce qu'il n'y aura plus de nuit [2]. » Depuis que j'ai vu l'asile de nuit des ecclésiastiques de Kichinev éclairé par l'électricité, je me torture la tête pour comprendre comment cela fonctionne. Et je n'y arrive pas.

– Et la lumière de Dieu, dont parle l'Apocalypse, vous la comprenez, monsieur l'élève? demanda Chimicus.

Comme la plupart des hommes de sciences, il est ironique quand il parle de Dieu. Il ne croit pas à son existence.

– La lumière dont parle d'Apocalypse est faite par Dieu, monsieur. Je n'ai pas besoin de la comprendre. Je crois qu'elle existe. Et je suis certain qu'elle brillera un jour. Comme elle a brillé déjà, sur le mont Thabor. Je n'ai pas besoin de la comprendre. Elle est l'œuvre de Dieu. Ce que Dieu fait est au-dessus de notre compréhension. « Un Dieu compréhensible n'est pas Dieu [3]. » Mais la lumière électrique est l'œuvre des hommes. Et ce qu'un homme a fait, les autres hommes peuvent le comprendre.

1. Apocalypse, 21,22.
2. Apocalypse, 21,25.
3. Saint Athanase, P.G. 28, col. 598 D.

– Patientez, monsieur l'élève, dit Chimicus. Vous comprendrez tout cela plus tard. Dans deux ans vous étudierez la physique.

– Je peux comprendre dès maintenant. Pourquoi ne le pourrais-je pas? J'ai résolu cinq mille problèmes. Sans aide. Tous les problèmes qui furent proposés aux examens. Dans toutes les écoles de Roumanie. Je me suis habitué à comprendre. Même les problèmes les plus difficiles.

– Que voulez-vous comprendre? demanda Chimicus.

– La lumière électrique. Je sais comment on fabrique l'électricité. Comment on l'achemine... Je connais l'histoire de l'électricité. Mais les choses les plus importantes la concernant, je n'arrive pas à les saisir. Par exemple, l'éclairage que nous avons ici, dans la classe. Au-dessus de ma tête il y a une ampoule électrique. Je la regarde tout le temps et je n'arrive pas à comprendre comment un tout petit fil de métal qui se trouve à l'intérieur de l'ampoule puisse produire tant de lumière. Je sais que c'est un fil métallique incandescent. Mais le métal incandescent n'illumine pas. J'ai logé un an chez un maréchal-ferrant – M. Dornescu à Targul-Neamtz. Il chauffait toute la journée le métal pour fabriquer des fers à cheval. C'étaient de gros morceaux de fer. Chauffés à blanc. Mais ils n'illuminaient pas la forge.

Chimicus m'écouta attentivement. Il souriait.

– Je reviendrai demain vous expliquer tout cela, dit-il. Maintenant je dois partir. J'ai encore trois classes à visiter. Au revoir.

Chimicus griffonna quelques mots dans son calepin, et le remit dans sa poche. Il était obligé de rédiger chaque soir un rapport dans lequel était indiqué le nombre d'élèves qu'il avait aidés, et la durée de chaque intervention. Avant de quitter la classe, Chimicus s'adressa au lieutenant Timofti en lui disant quelques mots, à voix basse. Ensuite il alla faire son rapport au directeur d'études, le colonel Joachim. C'est un officier qui a obtenu son doctorat en philosophie à Paris et qui est aussi diplômé de l'École militaire de Saint-Cyr.

Le soir même, le lieutenant-colonel Joachim est venu dans notre classe, et a demandé au lieutenant Timofti où se trouvait *Lavoisier*. Le lieutenant n'a pas saisi tout de suite de qui il s'agissait. Un instant il a hésité. Puis il m'a désigné du doigt. Je me suis levé. Mes camarades ont tourné la tête vers moi et m'ont fixé. Le lieutenant-colonel Joachim me considérait ironiquement. Il m'a ordonné de m'asseoir et a dit à haute voix :

– Lieutenant Timofti, donnez à votre Lavoisier la permission d'aller au laboratoire de physique pendant le temps libre. Le laborantin lui expliquera les mystères de l'électricité.

Le lendemain, Chimicus m'apporta un manuel sur l'électricité. Tous les après-midi, dès que j'en recevais la permission, je courais au sous-sol de l'école, au laboratoire de physique et chimie. J'y étais comme au pays des merveilles. Un décor de conte de fées, d'alchimie et de miracles, avec des alambics, des balances, des bocaux, des éprouvettes, des creusets, des tubes, des cloches en verre, des flacons et des réchauds...

De retour dans la classe, je racontais à mes camarades toutes les merveilles que je venais de découvrir. A partir de ce jour, mes camarades m'appelèrent « Lavoisier ». Le surnom que le colonel Joachim m'avait donné. Mais on s'est vite rendu compte qu'aucun de nous ne savait qui était Lavoisier. Nous avons demandé au professeur de géographie, M. Rasco, qui était d'origine française. Il devait le savoir mieux que quiconque puisque Lavoisier était français comme lui.

M. Rasco nous a expliqué longuement et avec entrain la vie et l'œuvre de M. Antoine Laurent de Lavoisier, savant français, créateur de la chimie moderne, le premier qui étudia la composition de l'air, les propriétés de l'oxygène, de la chaleur, des corps gazeux, et qui, avec un groupe de savants, établit le système métrique... Lavoisier qui mourut décapité par ses concitoyens. Guillotiné. Par les Français qui estimaient que « la république n'a pas besoin de savants ». On disait que des ancêtres de notre professeur de géographie avaient fui eux aussi la France et s'étaient réfugiés en Roumanie, pour ne pas finir décapités, comme Lavoisier.

Peut-être était-ce à cause de cela que, lorsque M. Rasco nous disait que Lavoisier avait été décapité pendant la Révolution française, sa voix tremblait et ses yeux brillaient, comme s'ils étaient remplis de larmes. Quand le professeur Rasco déclara que Lavoisier avait été guillotiné, mes camarades ont tous tourné leurs têtes vers moi. Car c'était moi, leur Lavoisier. Ils me regardèrent, angoissés, comme si je n'avais plus moi-même la tête sur les épaules. Comme si j'avais eu la tête coupée par les Français. Malgré ma tête qui était à sa place, mes camarades avaient tous pitié de moi. Même si j'étais vivant, j'étais à plaindre : je portais le nom du guillotiné. Mes camarades avaient des remords, ils se sentaient coupables de m'avoir attribué le nom d'un supplicié...

2

J'ai appris par cœur le petit manuel d'électricité prêté par Chimicus. Grâce à l'autorisation spéciale du colonel, je passe mes instants de liberté au laboratoire de physique et chimie, avec Chimicus. Je sais à présent de quoi se compose et comment fonctionne une ampoule électrique.

L'immense globe en opaline qui éclaire notre salle de classe est juste au-dessus de ma tête. Je lève les yeux et je le contemple avec fierté tout comme si c'était moi qui l'avais inventé et construit. Car maintenant je connais tous ses secrets. Mais, plus j'apprends, plus je suis émerveillé des pouvoirs prodigieux que Dieu a conférés à l'homme. L'homme qui a inventé la lampe électrique a effectué un miracle comparable à celui de Dieu, quand il créa le jour et la nuit. Quand on entre dans la salle de classe, que l'on tourne le commutateur et que les ampoules électriques s'allument, on accomplit le même acte que Dieu, le premier jour de la Création du monde, quand il a dit « Que la lumière soit », et que la lumière fut.

Toutes les inventions techniques sont, pour nous, des preuves que l'homme est créé à l'image de Dieu. Avec des pouvoirs comparables aux siens. Le Christ l'a confirmé en disant à ses disciples de ne pas s'étonner des miracles qu'il accomplissait, car eux aussi en feraient. Et même de plus grands que les siens. Et il est vrai que les hommes font réellement des miracles aussi grands que ceux de Dieu. Je suis fier des pouvoirs prodigieux qui me sont conférés en tant qu'homme. Je rêvais de faire usage de mes prérogatives divines et de réaliser des inventions égales à celle de ma lampe électrique qui est suspendue au plafond au-dessus de ma tête. C'est avec ce sentiment stimulant de fierté que je finis mes devoirs pour le lendemain. Dans une heure la journée sera terminée. On se rassemblera dans la cour, pour l'appel et le rapport du soir.

Nous sommes en automne, mais il fait déjà très froid. A Kichinev, l'hiver arrive plus tôt que dans le reste de la Roumanie. La ville se trouve à l'est. Le froid venant de Sibérie et les rafales de vent glacial de l'Antarctique traversent les steppes russes, et gèlent la terre et les rivières de Bessarabie dès la mi-automne.

Je profite du temps qui me reste pour parachever le poème que j'écris sur l'Albanie. Ce pays est entré dans ma vie, il y a trois jours. Depuis, j'y pense sans répit. Avec l'Albanie, ce n'est pas comme avec la Croatie, qui est venue dans mon existence parce qu'elle a donné le nom à la cravate que je noue, chaque jour, autour de mon cou. C'est au cours de l'instruction que l'on parla pour la première fois, au lycée militaire, de l'Albanie. Le capitaine nous rappelait, comme il le faisait habituellement, que nous portions l'uniforme de Sa Majesté le roi de Roumanie, et que nous devions nous comporter conformément à l'uniforme que nous portions. Nous avions l'obligation d'être dignes. Impeccables comme les rois. Nous n'étions plus pareils aux autres garçons de Roumanie. Eux pouvaient se permettre des écarts de conduite. Mais nous, nous ne pouvions tolérer aucune maladresse. C'était notre uniforme royal qui nous l'interdisait. Nous étions condamnés à être parfaits. Parfaits en toute chose.

Pour capter notre attention, le capitaine, subitement, demanda :

– Quelle personnalité européenne a revêtu l'uniforme royal, en cette année de grâce 1928, en même temps que vous?

Personne ne le savait.

– C'est le prince Ahmed Bey Zogu. Il a mis l'uniforme royal en même temps que vous, car il est devenu cette année roi d'Albanie sous le nom de Zog Ier.

Je ne savais uniquement sur l'Albanie que ce qui était écrit dans les manuels scolaires, que sa superficie était de 27 538 km², qu'elle avait 1 million d'habitants, que sa capitale, Tirana, à elle seule en comportait 30 000. Mais le capitaine Claino nous raconta des choses sur ce pays voisin des Balkans que nous ignorions totalement et qui nous le firent aimer.

Le capitaine Claino possédait une bibliothèque personnelle de plusieurs milliers de volumes – tous reliés en cuir rouge, avec les titres et les noms des auteurs en lettres dorées. C'était un amoureux des livres. En ville, il louait toujours deux chambres : une pour lui et l'autre pour ses beaux livres.

En Roumanie vécurent toujours beaucoup d'Albanais. C'étaient en majorité des marchands. Mais aussi de hauts personnages. Les princes Ghika, considérés comme étant grecs, étaient d'origine albanaise.

Le capitaine Claino nous raconta l'histoire des Albanais. Ils sont un des plus anciens peuples de l'Europe. Le nom d'Albanie vient du mot *Alp*, qui signifie montagne. Les Turcs les appelaient les *Arnauts*, les vaillants. Eux-mêmes se donnent le nom de *Skipetars :* les montagnards. Ils appellent leur propre pays *Skiperisé :* la montagne. Le héros national de l'Albanie est le prince Georges Castriota, dit Skanderbeg. Dès son enfance il fut pris en otage par les Turcs. Le jeune prince albanais fut élevé à la Sublime Porte ottomane, dans la foi musulmane et dans la discipline militaire. Il devint un très grand capitaine. Il fut nommé *Sandjak*, gouverneur et commandant militaire d'une province. Par la suite, les Turcs le surnommèrent *Skander Alexandre*, car il égalait Alexandre le Grand, dans ses exploits sur le champ de bataille.

En 1444, Skanderbeg combattit les Turcs. Il se déclara chrétien et défenseur de la chrétienté. Il annexa à l'Albanie les territoires de la Macédoine, du nord de la Grèce et toutes les montagnes environnantes. Le pape Pie II lui confia l'organisation d'une croisade contre les Turcs. Le 29 mai 1453, Constantinople tomba dans les mains des Ottomans. C'était un grand deuil pour la chrétienté. Les Ottomans conquirent ensuite tous les pays d'Europe orientale. Ils menaçaient Vienne et l'Occident. Le pape ordonna de sonner les cloches chaque jour, à midi, dans toutes les églises d'Europe. Car la chrétienté entière était menacée. Le seul peuple qui résistait encore aux Turcs, dans les Balkans, c'étaient les Albanais. Ils résistèrent treize ans, après la chute de Constantinople. Cela, grâce à la vaillance de leur prince, Georges Castriota Skanderbeg. Mais, en 1467, Skanderbeg mourut. Il mourut dans l'île fortifiée de Lissa, le « Gibraltar de l'Adriatique ». C'est aussi dans cette île forteresse que fut vaincue, par les Romains, au IIIe siècle avant notre ère, la grande reine Teuta d'Albanie.

Après la mort de Skanderbeg, l'Albanie tomba elle aussi sous le joug turc. L'armée et la population albanaises qui échappèrent aux massacres s'embarquèrent sur des navires de fortune et s'enfuirent en mer. Les réfugiés albanais demandèrent asile dans tous les ports. Tout le long de la Méditerranée et de l'Adriatique. Mais, partout, on leur interdisait de débarquer. On leur défendait même de s'approvisionner. Ils étaient condamnés à errer sur la mer. Interdit de poser les pieds sur la terre ferme. Personne ne voulait d'eux. On avait peur des représailles des Turcs. Et comme si leur détresse n'avait pas été assez grande, un autre malheur s'abattit sur eux : leur chef mourut. Ils restaient sans guide. En pleine mer. Ils étaient si affligés qu'ils n'eurent pas le courage d'élire un autre chef. Ils savaient qu'aucun prince, qu'aucun roi ne pourrait plus les sauver. Seul Dieu pouvait le faire. Alors, dans un élan d'espoir, les réfugiés albanais proclamèrent la Mère de Dieu leur chef militaire et commandant de leur navire : elle devint leur guide et leur amiral. A partir de ce jour, ils appelèrent la Mère de Dieu la *Condottiera.*

La Condottiera sauva son peuple albanais. Les réfugiés débarquèrent sous son commandement sur la côte de Sicile. Ils s'y établirent, dans une localité qui se trouve à vingt-sept kilomètres de Palerme et qui s'appelle depuis Piana dei Albanesi. Des Albanais s'y trouvent encore aujourd'hui. Toujours sous le commandement et la protection de la Condottiera, de la Mère de Dieu, leur unique chef.

Après cinq siècles d'occupation, les Turcs furent chassés du territoire albanais. En 1912. En 1914, les grandes puissances donnèrent un roi aux Albanais. Ce fut le prince Wilhelm de Wied, neveu de la reine Carmen Sylva de Roumanie.

Le prince allemand débarqua en Albanie le 3 mars 1914. Il devait être sacré roi des Albanais, en automne de la même année. Mais le couronnement n'eut jamais lieu. Le 28 juin 1914, l'archiduc François-Ferdinand d'Autriche fut assassiné et la guerre mondiale éclata. Le prince Wilhelm de Wied, neveu de la reine Carmen Sylva de Roumanie, rentra chez lui. En Allemagne.

La même année, en 1928, quand mes camarades et moi entrâmes au lycée militaire de Kichinev et revêtîmes l'uniforme du roi de Roumanie, le prince Ahmed Bey Zogu, lui aussi, endossa le vêtement royal et fut proclamé roi d'Albanie, sous le nom de Zog Ier.

Je décidai de composer une poésie sur le peuple albanais. Une longue poésie épique. J'avais pris l'habitude de composer des poésies dès mon enfance. C'est de ma mère que j'appris l'art poétique. Car ma mère écrivait des poésies presque chaque jour. Nous la regardions écrire des heures entières, avec un bout de crayon. Nous étions intrigués par son activité mystérieuse et nous lui demandions sans cesse ce qu'elle faisait. Elle nous répondait qu'elle écrivait des poésies, mais elle ne nous permettait pas de les regarder. Elle les cachait soigneusement. Personne ne pouvait les trouver. Cela piquait d'autant notre curiosité. Nous la suppliions de nous montrer, même de loin, ce qu'elle écrivait, mais elle s'y refusait obstinément. « Ce que j'écris n'est pas pour vous, nous disait-elle. Je ne peux pas vous le montrer. »

Notre mère nous disait qu'elle nous aimait « *comme la prunelle de ses yeux* ». Que si quelque chose de mal nous arrivait, elle en mourrait de chagrin. Nous étions donc surpris qu'elle écrive des poésies pour quelqu'un d'autre que nous-mêmes.

– Pour qui écrivez-vous des poésies? insistâmes-nous, avec jalousie. Car notre mère nous disait que nous seuls comptions pour elle sur cette terre. Personne d'autre.

– J'écris mes poésies pour Dieu, nous répondit-elle. C'est à Lui seul que je les lis. Ce serait un sacrilège de les lire à quelqu'un d'autre. Même à vous qui êtes mes enfants et que j'aime « *comme la prunelle de mes yeux* ».

Nous avons admis que la poésie était quelque chose de secret. Un secret entre notre mère et Dieu. Qu'il serait sacrilège d'insister. Malgré tout, nous désirions ardemment connaître ses poésies. Elle devina notre désir et nous dit un jour :

– Je ne peux pas vous lire mes poésies. Vous avez compris que ce serait un péché que de le faire. Elles ne vous sont pas adressées, mais vous pourrez les entendre lorsque je les dirai à Dieu.

La promesse fut tenue. Nous prîmes enfin connaissance de toutes les poésies composées par notre mère. Dès que notre père partait, et que nous restions seuls à la maison, ma mère verrouillait la porte pour que nous ne fussions pas dérangés. Elle allumait la veilleuse et se mettait à genoux devant l'icône. Nous nous agenouillions tous, en silence et émus, autour d'elle. Et elle commençait à lire ses poésies. C'étaient des prières. La première poésie de notre maman était une supplication à Dieu, afin qu'Il éloigne de notre village l'épizootie qui fait mourir les oiseaux domestiques. Ce fléau s'était abattu comme un vent empoisonné sur nos basses-cours. Ma mère demandait à Dieu d'épargner les poussins, à peine sortis de leur coquille blanche, comme des boules de soie dorée, et qui mouraient avant d'avoir connu la vie. Ma mère implorait la pitié de Dieu pour les poules, pour les oies, pour les canards et pour la volaille, tués par la terrible maladie, chaque jour, depuis des semaines, dans toutes les basses-cours du village. Notre mère demandait grâce pour tous les oiseaux domestiques : pour les dindons, les coqs, les canards, les poules... Elle les énumérait dans des vers parfaitement rimés. Elle racontait à Dieu comment elle voyait mourir, chaque jour, autour de la maison, tant de créatures innocentes... Elle Lui décrivait combien le spectacle était insoutenable, combien était grande la détresse des hommes et combien nous, les habitants de Petricani, étions impuissants devant le désastre. Nous pleurions tous de pitié pour les oiseaux qui mouraient dans notre village, frappés par la mystérieuse maladie. Nous joignions nos larmes à la prière versifiée de notre mère.

Quelques jours après, les oiseaux domestiques cessèrent de mourir dans notre village. L'épizootie était passée. Nous fûmes convaincus que c'était grâce à la poésie de notre mère que Dieu épargna les oiseaux de Petricani d'une mort si atroce.

Notre mère adressait aussi des poésies à Dieu, pour Lui demander de faire cesser la pluie, quand l'eau torrentielle inondait les champs et emportait les récoltes, les arbres et les maisons. Elle écrivait pour implorer la guérison des enfants malades dans le village, ou pour demander à Dieu, au printemps, qu'Il ne permît pas que la gelée blanche tombée sur les arbres en fleur fasse mourir les bourgeons, comme des enfants enlevés par la mort avant même d'être nés.

Le matin suivant nous regardions les cerisiers, les pruniers et les pommiers blancs pour voir si Dieu avait exaucé la prière de notre mère et épargné du gel les bourgeons et les fleurs pendant la nuit. Mon rêve le plus fervent était de pouvoir écrire, moi aussi, des poésies efficaces, utiles, comme celles que notre mère adressait à Dieu, pour nous épargner, à nous, hommes de la montagne, la sécheresse, les inondations, les fléaux... J'étais convaincu que nombre de malheurs et de calamités furent épargnés à notre village, exclusivement parce que Dieu appréciait les poésies de notre mère et qu'Il les écoutait avec plaisir...

De ma mère j'ai donc appris que la poésie est une œuvre d'utilité publique. Le poète écrit des vers qui ne sont pas uniquement entendus sur la terre, par les hommes, mais aussi bien au ciel, par Dieu lui-même.

J'ai toujours composé des poésies en ayant la certitude d'accomplir une œuvre utile. Plus utile que l'œuvre des médecins, des hommes qui éteignent les incendies, ou des ingénieurs qui construisent des routes et des ponts. A la différence de ma mère, je ne lisais pas mes poésies uniquement à Dieu, mais aussi à mes sœurs, frères, parents et camarades. Depuis que je suis au lycée militaire, j'ai composé beaucoup de poésies. Mes camarades s'empressent d'apprendre mes poésies par cœur et les récitent le dimanche à la fête de l'école. Celui qui récite le mieux mes poésies, c'est l'élève Dimitriu. Son pupitre est à côté du mien. Son père est général. Dimitriu parle le français mieux que le professeur de français qui a appris la langue française à l'Université, dans les livres, tandis que Dimitriu parle le français depuis son enfance, aussi bien que le roumain. Il a séjourné en France, à Paris et à Monte-Carlo. M. Malenta, notre professeur de français, le consulte souvent devant nous sur la prononciation de certains mots, pour qu'elle soit correcte. A cause de cela le prestige de Dimitriu est immense dans notre classe.

Il porte le même uniforme que nous, mais sur son corps, son uniforme est plus élégant. Ses brodequins pareils aux nôtres paraissent plus fins, et même jusqu'à ses boutons de tunique semblent briller autrement que les nôtres. Son élégance est innée. Mes poésies, lorsqu'il les récite, paraissent incomparablement plus belles que lorsque je les dis moi-même.

Dimitriu enfin est le champion de l'élégance, des bonnes manières et du français. Notre classe est fière de lui, comme nous sommes fiers de nos champions de football ou de gymnastique, comme nous sommes fiers aussi de Taboul, notre camarade originaire de Braïla, qui joue du violon comme un concertiste.

La classe est fière aussi de moi. Car je suis poète. Pour le dimanche suivant j'avais promis à Dimitriu une poésie sur le peuple albanais. Il venait justement de me passer un billet me réclamant la poésie, afin de lui laisser le temps, car nous étions le vendredi soir, de l'apprendre par cœur pour la réciter le dimanche, devant tous les élèves du lycée.

Ma poésie s'intitulait « la Condottiera des Albanais ». Elle était déjà terminée. Je n'avais plus qu'à la transcrire. Je m'apprêtais à la montrer à Dimitriu, car nous n'avions pas le droit de parler entre nous pendant les heures de « méditation ». Au moment où je me tournai vers lui, la lumière s'éteignit. La classe fut brusquement plongée dans le noir. Pendant quelques fractions de seconde, nous fûmes pris de terreur. Pétrifiés sur nos bancs. La disparition subite de la lumière est le prélude à toutes les catastrophes, aux grandes calamités. A la plus simple éclipse du soleil, tous les animaux, les porcs, les vaches, les chiens, les poules et même les insectes sont saisis de panique. Quand le Christ est mort sur la croix, la terre a été, elle aussi, plongée dans les ténèbres, et les sentinelles tombèrent à terre, effrayées.

C'était donc la panique. Une clameur grave, générale, s'éleva de tous les pupitres.

– Silence! ordonna le lieutenant Timofti.

Il était à son pupitre. Au fond de la classe. Nous nous tournâmes vers lui, mais nous ne pouvions le distinguer dans le noir. Subitement, du corps du lieutenant jaillit une flèche lumineuse. Elle déchira les ténèbres comme une épée de feu. C'était une torche électrique que le lieutenant avait allumée. Comme le lieutenant Timofti arrive le matin, alors qu'il fait encore noir, et qu'il part le soir à la tombée de la nuit, il a toujours dans la poche de sa tunique une petite torche électrique. Nous ne voyions toujours pas notre lieutenant, mais seulement le faisceau de lumière qui partait de sa main. Un faisceau lumineux comme l'épée de feu des archanges, dans les icônes.

– Élève du jour! va rapporter à l'officier de service que nous avons une panne d'électricité, ordonna le lieutenant Timofti.

Sa voix était autoritaire mais nous sentions qu'il avait, lui aussi, été secoué par notre plongée dans le noir. La flèche électrique illumina l'élève de service qui se leva de son banc et se dirigea vers la porte. Le faisceau lumineux l'accompagna en lui montrant la route.

– Laisse la porte largement ouverte! ordonna le lieutenant.

L'élève sortit. La lumière du couloir s'infiltrait par la porte restée ouverte et éclaira la partie avant de la classe, l'estrade et le tableau noir.

Deux minutes plus tard l'officier de service arrivait. Il apportait une lampe à acétylène et la posa sur le bureau. La classe fut à nouveau éclairée. Aucun événement ne peut bouleverser le programme au lycée militaire. Même si toute l'école tombait en panne d'électricité, le déroulement normal de l'activité du lycée ne saurait être interrompu que durant quelques minutes. Des lampes de réserve à acétylène sont toujours prêtes à être allumées pour éclairer toutes les classes, les halls et les couloirs. Elles sont aussi nombreuses que les pompes à incendie capables d'éteindre n'importe quel feu en quelques minutes. Dans le règlement intérieur du lycée militaire tout a été prévu. Les surprises y sont impossibles. L'imprévu en a été supprimé.

Dans la classe arrive le sous-officier chargé de l'intendance et de l'entretien suivi d'un sergent et d'un soldat électricien. Le sergent porte avec lui une boîte à outils. Il ouvre le petit placard près de la porte d'entrée et vérifie les plombs. Le soldat électricien pose au milieu de la classe une échelle, sous le grand globe en opaline. L'officier de service, le sous-officier, le lieutenant Timofti et nous tous regardons les yeux grands ouverts les travaux.

– Les plombs sont bons! s'exclame le sergent électricien.

Il dévisse l'ampoule et descend de l'échelle. Il la tient enveloppée dans une serviette blanche, car elle est brûlante. A la lumière de la lampe à acétylène, le sergent examine l'ampoule. Il la passe ensuite au sous-officier de l'intendance.

– Elle est grillée, dit le sergent. Constatez vous-même.

– Grillée, confirme le sous-officier.

Il passe l'ampoule à l'officier de service, qui la regarde, et la pose sur le bureau, à côté de la lampe à acétylène, sur la serviette blanche.

– Dans quelques minutes nous vous apporterons une ampoule neuve, dit le lieutenant de service. Et il sort, suivi du sous-officier, du sergent et du soldat électricien.

Nous restâmes seuls avec le lieutenant. L'échelle posée au milieu de la classe et l'ampoule grillée sur le bureau, nous attendions la nouvelle ampoule électrique. Toute attente commence par le silence. Mais ce silence fut brusquement interrompu par l'élève Dimitriu :

– Gheorghiu peut réparer l'ampoule, mon lieutenant. Il peut la réparer si vous le lui permettez.

A cette affirmation, la classe éclata en cris tumultueux. Pas une clameur d'angoisse, comme lorsque la lumière venait de s'éteindre. C'était la même clameur que sur les stades sportifs lorsque les supporters encouragent les joueurs.

– Veux-tu regarder l'ampoule de près? me demanda le lieutenant Timofti. Vas-y et regarde-la.

Je me levai, tout rouge, dans les cris et les exclamations de la classe. Je m'approchai du bureau, et regardai l'ampoule de près, sans la toucher.

– Prends-la! me cria la classe. N'aie pas peur. Répare-la!

Depuis que j'ai l'autorisation d'aller au laboratoire, je raconte à mes camarades, chaque jour, tous les mystères que je viens de découvrir sur l'électricité. Je leur explique comment une ampoule est fabriquée, comment le courant arrive, par les fils, de l'usine jusqu'à notre classe. Ils m'écoutent avec admiration et me font confiance. Ils sont fiers de moi. Maintenant ils veulent que je leur fournisse les preuves de mon savoir. Ils veulent que je leur confirme mes connaissances. Ils veulent que je leur montre que je suis un champion!

Je prends l'ampoule dans la main. Elle est encore chaude. Je l'examine de près. Je cherche du regard le fil métallique qui se trouve à l'intérieur et qui devient incandescent dès qu'on allume le courant. Je trouve le fil. Il est bien là, mais il est cassé. Les deux bouts pendent, séparés. Ils bougent dans le vide. Légers. De véritables fils de toile d'araignée. L'ampoule a une tache noirâtre. C'est de la fumée. C'est la preuve que le fil a brûlé. Je rassemble mes idées pour exprimer à mes camarades que l'ampoule est inutilisable. Elle ne peut pas être réparée. Si elle est grillée, cela signifie que le vide à l'intérieur de l'ampoule n'est plus complet qu'il s'est produit une fêlure. L'air a pénétré, car dans le vide le fil ne pouvait pas brûler. Or, faire de nouveau le vide dans l'ampoule est impossible. Aucun électricien ne pourrait le faire. Il n'y a que l'usine qui peut faire le vide dans une ampoule électrique. Lors de la fabrication. Une ampoule brûlée est à jeter. Elle ne sert plus à rien. Le règlement de l'armée, qui prévoit la récupération de toutes sortes de matériaux abîmés, n'a jamais pensé à tirer profit des ampoules grillées. Or, si l'armée n'ordonne pas leur récupération, cela signifie qu'elles sont réellement irrécupérables...

En cherchant mes mots, je tourne l'ampoule dans mes deux mains, tout en l'examinant à la lumière de la lampe à acétylène qui est sur le bureau. Mes camarades suivent mes mouvements. En silence, les yeux largement ouverts. Comme s'ils regardaient un spectacle palpitant. Ils attendent un dénouement.

Je sens leurs regards braqués sur moi, et, de plus en plus nerveux, je tourne l'ampoule dans mes mains. Je ne me rends pas compte qu'en tournant l'ampoule dans mes mains, je fais les gestes propres aux magiciens qui prétendent lire l'avenir dans leur boule de cristal. Les spectateurs ont toujours les yeux fixés sur le personnage qui leur promet un miracle, un acte de magie, n'importe quel tour de passe-passe. Je deviens de plus en plus embarrassé. Et je tourne l'ampoule de plus en plus nerveusement dans mes mains...

Soudain je constate que les deux bouts du fil qui pendaient, cassés, à l'intérieur, se sont rejoints. Ils se sont soudés l'un à l'autre. Le fil est continu.

– Je l'ai réparée!

J'ai réparé l'ampoule... Réparée. Je tenais l'ampoule dans mes mains, comme un trésor, sans la secouer. Je montai sur l'échelle que le lieutenant Timofti retenait afin que je ne tombe pas. Dans la salle régnait un silence total. Chacun retenait son souffle. Pour que rien n'échappe à quiconque du miracle qui était en train de se produire. Je vissai l'ampoule avec précaution, lentement, afin de ne pas casser les deux bouts du fil et qu'ils ne se détachent pas.

Subitement la classe s'éclaira. L'ampoule s'alluma dans mes mains. La lumière du globe en opaline inonda mon visage. Je me tenais sur l'échelle. Tout en haut. Sous le globe en opaline. J'y étais comme sous un projecteur. J'étais aveuglé. Ma tête tournait. J'avais le vertige. Je m'appuyai sur l'échelle pour ne pas tomber. Toute la classe hurlait de joie, applaudissait. Le lieutenant Timofti m'aida à descendre de l'échelle. Mais mes pieds ne touchèrent pas le plancher. Je me trouvai sur les épaules et les têtes de mes camarades. Ils avaient quitté leurs bancs et me portaient en triomphe sur leurs épaules. Ils m'ovationnaient, me célébraient.

– A vos places! ordonna le lieutenant.

Mes camarades me posèrent à terre et mes pieds retrouvèrent le contact du plancher. Mes camarades regagnèrent leurs bancs, mais ils continuaient à applaudir et à crier. J'étais au milieu de la classe, sous le globe en opaline. En face de moi se tenait le lieutenant Timofti.

– Bravo, dit-il.

Et il me serra la main. Longuement. Avec force. A ce moment les ovations atteignirent leur paroxysme. Mes camarades montèrent sur leurs pupitres et criaient de joie.

La porte de la classe s'ouvrit. L'officier de service, le sous-officier d'intendance entra, suivi du sergent électricien qui nous apportait une nouvelle ampoule. Ils s'arrêtèrent devant la porte. Ils étaient étonnés du vacarme et surtout de voir la classe éclairée. Ils dirigèrent leurs regards vers l'ampoule allumée. Ils ne comprenaient pas ce qui avait pu se produire. Le colonel Joakim apparut derrière eux, comme une tempête. Il venait, attiré par le chahut. Dès qu'il entra, le tumulte cessa. Il interrogea des yeux l'officier de service, le lieutenant Timofti, et l'électricien. Son visage était fermé, ses lèvres serrées. Il était prêt à punir. A sévir. Et il cherchait le coupable. Pour le sanctionner. Immédiatement. Sur place.

– Il y a eu une panne d'éclairage, mon colonel, expliqua le sous-officier intendant. Une ampoule grillée. Nous en avons apporté une de rechange. Une neuve.

– Il y a eu panne d'électricité? demanda le colonel. Où cela? Vous avez de la lumière...

– L'ampoule était grillée, mon colonel. Elle était inutilisable. Il fallait la changer.

– Et vous l'avez changée!

– Non, mon colonel. Nous ne l'avons pas changée. Quelqu'un l'a réparée.

– Réparée? s'étonna le colonel. Comment, réparée? Vous disiez que l'ampoule était grillée. Irréparable. Comment et qui l'a réparée?

Le colonel Joakim regarda dans la classe par-dessus nos têtes. Nous gardions le silence. Le lieutenant Timofti me désigna du doigt. Je me levai et me mis au garde-à-vous.

– C'est toi qui as réparé l'ampoule irréparable? demanda le colonel. C'est toi?

– Oui, mon colonel, ai-je répondu. Mes joues brûlaient.

– Tu as allumé une ampoule morte? Une ampoule grillée? Bravo. Mais ce que tu as fait est tout à fait naturel. Normal. Tu es poète. Les poètes peuvent faire des choses que les électriciens ne peuvent pas accomplir. Les poètes ont toujours eu des pouvoirs mystérieux. Surnaturels. Secrets. Bravo. C'est bien ce que tu as fait. Continue.

Le colonel Joakim se retourne. Il quitte la classe.

Cet événement fut le plus important de ma vie. Toute mon existence en dépendra. C'était comme si je venais d'être sacré poète. Par la hiérarchie. Solennellement. Le monde reconnaissait que je pouvais faire des miracles. Comme ma mère. Je pouvais avec mes poésies arrêter la pluie, vaincre les maladies contagieuses et les épizooties, empêcher les torrents d'inonder les villages... Je pouvais faire tout cela... Comme je venais d'éclairer ma salle de classe avec une ampoule morte. Car j'étais poète.

3

Le lendemain avant le cours, mes camarades vantaient aux professeurs mes exploits de la veille. Au cours de littérature roumaine, Dimitriu demanda au professeur Negresco :

– Si Gheorghiu a éclairé hier notre classe à l'aide d'une ampoule électrique morte, est-ce parce qu'il est poète? Les poètes possèdent-ils des pouvoirs mystérieux et secrets que les autres hommes n'ont pas?

La question de Dimitriu fut ponctuée par les exclamations des autres élèves qui criaient que oui, les poètes ont des pouvoirs mystérieux et secrets.

– Ne prenez pas ces choses à la légère, dit le professeur Negresco. C'est un problème sérieux. Fondamental. Il mérite réflexion. Même si l'on ne saurait y apporter de réponse catégorique et définitive. Certains des actes des poètes sont souvent comparés à ceux des saints thaumaturges, des magiciens et des prophètes. Ce sont là des choses sérieuses.

Le professeur Negresco ne ressemble pas aux autres professeurs. D'abord, il ne fait pas ses cours régulièrement. Il est remplacé par un autre professeur; il n'apparaît au lycée que par intermittence. Telle une comète, une étoile filante. Il vient, éblouit ses élèves, pour soudain disparaître. Jusqu'à cette année il était le maire de la ville de Kichinev. Il est aussi sénateur. On a annoncé qu'il serait ministre dans le prochain gouvernement. En attendant son portefeuille, il continue à donner ses cours. Pour lui, être professeur au lycée militaire est aussi important que d'être ministre, maire de Kichinev ou sénateur. Ses cours sont fascinants. Des conférences magistrales. Il est adoré par ses élèves, aussi bien que par les officiers et les autres professeurs.

Le professeur Negresco est un très bel homme, d'une quarantaine d'années. Il est toujours élégant, raffiné même. Ses complets sont coupés à l'étranger, il porte des chemises en soie, des cravates couleur pastel, comme on n'en voit nulle part, et des chaussures en cuir très souple, comme la peau des gants. Il habite au centre de Kichinev dans un fastueux appartement. Il est père de deux filles, de treize et quinze ans. Le dimanche, il se promène en calèche avec elles. Elles sont très belles toutes les deux. Elles ressemblent à des princesses de contes de fées. Elles ont de longs cheveux blonds, les yeux bleus. Tout ce que le professeur Negresco touche se transforme en or. Tout lui réussit. On dirait que Dieu lui a donné deux filles, belles comme des fées, pour augmenter encore sa splendeur et sa magnificence.

Le professeur vient au lycée militaire en voiture noire, officielle, avec chauffeur en uniforme et gants de cuir. Quand il entre dans la classe avec ses costumes flamboyants, on est tout de suite transporté ailleurs. Il est comme le héros d'un roman dont l'action se déroulerait dans les somptueux palaces de Monte-Carlo ou de la Côte d'Azur, à la Belle Époque. Tout ce que le professeur Negresco nous dit dans ses cours est passionnant et n'est mentionné dans aucun manuel scolaire. On aimerait l'écouter des heures entières et, quand il termine ses cours, on a envie de l'applaudir, comme on applaudit, au théâtre, certains grands comédiens.

Aujourd'hui, le professeur Negresco est ravi de la question posée par notre camarade Dimitriu.

– Vous demandez si les poètes ont des pouvoirs secrets? s'étonne-t-il. Mais il va de soi que les poètes possèdent des pouvoirs mystérieux! Le poète est, par sa nature même, un faiseur de miracles et de prodiges. A l'époque préislamique, il y avait chaque année, dans la ville arabe d'Ukaz, près de La Mecque, des tournois poétiques. Les poètes du désert venaient s'y confronter. Les vainqueurs de ces joutes poétiques étaient vénérés comme de véritables héros. Leurs poèmes étaient transcrits sur de la soie noire, en lettres d'or, et suspendus dans l'enceinte du sanctuaire pendant un an, afin que ces vers fussent connus de tous. C'est pourquoi les poèmes couronnés s'appelaient les *Mou'llarat*, les « suspendus ». Quand un Arabe avait une fille laide, dont personne ne voulait pour épouse, il s'adressait à un poète célèbre. Celui-ci écrivait un poème sur l'infortunée fille et le déclamait sur une estrade, à la foire d'Ukaz.

Grâce aux paroles du poète, la fille laide devenait belle comme une princesse. Réellement belle. Tous les chevaliers riches, beaux et vaillants, se bousculaient devant la tente du père, pour lui demander sa fille en mariage. Grâce au poète, la fille laide devenait une reine de beauté. Tous les jeunes gens souhaitaient l'obtenir comme épouse.

« Voilà un exemple de miracle effectué par les poètes. Car le poète, comme le soleil, a le pouvoir de transformer la laideur en beauté... « *Quand, ainsi qu'un poète, Il* (le soleil) *descend dans les villes, Il ennoblit le sort des choses les plus viles...* [1]. » « *Le regard du poète transforme la poussière en or* [2]. »

« Napoléon faisait représenter devant ses soldats, avant chaque grande bataille, une pièce héroïque de Corneille. Le lendemain, les soldats étaient transformés en héros. Les Français se sont battus pendant des siècles pour la Révolution française, mais chaque fois la lutte échouait. Alors surgit un poète, il composa *la Marseillaise.* C'était Rouget de Lisle. En quelques heures toute la France chantait *la Marseillaise.* Aux paroles de *la Marseillaise* les murs des prisons et des forteresses tombèrent en poussière. Comme par miracle. La liberté, l'égalité et la fraternité furent proclamées. Napoléon – toujours lui! – prétendait que *la Marseillaise,* à elle seule, chantée sur un champ de bataille, équivalait à cent mille hommes! C'est un poète, Rouget de Lisle, qui portait l'uniforme militaire comme vous, qui réalisa le rêve révolutionnaire de justice en composant *la Marseillaise.* Depuis lors, chaque fois qu'une révolution se déclenche, quelque part dans le monde, on entonne *la Marseillaise.* Car c'est grâce à *la Marseillaise* que l'injustice a été supprimée.

« Le pouvoir magique du poète a été personnalisé, comme par nul autre poète, par Virgile. Par Publius Vergilius Maro. Le plus grand poète latin. Dans deux ans, en 1930, nous célébrerons ici, à Kichinev, comme dans toutes les grandes villes du monde, le bimillénaire de la naissance de Virgile, le *Vates Sacer,* l'oracle sacré. L'année 1930 sera, dans tous les pays du monde, l'année du poète Virgile. Il est mort à Brindisi, dix-neuf ans avant la naissance du Christ...

Le professeur Negresco nous parlait avec passion de Virgile, de ses œuvres, les *Bucoliques,* ou l'éloge de la nature, des *Géorgiques,* ou les travaux des champs, et de *l'Énéide,* ou l'histoire de Rome, du peuple et de l'Empire romains. Il nous raconta que Virgile était considéré comme la bouche d'or de l'Empire romain, qu'il avait travaillé pendant sept ans pour écrire *les Géorgiques* et douze ans pour composer *l'Énéide.* Virgile mourut à l'âge de cinquante et un ans et fut enterré à Naples, sur la route de Pozzuoli. Sa tombe est devenue très vite un lieu de pèlerinage.

1. Charles Baudelaire, *le Soleil.*
2. Hafiz, éd. Khalkballi, Téhéran, 1928.

Immédiatement après sa mort, le folklore napolitain le présentait comme un thaumaturge, un faiseur de miracles et de prodiges. Le peuple allait sur la tombe du poète comme sur la tombe sacrée d'un saint en demandant aide et secours. Le peuple ne se contentait pas de lire et de réciter les poésies de Virgile, il s'en servait aussi pour prédire l'avenir, comme on utilise l'horoscope ou les cartes de jeu. Ce sont les *Sortes Virgilianes*, l'horoscope de Virgile. Les chrétiens interprétèrent la quatrième églogue comme une prophétie messianique, dans laquelle le poète annonçait la naissance du Christ. Virgile fut ainsi introduit dans la liturgie chrétienne, aux côtés des prophètes de l'Ancien Testament.

Les écrivains chrétiens comme Mincius Felix et saint Augustin rendirent hommage à Virgile. La légende raconte que saint Paul vint sur la tombe du poète à Naples et dit : « Quel grand chrétien j'aurais fait de toi si tu étais venu au monde quelques années plus tard. »

On raconte aussi que le poète Statius, qui vécut au temps de Domitien, se convertit au christianisme après la lecture de la quatrième églogue de Virgile. Dante, Pétrarque, et tous les écrivains qui l'ont suivi, considéraient Virgile comme le poète par excellence, le prototype du poète. La gloire de magicien de Virgile dépassa sa renommée de poète, de sage, de mathématicien et de prophète.

Le folklore raconte que Virgile avait enfermé le diable dans une bouteille et ne voulut pas le libérer avant qu'il ne lui livre tous les secrets du monde.

Conrad de Querfourt, l'ambassadeur du roi Henri VI de France et futur évêque de Hildesheim, raconte qu'il a vu à Naples un plan de la ville enfermé dans une bouteille et multiples merveilles construites par Virgile, parmi lesquelles un archer qui pointe sa flèche en direction du Vésuve, empêchant ainsi le volcan de faire éruption. D'autres récits, publiés en Angleterre, en Allemagne et en France entre le XIe et le XIIIe siècle, racontent que Virgile créa – à la demande de son ami Claudius Marcellus, fils adoptif de l'Empereur – une mouche qui détruisait tous ses congénères. C'était l'insecticide total. On raconte aussi qu'il avait entrepris de créer une femme parfaite, mais qu'ayant eu à subir l'affront d'une belle Napolitaine, il refusa de la terminer. Virgile construisit même un talisman que l'on portait au cou et qui garantissait la vertu des femmes... dans n'importe quelle situation. Une autre légende prétend que Virgile inventa un miroir dans lequel on pouvait distinguer nettement les visages de tous les traîtres, comploteurs et ennemis de Rome ainsi que l'endroit où ils se dissimulaient. Ce miroir s'appelait *Salvatio Romae* et, grâce à lui, Rome fut sauvée d'innombrables fois de la destruction et des désastres ourdis contre elle par ses ennemis.

Tous ces prodiges furent attribués à Virgile parce qu'il était le plus grand poète de l'Empire et parce que le peuple a toujours été fasciné par les pouvoirs surnaturels de la poésie.

Ovide – Publius Ovidius Naso – un autre grand poète romain, qui mourut chez nous, en Roumanie, sur les bords de la mer Noire, à Constanta, où il fut exilé, est aussi un personnage légendaire dont les pouvoirs magiques dépassent sa gloire de poète. Le professeur Negresco nous raconta à ce propos la visite qu'il fit, accompagné de sa femme et de ses deux filles, dans la ville natale d'Ovide.

Le poète naquit en Italie à Sulmone. Sulmone est dans les Abruzzes. Une région sauvage et arriérée. Les naturels sont en grande partie illettrés, mais ils connaissent tous le poète. Ils l'appellent *Viddie.* Ils racontent que Viddie étant tombé amoureux de la fille de l'empereur, celui-ci le punit en l'exilant en Sibérie, où le pauvre poète mourut de froid. Les gens de Sulmone soutiennent qu'Ovide fut le plus grand savant de son temps. Les rois ne promulguaient jamais de lois sans l'avoir préalablement consulté. Il a inventé d'innombrables machines. Quand Napoléon conquit l'Italie, un de ses généraux découvrit à Sulmone le livre des inventions d'Ovide. Rentré en France, il réalisa toutes les inventions du poète. C'est grâce aux inventions d'Ovide que la France est devenue un des pays les plus civilisés du monde et que Paris recèle tant d'édifices merveilleux. Tous résultent des inventions du poète de Sulmone... En regardant la statue d'Ovide, érigée au centre de la ville, les habitants de Sulmone expliquent aux touristes que le poète a le pied posé sur un livre ouvert, parce qu'il pouvait même lire avec le pied... Tellement il était prodigieux...

La sonnerie interrompit l'exposé de notre professeur de langue et de littérature roumaines. Nous sommes tous restés dans la classe abasourdis, surpris, envoûtés par les pouvoirs surnaturels des poètes. Nous sommes ensuite sortis dans la cour, en silence, sans précipitation. Pendant toute cette pause récréative nous demeurâmes sous l'impression du récit que nous venions d'entendre. Nous pensions tous à Virgile et surtout à Ovide qui pouvait lire avec son pied. Mes camarades passaient à côté de moi, sans me regarder. Aucun d'eux ne faisait plus attention à moi. Ni même Dimitriu, mon meilleur ami. Ils avaient oublié qu'une heure auparavant ils me portaient tous aux nues en vantant mes exploits au professeur.

Moi, qui avais provoqué cet exposé sur les poètes, j'étais oublié. J'étais ulcéré. Blessé. Mais la foule, le public, sont changeants. Plus changeants que le vent. La foule est capricieuse. Cruelle. Elle vous porte en triomphe. Elle vous acclame. Elle vous divinise. Et l'instant d'après, elle vous oublie. Comme si vous n'aviez jamais existé.

C'est l'injuste sort subi par presque tous les poètes. A commencer par Virgile et Ovide. Je le subissais aussi. Pour la première fois.

4

29 août 1932. J'ai seize ans et je suis dans ma cinquième année d'études. Je suis présentement à Petricani. En vacances. C'est la fin de l'après-midi. La journée a été très chaude. Torride. Je me suis réfugié sur la véranda. Tout autour de moi il y a des bouquets de roses grimpantes. C'est moi qui les ai plantés autour de la maison. C'est aujourd'hui la grande fête de « la décollation du vénérable chef du saint et illustre prophète et précurseur Jean-Baptiste », le patron de Petricani. La cérémonie religieuse, qui a duré toute la matinée, a été très belle. L'instituteur Bancéa de Humulesti, le village natal de Creang, le plus grand conteur roumain, est venu à Petricani avec son chœur d'étudiants qui a chanté à l'église. Les quatre filles de M. Bancéa, qui l'accompagnaient, ont chanté elles aussi, dans le chœur. Les filles de l'instituteur Bancéa sont très belles. Le fiancé d'une des demoiselles Bancéa, étudiant au Conservatoire de musique, a chanté le *Pater* et le *Credo*. Sa voix était tellement belle qu'on aurait dit qu'un ange était descendu du ciel, dans notre église, pour chanter. Sa voix était comme du velours.

Notre petite église, construite tout en bois comme une maison forestière, était décorée de fleurs et de branches vertes. J'ai toujours récité à l'église le *Notre Père*. Mais, depuis que je suis élève au lycée militaire, je prononce aussi l'homélie. Aujourd'hui j'ai raconté l'histoire de la décollation de saint Jean-Baptiste, le banquet d'Hérode et la danse de Salomé, en concluant que ce jour nous jeûnons pour marquer notre horreur du banquet luxurieux et homicide d'Hérode Antipas. Le chœur Ion Creanga de Humulesti est venu dans notre village en mon honneur, parce que je suis élève du lycée militaire, qui est la plus célèbre école de Roumanie, et aussi parce que je suis un poète dont les œuvres sont publiées dans les grands journaux de Bucarest, en compagnie des grands auteurs. Mon père, ainsi que les habitants du village, ont été très flattés que le chœur d'étudiants de la montagne s'en soit venu chanter dans notre église.

Maintenant, à la fin de la journée, nous sommes tous fatigués par ces émotions, la chaleur torride et le jeûne. Je suis, en plus, terrorisé par la fin des vacances. Dans trois jours je dois retourner à Kichinev. A chaque fin de vacances, je suis angoissé. Quand le chef de gendarmerie m'a apporté l'ordre de me présenter le 1er septembre 1932 à « zéro sept heures et trente minutes à la gare de Kichinev en provenance de Pascani », j'ai été envahi par la peur. C'était une sensation que je n'avais jamais éprouvée. Car je n'ai jamais eu peur, comme les autres enfants, ni des loups, ni des fantômes, ni des brigands, ni des ténèbres de la nuit. Je n'ai jamais eu peur, non plus, du lycée militaire. Mais, le jour où je reçois, par la poste militaire et par la gendarmerie, l'ordre de me présenter au lycée, je suis paralysé par la peur. Et cette peur est due à l'uniforme. Mon uniforme.

Pour les Aigles de Sa Majesté le roi, pour les élèves du lycée militaire, l'uniforme fait partie des choses les plus importantes. Il symbolise, comme le drapeau, la patrie. Dans le déroulement du programme quotidien au lycée militaire, l'uniforme occupe une place prépondérante. Chaque soir, avant l'extinction des feux, on consacre une demi-heure aux soins de l'uniforme. Avant d'aller au lit, chaque élève se présente avec ses effets, bien rangés sur le bras droit, à l'inspection. Les gradés contrôlent les tuniques, les pantalons, les képis, les ceinturons, les baudriers et les brodequins. Chaque bouton doit briller comme l'or. Les plis des pantalons doivent être tranchants comme la lame des couteaux. Dans les plis des coutures, il ne doit y avoir aucun grain de poussière.

L'importance donnée à l'uniforme ne m'a jamais paru excessive. L'Église accorde au vêtement la même considération. La Bible emploie plus de sept cents fois le mot vêtement. A chaque baptême, lorsque l'enfant sort des eaux baptismales, le chœur chante trois fois : « *Vous tous qui avez été baptisés en Christ, vous avez revêtu le Christ.* » De même qu'au baptême, en plongeant dans l'eau, on revêt le Christ, celui qui revêt l'uniforme du lycée militaire revêt la patrie. Il revêt la Roumanie.

En septembre 1928, quand j'entrai au lycée militaire, l'uniforme des élèves était sombre et sévère. C'était l'uniforme du roi Ferdinand. Le roi soldat. Un uniforme kaki, avec des molletières, un ceinturon et un baudrier en cuir dur et rugueux, de couleur marron. C'était le costume que portaient les poilus, les soldats alliés de la Grande Guerre mondiale dans les tranchées de Verdun, de Salonique et de Marasesti. Le roi Ferdinand mourut, le 20 juillet 1927 et comme le prince héritier Carol avait renoncé au trône, un an auparavant, le 4 janvier 1926, le nouveau roi de Roumanie fut un enfant de cinq ans, Michel. Pendant son règne, on resta fidèle à l'uniforme du roi défunt.

Quelques années plus tard, le 6 juillet 1930, le prince héritier Carol revint au pays et monta sur le trône. Ce n'était pas un soldat rigide, comme son père qui portait une couronne, non en or mais en acier fondu avec les canons pris à l'ennemi sur les champs de bataille. Carol II, le nouveau roi, avait les goûts de sa mère, la belle reine Maria, qui s'habillait comme les actrices de l'Opéra. Le roi Carol II aimait les uniformes flamboyants et le faste. Nos uniformes d'Aigles du roi changèrent chaque année. Ils devinrent de plus en plus élégants. Chaque élève avait plusieurs uniformes différents.

Cette année, je suis rentré à la maison, pour les vacances d'été, vêtu du nouvel uniforme, celui du roi Carol II. J'avais des pantalons longs, gansés de jaune, des sous-pieds en élastique blanc, des chaussettes blanches, le ceinturon, le baudrier et les gants en cuir blanc et le képi avec une aigrette rouge.

J'étais fier de mon uniforme resplendissant. Mais en même temps, j'étais malheureux parce que je devais porter du matin au soir, pendant les soixante jours de vacances, ce fastueux uniforme. Sans le froisser. Sans le salir. Sans y faire une seule tache car, à la rentrée, en automne, les premières opérations auxquelles nous serions soumis, seraient, après le rassemblement, l'appel et le rapport, l'inspection des uniformes et le passage en revue.

Nous devions nous présenter au lycée les cheveux coupés, les brodequins brillants comme des miroirs, les pantalons bien repassés, les ceintures, les baudriers et les gants en cuir, blancs comme neige. Un gant déboutonné était une infraction grave.

Un élève pouvait espérer le pardon pour une mauvaise note en mathématiques ou en chimie, mais il était absolument impardonnable qu'il se présentât en uniforme incorrect. L'uniforme représentait la patrie. Il devait toujours être immaculé, parfait, irréprochable. Comment pouvais-je garder cet uniforme prestigieux impeccable, en le portant chaque jour, tout au long des vacances? Le vêtement de luxe est fragile. Quand on part en week-end, quand on fait du jardinage ou quand on se promène dans la campagne, on s'habille différemment et on met des chaussures adéquates. On ne peut pas faire des travaux des champs en habits de fête.

L'uniforme dans lequel je venais en vacances était un habit de parade. C'était l'uniforme que l'on mettait pour défiler à la Fête nationale et que le roi portait aux réceptions du palais. Je le portais tous les jours. Pendant toute la durée des vacances. Sans le salir. Sans le déchirer. Sans user les pantalons aux genoux. Sans que la tunique ne roussisse au soleil et sans que la poussière ne s'imprègne dans le tissu. Tous mes mouvements étaient contrôlés, pour garder l'uniforme intact. Danser en équilibre sur une corde raide m'eût paru moins difficile.

Je ne possédais pas de second vêtement. Ni mon père, ni ma mère, ni mon frère, ni mes sœurs n'en avaient jamais eu. Nous étions aussi pauvres que les premiers chrétiens auxquels le Christ recommandait de ne pas avoir deux tuniques et, si par hasard ils en avaient deux, d'en donner une à ceux qui n'en avaient pas. Mon père avait une seule soutane. C'est avec la même soutane qu'il célébrait à l'église, travaillait dans les champs et soignait les bêtes. Malgré cela, nous nous considérions comme des privilégiés. Car c'était un privilège d'avoir chacun un vêtement. Lorsque nous étions petits, nous avions un seul manteau, un seul couvre-chef et une seule paire de chaussures pour deux ou trois. Nous étions cinq enfants. Nous ne pouvions jamais sortir ensemble de la maison. Nous sortions à tour de rôle, portant le même unique manteau, et mettant les mêmes chaussures.

Mon père a toujours été pauvre. Maintenant il est plus pauvre que jamais. Il ne paie plus de taxes pour moi au lycée, cela aurait dû le soulager, car j'ai obtenu une bourse dès la première année. Je suis même gradé. Je suis élève principal. Je porte sur les deux épaules des galons en coton jaune, couleur mimosa, larges de deux centimètres. Des galons plus visibles que ceux des sergents. Je suis fier de mes galons. Mon père l'est aussi. Sur les quarante-sept élèves choisis parmi les deux mille candidats en 1928, il n'en reste plus à l'heure actuelle, au début de la cinquième année, que vingt et un. Les vingt-six autres ont été éliminés au cours des quatre premières années. La sélection est permanente. Cruelle. Notre classe est complétée, chaque automne, par de nouveaux élèves venus des cinq autres lycées militaires où existent des classes doubles. Mon père n'a plus à payer pour moi, mais il doit payer d'autres taxes, pour d'autres écoles. Ma sœur Elena est ma cadette de deux ans. Elle a le même âge que la Grande Roumanie. Elle est née en 1918. Elle est maintenant élève à l'école normale d'institutrices. Ma sœur Lucia qui a douze ans, est de même élève à l'école normale. Mon frère Nicolas grandit. Bientôt, il ira aussi à l'école. Au séminaire. Les taxes sont lourdes. Les livres, les cahiers, les uniformes coûtent très cher. On espérait que la sœur de mon père, devenue riche, nous aiderait. Elle a hérité la fortune de sa belle-mère, la princesse russe. Elle nous a aidés par le passé en payant la taxe de ma première année au lycée militaire.

La sœur de mon père est revenue en Roumanie au moment de Noël 1929. Elle a transféré sa fortune de Vienne en Roumanie, par la plus grande banque américaine d'Autriche. Une banque qui avait des succursales sur toute la terre, y compris à Bucarest. Au début de 1930, ma tante a demandé à la banque américaine de Bucarest de lui envoyer une somme d'argent. On lui a répondu que la banque avait fait faillite, suite au krach qui s'était produit à Wall Street. Tout son argent était perdu. La sœur de mon père était maintenant plus pauvre que lui car elle avait contracté quelques dettes qu'il lui fallait payer. La sœur de mon père n'était pas la seule victime du krach financier de Wall Street. Le gouvernement roumain était resté, lui aussi, sans argent. Les caisses de notre royaume étaient vides. C'était la grande crise de 1930. Elle se prolongeait. La Roumanie n'avait plus d'argent pour payer ses fonctionnaires. Des instituteurs, des professeurs et des petits employés se sont suicidés à cause de la misère, de désespoir. Mon père, lui-même, ne recevait plus son salaire. Depuis quinze mois il ne percevait plus rien. J'avais pitié de lui. Mais il nous disait que la pauvreté, la misère et la faim ne sont pas de véritables malheurs, car elles sont passagères. Elles ne durent que pendant notre existence terrestre. Les véritables malheurs sont ceux qui n'en finissent jamais.

Étant donné la situation dans laquelle nous nous trouvions, il aurait été indécent que j'aie des vêtements de rechange pour les vacances. Cela eût été immoral. Je portais l'uniforme de parade avec lequel j'étais venu en vacances. Je m'efforçais maintenant, assis sur la véranda, de le nettoyer, de le rénover pour la rentrée qui aurait lieu dans trois jours.

Mon père me rejoignit sur la véranda. Il s'assit en face de moi. Son visage était plus pâle que d'habitude. C'était à cause des émotions, du jeûne et de la fatigue de ce mémorable jour de fête. La pâleur de son visage le rendait plus beau encore. Car il y a une mélancolie et une pâleur qui tiennent de la grandeur de l'esprit. La tête de mon père était exactement comme la tête des saints sur les icônes. Il me regardait nettoyer mon uniforme.

– Tu désirais me parler, avant la rentrée, d'une chose importante, dit mon père. Je t'écoute. Parle.

– Je quitte le lycée militaire.

– Tu quittes le lycée militaire? s'exclama mon père.

Il avait parfaitement entendu mes paroles, mais il ne pouvait les croire.

– A la fin de cette année je quitte le lycée militaire, ai-je répété.

J'ai prononcé clairement ma phrase. Je l'avais préparée depuis longtemps. Je parlais comme si je récitais.

– Tu seras donc éliminé cette année? demanda mon père. Comment le sais-tu?

– Je ne serai pas éliminé. Non, ce n'est pas ça. Je finirai ma cinquième année, comme les années précédentes. Avec des galons sur les épaules. Ensuite je n'y retournerai plus. Je quitterai définitivement le lycée militaire.

– On ne quitte pas le lycée militaire, dit mon père. Personne n'a jamais quitté le lycée militaire. Jamais. Tous les garçons de Roumanie rêvent d'y entrer. Pour quelques places libres, chaque année, des milliers de garçons se bousculent afin d'y entrer. Tu ne peux pas quitter le lycée militaire, à moins d'être éliminé.

– Je le quitte, père. Sans être éliminé. Irrévocablement.

– Non, mon petit, non. Ce n'est pas vrai. Tu ne peux pas le quitter. Que ferais-tu par la suite?

– Je serai poète, lui ai-je répondu.

Mon père ne me répondit pas. Il était terrassé.

5

Ma décision de quitter le lycée militaire tomba comme la foudre sur mon père. Il fut anéanti. Il resta en face de moi, sans parole, ses yeux braqués sur moi, sans haine, sans colère. Stupéfié. Sa tête devint blême. Exsangue. Comme la tête coupée de saint Jean-Baptiste dont nous célébrions aujourd'hui la décollation.

J'étais surpris de sa réaction car je connaissais bien mon père. Il n'y avait jamais eu de divergences entre nous. Pas de contradictions. Mon père ne m'avait jamais déçu. Tout ce qu'il faisait me semblait parfait, irréprochable. Je ne comprenais pas pourquoi ma décision d'abandonner les études était si terrible. Je m'attendais, au contraire, à ce qu'il la reçoive avec enthousiasme. Comme cela arrivait toujours entre nous. Je venais de prendre une décision qui, en principe, devait lui faire plaisir. Car il aimait les décisions courageuses. Ne m'avait-il pas toujours dit que l'homme est une créature sans maître, libre et souveraine? Comme Dieu? Et que l'homme est la seule créature libre et souveraine du cosmos?

Il était doublement mon père, selon la chair et selon l'esprit. Et il était fier de l'être. Mais il me disait que chacun de nous, est, en un sens, son propre père, puisque nous nous créons nous-mêmes, tels que nous voulons être, et par notre propre volonté [1]. A l'âge de sept ans quand j'ai fait part à mon père de ma décision de devenir saint, il s'en montra ravi. Enthousiaste. Et maintenant que je venais de lui communiquer ma décision de devenir poète, il était étonné. Consterné. Pourquoi était-il tellement surpris? Être poète et être saint c'est, dans une certaine mesure, le même idéal. L'un et l'autre vont dans la même direction. Ascensionnelle.

– Êtes-vous mécontent de ma décision, père? lui demandai-je. En quoi vous étonne-t-elle et vous chagrine-t-elle? Il n'y a rien d'extraordinaire. Ni de fâcheux. Au début, mon idéal était d'être prêtre. Comme vous-même et comme tous nos ancêtres l'ont été durant plus de cinq siècles. Les circonstances m'ont obligé à renoncer au sacerdoce, et à revêtir l'uniforme militaire. Entre-temps j'ai découvert que ma destinée était d'être poète. En tant que poète je ne m'éloigne ni du sacerdoce ni du métier de soldat. Au contraire. Je les réunis. C'est une chance. Un bonheur. Je serai le poète du Christ et de la Roumanie, car :

Il n'y a de grand parmi les hommes
Que le Poète, le Prêtre et le Soldat :
L'homme qui chante,
L'homme qui bénit,
L'homme qui sacrifie et se sacrifie [2].

« En étant poète, je serai les trois à la fois. C'est une destinée sublime. J'espérais que ma décision de me consacrer entièrement à la poésie vous plairait. Vous vous montrez, au contraire, surpris et chagriné. Pourquoi? Être poète, est-ce moins qu'être prêtre ou soldat? Le poète, comme le soldat, combat aux premières lignes, aux frontières de la vie. Être poète est un don d'en haut. Comme le sacerdoce. Pourquoi ma décision d'être poète vous attriste-t-elle et vous surprend-t-elle? Vous le savez d'ailleurs depuis longtemps, que je suis poète. Vous m'y avez encouragé.

1. Saint Grégoire de Nysse, P.G. 44, col. 328 A.
2. Charles Baudelaire : *Mon cœur mis à nu*, 26.

– Y a-t-il incompatibilité entre la poésie et l'école? demanda mon père. Ne peut-on être poète et terminer le programme du lycée? L'étude est-elle incompatible avec la poésie? Si tu penses ainsi, tu me déçois. Et j'ai honte de toi...

– Je ne veux pas devenir *un poète*, père. Je ne veux pas *être un poète* parmi les autres. Je veux être *le poète.* Au singulier. Le poète de mon peuple. Le poète de la Roumanie. Je veux être comme ce poète arabe du VIIe siècle qui disait de lui-même :

Aucun poète ne me voit sans s'éclipser,
Comme font les étoiles de la nuit quand elles voient la lune [1].

– Est-ce inconciliable avec le lycée? demanda à nouveau mon père. Dois-tu abandonner l'école pour devenir le grand poète de la Roumanie?

– Oui, père. Je dois tout abandonner. Absolument tout. Le lycée militaire, comme le reste. Comme pour la religion : le Christ dit à ses disciples : « Quiconque d'entre vous ne renonce pas à tout ce qu'il possède ne peut être mon disciple. Si quelqu'un veut me suivre, qu'il renonce à lui-même [2]. » Si les Apôtres et les saints n'avaient pas abandonné leurs familles, leurs terres, leurs maisons, et tout ce qu'ils possédaient, ils n'auraient jamais pu suivre le Christ et gagner le ciel. La sainteté et la poésie sont semblables. Pour les gagner, il faut renoncer à tout. C'est seulement après avoir tout sacrifié que commence le véritable combat du poète et du saint. Je m'y consacrerai entièrement. Aucun sacrifice ne me semble trop grand, père. J'ai confiance en ma réussite. On dit que les idéaux fixés lors de l'adolescence ont le plus de chances d'être réalisés car ils sont pris à temps et que l'on a la vie devant soi. J'ai décidé, donc, maintenant – à l'âge de seize ans – de tout sacrifier pour devenir le poète de mon peuple. Le poète de la Roumanie. Je ne peux plus attendre. J'aurais même dû me décider plus tôt. A seize ans, Arthur Rimbaud était déjà un poète célèbre. Mais je récupérerai le temps perdu. J'étudierai jour et nuit tous les poètes qui m'ont précédé et je ferai mieux qu'eux...

– N'est-ce pas une chimère? demanda mon père. Je ne veux pas te blesser ni te décourager, mais es-tu sûr d'être un véritable poète. On juge l'arbre selon ses fruits et un poète selon ses œuvres. Tu es trop jeune pour avoir des œuvres. Tu n'es seulement à l'heure actuelle qu'une promesse. Peut-être une grande promesse, mais rien de plus qu'une promesse. Sais-tu aujourd'hui ce que tu seras demain? Sais-tu ce qui restera de cette promesse? Tu peux promettre, aujourd'hui, d'être un grand poète. Mais le seras-tu demain? Et si tu te trompes, que tu

1. Al-Fadi Ibn Qudama (Ibn Qutaiba) : Sh'R, éd. de Goeje, p. 382.
2. Matthieu, 10, 24. Luc, 14, 33. Marc, 8, 34.

découvres demain que c'est une promesse mensongère, et que tu n'es pas un véritable poète? Que deviendras-tu? Tu auras tout sacrifié en vain, pour une illusion, pour rien. Ta vie sera brisée, détruite, entièrement. Tu ne pourras pas revenir en arrière pour la réparer. Personne ne peut revenir en arrière. Jamais.

– J'ai du talent, père. Je suis un véritable poète. J'en suis sûr.

– Aujourd'hui tu es poète, dit mon père. Je n'en doute pas. Mais le seras-tu demain? Personne ne peut contester ton talent. Tu écris de très belles poésies mais à seize ans, tous les garçons et toutes les filles écrivent des poésies sans être eux-mêmes des poètes. C'est leur âge qui est poète. C'est l'adolescence qui est poète, pas eux! Et quand l'adolescence passe, il ne reste plus rien de poétique en eux. On dit que chaque Roumain est né poète. C'est vrai. Mais nous n'avons pas vingt millions de poètes, nous n'en avons qu'un seul : Eminesco. Il y a beaucoup d'appelés, mais très peu d'élus. Comment sais-tu que tu seras élu? Comment peux-tu savoir que tu resteras poète, lorsque tu ne seras plus adolescent? Ni toi ni personne ne le sait. Continue l'école. Finis tes études. Ensuite, tu décideras.

– Je n'ai pas de temps à perdre, dis-je. Je dois commencer dès maintenant. *Vita brevis, longa ars.* L'art est long et difficile. Le poète est condamné à être parfait ou à disparaître. Comme dit Horace : « Il y a des activités où il est possible d'être médiocre : un notaire, un avocat, même s'ils sont médiocres, ont cependant leur utilité... Mais ni les dieux, ni les hommes, ni les vitrines des libraires ne permettent aux poètes d'être médiocres [1]. » Je suis obligé d'être parfait et pour cela je dois tout abandonner et me consacrer entièrement à la poésie. Dès maintenant.

– Mais si tu fais fausse route? me demanda mon père. Si tu découvres dans quelques années que tu n'es pas véritablement un poète? Que deviendras-tu? Tu auras tout sacrifié, inutilement pour une illusion, et tu seras le plus malheureux des hommes. Alors tu me reprocheras de ne t'avoir pas conseillé. Car un père a le devoir de conseiller son fils et c'est un crime s'il ne le fait pas.

– Même si j'échoue, je serai heureux d'avoir osé. Il est préférable de mourir en route pour un idéal trop élevé que de ne pas partir du tout [2]. C'est vous-même, père, qui m'avez appris cela. Je quitte tout pour réaliser mon idéal... D'ailleurs, je ne pars pas à la légère. J'ai mûrement réfléchi. J'ai vérifié ma compétence. Je me suis mis à l'épreuve. Vous avez vu les revues et les journaux. J'ai écrit dix gros volumes de poésies. Je ne les publierai pas, ou en tout cas, pas tout de suite. Les auteurs regrettent toujours la publication de leurs œuvres de jeunesse. Ceux qui ont lu mes poésies me conjurent de continuer. L'armée n'est pas une

1. Horace : *Art poétique.*
2. Origène, G.C.S. 6, 189.

institution particulièrement sensible à la poésie et malgré cela, le commandant m'a confié la fondation et la rédaction d'une revue littéraire. Je l'ai appelée *la Nouvelle Lune.* C'est la revue du lycée militaire de Kichinev. Et c'est moi qui l'ai fondée, qui la dirige et surveille son impression. Une revue de cent pages qui paraît chaque trimestre. Cela n'est pas une preuve de ma compétence? Les élèves des classes supérieures, qui ont quatre ou cinq ans de plus que moi – devant lesquels je me mets au garde-à-vous, et que je dois saluer dans la rue – ces élèves me demandent conseil pour leurs productions littéraires et attendent mon verdict. Ils reconnaissent ma supériorité et ma compétence en matière littéraire. Même les professeurs et les officiers, quand ils publient des articles dans ma revue, les soumettent à mon jugement. Le colonel commandant, qui est membre de l'Académie roumaine, m'a invité dans son bureau et m'a dédicacé son dernier livre, une étude sur Xénophon, et *la Retraite de Dix Mille.* Il m'a prié de faire un article sur son livre dans la revue. Il me dit à cette occasion que le ministre de la Guerre était enthousiasmé par ma revue. A partir de cette année, à la place de *la Nouvelle Lune,* je dirigerai une autre revue, *les Aigles,* qui sera financée par le ministère de la Guerre et qui sera distribuée aux élèves de tous les lycées militaires de Roumanie. Le fait que je suis poète est une réalité, ce n'est pas une chimère. Le ministre de la Guerre confierait-il à un élève de cinquième année la rédaction de sa revue, si celui-ci n'était pas un poète véritable? Je le suis, père. A l'occasion de chaque grande fête le commandant du lycée annonce le programme à suivre, par ordre du jour. Militairement. L'ordre du jour est lu après l'appel devant le bataillon de l'école et, chaque fois, mon nom est cité dans l'ordre du jour du commandant : « L'élève Gheorghiu Virgil écrira un poème à l'occasion de cet événement solennel. » Je suis le poète officiel du lycée militaire et de tous les lycées militaires. Je suis tout autant le poète de Kichinev que de Bessarabie. Le nom de Kichinev est lié à celui de Pouchkine, qui y fut exilé et y écrivit son chef-d'œuvre *la Dame de pique.* Maintenant, c'est moi le jeune poète de la ville. Tout le monde me connaît. L'ancien gouverneur et ministre, le libérateur de la Bessarabie, Pan Halipa, me reçoit le dimanche chez lui, pour que je lui lise mes poésies. Il m'en fait des éloges. Le professeur Tomesco me réclame régulièrement des poésies pour les publier dans le *Luminatorul,* la revue officielle de l'Église de Bessarabie. Il me paie pour chacune des poésies publiées et m'adresse les honoraires à l'école, par mandat postal. Les grands journaux de Bucarest, *Universul* et *Adevarul,* ont publié mes poésies dans leurs suppléments littéraires. M. Valerian, le directeur de *la Vie littéraire* – la revue dans laquelle ont débuté tous les grands écrivains contemporains – publie mes poésies, de même que *Bilete de Papagal,* la revue de notre plus grand poète vivant, Tudor Arghezi. M. Valerian aussi bien que Tudor Arghezi m'écrivent de longues lettres d'encouragement et me prodiguent leurs conseils. Leurs noms se trouvent dans nos manuels scolaires. Au lycée, les professeurs, les officiers et les élèves sont très fiers que d'aussi grands personnages écrivent à un élève de leur école. C'est une gloire pour tous.

« Toutes ces choses m'ont confirmé dans ma décision d'abandonner tout pour me consacrer exclusivement à la poésie. C'est une grave décision. Pour me donner du courage j'ai fait un pari avec moi-même : Si j'arrivais à déclamer une de mes poésies au centre de Bucarest, devant des milliers d'auditeurs, je quitterais le lycée militaire. Sinon, j'attendrais encore. J'ai écrit un poème-manifeste et l'ai envoyé au directeur de la *Jeunesse roumaine*. Cette académie réunit, chaque année au printemps à Bucarest, tous les élèves qui ont reçu le premier prix dans les écoles secondaires de Roumanie. Des milliers d'élèves se rassemblent à Bucarest pour un grand concours littéraire. Le président de *Jeunesse roumaine* m'a invité au concours à titre exceptionnel. J'ai récité ma poésie sur une estrade élevée près de la statue de Michel le Brave. Au cœur de Bucarest et devant des milliers de jeunes. Toute l'élite de la jeunesse roumaine était là, devant moi, pour m'écouter. Ces jeunes étaient venus de toutes les villes et de toutes les bourgades de la Roumanie. Quand je suis descendu de l'estrade, rouge d'émotion, sous les acclamations et les applaudissements, un rédacteur du journal *Universul*, M. Mirescu, m'a demandé mon nom et m'a posé plusieurs questions. C'était ma première interview. Le samedi suivant, ma photo figurait sur la couverture du supplément illustré du journal *Universul*, le plus grand journal de Roumanie. C'est alors que je me suis dit : " Les dés sont jetés. " Et je me suis décidé à quitter le lycée militaire. Irrévocablement.

– Le commandant de ton lycée militaire, le poète Tudor Arghezi, M. Valerian, le gouverneur Pan Halipa, le professeur Tomesco et tous les autres grands personnages qui apprécient ta littérature t'ont-ils conseillé de quitter l'école?

– Non. Personne ne m'a conseillé ni déconseillé de le faire et, d'ailleurs, je n'ai sollicité l'avis de quiconque. C'est une question qui ne regarde que moi. Et moi seul. C'est moi qui décide de ma propre destinée. Souverainement. Chaque homme est son propre père, en se créant lui-même tel qu'il veut être.

– Es-tu certain de réussir? demanda mon père.

– Non, père. Je ne suis pas si stupide pour l'affirmer. Il se peut que je réussisse. Mais il se peut bien que j'échoue et que je tombe en route. Ma seule certitude, c'est que je combattrai jusqu'à mon dernier souffle, de toutes mes forces. Je n'abandonnerai jamais le combat. Même si je tombe en route, je mourrai heureux. Comme dit Corneille :

Adieu, je vais chercher au milieu des combats
Cette immortalité que donne un beau trépas...

– Tu n'es donc pas certain de devenir un grand poète?

– Non, père. Je ne connais pas l'issue du combat. Je sais uniquement que je le mènerai héroïquement, comme l'ont fait tous ceux qui m'ont précédé. C'est une route meurtrière. La plupart des combattants y perdent la vie, ou la raison. Edgar Allan Poe, Gérard de Nerval, Lenau Hölderlin, Kleist, Eminesco, Empédocle... La route est jonchée de tombes de martyrs. M. Valerian m'a invité après la fête de la *Jeunesse roumaine* au café Capsa. C'est un café très luxueux, au centre de Bucarest, où se réunissent les poètes célèbres et les artistes. A l'intérieur, il y avait, assis sur les fauteuils en velours rouge, toutes les gloires de la littérature contemporaine. Je pouvais les voir de près et les admirer. Dehors, devant la porte, se tenait un mendiant en haillons. En sortant du café, Valerian lui a fait l'aumône me disant : « Regarde bien le visage de ce mendiant et garde-le toujours dans ta mémoire. C'est la face cachée de la gloire littéraire. Cet homme, qui mendie, à la porte du Capsa, s'appelle Arthur Enasesco. Naguère il fut le poète le plus admiré de Bucarest. Il était fêté et reçu dans tous les salons. Son poème " Rita la Tzigane " avait été mis en musique et était chanté par tous les Roumains. Il y a une dizaine d'années, il était encore le plus élégant, le plus beau et le plus glorieux poète de Bucarest. Il avait fait de brillantes études à Paris. Il est docteur en droit de la Sorbonne. En pleine gloire il fut frappé, comme par la foudre, par la destinée. Il perdit la raison. Comme Nietzsche, Hölderlin et notre Michel Eminesco. Depuis ce jour-là le pauvre Arthur Enasesco mendie au coin de la rue. Il ne se souvient même plus qu'il ait jamais été poète. C'est la vengeance de la destinée. Car la destinée est jalouse des poètes. Les poètes sont capables de trop grands miracles. La nature leur a concédé de trop grands pouvoirs. Un jour, je serai peut-être, moi aussi, comme Arthur Enasesco. Déchu. Tout poète est menacé de devenir comme lui. Car la foudre ne tombe jamais que sur les hauteurs. Mais cela ne me décourage pas. Au contraire. D'ailleurs rien ni personne ne peut empêcher un poète de poursuivre sa route. Même s'il tombait, personne ne pourrait le sauver. Comme l'a dit Horace : " Si un poète tombe dans un puits ou dans une fosse, il aura beau crier d'une voix plaintive : Au secours, chers concitoyens. Qu'on ne s'avise point de l'en tirer. Si quelqu'un, par pitié, voulait lui jeter une corde et le secourir : Qu'en savez-vous, lui dirais-je, s'il ne s'est point jeté là à dessein, et s'il veut qu'on le sauve? Et, à ce propos, je lui raconterais l'aventure du poète Empédocle qui, voulant passer pour un dieu, sauta de sang-froid dans l'Etna enflammé. Qu'il soit permis au poète de se détruire. Le sauver malgré lui, c'est lui faire autant de peine que de lui ôter la vie [1]. " »

– Qu'il soit permis au poète de se détruire? s'exclama mon père. Mais c'est effroyable! Horace n'aurait jamais écrit cela si le poète en question

1. Horace : *Art poétique.*

avait été son propre fils, comme c'est mon cas. Un père ne permettra jamais à son propre fils de s'autodétruire. La mère d'Empédocle aurait empêché son fils de se jeter dans le cratère du volcan enflammé, même si, en faisant cela, son fils devenait un dieu. Les parents souhaitent leurs enfants loin des dangers, du péril et de la mort. Les parents des saints et des poètes sont à plaindre. Sauf si les parents sont eux-mêmes des saints et des poètes. On dit qu'à l'enterrement de Césaire, le frère de saint Grégoire de Nazianze, leur mère portait des habits de fête. Car pour les chrétiens, la mort n'est pas un jour de deuil mais la naissance de la vraie vie [1]. Mais la mère des deux saints était elle-même une sainte. Pour consentir à l'autodestruction de son propre fils, poète, il faudrait que le père soit lui-même un poète plus grand encore. Cela n'est pas mon cas. Je réagis en simple mortel. Je comprends parfaitement que le mystère du poète soit aussi redoutable que le mystère du martyr et du saint. Je sais que saint Jean-Baptiste, dont nous célébrons aujourd'hui la décollation, fut autant poète que prophète. Du reste, à son époque un même mot désignait aussi bien le prophète que le poète. Le Christ lui-même a été un grand poète. Les Paraboles et les Béatitudes sont des poésies sublimes. Les pages de l'Évangile sont une suite de poèmes en prose. Le don du poète est aussi grand que celui du sacerdoce. Une prière fervente est de la poésie et un poème sublime est une prière. J'aurais aimé moi aussi être poète. Il y a des prêtres qui ont été de grands poètes. Saint Grégoire de Nazianze, saint Jean Chrysostome étaient des évêques et des poètes. Le mystère des poètes m'éblouit. Mais je n'ai pas le courage de consentir à ce que mon fils se jette dans le cratère enflammé du volcan. Je suis trop médiocre pour le faire. J'ai la réaction des gens ordinaires. Je sais aussi que je ne puis pas t'empêcher d'aller de l'avant pour accomplir ta destinée. Tu es comme le torrent de lave incandescente qui sort de la bouche en feu d'un volcan et coule sans se soucier de rien, dévastant tout sur son passage. Te sauver est au-dessus de mes forces. Même si je le pouvais, il ne servirait à rien de le faire. Tu l'as dit toi-même : Te sauver malgré toi, c'est te faire autant de peine que t'ôter la vie... Va donc ta route. Je ne m'oppose pas. Je ne te demande qu'une seule faveur. Tes sœurs Elena et Lucia sont maintenant élèves à l'école normale. Elles ne deviendront jamais institutrices. Je suis trop pauvre pour payer leurs huit années d'études, jusqu'au diplôme. Quand elles auront dix-sept ou dix-huit ans, elles se marieront. Comme ta mère. Elles élèveront leurs enfants, elles soigneront leur maison et leur mari, comme toutes les autres femmes. Elles attendront avec résignation la fin de leur existence et une vie meilleure après la mort. Au ciel. Car sur la terre, elles ne connaîtront jamais d'événements grandioses ou exceptionnels. Elles auront une petite vie médiocre, avec des joies médiocres et des souffrances médiocres. Même leurs malheurs seront

1. Saint Grégoire de Nazianze, P.G. 35, col. 755.

sans envergure. Petits. Sans aucun éclat. Je ne puis constituer aucune dot à tes sœurs. Aucune. La seule dot qu'elles apporteront à leur mari sera leur vertu, leur honnêteté et la bonne renommée de leurs parents. Surtout la bonne renommée de leur famille. C'est leur seule richesse. Si tu quittes maintenant l'école et si tu abandonnes tes études, tes sœurs ne pourront plus se marier. Elles auront une mauvaise réputation. Aucun garçon honnête n'en prendra une comme épouse. Car elles auront un frère qui a abandonné l'école et vit dans la capitale la bohème avec les artistes. Elles auront une mauvaise réputation. Elles resteront vieilles filles. Leurs vies seront brisées. Elles n'auront même pas la possibilité de mener leur existence petite et médiocre. L'Évangile nous parle du fils prodigue. Jamais de ses sœurs. Si le fils prodigue avait eu des sœurs, elles non plus ne se seraient jamais mariées. A cause de la mauvaise réputation de leur frère. Le retour du fils prodigue – tant célébré dans l'Évangile – n'aurait en rien amélioré leur sort. A son retour elles auraient été trop vieilles pour se marier encore. Leur malheur aurait été irréparable malgré le retour du frère indigne qui n'aurait rien changé pour elles. Elles seraient restées condamnées avec leur malheur. Il en sera de même pour tes sœurs, car elles seront trop vieilles pour se marier lorsque tu connaîtras la gloire. Elles seront malheureuses, jusqu'à la fin de leur vie... Je t'en supplie, aie pitié d'elles. Ne quitte pas l'école maintenant. Termine d'abord tes études. Après le baccalauréat, tu pourras faire tout ce que tu voudras. Absolument tout...

– Oui, père. Je terminerai mes études! Je vous le promets. Je ne quitterai pas le lycée militaire tout de suite. Je resterai jusqu'à la fin. Encore quatre ans. Jusqu'au 29 juin 1936. Je vous le promets. Je ne serai pas cruel envers mes sœurs. La cruauté n'est permise qu'envers soi-même. Je finirai mes études.

Et j'ai tenu ma promesse.

Ces quatre années furent les plus longues de ma vie. Des années de travaux forcés. Pendant ces quatre ans, je comptais chaque soir, avant de m'endormir, les mois, les semaines, les jours et les heures qui me restaient encore à faire. Comme les bagnards. C'était la promesse la plus difficile à tenir. C'est l'exploit dont je serai le plus fier, quand je serai interrogé sur les actes de ma vie, au Jugement dernier.

XII

L'ÂPRE ROUTE QUI MÈNE AUX ÉTOILES...

1

C'est le 30 juin 1936. J'ai vingt ans. J'arrive à Bucarest par le train en provenance de Cernowitz, cette ville du nord de la Roumanie, où j'ai terminé hier, le 29 juin, la huitième et dernière année du lycée militaire. J'ai respecté l'engagement pris envers mon père. J'en ai fini avec l'école. Et dorénavant je suis libre.

Je suis venu directement à Bucarest, sans même m'arrêter à Petricani. J'en ai bien gros sur le cœur de ne pas revoir mes parents. Ma peine est très grande. Mais je me suis juré à moi-même de ne pas retourner à la maison avant de devenir un poète célèbre. Je suis certain que cela ne tardera pas.

Il est sept heures du matin et j'ai voyagé toute la nuit. Il fait très chaud. Bucarest est une ville mal placée. Elle est construite sur une plaine triste, loin de la montagne, loin de la mer, loin d'un grand fleuve. Un endroit qui est loin de tout. Le climat est lourd et excessif. Une rivière traverse bien la ville d'un bout à l'autre, mais elle n'aide pas les citadins à mieux respirer. La rivière s'appelle Dambovitza. C'est un nom qui signifie, d'après ce qu'on dit, « la rivière des chênes ». Mais il n'y a aucun chêne au bord de cette rivière. La chanson populaire dit : « Dambovitza, douce rivière, celui qui a goûté une seule fois ton eau sucrée ne pourra plus jamais te quitter... » Paroles mensongères. L'eau de la Dambovitza n'est ni pure ni douce. Au contraire, elle est sale, verdâtre et sent mauvais. Afin que la rivière ne contamine pas la ville avec ses eaux malsaines et malodorantes, on l'a recouverte de plaques de béton. La Dambovitza traverse ainsi la ville de Bucarest, cachée sous l'asphalte, comme les eaux fétides des égouts.

L'idée de construire la capitale de la Roumanie ici, où elle se trouve maintenant, n'est jamais passée par la tête de nos ancêtres. Ils furent obligés de le faire contre leur volonté et contre le bon sens. La capitale de la Roumanie a toujours été au centre de notre pays qui est rond comme le disque de la pleine lune. Les Immortels avaient leur capitale à Sarmisegetuza et les Romains l'avaient à Alba Julia. Toujours au centre du pays. Plus tard la capitale fut à Curtea de Arges et à Targoviste. Des villes situées dans la montagne, sur le bord de rivières à l'eau cristalline et entourées d'épaisses forêts.

Bucarest – « La ville de la joie » – n'était autrefois qu'un village insignifiant. Personne ne soupçonnait qu'il deviendrait un jour la capitale. Ce petit village semblait même n'avoir aucune chance de devenir jamais une ville. Sa destinée était de rester un village insignifiant, perdu dans les tourbillons de poussière de la plaine. Mais les Turcs, après avoir conquis Constantinople et tout l'Empire byzantin, occupèrent aussi les Balkans. Ils franchirent ensuite le Danube, vers le nord. La Roumanie fut elle aussi occupée par les Ottomans.

Les Turcs, comme tous les conquérants islamiques – originaires des steppes et des déserts – avaient peur des arbres. Partout où ils arrivaient, ils détruisaient les forêts.

Avant la conquête musulmane, la Perse, les pays du Moyen-Orient, le Maghreb, la Grèce et l'Espagne étaient couverts d'épaisses forêts. Les mulsulmans les rasèrent. Toutes les terres conquises furent transformées en déserts. A perte de vue, on ne rencontrait plus aucun arbre dans ces contrées. La terre était vide comme dans le désert d'Arabie. Les hauts dignitaires de la Sublime Porte ottomane qui se rendaient chaque année en Roumanie pour prélever l'impôt ne se sentaient jamais en sécurité. Les villes roumaines étaient bâties dans la montagne et entourées de forêts. Ils ordonnèrent aux Roumains de construire leur capitale dans la plaine, au bord de la steppe de Baragan, afin de ne plus voir d'arbres et de forêts menaçantes quand ils s'y rendraient. C'est ainsi que Bucarest est devenue la capitale de la Roumanie. Par ordre des conquérants ottomans.

Je connaissais Bucarest. Je l'avais visitée auparavant, lors du concours d'excellence de *Jeunesse roumaine*, quand j'avais récité une de mes poésies sur la statue de Michel le Brave. Dorénavant je devais y vivre en permanence. Le poète de la Roumanie doit vivre dans sa capitale. Comme le roi. Comme tous ceux qui ont la mission de s'adresser au peuple entier. Saint Pierre, quand il reçut la mission d'évangéliser le monde, s'installa à Rome, dans la capitale du monde, pour être entendu de toutes les nations de la terre. Je ne pouvais pas élire d'autre endroit. Je devais aussi vivre dans la capitale. Car j'avais décidé de devenir le poète de mon peuple.

Je suis toujours habillé en uniforme d'élève du lycée militaire. Tout ce que je possède, ma tunique, le pantalon, les chaussures, ma chemise et même mon mouchoir de poche, tout appartient au ministère de la Guerre. Je ne possède en propre qu'une petite valise. C'est « la valise de chemin de fer de maman ». La même que j'avais utilisée quand j'étais allé à Kichinev, pour y passer l'examen d'admission. Ma mère me l'a offerte. Dans la valise je serre les manuscrits de mes poésies, un savon, une serviette, un rasoir et une boîte de cirage pour les chaussures. Une autre boîte avec une pâte pour faire briller les boutons. L'objet le plus important dans ma valise est le manuscrit du livre de *la Vie de tous les jours du poète*. Une sélection de mes meilleures poésies, que je voudrais faire publier le plus tôt possible. Ce serait mon premier ouvrage imprimé.

Je n'ai aucun parent ni aucun ami à Bucarest. Personne pour m'accueillir, me loger et m'aider. J'arrive aujourd'hui à Bucarest comme un athlète qui descend sur le stade. Seul. Cela me semble normal, car, en quoi pourrait-on m'aider de l'extérieur? Personne ne peut aider un champion qui est déjà descendu sur le stade pour le combat. Tout dépend de sa valeur. Les amis, les parents, les protecteurs ne lui servent à rien. L'athlète sera classé selon ses propres mérites, selon ses performances.

Au Jugement dernier, l'homme se présentera sans bagages et sans compagnon. Tout seul. Et il sera jugé selon ses victoires et ses défaites terrestres. Au lycée militaire nous avons été entraînés pour la compétition. Pour le combat. Après certains examens, on nous demandait de nous noter nous-mêmes. Chaque élève s'octroyait à lui-même la note qu'il pensait mériter. Et la note que nous nous accordions nous-mêmes n'était jamais supérieure à celle que nous donnaient nos professeurs, nos officiers ou nos camarades de classe. Nous étions habitués à nous apprécier nous-mêmes à notre propre valeur.

Je suis conscient que ma vie à Bucarest sera difficile et âpre. Je n'ai point d'argent. Je n'ai aucune promesse d'aide, de nulle part. Mon but est de devenir un poète célèbre. Il ne s'agit pas d'une aventure. Je n'ai jamais été aventureux. Je me crois trop réaliste. Car le réalisme consiste à compter uniquement sur ses propres forces et sur sa propre valeur. Dans beaucoup de domaines c'est le contraire, mais il y a des chemins qu'on ne saurait parcourir que solitaire. Des chemins étroits où il n'y a pas de place pour des compagnons, semblables aux pistes de montagnes escarpées, qui ne sont accessibles qu'à un seul homme. Il faut les monter tout seul sans aide extérieure. Le chemin de la croix du Christ était, aussi, un chemin solitaire. La route qu'empruntent les poètes est semblable. La sainteté et la gloire poétique se gagnent en combat solitaire, au corps à corps.

Je sais que je subirai des échecs, de sanglantes défaites. Mais j'en serai le seul coupable. Un athlète qui ne remporte pas la couronne sur le stade ne peut s'en prendre qu'à lui-même. C'est à cause de ses imperfections qu'il échoue. Je suis préparé à faire face à tout échec. Après chaque défaite, je me retirerai loin du stade pour me perfectionner, me surpasser. Et quand je réapparaîtrai, je ferai mieux chaque fois.

Le jour où je serai parfait, je remporterai la couronne éblouissante de poète de la Roumanie. Cela ne dépend que de moi. De ma capacité de sacrifice, de ma patience et de ma ténacité. La poésie est un don d'en haut, comme le sacerdoce. J'ai reçu ce don et j'en ferai le meilleur usage. Je le multiplierai, comme l'ouvrier de l'Évangile qui, au retour du Maître, s'approcha de lui et lui présenta dix talents en disant : « Seigneur, vous m'avez remis cinq talents, en voici cinq autres que j'ai gagnés [1]. »

Je prends le tramway qui passe devant la gare et je descends aux Halles de Bucarest, sur le quai de la Dambovitza. J'emprunte, à pied, la rue qui monte sur la colline de la Patriarchie. Le palais du patriarche se trouve sur cette colline et, à côté de lui, celui de l'Assemblée nationale. C'est dans le palais de l'Assemblée nationale que, le 8 décembre 1920, un agent soviétique a fait exploser une bombe pour tuer notre roi.

Du sommet de la colline on voit toute la ville. Je m'y arrête pour contempler un instant la capitale de mon pays. Ensuite je sonne à la porte de la Patriarchie. Une porte lourde, en fer, entourée de murs en pierre, épais. Le portier m'ouvre. C'est un ancien soldat qui porte encore les brodequins et les pantalons militaires avec lesquels il a fait la guerre. C'est un paysan de Transylvanie, haut de taille, le visage osseux, le corps desséché. Derrière lui est sa femme. Aussi grande que lui. Des cheveux couleur chanvre, le visage allongé, chevalin. Ils me regardent, tous deux, sans me demander ce que je désire. Ils sont en admiration devant mon uniforme. Ils n'ont jamais vu des Aigles du roi; en uniforme. A Bucarest il n'y a pas de lycée militaire. Ils sont admiratifs et surpris. Ils reçoivent des centaines de visiteurs, chaque jour. Mais ils n'ont certainement jamais ouvert la porte de la Patriarchie à un Aigle du roi. A cause de cela ils me dévisagent comme si j'étais une apparition. C'est de la même manière qu'Abraham et Sara ont dû regarder les trois anges qui, un soir, ont frappé à leur porte.

– Je désire parler au père diacre Cosma, ai-je dit.

– Le père Cosma est parti hier soir en vacances, mon bon monsieur. Il est au monastère de Neamtz. Il y restera deux mois. Il ne reviendra qu'en septembre.

J'ai porté la main à la visière de mon képi, en les remerciant. J'étais prêt à partir. Mais le portier et sa femme voulaient me garder encore un moment. Ils avaient envie de me parler. De me regarder. D'apprendre qui je suis et d'où je venais.

– Ne voulez-vous pas voir quelqu'un d'autre? demande le portier.

J'ai reconnu son accent. C'est celui de Transylvanie. Il doit être originaire du village du patriarche Cristea. Quand ce dernier fut élu patriarche, il fit venir à la Patriarchie des natifs de sa région.

1. Matthieu, 25, 14.

– Je ne connais que le père diacre Cosma, ai-je répondu. Je ne connais aucune autre personne à la Patriarchie.

– Vous êtes sûrement un parent du père Cosma, n'est-ce pas?

– Non, je ne suis pas son parent.

– Père Cosma est un homme admirable, dit le portier.

Il regrettait que je ne sois pas son parent. Il ajouta :

– Père Cosma est le plus gentil de tous. Et il a une voix d'or. Quand on l'entend chanter, on croit que c'est un ange du ciel qui est descendu dans notre cathédrale. Mais pourquoi vous dis-je tout cela à vous? Vous connaissez le père diacre mieux que moi... Vous êtes des amis, n'est-ce pas?

– Non, ai-je dit. Je ne le connais pas très bien. Je ne l'ai rencontré qu'une seule fois. Et nous avons à peine parlé ensemble. Il était étudiant à l'époque. Il est venu avec le chœur Creanga de Humulesti, pour chanter dans l'église de notre village, à la fête de la décollation de saint Jean-Baptiste. Il était fiancé à la fille de l'instituteur de Humulesti qui dirigeait le chœur. J'ai appris qu'il est devenu diacre et qu'il est à la Patriarchie. A l'époque il hésitait entre la carrière ecclésiastique et celle de chanteur d'opéra. On lui offrait un salaire extraordinaire s'il acceptait d'entrer comme ténor à l'Opéra. Mais, tout compte fait, épouser Mlle Véronique Bancéa et devenir diacre...

– Connaissez-vous aussi Mme la presbytera Véronique, sa femme? Elle est maintenant professeur des mathématiques au grand lycée d'à côté. Elle a des élèves plus grands qu'elle. Car elle est petite, et mignonne, la bonne presbytera Véronique. Vous la connaissez donc elle aussi, la bonne et petite Mme Véronica?...

– Elle, je la connais mieux, ai-je dit. Nous étions voisins. Car mon père est prêtre à Petricani. Un village qui se trouve à cinq kilomètres de Humulesti.

– Votre père est prêtre? demande la femme du portier. Elle est pleine d'admiration. Elle insiste : Vous venez maintenant directement de chez vous? Je vois que vous portez une valise à la main.

– Je viens directement de la gare, ai-je dit. J'ai voyagé toute la nuit. Mais je ne viens pas de Petricani. J'arrive de Cernowitz. Hier c'était mon dernier jour d'école. Je viens de terminer le lycée militaire.

– Vous avez voyagé toute la nuit, mon bon monsieur? s'exclame la femme du portier. Vous devez être éreinté. Rien ne fatigue plus que le chemin de fer. Quand nous sommes arrivés, venant de Sibiu, nous avons dormi une journée entière, tellement nous étions fatigués. Le voyage en chemin de fer vous brise les os, et vous secoue toutes les entrailles... Entrez donc chez nous, dans la loge. Vous vous reposerez un instant. Ne restez pas debout, après une nuit de voyage par le train... Je vous servirai une tasse de café.

Je descends les marches de pierre. La loge du portier est dans le sous-sol de la Patriarchie. C'est une très grande pièce. Le sol est en ciment. Les murs sont en pierre. Un lit de fer. Au milieu une table en bois blanc et trois chaises. Une armoire. Une icône, avec une veilleuse allumée. La fenêtre rectangulaire a d'épais barreaux en fer. Elle est en haut du mur. Tout près du plafond. Elle est à la hauteur du trottoir et, de la chambre, on voit l'asphalte et les chaussures des gens qui passent dans la rue. Uniquement les chaussures. La loge est en semi-obscurité. Il y fait frais. On sent l'odeur de pierre humide. Comme dans les caves. On me pousse une chaise, et on m'invite à m'asseoir. La femme du portier allume avec difficulté un réchaud à essence – pour préparer le café. Son mari prend une deuxième chaise et s'assoit en face de moi, les coudes posés sur la table. Il me questionne. De temps en temps, la femme, dans mon dos, penchée sur son réchaud, me presse aussi de questions. Ils veulent tout savoir sur moi.

Je leur raconte qu'hier j'ai terminé la huitième et dernière classe d'école. Que j'en suis très fier. Que je me sens comme libéré, car c'était très dur. Qu'au départ, en 1928, à l'examen d'admission nous étions deux mille candidats, et qu'hier, après huit ans, nous n'étions plus que neuf à avoir terminé. C'était une sélection féroce. Une loi de fer. Je leur ai dit que maintenant je suis arrivé à Bucarest pour m'inscrire à la faculté de philosophie et me consacrer entièrement à la poésie.

– Êtes-vous poète? demanda le portier.

Il est encore plus admiratif que lorsqu'il contemplait mon uniforme. Plus admiratif que lorsque je lui ai dit que mon père est prêtre ou que, parmi les deux mille candidats, nous sommes uniquement neuf à avoir terminé le lycée militaire.

Le portier et sa femme sont des gens simples. Des paysans. Ils sont en ville depuis peu de temps. Lui, il a combattu en Transylvanie pour la libération et l'unification de la Roumanie. Quand l'un de ses chefs, le moine Miron Cristea, est devenu patriarche, celui-ci l'a fait venir à Bucarest, avec sa femme, et lui a donné cet emploi de portier à la Patriarchie. Mais ils sont restés de véritables paysans. A cause de cela je suis surpris de leur admiration pour les poètes. Car ce n'est pas le propre des paysans d'admirer les poètes. Mais pour eux deux être poète est une dignité plus grande encore que d'être évêque, ministre ou général. Poète, c'est le suprême titre de gloire. C'est la première fois que je vois cela. En général, quand vous vous posez en poète, on vous regarde ironiquement, avec le sourire aux lèvres. Être poète n'est jamais pris très au sérieux. Chez mes hôtes, c'est le contraire qui se produit. Rien ne leur semble plus important que d'être poète... La femme en abandonne son réchaud et vient s'asseoir, à table, en face de moi. A côté de son mari. Ils me regardent tous les deux, les yeux écarquillés. Admiratifs.

– Oui, je suis poète, leur ai-je confirmé. Je suis un jeune poète. Je n'ai pas encore conquis la gloire, mais je l'aurai. C'est même pour cela que je suis venu à Bucarest.

– Vous êtes donc poète! s'exclame le portier. Poète comme Octavian Goga? Vous connaissez S.E. Goga? Sûrement que vous le connaissez. Vous êtes poète comme lui...

– Je connais toutes les poésies d'Octavian Goga... Pour la plupart, je les connais par cœur. Mais lui, je ne le connais pas personnellement. Pas encore. Mais, bientôt, je ferai sa connaissance. Sûrement. J'ai déjà rencontré presque tous les grands poètes. Tudor Arghezi, par exemple, m'a écrit plusieurs fois au lycée militaire... De très belles lettres...

Je continue à raconter, en citant des noms d'écrivains célèbres. Mais le portier et sa femme ne m'écoutent plus... Ils me regardent avec admiration. Le fait que je suis poète comme Octavian Goga leur suffit. Ils n'ont besoin de rien de plus. Pour eux, je détiens la plus haute dignité qui existe...

Le portier et sa femme sont de Transylvanie. C'est la province occidentale de notre pays qui est la plus typiquement roumaine. Les Roumains de Transylvanie ont souffert plus que ceux qui vivaient sous l'occupation ottomane. Car en Transylvanie on prétendait vouloir les dénationaliser. Ils ont lutté pendant des siècles, sans arrêt, pour garder leur langue et leur foi orthodoxe. Ils ont lourdement payé leur résistance. La terre de Transylvanie est remplie de martyrs. Certains ont subi le supplice de la roue. Sur les places publiques. Comme Horia, Closca et Crisan.

Un des prestigieux chefs de la résistance roumaine en Transylvanie est le grand poète Octavian Goga. Il a connu le cachot, les chaînes, l'exil. Comme les saints martyrs. Comme saint Pierre et saint Paul. Rien ne lui fut épargné. Après la victoire, Octavian Goga reçut tous les honneurs. Il était le poète de l'unité nationale et de la libération. Ses poésies figurent dans tous les manuels scolaires. Les élèves, d'un bout à l'autre du pays, les apprennent par cœur. On a mis de ses poésies en musique et on les chante à toutes les festivités. A toutes les fêtes populaires. Le nom d'Octavian Goga est célèbre dans toutes les chaumières. On a placé des statues de Goga sur les places publiques. De son vivant, on a donné son nom aux rues, aux écoles, aux bateaux. Il est le poète national roumain.

Chaque fois qu'Octavian Goga vient à la Patriarchie rendre visite à son ancien camarade de combat et de cachot, Miron Cristea, qui est devenu patriarche, celui-ci le reçoit avec le protocole réservé aux monarques et aux héros de la nation. Sa Béatitude Miron Cristea reçoit le poète Octavian Goga sur le seuil de la cathédrale, revêtu des ornements sacerdotaux, et le chœur de la Patriarchie entonne des hymnes à la gloire du poète. A chaque visite à la Patriarchie, le tapis rouge est déroulé sous les pieds du poète, dans l'escalier et sur toute la longueur de la cour, jusqu'à la porte d'entrée. Octavian Goga a été plusieurs fois ministre et il est un des principaux conseillers du roi.

Pour le portier et pour sa femme, comme pour tous les paysans de Transylvanie, être poète, c'est être comme Octavian Goga. Le peuple ne connaît pas d'autre poète. La poésie, c'est Octavian Goga. Être poète signifie être martyr, comme Goga. Avoir subi les chaînes, la geôle, l'exil. Être poète signifie être libérateur du peuple roumain. Être poète signifie ouvrir les portes des prisons. Supprimer les frontières injustes et scélérates. Être poète signifie, pour les paysans de Transylvanie, être intime du patriarche et conseiller du roi.

Le portier et sa femme me regardent fixement. Toute la gloire du poète national Goga, la gloire du poète martyr, du poète libérateur, est projetée sur moi. Mes hôtes m'identifient à lui. Parce que je suis poète. Et parce qu'ils ne connaissent pas d'autre poète que lui. Le portier et sa femme, en me regardant, pensent qu'un jour on déroulera aussi le tapis rouge sous mes pieds, sur toute l'étendue de la cour, que je serai reçu, comme le poète Goga, par le patriarche en ornements sacerdotaux. Que le chœur chantera des hymnes en mon honneur... Car c'est tout cela que signifie pour eux être poète.

– Le père de S.E. Octavian Goga est lui aussi prêtre. Comme votre père à vous, dit le portier. Il est prêtre à Rasinari. Un très beau village, près de Sibiu. Il y a une très belle église. Votre village et l'église de votre père sont aussi très jolis, n'est-ce pas?

– Oui, ai-je dit. Petricani est très joli. Et l'église de mon père est aussi une très belle petite église en bois...

– Dommage que le père diacre Cosma soit parti juste à la veille de votre visite et que vous ne puissiez pas lui en parler. Quand il apprendra que vous l'avez cherché, il sera peiné que vous ne l'ayez pas trouvé. Car vous avez, sûrement, des choses importantes à lui dire... n'est-ce pas?

– Pas si importantes que vous croyez, ai-je dit. Je voulais demander au père diacre Cosma si je ne pourrais pas loger à la Patriarchie pour quelque temps... L'idée m'en est venue juste au moment où je descendais du train. Je me suis rappelé que Tudor Arghezi, mon maître, quand il se trouvait en difficulté, dans sa jeunesse, sans gîte ni couvert, était accueilli par le métropolite primat de Roumanie, qui lui donnait une cellule monacale ici, à la Patriarchie, afin qu'il puisse écrire ses œuvres dans le calme... Et Tudor Arghezi a écrit ses meilleures poésies ici, dans le palais patriarcal, à Bucarest... Je voulais demander au père Cosma la même faveur : qu'il me permette d'habiter ici. Jusqu'à ce que je puisse m'inscrire à la faculté et que je trouve une place dans un foyer d'étudiants... Mais puisqu'il n'est pas là, je chercherai ailleurs. Car les abris ne manquent pas. Surtout quand il s'agit d'un abri provisoire.

– Vous n'avez pas où loger à Bucarest? s'étonne la femme du portier. Mais où dormirez-vous cette nuit, si vous n'avez aucun abri?

– Je ne le sais pas encore, ai-je dit. Je viens à peine de débarquer. Il y a moins de deux heures. Je pensais que le père Cosma me trouverait une place, à la Patriarchie.

Le portier échange des regards avec sa femme. Elle se lève et dit :

– Nous avons ici, dans le sous-sol, en qualité de portiers, deux chambres. Nous n'en avons besoin que d'une. L'autre est vide. Non habitée. Si elle vous convenait, vous pourriez y dormir quelque temps. Provisoirement.

Je suis le portier et sa femme, dans le couloir aux murs de pierre. Ils ouvrent une porte. Ils me montrent une chambre, identique à la leur. Mais complètement vide. Comme une cave. Avec une fenêtre à barreaux. A travers les barreaux on voit les chaussures des gens qui passent sur le trottoir.

– Nous allons vous y mettre un lit, dit la femme du portier. Vous ne pouvez pas rester cette nuit dans la rue. Vous êtes très jeune. Bucarest est une ville dangereuse. Dépravée. Il faut que vous restiez ici, jusqu'à ce que vous trouviez un logement.

– Je vous payerai un loyer, ai-je dit. J'étais dans le comble du bonheur. J'ajoutai : Est-ce que cinq cents lei par mois vous conviendraient? Je ne pourrais pas vous donner plus. Je vous donne tout de suite cent lei... et vous réglerai le solde avant la fin du mois...

– On ne peut pas vous louer la chambre, dit la femme du portier. Nous n'avons pas le droit. C'est strictement interdit... Si jamais on l'apprenait, nous serions congédiés.

– Personne ne le saura, dit le portier. D'ailleurs, cela est provisoire.

J'avais, en tout, cent cinquante lei. Je glisse cent lei dans la main de la femme. Elle ne les refuse pas. Son visage s'illumine. Comme s'il était éclairé par un projecteur. Un paysan ne refuse jamais l'argent. Celui qui refuse l'argent n'est pas paysan. Ils ont le respect de la matière. Chaque fois qu'ils dépensent de l'argent, les paysans se sentent coupables. Dépenser est un péché.

Moi, j'étais au comble du bonheur : j'avais un logement. Je l'ai trouvé en moins de deux heures après mon arrivée à Bucarest. Les hebdomadaires *Cuvantul liber* et *Adevarul Literar* me paient trois cents lei pour chaque poésie. J'espère qu'ils m'en prendront plusieurs dès ce soir. Je donnerai quatre cents lei au portier et il me restera assez d'argent pour me croire riche. J'aide le portier et sa femme à installer mon lit. Je me lave, dans un bassin en fer, avec de l'eau froide. Ensuite je me couche et je m'endors heureux. Je me réveille vers cinq heures de l'après-midi et je me prépare à sortir. Le portier et sa femme entrent dans ma chambre. Ils attendaient depuis longtemps que je me réveille.

– Voulez-vous sortir? s'étonne le portier. Il est trop tard. Vous n'auriez pas le temps de revenir, car nous fermons à six heures, comme dans tous les monastères. La fermeture des portes se fait au coucher du soleil. Depuis toujours. Interdiction d'ouvrir à quiconque, avant le lendemain, au lever du jour. C'est la discipline monacale. La Patriarchie est un monastère. Avec des règles strictes.

– Je dois sortir, ai-je dit. Je dois voir les directeurs des journaux.

– Vous les verrez demain dans la journée. Pourquoi ce soir?

– Les directeurs des journaux arrivent à la rédaction après sept heures du soir, ai-je expliqué. Pas avant. Pendant la journée les rédactions sont vides. Les journaux sont imprimés pendant la nuit. Ils sortent à cinq heures du matin.

Le portier regarde sa femme. Ils se transmettent des signes. Enfin il consent :

– Ce soir, exceptionnellement, je vous attendrai pour vous ouvrir... Vous pouvez sortir. Mais uniquement ce soir. Exceptionnellement.

Le portier et sa femme m'ont attendu, habillés, tard dans la soirée. Pour m'ouvrir. Ils m'ont accompagné jusqu'à ma chambre. Ils étaient boudeurs. Hostiles. Ils m'ont questionné sur mon emploi du temps. Sur les noms des personnes que j'avais rencontrées. Ils sont allés se coucher et ont discuté longtemps entre eux avant de s'endormir. Ils n'étaient pas du tout convaincus que ce que je leur avais raconté était vrai. Ils me suspectaient de toutes les mauvaises actions.

Le lendemain soir, ils m'ont à nouveau attendu, tous les deux, pour m'ouvrir la lourde porte. Ils sont venus, tous les deux, pour me recevoir. Ils étaient certainement décidés à me demander de partir. Mais comme je leur ai donné les quatre cents lei pour le loyer, ils ont hésité un moment. Ils ont pesé le pour et le contre, entre les quatre cents lei et le péché. En fin de compte, tout bien pesé, ils ont préféré l'argent. Ils n'ont pas eu la force de me restituer les cinq cents lei. Ils ont donc été obligés de rester éveillés jusqu'au milieu de la nuit, pour m'ouvrir la porte. Chaque soir. Chaque nuit ils m'avertissaient :

– A la fin du mois vous partirez ailleurs. Ici c'est un établissement religieux. On ne peut pas y entrer la nuit. Non. Si vous voulez rester, il ne faut plus sortir la nuit. Plus jamais le soir...

Le portier et sa femme me regardaient avec suspicion. Ils ne m'adressaient plus la parole, ou très rarement. Et alors, ils me parlaient à contrecœur. Ils avaient la certitude de commettre un péché en parlant avec un jeune homme qui sortait en ville chaque nuit. Ils étaient des gens honnêtes, qui craignaient pour le salut de leur âme. Ils voulaient se garder purs. Loin du péché. Loin de tout contact avec le monde impur. Car le péché est synonyme de ténèbres, de la nuit. Ceux qui vivent la nuit sont des gens qui se vautrent dans la débauche. Moi, j'en faisais partie. Pour eux, le monde se divisait en deux fractions distinctes : le monde de la lumière, du jour et de la vertu, et le monde de la nuit, des ténèbres et du péché. Moi, j'appartenais au monde des ténèbres et du péché. Car je sortais la nuit.

Pendant tout ce mois de juillet que j'ai passé dans le sous-sol de la Patriarchie, le portier et sa femme furent malheureux. Ils maigrissaient chaque nuit davantage, à vue d'œil. Ils avaient la certitude que je les avais contaminés, qu'à cause de moi ils iraient en enfer. Qu'ils seraient damnés.

Quand je suis parti, à la fin du mois de juillet, ils furent soulagés. Délivrés du lourd fardeau du péché, de la damnation. Leur peur du péché était sans bornes. Merveilleuse. Je ne les ai jamais oubliés. Avant de m'en aller, j'avais écrit pour eux un poème intitulé : « Dans les sous-sols de la Patriarchie de Bucarest. »

2

Automne 1936. Je suis à Bucarest depuis cinq mois. Je me suis inscrit à la faculté de philosophie. J'habite au foyer d'étudiants de la rue Pictor-Grigorscu, derrière le palais royal. Après mon séjour dans le sous-sol de la Patriarchie, j'ai eu de nombreux domiciles. Pendant une dizaine de jours j'ai habité hors de la ville, à Dudesti-Cioplea, près de l'usine des munitions de l'armée, la Pyrotechnie. Le poète Virgil Carianopol y est employé. Il m'a fait dormir dans la chambre d'un de ses camarades d'usine qui était hospitalisé. Quand l'ouvrier de la cartoucherie est revenu, j'ai logé chez l'admirable M. Bucurescu, l'encaisseur de la revue *la Vie littéraire*. J'ai changé des dizaines et des dizaines de fois de domicile, pour aboutir enfin, ici, au foyer d'étudiants de la rue Pictor-Grigorscu. Je n'y suis pas admis définitivement, mais j'ai du moins la promesse de pouvoir y rester tout l'hiver.

J'ai beaucoup maigri. Depuis que je suis à Bucarest je n'ai guère mangé à ma faim. Mais cela n'est pas grave. J'appartiens à une race qui, par un entraînement millénaire, sait supporter la faim.

M. Alexandru Belciurescu, le directeur des éditions Cartea Romaneasca, la plus grande maison d'édition de Roumanie, a accepté la publication de mon premier recueil de poésies, *la Vie de tous les jours du poète*. Mon livre sortira en librairie dans le premier trimestre de 1937. Le jour où mon premier livre sera dans les vitrines des librairies, ma vie changera complètement. Tout sera différent. Lumineux. J'espère que la gloire éclatera, du jour au lendemain. Mais, en attendant ce jour faste, je vis dans l'angoisse et la terreur, n'osant plus sortir en ville. Je reste caché, jour et nuit, au foyer. Même ici, j'ai peur. Peur que la police ne vienne m'arrêter. La frayeur ne me quitte pas de la nuit. Pendant mon sommeil je vois la police confisquer mes vêtements, me dépouiller de tout, jusqu'à ma chemise. Je me réveille, en sueur, parce que, dans mon cauchemar, je cours pour me cacher dans les rues de Bucarest, et que je suis complètement nu.

Depuis que je vis dans cette angoisse, je comprends le drame d'Adam et d'Ève qui se sont trouvés, subitement nus, devant Dieu. Ils tentèrent de se couvrir avec des feuilles. Car la nudité n'est pas la condition naturelle de l'homme. Pour l'homme, être dépouillé de ses vêtements est un supplice. Plus cruel que la faim. Et ce n'est pas seulement une torture physique. Être dénudé est une déchéance. Un changement d'identité. L'homme dénudé est déchu de sa condition naturelle. Il est relégué à un état inférieur. Car l'homme n'a pas été créé nu. Adam et Ève, avant la chute, étaient vêtus du vêtement de l'innocence et de l'incorruptibilité. Nous continuons à nous couvrir, comme Adam et Ève, avec des vêtements de fortune, tout comme ils se couvrirent avec des feuilles. Mais « le vêtement de l'homme déchu est un souvenir du vêtement paradisiaque [1] ».

Le Christ qui a souffert toutes les douleurs a subi aussi ce supplice, avant d'être crucifié il a été dépouillé de ses vêtements [2].

J'attends, terrorisé, de le subir à mon tour. Et mon angoisse est motivée. Il ne s'agit pas d'un fantasme : depuis le 1er novembre 1936, je n'ai plus le droit de porter l'uniforme. J'ai eu la permission de le revêtir pendant les mois de vacances, puis j'ai obtenu un délai de soixante jours pour le retourner au lycée militaire. La tunique, le pantalon, la chemise, la cravate, le képi, l'aigrette, tout devrait déjà être expédié. Par colis recommandé. Car rien de ce que j'ai sur moi ne m'appartient.

Or, je n'ai rien restitué jusqu'à présent et je porte encore l'uniforme, pour la simple raison que je n'ai pas d'autres vêtements. Je me trouve dans une situation très grave. Je suis coupable de port illégal d'uniforme. C'est un délit puni par le Code pénal, par des peines de prison ferme.

Je suis par la même occasion coupable du délit de détention illégale d'effets militaires et de biens appartenant à l'armée. Délit assorti lui aussi de peine de prison. En foi de quoi, tout officier et policier, sur tout le territoire de la Roumanie, peut m'interpeller à n'importe quel moment, me dépouiller de mes vêtements et m'envoyer croupir en prison. Ma situation est d'autant plus dangereuse que les cours au lycée militaire ont repris. Je suis le seul élève en uniforme dans les rues de Bucarest. Ma présence dans la ville est suspecte. A chaque sortie dans la rue, je suis comme le prophète Daniel dans la fosse aux lions. Les rues sont pleines d'officiers. Chacun d'eux serait en droit de me dépouiller de mes vêtements, de me laisser nu et de me faire croupir en prison.

Pour ne pas donner lieu à la moindre interpellation de ce genre, chaque fois que je sors, j'astique mes boutons de tunique, je repasse mon pantalon et je fais briller mes chaussures comme des miroirs. Je salue les officiers, plus réglementairement que jamais. Malgré cela, le danger existe. Il est imminent. Inexorable. Je serai tôt ou tard dépouillé de mes vêtements et envoyé croupir, nu, en prison.

1. Saint Jean Chrysostome, P.G. 53, col. 150.
2. Matthieu, 27, 28.

3

Fin novembre 1936. Depuis hier, j'ai l'espoir de gagner de l'argent pour m'acheter des vêtements civils. Le poète Nicolas Crevedia a promis de m'engager comme secrétaire. Il m'a fixé rendez-vous devant le café Capsa sur Calea Victoria, afin de convenir ensemble des conditions.

Je suis au rendez-vous. A onze heures précises. Sur le trottoir. Devant le café Capsa. A ce moment de la journée il y a peu d'officiers dans la rue. C'est une chance. Car il serait malheureux de me faire arrêter juste aujourd'hui, alors que je suis sur le point de sortir de l'illégalité.

Il pleut à verse. Tous les piétons qui passent sur Calea Victoria ont des parapluies. Je m'abrite sous la corniche du vieux bâtiment du café Capsa. Adossé au mur. A deux mètres de moi, adossé lui aussi au mur, se trouve le poète mendiant Arthur Enasescu. Il est immobile. Debout. La main tendue pour demander l'aumône. Telle une statue. Indifférent à la pluie. Enveloppé dans un pardessus sale et déchiré. Sa présence à côté de moi me cause un malaise. Il est l'image de la défaite, de l'échec et du malheur. Il est l'épave d'un poète qui a fait naufrage sur la route qui mène aux étoiles. Je voudrais m'éloigner. Mais il n'y a aucun autre endroit pour me protéger de la pluie. Et je reste à côté de l'épave du poète roumain Arthur Enasescu.

– Salut, poète, dit Crevedia.

Il est devant moi. Je ne l'ai pas rencontré auparavant, mais je le reconnais d'après les photos publiées sur les couvertures de ses livres et dans les journaux. Il me serre la main, et recule d'un pas. Il me regarde de la tête aux pieds :

– Que vous devez être heureux, poète... dit-il. Je ne sais pas si vous êtes bien conscient de votre bonheur. Mais Dieu s'est montré généreux envers vous... J'ai lu vos poésies. Je sais que les éditions Cartea Romaneasca publieront à la fin de l'hiver votre premier ouvrage. C'est la plus importante maison d'édition de Roumanie. Bravo. J'ai beaucoup entendu parler de vous. Vous avez du talent. Beaucoup. J'aime vos poèmes. Mais maintenant que je vous vois, je suis jaloux... Ma parole d'honneur. Je suis jaloux. Jaloux de votre chance.

– Quelle chance? ai-je demandé.

– Vous n'êtes pas conscient de votre bonheur! s'écrie Crevedia. Je vous ai reconnu de loin. Sans vous avoir rencontré auparavant. En vous voyant, grand, mince, droit comme un peuplier, pâle et rêveur, j'ai reconnu le Poète. Vous êtes la poésie incarnée. Dieu vous créa selon tous les canons de la poésie. Chacun, à vous voir, devine que vous êtes poète. Un chercheur d'étoiles. Personne ne peut s'y tromper. Vous ne pourriez pas poursuivre une autre activité que la poésie... Cela n'est-il pas une chance? N'est-ce pas le suprême bonheur pour un poète, d'apparaître comme une image descendue d'un tableau? Vous devriez remercier

Dieu chaque jour... car bien des poètes n'ont pas votre chance insolente. Moi par exemple. Je suis sans doute un grand poète, mais regardez-moi : court de taille, trapu, la tête enfoncée dans les épaules! C'est comme si je n'avais pas de cou! Je ne mange que des légumes cuits à l'eau à chaque repas et, malgré cela, je suis gros et gras. Y a-t-il quelque chose de pire qu'un poète obèse? Un poète ventripotent comme les aubergistes et les épiciers? C'est une terrible fatalité, pour un poète, d'avoir un corps comme le mien. Un grand malheur. Une calamité. D'ailleurs, les gens qui me rencontrent ne peuvent s'imaginer que je suis un poète. Ils doivent penser en me voyant que je suis un fonctionnaire supérieur de la banque ou des chemins de fer. Un industriel. Un marchand prospère. Un père de famille. Rien, dans mon physique, n'indique que je suis poète. Rien. En revanche, chez vous, tout crie, de la tête aux pieds, que vous êtes poète... uniquement poète, et que votre séjour habituel est dans les sphères. Dans les nuages. Dans les espaces intersidéraux. Que vous êtes étranger à la boue, à la matière et à la terre...

J'étais confus et rouge d'émotion. J'étais surtout surpris. Personne ne m'avait jamais dit des choses pareilles. Il est exact que, pour tous les gens qui ont vécu autour de moi, j'ai toujours représenté, dans le bon et dans le mauvais sens, le Poète. Uniquement le Poète. Mais personne ne m'avait jamais parlé comme Crevedia.

– Pauvre Arthur Enasescu! s'écrie Nicolas Crevedia, en découvrant à quelques mètres de nous la silhouette du poète mendiant et fou.

Il prend son portefeuille et en sort un billet de cent lei qu'il dépose dans la main tendue du mendiant. Arthur Enasescu remercie machinalement, met le billet dans le sac qui pend à son cou, et tend la main de nouveau, pour recevoir l'aumône d'autres passants. Il n'a pas eu même la curiosité de regarder le visage de celui qui lui a octroyé une si fastueuse aumône. Il n'a aucune curiosité. Il est absent. Comme un mort. Un cadavre ambulant.

Crevedia sait que le billet qu'il lui a donné ne servira en rien au poète mendiant, qu'il lui sera bientôt soutiré par quelque aubergiste à la place d'un sou, ou bien par un autre clochard. D'ailleurs, qu'importe! Arthur Enasescu n'a plus le sens de la propriété. Qu'on lui donne ou qu'on lui prenne un billet de cent lei, c'est pour lui la même chose.

– Excusez-moi, poète, de vous avoir donné ainsi rendez-vous dans la rue, sur le trottoir, dit Crevedia en revenant auprès de moi et essayant de m'abriter sous son parapluie. Je n'entre jamais dans les tavernes et les bistros. J'ai la hantise de sombrer comme Arthur Enasescu. Les poètes sont des êtres fragiles. Très fragiles. Un poète vit à la frontière de la réalité. S'il fait un seul faux pas, il tombe de l'autre côté. Dans le néant. Dans la folie. Alors je n'entre pas dans les cafés, les cabarets, ou les tripots. C'est excessif, certes, mais j'ai la hantise d'y entrer. Arthur Enasescu est installé ici, comme un panneau de signalisation. Comme un sémaphore. Comme le phare placé près des côtes dangereuses pour annoncer aux navigateurs qui passent au large que l'endroit est meurtrier. Arthur Enasescu est placé ici, sous l'ordre d'un ange, devant le café des artistes, en plein cœur de Bucarest, pour avertir les poètes de ce que leur route vers les étoiles est tendue d'embûches redoutables... Est-il vrai que vous accepteriez de devenir mon secrétaire? Répondez-moi franchement. Si vous acceptiez, vous seriez employé une demi-journée. Tous les matins. Ce n'est pas un travail difficile. Mais il est très mal rétribué. Le salaire est très bas. Un vrai salaire de misère. Je paie mille cinq cents lei par mois... Je serais très fier de vous avoir comme secrétaire, mais j'appréhende que vous n'acceptiez un si maigre salaire...

– J'accepte, ai-je dit.

– Vous acceptez? s'exclame, ravi, Crevedia. Dans ce cas, je vous attends demain matin à huit heures et demie... Maintenant je file. J'ai un autre rendez-vous. Et je suis en retard. *Vale Poète... Vale.* A demain.

4

A huit heures et demie, je me présente chez Crevedia. Il habite à la périphérie de Bucarest, dans la banlieue Floreasca, au-delà de la station terminus du tramway. Ce quartier était autrefois la décharge de la ville. C'était une zone fréquentée par les clochards, les chiffonniers et les vagabonds. Depuis quelques années les édiles ont ratissé le terrain au bulldozer et y ont construit un quartier résidentiel, avec de belles villas blanches. Le royaume de la Grande Roumanie est âgé de dix-huit ans. Il a grandi. Sa capitale aussi.

Le poète Crevedia habite l'une de ces nouvelles maisons. C'est lui-même qui m'ouvre la porte. Il porte une robe de chambre fastueuse, comme un manteau de théâtre, des pantoufles en cuir fin, de maroquin. Son appartement est dans le style cubiste, comme on en construit aujourd'hui. Sur les murs il y a des tableaux, œuvres de peintres modernes, d'avant-garde, futuristes. Le bureau de Crevedia ressemble plutôt à l'atelier d'un peintre qu'au cabinet de travail d'un écrivain.

– Pardonnez-moi de vous recevoir en robe de chambre, s'excuse Crevedia. Ce n'est guère poli, je le sais. Mais je vous demande pardon pour mes manies. Car j'en ai. Je suis bourré de manies et de superstitions. Je préfère vous les exhiber, toutes, dès le début. Car les péchés avoués sont à moitié pardonnés. Ma robe de chambre m'a coûté plus que mon manteau. Regardez-la. Elle est tout en soie et en velours. Vous vous demanderez pourquoi j'ai payé si cher une pièce vestimentaire que personne ne me voit porter, puisque je ne peux pas sortir en ville ou recevoir mes invités en robe de chambre? Que ce ne serait pas convenable. Je vous demande d'ailleurs pardon de l'avoir fait, mais je suis incapable d'hypocrisie : je tiens la robe de chambre en trop haute estime, plus que les autres pièces vestimentaires. Voici pourquoi : dans mon adolescence, j'ai lu dans un journal que le grand poète Gabriele D'Annunzio, qui fut aussi un grand chef militaire, venait de libérer Fiume. Il était l'idole de son pays. On ne parlait que de lui en Italie. Les femmes soudoyaient son coiffeur ou ses serviteurs pour posséder une simple mèche de cheveux du poète national.

« Un courtier militaire qui eut la chance de voir de ses yeux le poète généralissime, en chair et en os, à son quartier général, en rentrant à son unité, fut pressé de questions par ses camarades. Mais à celle de savoir comment était habillé le commandant, il ne sut que répondre : il avait vu D'Annunzio en robe de chambre. Or le soldat ne connaissait pas le nom de la robe de chambre. C'était un paysan des Abruzzes. Les paysans n'ont pas de robe de chambre. Comme les camarades le pressaient de questions sur l'habillement de D'Annunzio, il répondit : " Le commandant D'Annunzio était habillé en uniforme de poète. "

« Eh bien, depuis que j'ai lu cette histoire, j'ai juré de me faire confectionner le plus fastueux uniforme de poète. La plus belle robe de chambre. Car le soldat paysan n'avait pas tort : l'uniforme du poète est effectivement la robe de chambre.

« Quand le sculpteur Rodin réalisa la statue de Balzac, il le représenta dans sa robe de chambre. Balzac avait la passion des beaux vêtements, des belles chemises, des beaux gants, des belles chaussures... Il fut plus d'une fois ruiné par ses tailleurs, ses bottiers, ses chapeliers et autres fournisseurs. Or, statufié, Balzac, le romancier, n'a pas été représenté par Rodin dans l'un de ses costumes, mais en simple robe de chambre. Dans son uniforme de romancier. La robe de chambre est l'uniforme du poète. Vous êtes le secrétaire du poète Crevedia, et je vous recevrai chaque jour dans mon uniforme de poète, en robe de chambre. Ce sera tout sur ce chapitre. Passons à la question suivante. Savez-vous taper à la machine ?

– Non, ai-je dû avouer.

– Ce n'est pas grave, dit Crevedia. Vous apprendrez. Je vous donne une machine à écrire portable. Une très belle machine. Importée d'Amérique. Vous l'emmènerez en partant. Vous l'emporterez chez vous. Chaque matin, vous irez avec la machine à écrire à la Bibliothèque de l'Académie roumaine. Je vous ai préparé une lettre de recommandation pour le directeur. C'est un de mes lecteurs. Il connaît mes poésies par cœur. Il mettra à votre disposition un bureau tranquille. Vous vous y installerez et vous dactylographierez tous mes articles parus dans les journaux et les revues. Quand vous aurez fini ce travail, vous saurez taper à la machine aussi bien qu'un dactylo professionnel. Peut-être mieux même qu'un professionnel.

« Plus tard, vous me remercierez de vous avoir rendu ce service. Vous êtes poète, et un poète moderne se doit de taper à la machine. C'est indispensable... Faites attention toutefois de ne pas vous faire dérober ma machine à écrire! Et, surtout ne l'abîmez pas. C'est une machine très coûteuse. Vous me la rendrez en bon état, je l'espère, quand vous m'abandonnerez, quand vous déciderez de ne plus collaborer avec moi. J'escompte qu'en très peu de temps vous saurez dactylographier mes articles directement sous la dictée. Car notre programme de travail sera le suivant : chaque matin, à huit heures et demie précises, vous viendrez ici, comme aujourd'hui. Je vous dicterai l'éditorial qui paraîtra dans le journal du lendemain matin. Après vous vous rendrez à la Bibliothèque de l'Académie...

Crevedia me parlait d'abondance, avec un souci désarmant de sincérité et de franchise. Il me raconta qu'il était fils de paysan, du village de Crevedia, sur la plaine du Danube.

– Mais je ne suis pas bulgare, comme certains de mes détracteurs l'ont prétendu. Non. Je suis un Roumain authentique. Dans notre village, qui se trouve sur la rive gauche du Danube, tous parlent le bulgare... C'est normal. La Bulgarie est à quelques centaines de mètres de Crevedia. Sur l'autre rive du Danube. En hiver, lorsque le Danube gèle et que la neige recouvre tout, le village bulgare d'en face est relié au village roumain par les congères, la glace et la neige... D'ailleurs, dans le village d'en face, tous les Bulgares parlent le roumain. Mais ils sont bulgares. Comme nous sommes roumains.

Crevedia me raconte que jusqu'à l'âge de quinze ans il a travaillé la terre avec ses parents et a gardé les vaches dans la plaine... A quinze ans, il s'est décidé à faire des études. C'était une décision subite. Il a donc entrepris ses études au lycée par correspondance, tout en travaillant la terre. Il a passé chaque année deux classes. Il apprenait les livres par cœur. Même le texte qui était écrit sur les couvertures des manuels scolaires. Il savait les noms et l'adresse de toutes les imprimeries et des typographes. Il est venu ensuite à Bucarest pour obtenir son baccalauréat et s'inscrire à la faculté. Quand il était lycéen, il pouvait rester au village et travailler la terre, ou garder les vaches. A Bucarest, il était obligé de trouver une autre solution. Et il l'a trouvée. Pendant la journée il suivait des cours à la faculté de lettres et, pendant la nuit, il était correcteur de presse. Il travaillait, toutes les nuits, dans les sous-sols des journaux de la rue Sarinda. Il est devenu le premier correcteur de presse de Bucarest. Il était mieux payé que les rédacteurs qui signaient leurs articles à la première page du journal. Le correcteur est indispensable. Sans lui, on ne saurait imprimer sérieusement un journal. C'est un métier qui ne peut pas être exercé par n'importe qui. Corriger les articles est une spécialité. Peu de gens en sont capables.

Les écrivains, les directeurs des journaux et les vedettes l'appelaient et lui parlaient amicalement. Car c'était lui qui corrigeait leurs fautes d'orthographe, de syntaxe et de ponctuation. Souvent, en pleine nuit, il téléphonait aux personnalités qui signaient des articles ou des déclarations dans les journaux pour leur signaler des erreurs ou des fautes dans leurs articles, pour leur donner des conseils. Il était devenu leur ami intime. Il avait leur numéro de téléphone privé. Il pouvait les appeler à n'importe quelle heure. De son poste de correcteur en chef il avait noué des liens d'amitié étroite avec les hommes politiques, les écrivains, les artistes, les professeurs et les savants. Il connaissait tous les secrets de la vie politique. Il savait ce qui se passait dans les coulisses de la presse, de la politique, des arts et des lettres. C'était un atout important.

Un jour il sortit de sa cabine de correcteur du sous-sol pour monter à la rédaction où il fut nommé éditorialiste principal et rédacteur en chef. Sans transition. Mais personne n'en fut étonné. Alliant de pair sa vocation avec son activité de journaliste, il publia chaque année un livre, des poésies ou un roman.

Crevedia m'a confié qu'il est le journaliste le mieux payé de Roumanie. Qu'il est marié et amoureux de sa femme comme un collégien. Il me dit que sa femme est professeur dans un collège de garçons et fille d'un colonel.

– Elle devait être fille de général, me précise-t-il. Mais son père décéda une année avant notre mariage. Il est mort colonel. S'il avait vécu encore quelques mois, il aurait été général... Mais quand vous connaîtrez ma femme, vous conviendrez qu'elle a l'allure et la classe d'une fille de général... Elle est en même temps une femme très cultivée. Elle est la nièce d'un grand romancier, Gib Mihaiescu, et c'est à cette parenté que je dois de l'avoir connue. Elle est venue se recueillir sur le cercueil de son oncle Gib Mihaiescu décédé le 9 octobre 1935 à l'âge de quarante et un ans. Je me trouvais aussi dans la chapelle ardente. Penché sur le cercueil de mon collègue et ami disparu. J'aimais Gib Mihaiescu comme mon frère. Nous faisions ensemble partie du comité de direction et de rédaction de la revue *Gandirea*. Nous fûmes éditorialistes et fondateurs du journal *Calendarul*. Nous partagions les mêmes idées. Nous étions camarades de combat. Je pleurais, donc, avec de véritables larmes, sur son cercueil. Quand j'ai levé la tête pour essuyer mes larmes, j'ai vu de l'autre côté du catafalque une fille blonde, vêtue de noir. La fille leva la tête en même temps que moi. Nos regards se croisèrent au-dessus du catafalque. J'ai oublié le mort. Je suis tombé amoureux. Un véritable coup de foudre.

Crevedia me raconte tout cela comme s'il vivait à nouveau la scène. Avec passion.

– J'avais honte de moi, dit-il. J'avais honte de tomber amoureux d'une fille qui se trouvait de l'autre côté du cercueil. J'étais gêné à cause du mort qui se trouvait entre nous deux. C'était monstreux. Entre cette fille et moi il y avait un cadavre. Nous commettions un sacrilège. Pauvre Gib Mihaiescu! Je suis venu le pleurer sur son cercueil et, au lieu de le pleurer comme il sied, je tombe amoureux de sa nièce... Voilà les faits. Cruels. Indécents. Comme la réalité. Nous nous sommes mariés. Je lui ai promis de la faire descendre du ciel, en robe blanche et voile de mariée, au milieu du village. Comme un ange descendu d'en haut. Et j'ai tenu ma promesse. Mon ami, le pilote acrobate Max Manolescu, avait atterri avec son avion juste devant l'église de Crevedia, au milieu du village. Les paysans ne pouvaient pas en croire leurs yeux. Ni le prêtre qui nous a mariés. C'était un véritable hymen de poète. Comme dans les contes de fées. J'ai promis ensuite à ma femme de lui présenter, pendant le voyage de noces, les plus importants hommes de la terre. Je lui ai dit que les plus grands hommes s'inclineraient devant elle et lui baiseraient la main, en lui disant « Je suis heureux de vous connaître, madame Crevedia. » Aujourd'hui, les plus puissants hommes d'Europe sont des dictateurs. J'ai donc présenté à ma femme Atatürk, Mussolini, Salazar, De Valera... Hitler et Staline étaient trop occupés et, de ce simple fait, je n'ai pu les présenter à ma chère femme. Mais j'ai des promesses. Un jour prochain, je les présenterai, eux aussi, à Mme Crevedia. Cela se fera à l'occasion d'un nouveau voyage. Je tiens toujours mes promesses. Je n'ai jamais trompé une femme et encore moins la mienne.

« Ma belle-mère, la colonelle, est très fière que son gendre soit poète et journaliste. Elle monte le matin dans le tramway exclusivement pour regarder les gens qui lisent mon article à la première page du journal. A ses yeux, un journaliste est un homme qui sait tout. Elle est convaincue que, sans journalistes, l'humanité sombrerait dans l'ignorance. Sans journalistes, l'humanité serait plongée dans les ténèbres. Pour elle, le plus grand journaliste est celui qui rédige la chronique diplomatique. Selon elle, le rédacteur de politique extérieure du journal est un confident des rois, des princes, des ambassadeurs et des ministres de tous les pays. Je lui ai dit un jour que je pourrais écrire, si je le voulais, les articles de politique extérieure et faire la chronique diplomatique. " Mais vous ne connaissez ni le président de la République française, ni le roi d'Italie, ni la reine d'Angleterre, ni Staline... ni même le Négus. Comment pourriez-vous écrire ce qu'ils pensent et ce qu'ils ont l'intention de faire s'ils ne vous le disent pas? Il conviendrait de devenir leur intime avant que d'entreprendre la rubrique diplomatique! " J'ai promis à ma charmante belle-mère de devenir l'intime et le confident des rois et des dictateurs. Elle croit maintenant que je le suis, car je consacre chaque jour mon éditorial à la politique extérieure, donc la chronique diplomatique. Je le fais pour faire plaisir à ma belle-mère.

« C'est aussi pour faire plaisir à ma belle-mère que je vous ai engagé comme secrétaire, dit Crevedia. Vous ne le croyez pas? Et c'est pourtant la stricte vérité. Selon ma belle-mère, un grand journaliste, qui parle chaque soir au téléphone avec les rois et les grands de ce monde, doit avoir une secrétaire. J'avoue que je suis entièrement de son avis. Si on n'a pas une secrétaire, on ne peut pas prétendre être un personnage important. Je me suis décidé, donc, à engager une secrétaire. Vous partagerez mon avis que la secrétaire d'un poète doit être, avant tout, une très belle fille. Mais ma femme eût été malheureuse de me savoir ici, à la maison, en robe de chambre somptueuse, avec une belle fille, pendant qu'elle – la pauvre – prodiguerait ses leçons aux garnements du collège. En foi de quoi j'ai décidé d'engager, comme secrétaire, un poète. Un authentique poète. Je rends ainsi service à ma belle-mère, je me rends service à moi-même, à ma femme, et, accessoirement, au poète! A vous. Car à partir d'aujourd'hui, quand vous irez à Capsa, au café des artistes, dans un cénacle, à une réunion littéraire, ou même quand vous passerez sur Calea Victoria, on tournera la tête pour vous regarder et on dira : " Voilà Virgil Gheorghiu, le jeune poète. Il est le secrétaire du maître Crevedia. " Ça, c'est une bonne publicité. Et tout jeune poète a besoin de publicité. Un poète doit être connu. Et, en tant que mon secrétaire, tout le monde vous connaîtra... A ce propos, est-ce que cela vous ennuierait de m'appeler " maître Crevedia "? Il me serait très agréable d'être appelé " maître Crevedia "! Vous le ferez? D'ailleurs, je ne suis pas éloigné d'être un maître. Dans le vrai sens du mot. Je le suis certainement déjà. Je dois m'habituer à ce titre de maître Crevedia. Appelez-moi, donc, toujours, même quand vous n'êtes pas en face de moi, " maître Crevedia ". Êtes-vous d'accord?

– Oui, maître, ai-je répondu.

– Je vous ai dit que je suis le journaliste le mieux payé de Roumanie. Vous pourriez me demander maintenant : « Maître Crevedia, si vous êtes si bien payé et que vous avez tant d'argent, pourquoi laissez-vous votre femme travailler et pourquoi me payez-vous, à moi, votre secrétaire, un salaire de misère? »

« Maître » Crevedia m'explique qu'il a acheté, après son mariage, un vaste terrain à la périphérie de Bucarest, sur les bords du lac Baneasa, avec l'intention arrêtée de s'y faire construire une résidence seigneuriale. Un château véritable, avec un parc immense. Une demeure princière, digne d'un grand poète. Il en a fait l'acquisition pour une bouchée de pain. C'était une occasion inespérée. Comme si le domaine lui était tombé du ciel. Il a immédiatement engagé un grand architecte, pour dresser les plans de son château. L'architecte constata du premier coup d'œil que le terrain était sous servitude, qu'il était interdit d'y édifier quoi que ce soit et qu'il appartenait virtuellement à l'État, lequel devait agrandir l'aéroport de Baneasa et y adjoindre de nouvelles pistes... Maître Crevedia perdait tout l'argent qu'il avait investi. Il avait contracté des dettes pour l'acquisition du terrain, qu'il devait maintenant rembourser.

– Voilà pourquoi je vis ici, dans ce logement trop exigu pour un grand poète, pourquoi ma femme travaille et pourquoi je paie à mon secrétaire un salaire de misère. Ce n'est pas que je sois radin, proteste maître Crevedia. Un poète ne peut pas l'être! S'il est radin, il se dénie poète! Il est l'un ou l'autre. Tout poète est, par sa nature même, créature prodigue! Je réalise des économies pour rembourser mes dettes. C'est tout. Bientôt elles seront remboursées et tout rentrera dans l'ordre. Mais, puisque nous parlons d'argent, je vous demande : Pourquoi acceptez-vous de travailler avec un salaire si bas? Répondez-moi franchement. Est-ce pour la gloire de travailler avec le grand poète Crevedia? Apprendre chez lui les secrets de l'art poétique? Est-ce à cause de cela que vous acceptez de travailler pour un salaire de misère?

– Non, ai-je répondu.

Je n'ai pas eu le courage de mentir. Je n'ai pas donné à maître Crevedia la réponse qu'il attendait de moi, qui l'aurait rendu bienheureux...

– Alors, pourquoi? demanda-t-il. J'ai proposé le poste de secrétaire à plusieurs jeunes poètes. Tous l'ont refusé. Dès qu'ils apprenaient le montant du salaire, ils s'éclipsaient dans la nature. Ils se volatilisaient. Littéralement. Il n'y a eu que vous qui l'ayez accepté et qui restiez auprès de moi. Pourquoi acceptez-vous ce que tous les autres poètes refusent? Pourquoi?

– Parce que je suis pauvre, maître.

– Les autres poètes sont également pauvres, dit Crevedia. Très pauvres.

– Je suis plus pauvre qu'eux, ai-je dit. Le plus pauvre des poètes est plus riche que moi. Une pauvreté plus grande que la mienne, cela n'existe pas... Je suis complètement nu. Nu comme Adam et Ève quand ils ont été chassés du paradis. Si petit que soit un salaire, il est très grand pour moi. Car le plus misérable salaire est tout de même plus que rien...

J'expose à maître Crevedia ma situation et l'affaire de mes vêtements. Il m'écoute attentivement au lieu de s'apitoyer sur mon sort, avec admiration. Au fur et à mesure que je lui explique mon problème, son visage s'illumine. Je sens qu'il voudrait être à ma place, qu'il m'envie. Sincèrement.

– C'est sublime, poète! s'exclame Crevedia. Littéralement sublime! Vous êtes réellement plus pauvre que Job! Vous êtes plus dépouillé qu'Adam et Ève! Vous avez battu tous les records de la pauvreté. Vous êtes un champion universel, un champion cosmique de la pauvreté. Vous ne possédez, réellement, pas même un mouchoir. Pas plus que vos chaussettes ne vous appartiennent! Vous ne possédez rien. Rien du tout. C'est purement merveilleux! Divin! Vous êtes l'homme le plus heureux dont parle l'Évangile : « Heureux ceux qui sont nus, car ils seront habillés... » C'est sublime. Plus que jamais, je tiens à vous garder auprès de moi. J'ai eu la chance de vous avoir trouvé, je ne veux pas perdre mon secrétaire. Je ne veux pas que vous me quittiez pour aller en prison. Car vous êtes maintenant mon secrétaire, et je ne vous lâche pas. Je vous sauverai de la prison. Je vous habillerai. Dieu m'a accordé le privilège de vêtir un poète nu. J'accomplirai la tâche que Dieu m'a octroyée. Je vous vêtirai. Pour la gloire. Demain tout le monde apprendra que maître Crevedia a vêtu un poète qui se trouvait nu. De nos jours. Au milieu de cette ville de perdition qu'est Bucarest. Dieu ne pouvait confier une si merveilleuse mission qu'à un grand poète comme moi. Je remplirai la mission dont Dieu m'a fait l'honneur de me charger, pour sa plus grande gloire. Cet après-midi, je vous emmène chez mon tailleur. C'est le meilleur tailleur de Bucarest. Il n'accepte pas n'importe quel client. Il faut avoir des solides recommandations pour être habillé par ses soins. Il est le tailleur en titre du palais royal. Il habille les ministres, les artistes du Théâtre national et les grands écrivains. Dans quelques jours vous revêtirez un costume de la plus belle coupe qui soit... Comme vous êtes grand et mince, vous serez le plus élégant poète de Bucarest. Bravo! Je remets toutes les autres occupations à plus tard. Je me charge, en priorité, de vous vêtir. C'est une mission que j'accomplirai avec joie. Avec enthousiasme. Je vous avancerai l'argent nécessaire pour payer le costume. Car mon tailleur est très coûteux. C'est assurément le plus cher tailleur du royaume de la Grande Roumanie. Je vous avancerai néanmoins la somme nécessaire et, chaque mois, je retiendrai quelques centaines de lei sur votre salaire...

Et maître Crevedia me donne rendez-vous l'après-midi, à trois heures, devant le café Capsa. Je pars de chez lui heureux. Je ne peux pas croire à ma chance. Dans quelques jours j'aurai des vêtements à moi. Pour la première fois je serai le propriétaire de ma chemise, de mes chaussettes... ce doit être une bien merveilleuse sensation de savoir que la chemise qu'on porte vous appartient! Mais je n'ai jamais éprouvé cette sensation. Jusqu'à l'âge de vingt ans, je n'ai jamais porté une chemise qui soit à moi. Dans quelques jours j'en aurai une. A moi. Et des vêtements qui seront à moi. Je serai habillé par le plus grand tailleur du pays. Le tailleur du roi et du palais royal. Un homme qui n'habille que les personnalités et les vedettes. Et je serai parmi elles. Mes joues brûlent de bonheur.

Je descends du tramway et me dirige vers l'Église blanche, au centre de Bucarest. Je tiens à remercier Dieu de m'avoir protégé et d'avoir guidé mes pas vers la maison de maître Crevedia. Car c'est un ange qui m'a guidé. Tout seul, sans être piloté par mon ange gardien, je n'aurais jamais trouvé cet emploi. C'est une bonne fortune de travailler chez un poète. Partout ailleurs le travail est comme chez les fabricants de briques qui ont les mains, les pieds, le regard, tout leur être plongé dans la matière, dans la glaise et la boue, sans jamais lever les yeux vers le ciel... La vie détachée de son rêve n'est qu'un morne voyage.

Mais voyager à côté d'un poète, c'est beau, c'est sublime, car deux roues du carrosse d'un poète roulent sur la terre, et les deux autres roues tournent dans le merveilleux et le rêve...

5

Je suis le secrétaire du maître Crevedia depuis deux semaines. Aujourd'hui, j'arrive chez lui à huit heures et trente minutes précises. Comme je le fais chaque jour. C'est lui qui m'ouvre la porte. Il est affublé, comme d'habitude, dans son « uniforme de poète », dans sa fastueuse robe de chambre. Je suis habillé en civil. Je ne porte plus l'uniforme du lycée militaire. C'est mon premier costume civil. Il a une belle couleur gris foncé, est d'un très beau tissu, une véritable flanelle anglaise, et possède une très belle coupe. Les poètes, au café Capsa, et au café de la Paix, soutiennent que je suis vêtu comme un lord.

Maître Crevedia s'est donné beaucoup de peine pour moi. Il m'a accompagné chez le tailleur à tous les essayages. Il a été très exigeant. Il désirait que son secrétaire soit le mieux habillé de tous les jeunes poètes de Bucarest. Il y est parvenu. Ce matin, dès que je suis entré dans le hall, maître Crevedia me regardait admirativement. Comme Pygmalion devait regarder la statue de Galatée. Car j'étais son œuvre. Et il était content de mon aspect extérieur.

– Tout le monde me vante l'élégance de mon secrétaire, me dit-il.

Il en est très fier. Il me dit ensuite qu'aujourd'hui est un jour exceptionnel.

– C'est le jour de paie, dit-il. Vous recevrez votre premier salaire. Car, dans la presse, on paie à la quinzaine, et non pas à la fin du mois comme chez les fonctionnaires. Aujourd'hui vous aurez votre première quinzaine. De l'argent frais que j'ai encaissé hier au journal.

Maître Crevedia me remet un petit sac en jute rempli de monnaie qu'il avait préparé pour moi sur son bureau.

– J'exige de mon journal qu'il me rétribue mes quinzaines avec la monnaie même que les vendeurs du journal dans la rue apportent le soir au caissier. Qu'on ne change pas ces pièces en billets de banque pour me les donner. En touchant mon argent, je sais qu'il sort des poches de mes lecteurs. Ils donnent, chacun, quelques pièces pour acheter le journal et y lire mes articles. En touchant cet argent j'ai le contact direct, physique, avec mes lecteurs. En chaque pièce de monnaie j'ai le contact de mes lecteurs. Cela me rassure. Cela m'aide. Me réconforte. Me confirme que je vis de ma plume. Me rappelle que ce sont mes lecteurs qui me nourrissent. Que ce sont eux qui paient mon pain, mes vêtements, mes chaussures, mon logement. Je suis entretenu par eux. Par mes lecteurs. Aujourd'hui je partage avec vous l'argent qu'ils m'ont donné. Car c'est vous qui écrivez, sous ma dictée, chaque matin, les articles. Une partie de l'argent qu'ils m'ont donné vous appartient de droit. Équitablement. Touchez le sac! Touchez-le, poète. Il est lourd, n'est-ce pas? Ils sont généreux, nos lecteurs... Très généreux. Il ne faut jamais les décevoir. Il faut les combler chaque jour. Il faut leur donner chaque matin, dans chaque article, ce qu'ils attendent de nous. Une dose de rêve et de beauté. Les hommes de partout et de toujours, qu'ils soient jeunes ou vieux, riches ou pauvres, ont régulièrement besoin d'une dose de rêve. C'est le devoir des poètes de leur fournir quotidiennement cette dose vitale de rêve et de beauté...

Je touche le sac rempli de petite monnaie.

– D'après le poids du sac, on peut déduire que les lecteurs aiment nos articles... N'est-ce pas? Si je vous donnais les billets de banque équivalents, la sensation ne serait pas la même. Maintenant vous avez la confirmation que vous êtes payé pour votre écriture. La confirmation que notre écriture vaut son pesant d'or. Qu'elle est lourde, sonnante. J'ai toutefois retenu une partie de votre quinzaine pour le paiement du tailleur.

Maître Crevedia me considère à nouveau. Il admire mes chaussures, ma cravate, ma chemise.

– Êtes-vous content, poète? me demande-t-il. Dites-moi que vous êtes content. Dites-le-moi à haute voix.

– Bien sûr que je suis content, ai-je dit. Je vous sais extrêmement gré de m'avoir aidé.

– Non, poète! s'exclame Crevedia. Non! Vous dites que vous êtes content sur un ton qui signifie le contraire. Qu'est-ce qui vous tracasse? Avez-vous des soucis?

– Je suis content, maître, ai-je répété. Je vous remercie pour l'aide et la protection que vous m'avez accordées. Mais je ne suis pas encore habitué...

– Habitué à quoi?

– Je ne suis pas habitué à m'habiller en civil... Certes, c'est moi-même qui ai choisi de ne plus porter l'uniforme militaire. Mais l'habitude est plus forte que moi. Je n'ai jamais porté de vêtements civils auparavant. Quand j'ai revêtu l'uniforme d'Aigle du roi, je portais des culottes courtes. J'avais onze ans. Pour moi, s'habiller, c'est porter l'uniforme militaire. Je ne connais pas d'autres vêtements. Quand j'ai porté à la poste le colis avec mon uniforme, pour le renvoyer au lycée militaire, j'avais les larmes aux yeux. Quand l'employé de la poste a pris le paquet de mes mains, je ne le voyais pas, car je pleurais à grosses larmes. Et les yeux grands ouverts. Adam et Ève ont dû pleurer de la sorte quand ils ont été dépouillés de leurs vêtements naturels, étant chassés du paradis.

– Vous aimez tellement l'uniforme militaire? demande maître Crevedia.

– Non. Mon problème est différent. Il ne s'agit pas de l'amour de l'uniforme. Pendant huit ans je n'ai connu qu'une seule angoisse, une seule peur, terrible et permanente : être éliminé du lycée. Car la sélection était féroce et permanente. Être éliminé signifie, concrètement, être dépouillé de son uniforme et être habillé en vêtements civils. Le vêtement civil représente donc, à mes yeux, le symbole de la chute, de la déchéance. L'habit civil est l'uniforme de l'échec. Être habillé en vêtements civils signifie être chassé de l'école, éliminé, répudié...

« Pour moi, comme pour tous mes camarades, le vêtement civil était le suprême malheur qui puisse arriver à un élève. Un malheur final, comme l'hôpital, le cimetière, la prison. L'apogée du malheur. C'est cela, le vêtement civil. Maintenant, j'ai des vêtements civils. Ils ne sont pas la conséquence de la chute. Je n'ai pas été éliminé. Mais j'ai besoin de temps pour m'habituer... Grâce à vous je suis maintenant habillé. Et par le meilleur tailleur. J'ai des vêtements de la meilleure coupe, du meilleur tissu, confectionnés par le meilleur tailleur de notre pays. Mais ils sont des vêtements civils. Et dans mon esprit persiste encore l'idée que le vêtement civil est le vêtement des élèves éliminés. Comme la " tunique de peau " était le vêtement de punition pour Adam et Ève, la conséquence de leur faute et de leur expulsion du paradis [1]. Je persiste à me comporter comme si j'avais toujours l'uniforme militaire. Je salue les officiers dans la rue. Ils tournent la tête et me regardent. D'aucuns s'arrêtent et me demandent si je les connais. Je marche toujours d'un pas militaire, en me tenant droit, et sans regarder ni à droite ni à gauche. Seulement devant moi. Ainsi que je l'ai appris dès mon enfance. Et ainsi que j'ai marché jusqu'à vingt ans. Je ne peux sortir dans la rue sans mes gants. Les civils ne portent pas de gants. Sauf en hiver, pour se protéger du froid, ou dans les occasions solennelles. J'ai besoin de gants pour tout temps. C'est l'habitude.

– Courage, poète, dit maître Crevedia. Courage... Vous avez plus de problèmes que les autres, parce que vous êtes poète. Le poète est un être complexe. Plus on est complexe, plus les souffrances augmentent. Les êtres simples sont heureux. Ils ont moins de problèmes. *Plus on est simple, plus on est heureux.* Prenez une créature simple comme le lézard. Même si vous lui coupez une patte, il se porte bien. Et sa patte repousse. Il ne s'en fait pas. Comme si rien ne lui était arrivé. Si vous coupez le bras à un être humain, qui est une créature plus complexe que le lézard, il restera manchot toute sa vie. Son bras ne repoussera jamais. La situation du poète est identique. Parce que le poète est un être complexe. Il porte les plaies de ses blessures. Elles ne se cicatrisent jamais. Elles saignent toute sa vie. Les autres êtres oublient leurs douleurs. Le poète jamais. Courage, donc! Habituez-vous à porter votre croix de poète. Car, être poète, c'est porter une croix. Une très lourde croix.

1. Genèse, 21.

6

C'est un jour de la fin de l'automne 1936. Maître Crevedia me dicte son article, comme de coutume, mais ensuite il ne me congédie pas.

– Poète, dit-il, vous m'avez raconté que votre père a terminé le séminaire à Iassy, le 28 juin 1914, au lendemain de l'attentat de Sarajevo. L'attentat qui déclencha la Grande Guerre mondiale. Vous éprouviez de la compassion pour votre père qui eut le malheur d'entrer dans la vie le jour où commença la Grande Guerre. Je suis désolé de vous le dire, mais vous n'êtes pas mieux loti que lui. Vous avez vingt ans. L'âge de votre père à l'époque. Vous venez de passer le baccalauréat et vous avez débarqué à Bucarest, pour commencer votre carrière. Or, nous sommes en 1936. C'est l'année où commence la Seconde Guerre mondiale. Une guerre qui sera peut-être plus atroce encore que la première...

J'ai rougi de honte. Car je n'entrevoyais aucun commencement de guerre. Nulle part. Autour de moi la vie se déroulait normalement. L'impression de mon premier livre était commencée. La mise en vente en était annoncée pour le début du printemps.

– Il est écrit dans le livre d'Amos, dans l'Ancien Testament, que Dieu ne fait jamais rien sans l'annoncer d'abord à ses amis les prophètes, poursuit Crevedia. Poète et prophète sont synonymes. A l'époque on avait un seul mot pour les désigner l'un et l'autre. Le poète vit, avec intensité, en amplifiant, toute l'histoire présente. Il vit, simultanément, tout le passé de son peuple. Le poète vit aussi, par anticipation, tous les événements à venir. Le poète est à la fois la mémoire du passé, la boîte de résonance du présent et l'antenne des temps à venir. Pour un seul homme c'en est trop. Et c'est dramatique. Mais c'est ainsi. On n'y peut rien changer. Je ne peux, non plus, me soustraire à ce drame. Car je suis poète. Hier, le directeur du journal m'a demandé de dresser le bilan de l'année 1936. Un article de deux pages, pour le numéro spécial de fin d'année. J'ai commencé le travail dans la soirée. Et je ne pouvais plus dormir. En lisant les événements de l'année 1936, j'ai découvert que la Seconde Guerre mondiale venait de débuter. Nous la vivons présentement. Sans nous en rendre compte. C'est cela, ma découverte. Ma révélation. Je n'ai pas eu le courage de réveiller ma femme et de lui annoncer que nous étions en pleine guerre. Elle aurait pu penser que j'étais devenu fou. Je n'ai rien osé lui dire non plus ce matin, au petit déjeuner. Elle vit au jour le jour. Comme tous les gens normaux. Mais à vous, je peux vous le dire. Car vous êtes poète. Vous pouvez tout comprendre. Voyez-vous, je n'ai pas le courage de l'écrire dans le journal. On dira que maître Crevedia est devenu fou. La vérité est souvent mal accueillie. Si le poète persiste à clamer la vérité, on le tue. Les peuples ont toujours tué les prophètes [1].

« L'Europe est assiégée à l'est aussi bien qu'à l'ouest. Elle est agressée aussi à l'intérieur. Elle est en passe d'être ravagée. Mise à feu et à sang. Avez-vous vu une maison dans laquelle se sont introduits les voleurs en pleine nuit? Avez-vous vu un tel spectacle, poète? Quand les habitants découvrent que les brigands sont dans leur maison, c'est l'affolement général. Les braves gens, surpris dans leur sommeil, sortent de leurs lits en chemise de nuit et se munissent de toutes sortes d'armes hétéroclites, pour faire face aux agresseurs. Les braves gens s'emparent de gourdins, de fusils, de manches à balai, de revolvers, de tout ce qui leur tombe sous la main. Tous les occupants de la maison se trouvent, subitement, en pleine nuit, sur pied de guerre. La grand-mère, le grand-père, les femmes, les domestiques, les enfants, tous sont debout. Tous affolés. Tous en chemise de nuit, munis d'armes de fortune, d'instruments bizarres. En ce moment, l'Europe est pareille. Elle offre le même spectacle. Tragique et ridicule à la fois. Les peuples de l'Europe, de braves gens civilisés, se trouvent subitement sur pied de guerre. Les Européens se munissent d'armes hétéroclites de défense pour lutter contre les barbares venus de l'est, de la Russie, et qui se sont introduits dans leur demeure. En Europe. On savait depuis octobre 1917 qu'ils ont fait leur apparition à l'est du Dniestr, que les hordes des soviets se préparent à conquérir l'Europe. Pas uniquement l'Europe, mais la planète entière, pour établir leur dictature planétaire, faire la révolution mondiale. Mettre en place l'hégémonie du prolétariat. Établir la domination de Moscou sur toute la planète. Ils proclament ouvertement leur but. Ils ne s'en cachent pas. Il est inscrit dans leur programme. Et dans leur Constitution. Clairement.

« Au début, le monde ne les a pas pris au sérieux. Les ancêtres des Soviétiques, Gengis Khan, Tamerlan, Attila et autres fléaux venus de l'est menacèrent de la même manière l'Europe, en campant à sa frontière orientale, sur le Dniestr et sur le Danube... Ils ont tous été arrêtés, dispersés, vaincus. Les Européens ont toujours repoussé les hordes sauvages venues de l'est. Ils ont toujours dompté les sauvages, en leur apprenant à travailler, à lire, à écrire et à bien se tenir. A l'heure actuelle, c'est différent. Les barbares se sont introduits en Europe, sournoisement, avec l'aide de leurs mercenaires, les communistes européens. Ils sont déjà dedans. Entre nos murs. Au cœur même de l'Europe.

« Au mois de mai 1936 les Soviétiques ont installé en France un gouvernement composé d'hommes à eux. C'est le Front populaire. Les barbares sont déjà maîtres de Paris. En Yougoslavie est arrivé de Moscou, avec l'ordre de renverser le régime et le roi, un des chefs du Kominform, nommé Josip Broz, dit Tito. Il a pris le commandement du

1. Matthieu, 5, 12.

parti communiste yougoslave. En Espagne, les Soviétiques ont fait assassiner, au mois de mai 1936, José Antonio Primo de Rivera, le chef des nationalistes. Il avait trente-trois ans. C'était lui qui avait fondé, le 29 octobre 1933, la Phalange. Le 12 juin, est assassiné un autre chef nationaliste, Calvo Sotelo. Ensuite, les Soviétiques ont attaqué l'Europe par l'ouest. Le 18 juin 1936, ils ont déclenché ouvertement la guerre contre l'Europe en Espagne. A l'heure actuelle l'Europe est assiégée. De tous les côtés. Par les Soviétiques.

« Les peuples de l'Europe se sont réveillés subitement, en sursaut. Affolés. Comme les habitants d'une maison attaquée en pleine nuit. Les Européens essaient de se défendre. En utilisant toutes les armes qui leur tombent sous la main, en désordre, des armes hétéroclites, bizarres. Ils agissent comme des somnambules. Comme dans une peinture surréaliste. Ils improvisent des moyens d'autodéfense. Ils s'organisent en légions, en milices, en phalanges, en brigades, en faisceaux, en bataillons d'assaut... Les Européens sont descendus dans la rue. Ils sont en chemise de nuit. Comme ils étaient quand ils ont été réveillés par les agresseurs. Tous en chemise. Des chemises bariolées. Les Italiens sont en chemise noire. Les Allemands sont en chemise brune. Les Roumains sont en chemise verte. Les Espagnols sont en chemise bleue. C'est la guerre d'autodéfense. La guerre en chemise. Tous les Européens sont en chemise. Sur pied de guerre.

« S'il n'y avait pas eu l'agression soviétique, les Européens auraient continué à dormir. Ils ne seraient pas sortis de leurs lits. Ils ne seraient pas descendus dans la rue. En chemises bariolées. Pour se défendre. Comme des fous. En désordre. Les milices d'autodéfense sont la conséquence de l'agression soviétique contre l'Europe. Ce sont les Soviétiques qui ont généré ces milices descendues dans la rue en chemise.

« Les Chemises brunes allemandes, les Sections d'assaut des Allemands et de Hitler, les Chemises vertes de la Garde de Fer roumaines, les Chemises noires des Italiens et de Mussolini, les Chemises bleues et les Fascias des Espagnols, de Franco et de José Antonio Primo de Rivera sont l'œuvre des Soviétiques. Ce sont leurs agressions qui les ont générées. A l'origine ils étaient des mouvements d'autodéfense contre les Soviétiques. Des mouvements d'affolement spontanés, créés sous la terreur et dans la confusion. Dès lors le désordre s'est instauré en Europe, et le chaos. Les Soviétiques en profitent. Ils resserrent leur siège du vieux continent. La Seconde Guerre mondiale a déjà commencé. Nous sommes en pleine guerre. Les traités de paix sont déchirés. L'un après l'autre. A quoi servent les traités de paix quand la guerre est déjà déclenchée? Ce sont des chiffons de papier!

« Le 7 mars 1936, le traité de Locarno a été déchiré. La Rhénanie s'est réarmée. Les Italiens ont envahi l'Abyssinie. C'est la première année de la Seconde Guerre mondiale.

« Le 9 mai, le roi Victor-Emmanuel III d'Italie s'est proclamé empereur d'Éthiopie. Le négus, le " roi des rois ", a été chassé de son pays. Il s'est réfugié en Europe. Vêtu de sa pèlerine noire, petit et frêle, comme une ombre, le négus parcourt les capitales de l'Europe, implorant l'aide des nations civilisées avec l'espoir de faire libérer son pays. Le 30 juin 1936 – le jour même où vous vous présentiez à l'examen du baccalauréat – le pauvre négus s'est hissé, tel un drapeau noir, sur l'estrade de la Société des nations à Genève et a lancé un appel pathétique à toutes les nations du monde. On l'a écouté avec indifférence. Et on lui a refusé toute aide. L'Éthiopie fut abandonnée à son sort. L'ancienne Abyssinie fut livrée aux troupes d'occupation. C'est cruel. Mais c'est la guerre. Les peuples du monde sont engagés maintenant dans un autre combat. Pour leur propre défense. On n'a plus le temps de s'occuper des malheurs des autres. Les peuples d'Europe sont engagés dans un combat qui les concerne. C'est la guerre d'Espagne, entreprise officiellement le 18 juin 1936. De l'issue de cette guerre dépend le sort de toute l'Europe. Si l'Espagne est occupée par l'Armée rouge, toute l'Europe sera bientôt conquise par les Soviétiques...

« L'Europe est en flammes, poète! s'écrie maître Crevedia. La Seconde Guerre mondiale est déclenchée. Vous avez vingt ans, poète. Vous revêtirez à nouveau l'uniforme militaire. Vous n'aurez pas le temps d'user le beau costume civil que vous venez d'étrenner. Vous avez vingt ans. Vous serez engagé au combat. Vous y êtes déjà. Virtuellement. Personne ne peut éviter l'engagement. Aucun jeune Européen ne pourra s'esquiver. Tous revêtiront l'uniforme militaire. La Société des nations – y compris l'Union soviétique – vient de garantir les frontières de la Roumanie. C'est le baiser de Judas. Car la Roumanie est déjà engagée dans les combats de la Seconde Guerre mondiale. Nous sommes sur le front. Dans la ligne de feu. Sur le terrain de bataille. Nous participons effectivement à la guerre.

« L'ambassadeur soviétique à Bucarest, le sanglant commissaire politique Micha Ostrowsky, qui a commandé les massacres en Ukraine, et qui est bessarabien originaire de Baltzy, fait transiter jour et nuit au travers de notre pays des milliers de mercenaires des Brigades internationales soviétiques vers l'Espagne. Notre pays est le couloir par lequel les Soviétiques envoient des soldats en Espagne. En échange de notre engagement à côté d'eux, les Soviétiques ont garanti nos frontières. Nous avons permis le passage des troupes soviétiques par notre pays, à la demande de la France, de son gouvernement de Front populaire. Mais les nationalistes roumains ont, eux aussi, envoyé un commando symbolique pour se battre en Espagne. Pour défendre l'Europe contre l'invasion soviétique. Ils sont partis dans la soirée du 24 novembre 1936, de la gare du Nord de Bucarest. Ils étaient en chemises vertes. L'uniforme de la Garde de Fer. Ils étaient sept : le prince Cantacuzène, le prêtre Dumitrescu Borsa, trois avocats et deux ingénieurs. La

Roumanie se bat donc en Espagne. La Roumanie est engagée dans la guerre. Effectivement. Matériellement. Des deux côtés. Sur les deux fronts.

« Vous commencez votre carrière littéraire, cher poète, à la lumière des obus et des rafales des mitrailleuses d'Espagne. Comme votre père a commencé sa vie sacerdotale à la lumière de coups de feu qui tuèrent l'archiduc d'Autriche à Sarajevo, en 1914. Et qui furent le signal de la Première Guerre mondiale. Voilà ce que j'avais à vous dire.

J'ai quitté maître Crevedia et je suis allé, comme chaque jour, à la Bibliothèque de l'Académie roumaine, pour copier ses articles et les taper à la machine. Ce que maître Crevedia venait de me dire ne m'a pas impressionné outre mesure. Je l'ai écouté, même, avec une certaine indifférence. Ce qui m'a touché réellement, dans son exposé, c'est l'histoire du négus. Les Roumains sont très sensibles à l'invasion et l'occupation de l'Éthiopie par l'Italie. On les plaint et on est à côté d'eux, quoiqu'ils habitent si loin de nous et que nous ne les connaissions pas. Mais ils sont dans le malheur, et cela suffit pour que nous les aimions. On soulève toujours son chapeau quand on passe devant un cortège mortuaire. Même si l'on n'a pas connu le mort. A l'instar de cet hommage, on retire son chapeau et on compatit avec ceux qui souffrent, habitent-ils loin de nous et ne les ayons-nous jamais rencontrés.

La photographie du négus est reproduite à la première page, dans tous les journaux. Chaque jour, l'image du négus errant, sans patrie, d'une capitale à l'autre, est comme un drapeau noir. Comme un drapeau de deuil et de détresse qui flotte au-dessus de notre pays. C'est comme un mauvais présage. Son portrait est exposé dans toutes les vitrines de Bucarest. De n'importe quel côté que l'on tourne la tête, on voit le négus, avec son chapeau noir et sa pèlerine noire flottant au vent sur son corps frêle et maigre. Le négus est un homme noir. Très noir. Mais il est de race blanche. Les Noirs d'Abyssinie sont blancs. Logiquement, on est blanc ou noir. On ne peut pas être les deux à la fois. Pourtant, les Abyssins sont en même temps noirs et blancs. Noirs de peau et blancs de race. Cela augmente la confusion qui règne partout.

7

Le 13 février 1937, maître Crevedia ne m'a pas dicté son article, comme il le faisait chaque matin. La veille, il m'avait annoncé qu'il serait absent, de ne pas venir chez lui, mais d'aller à la Bibliothèque de l'Académie et de copier toute la matinée ses articles. Ce que j'ai fait.

Le lendemain, le 14 février, je me suis présenté chez maître Crevedia à huit heures et demie. Je l'ai trouvé malade. Il était enrhumé et avait une forte fièvre.

– J'ai pris froid, m'a-t-il expliqué. Hier je suis resté dix heures sous les rafales de neige et de vent, en suivant le cortège funèbre des légionnaires morts en Espagne.

Je savais que, la veille, furent enterrés les deux légionnaires Motza et Marin, tués par les communistes dans les combats en Espagne.

Le 24 novembre 1936, sept membres de la Garde de Fer sont partis en Espagne pour s'enrôler dans l'armée anticommuniste.

– Vous savez que deux légionnaires roumains, Ion Motza et Marin, sont tombés dans le combat, à Mahadajonda. Ils sont morts héroïquement, sur le champ de bataille, le 13 janvier, à trois heures et quarante-cinq minutes du matin. Leurs corps ont été ramenés en Roumanie. Hier, ils ont été enterrés. C'était la plus grandiose cérémonie que Bucarest ait jamais connue. Le cortège funèbre, long d'une dizaine de kilomètres, parti de la gare du Nord au début de la matinée, n'est parvenu à la Maison verte – le siège de la Garde de Fer – que tard dans la nuit. Un défilé qui a duré une journée entière. Il y avait plus de cent prêtres, en ornements sacerdotaux, les ambassadeurs d'Allemagne, d'Italie, du Japon, d'Espagne et d'autres pays amis, en grand uniforme. Des généraux. Tous les attachés militaires des pays du Pacte anti-komintern. Les unités de légionnaires en chemises vertes, rangées en forme de croix, suivirent le cercueil, sous les rafales du vent, de la pluie et de la neige pendant douze heures. Une discipline parfaite. Les journaux publièrent des éditions spéciales toutes les deux heures, relatant le déroulement de la cérémonie. Jamais, et nulle part, on ne vit une telle cérémonie, ni les empereurs enterrés avec un tel faste. J'ai écrit mon reportage pour les éditions spéciales, tout en marchant, sur le dos d'un légionnaire qui était devant moi, comme sur un pupitre. Un coursier prenait les feuilles de mon manuscrit au fur et à mesure que je les écrivais, et les portait à toute allure à la typographie. Il y avait dix coursiers qui se relayaient derrière moi. Mon journal avait mobilisé tous les journalistes pour ce reportage. On avait des reporters en tête, à l'intérieur et à la fin du cortège. Ce fut un immense succès journalistique.

« Les gens qui étaient dans le cortège lisaient l'édition spéciale où je décrivais leur marche. Les légionnaires m'ont couvert d'éloges. Il y avait de nombreux journalistes à la cérémonie, mais nul reportage n'égala le mien. J'ai battu tous les records... Tout Bucarest parle aujourd'hui de mon exploit et du succès remporté par mon journal qui a sorti dix éditions spéciales en cette seule journée. Je suis content de mon travail... et je ne regrette pas de m'être enrhumé... Êtes-vous légionnaire, poète ?

– Non, ai-je répondu.

– Il n'y a pas dans toute l'Université un seul étudiant qui ne soit légionnaire. Tous sont en chemise verte. Leurs professeurs aussi. Comment se fait-il que vous ne le soyez pas ?

– Je n'y ai pas pensé, ai-je répondu.

J'étais rouge jusqu'au bout des oreilles. Je pensais que maître Crevedia me le reprochait. Mais il me rassura :

– Moi non plus, je ne suis pas légionnaire. Tous mes amis et mes camarades le sont. Pas moi. Et Dieu sait si je n'aime pas la légion! J'envie, j'admire les deux légionnaires qui sont morts au combat en Espagne, à Mahadajonda. Ce sont des héros. J'aurais aimé mourir comme eux. Mais je ne peux pas être légionnaire. Il y a quelque chose qui m'en empêche, qui me retient. Chaque fois que je brûle de l'être, je m'arrête. Les légionnaires sont les plus vaillants des combattants contre les soviets. Et les Soviétiques incarnent le plus grand danger de notre siècle. Un danger pour la Roumanie, pour l'Europe, pour le monde entier. La victoire des Soviétiques, c'est la mort de la civilisation. La mort de la liberté. C'est l'esclavage et la tyrannie. Personne ne combat mieux ce danger que les légionnaires de la Garde de Fer. Mais je ne *peux* pas devenir légionnaire. Je veux bien m'habiller en chemise verte et crier, en levant le bras : « Vive la Légion et le capitaine! » comme le font tous les jeunes. Mais, chaque fois que je veux le faire, je m'arrête. Et je recule. Savez-vous pourquoi? C'est pour ne pas offenser Dieu.

« Le jour où je porterai la chemise verte et deviendrai légionnaire, mon ange gardien m'abandonnera. Dieu détournera les yeux de moi. Et je ne veux pas irriter Dieu. Non. Vous ne comprenez pas pourquoi on offense Dieu en devenant membre de la Garde de Fer? Il est normal que vous ne le compreniez pas. La majorité des gens persistent à penser que la Garde de Fer est un mouvement profondément religieux et mystique. Le jour de sa création, Corneliu Zelea Codreanu écrivait : " Aujourd'hui, vendredi, le 24 juin 1927, à dix heures du soir, est fondée la Légion de l'archange Michel sous ma direction. Que vienne dans ses rangs celui qui croit de façon illimitée. Que reste en dehors celui qui a des doutes. " Dieu devait se réjouir de la fondation de la Légion. Car la mesure de l'amour et de la foi est la démesure. Celui qui aime avec mesure n'aime pas véritablement et celui qui croit avec mesure n'est pas véritablement un croyant.

« Les légionnaires sont fondamentalement d'excellents combattants contre la barbarie soviétique, ce fléau qui menace l'univers entier. Mais cela ne rend pas pour autant la légion honorable. Car il est impardonnable de combattre une barbarie, si atroce soit-elle, pour la remplacer par une autre barbarie. Et la Garde de Fer en est une. Une terrible barbarie. Moi, quand je pense à la Garde de Fer, je vois l'hôpital Brancovenesc. Vous devez savoir où se trouve cet hôpital, vous logiez tout à côté. Vous avez habité un mois dans le sous-sol de la Patriarchie. L'hôpital Brancovenesc se trouve à quelques centaines de mètres plus bas, au pied de la colline de la Patriarchie. Vous passiez chaque jour devant. Vous êtes aussi passé devant le grand bâtiment hospitalier, le 16 juin 1936. C'était en pleine journée. Un des chefs de la Garde de Fer,

Mihai Stelescu, un jeune homme de vingt-cinq ans, y était interné. Il était malade. Il venait de se brouiller avec le chef de la légion, avec Corneliu Zelea Codreanu, le capitaine. Parce que Mihai Stelescu a osé avoir une opinion différente de celle du capitaine, une équipe de légionnaires est allée le tuer. Ils ont pénétré dans l'hôpital revolver au poing. Ils étaient habillés en chemise verte. Avec bottes et ceinturon. Ils ont ouvert la porte et ont tiré sur le malade qui était étendu sur le lit. A bout portant. Tous les dix en même temps.

« A l'autopsie, on a trouvé dans le corps de Mihai Stelescu 120 balles. Le cadavre était percé de tous les côtés. Chaque légionnaire avait tiré douze balles. C'est ainsi qu'ils avaient reçu l'ordre de le faire. Et c'est ainsi qu'ils l'ont excécuté. Strictement. Disciplinés. Pendant que les dix hommes en chemise verte perçaient de balles le corps de leur victime, les autres malades étaient sortis affolés dans le couloir. Ils virent comment les dix hommes en vert continuaient à tirer sur le malade déjà mort. Le lit, les murs, les draps et le plancher étaient percés de balles. Le sang était répandu partout. Les dix légionnaires continuaient à tirer. Imperturbables. Après avoir tiré les 120 balles, ils ont rangé les revolvers dans leurs étuis. Au ceinturon. Ensuite, sous les regards effarés des malades, des infirmiers et des infirmières, des médecins et des gens qui se trouvaient à l'hôpital à cette heure de la journée, les dix légionnaires ont coupé en morceaux, dans le lit, le corps criblé de balles du malade. Comme sur l'étal d'un charcutier. Avec des haches et des grands couteaux. Ils ont coupé le corps en petits morceaux. Leurs chemises vertes, leurs bottes, leurs mains et leurs visages étaient complètement maculés de sang. Mais ils continuaient à disséquer, minutieusement, le cadavre de leur victime. Après avoir fignolé et fini leur macabre besogne, les dix assassins en chemises vertes, *les Decemviri*, se sont mis au garde-à-vous, ont levé le bras droit – le salut des légionnaires – et ont chanté à pleins poumons l'hymne de la Garde de Fer : *la Marche et l'Équipe de la mort*. Ensuite, ils se sont parfaitement alignés en colonne, deux par deux, et s'en sont allés dignement par la rue, en continuant à chanter. A pleins poumons. Au pas de parade, la tête haute, victorieux, fiers. Personne n'osa les arrêter. Ils ont parcouru la rue en se dirigeant vers le palais de justice qui est tout près de l'hôpital. Ils y sont entrés. Voilà les faits.

« Ce jour-là, je me suis juré à moi-même de ne pas irriter Dieu. De ne jamais porter la chemise verte. Et j'ai tenu mon serment. Quoique cela fût très difficile. Excessivement difficile. Car tous mes collègues, tous les étudiants de l'université de Bucarest – à quelques exceptions près – portaient des chemises vertes. Les professeurs aussi. Moi, je ne l'ai jamais portée. Jamais. Pour ne pas faire de la peine à Dieu...

8

La Vie de tous les jours du poète, mon premier livre, trône dans les vitrines des librairies le 1er mars 1937.

Dès la première page, sur papier de luxe, figure mon portrait dû au talent du grand dessinateur Marcel Iancu, qui a si bien réussi ceux de tous les poètes contemporains rassemblés dans l'*Anthologie des poètes roumains*.

Depuis que le livre est paru, je suis tellement heureux que, le soir, je ne parviens pas à m'endormir. Je nage dans une félicité totale. La publication du livre est l'aboutissement de mon activité de poète, de créateur.

Dieu seul a pu éprouver mon bonheur actuel. Car l'activité de l'artiste est comparable à celle de Dieu, qui a tiré du néant la terre, les mers et les océans, le ciel et la lune, le soleil et tout le firmament... Dieu a dû ressentir la même joie lorsqu'il a créé les arbres, les fleurs, les oiseaux, les éléphants, les poissons, les papillons, et quand enfin il a modelé avec de l'argile, tel un potier, l'homme, et a soufflé sur lui pour lui communiquer la vie...

Dans tout le cosmos, ce sont uniquement Dieu et l'artiste les véritables créateurs. Les anges eux-mêmes ne peuvent pas créer. L'artiste seul possède cette prérogative divine.

Dieu était lui-même heureux, chaque soir, après l'acte de création. Il regardait son œuvre et se réjouissait. La Bible nous raconte : « Dieu vit tout ce qu'il avait fait, et que cela était très bon [1]. » Je suis content, comme Dieu. Content au maximum. Car il n'existe aucune joie, aucun plaisir, aucune volupté si intense et profonde que celle de la création. La volupté de l'amour – considérée comme la volupté par excellence – lui est inférieure, en intensité, aussi bien qu'en durée. Car la volupté de l'amour est un acte de procréation. Elle n'est pas la volupté suprême, celle de la *création*. La volupté de la *procréation* est éprouvée par toutes les créatures, même inférieures. Elle est commune à toutes les bêtes. La volupté de la création, en revanche, est réservée exclusivement à Dieu et à l'homme. A l'artiste.

Je suis très conscient de ce que mes poésies publiées dans *la Vie de tous les jours du poète* n'ont pas une immense valeur littéraire. Mon livre n'est pas un monument artistique. Mais c'est naturel et normal qu'il en soit ainsi. Et c'est très bien ainsi. La lumière et l'aurore des premiers rayons du soleil levant n'ont pas la force et l'intensité de la lumière de la mi-journée. Mes poésies ne sont pas des bouquets éclatants de fleurs épanouies. Elles ne sont pas non plus des corbeilles de fruits mûrs. Les poésies que je viens de publier sont comme les brins de

1. Genèse, 1, 31.

muguet et comme les tiges fragiles des perce-neige qui surgissent, pendant la fonte des neiges, à la lisière de la forêt. Mes poésies n'ont que la grâce et la beauté de la pudeur, des yeux baissés des adolescents, des joues enflammées des petites filles et de l'émerveillement naïf des écoliers.

Je prépare un deuxième livre de poésies qui s'appellera *Calligraphie sur la neige*. Je lui donne ce titre à dessein parce que je suis conscient qu'il n'aura que la durée éphémère des lettres qu'on écrit sur la neige. Si belle soit-elle, l'écriture sur la neige ne durera jamais longtemps, car elle fondra et disparaîtra avec elle. Mais cette beauté éphémère, timide, maladroite et enfantine aura été créée par moi. Elle me confirme que je suis un être libre, créateur, souverain et indépendant. La seule créature libre du cosmos. C'est en cela que je suis « à l'image et à la ressemblance de Dieu [1] ». Sans la liberté et la souveraineté, il n'y a pas d'acte créateur. Toutes les créatures, à l'exception de l'homme, sont enchaînées à leur condition terrestre. Mécanique. Elles ne peuvent pas créer. Seul l'homme possède la prérogative et le pouvoir du créateur. C'est à cause de cela que je suis si content, comme devait l'être Dieu, chaque soir, pendant la création du monde, dans la Genèse.

J'ai envoyé le premier exemplaire du recueil à mon père. Ensuite à maître Pintilie qui m'avait préparé pour le concours d'admission au lycée militaire. Aux élèves du lycée militaire de Kichinev qui m'ont succédé à la direction de la revue *les Aigles*. Au professeur Tomescu, au ministre de la Bessarabie Pan Halippa, à M. Valerian, le directeur de la revue *la Vie littéraire*, au poète Tudor Arghezi, au professeur Popescu Spineni, de la faculté, et aux grands écrivains de notre pays.

Je suis allé au café de la Paix, sur Calea Victoria, et au café Capsa, où se réunissent quotidiennement les artistes, et j'ai offert *la Vie de tous les jours du poète* aux jeunes poètes, peintres, sculpteurs, musiciens et acteurs que j'y ai rencontrés. Je les rencontre tous les jours. Ils sont mes frères et mes compagnons de voyage sur la route âpre qui mène aux étoiles. Ils sont jeunes et pauvres, comme moi. Nous sommes confiants que nous parviendrons aux étoiles. Que nous serons nous-mêmes des étoiles. Notre idéal est réalisable. Ce n'est pas une utopie. Car il nous a été promis : « ils brilleront comme le soleil et la lune et comme la splendeur du firmament [2] ».

Pour ceux d'entre nous qui manquent de courage, Dieu a placé sur la terre, comme exemple, de petits coléoptères : les vers luisants qui, à la tombée de la nuit, étincellent sur la prairie comme des étoiles. Du moment que les lucioles, les lampyres – qui sont de tout petits vers – brillent comme les astres, pourquoi douterions-nous de devenir nous-mêmes des étoiles [3] ?

1. Genèse, 1, 27.
2. Psaume 88, 37.
3. Saint Cyrille de Jérusalem, P.G. 33, col. 1040 A.1.

Je suis allé ensuite à l'Université et j'ai offert mon livre de poésies, comme des bouquets de fleurs, à toutes mes collègues, les jeunes filles qui étudient la philosophie avec moi. J'en ai porté un exemplaire au maître Crevedia. Quelques semaines plus tard il m'a dit :

– Ma femme a lu *la Vie de tous les jours du poète.* Elle vous tient en très haute estime. C'est un fait rarissime. Elle aime la littérature, mais elle apprécie moins les artistes et les poètes. A cause de leur façon de vivre. Aucun des artistes que je lui ai présentés n'aura trouvé grâce à ses yeux. Aucun, sauf vous, poète. Félicitations.

Mes joues brillent de plaisir. Je suis heureux que Mme Crevedia, l'épouse de mon maître, la femme et la muse du grand poète, ait fait cas de mes poésies.

– Preuve qu'elle vous considère d'une manière tout à fait exceptionnelle, ma femme vous convie à dîner avec nous. Elle vous fera elle-même l'invitation. Ce sera un samedi. Car le dimanche, elle n'est pas tenue de se lever tôt pour donner ses cours. Comme les autres jours de la semaine. Cette invitation est exceptionnelle. En dehors de sa mère, personne n'a jamais été invité à partager le repas avec nous. Personne. Vous êtes le premier et le seul. Nous n'invitons pas parce que notre appartement est exigu. Nous y vivons provisoirement et nous n'avons, pour le moment, ni cuisinier, ni valet, ni femme de chambre. Maître Crevedia ne peut pas recevoir comme les petits-bourgeois. Non. Plus tard, nous aurons bien le temps d'inviter. Avec tout le décorum qui s'impose. Pour le moment, je vous le répète, vous êtes la seule personne reçue. A l'exception de la colonelle, ma belle-mère.

Je suis heureux. Cette invitation est la preuve que je suis un véritable poète. Si mes poésies ont changé les habitudes de Mme Crevedia, elles peuvent donc changer le cours des événements. Si je progresse, je pourrais, un jour, changer le cours des rivières. Je pourrais arrêter la pluie, la sécheresse ou les épizooties. Comme le faisait ma mère, avec ses poèmes adressés à Dieu... Mais mon bonheur ne durera pas longtemps. Maître Crevedia détruit mes illusions. Il demande, brusquement :

– Et savez-vous pourquoi ma femme vous tient en une si haute estime, poète, le savez-vous?

– Elle a aimé *la Vie de tous les jours du poète,* ai-je répondu.

– Vous n'y êtes pas, poète. Mais pas du tout. Certes, ma femme a bien aimé vos poésies. Elle les a même beaucoup aimées. Mais ce n'est pas du tout pour cela qu'elle vous invite à dîner. Elle n'a pas les mêmes critères d'appréciation que nous. Ses critères et son jugement ne sont pas ceux d'un artiste. Elle est professeur et fille d'officier supérieur. Elle met l'accent sur d'autres choses : l'excellente éducation, les bonnes manières, la stricte discipline et la parfaite correction. Vous êtes le seul poète qu'elle n'ait pas condamné. Au contraire. Elle vous donne la note *quum maxime.* Elle se félicite que vous soyez mon secrétaire et va jusqu'à penser que vous aurez une influence bénéfique sur moi. Que vous me servirez de modèle en matières de ponctualité, de courtoisie, de correction vestimentaire et de façon d'être. Pour elle, ce sont des qualités essentielles. N'oubliez pas qu'elle est la maîtresse de cette maison. Nous y travaillons chaque jour. Quand elle rentre le soir, elle jette un coup d'œil avisé sur toutes choses. Sur ses choses à elle. Et elle remarque tout. Le plus petit changement. Elle a remarqué que jamais vous n'avez pénétré dans cet appartement avec des chaussures sales. Jamais une tache sur le parquet. Elle se demande même comment vous parvenez à essuyer si parfaitement vos chaussures, quand il pleut ou quand il neige. Elle a vu avec plaisir aussi que vous ne laissez jamais, derrière vous, le moindre désordre. Jusqu'aux coussins du fauteuil sur lequel vous êtes assis qui restent impeccables, après votre départ. Comme si personne ne s'était assis dessus. Vous n'avez jamais laissé traîner derrière vous aucun bout de papier, ni laissé tomber la cendre de votre cigarette. En un mot, ma femme est enchantée de vous. Elle m'incite vivement à vous imiter. Elle apprécie beaucoup que vous soyez toujours tiré à quatre épingles. Que vous ne soyez pas en retard. Que vous ne vous soyez jamais absenté, et que vous n'ayez jamais demandé la moindre avance sur votre salaire quand bien même vous en auriez eu grand besoin... Voilà pourquoi elle vous invite à dîner. Êtes-vous content, poète?

J'étais au contraire très déçu. Humilié. Mme Crevedia ne m'invitait pas à dîner parce qu'elle aimait mes poésies, mais parce que je me montrais courtois, correct et soigné. C'était une déception. Et il insistait :

– Êtes-vous content de la haute estime dans laquelle ma femme vous tient, poète?

– Je suis très honoré et heureux de l'invitation à dîner, maître. Je vous en remercie très respectueusement, ainsi que Mme Crevedia, mais je n'ai aucune raison particulière d'être content de moi-même. Non, maître. Toutes les qualités que Mme Crevedia m'attribue et pour lesquelles elle m'invite à dîner sont l'aboutissement de l'instruction militaire. Je n'y suis personnellement pour rien. Je n'ai aucun mérite. Je n'avais pas le choix. J'ai été forcé de m'approprier ces qualités si je voulais porter l'uniforme du roi et terminer mes études secondaires... Je suis ulcéré que Mme Crevedia ne m'ait pas invité à cause de mes poésies...

Mais maître Crevedia ne me regarde et ne m'écoute même pas. Il continue :

– Ma femme est un trésor de charité. Elle est plus chrétienne que le patriarche de Roumanie. Elle est une sainte. Elle peut tout pardonner. Comme le Christ. Vous voulez un exemple? Quand j'étais étudiant, j'ai commis un péché monstrueux. Un crime abominable. Avant le mariage j'ai avoué ce péché affreux à ma femme. Au lieu de me maudire et de me quitter, elle m'a pardonné. Et non seulement elle m'a pardonné pour ce crime odieux, mais elle m'a consolé. Elle m'a aidé, moi, qui ne méritais pas même un regard d'elle. J'ai reçu son pardon. Car savez-vous de quel péché monstrueux je suis coupable? Vous ne le savez pas. Personne ne le sait. J'ai un enfant illégitime. Que j'ai abandonné. Abandonné, poète. Eh bien, ma femme m'a pardonné. Il faut être une sainte pour pardonner cela. J'ai perpétré mon crime à l'époque où j'étais étudiant. Chaque nuit je travaillais en tant que correcteur de presse dans les sous-sols des imprimeries de la rue Sarindar. Je terminais mon travail vers les cinq heures du matin, quand les journaux commençaient à sortir des rotatives. J'arrivais chez moi à six heures environ. J'habitais au faubourg des Agriculteurs, loin du centre. Quand j'arrivais chez moi, tous les gens dormaient encore. Tous, sauf ma voisine. Une jeune fille. Elle me disait bonjour, chaque matin, en me souriant. C'était une fille de dix-huit ans. Belle à vous couper le souffle. Ce n'était d'ailleurs pas une fille, mais un véritable morceau du ciel. Une tranche de firmament. Je suis tombé amoureux d'elle. Elle aussi était amoureuse de moi. Nous nous sommes aimés comme des fous. On s'aimait à en perdre la raison. Et ce qui devait arriver arriva : elle eut un enfant. Un beau garçon. Il me ressemblait. Tout à fait mon portrait, en miniature. Mais le diable a fait bientôt son apparition. Le diable se glissa entre ma belle maîtresse et moi. On s'est querellés. Insultés. Odieusement. Pour des futilités. Et on s'est séparés. Je les ai abandonnés, elle et l'enfant. Par la suite, j'ai voulu réparer. Me réconcilier avec elle. Mais tout fut vain... En écoutant ma confession, ma femme a pleuré de pitié. Pour mon péché, et pour la fille séduite par moi. Elle pleurait surtout pour l'enfant que j'ai abandonné et qui sera toute sa vie malheureux à cause de moi. Elle m'a aidé à les retrouver. Nous payons régulièrement une pension sur notre argent commun pour l'éducation du pauvre enfant abandonné. Pour le fruit de mon péché. Ma femme a agi comme une sainte. Vous constaterez vous-même qu'elle est une sainte. Vous ne la connaissez pas encore. Vous l'avez à peine aperçue en passant. Vous conviendrez qu'il n'y a aucune femme sur la terre qui lui soit comparable.

Quelques semaines plus tard, au début du printemps, maître Crevedia me dit solennellement :

– Ma femme désire vous rencontrer demain. C'est pour vous inviter à dîner. Venez une demi-heure plus tôt. Elle part le matin à huit heures et quart. Venez donc demain matin à huit heures. Elle tient à vous inviter elle-même. Selon les règles de l'étiquette.

Le lendemain matin j'ai sonné chez maître Crevedia à huit heures précises. Et Mme Crevedia m'a invité à dîner selon les usages du savoir-vivre.

Le samedi suivant, comme convenu, je suis arrivé à sept heures du soir. Avec un bouquet de fleurs. C'est Mme Crevedia qui m'a ouvert. Elle portait une belle robe couleur lilas. Elle me remercia pour les fleurs et me fit entrer dans le bureau de maître Crevedia. En y pénétrant, je fus stupéfait car je ne reconnaissais plus le bureau. Je viens depuis plusieurs mois dans cette maison, chaque matin. J'y passe, chaque jour, au moins deux heures. Mais ce soir je ne la reconnaissais plus. Ce n'est plus la même maison. C'est comme si j'y entrais pour la première fois. J'examine les objets autour de moi. Chaque chose est à sa place. Comme auparavant. Il n'y a visiblement rien de changé. Les mêmes tableaux, que je connais bien, sont accrochés aux murs. Les tapis sont les mêmes. Je suis assis sur le même fauteuil. Tout est à sa place. Rien ne manque. Et il n'y a aucun objet nouveau.

Malgré cela, la maison est complètement changée. Différente. C'est une maison que je ne connais pas. Ce soir, la maison de maître Crevedia semble plus éclairée, elle est illuminée, elle est chaude. L'atmosphère est amicale, parfumée, envoûtante.

Je ne me trouve plus dans la maison où je venais chaque jour, à huit heures et demie, avec la machine à écrire pour dactylographier, sous dictée, les chroniques journalistiques de maître Crevedia. Je suis maintenant dans une autre maison. Dans un autre monde. Je me trouve dans un univers douillet, lumineux, tendre et intime. J'y suis à l'aise, détendu...

Je m'efforce de comprendre ce qui se passe. Subitement, j'ai une révélation. Je comprends le pourquoi du changement et de la métamorphose qui s'opèrent dans la maison. Rien n'est changé, mais tout est transformé, métamorphosé. Et tout cela, parce que Mme Crevedia est là. Présente.

La femme ne modifie jamais rien, positivement, ni la nature, ni l'histoire, ni les paysages, ni les choses, ni les hommes qui gravitent autour d'elle. Mais la femme transfigure tout. Absolument tout. Par sa seule présence.

La femme est comme l'atmosphère. Elle conditionne tout autour d'elle. L'atmosphère peut être tonique, vivifiante, salutaire. Elle peut être envoûtante, parfumée, voluptueuse, ensorcelante. La femme tout autant.

L'atmosphère peut être aussi anémiante, pesante, toxique et empoisonnée. Mais la femme conditionne et transfigure toujours, et partout, tout.

Dieu, qui sait tout, sut cela dès la création du monde. Le sixième jour tout était créé : le ciel, la terre, les montagnes, les océans, les oiseaux, les arbres, les animaux, et les fleurs. L'homme fut établi roi de toute la création. Mais Dieu vit que, malgré la beauté du firmament, des fleurs, des oiseaux, des mers et de la terre, et malgré la majesté de l'homme, l'univers était sans charme : rien ne manquait, mais tout était sans séduction.

Alors Dieu créa la femme. Et dès que la femme fut présente, tout le cosmos fut vivifié, métamorphosé, transfiguré. Le cosmos était le même qu'auparavant, mais tout à fait transfiguré. Par la seule présence de la femme.

La même chose s'est produite dans la maison de maître Crevedia qui, ce soir, est belle, chaude, illuminée, envoûtante. C'est parce que sa femme est présente. C'est la première fois que je prends conscience du pouvoir de la nature féminine, ainsi que de son rôle dans l'univers.

Pendant le repas, j'examine Mme Crevedia. Je veux pénétrer son mystère. Mais elle n'en a aucun. Elle n'a pas de mystère. Elle ressemble à toutes les femmes qu'on rencontre dans les rues. C'est une personne banale, sans fantaisie. Elle n'a rien d'exceptionnel. Au vrai, elle semble souffrir. Subir une douleur cachée. De temps à autre, elle regarde son mari avec un brin de rancune et de reproche. C'est une méchanceté mineure qui est l'apanage des femmes.

Maître Crevedia, en achetant l'immense domaine sur lequel il projetait de construire son château – mais où il était interdit de construire – a perdu non seulement tout son argent mais aussi la dot de sa femme. La dot que le père de Mme Crevedia a constituée, en se sacrifiant, en mettant de côté une partie de sa solde de colonel. Et cela durant de longues années.

La douleur cachée de Mme Crevedia est due peut-être au fait que son mari a dilapidé sa dot, inconsidérément, dès le début de leur mariage.

Le repas est composé d'un consommé, d'un soufflé de pommes de terre et d'une tarte à la confiture, achetée en ville.

– Le soir nous mangeons très peu, confie Mme Crevedia. Mon mari a tendance à grossir. Je surveille sévèrement son alimentation. Je tiens aussi à ce qu'il fasse de la gymnastique.

Elle se tourne vers moi et me demande :

– Est-ce que vous faites chaque jour des exercices physiques?

– Ne prononce pas le mot gymnastique devant ce pauvre poète, dit maître Crevedia. C'est comme si vous parliez de corde dans la maison d'un pendu. Le malheureux poète aura fait de la gymnastique pendant huit ans, chaque matin, entre six heures et six heures et demie. Par tous les temps, dans la cour de sa caserne d'enfants d'abord, et au lycée militaire de Kichinev ensuite, sous les rafales de vent et de neige qui provenaient directement de Sibérie. Il en a assez de la gymnastique. Pour toute son existence.

– C'est parce qu'il a fait de la gymnastique qu'il est bien développé et souple. Tu devrais en faire autant.

Mme Crevedia se tourne à nouveau vers moi et me demande :

– Qu'avez-vous l'intention de faire dans la vie? Quels sont vos plans d'avenir?

– Je veux être poète, ai-je répondu.

– Vous êtes déjà poète, dit Mme Crevedia. Mais, en dehors de la poésie, qu'est-ce que vous voudriez faire? Vous avez certainement des projets?

– Je veux être exclusivement poète, ai-je confirmé.

– Et pour vivre, quels sont vos projets?

– Il s'est inscrit à la faculté de philosophie, dit maître Crevedia en venant à ma rescousse.

– Voulez-vous devenir professeur de philosophie? demande Mme Crevedia.

– Absolument pas, ai-je protesté. Je n'ai pas quitté la carrière militaire pour une autre profession. Je n'ai pas renoncé à être officier pour devenir professeur. J'étudie la philosophie exclusivement pour moi-même. Pas dans un but lucratif. Je me suis inscrit à la faculté de philosophie, comme je me suis inscrit au Conservatoire d'art dramatique. Uniquement parce que c'est utile à ma carrière de poète.

– Vous êtes étudiant au Conservatoire d'art dramatique? s'étonne maître Crevedia. Je ne le savais pas. Vous ne me l'avez jamais dit. Racontez-moi cela.

Maître Crevedia est surpris. Il est curieux d'en savoir davantage.

– Je me suis inscrit au Conservatoire d'art dramatique avant de m'inscrire à la faculté de philosophie, ai-je dit. Malheureusement, je ne suis pas étudiant au Conservatoire. Les taxes d'inscription sont trop élevées. J'ai sollicité une bourse. J'ai même parlé avec le directeur du Conservatoire, maître Ion Manolescu. C'est son neveu, le poète Ion Aurel Manolescu, qui m'a ménagé l'entrevue. Le directeur du Conservatoire m'a demandé ce qui me poussait à devenir acteur. J'ai répondu que je n'avais nullement l'intention de devenir comédien. Je lui ai expliqué que je suis poète, que je désire apprendre l'art dramatique afin de bien réciter mes poésies.

– Vous voulez faire des études au Conservatoire uniquement pour bien réciter vos poèmes?

– Oui. Aucun effort n'est superflu quand il s'agit de la poésie, ai-je dit.

Maître Ion Manolescu m'a chaudement félicité pour ma détermination. Mais il a néanmoins refusé de m'accorder cette bourse tant convoitée.

– Les bourses au Conservatoire sont réservées aux étudiants qui ambitionnent d'être acteurs. Le Conservatoire est au service du théâtre, de la déclamation, non à celui de la poésie.

– Malgré ce refus, ai-je expliqué à maître Crevedia et à sa femme, je ne me suis pas découragé. Je n'ai pas renoncé à étudier à fond l'art et la technique de bien articuler les mots, de mieux réciter mes poésies. C'est pourtant un projet que j'ai dû momentanément ajourner, faute d'argent. Mais, dès que j'en aurai les moyens, je m'inscrirai au Conservatoire. Les poètes doivent étudier l'art de la parole, de l'articulation. Démosthène, pour devenir le grand avocat et orateur qu'il fut, a commencé par apprendre à bien prononcer les mots et à bien parler. Les poètes doivent procéder de même.

Maître Crevedia et sa femme m'écoutent avec un sourire indulgent.

– De quoi avez-vous l'intention de vivre? insiste Mme Crevedia.

– De la poésie, ai-je répété.

– Pour vivre, il faut avoir une activité rémunérée. Stable. Prenez l'exemple de mon mari. Il fait du journalisme, pour gagner sa vie. Eminescu, notre plus grand poète, faisait en seconde main du journalisme. Alexandri était diplomate. Octavian Goga occupe des postes politiques très importants : à tour de rôle ministre, député ou sénateur. D'autres poètes sont avocats, médecins ou professeurs. Il faut toujours avoir une seconde activité. Poète n'est pas une profession.

– Tudor Arghezi n'a pas une seconde profession, ai-je rétorqué. Il vit de la poésie. Je ferai de même.

– Tudor Arghezi est né en Olténie. Il appartient à une espèce de gens qui gagnent de l'argent comme ils respirent. Tout naturellement. Ils sont des marchands. Vous, vous n'êtes pas né en Olténie. Il faut que vous ayez d'abord une situation matérielle. Une profession stable, solide, rémunérée. Après cela vous pourrez écrire des poésies tout à votre aise. Pensez-y dès maintenant, tant que vous êtes jeune. Autrement, vous serez malheureux toute votre existence. Avec le lycée militaire vous en avez définitivement terminé?

– Oui. J'ai terminé, définitivement. Je voulais démissionner il y a déjà cinq ans, pour me consacrer entièrement à la poésie. Mais, à l'époque, j'ai accédé aux suppliques de mon père. Il m'a expliqué que mes sœurs (qui ne possèdent aucune dot que la bonne renommée de notre famille) ne pourraient plus jamais se marier si j'abandonnais mes études. Qu'aucun garçon ne demanderait mes sœurs en mariage s'il apprenait qu'un de leurs frères a quitté le lycée et vit en bohème à Bucarest. C'est une mauvaise réputation.

– Donc, maintenant tout est terminé entre vous et le lycée militaire? demande Mme Crevedia. Vous savez de quoi je parle, n'est-ce pas? Je suis fille d'officier et je connais la loi. Quand vous avez été admis au lycée militaire, votre père a signé un contrat par lequel il s'engage à ce que, si vous terminez le lycée, vous vous présentiez à l'école d'officiers et que vous restez dans l'armée pendant neuf ans. Cela veut dire qu'après avoir terminé le lycée, si vous ne vous présentez pas à l'école d'officiers et ne restiez pas pendant neuf ans officier dans l'armée, votre père est tenu de rembourser à l'État l'intégralité des dépenses consenties par le ministère de la Guerre pour votre éducation, pendant huit ans, au lycée militaire. Ce qui représente une somme colossale. Vous ne vous êtes pas présenté à l'école militaire d'officiers, conformément au contrat?

– Non, ai-je dit. Pourquoi me présenter si je ne veux pas devenir officier?

– Il faut vous y présenter. Pour la forme. Pour la procédure. Les garçons qui terminent le lycée militaire sont reçus systématiquement à l'école d'officiers. Mais il y a quelques armes spéciales, comme la marine, l'aviation et la médecine militaire, où le nombre des places est limité. Et où même les élèves sortis des lycées militaires doivent passer un examen d'admission. Vous n'avez qu'à vous présenter à une de ces armes, et vous vous faites éliminer à l'examen d'admission. Le tour est joué. Vous réalisez votre projet de ne pas devenir officier et, de la sorte, vous n'êtes plus obligé de rembourser à l'État les sommes colossales qu'il a versées pour vous. D'accord?

– Pour rien au monde, ai-je dit. Je n'ai jamais été éliminé. Pendant huit ans j'ai tenu bon. Nous étions deux mille au départ. A l'exception de sept, tous mes camarades ont été éliminés. Je ne peux pas annuler ma performance. Je suis parmi les sept. Me faire éliminer volontairement? Non, madame. J'ai horreur du mot éliminé. Il est devenu une obsession pour moi. Il est synonyme de l'enfer. Des flammes éternelles. Il fallait être à ma place au lycée militaire pour comprendre ce que le mot « éliminé » peut inspirer de terreur et d'angoisse. Celui qui a vécu sept ans sous la terreur quotidienne à la seule idée de se voir éliminer ne *peut pas* se faire éliminer, de son propre gré, librement. Il y a une seconde raison à cette détermination. Mes calomniateurs affirmeront que j'ai choisi la carrière littéraire parce que je fus éliminé. Or c'est moi qui quitte l'armée de par ma propre volonté. J'ai choisi librement ma route. Personne ne m'a forcé à le faire. Ni condamné à porter la croix du poète sur la route qui mène aux étoiles. J'ai choisi librement mon chemin de Golgotha et je le gravis de mon propre gré. Voilà, madame, pourquoi je refuse de me faire éliminer. Même si ce n'est que pour la forme, pour ne pas payer des dommages à l'État.

– C'est absurde de s'entêter, s'emporte Mme Crevedia. Si vous ne vous faites pas éliminer, votre père sera condamné à payer une somme exorbitante.

– C'est moi qui paierai cette somme, ai-je dit. Je suis majeur. Je peux prendre cette dette à mon compte. Et je la paierai.

– Avec quel argent paierez-vous la somme considérable qui vous sera réclamée?

– Je gagnerai de l'argent. Je pourrai la payer. Ne vous en faites pas pour moi. Je paierai. Je deviendrai un poète célèbre. Et je rembourserai au ministère de la Guerre tout l'argent qu'il a avancé pour mon éducation au lycée militaire.

– Le délai fixé pour vous présenter à l'école des officiers est de trois ans. Êtes-vous bien certain que d'ici trois ans vous deviendrez célèbre et assez riche pour pouvoir restituer une somme d'argent aussi importante?

– Non, ai-je admis. En trois ans, cela n'est pas possible. Le délai est trop court. Mais j'ai un plan. Je l'ai longuement mûri, étudié. J'ai consulté aussi des juristes. Je demanderai qu'on transforme la dette en prison. Et je m'acquitterai de ma dette en faisant de la prison. Voilà mon plan.

– Vous êtes résolu à faire de la prison pour conserver votre liberté? demande maître Crevedia.

Il est rouge d'émotion. Il est au comble de l'enthousiasme. Il a envie d'applaudir, comme au théâtre, de m'embrasser.

– C'est sublime, poète, s'écrie-t-il. Cela ne s'est jamais vu dans toute l'histoire de la littérature. Jamais. Vous êtes un cas unique. On n'a jamais vu un poète aller volontairement en prison, et se laisser enchaîner, pour acquitter le droit d'être poète. Poète à part entière. Faire de la prison pour avoir la liberté d'écrire des poésies, c'est formidable! C'est de l'héroïsme. Unique dans les annales de la poésie.

– Nick! s'interpose Mme Crevedia.

Elle foudroie son mari du regard, comme avec un lance-flammes. C'est la première fois qu'elle appelle son mari Nick. Elle continue :

– Tu es un adulte, Nick. Comporte-toi en personne raisonnable. Cesse tes stupidités. Tu vois que ce gamin est en train de détruire sa vie. Et tu l'y encourages. C'est impardonnable. C'est criminel, ce que tu fais, Nick.

– Il n'est pas un gamin, rétorque maître Crevedia. Il a vingt ans, chérie, c'est un homme. Un adulte.

– Non, Nick. Ce garçon ne connaît pas plus la vie qu'un gamin. Jusqu'à l'âge de onze ans il a vécu dans un presbytère. Selon les règles et la discipline du presbytère. Ensuite il a vécu dans cette caserne d'enfants, au lycée militaire. Je connais bien le lycée militaire. C'est une serre. Il ne sait de la vie que ce qu'il a appris dans les romans et les livres de poésie. Mais il n'a jamais été en contact avec les réalités de la vie. C'est un gamin.

– Tu as raison, ma chérie, dit maître Crevedia. Pardonne-moi.

Il plonge le nez dans son assiette. Il est humilié. Mme Crevedia parle avec autorité. Elle ordonne. Comme un général. Elle est une femme. Et toute femme devient général quand il s'agit des affaires de bon sens. La discussion s'arrête là. On ne parle plus de cette affaire. Maître Crevedia consulte son bracelet-montre. Mme Crevedia me demande si je désire encore une part de tarte à la confiture. Après, on se lève de table. Je remercie Mme Crevedia pour son dîner et prends congé. Mme Crevedia regarde par la fenêtre et s'écrie :

– Il pleut à verse... Nick, prête ton parapluie au jeune poète. S'il sort sans parapluie, par cette tornade, il sera trempé jusqu'aux os et il abîmera complètement ses vêtements neufs...

Maître Crevedia va à la recherche de son parapluie... qu'il ne trouve pas.

– C'est le quatrième parapluie qu'il perd depuis le début de l'année, se lamente Mme Crevedia. A ce rythme-là, nous allons nous ruiner en achetant chaque semaine un autre parapluie!

– Je ne l'ai pas perdu, chérie, proteste maître Crevedia. Je suis certain de l'avoir oublié à la rédaction. Non, je ne l'ai pas perdu...

Il téléphone : son parapluie est là. Maître Crevedia est heureux.

– Tu vois bien, chérie, que je ne l'ai pas perdu. Je fais maintenant très attention. Mon parapluie est au journal. Je le récupérerai lundi.

– On ne peut pas laisser ce pauvre poète sortir sans parapluie, insiste Mme Crevedia.

Elle se tourne vers moi et m'explique :

– Je vous aurais bien prêté un parapluie à moi, mais je ne m'en sers jamais! Je n'en ai jamais possédé. Chez nous, dans la maison paternelle, il n'y avait pas de parapluie. Les militaires n'en possèdent pas. Je n'ai connu à la maison que les petites ombrelles en soie de ma mère. Le parapluie est un objet inconnu dans la maison des militaires. Quand il pleut, j'enfile un imperméable en caoutchouc, comme les officiers. Mais, rassurez-vous, on ne vous laissera pas partir sans protection, vous abîmeriez votre costume neuf et risqueriez de prendre froid.

Mme Crevedia se retourne vers son mari et lui suggère :

– Nick, donne donc au jeune poète ton *duffle-coat*. Celui que nous avons acheté à Amsterdam, pendant notre voyage de noces.

Mme Crevedia m'explique :

– Le *duffle-coat* est un vêtement idéal pour se protéger contre la pluie. C'est le manteau utilisé par les marins du Nord. Un *boat cloak*. Vous allez le voir. Celui que l'on va vous prêter, je l'ai acheté pour mon mari. En revenant de Suède par le Danemark, nous nous trouvions à Amsterdam quand il commença de pleuvoir. Une pluie diluvienne. Comme d'habitude, mon mari avait égaré son parapluie. Comme aujourd'hui d'ailleurs. Alors, je lui ai acheté une capote de marin. C'est le *duffle-coat* que vous porterez tout à l'heure. C'est un manteau très amusant. Chez nous, je n'en ai jamais vu. Je suppose que le *duffle-coat* de mon mari est le seul qui se trouve en Roumanie.

Mme Crevedia m'explique ce qu'est un *duffle-coat*. Elle ne remarque pas tout de suite que son mari se tient derrière elle, debout, immobile, embarrassé...

– Qu'est-ce que tu fais là, Nick? demande-t-elle en se retournant. Tu n'es pas allé chercher le *duffle-coat*?

– Tu sais bien, chérie, que j'ai expédié le *duffle-coat* à mon frère.

– Mais non, Nick! Ne raconte pas d'histoires. Tu ne l'as pas envoyé à ton frère. Le *duffle-coat* se trouve dans l'armoire. Sois gentil et va le chercher.

Maître Crevedia s'en va chercher le *duffle-coat* à contrecœur. Toute sa joie d'avoir retrouvé son parapluie à la rédaction il y a quelques instants disparaît. Il semble chagriné, abattu.

– Mon mari ne *veut* pas vous prêter le *duffle-coat*, c'est enfantin! Je connais bien mon mari : il vous donnera, de bon cœur, sans rechigner, son veston, son manteau et sa chemise même, mais rien de ce qui est destiné à son frère. Tous les vêtements qu'il ne porte plus, il les expédie à son frère, au village. C'est une sorte de cérémonial pour lui. Vous savez qu'il a un frère, son cadet, qui vit à la campagne. Leurs parents sont décédés. Il n'y a plus qu'eux deux, de toute leur famille. Ils sont très, très unis. Nick adore son frère. Il l'aide. Mais il a toujours le sentiment de ne pas l'aider suffisamment. De ne pas avoir fait pour lui tout ce qu'il aurait dû faire. Car son frère est resté à la ferme. Il est agriculteur. Il sait à peine lire et écrire. Nick lui adresse absolument tous les vêtements qu'il ne porte plus. Il prétend que les vêtements sont les meilleurs témoins de sa vie. Que les vêtements que nous portons – notre chemise, nos vestes, manteaux, etc. – tous, sont les témoins quotidiens de notre existence. Qu'ils savent tout de nous. Qu'ils assistent non seulement à nos actes les plus secrets, mais s'imprègnent de nos pensées et de nos intentions... En envoyant ses vêtements à son frère, pour qu'il les porte, Nick prétend que, de la sorte, il raconte à son frère, sans paroles, tout ce qu'il lui arrive à la ville, et le met au courant de tout ce qu'il vit. Mieux que s'il lui écrivait d'interminables lettres car davantage, explique-t-il, ils dévoilent tout. On voit clairement cela dans les affaires criminelles. Ce sont toujours les vêtements qui apportent les témoignages les plus accablants. Une tache de sang sur le veston, un bouton, un fil de tissu dénoncent aux policiers le criminel. Devant le témoignage irréfutable des vêtements, il est confondu.

« De plus, en faisant revêtir ses vêtements par son frère, il a l'impression de participer à la vie du village. Il travaille la terre avec son frère qui porte sa chemise. Il va à l'église le dimanche. Il va au marché, dans la forêt, chercher du bois. Il est présent partout avec lui. Nick a échafaudé là-dessus toute une théorie. Je la trouve abracadabrante. Mais comme elle ne nuit à personne, autant le laisser faire! C'est en fait une gaminerie. Il m'a raconté, par exemple, à propos du *duffle-coat*, qu'en le portant, pendant les jours de pluie, son frère participera d'une certaine manière, lui aussi, au voyage que nous avons effectué à Amsterdam, dans la mer du Nord et en Angleterre. C'est à cause de cela qu'il ne voulait pas chercher le *duffle-coat*, pour vous le prêter.

« Maintenant il vous le donnera. Il a honte de vous le refuser. Mais je vous assure que demain, dimanche, il ne pensera qu'à son *duffle-coat*, attendant avec impatience le lundi matin pour rentrer en sa possession. Sans perdre de temps, il ira à la poste, avec le paquet – en le portant lui-même comme d'habitude – pour l'envoyer à son frère. Il l'enverra, dès lundi, par crainte d'être obligé de vous le prêter une seconde fois!

Maître Crevedia apporte le *duffle-coat* et le brandit comme un trophée. C'est un manteau grossier. Avec un capuchon énorme, de couleur bleu marine. A la place des boutons, il y a des aiguillettes en bois, façon tige de bambou. C'est loin d'être un beau vêtement. Maître Crevedia m'aide à le revêtir, en le posant sur mes épaules, tel un manteau royal.

– Vous savez que ce manteau ne m'appartient pas, me répète-t-il en prenant congé de moi. Il est à mon frère. Vous me l'apporterez après-demain matin. Lundi, dans l'après-midi, je l'enverrai à mon frère avec d'autres vêtements qui attendent dans une caisse. C'est la plus grande joie de mon frère de porter mes vêtements. En les portant, il a l'impression d'être à côté de moi. Dans le village. Comme autrefois. Car il a toujours porté mes vêtements. Chez nous, à la campagne, le même vêtement est porté par le frère aîné, et ensuite par son cadet. J'ai envoyé aussi à mon frère des vêtements neufs, faits sur mesure. Mais il a toujours préféré ceux que j'avais portés. Bonne nuit, poète. A lundi.

Je pars recouvert du *duffle-coat* de maître Crevedia. Il pleut à verse. Je me sens mal à l'aise avec ce manteau. Comme si j'étais enfoui sous un sac. J'aime bien pourtant les robes grossières de bure que portent les moines et les montagnards de chez nous, et même les tissus raides comme l'écorce des arbres, que portent les soldats. Mais dans le *duffle-coat* de maître Crevedia je me sens ridicule. Dans le tramway, j'enfonce le capuchon sur mes yeux pour n'être pas reconnu. Je suis déçu de ma soirée. Mme Crevedia est une personne très bien, mais elle ne ressemble pas à la femme célébrée et décrite par maître Crevedia dans ses poésies. Je l'imaginais comme Loreley, la nymphe du Rhin fatale au nocher par ses chants, ou les sirènes des légendes nordiques, ou encore une fée pastorale... En réalité, elle est pareille aux autres femmes. C'est uniquement sous le regard de son mari, le poète, qu'elle brille, resplendit, fascine et devient une créature surnaturelle. Comme dit le poète persan Hafiz : « Le regard du poète transforme la poussière en or. » Peut-être que Monna Lisa del Giocondo était, elle aussi, une femme comme Mme Crevedia. C'est Léonard de Vinci qui, lui attribuant le sourire qu'elle a dans son portrait, fascine le monde depuis des siècles. Peut-être que Laure et Béatrice étaient elles aussi des femmes banales comme Mme Crevedia et que ce sont Dante et Pétrarque qui les ont immortalisées telles que nous les connaissons...

Parce que les paroles qui sortent de la bouche des poètes font briller de mille feux les créatures qu'ils chantent, le sultan Mahomet le Conquérant a rempli, un jour, la bouche de son poète préféré, Ahmed Pacha, avec des diamants et des pierres précieuses.

9

J'arrive au foyer d'étudiants de la rue Pictor-Grigorescu complètement trempé. La pluie n'a cessé de tomber à torrents toute la soirée. A la porte, deux étudiants m'arrêtent. Ce sont deux volontaires qui s'occupent de l'organisation intérieure de notre foyer.

– Nous faisons la quête. C'est pour le billet de train de Trifan. Le petit

Trifan est dans ta chambre. Sa mère est décédée. On l'enterre demain. Son dernier train est à minuit. Il n'a pas un sou...

Je pose dans le chapeau des quêteurs quelques pièces de monnaie et j'entre dans la chambre. Trifan est allongé, sur son lit. Habillé. La tête enfouie dans l'oreiller. Il pleure. Il se lamente. Son corps est secoué de sanglots. Je pose la main sur son épaule et je lui dis des paroles de consolation. Mais il continue à sangloter sans un geste de réponse. Il n'entend rien, englouti dans son propre malheur, coupé de tout ce qui l'entoure...

Dans notre chambre il y a dix lits. Celui de Trifan est au milieu. Nous sommes des étudiants de toutes les facultés. Mélangés. Bien que nous dormions ensemble dans la même chambre, nous ne nous connaissons pas très bien entre nous. Nous y sommes depuis peu de temps et presque jamais réunis. Sauf la nuit. Car chacun à des horaires différents. Nous sommes tous très pauvres. Notre foyer est le plus misérable de Bucarest. C'est plutôt un asile de nuit pour les étudiants nécessiteux.

Trifan est le camarade de chambre que je connais le mieux. C'est un garçon de mon âge. Il est inscrit à la faculté de droit. Il est de petite taille, maigre, mal habillé et extrêmement nerveux. Il ne reste jamais assis. Toujours debout, toujours courant. Comme s'il avait un rendez-vous capital dans les minutes qui suivent et qu'il ait peur de le rater. Trifan ne mange jamais à la cantine, trop chère pour lui. Il se nourrit de sandwiches. Il mange ses sandwiches en marchant, en lisant ou en rangeant son lit. Il fait toujours plusieurs choses à la fois. Trifan semble le plus pauvre d'entre nous. Il est le seul à ne pas avoir de manteau. En hiver, il passe deux pull-overs sous un caban kaki, de coupe militaire. Quand il fait très froid, il enfonce sur sa tête un béret basque qu'il emporte toujours dans la volumineuse serviette dont il ne se sépare jamais. Il est le premier à se lever le matin, tandis que nous dormons encore. A six heures, il est déjà parti au travail. Chaque jour. Même le dimanche. Il va régulièrement à la faculté de droit mais, la plupart du temps, il donne des leçons particulières. Je le connais mieux que mes autres camarades parce que le matin, quand je me rends chez maître Crevedia avec la machine à écrire, je le rencontre dans le tramway. Il a un élève à Floreasca, tout près de chez maître Crevedia. A huit heures et demie, c'est déjà sa deuxième leçon de la journée. La première, il l'a donnée à sept heures et demie, dans un quartier à l'autre extrémité de Bucarest.

Dans le tramway qui roule vers la banlieue de Floreasca, il y a très peu de gens à cette heure de la matinée. Les tramways qui roulent en sens opposé, vers le centre de la ville, sont bondés. Quelquefois, Trifan et moi sommes les seuls voyageurs. Nous nous asseyons l'un à côté de l'autre sur le même banc et nous parlons...

La première fois que nous avons voyagé ensemble dans le tramway, Trifan a sorti de son immense serviette une cravate en soie ornée de couleurs criardes. Il l'a dépliée soigneusement et l'a nouée autour de son cou. Je fus surpris, car il ne portait jamais de cravate.

– C'est la maman de mon élève de Floreasca qui m'en a fait cadeau, dit-il. Chaque fois que je me rends chez eux pour donner ma leçon, je mets la cravate que Mme Tamara – c'est ainsi qu'elle s'appelle – m'a offerte. Elle se réjouit que je la porte. Mais, dès que je sors de chez elle, je l'enlève. Je n'ai pas l'habitude de porter une cravate. Le fils de Mme Tamara a huit ans. Il s'appelle Kalaou. En géorgien, Kalaou signifie Nicolas. Ce sont des réfugiés de l'Union soviétique. Ils sont arrivés en Roumanie il y a peu de temps. Mme Tamara est une femme très belle. On pourrait la regarder comme on le fait d'un tableau, des heures entières. J'avais lu que les femmes de son pays qu'on amenait à Constantinople, pour le harem du sultan de la Sublime Porte ottomane, coûtaient dix fois plus cher que les femmes des autres endroits de la terre. Quand j'ai vu Mme Tamara, j'ai compris pourquoi le sultan les payait si cher.

« Le mari de Mme Tamara a été tué par les soviets. Sous ses yeux. Toute la famille de son mari a été massacrée. Sa propre famille aussi. Ils ont tous été massacrés à l'instar de la famille du tzar. Mme Tamara a voulu sauver au moins son fils. Elle s'est enfuie à l'étranger avec son fils entre les bras. Exactement comme le fit la Mère de Dieu, qui s'est enfuie de Nazareth, en Galilée, pour gagner l'Égypte, afin que son fils ne soit pas massacré par Hérode.

« Mme Tamara a traversé le Dniestr, en hiver, quand les eaux de la rivière sont gelées. Il y avait des milliers de gens qui essayaient de s'évader de l'Union soviétique. Chaque nuit. Tous tombaient sur la glace du Dniestr, fauchés par les mitrailleuses de l'Armée rouge. Ceux qui passèrent cette nuit le Dniestr, à Hotin, furent tués – plus d'une centaine – et leurs cadavres ensevelis sur la glace même, par la neige qui tombait en abondance. On eût dit que la neige tombait exprès ainsi pour offrir des linceuls et des tertres funéraires aux évadés de l'Union soviétique morts sans sépulture. Le matin, les congères qui s'élevaient sur la rivière glacée étaient autant d'immenses sépulcres blancs.

« Elle eut de la chance. Elle parvint vivante sur la rive droite du Dniestr, en Roumanie, avec son fils Kalaou dans ses bras. C'était plus que la chance : c'était un miracle.

« Je donne des leçons au fils de Mme Tamara, chaque jour, pendant deux heures. Il ne sait pas un seul mot de roumain. Je lui apprends à lire, à écrire, ainsi que notre langue. L'année prochaine il pourra aller à l'école. Mme Tamara assiste à chaque leçon. Elle sert d'interprète car elle connaît un peu le français. Malgré les difficultés, je me rends chaque jour chez eux avec plaisir. Mme Tamara est tellement belle qu'on est heureux de s'asseoir à côté d'elle. Elle est très fière à juste titre d'avoir sauvé son fils, de son exploit. Elle me dit chaque jour : “ En Roumanie, je suis heureuse comme devait l'être la Mère de Dieu quand elle est arrivée en Égypte, indemne, avec Jésus entre ses bras. »

Trifan ouvre sa lourde serviette. Sur la couverture d'un de ses cahiers, on lit *le Fils de la servante.*

– Tu écris des romans? ai-je demandé. Qu'est-ce que *le Fils de la servante?* Est-ce un roman?

– Non, dit-il, en riant de bon cœur. Je ne m'occupe pas de littérature. Je suis juriste. J'ambitionne de devenir un jour un grand avocat.

– Qu'est-ce alors que *le Fils de la servante*? ai-je demandé. Ce n'est pas un texte juridique?

– *Le Fils de la servante,* c'est mon nom, dit Trifan.

– Tu t'appelles Trifan, ai-je riposté. Ne raconte pas de blagues. D'ailleurs, *le Fils de la servante,* ce n'est pas un nom. Dis-moi franchement si tu fais de la littérature. C'est une nouvelle ou un roman que tu écris?

– Je te répète que *le Fils de la servante* est mon nom. Je m'appelle, en effet, Trifan. Mais mon premier nom est *le Fils de la servante*! C'est ainsi que l'on m'appela toute mon enfance : *le Fils de la servante.* Depuis que je suis venu au monde. Quand j'étais tout petit, j'ignorais que j'avais un autre nom que *le Fils de la servante.* Je vivais avec ma mère dans une très grande maison. Un véritable palais. Avec des escaliers en marbre, des grandes pièces dont les murs étaient ornés de dorures et de peintures. Il y avait des lustres et des suspensions en cristal qui, le soir, lorsqu'ils étaient allumés, étaient plus étincelants que la coupole étoilée du ciel. Autour de la maison s'étendait un parc avec des arbres, des fleurs, des statues, des bassins et des jets d'eau. C'était un parc plus mirifique que le jardin du paradis. Toutes les personnes qui gravitaient autour de moi me caressaient, me souriaient, me regardaient avec grande gentillesse et disaient : C'est *le Fils de la servante.* J'étais très heureux quand ils m'appelaient ainsi. C'était un joli nom. Un nom doux. Un nom que l'on prononçait d'ordinaire avec le sourire aux lèvres et de la tendresse dans le regard. Je fus très malheureux lorsque, plus grand, j'appris que mon nom véritable n'était pas *le Fils de la servante.* J'ai pleuré amèrement. Avec désespoir. Car je ne voulais pas porter un autre nom. Car aucun nom n'était plus doux, plus tendre, plus beau que *le Fils de la servante.* M'enlever ce beau nom pour m'en donner un autre était une grande injustice.

« Au premier temps de ma vie, j'appris que le nom de ma mère était " la servante ". Tout le monde l'appelait ainsi. Elle était très belle. Elle était la mieux habillée de tous les gens du château, car elle ceignait une couronne de dentelle blanche; et portait un tablier de dentelle immaculée comme la neige. Tout le monde la réclamait. Elle souriait en s'inclinant et s'occupait de tout le monde.

« J'étais très fier de " la servante " et je ne l'ai jamais appelée autrement. C'est même le premier mot que j'ai appris à prononcer. Elle me disait qu'elle était ma " servante " à moi. Plus tard on m'a appris à dire maman. Mais maman, c'était le second nom de " la servante ". Pour moi, ma mère est toujours " la servante ". Et moi, je suis *le Fils de la servante.* " La servante ", c'est maman. C'est le plus beau nom de l'univers!

« J'ai apppris avec le temps que " la servante " signifie " la domestique ". Mais, pour moi, " la servante " signifie toujours " maman ". Voilà pourquoi ce nom m'est tellement cher et que je signe mes cahiers et mes livres de mon nom véritable : *Le Fils de la servante.* " Le fils de maman ".

« Ceux qui ont des parents domestiques ne le disent jamais. Ils ont honte de l'avouer. Pour moi, c'est le contraire. Pour moi, c'est une joie de dire que maman a été la servante, que je suis le fils de la servante. Dieu seul honore ma mère en l'appelant " la servante ", comme moi. A l'église, quand le prêtre donne la communion à ma mère, il dit : " la servante de Dieu reçoit le précieux et saint corps et sang de Notre-Seigneur Dieu et Sauveur Jésus-Christ, pour la rémission de ses péchés et la vie éternelle ".

« Je suis au comble du bonheur lorsque j'entends que Dieu appelle ma mère – comme moi – par son nom de servante. Dans tout l'univers, uniquement pour Dieu et pour moi, le nom de servante est un titre d'honneur. Un nom doux, beau. Tous les autres noms donnés à ma mère sont des noms surajoutés. Des noms à l'usage des étrangers, à l'usage de ceux qui ne la connaissent pas. Dieu connaît ma mère mieux que tous les autres. Parce qu'Il est son Créateur. A cause de cela Il l'appelle la servante. Et moi je la connais aussi mieux que les autres, je suis son fils. Pour Dieu, pour moi, ma mère a été, est et sera toujours, jusqu'à la consommation des siècles, la servante. C'est son nom véritable. Un nom pour l'éternité. C'est le nom de ma mère.

Trifan aimait me parler de sa maman. C'était son sujet préféré. Une autre fois, dans le tramway qui nous menait dans le faubourg de Floreasca, je lui ai dit :

– Tu me parles toujours de ta maman et jamais de ton père. Est-ce que tu n'aimes pas ton père?

– Mon père est mort à la guerre, sur le front, dit Trifan. Je ne l'ai jamais vu. Lui, non plus, il ne m'a jamais vu. Il est mort dans la bataille de Marasesti, quelques mois avant ma naissance. Je parle de ce que je connais. Et je ne connais que ma mère. Nous avons toujours été ensemble. Nous ne nous sommes jamais séparés. Ni maintenant, bien qu'elle soit à Ploesti et moi à Bucarest. Je lui écris chaque jour une lettre. Le samedi matin je glisse les sept lettres de la semaine dans une enveloppe et je la lui envoie. Elle fait de même. Ainsi nous sommes ensemble, chaque jour...

Trifan me raconte aussi qu'il a vécu avec sa maman, pendant toute son enfance, dans une chambre de bonne.

– On était heureux, là-bas, dans la petite chambre, comme dans le sein d'Abraham. Ma mère ne savait ni écrire ni lire. Elle était analphabète. Quand je commençais à aller à l'école, elle apprenait, avec moi, le soir, dans la chambre de bonne, à lire et à écrire. En même temps que moi. Par amour pour moi. Pour me servir et m'aider dans mon travail. Maintenant elle écrit très bien. Admirablement. Elle a une fort belle calligraphie. Elle lit chaque soir les mêmes livres que j'ai lus. Son rêve persistant fut de faire de moi un avocat. Comme je suis orphelin de guerre, je suis exonéré de taxes, et c'est grâce à cela qu'elle a pu m'inscrire au lycée. J'y ai toujours été le premier de ma classe. Ma mère s'est fait faire une belle robe, en velours couleur parme avec des dentelles noires, spécialement pour assister à la fête de distribution des prix au lycée. Elle ne porte cette robe que pour assister à la fête où moi, son fils, reçois le premier prix et la médaille d'or. A travers moi, elle reçoit elle aussi la médaille d'or. Car nous sommes tellement unis que nous formons une seule personne. Dans trois ans, elle mettra à nouveau sa robe de velours parme à dentelles pour venir au tribunal et assister à ma première plaidoirie d'avocat. Car dans trois ans je serai avocat stagiaire. Ma mère est folle de joie en pensant que bientôt les gens appelleront *le Fils de la servante* maître. Mais, pour le moment, la servante est fatiguée. Très fatiguée. Elle est malade. Elle ne peut plus travailler. Je l'ai installée dans un village, près de Ploesti, où l'air est bon, le climat agréable. Le village se trouve dans une vallée boisée au pied de la montagne, à l'abri des vents. Il y a dans le village un grand sanatorium. Mais elle n'a pas voulu entrer au sanatorium. Je lui ai donc trouvé un logement calme et propre, près du sanatorium, où elle se repose... Parce qu'elle ne peut plus travailler, elle ne gagne plus rien. Et c'est moi qui l'entretiens. Complètement. C'est moi qui paie le logement, les médicaments, les vêtements, la nourriture, les honoraires des médecins, tout. C'est moi qui paie, et j'en suis très fier. La plupart de nos camarades reçoivent de l'argent de leurs parents pour faire leurs études. Certains travaillent, pour payer une partie de leurs études, car ce qu'ils reçoivent de leurs parents ne suffit pas. Moi, je suis le seul qui non seulement ne reçoit rien de sa mère, mais qui lui envoie de l'argent, à elle. C'est moi qui l'entretiens. Entièrement, tout en poursuivant mes études. A la faculté, comme au lycée, je suis toujours le premier. Le meilleur. Comme au lycée. Non que je sois plus intelligent que mes camarades, mais je travaille plus. J'apprends tous mes cours par cœur. Je peux les réciter comme on récite les poésies. Je fais cela pour être sûr de réussir. Pour ne jamais faillir aux examens. Pour ne pas être à la merci d'une défaillance. J'espère devenir un grand avocat. Comme le désire la servante. Je ne suis pas un orateur-né. Je n'en ai ni le talent ni la prestance. Mais j'ai la volonté. Et, avec la volonté, j'apprends le droit par cœur. Si grand soit le talent de mes rivaux, je les dépasserai. Je serai un avocat plus grand qu'eux.

Il y a un bon moment que je suis dans notre chambre au foyer. Trifan continue à pleurer. Toujours étendu sur son lit, le visage et la poitrine enfoncés dans l'oreiller. On ne voit que son dos, secoué par des sanglots. Ce matin même j'avais rencontré Trifan, comme chaque jour, dans le tramway de Floreasca. Il était plus gai que d'habitude. Exubérant, dirai-je même.

– Aujourd'hui c'est une journée faste, me disait-il. Je suis content de moi. J'ai expédié, comme chaque samedi, l'enveloppe avec les sept lettres de la semaine à « la servante ». Je lui ai doublé le montant du mandat hebdomadaire. En plus, je lui ai envoyé une belle robe de chambre, en laine. Et des pantoufles. Elle sera au comble du bonheur quand elle les recevra. Dans le village où elle se trouve, les soirées sont fraîches. En plus, il y a l'humidité de la forêt de sapins. Avec ses pantoufles fourrées et sa belle robe de chambre en laine elle n'aura plus froid, le soir, ma pauvre servante... Je suis tellement content d'avoir pu gagner assez d'argent pour lui faire tous ces cadeaux!

Trifan rayonnait. Il était heureux comme les athlètes qui remportent l'épreuve sur le stade. Il ignorait que, ce matin même, quand il lui avait envoyé l'argent, les lettres, la robe de chambre et les pantoufles fourrées, sa mère s'était éteinte.

Pour Trifan, le décès de sa mère est le drame le plus grand. Une catastrophe. Pour aucun de nous la mère n'occupait une si importante place dans la vie que pour lui. Il vivait exclusivement pour sa mère. Tout ce qu'il réalisait était pour elle. Il donnait des leçons particulières de six heures du matin jusqu'à minuit, il apprenait les cours par cœur et courait sans arrêt exclusivement pour elle. Pour « la servante ».

Les étudiants qui faisaient la quête pénètrent dans la chambre. Ils sont vêtus d'imperméables à capuchon, car il continue de pleuvoir à verse. Ils empoignent Trifan et le soulèvent de son lit.

– Debout, Trifan. Ton train part dans une heure. Nous avons pu acheter le billet aller et retour. Maintenant, en route.

Trifan fut averti du décès de sa mère par le conseil paroissial du village. On lui adressa le télégramme à la faculté de droit. Le secrétaire épingla le télégramme sur le tableau d'affichage, où il resta deux jours. C'est un étudiant du foyer qui le découvrit par hasard et le lui apporta au dernier moment. Trifan, qui venait d'envoyer à sa mère tout l'argent qu'il possédait, n'avait plus sur lui un sou vaillant. Ses camarades firent la quête et lui offrirent le billet de train.

Maintenant il se dirige vers la porte. Il chancelle. Ses camarades lui demandent :

– Tu n'as pas de manteau, mon vieux? Il pleut à torrents.

Trifan sort son béret basque et l'enfonce sur sa tête. Un de nos camarades se retourne vers moi :

– Tu avais tout à l'heure un manteau imperméable, dit-il. Prête-le à Trifan.

– Ce n'est pas mon manteau, dis-je. C'est le manteau de maître Crevedia. Je dois le lui rendre lundi et ne puis en disposer...

– Tu le lui rendras lundi, ne te fais pas de souci. Trifan sera de retour demain soir à sept heures.

– Je ne peux pas prêter une chose qui ne m'appartient pas, ai-je dit à haute voix.

– Ne fais pas de simagrées, rétorque l'étudiant. Tu sais bien qu'il faut lui prêter ton manteau. Ce pauvre garçon arrive à Ploesti à deux heures. De la gare jusqu'à son village il n'y a ni train ni autobus. A deux heures du matin il n'a aucune chance de trouver une voiture. Il sera obligé de parcourir les quatre kilomètres à pied, en pleine nuit, dans la boue et sous la pluie. Dans l'état de détresse dans lequel il est prostré, on ne peut pas laisser ce pauvre malheureux garçon s'en aller sans manteau.

– Ce n'est pas mon manteau, on me l'a prêté à moi aussi!

– On te l'a prêté et tu le prêtes, et tout est parfait, dit l'étudiant.

Et, joignant le geste à la parole, il s'empare du *duffle-coat* de Crevedia que j'avais étendu sur mon lit et le pose sur les épaules de Trifan.

– Aie la conscience tranquille, dit l'étudiant en poussant Trifan vers la porte. Tu n'as pas prêté le manteau de maître Crevedia. Nous l'avons pris sans ton accord. Par force. Maintenant, bonsoir!

Ils sont tous sortis. Je suis content que Trifan ait emporté le manteau de maître Crevedia. Il sera protégé de la pluie. Il aura chaud pendant sa longue marche. Je m'endors satisfait. J'ai le sentiment d'avoir contribué, par mon acquiescement muet, à une bonne action. J'ai contribué à « vêtir ceux qui sont nus ». Mais, le dimanche matin, je me réveille angoissé. Toute la journée j'attends le retour de Trifan. J'ai hâte de rentrer en possession de ce maudit manteau. Sept heures ont sonné. Trifan tarde à venir. A dix heures du soir il n'est pas encore là. Ni à minuit.

Le matin suivant, je vois que le lit de Trifan n'est pas défait : il n'est pas rentré de la nuit. Je m'habille à la hâte et parcours les couloirs et les chambres du foyer en demandant à tout le monde si l'on a vu Trifan. J'attends son retour jusqu'à huit heures, puis je prends la machine à écrire et m'en vais chez maître Crevedia. J'espère rencontrer Trifan dans le tramway, comme chaque matin. Mais Trifan n'y est pas. Je sonne à la porte de maître Crevedia. Il m'ouvre. Il est dans son « uniforme de poète », dans sa belle robe de chambre. Maître Crevedia m'examine de la tête aux pieds. Il constate que je n'ai pas apporté son manteau.

– Où est le *duffle-coat,* poète? me demande-t-il. Pourquoi ne me l'avez-vous pas apporté? Vous savez que je dois l'envoyer à midi à mon frère. Où est mon *duffle-coat*?

– Je vous l'apporterai demain, maître, ai-je dit.

Je parle avec tant d'assurance que maître Crevedia est convaincu. Son irritation s'apaise.

– Vous l'avez oublié? demande-t-il encore.

– Oui, maître, je l'ai oublié. Pardonnez-moi.

– Vous êtes pardonné, dit maître Crevedia. Mais si demain matin vous ne m'apportez pas ce manteau, je ne vous recevrai plus dans ma maison. Jamais. M'avez-vous entendu?

– Oui, maître. Demain, je vous l'apporterai.

Maître Crevedia essaie d'oublier que je ne lui ai pas rendu son manteau. Mais il n'y parvient pas. L'irritation qui le possède et l'agite est plus forte que lui. Il tente de me dicter son article. Mais il s'arrête à chaque phrase. Il ne peut pas se concentrer. Il ne pense qu'à son *duffle-coat.*

– Votre négligence m'a tellement agacé, poète, que je ne puis travailler dans ces conditions. Il ne m'est pas possible de me calmer, de me concentrer. J'écrirai moi-même mon article, plus tard. Tant que vous ne me rendrez pas le *duffle-coat,* je ne pourrai plus travailler avec vous. Maintenant, partez, poète. Partez.

Je sors et me dirige vers le foyer. Trifan n'est toujours pas rentré. Je demande le nom du village où sa mère est décédée. Je suis décidé de m'y rendre pour récupérer le manteau. Mais, au foyer, personne ne connaît le nom de ce village. Trifan nous disait que c'était un hameau, à quatre kilomètres de Ploesti, où se trouve un sanatorium. Personne n'a retenu le nom du village. On sait toutefois que son nom est composé avec le mot « vallée ». Ploesti se trouve au pied de la montagne. Tous les villages qui l'entourent sont dans des vallées. Ils s'appellent Valelonga, Valelarga, Valeseca, Valeverde... Il est difficile de deviner quel est le village où la mère de Trifan est décédée.

Je vais au ministère de la Santé pour tenter de savoir le nom du village, près de Ploesti, où se trouve un sanatorium. Sans succès. Je vais ensuite à la Poste centrale. Je n'arrive pas à être renseigné. Je reviens au foyer. Trifan n'y est pas. On me dit qu'une femme très belle, une étrangère qui parle le roumain, est venue s'enquérir des nouvelles de Trifan. La belle étrangère disait que Trifan donnait des leçons à son fils. En voyant qu'il n'est pas venu, le lundi matin, comme à son habitude, elle pensait qu'il était malade. Trifan ne s'absentait jamais. Il n'était jamais en retard non plus. S'il n'était pas venu donner la leçon à son fils, cela signifiait qu'il était malade, même très malade. Elle ne voyait pas d'autre explication. Elle était tellement convaincue de la maladie de Trifan qu'elle apportait des médicaments, de l'aspirine, des potions, de la tisane, et demanda s'il était nécessaire de faire venir un médecin.

Les étudiants informèrent la dame du grand malheur qui avait frappé Trifan : sa mère est décédée et il est parti samedi soir pour l'inhumer.

En apprenant la mort de la mère de Trifan, la dame éclata en sanglots. C'était comme si on lui eût annoncé le décès de sa propre mère. Elle était si bouleversée qu'elle en oublia le paquet de médicaments au foyer. J'ai évidemment compris que la dame est la Géorgienne, la maman du petit Kalaou, l'élève de Trifan, qui habite à Floreasca, près de la maison de maître Crevedia.

Je reste au foyer toute la soirée, à attendre le retour de Trifan. Le lendemain matin, je prends la machine à écrire et m'en vais chez maître Crevedia. J'ai décidé de lui dire la vérité. Il doit me comprendre. Il est poète. Ce qui se passe avec son *duffle-coat* est un malheur. Je ne pouvais pas l'éviter. C'est comme si un météore me tombait sur la tête. Maître Crevedia m'ouvre. Il est sévère.

– Vous m'avez apporté le *duffle-coat*?

– Non, maître, ai-je dit. Je suis venu vous expliquer ce qui est arrivé.

– Posez la machine à écrire devant la porte, et partez, poète. Vous n'entrerez dans ma maison que le jour où vous m'apporterez mon manteau.

Et il me ferme la porte au nez. Il ne veut plus me parler. Je reste un instant abasourdi. Malheureux... Sur le chemin du retour, je m'arrête de temps en temps. J'ai l'impression d'avoir perdu quelque chose. Je cherche autour de moi, inquiet. C'est parce que j'ai les mains vides. Je me suis habitué à porter toujours la machine à écrire. Maître Crevedia me l'a reprise. Elle me manque. Elle était devenue une sorte de prolongement naturel de mon corps.

J'arrive au foyer. Je m'étends sur mon lit. Je suis malheureux. Je ferme les yeux et j'essaie de me donner du courage. Je récite les paroles des prophètes de l'Ancien Testament qui disaient : « Un grand malheur m'arrive et je le supporterai. » Ou : « Dieu nous envoie des malheurs afin que nous apprenions à les surmonter. » Je récite les paroles de Job : « Dieu a donné, Dieu a repris, que le nom de Dieu soit béni. » Mais je suis loin d'être consolé.

Brusquement la porte de la chambre s'ouvre. Je saute de mon lit. J'espérais que ce soit Trifan qui arrive. Avec mon manteau. Mais ce n'est pas lui. C'est une femme. Elle est suivie par tout un groupe d'étudiants, qui marchent derrière elle, en silence. Ils sont graves. Je suis extrêmement surpris. Jamais une femme n'est entrée dans cette chambre, où cohabitent huit garçons. Les mamans, les sœurs, les collègues des étudiants, qui viennent nous rendre visite au foyer, parlent avec nous dans le hall. Ils n'entrent jamais dans les chambres. Ils n'ont pas même accès dans les couloirs.

La dame qui pénètre dans la chambre est vêtue de noir. Son visage est dissimulé par une voilette. Elle est petite, d'une taille fine. Elle avance vers le milieu de la pièce.

Je suis certain de la connaître. Je l'ai rencontrée quelque part. Son visage, sa taille, sa démarche, sa silhouette me sont familiers. Très familiers. Subitement, je me rappelle que je l'ai rencontrée. C'était à Kichinev. Au lycée militaire. Ce n'était pas exactement la femme qui est entrée dans la chambre que j'ai connue, mais d'autres femmes, qui lui ressemblaient comme des sœurs. C'étaient les jeunes Ukrainiennes, trouvées miraculeusement vivantes parmi les cadavres des réfugiés, sous les amas de neige, sur la rive droite du Dniestr. Chaque matin, pendant tous les hivers, depuis octobre 1917, on retire des personnes vivantes parmi les monceaux de cadavres.

La femme qui est entrée dans notre chambre ressemble aux jeunes Ukrainiennes récupérées parmi les cadavres et qui lavaient le linge au lycée militaire de Kichinev. L'étrangère ressemble singulièrement à ces femmes qui ont lavé pendant huit ans mes chemises, les draps et les taies d'oreiller des lits sur lesquels je dormais... Elle demande quel est le lit de Trifan. On le lui désigne. Elle s'y assoit. Elle soulève sa voilette et nous dit en pleurant :

– Votre camarade Trifan est mort. Il a péri noyé. On a repêché son corps dans la rivière du village. On l'a enterré aujourd'hui...

La femme nous apprend qu'elle vient de téléphoner au village. Les gendarmes lui ont raconté ce qui s'est passé. Dimanche, après l'enterrement de sa mère, Trifan est parti vers la gare. Seul. C'était vers trois heures de l'après-midi. Il ne voulait pas qu'on l'accompagne. En traversant la rivière, sur une passerelle, il tomba à l'eau. Il est mort noyé. On a repêché son corps une heure plus tard. On ne sait pas si c'était un accident ou un suicide. La passerelle d'où il est tombé est dangereuse. Il y eut auparavant plusieurs accidents à déplorer. Les eaux de la rivière étaient hautes. Trifan a été enterré aujourd'hui, dans la matinée. A côté de sa mère. La femme continue à pleurer. Elle nous dit :

– Trifan était un garçon exceptionnel. Un être supérieur. Il donnait des leçons à mon fils Kalaou, qui a huit ans. C'était un très bon professeur. Priez pour lui.

Nous sommes tous très émus. Nous faisons le signe de la croix en disant : « Que la terre soit légère sur sa tombe et que Dieu ait son âme. »

Après le départ de la femme, mes camarades me regardent avec compassion.

– Pourquoi me regardez-vous ainsi? ai-je demandé.

– Trifan est mort habillé avec le manteau de maître Crevedia. On l'aura sûrement enterré avec ce manteau. Que diras-tu à maître Crevedia?

Le lendemain, à huit heures et demie, je retourne chez maître Crevedia. La fenêtre de son bureau est ouverte. Il regarde dehors. Il me voit venir. Il constate que je ne lui apporte pas son manteau. Il ne veut pas m'ouvrir.

Je reviens en ville. J'entre au café de la Paix. Je m'assois auprès des poètes Théodor Scarlat et Constantin Barcaroiu. Ce sont deux bohèmes, attablés en permanence au café. Je leur raconte ce qui m'est arrivé.

– Malheur des malheurs! s'écrie Constantin Barcaroiu. Cet infortuné garçon, ton copain Trifan, ne pouvait-il se noyer qu'habillé avec le manteau de Crevedia? Quel conseil veux-tu qu'on te donne? Tu ne peux pas aller déterrer le cadavre et le déshabiller pour rapporter ce sacré manteau à maître Crevedia. Non, tu ne peux pas le faire. Et tant que tu ne le feras pas, maître Crevedia t'en voudra à mort. Jusqu'à la fin des temps. Il te poursuivra partout, comme la Justice derrière le Crime, pour te réclamer son manteau. Il te poursuivra même dans l'autre monde. Et tant que tu ne le lui rapporteras pas, tu n'obtiendras pas son pardon...

Malgré cela, Théodor Scarlat se propose comme médiateur. Il tentera l'impossible.

Nous l'attendons au café de la Paix. Il revient après deux heures. Il est déçu. Il n'a pas réussi à convaincre maître Crevedia.

– Crevedia ne croit pas un mot de l'histoire que tu racontes. Il dit qu'elle n'est pas vraisemblable et qu'il la trouve de mauvais goût. Extravagante. Insolite. Il croit que tu l'as inventée de toutes pièces. Si tu lui avais dit, par exemple, que tu l'as perdu, ou qu'on te l'a volé, il t'aurait cru et pardonné. Mais lui faire dire qu'un de tes camarades s'est habillé avec son manteau et s'est jeté à l'eau pour mourir, cela, il ne peut pas l'admettre. Il ne croit pas non plus que son *duffle-coat* sert maintenant de linceul à un mort au fond de son cercueil. Il entend que tu lui rendes son manteau. Un point, c'est tout.

Ma collaboration avec maître Crevedia est terminée. J'ai les larmes aux yeux. Et il ne me reste plus qu'à trouver un nouvel emploi.

XIII

LA VIE DE TOUS LES JOURS DU POÈTE

1

« Dieu n'entreprend rien sans dévoiler d'abord ses desseins à ses serviteurs les prophètes [1]. » C'est une assertion valable aussi pour les poètes. Car, autrefois, on usait du même nom pour désigner le poète et le prophète. Dieu ne s'adresse jamais à visage découvert. Il parle aux prophètes et aux poètes à travers un nuage, comme il s'adresse à Moïse sur le mont Sinaï; et toujours par symboles ou images. Le poète entend la voix et l'enregistre, mais il ne sait pas toujours que c'est Dieu qui lui parle.

Le poète en éveil se trouve, comme un sismographe, dans l'épicentre de tous les séismes. Il enregistre les secousses, les bouleversements, les convulsions, les spasmes et les soubresauts qui ébranlent le monde où il évolue. Le poète est comme un cardiographe qui enregistre les battements du cœur de ses contemporains. Il vit avec une violente intensité, en les amplifiant, les événements présents de la même façon qu'il vit, par anticipation, les événements du futur. Le poète inspiré est la mémoire du passé, la caisse de résonance du présent et l'antenne de l'histoire future.

La vie du poète est comme un bulletin des événements de demain. Ce qui arrive aujourd'hui au poète arrivera, inexorablement, demain, à ses contemporains. De ce point de vue, le poète est un personnage d'utilité publique, car sa vie annonce et révèle les événements à venir.

Je mène, à Bucarest, ma vie de tous les jours, en ignorant que tout ce qui m'arrive à moi arrivera demain à tous les garçons de mon âge, en Roumanie comme dans une bonne partie de l'Europe.

Pendant les mois où je travaillais chez maître Crevedia, j'ai négligé la fréquentation des cours du matin à la faculté. Maintenant je les suis avec assiduité.

1. Amos, 3, 7.

A huit heures du matin, avant d'entrer dans l'amphithéâtre, j'examine longuement les annonces d'offres d'emploi affichées sur le tableau dans le hall de la faculté.

Aujourd'hui, sur ce tableau, il y a une lettre pour moi. C'est un ordre d'incorporation : je dois me présenter d'urgence à la caserne des chasseurs alpins de Piatra Neamtz afin d'y être incorporé, de devenir soldat, de faire mon service militaire !

Je perds le souffle et la raison. Cette nouvelle me frappe comme un coup de massue, en plein sur la tête. Je ne parviens pas à réaliser qu'une telle chose puisse m'arriver. C'est trop affreux. J'ai renoncé à être élève à l'école d'officiers pour ne pas perdre deux années, et, maintenant, je suis appelé à être soldat ! Pendant deux ans ! C'est un désastre. Tous mes projets d'avenir, tous mes rêves s'effondrent.

Je relis l'adresse, car je refuse toujours de croire qu'un tel malheur me fond dessus. Mais l'ordre d'incorporation m'est bel et bien adressé personnellement. Il n'y a pas d'erreur possible. Je réexamine l'ordre. En bas de la feuille bleue, sous l'en-tête du ministère de la Guerre, sont mentionnées les peines encourues par ceux qui ne se soumettraient pas à l'ordre d'incorporation.

Le garçon convoqué qui ne se présente pas à son unité dans le délai fixé sera déclaré insoumis. Ordre est donné à toutes les gendarmeries, ainsi qu'à la police civile et militaire, de le rechercher sur tout le territoire national et de l'envoyer, en état d'arrestation, devant la Cour de justice militaire de son département. Si l'insoumis ne se présentait pas, de sa propre volonté, ou de force, dans le délai prévu par la loi, il serait déclaré déserteur, systématiquement. La désertion est un crime. Elle est punie comme tel. Avec toutes les rigueurs de la loi. Dès que le déserteur est capturé, il est mis aux fers et envoyé, enchaîné, devant la Cour de justice militaire de la région. Les peines qu'il encourt sont les travaux forcés, dans les salines, au bagne. Comme les meurtriers, les assassins et autres criminels, petits ou grands.

Ayant lu cela, j'ai des sueurs froides. J'accours, l'ordre en main, dans le bureau du professeur Popescu Spineni, le secrétaire général de la faculté de lettres et de philosophie. Depuis que j'ai rédigé un article sur ses ouvrages historiques, il est devenu mon protecteur. Il m'a exonéré de taxes, et m'a offert plusieurs fois des tickets pour des repas à la cantine.

– C'est embêtant, convient-il. De deux choses l'une : si vous exécutez l'ordre reçu et que vous vous présentez à cette convocation, on vous habillera immédiatement en soldat et on ne vous laissera plus sortir, mais si vous ne vous présentez pas, on vous juge insoumis et l'on met à vos trousses toutes les brigades de la maréchaussée. Mais je ne saisis pas pourquoi on vous a refusé l'ajournement du service militaire. Tous les étudiants le reçoivent presque d'office, sans aucune difficulté. Car ce n'est pas une faveur, c'est un droit. Tout étudiant peut ajourner son service militaire jusqu'à l'âge de vingt-sept ans, pour poursuivre ses études. Pourquoi a-t-on refusé votre demande?

– Je n'ai pas fait la demande, ai-je répondu.

– Peu importe! dit le professeur. Vous avez déclaré à la Commission du recrutement que vous faisiez des études. Ils ont dû vous inscrire systématiquement pour l'ajournement, sous réserve de présenter ultérieurement la preuve de vos études.

– Je ne me suis jamais présenté à la Commission du recrutement.

– Vous y étiez, dit le professeur Spineni. Tous les garçons de votre âge, sans exception, sont passés devant la Commission du recrutement.

– Les élèves du lycée militaire ne passent pas devant les commissions de recrutement à l'instar des civils, ai-je dit. Ils sont déjà des militaires.

– Vous n'êtes plus au lycée militaire. Aujourd'hui vous êtes un civil. Si vous n'êtes pas passé devant la Commission du recrutement, il y a une faute quelque part. On tâchera de réparer cela. Mais c'est difficile. Très difficile. Car c'est trop tard : vous êtes déjà inscrit sur les listes d'incorporation. Je vous aide à préparer votre dossier. Vous partez ce soir à Piatra Neamtz. Vous essayez de convaincre la Commission du recrutement qu'ils ont commis une erreur. Vous faites la preuve que vous n'êtes pas incorporable, que vous faites des études. Mais il ne faut pas perdre une seule minute. On ne joue pas avec les militaires. Ils ne plaisantent pas. Ils lanceraient contre vous un mandat d'amener.

Je prépare le dossier avec le professeur Spineni. Je rassemble tous les documents : carnet d'étudiant, attestations des professeurs, certificats, quittances. A la fin de l'après-midi, tout est prêt. J'ai un train à onze heures du soir. Je remercie le professeur Spineni et je sors dans la rue. J'espère tant faire ajourner mon service militaire! Soudain, je me rends compte que j'ai négligé l'essentiel : je n'ai pas d'argent pour payer les billets de train. Je vais au café de la Paix. Les premières personnes que j'y rencontre sont les deux poètes bohèmes, Théodor Scarlat et Constantin Barcaroiu. Je leur explique ce qui m'arrive.

– Tu n'as pas d'argent? me demande Théodor Scarlat. Tu en auras. Nous irons ensemble à la SER – la Société des écrivains roumains. Tu leur raconteras ce qu'il t'arrive, en demandant une aide. Ils sont tenus de t'avancer l'argent pour le train. C'est leur devoir. Ils ont des moyens financiers considérables. Tu es poète et en difficulté. Ils ont le devoir de te secourir. De te donner l'argent nécessaire pour les tickets de chemin de fer.

Nous nous rendons tous les trois à la Société des écrivains roumains. Son siège est dans un bel hôtel particulier, choisi par le roi. Le roi Carol II est un généreux mécène. Il protège les arts et les lettres. Le roi a nommé comme président des écrivains son propre aide de camp, le général Condeescu, et lui a octroyé d'importants crédits pour aider les poètes et les artistes. Le secrétaire général des écrivains est le professeur N.I. Herescu, un jeune boyard élégant, ami du roi, qui a traduit les poètes latins en roumain. A neuf heures du soir le professeur Herescu arrive. Je lui expose ma situation.

– Vous n'êtes pas le premier poète menacé de prison, dit, stoïque, le professeur. On en a vu d'autres avant vous. Et de très grands poètes. Oscar Wilde, Paul Verlaine, François Villon et tant d'autres ont fait de la prison... Ils ont écrit des poésies immortelles durant leur captivité. Est-il rien de plus beau que la *Ballade de la geôle de Reading* ou les *Souvenirs de la maison des morts* de Dostoïevski? La prison est une source d'inspiration. Mais on vous l'épargnera, poète. Pour le moment. Vous êtes jeune et vous avez toute la vie devant vous pour en faire l'expérience. Bon voyage!

Il me tend un « bon » portant un chiffre et sa signature. Je passe à la caisse. On me l'échange contre une somme d'argent qui dépasse le montant des billets de chemin de fer. J'abandonne les deux poètes dans le hall de la Société, et je cours à la gare. Mon train part dans une heure. Devant le guichet, j'hésite un instant. Je me décide et demande un billet de troisième classe. Depuis que nous sommes allés, mon père et moi, à Kichinev, je n'ai plus jamais voyagé en troisième classe. J'étais Aigle du roi. Je portais l'uniforme du roi. Je voyageais en deuxième classe, dans des compartiments aux banquettes de velours vert. Maintenant, je ne suis plus Aigle du roi. Je suis un civil. Par mon libre choix. Par ma volonté. Je voyage donc dans des wagons de troisième classe. Des wagons enfumés, remplis de soldats et de paysans assis sur des banquettes en bois. Je me fraie difficilement un chemin, en escaladant les valises, les sacs et les baluchons entassés dans le couloir. Je ne trouve pas de place assise. Je fais tout le voyage debout.

A trois heures de la nuit, je descends à Bacau pour changer de train. Toute mon adolescence, j'ai rêvé d'aller à Bacau. C'est dans cette ville de Moldavie qu'habite le poète George Bacovia, mon poète préféré. A l'âge de quinze ans, quand j'ai découvert son livre *Plomb*, je l'ai appris par cœur. Entièrement. Toutes les poésies que j'écrivais à l'époque étaient influencées par Bacovia. Je l'aimais tellement que j'étais convaincu qu'on ne pouvait écrire des belles poésies qu'à la manière de Bacovia. Il était, pour moi, « le poète » par excellence. Peu de gens l'ont rencontré. Il ne voyageait jamais. J'ai toujours rêvé d'aller le voir.

Voici que je suis à Bacau, la ville de Bacovia! Mais je ne peux décemment lui rendre visite à trois heures du matin! Je décide d'aller voir, au moins, sa maison, et de la contempler de près. Mais mon train part dans vingt minutes. Je ne peux pas le manquer. La ligne de chemin de fer suit la rivière de Bistritza – vers l'ouest. Vers la montagne. Je me trouve dans mon district natal. J'ai un brûlant désir de revoir mon village – mais je n'irai pas. Je me suis juré à moi-même de ne revenir à la maison que le jour où j'aurais conquis la gloire. Comme poète.

J'ouvre la fenêtre du wagon et je respire à pleins poumons. Ici, tout fait partie de moi. Et je fais partie de tout : c'est ma terre natale. Mes ancêtres sont présents dans chaque motte de terre. Les arbres, l'herbe, les fleurs tirent leur sève des tombeaux de mes ancêtres. Ceux de mon sang, qui m'ont précédé, sont présents là, dans les fruits, dans les feuilles, dans l'écorce des arbres, dans les sources, dans l'air, dans l'eau et dans les nuages. Ils sont partout. Je les respire. Je suis chez moi.

Je suis passionnément attaché à ma terre natale. Le Christ l'était aussi. Il s'exclamait : « Jérusalem, Jérusalem, combien de fois ai-je voulu rassembler tes enfants, comme une poule rassemble ses petits sous ses ailes [1]. »

J'ai envie, moi aussi, d'étendre mes bras, d'embrasser la montagne natale, de la serrer contre ma poitrine. Car la terre natale, cette terre, est le prolongement de mon propre corps. Mes racines y sont enfoncées. Profondément. Et j'aimerais chaque jour procéder comme cet arbre sacré – le baian – qui ne se contente pas de ses seules racines naturelles et, chaque année, dirige l'une de ses branches vers la terre et l'y enfonce. Et la branche enfoncée dans la terre devient à son tour tronc et racine. Et chaque année l'arbre baian se confectionne ainsi de nouvelles racines, car une seule ne lui suffit pas. On n'a jamais trop de racines.

A huit heures du matin j'arrive à Piatra Neamtz. La ville est comme une forteresse médiévale. Elle est tout entourée de montagnes hautes jusqu'aux nuages, de véritables murailles. Les montagnes qui encerclent la ville sont couvertes de forêts de sapins verts. L'air y est vif. Je n'ai rien mangé depuis hier matin, mais je n'ai pas faim. Je ne suis pas fatigué non plus. L'air de Piatra Neamtz est tonique, il revigore, nourrit, désaltère. L'air brûle mes poumons comme un alcool très fort. Je me dirige d'un pas alerte et décidé vers le centre de la ville, vers le bureau de recrutement. J'avance aveuglément. Comme les papillons volent droit vers le milieu de la flamme qui va les brûler. Car je risque fort d'y être retenu et incorporé sans délai, sur place. Ils peuvent m'affecter, pour deux ans, directement, dans une caserne, comme simple soldat.

Le Centre du recrutement vient justement d'ouvrir ses portes, et je suis le premier à y pénétrer. Le capitaine me reçoit immédiatement. Son bureau est exigu. Il y a une grande table en bois blanc, des chaises en bois et des rayonnages remplis de dossiers, qui montent, autour des murs, jusqu'au plafond. Il sent le renfermé et les désinfectants. L'ampoule électrique est suspendue au plafond par un fil, sans abat-jour.

Le capitaine me serre la main avec force et m'invite à m'asseoir. Très amicalement. Comme s'il me connaissait de longue date ou que

1. Matthieu, 23, 37.

j'étais un parent. Et comme s'il s'attendait à ma visite. C'est un vieux capitaine, haut de taille, corpulent, le visage bouffi. Son uniforme kaki est fatigué, élimé et froissé. Ses cheveux sont gris. Il est très mal rasé et sent la *tzuica*. Les vétérans ont ainsi l'habitude d'absorber dès le matin un verre d'alcool sec en guise de petit déjeuner.

Le capitaine cherche mon dossier sur les rayonnages. Il le trouve tout de suite, comme s'il était déjà tout préparé pour ma visite.

– Je suis heureux de te voir ici, assis en face de moi, mon garçon, dit le capitaine. Ton père va bien? Est-il en bonne santé?

– Il va bien, ai-je répondu.

Il est certain que le capitaine commet une erreur. Il me prend pour un autre, car il ne peut pas connaître mon père. Personne ne le connaît hors du village. Mon père n'est connu que de ses seuls paroissiens. Et par Dieu.

J'essaie de dire au capitaine qu'il se trompe sur ma personne, qu'il me prend pour un autre, mais je n'y arrive pas.

– Ton père est un très brave homme, déclare-t-il. Tu lui ressembles. Il était exactement comme toi quand il avait ton âge. Il t'a sûrement parlé de moi : j'étais son meilleur ami. Est-ce qu'il est toujours prêtre dans ce misérable village de Petricani?

– Oui, ai-je acquiescé. Mon père est toujours prêtre à Petricani.

Je suis surpris que le capitaine connaisse réellement mon père, qu'il ne se soit point abusé sur mon compte.

– Ton père t'a raconté que j'étais son meilleur ami, n'est-ce pas? Nous étions camarades au séminaire de Iassy. Nous avons fait le séminaire ensemble et nous étions inséparables. Il a peiné durement pour faire ses études. Nous l'admirions beaucoup car sa mère, devenue veuve, venait chaque année le chercher au séminaire, et l'emmenait avec elle pour qu'il l'aidât aux travaux des champs. C'était l'époque la plus difficile pour lui – toujours au printemps – la période qui précède les examens. Quand ton père rentrait au séminaire, il avait les mains pleines d'ampoules, le visage brûlé par le soleil, et il était maigre comme un coucou. Il devait se remettre tout de suite au travail, sans barguigner, pour nous rattraper. Il travaillait la nuit, tandis que nous dormions. Moi, je l'aidais. Je prenais des notes à son intention pendant les cours, durant son absence, que je lui communiquais dès son retour. Oui, j'étais son meilleur ami. Nous ne nous sommes séparés qu'à la sortie du séminaire. Nous avons reçu notre diplôme en théologie le 29 juin 1914. La veille, l'archiduc François-Ferdinand d'Autriche fut assassiné à Sarajevo. La Grande Guerre mondiale se déclencha. Ton père suivit la filière normale. Il fut ordonné prêtre. Moi, je me suis laissé séduire par les sirènes de la gloire et de l'aventure. Je me suis engagé et je suis devenu officier. J'ai fait la guerre. J'ai reçu toutes les décorations possibles. Quand la guerre cessa, j'étais un héros. J'avais devant moi une carrière brillante, et rêvais déjà des étoiles de général, voire du bâton de maréchal! Mais, au mois de septembre 1924, tous mes rêves se brisèrent. C'était l'agression soviétique, à Tatar Bunar. J'étais en garnison à Sulina. Donc dans la zone des combats. Et le malheur fondit sur moi. Au cours d'une nuit de folie, d'alcool et d'extravagances, j'ai jeté une bouteille à la tête d'un colonel. Le lendemain, je me retrouvais devant la Cour martiale. Coups et blessures sur la personne d'un supérieur en temps de guerre et dans la zone de combats. On voulait me fusiller. J'ai finalement bénéficié de clémence. On m'a déclaré *bon e grade*, barré à l'avancement.

« Si la bagarre s'était produite dans une autre ville et à une autre date, je m'en serais tiré avec quelques jours d'arrêts de rigueur. Mais cela se passait à Sulina, en pleine zone de combats. Je fus donc jugé selon la loi martiale, en temps de guerre. On m'a condamné à rester capitaine toute ma vie. A trépasser avec le grade de capitaine. A n'avoir jamais d'avancement. Mes camarades sont colonels, trois d'entre eux sont même généraux. Moi seul resterai capitaine pour l'éternité. Je dis bien pour l'éternité. Car j'espère que, dans l'autre monde, je pourrai tout de même monter en grade. Mais je ne pense pas que je pourrais devenir général au ciel... Voilà pourquoi je végète dans ce bureau minable, sur une voie de garage. Mais ton père a bien dû te raconter tout cela... Je lui ai expliqué ce qui m'était arrivé. Car j'ai rencontré ton père, il n'y a pas si longtemps, par hasard, dans la rue. Je l'ai reconnu tout de suite. Nous avons renoué ensemble. Notre amitié s'est ranimée, fortifiée, redevenue tout comme autrefois, au séminaire. Et depuis, chaque fois qu'il vient à Piatra Neamtz, il me rend visite. Ton père est un très brave homme. Il m'a raconté que tu as renoncé à la carrière militaire. C'est sans doute éprouvant pour lui, mais je ne pouvais tout de même pas dire à ton père que tu avais mal agi. Depuis ma condamnation par la Cour martiale, je porte personnellement l'uniforme militaire comme le Christ portait sa croix. La vie militaire est mon chemin de Golgotha. Comment pourrais-je conseiller aux jeunes d'emprunter la route du calvaire? Je suis bien mal placé pour te réprimander d'avoir refusé de devenir officier. Je ne puis que t'encourager! Je t'aiderai à ajourner ton service militaire. Ne te tracasse pas. J'annule ton ordre d'incorporation. D'ailleurs, tu n'es pas incorporable, puisque tu fais des études. Tout conscrit qui poursuit des études a le droit d'ajourner son service militaire jusqu'à l'âge de vingt-sept ans. De surcroît, tu as terminé le lycée militaire en 1936. Tu as un délai de trois ans pour te présenter à l'école militaire. Durant cette période tu n'es donc pas incorporable. Sauf si tu le demandes expressément. Je te détache au corps de chasseurs alpins le plus proche de Bucarest, à Brasov. L'ajournement de ton service militaire est renouvelable chaque année, sur simple présentation d'une attestation prouvant que tu poursuis tes études. A ta nouvelle unité de chasseurs alpins, à Brasov. Cela jusqu'en 1943. Quand tu auras atteint l'âge de vingt-sept ans.

Pendant que le fourrier établit mon certificat, le capitaine me demande :

– Sais-tu pourquoi on t'a envoyé cet ordre urgent d'incorporation?

– C'est une erreur?

– Non, ce n'est pas une erreur. Tous tes camarades l'ont reçu comme toi. C'est une sanction. Une mesure de représailles. Le roi a ordonné d'envoyer les étudiants dans les casernes, de vider les universités, car les étudiants, enrôlés dans la Garde de Fer, habillés en chemise verte, ont ourdi un complot pour le détrôner. Dans l'espoir d'instaurer une dictature en Roumanie. Avec un parti unique. Comme en Italie. Comme en Allemagne. Le propre frère du roi, le prince Nicolas, s'est enrôlé dans la Garde de Fer. Il a revêtu la chemise verte et participé au complot. Il a mis sa fortune et son château à la disposition de la Garde de Fer. Le roi a convoqué le Conseil de la couronne et, avec l'approbation du gouvernement, le prince Nicolas a été déchu de toutes ses prérogatives et expulsé du pays. Le 7 avril 1937. Les étudiants ont bloqué toutes les gares, les aéroports et les postes frontières pour empêcher l'expulsion du prince Nicolas. Le roi s'est fâché. Il a ordonné d'incorporer tous les étudiants, de les envoyer dans les casernes, d'annuler tous les ajournements du service militaire.

« Est-ce que, toi aussi, tu faisais partie des comploteurs? Es-tu légionnaire? Membre de la Garde de Fer?

Le capitaine attend ma réponse avec angoisse.

– Non, ai-je répondu. Mais je n'ai aucun mérite à cela. C'est dû à ma nature. Je n'aime ni les conspirations ni les milieux où s'ourdissent d'obscures combinaisons. S'en rendant compte, ils me tiennent à distance. Ils me repoussent. Comme les abeilles sont repoussées par les mauvaises odeurs et par la fumée.

Le capitaine est soulagé de ma réponse. Je lui offre un exemplaire dédicacé de mon livre *la Vie de tous les jours du poète* et je bondis vers la gare pour sauter dans le premier train de retour. Je suis heureux d'échapper à l'incorporation. Je viens de gagner deux ans de liberté. Je les consacrerai entièrement, de tout mon être, à la poésie.

2

Je suis réveillé brutalement. La porte de la chambre est largement ouverte. Un étudiant se tient sur le seuil et crie. Sa voix est grave :

– Le foyer est fermé! Évacuez toutes les chambres immédiatement! Dans deux heures les scellés seront apposés sur les portes. Prenez toutes vos affaires et quittez aussitôt l'immeuble.

Je saute du lit. Il n'y a déjà plus personne dans la chambre. Les huit lits sont vides. Mes camarades errent dans les corridors. Je les entends d'ici crier leur indignation, protester.

Sur les lits il y a pêle-mêle des valises, des cartons d'emballage, des vêtements et du linge de corps jetés en désordre. Comme si l'on voulait les sauver d'un incendie. L'ordre d'expulsion a été donné à six heures du matin. Il a surpris tout le monde. Les étudiants dormaient encore. Ils se sont réveillés affolés. La nouvelle tombait comme la foudre. La stupeur les frappait. Personne n'arrivait à croire cela. Quand ils comprirent que l'ordre d'expulsion était réel, les étudiants perdirent la tête. Dans le premier quart d'heure, le désarroi fut total. Ensuite la colère les gagna. Ils sortirent en chemise de nuit dans les corridors, vociférant, criant, hurlant leurs protestations. Le vacarme ameuta tout le quartier.

Moi, je n'avais rien entendu. Je dormais profondément. Car je venais à peine de me coucher. Je n'avais pas dormi depuis deux nuits consécutives. Le train qui m'amenait de Piatra Neamtz eut du retard. Je ne suis arrivé à la gare du Nord de Bucarest qu'à trois heures et demie du matin. Je suis rentré à pied. Arrivé au foyer, je me suis jeté sur mon lit. J'étais mort de fatigue... Et me voilà réveillé en sursaut avec l'ordre de quitter immédiatement le lit, le foyer, de descendre dans la rue. Je n'ai dormi qu'une petite heure.

Je m'habille affolé. Les corridors sont encombrés de valises, de ballots de linge, de vêtements, de draps de lit empilés. Sur la porte d'entrée est apposée une grande affiche, fraîchement imprimée, par laquelle le tribunal civil de Bucarest ordonne l'évacuation immédiate et la mise sous scellés. Le foyer d'étudiants de la rue Pictor-Grigorescu appartient à la ville de Brasov. Le contrat vient d'être résilié, pour non-paiement du loyer. Le tribunal civil ordonne, en conséquence, l'expulsion des étudiants, l'évacuation du local et sa restitution à ses propriétaires légitimes.

Je ne possède qu'une valise. Elle est toujours sous mon lit, et renferme tout mon bien. Je m'en saisis et quitte le foyer. Dans la rue j'aperçois M. Bucurescu, l'administrateur de *la Vie littéraire*. Il est sur le même trottoir que moi et se dirige dans ma direction. J'essaie de faire demi-tour pour l'éviter. Mais il est trop tard. Le voici devant moi. Il me salue et me serre longuement la main. Je suis désolé de le rencontrer et veux m'éloigner le plus vite possible, ne pas rester devant lui une seconde de plus. Car je ne suis vraiment pas présentable. Mes vêtements sont tout froissés, après deux nuits successives passées dans des wagons bondés de troisième classe. Mes chaussures sont sales, ma chemise aussi, je ne suis même pas rasé.

– On nous a expulsés du foyer, dis-je en guise d'excuse. On a fermé le foyer. Définitivement. Dans une heure on verrouille les portes et pose des scellés. Ordre de justice. Je n'ai pas même eu le temps de me raser et de faire ma toilette! à six heures on nous coupait l'eau et l'électricité.

M. Bucurescu a une trentaine d'années. C'est un comptable réputé. Il est toujours vêtu d'un costume sobre d'homme d'affaires, la chemise et la cravate impeccables. Je fis sa connaissance à la rédaction de *la Vie littéraire*. J'éprouve pour lui de l'admiration et du respect, car M. Bucurescu réunit toutes les qualités et toutes les vertus que je n'ai jamais réussi à m'approprier. M. Bucurescu connaît toutes les choses pratiques de la vie, comme l'horloger connaît les moindres rouages d'un mouvement de montre. Il est sollicité par les plus importants journaux et de grandes sociétés commerciales. On lui offre des postes mirifiques. C'est un excellent comptable. Mais il préfère son modeste emploi d'administrateur de *la Vie littéraire* où il est en contact direct et permanent avec les écrivains, les poètes, les artistes. M. Bucurescu aime leur compagnie. Il les connaît tous, les vieux et les jeunes. Il ne s'éloigne jamais du périmètre fréquenté, à Bucarest, par les artistes et les écrivains. Chaque fois qu'un poète est en danger il trouve M. Bucurescu à côté de lui. Il apparaît toujours au moment critique, porteur des premiers secours. Il sait le remède à donner et trouve des solutions à tous les problèmes de la vie, que les poètes, par définition, ignorent. M. Bucurescu semble être envoyé par Dieu, à Bucarest, spécialement pour se tenir derrière chaque poète, afin de l'aider en cas de danger. Il est comme l'ange apparu pendant la fuite en Égypte, devant Joseph, la Mère de Dieu et le Christ, pour leur indiquer la route qui les éloignait du danger.

Le jour où le poète mendiant Arthur Enasescu est tombé sur le trottoir, devant le café Capsa, victime d'une crise fatale, la première personne qui accourut vers le poète pour lui porter secours fut M. Bucurescu, qui était là, tout près. Il se tient toujours tout près de tous les poètes en danger.

M. Bucurescu est survenu ce matin sur mon chemin. Inopinément. Comme s'il tombait du ciel. Car je suis un jeune poète expulsé de son logis et jeté à la rue. M. Bucurescu ne pouvait pas déroger à sa mission d'aide aux poètes en détresse. Il est donc près de moi.

– Avez-vous un ami ou un parent pour vous loger? demande M. Bucurescu. Où allez-vous maintenant?

– J'irai au foyer de la faculté des lettres et de philosophie. C'est un grand foyer : plus de cinq cents lits. J'y trouverai bien une place pour une nuit ou deux...

– Le foyer de la faculté de philosophie n'existe plus, dit M. Bucurescu. Il a brûlé avant-hier. Les étudiants ont été évacués par les pompiers en pleine nuit. L'immeuble est inhabitable. Les étudiants sont à la rue. Comme vous. On insinue que ce serait un incendie criminel.

Pendant qu'il me parle j'aperçois, dépassant de sa poche, *la Vie littéraire* et je lui demande :

– Est-ce le nouveau numéro?

J'attends impatiemment la sortie de ce numéro qui doit publier une poésie intitulée *Lettre à mon père*. J'ai hâte de la voir imprimée. Il ne s'agit pas d'une poésie comme les autres. Ce n'est pas à vrai dire de la littérature. C'est une véritable lettre. Une lettre grave. Car chaque fois que j'ai quelque chose d'important ou de grave à communiquer à mon père, je lui écris une poésie. Ensuite, je la publie et j'adresse à mon père la revue où elle est publiée. Je ne lui fais jamais savoir de choses importantes par lettre. Toujours par poésie car, dans une poésie, je m'exprime plus facilement. La prose est pour moi comme une langue étrangère. Même si l'on connaît à la perfection une langue étrangère, on s'exprime toujours mieux dans sa langue maternelle.

– Je vous l'offre, dit M. Bucurescu.

Il me tend la revue. Elle est toute fraîche. Elle sent encore l'encre.

– Elle vient tout juste de sortir des rotatives, dit M. Bucurescu. Le directeur m'a demandé de surveiller l'impression. J'arrive de la typographie. Voilà pourquoi vous me rencontrez dans la rue à cette heure matinale.

Je me saisis prestement de la revue. Mais je ne l'ouvre pas pour y chercher ma poésie. Mes yeux se fixent sur la première page où est annoncée, en quelques mots, encadrés de noir, la mort de l'écrivain Toparceanu, un de mes poètes préférés. Il a utilisé un rythme inusité auparavant. Inimitable. Il mêle les larmes et le sourire avec autant, sinon plus, d'audace que Henri Heine. C'est un grand poète. Il habitait Iassy. Quand je partais en vacances, j'interrompais mon voyage à Iassy, pour rendre visite sur mon chemin au poète Toparceanu. Entre deux trains. Mais je n'ai jamais eu la chance de le rencontrer. Pas plus que je n'ai eu celle de rencontrer Bacovia. Maintenant, Toparceanu est mort. Avec lui disparaît tout un univers enchanté. Un univers qui n'existait pas avant lui et qui n'existera sans doute plus jamais après. Je suis accablé par cette nouvelle.

– Venez chez moi pour déposer votre valise, dit M. Bucurescu. Vous ne pouvez rester dans la rue. J'habite avec un camarade qui travaille à la poste. Il est au service. Moi, j'ai des affaires en ville. Vous serez seul à la maison. Vous vous reposerez quelques heures. Ensuite vous prendrez une décision à tête reposée. Venez.

3

Au lendemain de la fermeture du foyer des étudiants de la rue Pictor-Grigorescu, je me trouve chez M. Valerian, le directeur de *la Vie littéraire*. Dans son bureau.

– M. Bucurescu m'a raconté ce qu'il vient de vous arriver, me dit-il. Qu'il vous a croisé dans la rue, à six heures du matin, avec une valise à la main. Que vous veniez d'être expulsé du foyer et ne saviez où aller. Qu'il vous a recueilli et amené chez lui. Qu'il vous a trouvé un lit pour la nuit, chez sa logeuse, mais uniquement pour une nuit. Il m'a demandé de vous recevoir et de faire quelque chose pour vous car vous êtes de nouveau à la rue. Est-il exact que vous n'ayez personne, aucun « point de chute » à Bucarest?

– Je serais allé au foyer des étudiants en philosophie, ai-je dit. Mais lui aussi vient d'être fermé.

– C'est la faute aux étudiants, dit M. Valerian. C'est leur faute si on ferme les foyers et les universités. Il est constant que les étudiants soient en révolte. L'état normal de la jeunesse, c'est la révolte, la remise en question de tout, la soif d'absolu, la soif de changement, le désir de perfection. Mais, dans le cas présent, il ne s'agit pas d'une insurrection habituelle de la jeunesse. C'est le contraire. C'est un manque de révolte. Les jeunes se laissent embrigader au lieu de s'insurger. Ils s'enrôlent. La jeunesse veut détrôner le roi, brûler la Constitution, instaurer un parti unique et, disons le mot, une dictature. L'origine du mouvement était normale. C'était une réaction contre la menace d'invasion soviétique, contre le Komintern. Mais il n'est pas normal de détruire son propre pays pour le protéger d'un malheur. Il est insensé d'attaquer la liberté, sous le prétexte qu'on la défend! On trahit son but. Le malheur veut que les premières victimes de cette folie soient les candides. Des innocents comme vous. Vous êtes poète. Et le poète est toujours en première ligne. Sur la frontière. C'est la place que Dieu leur a assignée. Ils sont les premiers qui tombent. Ils sont sur la frontière quand le danger arrive de l'extérieur, et ils sont dans l'épicentre quand le danger vient de l'intérieur. C'est cruel, mais c'est ainsi. Il vous faut subir votre destinée de poète. Les autres étudiants, vos camarades, seront eux aussi jetés à la rue, dans un jour, dans une semaine, ou dans un mois. Mais les prémices des souffrances vous étaient réservées à vous. Voilà la situation. Toutefois, ne désespérez pas... M. Bucurescu vous trouvera une chambre, il trouve toujours tout. Si vous cherchez en pleine nuit un objet rare, un livre, un appartement, une chambre meublée, une robe de mariée ou un cercueil, M. Bucurescu vous les procurera immédiatement. Il connaît toutes les adresses et les coordonnées de tout le monde. Il vous trouvera donc une chambre. Il l'a certainement trouvée. Mais il vous faudra payer le loyer d'avance. Et vous n'avez pas d'argent. Et *la Vie littéraire* ne peut pas vous en donner. Notre revue est pauvre. Notre rédaction se réduit à une pièce, ici, rue Sarindar, au cinquième étage, sans ascenseur. Mais Dieu n'oublie jamais les poètes, comme il n'a pas oublié Job, quand celui-ci gisait sur le fumier, ni Daniel quand il fut jeté dans la fosse aux lions. Dieu ne vous a pas oublié, vous non plus. Car je peux vous trouver de l'argent! Vous avez entendu parler de l'OETR, de l'Office d'éducation de la jeunesse roumaine? C'est l'organisation roumaine des boy-scouts, des Éclaireurs : *Straja Tarii*, ou les Éclaireurs du roi. Elle est rendue obligatoire dans les écoles afin de soustraire la jeunesse à l'embrigadement dans les organisations politiques. Pour empêcher surtout la jeunesse de s'enrégimenter dans les Fraternités des Croix de Sang de la Garde de Fer. C'est le roi lui-même qui dirige le mouvement. C'est lui le Grand Strajer, la Grande Sentinelle de la nation.

« Sa Majesté a nommé son propre aide de camp, le commandant Théofil Sidorovici, secrétaire général de l'OETR. Sidorovici est un camarade à moi. Il m'a proposé d'organiser et de diriger les services de presse et de publication de l'Office. J'ai accepté. Je vous engage dans mon nouveau bureau. Vous apprendrez à côté de moi des choses qui vous seront précieuses dans votre carrière de poète. Vous serez en contact direct avec le monde de l'imprimerie, de la presse et de la radio. Venez avec moi. Je vous ferai inscrire immédiatement comme attaché de presse stagiaire. Vous aurez une avance et vous pourrez ainsi faire face à votre loyer.

J'accompagne M. Bucurescu dans le passage des Anglais. C'est au cœur de Bucarest, dans Cales Victoria, à quelques pas du café du Théâtre national et du café de la Paix. Dans le passage des Anglais sont groupés les grands magasins. L'étage est entièrement occupé par l'OETR, qui vient d'emménager. Les livreurs se démènent. Il y a partout des articles de bureau, des machines à écrire en stock, des chaises, des meubles de dactylos en train d'être déballés.

Le bureau de M. Valerian se trouve dans une grande pièce vide, n'était une table où est assise une jeune secrétaire.

– Pour le moment nous sommes trois personnes, dit M. Valerian. Moi, Mlle Josette, la secrétaire, et un sous-officier qui s'occupe de l'administration. Vous serez la quatrième personne du bureau de presse et des publications de l'Office.

M. Valerian signe un bon de caisse et me conduit à l'administration, où je perçois une somme modeste, mais suffisante pour couvrir mon premier loyer. C'est une avance sur mon salaire. Il me précède ensuite dans les autres pièces de l'Office et me présente à tout le monde, en précisant que je suis son collaborateur au bureau de presse et surtout un poète de grand talent.

Il y a d'autres écrivains qui travaillent à l'OETR. J'y ai rencontré le célèbre prosateur Dongorozi, qui est le chef de la section pédagogique, et le poète Gherghinescu Vania, qui, magistrat de carrière, dirige la section juridique. Après la visite des lieux et les recommandations essentielles dans tous les bureaux, M. Valerian me convie à déjeuner dans le grand restaurant italien du passage des Anglais.

Pendant le repas je cherche vainement des mots pour témoigner ma reconnaissance. Alors je me tais. Je connais M. Valerian depuis six ans. J'étais au lycée militaire de Kichinev lorsque je lui ai envoyé mes premières poésies. Il les fit publier dans *la Vie littéraire* et m'adressa des lettres d'encouragement. Par la suite, j'ai persisté à collaborer régulièrement à sa revue, et il m'écrivait souvent. Il m'a écrit plus de lettres que mon père. M. Valerian consacre son argent et sa vie à découvrir de nouveaux talents et à les faire connaître. Tous les jeunes écrivains contemporains ont débuté à *la Vie littéraire* de M. Valerian. Au café de la Paix et au café Capsa, les écrivains prononcent son nom en souriant. Il est considéré comme un don Quichotte de l'intelligentsia. Tous les écrivains qu'il a découverts, dès qu'ils sont connus l'abandonnent et font carrière ailleurs. Tous le quittent. Il reste toujours seul à *la Vie littéraire.* M. Valerian a l'air de trouver cette ingratitude normale. Les jeunes écrivains qu'il découvre et qu'il fait connaître sont comme des oisillons qui doivent le quitter dès qu'ils peuvent voler de leurs propres ailes. Pour un peu, M. Valerian les pousserait même à le quitter.

– Vous aussi, vous allez me quitter, soutient-il. Vous me quitterez comme tous ceux qui vous ont précédé à *la Vie littéraire,* le jour où vous n'aurez plus besoin de moi.

– Je ne vous quitterai pas, ai-je dit.

M. Valerian sourit – avec une pointe de tristesse. Je comprends son amertume secrète. M. Valerian a rêvé lui-même, tout comme moi, quand il était jeune, de devenir un grand poète. Il a publié plusieurs volumes de poésies. Mais il n'est pas devenu un grand poète. Aussi s'est-il résigné à servir la littérature en découvrant des jeunes et en les aidant. C'est une tâche très noble. Mais c'est une tâche subalterne. Sa vie n'est pas un échec total, un naufrage, comme celle d'Athur Enasescu qui mendie devant le café Capsa, mais c'est une non-réussite. Une non-réussite littéraire. A cause de cela, les poètes s'éloignent de lui dès qu'ils n'ont plus besoin de son aide...

Le lendemain, on m'a installé un bureau à côté de celui de M. Valerian. Ma première activité fut de présenter à l'antenne l'émission des Éclaireurs qui durait tout l'après-midi de samedi. Elle a lieu chaque semaine. A partir de deux heures jusqu'à sept heures du soir, l'antenne de la radiodiffusion appartient à l'Office d'éducation de la jeunesse roumaine. Valerian m'a demandé de le remplacer sans me donner d'instructions spéciales. Cela me fut aisé. C'était comme une fête que j'organisai au lycée militaire. J'en avais l'habitude. Dans le studio de la radio venaient les écoles de Bucarest pour présenter des récitations, des chœurs, des conférences... C'était la première fois que je pénétrais dans le studio de radiodiffusion, le cœur serré d'émotion. Quand j'avais quatorze ans, j'étais passionné pour la science – lorsque mes camarades m'avaient surnommé Lavoisier – et j'ai construit un poste de radio à galène. On ne pouvait capter les émissions qu'avec un casque. C'est au poste récepteur construit par moi que la plupart des élèves du lycée militaire de Kichinev ont pu entendre pour la première fois une émission radiophonique. Je ressens encore une douleur lancinante d'avoir abandonné la science. Je l'aimais passionnément. Mais j'aime davantage la poésie. Et un seul grand amour assujettit une vie.

Je suis attaché au service de presse de l'Office pour l'éducation de la jeunesse depuis six semaines. Valerian est satisfait de mon travail. Je suis en très bons termes avec tout le monde. En dehors de la radio, je m'occupe aussi de la rédaction et de l'impression du *Bulletin* de l'OETR. Il contient environ deux cents pages et paraît chaque mois. On y publie des décrets-lois, des programmes, des projets ainsi que les proclamations et les discours des dirigeants. C'est une sorte de *Journal officiel*. Le travail du rédacteur est pour ainsi dire nul. Car il n'y a ni à rajouter ni à retrancher! tous les textes reproduits sont des documents officiels.

La faculté de philosophie est au bout du passage des Anglais. Chaque jour, je traverse la rue et j'assiste à deux ou trois cours. Depuis que je suis à l'Office de la jeunesse, je fréquente l'université plus régulièrement qu'auparavant. Un jour, M. Valerian me dit :

– Je n'arrive pas à vous faire titulariser, poète. L'Office de la jeunesse est un organisme d'État. En demandant votre titularisation, je demande en fait votre nomination comme fonctionnaire public. Or, pour être nommé dans la fonction publique, il faut effectuer un véritable travail d'Hercule. Cela exige beaucoup de temps. J'ai demandé qu'on vous inscrive comme suppléant, mais il apparaît aussi difficile d'être nommé suppléant que titularisé. J'ai eu beau expliquer que vous n'avez nullement l'intention de devenir fonctionnaire, qu'ici, à l'Office, vous n'exercez qu'une activité provisoire alimentaire, ils ne comprennent pas cela. Pour eux, tous les gens qui travaillent à l'Office de la jeunesse sont des fonctionnaires publics et doivent remplir toutes les conditions requises par la loi et le statut de fonctionnaire public. J'ai souligné que vous êtes un poète de grand talent. Cela n'a pas plus convaincu : le talent n'intéresse pas l'administration publique, le talent est pour elle une non-valeur. Si j'étais intervenu en faveur de Dante, de Shakespeare ou de Goethe, j'aurais reçu apparemment la même réponse. Le génie et le talent n'ont aucune valeur aux yeux de l'administration publique.

« Jusqu'à aujourd'hui, je vous ai rétribué sur le crédit alloué au matériel de bureau. On m'a fait savoir que c'est illégal, que c'est même un délit, un détournement de fonds publics, car l'argent alloué pour l'acquisition de matériel de bureau ne peut servir qu'à l'achat de crayons, de rubans de machines à écrire, d'enveloppes ou de papier. Exclusivement.

« J'ai demandé conseil au professeur Dongorozi et à Gherghinescu Vania. Ils doivent être solidaires des poètes. Ils m'ont suggéré de vous envoyer à Breaza. Le roi vient d'y fonder une école supérieure pour la formation des cadres. Une école de commandants des jeunes. Je vous y ai inscrit d'office. La première promotion commence à donner les cours dans une semaine. Ils durent cinq semaines. A la fin du stage vous recevrez le diplôme de " commandant strajer ", ou commandant de la Jeunesse royale. Avec ce diplôme vous serez immédiatement titularisé en tant que fonctionnaire au Secrétariat général de l'Office.

Votre salaire deviendra important, même très important, puisque les fonctionnaires de l'Office reçoivent une prime spéciale du fait qu'ils travaillent dans une institution royale. Car c'est le roi qui est notre chef. Il est le Premier strajer, le commandant suprême de l'Office. Votre séjour à Breaza sera une véritable villégiature. Dans votre promotion se trouveront des directeurs de lycée et de collège ainsi que des officiers supérieurs. Vous venez d'être admis dans ce groupe du fait que vous travaillez au Secrétariat général. Dès l'année prochaine, tous les fonctionnaires de l'Office seront tenus de suivre les cours de « commandant strajer » de Breaza. Moi aussi je les suivrai. Vous serez le premier commandant strajer de l'Office.

La semaine suivante, je suis allé à Breaza. L'École des commandants est dans une belle bâtisse située en pleine nature, au pied des Carpates méridionales. Tout autour il y a des coteaux riants et de belles forêts. Mes camarades sont quinquagénaires, corpulents et strictement habillés. Des notables. Conformément aux nouveaux règlements, les directeurs des écoles doivent être aussi commandants strajers de l'établissement. Mes camarades de Breaza ont le double de mon âge. Parmi eux, je retrouve le lieutenant-colonel qui fut plusieurs années auparavant commandant adjoint au lycée militaire de Kichinev. Suivant le caprice du destin, mon commandant est aujourd'hui mon collègue. Il dirige une section sportive de l'armée et, conformément aux récentes dispositions, il doit acquérir le titre de commandant strajer. Il y a encore deux officiers supérieurs, parmi lesquels le colonel Nicolaescu, dont la sœur du roi, en personne, fut demoiselle d'honneur à son mariage. Tous mes camarades ont des responsabilités importantes. Mais il se produit une chose bizarre : c'est moi qui les impressionne. Tous ces notables me parlent avec condescendance. Le fait que je sois, à l'âge de vingt et un ans, leur camarade de cours, les intrigue. Ils me soupçonnent de bénéficier de très hautes protections, d'être apparenté à quelque personnage du palais royal ou du gouvernement. Ils me questionnent tous, et chacun avec prudence. Je leur réponds avec franchise, mais ils se cantonnent dans une réserve prudente et polie. Ce sont des hommes d'expérience. Ce malentendu fait que je bénéficie d'un traitement et d'égards spéciaux de la part de mes respectables camarades. Tout le monde est aimable et courtois avec moi. Le soir, je leur récite des poésies. Ils m'applaudissent et me félicitent. Ils m'ont remis leurs cartes et m'ont promis de me rendre visite à la direction de l'OETR, quand ils se rendront à Bucarest. Ils m'ont écouté à la radio, dans mes émissions du samedi. Ils considèrent que je suis une bonne relation pour eux, parce que je travaille au Secrétariat général de l'Office. Je fais partie de l'état-major de la Jeunesse.

Après cinq semaines de cours à Breaza, je suis de retour à Bucarest, ayant obtenu le grade de commandant strajer, commandant de l'organisation royale des éclaireurs.

L'Office de la jeunesse, dans le passage des Anglais, est méconnaissable. On a tout refait à neuf. A l'entrée il y a une sentinelle et des gardiens qui vous demandent votre laissez-passer. Le nombre des employés a doublé. C'est une vraie fourmilière. Une ruche. On a posé de la moquette dans les bureaux et les corridors. Tous les employés sont en uniforme. Je ne les reconnais plus. Ils portent des costumes bleus comme ceux des marins, avec des boutons dorés frappés des initiales OETR, et des ceintures blanches. Mlle Josette, la dactylo, est elle aussi en uniforme. Le sous-officier du service de presse a troqué son uniforme militaire contre le costume bleu marine de l'OETR. Je m'enquiers :

– M. Valerian porte-t-il aussi l'uniforme?

– Pas encore, me répond la dactylo en nouant sa cravate au col de sa chemise bleu ciel. M. Valerian a des problèmes de tailleur. Il est présentement en voyage, mais la semaine prochaine il revêtira l'uniforme qui est obligatoire pour tout le monde. Depuis votre départ, tout a changé. Tenez, par exemple : un commandant passe chaque matin dans les bureaux et impose une discipline de fer.

– M. Ion Dongorozi, l'académicien, et le poète Gheorghinescu Vania portent-ils, eux aussi, l'uniforme des amiraux de la mer, comme Christophe Colomb?

– Tout le monde doit porter l'uniforme, sans aucune exception, reprend le sous-officier. Dans quelques jours vous serez aussi en uniforme. Nous irons ensemble chez le tailleur de l'Office. Je suis chargé d'appliquer strictement le règlement dans le bureau de la presse...

En effet, deux jours plus tard, j'ai donc revêtu à nouveau l'uniforme du roi. Un autre uniforme du roi, celui de l'organisation royale de la jeunesse.

J'ai repris mes émissions du samedi à la radio. Je m'occupe du bulletin. J'ai repris également les cours à la faculté où je me rends régulièrement. Je suis enfin en mesure de payer le loyer de ma chambre meublée et la cantine. A partir du mois prochain, je serai inscrit légalement sur les listes de paie. J'ai déposé au secrétariat mes diplômes de commandant strajer et de baccalauréat. Il n'y a plus d'obstacle à ma titularisation. Je vais enfin pouvoir m'occuper en toute tranquillité de mon prochain recueil de poésies. Ce matin, sortant d'un cours de philosophie, je croise dans un corridor le sous-officier intendant de notre service de presse.

– Je vous cherchais, me lance-t-il. Le commandant Sidorovici est furieux. Il a reçu des réclamations contre vous. Vous vous absentez. Ne savez-vous pas que vous n'avez pas le droit de quitter votre bureau quand bon vous semble? Les employés de l'Office sont tenus d'être présents à leur bureau pendant les huit heures de service quotidien. Vous devez vous astreindre à faire comme tout le monde. Vos sorties durant les heures de service provoquent la colère de tous vos camarades. Une colère justifiée. M'avez-vous jamais vu, moi, quitter le bureau et sortir en ville durant les heures de service? Le commandant Sidorovici m'a chargé de vous rappeler à l'ordre.

Je suis entré dans mon bureau rouge de honte. Pour oublier l'admonestation que je viens de subir, j'essaie de traduire le poème d'Ovide consacré à Sulmona, sa bourgade natale. Il dit :

Sulmona, ma ville natale,
tu es une toute petite bourgade,
mais parce que tu as donné le jour à un si illustre poète,
je te proclame grande ville [1].

Je reprends courage. Mais, levant la tête, je distingue la silhouette du sous-officier entré dans mon bureau sans que je m'en aperçoive. En l'absence de M. Valerian il se donne des airs supérieurs. Il me dit :

– Il y a encore une autre réclamation contre vous : vous passez votre temps au bureau – quand il vous arrive d'y être – à lire des romans ou à écrire des poésies, comme vous le faites en ce moment. La direction me charge de vous informer que les fonctionnaires n'ont pas le droit d'exécuter des travaux personnels pendant les heures de service... C'est tout.

J'ai compris que je faisais fausse route. Je m'étais engagé à l'OETR afin de poursuivre mes travaux littéraires et mes études. Et c'est précisément le contraire qui m'arrive : mon emploi est un obstacle, un barrage.

A midi, j'ai quitté l'Office de la jeunesse roumaine. Définitivement. Et je me suis à nouveau engagé dans la dure et âpre route qui mène aux étoiles. Avec l'espoir bien affermi qu'un jour je pourrais dire comme Ovide à mon village natal : « Vallée blanche, mon village natal, tu n'es qu'un petit hameau perdu dans les Carpates, mais tu as donné le jour à un poète. A cause de cela, je te proclame grande ville. »

4

Je viens, pour la deuxième fois, d'abandonner l'uniforme du roi. Je porte de nouveau l'habit civil. Je n'ai aucun revenu. J'habite chez un camarade qui travaille de nuit. Le matin, lorsqu'il rentre, je lui laisse sa chambre et je passe toute la journée à la faculté. C'est l'époque des examens. Une des disciplines obligatoires est la sociologie. Je suis fort étonné qu'on enseigne la sociologie à la faculté de philosophie. La place de cette chaire serait bien plutôt à côté de la géographie, de l'agriculture et autres branches qui se rapportent aux choses de la vie terrestre. Les

1. Ovide, *Amores*, 3,15.

sociologues ne sont pas des philosophes, comme ne sont pas des philosophes les horticulteurs ou les géographes.

« Les philosophes sont ceux qui sont capables d'atteindre ce qui existe toujours d'une manière immuable, et il faut refuser ce titre à ceux qui en sont incapables et qui s'égarent dans ce qui est multiple et changeant [1]. »

L'étude de la sociologie dans une faculté de philosophie me pousse à m'exclamer : « Qu'est-ce que tout cela qui n'est pas éternel [2]? »

Les amphithéâtres et les salles de séminaires de sociologie occupent une grande partie du bâtiment de la faculté. Le titulaire de la chaire de sociologie est le professeur Gusti. C'est un ami et le conseiller du roi. Il y a une multitude de professeurs adjoints, chargés de cours, maîtres de conférences, directeurs de séminaires, maîtres de travaux et autres. C'est une sorte de journalisme universitaire. J'ai présenté à l'examen une thèse intitulée *la Monographie sociologique.*

A la fin de l'examen, on n'a pas inscrit la note sur mon livret d'études. Conformément aux récentes dispositions, pour l'examen de sociologie, il faut passer aussi une épreuve pratique. On devait, pendant l'été, travailler à la monographie d'un village ou d'une ville roumaine. Je devais m'inscrire dans les équipes royales et travailler sur le terrain. Le but de ces équipes était moins scientifique que politique : le roi voulait récupérer de la sorte les étudiants embrigadés dans la Garde de Fer, qui passent les vacances d'été dans des camps de travaux de la région. C'est le professeur Gusti qui est chargé de l'embrigadement des étudiants dans les équipes royales. Le travail se fait sur place, à la campagne, pour faire des monographies sociologiques. On m'a expliqué :

– Vous passez deux mois dans un village. C'est l'Institut de sociologie qui vous prend en charge. Les équipes sont composées d'étudiants de toutes les facultés : médecine, agronomie, droit, agriculture, théologie, arts ménagers, éducation physique. Chaque étudiant travaille dans sa spécialité. Les recherches sont centralisées à l'Institut national de sociologie. On peut choisir parmi les villages celui qui vous convient. Il existe une liste complète. Il y a des villages à la mer, à la montagne, sur la plaine, à la frontière, au centre du pays. On a le choix. Le départ doit avoir lieu dans une dizaine de jours.

J'étais au comble du bonheur, ravi. Je n'aurais jamais espéré une telle aubaine, un tel cadeau, surtout en ce moment difficile et cruel pour moi : avoir la possibilité de partir deux mois en vacances. Dans un endroit de mon choix. Y écrire des poésies, étudier et lire à ma guise.

La carte de la Roumanie s'ouvre devant mes yeux comme un album enchanté. Je vois les montagnes, la mer, les coteaux riants, les rivières,

1. Platon : *La République*, 6, 195.
2. Bossuet : *The Catholic Encyclopedia*, New York, 1907, 2, 702 b.

la plaine. Toutes ces beautés seront à moi. Elles m'appartiendront. J'aime la terre de mon pays à l'égal de mon propre corps. Je ne la connais pas en sa totalité. Mais je sais qu'à ma venue au monde, en 1916, lorsque la Roumanie était en guerre, j'ai subi toutes sortes de restrictions, de lait, de sucre, de vêtements. On me disait que le lait, le sucre et les vêtements dont on me privait étaient envoyés aux soldats qui luttaient pour l'indépendance et l'intégrité de la Roumanie. Je sais que j'ai souffert le froid, la faim et toutes sortes de privations pour donner ma nourriture et mes vêtements aux soldats qui se battaient sur le front. J'ai contribué, effectivement, dès ma naissance, à la création du grand royaume de la Roumanie libre et indépendante. Ce royaume m'appartient, il est aussi le mien, car j'ai participé à sa création.

Aujourd'hui se présente l'occasion de connaître d'autres endroits de ma patrie. En fermant les yeux je vois la Dobrodgea, baignée par la mer, je vois le Maramures, le pays des vertes forêts et des églises en bois. Je vois la Bessarabie, avec ses vergers aussi riches que ceux de la Californie. Je vois la belle Boukovina... Je peux aller, cet été, dans n'importe laquelle de ces régions. C'est un don du ciel.

Subitement, je me souviens de mon plus ancien rêve : voir une terre où se cultive la vigne. Entrer dans un vignoble. Dans mon rêve, la terre où pousse la vigne égale en beauté, en richesse et en magnificence, le paradis. D'ailleurs dans mon rêve, la vigne et le paradis sont étroitement liés. Quand Adam et Ève furent expulsés du paradis, ils couvrirent leur nudité avec des feuilles de vigne. La vigne est donc une plante, un arbrisseau, paradisiaque. Elle pousse au paradis.

La première plantation que Noé fit sur la terre, après le Déluge, fut la vigne. Il est le « premier vigneron de l'humanité ». La Terre promise à Moïse, la terre de Canaan, est couverte de vignobles. La Palestine, la terre sacrée où est né le Christ, est un pays de vignobles. Le Christ lui-même a dit : « Je suis la vigne [1]. »

A l'église, une grappe de raisin est gravée sur le calice. La vigne et ses grains figurent sur les ornements sacerdotaux. Durant la sainte messe, le produit de la vigne, le vin, se transforme en sang du Christ, à chaque liturgie.

J'ai toujours rêvé de voir de près, de poser les pieds sur une terre où se cultive la vigne, avec la même ardeur que je rêve d'entrer au paradis. Dans notre montagne, la vigne ne pousse pas. En automne, on apporte des raisins, en petites quantités, de loin, du pays d'en bas. Mon père apportait, chaque fois, deux ou trois grappes de raisin pour cinq enfants. On se les partageait. A chacun quelques grains. Manger une grappe entière me semblait inimaginable. A l'école, au lycée militaire, on nous donnait bien des raisins, mais toujours aussi peu qu'à la maison. On partageait chaque grappe à plusieurs élèves. A Bucarest, j'aurais pu

1. Jean, 15,1.

aller aux halles et acheter un ou deux kilos de raisin que j'aurais mangés à pleine bouche. Mais je ne l'ai jamais fait. J'ignore pourquoi. Maintenant, je peux réaliser mon rêve : aller dans une région viticole, pénétrer dans une vigne, couper des grappes de raisin, les porter à ma bouche...

– Avez-vous décidé où aller? demande le secrétaire des Équipes royales de la faculté.

– Je voudrais aller dans une région viticole, ai-je répondu. N'importe laquelle. Peut-être à Cotnari, à Odobesti, à Nicoresti ou à Panciu.

Je récite les noms de localités rendues célèbres pour leurs vignes. Des localités qui, en Roumanie, sont aussi réputées que Bordeaux, Bourgogne ou Champagne.

Le secrétaire consulte sa liste. Il dit :

– Navré, mais il n'y a plus de place pour les sociologues dans aucune de ces localités. Elles sont déjà toutes occupées.

Il cherche d'autres endroits dans des régions viticoles, des localités secondaires. Mais toutes les places y sont prises. Il n'y a rien de vacant.

– Dans ces localités, s'il reste encore des places, elles sont réservées aux étudiants en médecine vétérinaire et en horticulture. Choisissez donc parmi les régions non viticoles. Il y a des centaines de villages dans des régions charmantes.

– Je désirerais aller dans une région où il y a des vignes, ai-je répliqué. J'en ai toujours rêvé.

– Il y aurait une place libre à Buciumeni, près de Nicoresti, mais elle est pour un étudiant en éducation physique.

– Il y a une place libre pour un étudiant de l'éducation physique, dis-je. Je ne suis pas étudiant à l'Institut d'éducation physique, mais je suis commandant strajer. Je suis commandant des Vigies royales. J'ai le diplôme de commandant.

– Vous êtes commandant strajer? s'exclame le secrétaire. C'est merveilleux. Nous avons besoin d'une cinquantaine de commandants strajers pour s'occuper de la jeunesse du village où opèrent les Équipes royales. Nous recherchons partout des commandants strajers. Nous avons même passé des annonces dans les journaux, mais c'est difficile d'en trouver, les commandants strajers sont rares. Vous accepteriez donc d'aller à Buciumeni pour organiser la jeunesse du village? La localité est ravissante et les vignobles de Buciumeni sont réputés. On parle des vignobles de Buciumeni dans les plus anciennes chroniques de la Moldavie. Je vous inscris comme commandant strajer dans l'Équipe royale de Buciumeni. Tenez-vous prêt pour le départ. Dans une huitaine de jours, vous serez en route.

Je suis très heureux de partir. Je m'achète du papier, des crayons, de l'encre et des plumes. On écrit mieux à la campagne qu'à la ville et davantage. Depuis quelque temps, je ne suis pas satisfait de mon travail. Ma production littéraire en pâtit. Surtout depuis que j'ai des difficultés de logement à Bucarest.

Le même jour, j'apprends que Buciumeni, le village où je passerai deux mois, est une localité célèbre dans l'histoire de la littérature. Je l'ignorais.

Deux poètes roumains, étudiés à l'école et qui sont mentionnés dans tous les manuels didactiques, dont on récite les poésies à toutes les fêtes scolaires, les poètes Stefan Iosef et Dimitri Anghel, ont vécu à Buciumeni.

Ces deux poètes célèbres ont signé la plupart de leurs poésies ensemble. Leurs deux noms sont liés l'un à l'autre, comme ceux de Castor et Pollux, les Dioscures. On dit toujours Iosef et Anghel comme s'il s'agissait d'un seul poète.

Stefan Iosef tomba un jour amoureux d'une belle vigneronne de Buciumeni, qui s'appelait Natalia Negru. Ils se marièrent. Iosef invita son camarade Anghel à Buciumeni, pour travailler ensemble, comme par le passé. Pour écrire des poésies.

Dès que Natalia Negru vit le poète Dimitri Anghel, elle tomba amoureuse de lui. Ce fut le coup de foudre. Elle oublia qu'elle venait à peine de se marier à un autre poète, à Stefan Iosef. La belle vigneronne abandonna Iosef, divorça et se remaria avec Anghel.

Les deux poètes moururent, tous les deux, tragiquement, peu de temps après leur séparation. La cause de leur mort tragique était la belle vigneronne, dit-on, Natalia Negru qui vit toujours à Buciumeni. Elle y possède la plus belle vigne.

Je suis troublé à l'idée de rencontrer cette femme qui a fait mourir deux poètes. Et, consécutivement, je ne rêve plus aux raisins avec la même ardeur. J'appréhende que les raisins de Buciumeni aient le goût du sang des deux poètes.

5

L'été 1937 est terminé. Je suis à Buciumeni depuis deux mois. C'est un beau et riche village de vignerons. J'y ai passé tout l'été. La mission de l'Équipe royale d'étudiants est terminée. Demain, nous quitterons Buciumeni. Lorsque nous y sommes arrivés, nous ne nous connaissions pas. En peu de temps nous sommes devenus amis, entre nous comme avec les gens du village. Nous avons de la peine à nous séparer. A ne nous rencontrer, peut-être, plus jamais.

Je rends visite à Natalia Negru pour prendre congé d'elle. Elle me reçoit dans sa belle maison blanche, construite au milieu des vignobles et des arbres fruitiers, au sommet d'une colline. Natalia Negru est une dame d'un certain âge, assez corpulente, brune, sans un seul cheveu blanc. Ses grands yeux sont très beaux. Elle est vêtue de noir. Le deuil lui sied. Elle est comme une héroïne de tragédie antique sur une scène de théâtre. En la considérant, malgré moi je pense à Médée.

Mme Natalia Negru ne parle jamais de Iosef et Anghel, ses deux maris successifs, morts si tragiquement. Après le drame qu'elle suscita et qui s'est déroulé ici, dans cette maison au milieu de la vigne, et qui se solda par la mort des deux poètes, Natalia Negru se mit à écrire elle-même des poésies. Elle m'offre un volume de ses poèmes qu'elle me dédicace. Ses poésies sont imitées de celles de ses défunts époux, les poètes Iosef et Anghel...

La visite terminée, je rentre chez moi pour faire ma valise.

Nous sommes hébergés au village, chez l'habitant, et prenons nos repas à l'école, en commun.

La cour de la maison où je réside est remplie d'enfants. Ils m'attendent. Ils sont plus d'une centaine. Des tout-petits, pouvant à peine marcher, aux grands, garçons et filles, qui sont au lycée. Personne ne les a obligés à venir. Mais ils sont chez moi du lever du soleil jusqu'à la tombée de la nuit. Ils attendent que je vienne au milieu d'eux. Pendant soixante jours nous avons été ensemble, inséparables. Ils me suivaient partout. Je n'ai jamais fait un seul pas dans la rue sans être escorté par une bande d'enfants. Ils se sont attachés à moi. Ils me suivent comme les poussins la poule. A la longue, je me suis aussi attaché à eux.

Cet été, je fus pour la première fois heureux, réellement heureux. Cela signifie libre. J'ai respiré la liberté à pleins poumons, avec les yeux, les narines et tous les pores de mon être. Les enfants, de leur côté, étaient également heureux. J'ignorais qu'on pouvait être tellement heureux en vivant exclusivement dans la compagnie des enfants, partageant ainsi leur univers et complètement séparé du monde des adultes.

J'ai toujours vécu dans le monde de la poésie – tout à fait comme les enfants – totalement détaché du monde des adultes. J'ai en permanence supporté, sans me révolter, la discipline du lycée militaire et les règles les plus strictes parce que ceux qui me les imposaient appartenaient à un univers qui m'était complètement étranger. Qui ne me concernait pas.

« Quand j'étais enfant, j'acceptais tout sans discuter, y compris la stupidité des grandes personnes. Elles vivaient dans un autre monde, qui ne me touchait pas [1]. » Le Christ savait cela. Il vivait aussi pour un autre monde : celui du ciel. Les injustices, et même sa condamnation à mort par le monde d'ici-bas, Il les a acceptées. Ce n'étaient pas les lois de son monde. Son royaume est plus beau, il est ailleurs. Le paradis est comme l'univers des enfants. A cause de cela Il a dit : « Laissez venir à moi les petits enfants, et ne les empêchez pas; car le royaume de Dieu est à ceux qui leur ressemblent [2]. »

1. T. S. Eliot, *The Family Reunion.*
2. Marc, 10, 14.

Dès le premier jour, les enfants de Buciumeni se sont rassemblés autour de moi en grand nombre, avec intérêt et mus par la curiosité. Ils m'ont examiné effrontément de la tête aux pieds. De tous les côtés. Avec des grands yeux. Étonnés. Comme seuls des enfants peuvent l'être.

On leur a dit que je suis poète. Cela les a intrigués énormément. Il y a dans le mot poète quelque chose de mystérieux et de magique. Ils m'ont tout de suite demandé de leur dire des poésies. Je leur ai donc récité des poèmes de Iosef et Anghel. Ils étaient étonnés que je sache tant de poésies par cœur. Je leur ai rétorqué qu'ils pourraient apprendre eux-mêmes un plus grand nombre de poésies que moi, s'ils le désiraient. Je leur ai donné des poésies de Iosef et Anghel. Chaque enfant a choisi une poésie différente, pour l'apprendre par cœur. J'ai conseillé aux plus petits d'apprendre des poésies courtes et aux plus grands des poésies plus longues.

Dans l'intervalle d'une semaine, toutes les poésies de Iosef et Anghel furent apprises par cœur. Chaque enfant de Buciumeni pouvait réciter, sans fautes, une ou plusieurs poésies de leurs compatriotes. Au bout d'une semaine, j'avais ainsi publié les œuvres complètes de Iosef et Anghel en édition orale. Une édition intégrale, où les poésies des deux poètes, au lieu d'être imprimées sur du papier, avec des caractères typographiques, furent imprimées, gravées dans la mémoire et dans le cœur des enfants de Buciumeni. C'est une belle édition poétique. Je suis très fier de mon travail. *L'Iliade* et *l'Odyssée* furent, elles aussi, publiées primitivement en édition orale. Tout comme la nôtre.

En récitant les poésies de Iosef et Anghel, les enfants de Buciumeni ont embelli leur village. Nous avons planté des fleurs tout au long de la route, devant chaque maison, autour des fontaines, autour des arbres et sur les terrains vagues. A présent il y a des fleurs partout. Le village est devenu un jardin. Les adultes furent vite entraînés dans notre jeu. Ils apportèrent des plantes, des racines, ils nous donnèrent des conseils en nous aidant de leur mieux.

Une semaine avant notre départ, nous avons dressé une croix, en chêne massif, de trois mètres de hauteur, à l'entrée du village. On y a porté une inscription : « Cette croix a été élevée par Virgil Gheorghiu et les enfants de Buciumeni, pendant l'été de l'année 1937. »

Maintenant, je m'apprête à quitter Buciumeni. Les jours qui précèdent le départ sont différents. Les enfants, dès le lever du jour, se rassemblent dans la cour de la maison où j'habite et attendent. Comme auparavant. Mais, pour l'heure, ils sont graves, silencieux. Ils s'approchent des fenêtres et scrutent l'intérieur. Ils se sont rassemblés autour de ma maison comme pour une veillée funèbre, comme on veille devant la maison d'un mort avant l'enterrement. Car je pars. Et « partir, c'est mourir un peu », a dit un poète français [1].

1. Edmond Haraucourt, *Rondel de l'Adieu*.

La visite d'adieu chez Natalia Negru terminée, je rentre chez moi. J'aimerais éviter les enfants, ne pas leur parler du départ. Mais ils sont tous là, autour de la maison, devant et derrière la porte, dans la cour. Ils m'attendent.

Je perçois chez eux un changement. Quelque chose vient de se produire. Dès que j'entre dans la cour, je les sens tendus, nerveux. Leurs corps frémissent comme les corps des chevaux de course avant le signal du départ. Un des garçons ne se domine plus. Il se détache du groupe des autres et court vers moi. Il ne va pas encore à l'école. Car il est trop petit. Il se serre contre mes jambes et il enserre mes genoux de ses deux bras.

– Vous ne partez pas, n'est-ce pas? dit-il. Vous restez avec nous!

Tous les enfants dardent leurs yeux sur moi, attendant ma confirmation.

– Je pars, dis-je. Vous savez que je veux devenir un grand poète. Je dois aller dans la capitale, poursuivre ma route...

– Restez avec nous... Vous pourriez rester au village, reprend le petit garçon en me serrant les genoux comme s'il voulait m'empêcher de bouger. Vous vous marieriez avec Maria Diastema. Elle le veut bien. Elle nous l'a dit. Vous vivriez dans sa maison. C'est une grande maison. Vous pourriez écrire beaucoup de poésies. Et vous enverriez vos poésies à Bucarest par la poste. Ainsi vous seriez toujours avec nous, toujours... Voulez-vous vous marier avec Diastema? Dites oui, nous vous en supplions!

J'ai rougi jusqu'au bout des oreilles. Maria Diastema est une collégienne de Buciumeni. C'est la fille d'un grand vigneron. Elle s'est mêlée tout l'été aux enfants et participait à nos jeux. Elle a des dents écartées, les dents du bonheur. A cause de cela, je l'ai appelée Diastema. Aujourd'hui, tous les gens du village l'appellent ainsi. Même ses parents. Diastema signifie dents écartées, mais c'est un mot qui fait penser aux diadèmes et aux couronnes...

– Voulez-vous rester au village avec nous? me supplie le petit garçon. Diastema sera votre femme. Elle a une belle maison et une grande vigne. Vous pourrez écrire beaucoup de poésies dans la maison de Diastema... Voulez-vous vous marier avec elle? Dites que vous le voulez bien. Dites oui!

Je m'arrache tant bien que mal à l'emprise du garçon et je rentre dans la maison. Je partage une chambre avec l'étudiant agronome. Il fait ses valises. Car le départ est pour demain huit heures. Un car spécial viendra nous chercher. L'agronome s'aperçoit que je suis rouge et bouleversé. Il me demande :

– Qu'est-ce qu'il t'arrive? J'ai l'impression que tu as pleuré. Tu as les yeux battus. Tu es triste parce que nous quittons Buciumeni?

Je ne peux pas dévoiler le complot des enfants qui ont décidé de me marier à Diastema pour me retenir au village. Le secret est trop beau.

Trop grand. C'est un complot sublime. Un complot qu'on ne peut pas divulguer. Jamais.

– Non, dis-je. Rien de grave. Mais je suis triste en effet. Toute ma vie, j'ai rêvé d'aller dans une vigne et de manger des raisins. Je suis ici depuis soixante jours, dans la vigne. Tout autour de moi, il n'y a que des vignes, à perte de vue. J'ai réalisé mon rêve. Mais je quitte les vignes sans avoir goûté un seul grain de raisin. Et je dois quitter la vigne avant la cueillette, avant que les raisins soient mûrs...

Je sens dans mes yeux, prêtes à sourdre, de grosses larmes. Des larmes grosses comme des grains de raisin. De raisins mûrs. Mais je suis trop grand pour pleurer.

6

L'été de 1937 passa très vite. Comme il en est de toutes les belles saisons. J'ai l'impression qu'il n'a duré que quelques jours.

Me voici de retour à Bucarest. Je cherche un logement – pour changer, si j'ose dire. Je suis allé rue Pictor-Grigorescu pour voir si le foyer où j'ai habité naguère n'est pas ouvert. Il ne l'est pas. Je le regrette car je suis attaché à cette rue qui se trouve juste derrière le palais royal. Un bout de la rue mène au jardin Cismigiu et l'autre bout dans la Calea Victoria, presque vis-à-vis de l'Athénée Palast, un grand hôtel de Bucarest.

Il y a dans la même rue un autre foyer d'étudiants, situé non loin de celui où j'ai habité. C'est une fondation privée. Un foyer élégant, conçu pour une vingtaine d'étudiants qui y vivent un peu comme dans une pension de famille.

J'y suis entré. A tout hasard...

C'est le directeur lui-même qui me reçoit. C'est un ancien professeur. Il est grand, mince, cheveux gris. Il est habillé d'un costume trois-pièces, très strict. Il m'invite à le précéder dans son bureau. Il y a de très beaux meubles et tapis d'Orient, des tableaux et une bibliothèque en acajou contenant des livres reliés.

– J'ai habité au foyer de la ville de Brasov, ai-je dit. Je suis venu voir s'il n'était pas ouvert. Je suis étudiant en philosophie et j'ai été dans un village de Moldavie, avec les Équipes royales. Je viens de rentrer et je cherche une place disponible dans un foyer.

– Vous tombez mal. Chez nous, il n'y a jamais de place vacante, dit le directeur. Les étudiants qui sont admis dans notre foyer y demeurent jusqu'à la fin de leurs études. Certains ne quittent pas même le foyer à cette échéance. Ils y restent, sous prétexte qu'ils préparent le doctorat ou un examen de spécialisation.

Après m'avoir appris qu'il n'y a malheureusement pas de place libre dans son foyer, le directeur me pose toutes sortes de questions. Je lui réponds en lui expliquant que j'écris des poésies, que n'étant pas Alfred de Vigny, j'ai même renoncé à la carrière militaire pour me consacrer entièrement à cette vocation. Il me demande à quelle revue je collabore. Je lui exhibe *la Vie littéraire,* où est publiée la « Lettre à mon père », ainsi qu'une pile de revues auxquelles j'ai collaboré et que j'avais dans ma valise. Enfin mon livre, *la Vie de tous les jours du poète.*

– Vous venez directement de la gare? me demande-t-il. Vous n'avez aucun point de chute où dormir cette nuit. Je le regrette pour vous, mais vous n'avez pas frappé à la bonne porte. Car, chez nous, l'admission est très difficile. C'est même tout un aria : toute demande est soumise au conseil d'administration qui se réunit deux fois par an. Et les étudiants qui, par chance, sont admis doivent attendre jusqu'à ce qu'il y ait une place vacante. Entre la réception de la demande et l'admission effective, il s'écoule au moins une année.

Je suis sur le point de me retirer. Le directeur relit ma poésie. Puis il me rend la revue.

– La poésie que vous avez écrite à votre père est très belle, dit-il. Il doit être très fier de vous, n'est-ce pas?

J'ai rougi.

– Je suis tellement touché par cette poésie que je vous garde au foyer, dit brusquement le directeur. Vous y demeurerez quelques jours. Sous ma responsabilité. Je présenterai dès demain votre demande d'admission aux membres du conseil d'administration. J'irai chez eux, à leur domicile, pour leur en parler, car la prochaine réunion prévue ne doit avoir lieu que dans quatre mois. S'ils accèdent à votre demande – et je ferai tout pour cela – vous resterez. C'est une intervention exceptionnelle que je fais. Et je n'hésite pas à l'entreprendre parce que vous portez des sentiments très nobles à monsieur votre père. Vous êtes un fils exemplaire. C'est très beau.

Je suis donc admis au foyer! C'est le directeur lui-même qui me conduit pour me montrer ma chambre. Je suis au comble du bonheur.

Quelques jours plus tard, le directeur m'annonce que je suis définitivement intégré au foyer. Il est très heureux de cette décision qu'il a réussi à emporter.

Le directeur est un monsieur soigné de sa personne. Il se tient droit, presque perpendiculaire. Comme un sapin. Mais il est agité d'un tic nerveux. C'est très désagréable à voir. A intervalles réguliers, il glisse sa main droite dans la poche de son gilet. Il semble chercher fiévreusement quelque chose. Puis il retire brusquement sa main comme si le fond de sa poche lui avait brûlé les doigts. Et sur son visage apparaît une grimace de douleur et d'angoisse. Cela dure quelques instants. Il retrouve peu à peu son calme. Bientôt, il recommence. Il enfonce à nouveau ses doigts dans la poche gauche de son gilet pour les retirer aussi vite avec la même grimace de douleur.

J'ai pensé qu'il devait s'agir d'une maladie. Il est à la retraite, il est vieux, et lorsqu'on est vieux, on souffre toujours d'une maladie ou d'une autre.

J'ai appris plus tard que le directeur a un fils d'une trentaine d'années qui vit près de nous, au foyer. Ce fils dort toute la journée. Le soir il sort et passe toutes ses nuits dehors, dans les cabarets et les tripots. Au petit matin il rentre ivre. Quelquefois, il rentre dans la nuit pour réclamer de l'argent à son père. Alors, c'est le drame, car si son père ne lui octroie pas la somme réclamée, il est roué de coups et torturé jusqu'à ce qu'il cède.

Le directeur ne crie jamais pendant que son fils le torture pour ne pas attirer l'attention des étudiants qui habitent sur le même palier. Stoïque, il subit le martyre en silence. Il ne porte non plus aucune plainte contre son fils. Par crainte du scandale. Car si d'aventure le conseil d'administration apprenait ce qui se passe au foyer, père et fils seraient immédiatement expulsés. La dernière fois ce fils indigne, ne recevant pas l'argent réclamé, tortura son père pendant plusieurs heures et, à la fin, lui arracha la montre en or avec chaînette qu'il portait dans la poche de son gilet. C'était une montre à laquelle le directeur tenait comme à la prunelle de ses yeux. Elle avait appartenu à son grand-père et à son père, qui l'avaient possédée eux-mêmes jusqu'à leur mort.

Le lendemain, le directeur, malade, garda le lit pour plusieurs jours. Après il reprit son travail. Mais il n'était plus comme avant. Il avait subitement vieilli, était presque méconnaissable. Et il avait contracté un tic nerveux : il cherchait sans arrêt sa montre. Et ne la trouvant pas, il se rappelait cette scène abominable, lorsque son propre fils, l'ayant maltraité et laissé inanimé sur le plancher, s'en était allé avec sa montre rouler dans sa débauche habituelle.

Je comprenais maintenant pourquoi cet homme aimait tellement la poésie écrite pour mon père. Je représentais à ses yeux l'image du fils idéal : un fils aimant son père qu'il ne roue pas de coups et qu'il ne vole pas. Le fils qu'il n'avait pas la chance d'avoir.

Depuis que j'appartiens au foyer, le directeur achète toutes les revues littéraires. Après les avoir lues il me les prête, et nous en discutons ensemble. Mais je devine que ce qu'il désire le plus, c'est de trouver dans les revues de nouvelles poésies où je parle avec amour de mon père.

A cause de cette amitié que le directeur du foyer me témoigne, je devrais me sentir bien loti dans cette accueillante demeure. Mais c'est le contraire qui se produit. Le drame de cet homme qui est battu, volé, persécuté par un fils dénaturé, me pèse et me rend malheureux. Je conçois que c'est peut-être exagéré. On parle beaucoup de l'irritabilité, de l'hypersensibilité des poètes. Mais le poète ne voit jamais l'injustice là où elle n'existe pas. Chaque infraction à la beauté morale scandalise le poète et l'afflige, car il la perçoit comme une injure à la beauté cosmique et à l'harmonie universelle [1].

J'ai encore une autre raison d'être assombri. Le ciel au-dessus de Bucarest est comme une coupole grise de plomb. Comme dans une poésie de Bacovia :

L'automne et l'hiver
Descendent tous les deux
Il pleut et il neige,
Il neige et il pleut.

En cet automne de 1937, l'atmosphère à Bucarest est pesante. Accablante. Comme si la coupole de plomb du ciel reposait sur nos têtes. Comme s'il y avait une menace dans l'air, on ne sait trop laquelle, mais grave, imminente. On est conscient que quelque chose de terrible, d'irréparable est en train de se préparer pour s'abattre sur la ville, sur la Roumanie, sur l'Europe entière.

Quelquefois, on a l'impression que le vent qui vient de l'est traîne avec lui comme une odeur de sang. Ce n'est pas étonnant et n'est pas qu'une image : au pays des soviets, Staline, sans désemparer, multiplie les purges. Il assassine jour et nuit, par dizaines de milliers, multiplie ses camarades de crime, ses complices, les coauteurs de millions de meurtres qu'ils commencèrent à perpétrer en octobre 1917 et qui n'ont pas cessé d'en commettre depuis. Pas une seule journée.

On voit partout, dans les journaux, affichée dans les kiosques sur la Calea Victoria, la photographie du négus, avec sa pèlerine noire. Tel un oiseau maléfique, qui vole de capitale en capitale, réclamant une aide quelconque pour sauver son royaume envahi par les Italiens. La photographie du négus est comme un drapeau noir de détresse qui flotte un peu partout. C'est un signe de malheur, un présage de calamités...

La radio parle à longueur de journées des massacres de la guerre civile d'Espagne. Des religieuses violées, des monastères incendiés, des églises profanées. Là-bas, l'Armée rouge combat pour instaurer une bénéfique dictature soviétique espagnole. Comme en Russie. Les troupes antisoviétiques combattent elles aussi avec acharnement. L'issue de la guerre d'Espagne sera, soit une dictature soviétique, soit une dictature antisoviétique. Mais indubitablement une dictature. Car l'Europe et le monde sont entrés dans l'ère des dictatures.

Mais il y a plus que les faits concrets. Il y a les présages. Des signes précurseurs qui surgissent avant les grandes catastrophes. Les cataclysmes, comme les tremblements de terre, le déluge, la disparition de villes englouties par la terre ou les raz de marée, sont toujours précédés

1. Cité de mémoire, d'après Charles Baudelaire : *Notes nouvelles sur Edgar Poe.*

par des signes. Toutes sortes de signes. Des coqs qui chantent la nuit à des heures inhabituelles. Les fourmis qui désertent les fourmilières, les rats qui fuient les caves et se réfugient en rase campagne, des nuées d'insectes qui s'abattent sur les villes. Si ces signes se produisent, le malheur est proche, ou des calamités comme celles qui se sont abattues sur Sodome et Gomorrhe, où tomba une pluie de feu et de soufre, comme le séisme qui détruisit San Francisco et Lisbonne ou le désastre universel qui surviendra à la fin du monde et qui nous fut annoncé dans l'Apocalypse...

Des signes similaires sont apparus à Bucarest en cette fin d'année de 1937. Des signes qui ne trompent pas. On sait que les loups vivent et chassent en solitaires. Si les loups se réunissent en bandes, cela signifie qu'ils vont attaquer. Les bergeries seront dévastées, les troupeaux décimés, les villages vivront sous la terreur et les voyageurs seront dévorés.

A Bucarest, les partis politiques se sont constitués en bande. Exactement comme les loups. C'est un signe que la catastrophe est proche. Car les partis politiques sont pires que les loups. Ils se déchirent et s'entre-dévorent. Pendant les campagnes électorales, ils s'affrontent à coups de couteau et de fusil. Les campagnes électorales se soldent par des morts, des estropiés, des veuves et des orphelins. C'est une calamité publique.

Or, le 25 novembre 1937, les partis politiques de Roumanie se sont affiliés en une seule bande. Comme les loups. Ils ont fait alliance. Ils ont signé un pacte de non-agression. C'est un acte contre nature. Les agneaux ne peuvent pas s'allier avec les loups et les chacals. Les poules et les colombes ne peuvent pas s'allier avec les vautours et les rapaces. Ce n'est pas dans l'ordre des choses. Si cela arrive, c'est le présage d'un grand bouleversement, comme la fin du monde.

Et c'est ce qui vient de se produire à Bucarest. Les partis démocrates ont fait alliance avec les partis totalitaires et les adeptes des dictatures. Julius Maniu, le leader des démocrates, s'est fait photographier main dans la main, dans une station de sports d'hiver, près de Predeal, avec Corneliu Zelea Codreanu, le capitaine de la Garde de Fer.

Les partis politiques des juifs autochtones du docteur Willy Fielderman, le parti des juifs non autochtones de Théodor Ficher ainsi que les autres organisations de juifs se sont coalisés avec des partis politiques antisémites.

Les partis hongrois antiroumains se sont alliés avec les partis roumains antihongrois.

Toutes ces alliances sont contre nature. Elles sont de mauvais présages.

Les poésies que je compose maintenant sont empreintes de l'angoisse qui règne partout. Le soir, lorsque je contemple la lune, elle m'évoque le casque d'un gendarme ennemi qui me guette derrière la colline et me poursuit. J'écris une poésie à mon père en lui disant que, si la catastrophe se déclenche, je laisserai mon corps sur le champ de bataille aux mains des ennemis, et mon âme, comme une tourterelle gémissante, effrayée par les balles, retournera au colombier, au presbytère, chez nous.

Le 20 décembre 1937 eurent lieu les élections législatives. Les grands partis politiques qui dirigent le pays depuis l'indépendance ont été mis en minorité. Ils ne peuvent plus former le gouvernement, comme par le passé. Le grand vainqueur des élections est Corneliu Zelea Codreanu, le capitaine de la Garde de Fer. Son programme est simple : le parti unique et la dictature. Le royaume de la Grande Roumanie est tout jeune. Il a dix-neuf ans. Deux ans de moins que moi. Notre peuple n'est pas accoutumé à une organisation démocratique. Nous avons vécu pendant des siècles et des siècles sous l'occupation étrangère. Le gouvernement, chez nous, fut toujours l'affaire de l'envahisseur étranger, jamais celle du peuple. Un ministre est le représentant de l'occupant. A cause de cela, on persifle : « Sur la tombe d'un ministre, seuls les ânes viennent pleurer. »

La plupart des partis politiques sont composés par les anciens dignitaires de l'Empire ottoman qui occupèrent le pays pendant cinq siècles. Après l'indépendance, ces dignitaires des Turcs ont simplement changé de vêtements et de titre et ont continué à diriger le pays comme auparavant. Au lieu d'être des caimacans, des vizirs ou des agas, ils sont devenus ministres, députés, préfets. Au lieu de porter le caftan, le turban, le fez et des babouches, ils revêtent l'habit, le haut-de-forme et la jaquette. Mais les méthodes de gouverner sont restées fondamentalement les mêmes. Inchangées. Les partis politiques de chez nous sont des sociétés anonymes, pour l'exploitation du vote universel, au bénéfice des actionnaires. On exploite le vote universel, comme on exploite une mine d'or, ou un terrain pétrolifère.

Quelques jours après les fêtes de Noël, le 29 décembre 1937, le roi charge le poète Octavian Goga de former le nouveau gouvernement. Je suis au comble du bonheur. C'est un grand poète qui est devenu ministre. C'est un poète qui dirige le pays. C'est un poète qui gouverne la Roumanie.

Chaque Roumain connaît par cœur au moins une poésie du poète Octavian Goga. Il aime passionnément la Roumanie. Il chante la patrie dans toutes ses poésies. La Roumanie est sa bien-aimée. Et voici qu'il devient son Premier ministre.

Octavian Goga est poète comme moi, il est mon aîné et mon camarade. Il est né comme moi dans un presbytère. A Rasinari, en Transylvanie, un des plus beaux villages de Roumanie. Son père y était prêtre. La plupart de ses ancêtres furent prêtres et maîtres dans les beaux villages de Transylvanie. Comme les miens le furent en Moldavie.

Octavian Goga a subi la prison, l'exil et la persécution en combattant pour l'indépendance et l'intégrité de la Roumanie.

Platon, dans *la République,* exclut les poètes du gouvernement. Il redoute les poètes car ils peuvent enflammer les foules. Les poètes sont des concurrents dangereux pour les politiciens. En conséquence, Platon les a exclus des affaires publiques [1]. Mais d'autres philosophes savent que tout ce que les hommes politiques firent d'important le fut dans les instants où ils étaient inspirés comme les poètes [2].

Cette nuit, la neige est tombée en abondance sur Bucarest. La capitale de la Roumanie est tout de blanc vêtue, comme dans un manteau d'hermine, pour fêter l'instauration d'un poète à la tête du pays. Le palais royal – sis à proximité de mon foyer – est illuminé pour recevoir le poète qui dirige le pays.

De retour au foyer, je trouve un billet sur mon lit. C'est le directeur qui m'invite à venir le voir d'urgence. Il est très tard et je n'ose pas me rendre chez lui à cette heure. Le lendemain, il est venu me réveiller lui-même, très tôt le matin.

– Vous n'avez pas trouvé mon billet? me demande-t-il. Je vous ai laissé un mot sur votre lit, en vous priant de venir me voir immédiatement.

– Je suis rentré bien tard, ai-je dit. Je n'osais pas vous déranger...

– Il fallait venir, à n'importe quelle heure. Il s'agit d'une affaire grave. Très grave. Pourquoi êtes-vous rentré si tard?

– Je suis sorti avec les jeunes poètes. Nous voulions nous réjouir ensemble de la venue d'un poète à la tête du pays.

– C'est justement de poésie que je veux vous parler. Il ne s'agit pas de la poésie d'Octavian Goga. Mais de vos poésies à vous. Je vous attends dans mon bureau. La situation est très sérieuse. Il faut prendre des mesures urgentes. Immédiatement.

– De quoi s'agit-il? demandai-je effrayé.

– Il s'agit de vos poésies, dit le directeur. De votre vie de poète. De votre avenir littéraire. Vous êtes menacé. Vous êtes en danger. Habillez-vous vite et venez dans mon bureau.

7

Quelques minutes après, je me trouve dans le bureau du directeur. Il m'attend. Il est irrité à l'extrême. Il a un dossier ouvert sur son bureau.

– On a déclenché contre vous une campagne abjecte, dit-il. Une campagne de destruction qui tend à vous annihiler. Vous supprimer.

1. Platon, *la République,* 10.
2. *Protagoras,* 320 a.

Complètement. Vous êtes en danger. Vos ennemis se sont rués sur vous. Comme des loups affamés. Avec acharnement. Pour vous dévorer. Vous êtes très jeune, vous êtes seul, vous n'avez personne pour vous défendre et vous conseiller. Mais je le ferai, moi. Je suis là, auprès de vous. Je suis le directeur du foyer où vous habitez. Donc la personne la plus proche de vous. Mon devoir est de vous défendre. De vous secourir. Car tout homme doit secourir ceux qui sont en danger. Et vous l'êtes.

– Mais de quoi s'agit-il?

– Vous n'êtes pas au courant? s'écrie le directeur. Vous ne savez même pas ce qui vous arrive? Ô sainte candeur! Ô *sancta simplicitas*! Regardez ici, monsieur. La moitié de la page littéraire de *Buna Vestire* vous est consacrée. C'est le quotidien au plus gros tirage, le quotidien de la Garde de Fer. On vous y traîne dans la boue. On vous foule aux pieds. Avec férocité. On vous cloue au pilori. Vous êtes accusé de plagiat, de vol et de piraterie littéraires. On vous présente comme un individu dangereux, comme un monstre à abattre...

Je lis. A la deuxième page du journal *Buna Vestire* il y a un long article encadré intitulé *le Plagiaire*. Ma poésie « Lettre à mon père » est reproduite intégralement. A côté d'elle est publiée une poésie de Carianopol intitulée « Lettre à ma mère ». Les deux poésies ont le même nombre de vers. Des vers presque identiques. Il est évident que l'une est copiée sur l'autre. La seule différence entre elles est que l'une est adressée au père et l'autre à la mère. Il y a plagiat, sans aucun doute. Mais je n'ai jamais lu auparavant cette poésie de Carianopol. Lui, je le connais, il est mon aîné d'une dizaine d'années. C'est un poète que j'aime et que j'admire. J'ai dû lire tout ce qu'il a publié. Lorsque j'étais élève, j'ai écrit dans la revue du lycée militaire un très élogieux article sur ses poésies. Quand je suis venu à Bucarest, au printemps de 1936, et que je me suis trouvé sans logement, Carianopol m'en a procuré un chez un de ses camarades d'usine. Car ce poète maigre, triste, grand, travaillait à la fabrique de cartouches, à la Pyrotechnie. Il habite à Dudesti Cioplea, un faubourg éloigné du centre, tout près de l'usine. Il est marié à une très belle femme, élancée et pâle comme une fleur qui s'étiole sans lumière et sans air.

Il habite un vieux pavillon presque délabré où il vit très pauvrement, comme tous les ouvriers. Dans le corridor de son logement il range sa bicyclette, qu'il enfourche chaque matin à cinq heures pour se rendre à l'usine. Il est un poète de très grand talent. Il a le don inné des tziganes hongrois qui interprètent au violon les plus grandes œuvres, sans même en connaître les notes. C'est un autodidacte. S'il a plagié ma poésie, il l'aura fait sans le vouloir et sans le savoir. Je suis plutôt flatté qu'il m'ait plagié. Cela prouve qu'il a tellement aimé ma poésie qu'elle lui est restée dans la tête au point de se l'approprier, qu'il s'est tellement identifié à elle qu'il l'a reproduite telle quelle. Inconsciemment. Comme si c'était la sienne.

– C'est parce que vous avez écrit cette poésie pour votre père que je vous ai reçu au foyer, dit le directeur. C'est une œuvre sublime. Nulle part je n'ai trouvé, exprimés avec une telle force, les sentiments de piété filiale. Votre poésie a paru dans *la Vie littéraire* il y a plus d'un an. Je suis allé hier à la rédaction de la revue et j'ai acheté le numéro où votre poésie fut publiée. J'ai acheté aussi la revue où Carianopol a publié sa poésie. Et j'ai examiné tout ça. La poésie de Carianopol a été publiée il y a à peine huit jours. Donc une année après la vôtre. Il est clair qu'il y a plagiat. Et que le plagiaire n'est pas vous, mais Carianopol. *Buna Vestire* a commis un acte criminel en inversant les rôles. Je vous ai cherché hier toute la journée. Il convient de prendre des mesures urgentes. Il faut protester, vigoureusement, il faut se défendre. L'accusation portée contre vous est très grave. Elle vous porte préjudice. Elle menace votre carrière. Si vous ne protestez pas, cette injuste accusation vous poursuivra toute votre vie. Et même au-delà. Après votre mort, on dira : « Il fut accusé de plagiat. » Eh bien, moi, j'ai réagi tout de suite. Ne vous trouvant pas, je suis allé aux rédactions respectives et j'ai acheté les exemplaires des numéros où ont été publiées les deux poésies. J'ai écrit ensuite une lettre de protestation adressée au quotidien *Buna Vestire*, à cet odieux M. Stagnatu qui a signé l'article injurieux contre vous. Je lui ai demandé de publier ma lettre de protestation, de rétablir la vérité. J'ai porté moi-même la lettre au journal. Je voulais parler à M. Stagnatu. Mais il était absent. J'ai demandé à parler au directeur du journal ou à M. Cardu, le rédacteur en chef. Ils n'y étaient pas non plus. Ni l'un ni l'autre. Peut-être s'y trouvaient-ils et n'ont-ils pas voulu me recevoir. J'espérais qu'ils publieraient ma lettre en faisant la mise au point nécessaire. Mais en parcourant ce matin le journal, j'ai constaté qu'ils n'ont rien fait à propos de cette affaire. Il faut que vous alliez immédiatement à ce journal exiger qu'il se rétracte. Qu'on fasse les rectifications qui s'imposent. Car ce n'est pas vous le plagiaire. Vous êtes la victime, le plagié. C'est l'évidence même. Comment auriez-vous pu plagier une poésie de Carianopol publiée plus d'un an après la vôtre? On plagie ce qui existe, on ne peut pas plagier ce qui n'existe pas. Quand vous avez écrit votre poésie, celle de Carianopol n'existait pas. Comment auriez-vous pu plagier une œuvre qui n'existait pas? C'est absurde! C'est inconcevable! La prise de position du journal est odieuse. Précipitez-vous à la rédaction. Il ne faut pas vous laisser calomnier et injurier. Vous êtes à l'aube de votre carrière littéraire. Vous avez déjà fait tant de sacrifices pour elle! Allez-y. Chaque fois que vous aurez besoin de moi, je vous seconderai. Je ferai tout pour vous défendre.

Je prends le dossier que le directeur du foyer a établi et je pars à la rédaction du journal *Buna Vestire*, le grand quotidien de la Garde de Fer. Il neige sur Bucarest à gros flocons. Le trottoir est couvert d'une neige épaisse, comme un immense tapis blanc. Mais dès que je plonge les pieds dans la neige, elle se transforme en boue.

8

J'arrive à la rédaction du journal *Buna Vestire* pour parler à M. Stagnatu, l'auteur de l'injurieux article contre moi. Les bureaux sont au premier étage. Dès que je pénètre dans la rédaction je me sens à mon aise. Car il y a dans toutes les rédactions la même odeur de papier, d'encre d'imprimerie, de plomb fondu transformé en lettres par les linotypes. Dans la rédaction du journal *Buna Vestire*, je ne retrouve aucune de ces odeurs. Ici, il y a en revanche une très forte odeur de cuir. Tout le monde, ici, s'habille de cuir. Ils portent des manteaux, des bottes, des ceinturons et des baudriers en cuir. C'est l'uniforme des légionnaires, des membres de la Garde de Fer. Ils portent les mêmes longs manteaux en cuir que Hitler et les autres chefs de l'Allemagne nazie.

Lors de sa fondation, le 24 juin 1927, la Garde de Fer avait pour uniforme le costume national blanc, avec de beaux sarraus en bure noire. Plus tard, pour s'identifier aux autres organisations fascistes qui portaient des chemises de couleur brune, noire ou bleue, la Garde de Fer choisit la chemise verte. Mais, le 11 octobre 1937, la Garde de Fer adopta l'uniforme des organisations militaires et paramilitaires allemandes. L'adoption par la Garde de Fer de l'uniforme hitlérien s'est faite brusquement, sans nulle préméditation.

Le 9 octobre 1937, le doyen d'âge de la Garde de Fer, le général Cantacuzène, décéda. Il avait soixante-huit ans. C'était un prince, descendant des empereurs de Byzance. Un héros de la guerre d'indépendance. Le général léguait tous ses biens à la Garde de Fer. Son hôtel particulier, qui se trouvait au centre de Bucarest, au numéro 3, rue Gutenberg, devint le siège central de la Garde de Fer. Le vieux général était chevalier de l'ordre de Michel-le-Brave, le plus prestigieux ordre militaire, qui n'était conféré que pour un acte de bravoure sur le champ de bataille. Les chevaliers portaient de belles pèlerines blanches et avaient droit en toutes circonstances aux suprêmes honneurs.

A leur mort ils avaient des funérailles nationales. La Garde de Fer voulait faire au général des funérailles légionnaires comme pour Motza et Marin, qui moururent en Espagne. Le roi demanda à la famille du général défunt de choisir entre les funérailles nationales et les funérailles légionnaires. Elle opta pour les funérailles nationales.

On imposa une restriction à la Garde de Fer : aux cérémonies funéraires, les membres de la Garde de Fer n'auraient pas le droit de porter les chemises vertes. C'était renoncer à leur uniforme.

La Garde de Fer accepta mais pour contourner l'accord, elle changea d'uniforme pendant la nuit. Le capitaine Codreanu fit importer d'Allemagne des milliers d'uniformes hitlériens.

Aux funérailles du général Cantacuzène, le 11 octobre, les membres de la Garde de Fer étaient habillés en manteau de cuir, avec bottes, ceinturons et baudriers semblables à ceux des unités et organisations allemandes.

Ils marchaient parfaitement alignés, en cadence, dignes, suivant le cercueil dans une discipline rigide. A partir de ce jour, les membres de la Garde de Fer portèrent le même uniforme que les unités de Hitler.

Au journal *Buna Vestire*, tout le monde est vêtu de cuir : les dactylos, les rédacteurs, les typographes, les garçons de course, tous portent les nouveaux uniformes. Aussi sent-on partout très fortement le cuir. On se croirait dans une sellerie, une boutique de maroquinerie ou d'articles en cuirs et peaux.

Stagnatu me reçoit dans son bureau. C'est un jeune homme falot au visage allongé, osseux, chevalin, au teint olivâtre. Il est le rédacteur en chef du journal ou, plus précisément, le responsable de la page littéraire. Son bureau est absolument dépouillé, presque vide. Telle une cellule de prison. Il est meublé d'une table en bois blanc et de deux chaises. Aux murs, les portraits de Corneliu Codreanu, le chef de la Garde de Fer, et ceux de Motza et Marin, les deux légionnaires morts en Espagne, ainsi que la devise de la Garde de Fer, empruntée aux franquistes : « Tout pour la patrie. » Stagnatu porte la chemise verte, avec ceinture et baudrier. Sur la porte est suspendu son manteau de cuir. Il me regarde fixement et me dit :

– J'ai reçu votre lettre. Vous l'avez signée d'un nom fictif. Le nom d'un directeur de foyer d'étudiants. Pourquoi n'avez-vous pas le courage de la signer de votre propre nom? Pourquoi êtes-vous lâche, poète?

– Cette lettre, ce n'est pas moi qui l'ai écrite. C'est effectivement le directeur de mon foyer. Ce n'est pas une lettre anonyme.

– Laissez-moi parler, poète, ordonne Stagnatu. Je n'ai pas beaucoup de temps à vous accorder. Ici nous travaillons. Nous sommes des légionnaires. Nous ne gaspillons pas notre temps en bavardages. En dehors de ce que vous m'avez écrit dans cette lettre anonyme, avez-vous autre chose à ajouter? Vous n'êtes pas content de mon article? Je vous comprends. Il va de soi que vous ne l'aimiez pas. Je vous ai démasqué. Je vous ai mis au pilori. Vous avez plagié. Nous, nous sommes un journal légionnaire. Cela veut dire qu'il est correct. Notre devise est la probité, l'honneur. Nous ne saurions passer sous silence les vols, les plagiats, la piraterie littéraire. Les temps ont changé. Ce n'est plus le règne de la malhonnêteté, de l'imposture. Nous avons créé un *ordre nouveau* moral, propre. Et nous allons l'imposer à tout le pays pour son bien, afin que notre peuple puisse enfin respirer l'air pur. L'article que nous avons rédigé contre vous fait partie de cette campagne d'assainissement des arts et lettres de la Roumanie. Je pense que vous ne trouvez plus rien à redire. Les faits sont clairs, précis. Vous avez plagié et vous avez reçu votre punition : vous avez été sanctionné.

– Ce n'est pas moi le plagiaire, dis-je fermement. Regardez les dates des publications des deux poésies. Lorsque j'ai publié la mienne, celle de Carianopol n'existait pas. Il l'a donnée une année après moi. Comment aurais-je pu le plagier dans ces circonstances?

– Ne répétez donc pas toujours la même chose. C'est monotone. Cela, vous me l'avez déjà écrit dans votre courageuse lettre anonyme. Vous voulez peut-être insinuer que c'est Carianopol qui vous a plagié? Dites! Est-ce cela que vous voulez insinuer?

– Exactement. Sa poésie est publiée plus d'une année après la mienne. Le plagiaire ne peut être que lui, et non moi.

– Vous rendez-vous compte, poète, de ce que vous venez de dire? Êtes-vous conscient de la gravité de vos paroles? Vous accusez Carianopol de plagiat?

– Ce sont les faits qui l'incriminent, pas moi.

– Ce que vous prétendez est très grave, poète. C'est l'absurdité même. Devant de telles paroles, je m'étonne que le ciel ne vous tombe pas sur la tête. Carianopol ne saurait être accusé de plagiat. Jamais. Vous ne le savez pas? Et du moment que Carianopol ne *peut* être soupçonné, le plagiaire, c'est vous. Et je vous ai dénoncé dans mon article. Est-ce clair?

– Je ne pouvais pas plagier une poésie qui n'existait pas. Et je tiens à ce que vous fassiez une rectification. Car j'ai raison et dois répondre.

– Vous avez raison? s'écrie Stagnatu outré. Répétez-moi ça. Vous voulez dire que c'est Carianopol qui a tort? Parce qu'il a publié sa poésie une année après vous?

– C'est exactement ça que je veux dire.

– Carianopol ne peut pas avoir tort, poète. Jamais. Il a raison.

– Pourquoi a-t-il raison?

– Parce qu'il est légionnaire, poète. Un légionnaire a *toujours* raison. Avez-vous compris? Vous n'êtes pas un légionnaire. Vous ne pouvez donc pas avoir raison. Pourquoi vous obstiner à ne pas comprendre des choses aussi simples? Vous raisonnez comme autrefois. Vous ne regardez pas autour de vous pour vous rendre compte que le monde a changé, qu'il y a un nouvel ordre? Nous sommes entrés dans une nouvelle ère. Vous ne sentez pas l'odeur qui est dans l'air?

Dans l'air il y a, en effet, une tenace odeur de cuir. L'odeur particulière des manteaux et des bottes en cuir...

Je me lève et quitte ce bureau. Je viens de faire connaissance avec la dictature. La véritable dictature. La tyrannie vient de s'installer en Roumanie, dans toute l'Europe, comme elle existe en Allemagne et en Russie soviétique.

Je rentre au foyer. Désespéré, pantois. J'ai tout abandonné, tout sacrifié pour être poète. Mais on ne peut pas être poète sous la dictature. C'est impossible. Tous mes sacrifices ont été vains. Absolument vains. Car la dictature étend son empire partout...

9

Je téléphone à Radu Gyr et lui fais part de la monstrueuse conduite de Stagnatu et de son journal. Il m'invite à passer chez lui. Radu Gyr est le poète officiel de la Garde de Fer. C'est lui qui a écrit tous les hymnes et toutes les marches que les légionnaires chantent. Il m'apprécie depuis longtemps. En 1935, lorsque j'étais élève, il est venu au lycée militaire, accompagné de mon professeur August Pop, pour me rendre visite. Il est conférencier à la faculté de lettres. Radu Gyr est de haute taille, massif, proéminent. Mais sa voix est suave comme de la soie, et toutes ses paroles sont de la poésie. Je suis certain que Radu Gyr me comprendra, qu'il mettra les choses au point. Il est le commandant des écrivains légionnaires. Il habite une très belle petite maison, à la périphérie. Son épouse est une très belle femme, cultivée. Ils ont une fillette de six ans, qui s'appelle Luminitza – la Petite Lumière – et pour laquelle il a écrit de charmantes poésies.

C'est la Petite Lumière qui m'ouvre la porte. Elle me reconnaît, car je suis venu plusieurs fois chez Radu Gyr. La maison est meublée avec un goût très sûr. Elle étincelle de partout. En entrant chez Radu Gyr on pénètre dans un monde lumineux, où on respire la propreté : l'odeur de cire d'abeille avec laquelle on encaustique le parquet jointe à celle de la lavande et du mélilot qui embaume la lingerie dans les armoires.

– *Salve carissime* poète! dit Radu Gyr.

Il se réjouit que je lui rende visite. La Petite Lumière s'assoit à côté de moi pendant que l'épouse du poète nous sert du café.

– Vous avez lu l'article injurieux dans *Buna Vestire*? dis-je. Je suis venu vous demander de faire justice. J'ai publié la « Lettre à mon père » un an avant Carianopol. Je ne pouvais donc pas le plagier. C'est lui qui m'a plagié. C'est une injustice criante de m'accuser, comme le fait *Buna Vestire*, sur trois colonnes, de vol, de plagiat, de piraterie. Stagnatu sait pertinemment que je ne suis pas coupable. Les faits sont avérés, éclatent jusqu'au ciel.

– Vous êtes allé voir Stagnatu pour lui exposer les faits? demande Radu Gyr. Qu'a-t-il répondu quand vous lui avez exhibé vos preuves?

– Il a dû accepter les faits. Mais il a refusé de publier un rectificatif, en m'affirmant que je suis le coupable, même si j'ai raison. Il nie l'évidence.

– Comment cela? s'étonne Radu Gyr.

– Stagnatu m'a dit : « L'argument que vous apportez est juste... C'est Carianopol qui a plagié. Mais il n'est pas coupable. Parce qu'il est légionnaire. Le coupable, c'est vous, qui n'êtes pas légionnaire. C'est donc vous le plagiaire. »

– Il vous a dit cela? demande Radu Gyr, tout sourire, alors qu'il se devrait d'être scandalisé. Ses lèvres frémissent de plaisir.

– Vous approuvez la conduite de Stagnatu? demandé-je, inquiet.

– *Si*, poète, dit Radu Gyr. J'approuve pleinement la conduite du camarade Stagnatu. Certes, vous êtes une victime. Je le regrette infiniment pour vous. La justice est de votre côté, vous êtes innocent. Mais j'approuve la conduite du camarade Stagnatu. Je l'admire, même.

– Vous ne pouvez pas dire cela, c'est monstrueux!

– Le camarade Stagnatu est un légionnaire, un combattant. Prêt à mourir pour épargner la Roumanie et l'Europe de la terreur soviétique. Les légionnaires sont les soldats de l'Europe. Ils défendent la Civilisation. Ils sont en plein combat, dans la ligne de feu. Ils ne vont pas s'encombrer de petits problèmes de conscience. Est-ce le moment? Ils livrent un combat sans merci, à la vie à la mort. Tous ceux qui ne sont pas dans la Légion sont contre elle. Ils sont des ennemis. C'est la logique du combat. Depuis toujours. Il faut la comprendre. Stagnatu a raison, il est un bon combattant.

– Vous affirmez donc que j'ai tort tout en ayant raison?

– *Si, carissime* poète, dit Radu Gyr. Vous avez tort de ne pas entrer dans la Légion. La Garde de Fer vous attend. Pourquoi hésitez-vous? Vous êtes chrétien, roumain de vieille souche, vous aimez passionnément votre patrie. Faites comme Alexandre le Grand : coupez le nœud gordien, entrez dans la Garde de Fer. Nous atterrirons ensemble, main dans la main, comme deux archanges d'argile, sur la verte prairie de la Légion. Stagnatu et ses camarades vous porteront aux nues dans leurs articles. Dans tous les journaux ils loueront la limpidité de vos poésies et de votre âme. Demain, nous établirons un ordre nouveau, de justice et d'honneur. Et vous serez le chantre et le barde de notre victoire!... A mes côtés, engagez-vous dans la Légion! Vous auriez tort de retarder cette échéance car un jour ou l'autre vous serez *forcé* de le faire... Demain il n'y aura pas place, dans tout ce grand pays, pour tous les réprouvés qui nous dédaignent aujourd'hui!

Je me lève, prêt à m'enfuir. La Petite Lumière, la fillette de Radu Gyr, me serre la main. Elle me supplie de rester encore. De ne pas partir tout de suite. Elle a trouvé un argument :

– Si vous entrez dans la Légion, on vous donnera un beau manteau en cuir, comme à mon papa. Vous avez vu le manteau en cuir de mon papa? Venez que je vous le montre.

Je regarde le manteau en cuir du poète. Il est accroché dans le hall. Il m'évoque ces manteaux de peau d'Adam et d'Ève, dont nous parle la

Bible : « Avant de les expulser du paradis, Dieu recouvrit l'homme et la femme de manteaux de peau. » Des peaux de bêtes [1]. C'est l'uniforme de l'homme déchu. La dépouille de l'homme abêti.

10

Je raconte au poète Tudor Arghezi, au téléphone, l'outrage et la calomnie que je viens de subir. Il avait lu l'article de Stagnatu, dans le journal *Buna Vestire*. Il en est indigné. Mais il ne me dit pas que de tels méfaits se perpètrent depuis que le monde existe et se perpétreront jusqu'à la fin des temps. Il me dit que le devoir d'un champion est de subir les coups, justes et injustes, sans chanceler. Et de poursuivre son combat, imperturbablement. Tudor Arghezi est le plus grand poète contemporain de Roumanie, et le deuxième grand poète de notre peuple, après Mihai Eminescu. C'est un homme sage, ayant une grande expérience de la vie. Il a été tour à tour moine, chimiste dans une fabrique de sucre, apprenti horloger en Suisse, polémiste redoutable. Il a même fait de la prison à cause de ses opinions. Maintenant il est riche et vit dans un vaste domaine à Martzisor, près de Bucarest.

Tudor Arghezi publie depuis plusieurs années, régulièrement, mes poésies dans sa petite revue *Bilete de Papagal*. Quand j'étais élève, il m'écrivait des lettres d'encouragement. Depuis que je suis à Bucarest, je le rencontre souvent. Régulièrement. Il me donne toujours rendez-vous chez les éditeurs Socec et Alcalay, sur Calea Victoria. Si j'ai un tourment trop grand, je lui téléphone, le soir. Il me garde au bout du fil, longuement, en me posant toutes sortes de questions et en me prodiguant des conseils.

Je n'étais jamais allé à Martzisor. C'est la première fois qu'il m'invite chez lui. Je le trouve, à l'étage de sa grande et belle maison, dans une pièce transformée en chambre d'hôpital. Tout y est blanc : les murs, le plafond, le lit, le couvre-lit, la table de chevet... Tudor Arghezi est au lit. Il est vêtu d'une chemise blanche, comme la neige. Outre le lit et la table de chevet, il n'y a presque rien dans sa chambre. Elle est vide. Comme une cellule de moine. Il a un livre ouvert, qu'il dépose sur la couverture. Il me dit :

– Pardonnez-moi de vous avoir fait parcourir une si grande distance pour venir chez moi mais, comme vous voyez, je suis malade. Je ne puis descendre en ville. J'ai la grippe. A cause de cela, je ne vous serre même pas la main et j'ai disposé votre siège loin de mon lit. La grippe est contagieuse... J'ai transformé cette pièce en infirmerie car il n'est pas recommandé que le malade réside parmi les bien-portants d'une maison. Je suis en quarantaine.

1. Genèse, 3, 21.

Le parquet brille comme un miroir. Sur la table de chevet il y a un verre à moitié rempli avec une rose blanche.

– J'ai annoncé à mes enfants que vous viendriez me voir. Ils sont très contents car ils vous connaissent. Je leur ai parlé longuement de vous et ils sont impatients de vous voir. C'est la première fois qu'ils verront un jeune poète. Ils n'ont guère vu jusqu'ici que des poètes de mon âge. Ils publieront dans leur journal un article sur votre vie. Car ils publient un journal, qui s'appelle *Martzisor*, avec tous les événements qui se passent ici, chez moi.

Tudor Arghezi appuie sur le bouton de la sonnette blanche attachée à sa table de chevet. Peu après on frappe à la porte et apparaissent deux enfants. Mitzura, une fillette âgée de moins de dix ans. Elle a des nattes. Ses joues ont la couleur peau-de-pêche. Et le garçon, plus petit, en culotte courte. Sa tête est ronde comme un ballon, son œil perçant. Il s'appelle Baroutiu. Tout le monde les connaît, car Tudor Arghezi leur a consacré plusieurs poésies qui figurent déjà dans nombre de manuels scolaires. Les enfants s'approchent de moi. Mitzura me fait une révérence et Baroutiu me serre la main.

– Dans notre prochain numéro, annonce d'emblée Mitzura, nous écrirons que vous êtes venu nous rendre visite à Martzisor. Nous publierons un article en première page. Papa vous a dit que Baroutiu et moi nous faison un journal? Nous sommes seuls rédacteurs. Nous relatons tous les événements qui se produisent à Martzisor. Bientôt nous imprimerons nous-mêmes notre journal. Avez-vous vu la typographie de papa? Elle est dans la maisonnette qui se trouve à droite de la maison. Vous auriez dû la voir en arrivant. Papa a la linotype et tous les accessoires pour imprimer un journal. Pendant les grandes vacances d'été, papa nous apprendra la typographie. Papa pourrait, s'il le voulait, imprimer ses livres tout seul... C'est dommage que papa soit malade et ne puisse pas vous montrer la typographie. Mais vous reviendrez à Martzisor, n'est-ce pas?

Mme Paraskiva Tudor Arghezi apparaît. Elle est originaire du nord de la Moldavie. Elle a le regard tendre et résigné. Elle me serre la main et emmène les enfants. Avant de s'éloigner elle murmure quelque chose à son mari, en lui faisant des signes.

– Savez-vous à qui j'ai parlé de vous, la semaine passée? dit Tudor Arghezi. A Mititza Constantinescu. J'étais chez lui, à la faveur de quelques affaires à régler. Sur son bureau était posé le dernier numéro de *Bilete de Papagal*, ouvert à la page où se trouve votre poésie. Il l'avait préparé spécialement pour me demander qui vous êtes. Il voulait tout savoir sur vous : votre âge, votre taille, si vous êtes brun ou blond. Toute sorte de détails. Il m'a confié avoir lu votre poésie d'innombrables fois, au point de la connaître presque par cœur. Il m'a demandé également s'il pourrait vous faire un cadeau. Je me suis permis de lui répondre affirmativement. Vous n'avez rien reçu?

– De qui?

– De Mititza Constantinescu, dit Tudor Arghezi. Vous ne savez donc pas qui est Mititza Constantinescu?

– Non, dis-je en rougissant.

– Ce n'est pas possible, s'exclame-t-il. Eh bien, je vous le donne en mille! Et quand vous l'apprendrez, vous préférerez même que je vous le donne en cent mille! Le nom de Mititza Constantinescu est imprimé sur tous les billets de banque de Roumanie. Nul billet n'est valable s'il n'est pas revêtu de sa signature. Il est le gouverneur de la Banque nationale. Ils vous fera parvenir quelques billets ornés de son gracieux paraphe. Il est de vos admirateurs...

J'ai du mal à le croire. Je ne me serais jamais imaginé que le gouverneur de la Banque nationale lirait mes poésies. C'est du domaine des contes de fées. C'est un peu comme si l'on me disait que mes œuvres sont lues par Alexandre le Grand, Cléopâtre ou Homère. Le gouverneur de la Banque nationale roumaine fait partie des personnages légendaires. Je sais qu'il existe réellement, mais je ne parviens pas à me l'imaginer physiquement parlant. Et, surtout, je ne l'imagine pas lisant mes poésies!

La porte s'entrouvre doucement. Mme Arghezi entre. Elle porte à présent un grand tablier blanc, comme les infirmières. Elle apporte un plateau et une table pliante. Sur le plateau il y a de la polenta chaude, du fromage blanc, un verre de lait et du miel. Elle pose la table devant moi.

– Je n'ai pas faim, madame, dis-je.

Je suis gêné. Je sens mes joues s'empourprer.

– Prenez, dit Tudor Arghezi. Tout ce que vous avez devant vous est produit sur notre terre. Le maïs est cultivé à Martzisor. Le lait nous est donné par nos vaches. Le fromage est fait ici, par la maîtresse de maison, et le miel par les abeilles de nos ruches. Mangez.

Il n'y a plus qu'à s'incliner. Je pose la serviette sur mes genoux et je commence à manger. En me regardant, Tudor Arghezi me dit :

– Avez-vous, chez vous, dans les bourgades du nord de la Moldavie, de vieilles voitures, toutes rouillées, qui brinquebalent de toute leur ferraille quand elles roulent? Dotez l'une de ces vieilles autos qui menacent de se disloquer à chaque secousse d'un moteur superpuissant et lancez-la, ensuite, à toute vitesse. Imaginez cela! Dans quelques instants il ne restera rien de la carrosserie. Elle volera en éclats. C'est l'image qui me vient à l'esprit en vous considérant. Vous avez un corps fragile. Un corps tout jeune et frêle. Un corps sous-alimenté. Et vous avez dans ce corps une âme comme un moteur superpuissant. Si vous persistez à vivre comme vous le faites, vous vous disloquerez en mille morceaux. Votre corps sera émietté, pulvérisé. Et il ne restera plus rien de vous. Est-ce que vous travaillez beaucoup? Racontez-moi. Qu'est-ce que vous écrivez en ce moment?

– J'essaie d'écrire de la prose, dis-je. Mais j'ai du mal. C'est difficile pour moi. Je ne parviens pas à me débarrasser du style poétique. Je n'ai jamais écrit que des poésies. Stendhal s'imprégnait de la lecture du Code civil, dont il admirait la pureté du style. Eh bien, moi, je voudrais faire une cure de réalisme, de naturalisme et de style « procès-verbal ». Mais c'est à l'opposé de ma nature. Je pense que si je relatais les faits divers dans un journal, pendant quelque temps, j'arriverais à écrire en prose. J'apprendrais à écrire comme on parle.

– Vous voudriez faire la chronique des faits divers? demande Tudor Arghezi.

– C'est l'antidote de la poésie, dis-je. En m'occupant des « chiens écrasés », comme on dit, je devrais être plus terre à terre, naturel, écrire avec des mots de tous les jours. Mon vocabulaire ne comprend pour l'heure que des mots. Des mots précieux. Ma phrase est trop recherchée. Même dans la vie de tous les jours je fais des efforts pour ne pas user de mots précieux et poétiques. C'est un handicap sérieux.

– Dans quel journal voudriez-vous travailler?

– N'importe lequel, dis-je.

– Le journal *Cuvantul* vous convient-il? demande Tudor Arghezi. Nae Ionescu, le directeur, m'a téléphoné pas plus tard qu'hier. Je lui ai rendu naguère un grand service. Il a une dette envers moi. Je lui demanderai qu'il vous engage comme reporter de faits divers à son journal. Vous êtes d'accord pour travailler à *Cuvantul*?

– Ce serait merveilleux de travailler pour un si grand journal.

– Dans ce cas, je téléphone immédiatement à Nae Ionescu pour le prier de vous engager, dit Tudor Arghezi.

Et il me demande abruptement :

– Quel salaire désirez-vous?

– Je ne sais pas, dis-je. Le salaire habituel.

– Quel est le salaire dont vous avez besoin pour vivre? insiste Tudor Arghezi. Il faut que vous me le précisiez. Je ne connais pas votre vie. Il y a des gens qui se débrouillent très bien avec cent lei, pendant que d'autres ne parviennent pas à joindre les deux bouts avec mille lei. Chaque homme a des besoins différents. Il y a des gens malheureux qui ne prennent pas un bain par jour, des gens qui se contentent d'un sandwich ou d'une croûte de pain, et d'autres qui ne peuvent pas avaler si la table n'est pas couverte d'une nappe blanche. C'est une affaire d'éducation, de milieu social, de goûts personnels ou simplement de santé. Les malades ont besoin de plus d'argent pour vivre que les gens bien portants. Vous, de combien d'argent avez-vous besoin pour vivre décemment?

– Je ne sais pas, ai-je convenu. Je ne me suis jamais posé la question, Tudor Arghezi.

Il téléphone pour parler avec Nae Ionescu. Mais personne ne répond.

– Nae Ionescu est un personnage très influent, dit Tudor Arghezi. C'est lui qui a négocié, au nom des partis politiques, avec le roi Carol II à son retour d'exil, en 1930. A Bruxelles, il a organisé les détails de son retour. A l'époque il était le plus ardent partisan du roi Carol II. Depuis il a changé d'opinion. A l'heure actuelle il est à côté de Corneliu Zelea Codreanu, le chef de la Garde de Fer. Il est la vedette de la Garde de Fer. Actuellement, son but politique serait plutôt de détrôner le roi qu'il a jadis aidé à reconquérir son trône. Il combat pour l'instauration d'un parti unique et d'une dictature. Comme en Allemagne. C'est un partisan passionné de l'hitlérisme. Il a des relations puissantes en Allemagne où il a fait des études de philosophie. Vous devez même le connaître : il fut professeur à la faculté de philosophie. Vous suiviez ses cours, n'est-ce pas?

– J'ai passé un examen chez lui, dans ma dernière année. Je ne me compte pas toutefois parmi ses fervents, ses inconditionnels. J'ai assisté deux fois seulement à ses cours, qui sont de grands meetings. De grands spectacles auxquels toute la haute société accourt, toutes les belles femmes de Bucarest... Comme à une première de gala. En tenue de soirée. C'est le même public qu'aux réunions mondaines. Les places libres sont occupées par les membres de la Légion. La Garde de Fer vient assister au cours magistral du professeur Nae Ionescu en colonne par deux, commandant en tête, en uniforme et au pas cadencé. Ses cours se tiennent comme certains procès, avec les portes de l'amphithéâtre largement ouvertes. Parce que les gens qui n'ont pas eu de places à l'intérieur y assistent quand même, entassés dans les corridors et même jusqu'aux lavabos. Il y a toujours des milliers de personnes qui l'écoutent. Il y a de la bousculade. Il est de tradition qu'une ou deux étudiantes se trouvent mal. Ainsi, à chaque cours, on voit les ambulances blanches déboucher toutes sirènes hurlantes, pour secourir des femmes qui se sont pâmées en recueillant la parole sacrée du grand philosophe...

– La rubrique des faits divers n'a pas de couleur politique et c'est une bonne chose pour vous de travailler dans un journal. Une très bonne chose. Quand vous serez reporter à *Cuvantul*, ni *Buna Vestire* ni aucun autre journal n'osera plus vous calomnier, comme cela s'est produit la semaine dernière. Les gens craignent les journalistes. Vous serez muni d'une cuirasse. Je contacterai Nae Ionescu dans la soirée. Je prendrai rendez-vous. Téléphonez-moi demain. Nous irons ensemble à *Cuvantul* pour vous y faire engager. C'est mieux ainsi.

Je remercie et prends congé. Sur le plateau, il ne reste plus une seule miette de polenta ni de fromage et pas une seule goutte de lait. J'aurais pu manger trois fois plus que ce qui se trouvait sur le plateau. Cela n'eût pas été de trop. Car je mourais littéralement de faim.

XIV

LA CHRONIQUE QUOTIDIENNE DE LA VIE A BUCAREST

1

Tudor Arghezi m'a donné rendez-vous à la rédaction du journal *Cuvantul* pour me présenter au directeur. Il arrive à l'heure fixée, sans une minute de retard. Il est emmitouflé et respire difficilement. Il est encore en convalescence, huit jours après que je lui ai rendu visite à Martisor.

La présence de Tudor Arghezi dans les locaux du journal fait sensation. Tout le personnel trouve un prétexte pour passer dans le hall de réception afin de voir de près Tudor Arghezi. Car il descend rarement en ville. Tout le monde connaît son visage, mais peu de gens l'ont rencontré. Le voir de près, en chair et en os, est un événement. Ceux qui l'ont aperçu aujourd'hui, dans le hall, à côté de moi, s'en targueront partout. Je ne suis pas homme, non plus, à l'oublier.

Cuvantul est un des grands quotidiens de Roumanie. C'est un journal auréolé d'un immense prestige. C'est le journal intellectuel par excellence. Son directeur, le philosophe Nae Ionescu, est le plus célèbre professeur universitaire du pays, après Nicolae Iorga. Il a étudié la métaphysique et la logique dans les universités allemandes, ayant pour maîtres les meilleurs philosophes germaniques. Il est l'idole de la jeunesse estudiantine de Bucarest. Les hommes politiques et le gouvernement le consultent sur tous les problèmes graves. Il écrit chaque jour un éditorial qui est reproduit ou commenté par tous les autres journaux, y compris par ses adversaires.

Dans les pages de *Cuvantul* on trouve quotidiennement des articles signés par les professeurs les plus renommés, par les grands écrivains, les artistes célèbres, les généraux, les princes de l'Église et les hommes de science. En un mot, *Cuvantul* est écrit par les journalistes les plus illustres et talentueux de Bucarest.

C'est dans ce journal que Tudor Arghezi aimerait me faire engager comme reporter. Il en a déjà parlé au téléphone avec le professeur Nae

Ionescu qui a promis de lui donner satisfaction. Car on ne refuse rien à Tudor Arghezi. Jamais.

Le cabinet du directeur est luxueux. Des tapis, des tableaux et de beaux meubles de style. Quand nous pénétrons dans son cabinet directorial, Nae Ionescu écrit à son monumental bureau.

Il se lève et nous invite à nous asseoir auprès de lui, dans les immenses fauteuils de cuir. Il a dépassé la cinquantaine. Ses cheveux sont légèrement argentés sur les tempes. C'est un très bel homme brun, aux yeux profonds, ardents, comme des lance-flammes. Des yeux d'hypnotiseur. Il porte un costume anthracite, de coupe classique dans une étoffe luxueuse. Il fait penser à un acteur de cinéma. A côté de nous, sur un fauteuil, est jeté négligemment son manteau, entièrement doublé de vison.

– C'est vous le jeune poète qui souhaite devenir reporter à mon journal? demande-t-il.

Il m'examine minutieusement, de la tête aux pieds.

– Quel âge avez-vous, poète? demande Nae Ionescu.

– J'ai eu vingt et un ans au mois de septembre.

– Vous étudiez la philosophie?

– C'est exact, dis-je en rougissant – car il ne m'a certainement jamais aperçu à ses cours.

– Vous êtes engagé, dit-il brusquement. La recommandation du maître Tudor Arghezi me suffit. A dater d'aujourd'hui vous êtes reporter de faits divers à *Cuvantul.* C'est un dur métier. Apprenez-le bien, il vous sera précieux : le fait divers est la base du journalisme, il constitue l'événement par excellence, donc le fondement de la profession. Il y a de très grands journaux qui ne traitent que des faits divers. Et cela ne les empêche pas d'être des feuilles de premier ordre. Je vous souhaite de devenir un grand reporter.

Nae Ionescu se lève, me serre la main, et je quitte seul le bureau.

2

La nouvelle que je suis devenu reporter de faits divers est tombée au café de la Paix comme la foudre. Mes camarades, les jeunes artistes et écrivains qui s'y réunissent quotidiennement sont révoltés. Ma position récente les scandalise et les afflige. Ils la considèrent comme une trahison envers l'art et eux-mêmes. C'est une activité indigne d'un poète. Je suis mis au ban de leur clan, inscrit sur une liste noire... J'ignore leur opprobre superbement. Depuis que je suis reporter, je ne les fréquente plus. Je n'en ai pas le temps. Le rythme de ma vie a changé. Dans la rue je ne marche plus, je cours.

Ce matin, en passant devant le café de la Paix, je suis interpellé par le poète Théodor Scarlat. Il me barre la route :

– Mes camarades désirent te parler, dit-il.

– Je viendrai vous rejoindre dans une heure. Je dois auparavant rédiger le compte rendu des faits divers de la capitale pour nos éditions de province. Dans une demi-heure, les rotatives de l'imprimerie se mettent en marche. Elles ne savent pas attendre.

Il me prend par le bras et m'entraîne dans le café. Scarlat est un jeune poète, avec des cheveux noirs. On dit qu'il est tzigane. Lui-même a prétendu dans une confession lyrique qu'il est bâtard. Qu'il n'a jamais connu son père. C'est un bohème incorrigible, et un authentique poète. Il ne craint pas de s'exprimer toujours avec franchise. Comme il n'a rien à perdre, il ose tout. Le jour où j'étais venu au café, les larmes aux yeux, pour leur apprendre que le « Fils de la servante » s'était noyé et avait été enterré avec le manteau de maître Crevedia, Théodor Scarlat s'était offert de s'entremettre afin de me venir en aide. Il se charge toujours de parler à la place de ses camarades qui n'ont pas l'audace de le faire.

Aujourd'hui, Théodor Scarlat m'interpelle pour me poser les questions délicates que personne n'ose formuler. Il m'entraîne dans le café. Je le suis comme un déserteur capturé dans la rue et emmené au poste. Je m'assois sur la banquette couverte de velours rouge. Au café de la Paix, il y a une table, près de la fenêtre, réservée exclusivement aux poètes et aux artistes. Les garçons nous saluent avec déférence quand nous entrons et ne nous dérangent jamais, sauf si nous les appelons pour passer une commande. Ce qui arrive rarement. Maintenant, autour de la table il y a une dizaine de poètes. Ils s'empressent de me faire une place auprès d'eux. Aucun n'a le courage de parler le premier. Ils me regardent comme s'ils venaient d'apprendre subitement que je souffre d'une maladie incurable.

– Est-il vrai, poète, que tu es devenu reporter de faits divers à *Cuvantul?* demande Nicolae Fagadar.

Fagadar est originaire d'une région montagneuse de Transylvanie où les habitants ne brillent pas particulièrement par leur intelligence.

– Comment cela t'est-il arrivé? continue Fagadar. Il fallait nous prévenir. Nous sommes des frères. Nous ignorions que tu étais à ce point désespéré. Tu es toujours correctement habillé, élégant même. Nous ne pouvions pas deviner que tu étais au bord du précipice. Que t'arrive-t-il? Est-ce à cause de la misère que tu as accepté de faire les « chiens écrasés »?

Je manque m'emporter :

– C'est parce que je suis reporter que vous vous apitoyez sur mon compte? Qu'y a-t-il de si grave à cela? Il n'y a aucun malheur d'être reporter. Ce n'est ni la tuberculose ni le cancer.

– Aucun poète n'en est jamais arrivé là, dit Fagadar. Et Dieu sait que, dans notre pays, les jeunes artistes connaissent une misère noire. Mais, vraiment, jamais aucun poète n'en est arrivé là. Rien n'est plus atroce, pour un poète, que de trahir la poésie. D'abjurer l'art. C'est la pire des apostasies. Renier les Muses est plus terrible que de renier sa mère. Quand un poète vend sa plume, c'est pire que s'il vendait son corps. C'est le dernier degré de la prostitution. On éprouve tous de la compassion pour toi, poète...

– Ce que vous dites est stupide. La plupart des poètes ont fait du journalisme. Mihai Eminescu lui-même a fait du journalisme...

– Ce n'est pas la même chose, rétorque Vlaicu Barnea. Il est exact que les grands poètes écrivent pour les journaux. Mais ils assurent les chroniques littéraires, musicales, artistiques. Ils consacrent leurs articles à la philosophie, à la peinture, à la poésie. C'est tout à fait différent. Ils font œuvre de poète. Mais depuis que la poésie existe, aucun poète digne de ce nom n'a exercé ce genre de journalisme que tu pratiques. Aucun. Depuis Pindare, Homère, Dante, Shakespeare et... jusqu'à nous, aucun poète n'a osé écrire avec sa plume : « A six heures du matin, Mme Une telle a été renversée par une voiture », ou « Cette nuit un incendie s'est déclaré dans la rue du Commerce », ou « Une tentative de suicide a eu lieu dans le quartier des Halles... » Non! Un poète qui accepte d'écrire de telles choses doit être parvenu aux confins du malheur et de la nécessité. Autrement, il n'accepterait jamais de le faire. C'est à ce propos que nous désirons te parler. D'autant que tu signes les faits divers du même nom dont tu revendiques tes poésies, de ton nom de poète! Sacrilège des sacrilèges! Oui, horreur des horreurs! Le ciel nous tomberait sur la tête pour nous punir que je n'en serais pas autrement étonné! Voilà pourquoi nous avons décidé de te parler. Ouvertement. Comme des frères. Car nous sommes tous des frères. L'Art est notre père à nous tous. Nous voulons te secourir. Apprends-nous, d'abord, ce qui t'est arrivé. D'où vient ton malheur? Ce qui est scandaleux et révoltant, c'est que Tudor Arghezi, un si grand poète, t'ait laissé tomber si bas. C'est un crime. Non seulement il ne t'a pas empêché de chuter, comme c'était son devoir, mais il t'a aidé à tomber. A succomber. Et ce salaud de Nae Ionescu, est-ce un acte de philosophe, ce qu'il a fait? Avec tous les milliards que lui fournissent l'Allemagne et les fabricants de canons pour financer son journal, est-ce qu'il ne pouvait pas te rétribuer pour écrire au moins une chronique décente? Est-ce qu'il ne pourrait pas t'attribuer une rubrique digne d'un poète?

– Très juste, surenchérit le poète Barcaroiu. Parfaitement juste. Comment le philosophe Nae Ionescu a-t-il eu le front d'engager un poète pour faire une besogne subalterne? Car ce qu'il t'a chargé de faire est une activité d'analphabète. C'est honteux d'offrir cela à un poète. Ceux qui relatent les faits divers d'un journal sont des analphabètes. Ils savent à peine écrire : ils transmettent leurs informations par téléphone. Ce sont des illettrés, au sens propre du mot. Ils font du journalisme avec leurs pieds, jamais avec la plume. La place d'un poète de ta classe n'est pas à côté d'eux. Aucun poète n'a sa place parmi eux. On ne loge pas les poètes dans les écuries. On n'oblige pas les poètes à relater les faits divers...

– C'est moi-même qui ai choisi cette chronique, dis-je. J'ai opté en toute connaissance de cause, délibérément.

– Arghezi, le grand poète, et Nae Ionescu, le philosophe, ne t'ont pas empêché de le faire?

– Ils sont de mon avis. Même si aucun poète n'a écrit les faits divers, moi je le fais. J'ai pris cette décision après mûre réflexion. A mon sens, cette chronique aide à ma formation littéraire et m'affermit. J'ai vécu jusqu'à présent comme dans une serre, éloigné de la réalité. J'ai besoin de grand air, d'espace, de réalisme. La vie, telle quelle, est sordide, impitoyable, cruelle. Pour devenir un authentique poète, j'ai besoin de la mieux connaître. Je serai le témoin des suicides, des vols, des meurtres perpétrés et des misérables victimes. Comme reporter de faits divers, je me rapprocherai des naufragés de la vie. Je serai à leur côté. Dans la prison, à l'hôpital, à la morgue, au cimetière. Toujours présent sur le lieu du crime, dans l'ambulance qui transporte les blessés, dans la salle d'opération, près du lit d'hôpital de la victime. Je ferai ainsi mon apprentissage de poète. Je serai le porte-voix des hommes qui arrivent aux frontières de leur passion ou de la souffrance. Les terminus de la vie sont le cimetière, l'hôpital, la prison, la salle d'autopsie de l'institut médico-légal. Je serai là, chaque jour. En reporter et en poète. En témoin des hommes. Je suis, à l'heure actuelle, en train de faire connaissance avec la capitale de mon pays. Avec sa vie journalière et nocturne. Comme elle est. Dans peu de temps, je connaîtrai chaque voleur et chaque policier. Je connaîtrai les médecins qui soignent les victimes. Je connaîtrai les croque-morts, les juges, les prostituées et les vagabonds. Je connaîtrai la vie et l'histoire de chaque rue de la capitale. C'est le métier par excellence des poètes. Après avoir tout connu, je me réfugierai dans ma tour d'ivoire, et j'écrirai dans ma solitude le grand poème de mon peuple. Car le poète est le témoin oculaire de son temps, le témoin de son peuple. Nulle place n'est plus enrichissante pour lui que celle de reporter de faits divers. En tant que reporter, on est présent partout. Du palais royal au sordide repaire des vagabonds et des hors-la-loi. Je suis et serai partout, chaque jour et chaque nuit, présent à chaque événement qui se produit. Je n'écrirai jamais des articles, des éditoriaux ou des chroniques d'art. Je suis poète et je veux être présent à tout événement. Comme reporter, je vis corps à corps avec la capitale de mon pays. Avec Bucarest. Je me lève avec elle, je me couche avec elle, je sursaute avec elle, comme si nous dormions dans le même lit. Je sais tout ce qui survient, et j'écris tout, les plus petits détails de sa vie. Je porte témoignage sur tout ce qui arrive à la ville de mon peuple. Je porte témoignage chaque jour, devant le monde, sur toute la terre roumaine. Et demain je porterai témoignage sur tout ce que j'ai vu, de mes yeux vu, devant la postérité. Non seulement sur la terre, mais aussi au ciel. Témoignage sur mon peuple, sur ses souffrances, ses espoirs et sur tous les événements qui seront survenus. En tant que reporter de faits divers, je suis le poète qui plonge dans la vie quotidienne de la ville chaque jour et chaque nuit, comme un scaphandrier. Jusqu'au fond de la ville.

« Maintenant, je vous quitte. Je m'en vais écrire tout ce qui est arrivé ce matin dans la capitale, le faire connaître à ceux qui vivent en province. Je file car les rotatives se mettent en marche. Et je vous le répète, les rotatives des imprimeries n'attendent pas. *Vale,* le matériel quotidien de mes chroniques sera refondu demain, dans une œuvre littéraire. Comme l'ont fait Isaïe, Jérémie, Amos et tous les chroniqueurs de l'Ancien Testament. Comme l'ont fait les évangélistes qui ont consigné les événements de la vie quotidienne du Christ : la multiplication des pains, la pêche miraculeuse, la guérison des aveugles, la résurrection de Lazare. Ce sont des faits divers, comme ceux que j'écris chaque jour.

3

Je suis reporter de faits divers à *Cuvantul* depuis quarante jours. Depuis le jour où le grand poète Octavian Goga est Premier ministre du pays. Ma vie est synchronisée au rythme des sept éditions qui sortent quotidiennement des rotatives. Ma journée se termine à cinq heures du matin, quand la dernière édition sort de l'imprimerie. C'est alors seulement que je me dirige vers le foyer d'étudiants de la rue Pictor-Grigorescu pour me coucher.

Je me réveille avant midi et rédige aussitôt les faits divers de la capitale pour les premières éditions de province.

A sept heures du soir j'arrive à la rédaction avec l'ensemble des faits divers de la journée et j'y reste toute la nuit pour les compléter au fur et à mesure qu'ils me sont rapportés. Car les faits divers les plus sensationnels se produisent presque toujours la nuit. Il faut donc rester vigilant. Jusqu'à l'aube.

Aujourd'hui à sept heures du soir, en arrivant au journal, je trouve sur ma table une note de service. Le patron me convoque d'urgence dans son bureau. Je suis saisi d'un sentiment d'appréhension et d'angoisse. Jusqu'à ce jour je n'ai pas commis de faute professionnelle. Je n'ai pas omis d'écrire, chaque jour, le moindre accident de circulation, le plus insignifiant incendie ou tentative de suicide. J'ai relaté chaque fait divers, selon son importance, avec des titres sur une, deux, ou trois colonnes. Je n'ai absolument rien à me reprocher. Mais l'inquiétude persiste. Quand un directeur vous convoque dans son bureau, c'est toujours en principe pour vous infliger quelque blâme. Le fait que je n'ai rien à me reprocher n'y change rien. J'ai sûrement commis une faute sans le savoir. Ces sortes de fautes sont les plus lourdes de conséquences. A cause de cela, dans nos prières, nous demandons pardon à Dieu pour nos fautes commises volontairement, mais aussi pour celles que nous avons commises malgré nous. Involontairement.

Je me présente donc au bureau du patron, très tendu. Je me tiens debout devant lui. J'attends la remontrance. Il m'examine de la tête aux pieds, avec curiosité. Comme s'il ne m'avait jamais vu auparavant. Comme s'il me voyait pour la première fois. Et il m'annonce :

– Nous avons doublé votre salaire. Le comité de direction a été unanime à approuver. A partir d'aujourd'hui vous êtes responsable de la rubrique des faits divers. Services de jour et de nuit. Vous êtes depuis très peu de temps parmi nous. Vous avez été engagé comme reporter stagiaire sur la recommandation de Tudor Arghezi. Mais quelques jours après votre engagement le reporter titulaire est tombé malade. Vous avez de la sorte rédigé seul la chronique des faits divers. Par intérim. A partir d'aujourd'hui vous en êtes le titulaire. Votre prédécesseur a pris un congé médical de longue durée. Il ne reviendra peut-être jamais. J'ai parlé tout à l'heure avec sa femme : il a déjà quitté Bucarest. Vous êtes nommé titulaire de la chronique. Automatiquement. Votre avancement est exceptionnel, mais c'est la loi du journalisme. Dans la presse, celui qui est présent gagne toujours. Nous vous faisons confiance. Vous vous êtes très bien débrouillé pour un débutant. Continuez.

Le patron me serre la main et me congratule. Il remarque :

– Votre habit est tout neuf. C'est la première fois que vous le mettez, n'est-ce pas? Il vous va très bien.

– Je l'ai loué, dis-je embarrassé. Il ne m'appartient pas. Cet après-midi sont arrivés à la gare de Mogosaia les membres de la famille royale de Yougoslavie. Les journalistes n'étaient pas admis à la réception sans habit. Je devais faire le reportage et j'ai donc loué le frac à la journée.

– Il est parfait, dit le directeur. Il semble coupé à votre mesure. On vous a fait des retouches, n'est-ce pas?

– Aucune retouche, monsieur, dis-je en quittant le bureau.

Je suis vêtu du même habit que j'avais loué pour la première fois une semaine après mon engagement à *Cuvantul*. C'était le 6 janvier 1938, pour la cérémonie religieuse de l'Épiphanie, célébrée par Sa Béatitude le patriarche de Roumanie, au bord de la rivière de Dambovitza, en présence du roi, du Premier ministre, des membres du gouvernement et du corps diplomatique. Tout le monde était en uniforme de gala ou en habit, journalistes compris. La veille j'avais loué le frac. Le tailleur m'a demandé de l'essayer et m'a invité plusieurs fois à me regarder dans la glace. Il était enchanté. Son frac me convenait à merveille.

– Il est regrettable, avait-il dit, que l'habit et le haut-de-forme soient portés presque exclusivement par de vieux messieurs lourdauds, ventrus ou obèses, qui sont ridicules affublés de la sorte. On voit rarement un jeune homme de vingt ans, souple, mince, droit, porter l'habit. Et ce beau vêtement – ce chef-d'œuvre de tailleur – ne tombe vraiment bien que sur le corps d'un jeune homme de vingt ans. Comme vous le constatez, je n'ai rien à reprendre, aucune retouche à faire. Il semble coupé sur mesure. Il vous convient si bien que, ma foi, je le garderai dans ma boutique pour ne le louer qu'à vous. Exclusivement. Si un jour vous vous décidiez à l'acheter, je vous le vendrais à un prix très avantageux. Et vous pourrez me le payer par mensualités. Il serait dommage de ne pas l'acheter, on jurerait qu'il a été taillé spécialement pour vous! Et moi aussi, par la même occasion, je réaliserais une bonne affaire, car un tel habit porté par un jeune journaliste de vingt ans, à toutes les cérémonies, est d'une très bonne publicité pour mon magasin.

– Je n'ai pas vingt ans, ai-je répliqué. Je suis bien plus âgé : j'ai eu déjà vingt et un ans au mois de septembre. En ce qui concerne l'habit, il me va bien, effectivement. Mais je ne suis pas acheteur. Je n'ai pas encore, hélas, les moyens pécuniaires de m'offrir un habit. Je regrette...

Depuis lors, j'ai loué le même frac à diverses reprises. Presque chaque semaine. L'habit est, dans la panoplie du reporter, un outil de travail. Sans habit, il ne pourrait participer à aucune réception officielle. Dans notre rédaction on peut rencontrer chaque soir un ou deux journalistes qui rédigent leur article en habit. Ce sont soit le critique dramatique qui a assisté à une première au théâtre, soit le chroniqueur musical qui sort de l'Opéra ou d'un concert, soit encore le correspondant diplomatique qui vient de quitter un dîner d'apparat ou une réception d'ambassade, ou bien le reporter de faits divers qui a participé à une cérémonie officielle.

Ce soir, en apprenant que mon salaire a doublé, je suis au comble du bonheur. J'ai envie de crier ma joie, de la communiquer à n'importe qui. Mais je n'ai personne, dans la rédaction, personne à qui parler. Tous les rédacteurs et les reporters de *Cuvantul,* à l'exception des reporters sportifs, ont l'âge de mon père. Ils sont tous graves, distants et infatués. Ils répondent à mon salut avec un sourire aimable, poli, condescendant, mais ils me trouvent trop jeune pour converser avec moi. Qui plus est, je ne suis que reporter de faits divers. Ce qui n'est guère estimable. Les reporters de faits divers sont considérés comme des journalistes d'une catégorie inférieure par leurs collègues. Leur rubrique est un peu méprisée. Surtout à *Cuvantul,* où chaque rédacteur s'estime un intellectuel nettement supérieur à ses confrères des autres journaux de Bucarest. Ils ne parlaient pas plus à mon prédécesseur, lequel était pourtant quinquagénaire. Un homme très sérieux, habillé comme un directeur de banque ou un industriel, corpulent, massif et distant. L'un des plus anciens reporters de faits divers de Bucarest. Il m'a confié son désir de quitter la profession.

Il était depuis quelques années propriétaire-grossiste d'une entreprise de commerce de bois. Il avait accepté de reprendre son activité de journaliste à la prière du professeur Nae Ionescu qui est un vieil ami à lui. Mais il m'affirmait qu'il ne resterait pas longtemps, ayant dépassé l'âge d'être reporter.

Il fut étonné que moi, poète, je remplisse cette fonction :

– Que vient faire un poète à la rubrique des faits divers? Ce n'est pas son domaine. Ni celui d'aucun écrivain. Pour faire ce métier, il n'est pas du tout nécessaire de savoir bien écrire. Même au contraire! L'essentiel est de rapporter les faits bruts, d'apprendre immédiatement et sans ambages tout ce qui se passe, partout. C'est une activité que très peu de gens sont capables d'assumer. Bucarest n'a jamais possédé plus d'un ou deux reporters de faits divers. Beaucoup s'engagent, mais aucun ne résiste plus d'une semaine. C'est un métier de spécialiste. Il faut être né avec des antennes spéciales. Ce qui n'est pas à la portée de tout le monde. Des journalistes qui savent écrire de belles phrases, on en trouve partout. Ils sont même en surabondance. Mais de simples reporters, c'est plus difficile à trouver. Il faut avoir la vocation pour devenir reporter. Si le reporter sait bien écrire, cela ne saurait lui nuire, mais n'a pas non plus une grande utilité pour lui. C'est pour toutes ces raisons que le professeur Nae Ionescu m'a supplié de reprendre la rubrique des faits divers, quand bien même j'étais à la retraite. Car il n'avait personne sous la main à engager.

Il était en effet le parangon des reporters de faits divers. Il tutoyait le préfet de police, les questeurs et les commissaires. Les sergents de ville le saluaient. Il connaissait les ministres, les maires de tous les arrondissements, les curés de toutes les églises, les médecins des hôpitaux, les ambulanciers, les pompiers, les chauffeurs de taxi, les patrons de cabarets et les tenanciers des cafés de nuit. Il connaissait les avocats, les magistrats, les gendarmes, les escrocs, les assassins, les voleurs et les prostituées.

– Un reporter de faits divers doit tout connaître, affirmait-il.

En foi de quoi, pendant les premiers jours de mon apprentissage, il m'a traîné partout. Il m'a présenté aux juges d'instruction, aux commissaires de police, aux journalistes – à tout le monde. Nous étions tellement différents l'un de l'autre qu'on s'étonnait de nous voir ensemble. Nous n'avions rien de commun. Tout nous différenciait. C'est peut-être pour cette raison qu'il me présentait partout avec une gentillesse inhabituelle et touchante. Les extrêmes se touchent. Avant de venir au journal il dictait sa chronique dans un bureau de dactylographie, sis près du tribunal. A la rédaction, il communiquait souvent les faits divers au secrétariat, verbalement, en prétextant être pressé et n'avoir pas le temps de les écrire. Souvent c'est à moi qu'il les dictait.

Il habitait un beau pavillon, avec jardin et arbres, dans le quartier Vatra Luminoasa. Il m'a invité deux fois chez lui.

Bien qu'il affectât de dédaigner la littérature, il était en réalité enchanté lorsque j'écrivais certains faits divers avec de belles phrases, des termes choisis et selon les lois implicites de la narration littéraire, de la nouvelle courte et du *short story*. Il était vraiment le roi des reporters. Je l'admirais et fus heureux de l'avoir eu pour maître à l'aube de ma carrière...

Aujourd'hui que je lui succède, j'aspire à être aussi bon reporter que lui. Connaître tout le monde, entendre tout, voir tout et relater tout ce qui se passe à Bucarest, comme lui.

Cette nuit, je laisse libre cours à mes rêves. Je rêve par exemple d'acquérir l'habit que je porte ce soir. Mon salaire ayant doublé, je pourrais aisément le payer par mensualités. Je pourrais ensuite m'acheter une machine à écrire, portable, semblable à celle de maître Crevedia. Je serais ainsi le premier reporter de faits divers de Roumanie à taper lui-même à la machine sa chronique quotidienne à la rédaction. Cette machine à écrire de mes rêves existe bel et bien : elle est exposée dans la vitrine d'un magasin qui se trouve face au journal *Universul*. J'y suis entré plusieurs fois et je l'ai essayée. C'est une machine portable d'occasion, une machine américaine. Chaque branche est formée de deux pièces jointes, qui amortissent le bruit de la frappe. Elle est réellement silencieuse. Le marchand m'assure : « Même si vous n'êtes pas seul dans votre chambre, vous pouvez taper à la machine sans réveiller votre compagne ou votre compagnon. »

Si j'achète cette machine, je pourrais dactylographier au foyer sans déranger mes camarades, car nous sommes six dans la chambrée. Mais, qui sait? Peut-être quitterai-je bientôt le foyer. Je louerai une chambre en ville. Et j'aurai le téléphone. Pour un reporter le téléphone est un instrument de travail aussi indispensable que le stylo. Si j'avais une chambre avec téléphone je serais jour et nuit en contact avec toute la ville. En prise directe. Relié par le fil. J'entendrais les battements du cœur de la ville. Je tâterais le pouls de la ville. Comme si je dormais l'oreille collée sur la poitrine de Bucarest. Un battement de cœur plus fort m'éveillerait. Je serais, moi aussi, le roi des faits divers, car rien ne m'échapperait.

Cette nuit, je ne mets aucune hâte à rentrer au foyer. Je flâne dans les rues désertes. Et je rêve. Je suis fier d'être reporter. C'est une grande tâche. Toute la ville dort, sauf moi, constamment sur la brèche. Je suis comme le veilleur de nuit des villes d'autrefois, qui parcourait les rues en lançant : « Dormez en paix, braves gens, car nous veillons sur vous. » Un reporter de mon acabit ne traite pas seulement des crimes, des accidents, des vols, il s'occupe de tout. Il annonce aux lecteurs l'arrivée d'un hôte étranger à Bucarest, si quelque autre a quitté la ville. Le reporter doit être au courant des décès. Si un homme politique, un artiste, un savant meurt dans la journée, le reporter publie l'heure du décès ainsi que la photographie et la biographie du défunt. Il annonce les naissances, les mariages. Il fait les comptes rendus des cérémonies religieuses, des processions, des défilés militaires. Des réunions des divers corporations et corps de métier, ainsi que des manifestations et des rassemblements de toute nature. Rien de tout ce qui se passe dans la ville ne doit lui échapper. Il doit tenir compte de l'évolution des saisons. C'est lui qui informe ses concitoyens de ce que les premiers flocons de neige sont tombés sur la ville. Il enregistre et communique les tempêtes, le beau temps, la sécheresse, les inondations et les vagues de chaleur. Les citoyens apprennent grâce à lui s'il a fait beau, s'il a plu ou s'il a neigé dans la capitale de la Roumanie. Chaque année, au printemps, c'est lui qui annonce que le premier arbre a fleuri et que les cigognes sont de retour. En automne c'est lui qui informe que les dernières feuilles mortes sont tombées des arbres sur les boulevards de Bucarest.

Le prêtre, avant de célébrer l'office, passe autour de son cou l'insigne sacerdotal, l'étole ou l'epitrakelion. Il ne peut pas célébrer sans. L'étole est une bande de tissu, ornée d'une frange qui symbolise les âmes des fidèles que les prêtres ont à leur charge et dont ils auront à rendre compte au ciel, devant Dieu. Le reporter de faits divers, comme le prêtre, a en charge tous ses concitoyens de la capitale. Chaque matin il doit rendre compte de ce qui leur est arrivé la veille et pendant la nuit. Oui, l'oreille du reporter reste, en permanence, collée sur la poitrine de la cité. Il écoute les battements du cœur de la ville. Il rend témoignage de tout ce qui survient aux gens. En Chine, c'étaient les ministres qui étaient chargés de ce travail. Les empereurs de Chine, autrefois, ordonnaient aux ministres d'écouter avec attention, chaque jour, dans les rues de la ville, le bourdonnement populaire, car la note musicale qui émanait des bruits de voix de la capitale annonçait, à elle seule, la ruine ou la prospérité de l'Empire.

J'écoute aussi et j'enregistre, à l'instar des ministres de l'empereur de Chine, le bourdonnement et le bruit de la ville de Bucarest, et je cherche à percevoir la note essentielle qui annonce à elle seule la direction que les événements de l'histoire de mon peuple prendront demain.

Je suis non seulement le chroniqueur des accidents, des incendies et des crimes quotidiens. Je demeure en faction dans la cité. Je veille, j'avertis, je porte témoignage.

Dans l'Ancien Testament il est dit : « Fils de l'homme, je t'ai établi sentinelle de ton peuple [1]. » Je suis aussi la sentinelle de la ville.

J'arrive plus tard que d'habitude au foyer de la rue Pictor-Grigorescu. Mes camarades dorment tous les six. Je me déshabille et me couche sans faire de bruit.

1. Ézéchiel, 3, 17.

Le lendemain, avant midi, je parcours la ville pour rameuter les faits divers de la matinée. Avant de rédiger ma chronique habituelle, je passe chez le tailleur. Je voudrais lui annoncer que je conserve le frac, que je l'achète et le lui paierai par mensualités ainsi qu'il me l'a proposé.

Le tailleur me reçoit avec une figure d'enterrement. Il est israélite, comme presque tous les tailleurs de Bucarest. C'est un juif venu de Galicie, de la Volhynie ou de la Podolie. De quelque part en Russie, comme tous ses coreligionnaires. C'est un juif caraïte. Son existence est douloureuse. Certes, il gagne bien sa vie, mais il vit dans un pays étranger, c'est un exilé. Et la vie en exil est une perpétuelle souffrance. De plus, il est écarté aussi de la communauté de ses coreligionnaires. Les Caraïtes sont une secte qui ne reconnaît ni les rabbins, ni la synagogue, ni le Talmud. Ils sont très mal vus par les autres juifs. Ils sont pour ainsi dire exclus de la communauté juive.

Mon tailleur est donc doublement exilé. Comme tous les exilés il est constamment à l'écoute des nouvelles. Il écoute angoissé, fiévreux. Il souffre pour chaque catastrophe qui se produit quelque part dans le monde comme si elle lui arrivait à lui-même. Son poste de radio est ouvert en permanence. Et comme la radio ne transmet, en général, que les mauvaises nouvelles à foison, mon tailleur est en permanence malheureux. Mais, aujourd'hui, il est plus malheureux encore que d'habitude.

– Vous ne vous réjouissez pas que je vous achète l'habit? Vous m'avez dit que c'est à la fois une bonne affaire et une bonne publicité pour vous. Quand on fait une bonne affaire, on s'en réjouit. Ce n'est pas votre cas en ce moment. Qu'est-ce qu'il vous arrive? Vous ne voulez peut-être plus me vendre le frac?

– Si, dit le tailleur. Je suis content que vous vouliez l'acheter. Mais je ne pense pas que vous parveniez à me le payer. Même par mensualités.

– On a doublé mon salaire, c'est pour cela que je l'achète.

– Vous n'avez donc pas entendu les nouvelles ce matin à la radio? demande le tailleur. Le gouvernement Octavian Goga a été renversé. Il n'aura duré que quarante-quatre jours. A partir de ce matin, 10 février 1938, le Premier ministre du gouvernement est le patriarche Miron Cristea, chef de l'Église roumaine.

– Voulez-vous me dire quel rapport il y a entre le changement du gouvernement et l'achat de mon habit? Vous pensez que si le Premier ministre est un poète, je pourrais le payer et que si c'est un patriarche, je ne le pourrais pas? Il n'y a aucune corrélation entre le changement de gouvernement et l'achat du frac. Aucune. Certes, je regrette que le poète Goga ne soit plus au pouvoir. J'étais fier qu'un poète, un de mes collègues aînés, dirige le pays. Tous les poètes étaient honorés en sa personne. Maintenant le patriarche devient à son tour Premier ministre. C'est toujours un bon choix. La grandeur de l'homme commence avec les prêtres, les poètes et les philosophes. J'achète le frac et vous le règle par mensualités. Même s'il y a un changement de gouvernement, je vous le paierai, soyez rassuré.

– Ce n'est pas un simple changement de gouvernement. C'est un coup d'État. Rien ne sera plus comme auparavant. Nous avons là un régime autoritaire. Celui du roi. Je sais ce qu'est une dictature.

– Les rois règnent comme tous les rois, dis-je. Les faits divers sont identiques sous toutes les formes de gouvernement.

– *Cuvantul,* votre journal, est suspendu. Il ne paraîtra plus. Donc, vous ne pouvez plus acheter mon frac.

– C'est un mensonge, dis-je. *Cuvantul* paraît. Aujourd'hui, à cinq heures du matin, avant d'aller me coucher, j'ai vu de mes propres yeux le journal sortir des rotatives, à la typographie. J'ai vu le journal distribué dans la rue. *Cuvantul* n'est pas interdit.

Je me suis précipité au siège du journal. J'avais raison, mon journal n'était pas supprimé. Mais le tailleur ne se trompait pas non plus : peu de temps après, *Cuvantul* disparaissait, son directeur, le philosophe Nae Ionescu, fut placé en résidence surveillée, ses collaborateurs arrêtés. D'autres furent internés aux monastères Tismana, Dragormirna et Miercures Ciuc. Le 20 février 1938, le Parlement fut dissous. Le régime parlementaire et les partis politiques furent éliminés, la Constitution abolie. C'était la dictature, une dictature royale.

4

L'abolition de la Constitution, la dissolution du Parlement, l'interdiction des partis politiques, l'instauration d'un parti unique et d'une loi d'exception assorties de la censure et des tribunaux militaires ont complètement bouleversé la vie du pays. C'est comme après un tremblement de terre. Les gens que l'on côtoie sont graves. Ils ont peur.

Me voici de nouveau privé de travail et sans ressources. Malgré la suppression de mon journal je continue à fréquenter les journalistes. J'ai vécu très peu de temps parmi eux, mais leur rythme de vie m'a imprégné. Je me suis attaché à eux.

Ce matin, Viorel Visoiu, un reporter de faits divers, m'interpelle sur Calea Victoria, et me dit :

– Cézar Petrescu m'a chargé de te contacter et de t'amener chez lui. Il t'engage à *Romania.* Viens avec moi.

Romania est un nouveau grand journal, fondé par le roi après la suppression des partis politiques et de la Constitution. Le directeur de *Romania* est Cézar Petrescu, un de nos grands romanciers contemporains. Je connaissais tous ses romans mais non lui personnellement.

– Il ne peut pas me chercher, dis-je, il ne me connaît pas.

– Mais si, détrompe-toi, il te connaît, répond-il. Il m'a ordonné de te trouver de toute urgence, et de t'amener chez lui. C'est Biciola qui t'a recommandé à Cézar Petrescu. Tu connais Biciola. C'est le secrétaire général de *Romania*. En vérité, c'est lui le véritable directeur du journal.

– Je ne connais pas M. Biciola non plus. Il y a malentendu.

– Si, tu le connais, insiste Visoiu. Il connaît même ton père. Ton père est prêtre à Petricani, n'est-ce pas? C'est Biciola qui me l'a dit. Tu vois bien que tu le connais!

On arrive à la rédaction. *Romania* occupe un étage entier dans le prestigieux immeuble construit récemment dans le centre de Bucarest, face au palais des téléphones et au Théâtre national. On l'appelle l'immeuble Dragomir, d'après le nom du magasin d'alimentation de luxe qui s'y trouve.

Visoiu traverse le hall d'un pas martial, la tête haute, comme s'il était le patron du journal. Il est le prototype du reporter de faits divers. Il entre sans frapper dans les bureaux des juges d'instruction, des commissaires de police et des fonctionnaires supérieurs dans les ministères. Si on le met à la porte, comme cela lui arrive souvent, il ne se fâche pas pour autant. Il fait demi-tour et, un quart d'heure plus tard, il revient comme si rien ne s'était passé.

Viorel Visoiu me pousse dans le bureau de Biciola et lui lance triomphalement :

– Je vous l'amène, monsieur.

Il salue et sort, en m'abandonnant là comme s'il venait de livrer un colis.

J'attends debout, devant Biciola, le secrétaire général du journal. Ma surprise est totale. C'est un homme de petite taille, le visage émacié, le cheveu rare, couleur de chanvre. Je le connais bien. Mais il est impensable qu'il soit ici, au journal *Romania*. Physiquement il n'y a pas de doute, c'est bien la personne que je connais. Mais cela ne peut pas être vrai. Les deux personnages n'ont rien de commun. Ils appartiennent à deux mondes opposés, complètement séparés l'un de l'autre. M. Biciola que je connais était un haut personnage, un fonctionnaire supérieur de l'État, il y a plus d'un an de cela. Mon père m'avait écrit que les habitants d'un hameau éloigné faisant partie de sa paroisse avaient construit une église et que le métropolite de Iassy refusait de venir la consacrer. Selon les nouvelles lois, on n'a pas le droit de consacrer une église qui n'a pas le nombre requis de fidèles. Or, la nouvelle église de Petricani n'avait que quelques dizaines de fidèles. Les hameaux de montagne s'étendent au long des vallées sur de grandes distances. En hiver, quand la neige bloque les routes par des congères hautes comme les sapins, les fidèles sont dans l'impossibilité de se rendre le dimanche à l'église. C'est pour cela qu'une soixantaine de villageois ont construit, de leurs mains, une petite église en bois, plus près de leurs maisons. Mon père me demandait d'aller au ministère des Cultes et des Arts solliciter l'autorisation de consacrer la petite église. J'y suis allé tout de suite, avec joie.

Les démarches administratives sont toujours ennuyeuses, mais celle-ci était à mon goût car, en Roumanie, c'est le même ministère qui est chargé de l'Église et des arts. De la beauté et de la foi. C'est le ministère de mon père et le mien. Il est doublement notre ministère. La musique, la peinture et la poésie ont la même administration que la liturgie, l'Église et les cultes. C'est un ministère de la beauté et des affaires spirituelles. De la poésie et de la prière. Entre les deux il n'y a pas de frontière. Une très belle poésie est une prière et une prière ardente est de la poésie. La Roumanie est le seul pays au monde où l'on ait placé les arts et la liturgie sous l'égide de la même institution administrative. Je suis allé au ministère des Cultes et des Arts avec allégresse. J'y ai été reçu par le directeur général. Il écouta ma requête avec bienveillance. Avec un sourire protecteur. Avec même de la sympathie. A la fin de mon exposé, le directeur a décroché le téléphone et a appelé devant moi le métropolite de Moldavie pour le prier d'aller consacrer le plus vite possible la petite église de mon père.

– Je sais bien qu'elle ne réunit pas le nombre de fidèles requis par la loi, mais j'assume l'entière responsabilité de cette consécration, lui a-t-il dit.

J'écoutais la conversation, stupéfait. J'avais complètement oublié le but de ma démarche. J'étais étonné par le fait que l'on parle par téléphone à un métropolite. Surtout à un métropolite de Moldavie. Les métropolites et les évêques sont des hommes comme nous, en chair et en os, certes. Mais je n'ai jamais imaginé qu'on puisse les appeler au téléphone. Cela me semblait quelque chose d'irréalisable. C'est la première fois que je voyais une chose pareille. Ma surprise était totale. Pour moi, parler à un métropolite par téléphone tenait du prodige. Comme si l'on eût décroché l'appareil pour appeler au bout du fil un des douze Apôtres, un saint du calendrier ou un archange.

Les évêques et les métropolites sont des êtres de la terre. Ils habitent, ici-bas, comme nous tous, dans des villes et des maisons construites en pierre et en terre. Mais les évêques ne sont pas des êtres terrestres. Ils sont *sur* terre, mais ils ne sont pas *de* la terre. Ils sont les ambassadeurs du ciel. Dieu s'adresse à nous par leur bouche. Dans les paroles des évêques, nous écoutons la voix et la parole de Dieu. Ils appartiennent au royaume d'En-haut. Ils sont le ciel sur la terre. Ils jouissent de l'exterritorialité. Dieu se rend visible dans ses évêques. Exactement comme les pays étrangers, proches ou lointains, se rendent visibles et présents, chez nous, dans la personne de leur ambassadeur.

A cause de cela, les évêques ont plus d'autorité que les plus grands rois et empereurs. Quand saint Ambroise était évêque de Milan, il a interdit à l'empereur d'Occident de pénétrer dans son église. Il a ordonné à l'empereur d'Occident de rester à la porte, à côté des autres pécheurs. Et l'empereur exécuta l'ordre de l'évêque. Mon père me racontait que même eux, les prêtres, n'approchaient pas l'évêque. Mon père n'a vu de près le métropolite de Moldavie qu'une seule fois : le jour de son ordination. Et même ce jour-là il n'avait vu que les bottes de l'évêque, car mon père était agenouillé à ses pieds. Il y a des prêtres qui ont la chance inestimable de voir l'évêque de près une seconde fois dans leur vie, s'ils bâtissent une nouvelle église. Car c'est uniquement l'évêque qui a le pouvoir d'ordonner les prêtres et de consacrer les églises.

Mais leur pouvoir est bien plus redoutable encore, car ils détiennent les clés du ciel et de l'enfer. Tout ce qu'ils jugent est jugé sur terre et au ciel. La sentence de leur jugement est rendue aussi bien dans l'Histoire que dans l'éternité, jusqu'à la consommation des siècles. Ce que les évêques pardonnent est pardonné sur terre et au ciel, ce qu'ils condamnent est condamné ici-bas et dans les siècles des siècles.

Les évêques sont plus éloignés de nous que Dieu Lui-même. Nous sommes habitués à parler à Dieu, aux saints et à la Mère de Dieu à toute heure du jour ou de la nuit. Pas aux évêques. Nous sommes plus familiers avec Dieu même qu'avec les membres de notre famille. Nous nous tutoyons.

On appelle Dieu et ses saints à tout instant, tout au long de notre existence terrestre. Dieu est présent à nos côtés à chaque liturgie et à chaque prière de l'Église. Dieu est présent dans l'autel, dans l'hostie et dans le calice. Nous le buvons et nous le mangeons à chaque communion. Les anges nous accompagnent tout au long de notre vie et sont présents à nos côtés dans tous nos travaux, même quand nous mangeons et pendant notre sommeil.

Avec les évêques, c'est très différent. A cause de cela j'étais éberlué d'entendre M. Biciola parler au téléphone à un archevêque. A ma connaissance, il était le premier homme à l'oser faire. C'était un prodige plus grand que de parler à Dieu. Car des hommes qui parlent à Dieu, nous en connaissons. D'innombrables. Nous parlons nous-mêmes, tous, à Dieu, quoique nous ne soyons pas dignes de nous faire écouter et entendre. Mais Biciola, lui, parlait par téléphone aux évêques. A mes yeux c'était un privilège exceptionnel, extraordinaire. Je ne pouvais donc jamais oublier M. Biciola, le directeur général du ministère des Arts et des Cultes de Bucarest. Dans mon esprit il fait partie des plus grands hommes... Et me voici devant cet homme. Il est le secrétaire général de *Romania,* et il m'a convoqué dans son bureau, par l'intermédiaire de Viorel Visoiu, pour m'engager comme reporter à son journal.

– Cela vous surprend de me rencontrer ici, n'est-ce pas? demande Biciola. Rassurez-vous, vous n'êtes pas le seul à vous en étonner. Tous ceux qui savent que je suis directeur général du ministère le sont aussi. Tous sont stupéfaits de me rencontrer à la rédaction d'un journal. Mais il n'y a vraiment aucune raison d'être étonné. Tous les hommes ont des vices, des passions ou de simples manies. Certains jouent aux cartes, d'autres aiment les courses de chevaux, et d'aucuns ont la passion des femmes. Moi, j'ai la passion de réaliser des journaux. Une passion dévorante. A laquelle je ne peux me soustraire.

« Pendant la journée, je suis directeur général du ministère, haut fonctionnaire. Je parle aux ministres, aux évêques, aux directeurs de théâtre et aux acteurs. Le soir, je viens à la rédaction et, pendant la nuit, je fais le journal. Je le fais avec la passion qui anime un musicien composant sa musique. Je ne suis pas journaliste. Je n'ai jamais écrit d'article, d'éditorial, de reportage. Je n'écris rien dans le journal : je le compose. Les reporters et les agences télégraphiques m'apportent et me répercutent les informations. Elles s'entassent sur mon bureau. Je les prends l'une après l'autre, comme les peintres choisissent avec leur pinceau les couleurs sur la palette, et je les ordonne dans les pages du journal. Les nouvelles n'ont pour moi qu'une valeur journalistique. Leur importance politique, morale ou littéraire ne m'intéresse nullement. Exactement comme, pour un peintre, le matériel qu'il utilise n'a que l'intérêt de la couleur. Je place les nouvelles dans les pages du journal selon leur valeur journalistique, comme le peintre dispose les couleurs sur sa toile selon l'intérêt de leurs tons. Un journal, c'est une peinture, ou une tapisserie, ou une mosaïque. Faire un journal est une œuvre de création. Elle est ma passion. Tout le monde affirme que les journaux réalisés par moi sont les meilleurs. J'en suis fier. Chaque jour, à trois heures du matin, je quitte le journal et rentre à la maison, content d'avoir accompli quelque chose de beau. D'avoir construit une œuvre. Je sais que mon œuvre ne dure guère. Comme les châteaux de sable. En langue grecque, journal se dit *éphéméride*. Je crée chaque jour une œuvre éphémère. Avec la même passion que les enfants construisent un château sur la plage, avec du sable. Mais toute œuvre a-t-elle d'autre but que la joie de créer? Dieu, Lui-même, n'a-t-il pas créé l'Univers pour la seule joie de créer?

Je me hasarde à demander :

– Vous êtes donc toujours directeur des Cultes et des Arts?

– Je le suis toujours, répond Biciola. Pourquoi ne le serais-je pas? Les journaux se font la nuit. Pendant la nuit, les ministères sont fermés. Vous me demanderez quand je dors? Je dors pendant les heures qui me restent entre la fermeture du journal, vers trois heures de la nuit, et neuf heures du matin, quand je commence mon travail de haut fonctionnaire. Ce temps me suffit largement. Si je me sens fatigué, je prends un long bain de vapeur. Ceci est ma deuxième passion : les bains de vapeur. J'en prends un chaque jour. Quelquefois même deux par jour. A cause de cela, j'ai toujours les cheveux revêches, hirsutes... Venez, que je vous présente à notre directeur.

Je suis Biciola dans le bureau voisin. Cézar Petrescu, le directeur, est ce grand prosateur dont j'ai lu la vingtaine de romans, pendant les nuits, au lycée militaire, quelquefois jusqu'au matin. C'est un homme de petite taille, corpulent, avec une grande tête ronde. Autant sa tête est grande, disproportionnée avec son corps, autant ses mains sont fines, blanches et nerveuses. Il nous invite à nous asseoir. Mais nous restons debout devant son bureau.

– Je vous présente le poète que j'ai engagé comme reporter, dit Biciola. Je vous ai entretenu de lui.

– Vous êtes originaire de Neamtz? demande Cézar Petrescu qui me fixe avec des yeux brillants de plaisir en prononçant le nom de Neamtz. Six de mes romans furent écrits à Neamtz. C'est le seul endroit de Roumanie où l'on puisse réellement créer. Tout ce qui vous environne aide la création. Je ne suis pas le seul écrivain à aller à Neamtz pour travailler : Ionel Teodoreanu, Toparceanu, Galaction, Hogas, Vlahutza, Ibraileanu y vont pour écrire. C'est une montagne élevée par Dieu expressément pour servir de refuge aux créateurs, comme est le refuge des saints ascètes et des moines qui y vivent, selon le modèle des anges. Mon dernier roman fut écrit dans la maison du forestier d'Oglinzi. C'est une demeure au cœur de la forêt. Chaque matin, les biches et les cerfs venaient jusqu'à ma fenêtre et me regardaient écrire. Ils se divertissaient de voir un homme écrire. Je vous envie d'y être né.

« Il n'est pas étonnant que vous soyez poète, puisque vous êtes originaire de Neamtz, terre bénie des artistes. Votre père est prêtre, n'est-ce pas? J'ai lu les poésies que vous avez écrites pour lui. Ce sont de très belles poésies. Bravo! Je serais heureux de pouvoir retourner dans votre montagne, pour écrire un nouveau roman. Les lecteurs attendent un roman inédit de Cézar Petrescu. Malheureusement je ne peux pas l'entreprendre. Je suis mobilisé ici. Sa Majesté m'a demandé de prendre la direction du journal *Romania, son* journal. A l'heure actuelle il est le plus grand quotidien du pays. Je ne pouvais pas refuser. Notre pays traverse des moments difficiles, dangereux. La Roumanie se trouve entre l'enclume et le marteau. Elle risque à tout moment d'être écrasée. Nous sommes très mal placés géographiquement. D'un côté nous avons la dictature soviétique et, de l'autre, la dictature fasciste. Nous sommes coincés entre les deux. Entre Hitler et Staline. La position stratégique de la Roumanie est la pire de tous les pays d'Europe. Si les deux dragons s'affrontent, ce qui est inévitable, ce sera sur notre sol. Un affrontement pire que celui de l'Espagne. La Roumanie servira de champ de bataille aux deux monstres. Aux deux champions du mal. Le combat sera apocalyptique. La bave toxique de la joute verbale des deux dictateurs, la bave de leurs injures réciproques a déjà empoisonné notre pays. L'atmosphère ici est polluée, nocive. Elle devient chaque jour plus irrespirable. La bave qui coule de la bouche des deux tyrans a infecté les cœurs et les cerveaux de la jeunesse...

« Il y a quelques mois, nous avons eu des élections générales. Dans l'atmosphère méphitique actuelle, polluée, les élections ne pouvaient pas être saines. Elles ne l'ont pas été. En réaction, le peuple a voté pour les partisans de la dictature antisoviétique, pour la dictature fasciste.

« Nos amis occidentaux, spécialement la France et l'Angleterre, ont très mal réagi. Ils n'ont pas du tout apprécié le résultat des élections roumaines. La nomination du poète Octavian Goga comme Premier ministre les a irrités. Ils nous l'ont fait savoir. Brutalement. Ils ont annulé les visites officielles que notre roi devait faire à Londres et à Paris. Ils auraient préféré que nous ayons un gouvernement style Front populaire. Comme à Paris. Un gouvernement prosoviétique. Pas un Premier ministre proallemand. Les intellectuels d'Occident sont tous engagés dans la guerre d'Espagne, à côté des Soviétiques : André Malraux, Koestler, Hemingway... Ils se sont engagés pour l'instauration d'une dictature différente de celle de Hitler. Pour la dictature des Soviétiques. Mais toujours pour une dictature, non pour la démocratie, comme ils aiment à le clamer. Ceux qui combattent pour la victoire des Soviétiques s'engagent de toute façon pour la dictature.

« Notre roi a refusé aussi bien la dictature antifasciste proposée par les Occidentaux que la dictature antisoviétique proposée par l'Allemagne. Sa Majesté a dissous, le 10 février de cette année 1938, tous les partis politiques. Elle a instauré un régime autoritaire. Pour soustraire la Roumanie aux deux dictatures antagonistes, le roi a fondé le journal *Romania*, afin de soutenir son action.

Cézar Petrescu tient ce discours à toute nouvelle personne qui pénètre dans son bureau. Il veut justifier pourquoi lui – le célèbre écrivain – a accepté de diriger un journal subventionné par le ministère de l'Intérieur, par le ministère de la police. Pendant qu'il parle, sur son bureau flambant neuf s'allume un signal lumineux. C'est un appel téléphonique. Il décroche le récepteur et répond. Biciola me fait signe que l'entretien a pris fin. Nous sortons.

– Le clignotant lumineux sur le bureau du maître vous a intrigué, dit Biciola. Vous le regardiez émerveillé. Vous ne connaissez pas ce gadget? Cézar Petrescu ne supporte pas la sonnerie du téléphone. Il a fait installer à sa place un voyant lumineux. C'est ingénieux et pratique. Il y en a très peu de semblables à Bucarest. Pour faire une telle installation, il faut une autorisation spéciale de la Société des téléphones...

Nous voici de nouveau dans le bureau de M. Biciola. Dans son fauteuil est installé, comme chez lui, Kalustian. Il nous attend. C'est un *play-boy*. Tout Bucarest le connaît. Il est présent à toutes les premières des théâtres et de l'Opéra, aux champs de courses et à toutes les réunions mondaines, en compagnie de très jolies femmes, d'actrices célèbres, des filles et épouses des diplomates étrangers comme des grands dignitaires roumains.

Il est confident de *l'Homme au monocle noir*, Armand Calinescu, le ministre de l'Intérieur. Kalustian est l'attaché du gouvernement auprès de la direction du journal *Romania*. Il m'adresse un sourire en guise de bonjour et parle à l'oreille de M. Biciola. Il lui remet une dépêche. C'est un ordre confidentiel du gouvernement. Ensuite il me sourit à nouveau et quitte le bureau. Sa démarche est celle d'un félin, à pas feutrés. Il donne l'impression de ne pas marcher, mais de glisser vers la porte, comme un immense serpent. Biciola relit la dépêche, ensuite il me dit :

– Ce n'est qu'une coïncidence, mais vous tombez comme sur le coup d'une baguette magique juste au moment où on a besoin de vous... Demain, à dix heures du matin, il y a une grande fête à Breaza. C'est le baptême de la nouvelle promotion des commandants strajers. Plusieurs ministres y participeront. De hautes personnalités. Vous êtes commandant strajer, n'est-ce pas? Je vous ai aperçu une ou deux fois en uniforme de commandant. Vous avez travaillé avec Valerian au bureau de presse de l'OETR. Nous avons mission de consacrer une page entière du journal à la manifestation qui aura lieu demain à Breaza.

« Allez-y et rapportez-moi un reportage détaillé, demain, avant sept heures du soir. Un reportage avec tous les discours. Straja Tarii est votre domaine, vous y avez travaillé : vous êtes commandant strajer, vous vous y trouverez en famille. Votre reportage sera titré à la une. Ce sont les ordres du gouvernement que Kalustian vient de me communiquer. Ce sera votre premier reportage à *Romania*. Présentez-vous tout de suite à l'administration. Je donne l'ordre qu'on vous délivre la carte de presse ainsi qu'une avance sur les débours du voyage. Prenez demain matin le premier train en partance...

Ce soir, je réintègre le foyer d'étudiants de la rue Pictor-Grigorescu avec les joues empourprées de joie. Je suis tellement content de ce qui m'arrive que je ne parviens pas à m'endormir. Je reste éveillé jusqu'à une heure avancée de la nuit et j'en profite pour composer une poésie dédiée à mon ange gardien. Car je suis intimement convaincu que c'est mon ange gardien, et non le reporter Viorel Visoiu, qui m'a pris par la main dans la rue et m'a conduit au journal *Romania* pour y être engagé, juste au moment où je désespérais de trouver un emploi. Les anges nous sont fidèles. Les anges ne sont pas comme les hirondelles qui nous abandonnent dans la mauvaise saison [1].

5

J'arrive à Breaza par le premier train du matin. La petite gare, à l'architecture d'un chalet de montagne, est pavoisée de drapeaux tricolores. La cérémonie commence dans deux heures. J'ai tout mon temps et décide de me rendre à pied au quartier général de Straja Tarii. C'est un parcours d'une demi-heure. Mais, dès que je descends du wagon, deux policiers en civil s'approchent de moi.

– Vous êtes journaliste? me demande l'un d'eux. Une voiture vous

1. Cardinal Jophe d'Aguirre : *Traité sur les anges*, Salamanque, 1668.

attend pour vous conduire au centre. Savez-vous s'il y a d'autres journalistes dans le train?

– Je n'en ai rencontré aucun, dis-je. Ils arriveront peut-être avec le train suivant.

Je prends place dans une belle voiture noire, avec les emblèmes de Straja et les initiales OETR. La route est pavoisée. On aperçoit des drapeaux tricolores sur les poteaux télégraphiques et sur toutes les maisons. Les rues viennent d'être nettoyées. Des gendarmes, en casque d'acier et carabine sur l'épaule, patrouillent le long de la chaussée et montent la garde aux carrefours.

Les nouveaux commandants strajers dont on baptise aujourd'hui la promotion ont de la chance. On les comble d'honneurs. Il y a un peu plus d'un an, lorsque j'ai terminé ici, à Breaza, le cours de commandant strajer, on n'organisa aucune festivité. Le directeur nous a rassemblés dans la salle des fêtes et nous a fait un petit discours. C'était tout. Il n'y eut aucune cérémonie de baptême. Ma promotion n'a reçu aucun nom.

Celle qui achève aujourd'hui son stage sera baptisée en présence des hauts dignitaires et des ministres. Les journaux ont dépêché des reporters pour rendre compte de l'événement. Straja Tarii est devenue une grande institution nationale. Être commandant strajer est une dignité. Le roi organise la jeunesse comme les dictateurs de l'Est et de l'Ouest. Il offre à la jeunesse roumaine à peu près les mêmes choses que Hitler, Staline et Mussolini. C'est-à-dire des uniformes, des défilés, des rassemblements, des comptes rendus sur des pages entières dans les journaux... et des discours, des heures de discours, à la radio d'État, à longueur de journée.

Le centre de Strajeri à Breaza est complètement transformé. J'y ai séjourné mais je ne le reconnais plus. A la place de la porte d'entrée on a édifié une sorte d'arc de triomphe. Le parc a été aménagé en terrain de sport avec des pelouses vertes. On a construit de nouveaux bâtiments. L'immense salle des fêtes est toute neuve. Les murs sont décorés de portraits du roi, des armoiries de Straja Tarii et de photos de jeunes qui défilent, dansent, chantent et bivouaquent aux lisières de belles forêts, au bord de la mer ou en pleine montagne.

Le programme de la journée est divisé en deux parties. La première se déroulera dans la salle des fêtes, avec le serment des nouveaux commandants, des discours, et la remise des décorations et diplômes.

La deuxième partie aura lieu en plein air sur le stade, avec gymnastique, compétitions sportives et défilé.

A neuf heures arrivent les reporters des journaux de Bucarest amenés dans des voitures officielles au centre de Strajeri. Ils sont une quinzaine. Je les connais tous. Parmi eux se trouve M. Mirescu du journal *Universul*. Je vais à sa rencontre avec joie. Il me rappelle mon premier succès littéraire. C'est lui qui a publié, pour la première fois, mon nom dans un journal de Bucarest. C'était le jour où, en uniforme d'élève du lycée militaire de Kichinev, j'ai récité une de mes poésies sur l'estrade de la statue de Michel le Brave, au congrès annuel de la jeunesse roumaine dans la capitale.

Immédiatement après les journalistes, arrive une importante personnalité. C'est Armand Calinescu, le ministre de l'Intérieur, le Monocle noir. Sa limousine est escortée par deux voitures de police. Armand Calinescu est un homme de petite taille, maigre et tout de noir vêtu. On le surnomme le Borgne. Son orbite gauche est vide, le globe de l'œil lui manque. Complètement. Il arbore un monocle noir. C'est l'un des plus détestés politiciens du régime. On le dit rusé et dépourvu de tout scrupule. Quand j'ai vu, pour la première fois, sa photographie reproduite dans les journaux, j'ai tout de suite pensé qu'il s'agissait d'un acteur masqué interprétant le rôle d'un méchant personnage dans un film d'épouvante. Je pensais même que son monocle noir était un accessoire de son déguisement. Mais on m'a affirmé que M. Armand Calinescu était réellement borgne et non point louche. Que son monocle noir ne faisait pas partie de sa « composition » et lui servait à dissimuler l'orbite vide. Personne toutefois n'a pu me dire qui a arraché l'œil gauche d'Armand Calinescu, ni dans quelles circonstances.

Le Monocle noir pénètre dans la salle des fêtes, suivi par une nuée de policiers en civil, de gendarmes et d'officiers. Il s'arrête dans un angle, tout au fond de la salle des fêtes. Des policiers l'entourent. Il leur parle. Il leur donne des ordres. Des consignes secrètes. Les policiers l'écoutent en silence, graves. Comme des conspirateurs.

Pendant que le Monocle noir tient sa conférence de police, arrive, dans la salle des fêtes de Breaza, le plus important homme de Roumanie : le célèbre professeur Nicolae Iorga – le savant – l'apôtre – le génie.

Armand Calinescu se précipite à sa rencontre et s'incline bas devant lui, les policiers et toutes les personnes présentes, y compris mes confrères journalistes, font de même. Tous s'inclinent toujours devant Nicolae Iorga. C'est un monument national. Il n'est pas un être humain en chair et en os : il est une statue. Et le voir subitement marcher et parler, comme les simples mortels, c'est comme si l'on voyait la statue du commandeur descendre de son socle et s'avancer dans la rue. Cela tient du prodige. Du conte de fées. Du miracle. Il se porte en triomphe. On est habitué à voir Nicolae Iorga en photographie, dans les manuels scolaires, à côté de Tite-Live, de Socrate ou d'Aristote. Son portrait s'étale sur les couvertures des cahiers. Son effigie sur des monnaies. Son buste en marbre, en pierre, ou en bronze trône dans tous les foyers culturels, dans les bibliothèques, dans les halls des universités et des écoles secondaires. On dit que Nicolae Iorga a écrit et publié plus de mille deux cents livres et vingt-cinq mille articles, mais personne ne s'est jamais senti le courage de vérifier. On le croit sur parole. Il continue d'écrire et de publier à une vitesse inimaginable. On dit qu'il rédige quatre livres à la fois, en les dictant à quatre sténographes.

Nicolae Iorga est professeur d'histoire à l'université de Bucarest. Mais, en même temps, il est *visiting professor* à la Sorbonne, aux universités de Strasbourg, de Montpellier, de Cambridge, Oxford, Rome, Berlin, La Haye, Buenos Aires, Rio de Janeiro... Il est *doctor honoris causa* de toutes les grandes universités. D'Australie, d'Amérique du Sud et d'Amérique du Nord, de l'Inde et de Tokyo. Il est membre des Académies française, anglaise, allemande, belge, hollandaise, australienne...

Mais, comme si cette activité professorale ne lui suffisait pas, Nicolae Iorga a exigé de l'État roumain la construction d'une université pour lui tout seul. Ce qui fut fait sans barguigner. Car on ne peut rien refuser à un tel savant. On a donc édifié une université pour l'usage exclusif du professeur Iorga, à Valeni de Munte, une bourgade enchanteresse à une vingtaine de kilomètres de Breaza, au pied des Carpates méridionales, dans un cadre idyllique. L'université de Valeni de Munte appartient en propre à Nicolae Iorga. Ainsi qu'il l'a voulu. Et c'est justice. Car il eût été humiliant pour un si grand savant de ne pas posséder son université personnelle et d'être amené à parler dans l'université des autres.

La bourgade de Valeni de Munte a été choisie par Iorga lui-même. Il désire la rendre plus célèbre que les vieilles universités de Heidelberg, Oxford, Cambridge et Louvain.

Nicolae Iorga a réclamé aussi à l'État de lui installer une imprimerie particulière qui n'imprimera que ses livres à lui. Car il publie plus de livres à lui seul que tous les historiens réunis. Aussitôt dit, aussitôt fait. Nicolae Iorga a sa typographie, ultra-moderne, immense. On a recruté les meilleurs maîtres imprimeurs du pays, qui composent ses œuvres. Et comme il est un savant de renommée universelle, ses livres sont imprimés, ici, à Valeni de Munte, dans tous les idiomes et dans tous les dialectes de la terre. Pour la diffusion des œuvres de Iorga, l'État a fondé des Instituts roumains à Venise, à Rome, à Paris, à Fontenay-aux-Roses, à Romorantin, en Angleterre, aux États-Unis, en Inde – partout. Ces Instituts sont de véritables académies roumaines à l'étranger. Ils sont dirigés par les disciples de Iorga, qui ont pour mission de divulguer la pensée de leur maître pour le plus grand prestige et la gloire de la nation roumaine.

Les œuvres de Iorga sont expédiées aux frais de l'État à toutes les bibliothèques, à toutes les écoles primaires, secondaires ou professionnelles, aux universités et aux foyers culturels. Il n'existe pas, sur tout le territoire de la Roumanie, une seule bibliothèque – si petite soit-elle – qui ne possède au moins quelques dizaines de ses livres choisis dans sa production abondante.

Mais les livres ne sauraient véhiculer ni répartir à eux seuls une pensée si riche et si diverse. Iorga a donc exigé qu'on lui fonde un grand journal. Un journal pour lui seul. Et cela fut aussitôt réalisé dans la foulée. Le maître consacre chaque jour un article à la connaissance commentée de son œuvre et le reste du journal publie ses conférences et les comptes rendus de sa bouillante activité.

Le titre principal de Nicolae Iorga est celui d'historien. Mais cela ne pouvait le satisfaire. C'était trop peu pour lui. L'historien ne s'occupe que du passé. Cela est restreint. Nicolae Iorga entendait aussi faire évoluer l'histoire et la diriger. Il a donc fondé un parti politique dont il est le chef. Ainsi dirige-t-il l'histoire de son pays. Il édifie l'histoire. De temps à autre il exprime son désir de devenir Premier ministre, ministre de la Culture ou ministre des Cultes et des Arts. On procède alors d'urgence à un vaste remaniement ministériel et Nicolae Iorga reçoit le ministère convoité. Nicolae Iorga est un des *leaders* de l'Académie roumaine. Quand il assiste à une séance de l'Académie et entre dans la salle, les académiciens se lèvent et l'acclament debout. L'Académie a, dans tous les pays, le noble rôle d'établir les lois et les règles de la langue, du vocabulaire, de la grammaire, de la syntaxe et de l'orthographe. Iorga y contribue avec les autres académiciens. Mais, en ce qui le concerne, il ne peut pas se laisser imposer des règles par les autres, fût-ce par l'Académie. Il utilise alors, dans ses livres et dans ses articles, une autre syntaxe, une autre grammaire et une autre orthographe que celles de l'Académie roumaine. Il écrit les mots à sa manière, selon ses règles personnelles. L'Académie roumaine ne pouvait pas déclarer que la langue, la grammaire et le vocabulaire de Iorga ne sont pas corrects, cela eût été taxé d'irrévérence. L'Académie a donc proclamé à qui voulait l'entendre qu'il y a deux langues roumaines : celle de l'Académie qui est enseignée dans les écoles et est utilisée par le commun des écrivains, les journalistes et par tout le peuple roumain, et la langue roumaine de Nicolae Iorga. Depuis, les deux langues et les deux grammaires sont officiellement valables. Iorga n'écrit pas, par exemple, le mot pays, *tzara,* mais *tzeara.* L'Académie décida qu'il était erroné d'écrire *tzeara,* « sauf quand c'est Nicolae Iorga qui l'écrit ainsi ». La phrase écrite par Iorga est si longue qu'elle occupe généralement une demi-page de livre. Quelquefois, la phrase de Iorga occupe la page entière, et souvent elle continue sur la page suivante. Ceux qui ne sont pas dotés de génie ou d'esprit de suite ont quelque difficulté à lire jusqu'au bout tant ses livres que ses articles.

Une des passions de Nicolae Iorga est le théâtre. Il a écrit d'innombrables drames, tragédies et comédies. Il a écrit plus de pièces de théâtre que Shakespeare, Molière et Racine réunis. Il a une prédilection pour les sujets historiques. Dans chacune de ses pièces il y a une multitude de personnages. Des dizaines et des dizaines. Aucun théâtre n'a jamais eu l'audace ni les moyens de monter l'une d'elles. Et, parce que cela n'est pas convenable envers ce génie, l'État roumain a fondé un grand théâtre, au centre de Bucarest, pour jouer les pièces de Nicolae Iorga. Il s'appelle le théâtre Liga Culturala. Quand un directeur d'école veut infliger une sévère punition à ses élèves, il les oblige à assister à la représentation d'une pièce de Iorga au théâtre Liga Culturala. Les garçons et les filles des orphelinats de Bucarest, comme certains déshérités d'organisations charitables, sont assignés d'office au parterre du théâtre de Iorga à chaque représentation. Car il serait inconvenant de jouer les pièces du grand auteur devant des fauteuils vides. Beaucoup de spectateurs ne s'en sont jamais remis.

Nicolae Iorga est un des grands hommes qui ont le plus marqué ma vie. Il s'est imprimé dans ma chair, comme un fer rouge. Durant la grande crise mondiale, quand les caisses de l'État étaient vides, Nicolae Iorga inventa un moyen de faire des économies. Il décida de ne plus verser leur salaire aux instituteurs, aux maîtres d'école et aux prêtres, pendant toute la durée de la crise. Il était à l'époque ministre des Cultes, des Arts et de l'Enseignement.

Le plan économique de Iorga fut appliqué. Je l'ai inauguré. Les vivres des instituteurs, des prêtres et des maîtres d'école furent coupés. Il y eut des drames. Des instituteurs se suicidèrent. D'autres devinrent mendiants. Au presbytère de Petricani, c'était la grande famine.

– Pourquoi n'avons-nous rien à manger? demandais-je à mon père.

– C'est Nicolae Iorga qui nous a coupé les vivres, répondait-il. C'est Iorga qui affame les instituteurs, les maîtres d'école et les prêtres. Il voudrait nous exterminer.

Il est étonnant qu'un savant, un homme qui a écrit plus de mille deux cents livres et vingt-cinq mille articles, qui est membre de toutes les académies de la planète, nourrisse une si terrible haine contre les maîtres d'école. Contre ceux qui enseignent aux enfants à lire et à écrire.

Plus tard, étant au lycée militaire, je collaborais à *Bilete de Papagal*, la revue littéraire de Tudor Arghezi. Chaque fois que l'une de mes poésies était publiée, Nicolae Iorga la reproduisait obligeamment dans son journal, dans une rubrique intitulée « la Galerie des fous ». Le commandant du lycée militaire en fut alarmé. Apprendre par le journal de Iorga qu'un élève de l'école, un Aigle du roi – un garçon qui porte l'uniforme de Sa Majesté – est un fou, discrédite l'institution. Le commandant du lycée décida sur-le-champ de prendre des mesures contre moi. Un garçon qui est déclaré fou par le plus grand savant de Roumanie ne peut plus porter l'uniforme du roi.

J'ai eu beau expliquer que Nicolae Iorga, malgré son génie et son érudition, ne comprenait rien à la poésie, que s'il s'acharnait contre moi, c'est parce qu'il haïssait le poète Tudor Arghezi, le directeur de la revue :

– Quand le plus grand savant de Roumanie écrit noir sur blanc qu'un de nos élèves est fou, nous sommes obligés d'agir en conséquence, me fut-il rétorqué.

On ne m'a pas exclu du lycée militaire à cause des attaques de Iorga contre moi. Mais il en fut sérieusement question. On me garda au lycée.

Mais les professeurs, les officiels et mes collègues me lorgnaient avec suspicion. Tous épiaient dans mon comportement un indice qui confirmerait les violentes attaques de Iorga – de Iorga qui ne pouvait pas se tromper. Mon père en fut très affecté. Les gens du village venaient chez lui pour lui montrer le journal de Iorga. Et ils le plaignaient : un père dont le fils est fou est bien à plaindre. Mon père a terriblement souffert de cet incident. Car lui non plus ne pouvait supposer que Iorga se trompait et qu'il dirigeait ses attaques contre moi par haine et par méchanceté.

Je me trouve tout à coup à un mètre de distance de Nicolae Iorga. Je le vois de près pour la première fois. Mais je l'aurais reconnu parmi une foule de gens. Tout le monde reconnaît cette gloire nationale. Sa photographie est reproduite chaque jour dans les journaux. Elle est dans tous les manuels des écoles primaires, secondaires et professionnelles, sur la couverture des cahiers... Tous les enfants de Roumanie le connaissent. Personne ne peut y échapper.

Iorga pénètre dans la salle des fêtes suivi par une douzaine de secrétaires, assistants et collaborateurs. Ce grand homme est un homme grand : Il mesure plus d'un mètre quatre-vingts. Mais il semble beaucoup plus grand. C'est un géant. On a l'impression qu'il a la taille de Moïse et des prophètes de l'Ancien Testament. Il porte un très grand chapeau noir à large bord. Il tient sous le bras un parapluie noir dont il ne se sépare jamais. Dès qu'il entre dans la salle des fêtes, les gens le regardent, les yeux écarquillés. Tous s'inclinent devant lui.

– Je suis venu en voisin, selon la coutume villageoise, dit Nicolae Iorga, à haute voix, en serrant la main du Monocle noir. Mes Valeni de Munte sont à une vingtaine de kilomètres d'ici. J'ai appris que vous aviez organisé une fête et je suis venu.

J'ai souvent eu envie de lui écrire pour lui demander pourquoi il avait coupé les vivres de mon père, pourquoi il nous avait affamés et pourquoi il avait écrit tant de fois dans son journal que j'étais fou. A présent, je n'ai plus envie de lui demander quoi que ce soit. Le grand savant s'entretient avec le Monocle noir. Ils se confient des secrets. Nicolae Iorga se vante d'être un véritable homme byzantin, et de manier l'intrigue, la politique et la diplomatie avec l'habileté infuse des empereurs byzantins. Il prétend même descendre de la noblesse byzantine par sa mère qui était grecque d'origine.

Je suis étonné que Iorga ne paraisse pas aussi fort et grand au naturel qu'il semble l'être sur ses photographies. Son cou et ses mains sont desséchés et maigres, comme chez les malades qui gardent longtemps la chambre. C'est l'assèchement des hommes de bibliothèque. De ceux qui vivent enfermés dans leur cabinet loin du soleil et du grand air. Dans la salle des fêtes se pressent une quarantaine de journalistes, d'officiers, de policiers et de personnalités diverses. Tous ont les yeux tournés vers Nicolae Iorga qui s'entretient avec le ministre de la police. On le contemple en silence pour ne pas le troubler dans sa conversation. Subitement, une sonnerie retentit, stridente. Une voix forte crie, sur le seuil de la porte d'entrée :

– Sa Majesté le roi arrive!

C'est une surprise. Personne ne nous a dit que le roi viendrait à la fête.

Nicolae Iorga se détache du Monocle noir, et s'empresse vers la porte : il veut être le premier à saluer le monarque sur les marches de l'escalier. Tout le monde le suit.

C'est très curieux à observer : en se précipitant vers la porte, l'illustrissime savant Iorga n'a plus sa prestance légendaire. Il l'a perdue. Elle s'est évanouie. Sa redingote noire qui le rendait tellement grand et imposant est devenue soudainement une livrée de valet.

La limousine du roi s'arrête devant l'escalier. Le roi en descend. Il est en uniforme de commandant strajer. L'uniforme que j'ai porté, moi aussi, quand j'étais au service de presse de l'OETR; le roi serre les mains de Nicolae Iorga et du Monocle noir. On l'attend dans la salle des fêtes. Mais le roi se dirige vers le stade. Le directeur du centre annonce :

– On commence par la deuxième partie du programme.

On nous explique que Sa Majesté est pressée. Le château royal de Sinaïa est à une vingtaine de kilomètres de Breaza. Le roi doit y retourner dans la matinée. Il restera avec nous très peu de temps. De ce fait, la première partie du programme est annulée.

Quelques dizaines de policiers en civil descendent des voitures qui ont suivi la limousine royale et s'éparpillent, comme des perdrix affolées, en courant, dans le parc entourant le stade.

Le roi est un bel homme. Il est de haute taille et un peu lourd, comme les hommes du Nord. Sa Majesté a d'ailleurs l'air d'un Viking. La peau de son visage est très blanche et ses cheveux sont d'un blond presque roux.

Le roi a l'air fatigué. Il a sûrement veillé tard dans la nuit et s'est levé de bonne heure. Il a des poches autour des yeux. Comme les gens qui n'ont pas assez dormi. C'est peut-être à cause de cela que l'on a supprimé la première partie du programme : le roi préférant rester dehors, en plein air, au lieu d'être calfeutré dans la salle des fêtes.

Je note les noms des personnes qui sont venues avec le roi. Je suis tout près de lui. Je connais le visage du roi mieux que celui de mon père. Au lycée militaire, j'avais en permanence le portrait du roi devant mes yeux. Je l'avais regardé pendant huit ans, sans arrêt, du matin au soir. On ne pouvait pas ne pas le regarder. Dès qu'on ouvrait les yeux, on voyait la photographie du roi. Le portrait de Sa Majesté était dans nos salles de classe, dans les salles à manger et jusque dans nos dortoirs. Aucune figure humaine ne m'est plus familière que celle du roi. De mon roi. J'avais son portrait sur la couverture de mes livres et de mes cahiers. Je portais ses initiales sur le col de ma tunique, sur mes épaulettes, sur mon képi et sur chaque bouton de mon uniforme. Aujourd'hui, à l'âge de vingt-deux ans, je le vois pour la première fois au naturel. Je suis tout près de lui. Tellement près que je distingue même les pores sur la peau de son visage. Je n'aurais jamais espéré être un jour si près de mon roi. Mais, au lieu d'être heureux, je suis triste. Je regrette de voir le roi de si près. Le roi est un symbole, il ne devrait se montrer que de loin. La majesté royale est plus grande, dans les portraits officiels, que dans la réalité. Dans ses portraits il n'est jamais fatigué, il n'a jamais sommeil et n'a pas l'air désabusé, mélancolique et accablé par les soucis comme aujourd'hui. Son image dans les portraits, sur les timbres, les monnaies et les bustes est toujours royale, majestueuse. Égale à elle-même. Inchangée. Hiératique. Ainsi qu'il sied à la majesté d'être. Il est préférable que les rois restent invisibles. Les Japonais ont raison de punir sévèrement tout citoyen qui ose regarder l'empereur. Un roi en chair et en os bouge. Le mouvement empiète sur la majesté. *Je hais le mouvement qui déplace les lignes*, dit le poète [1]. Une majesté doit être immobile.

Devant le roi, sur la pelouse verte du stade, les gymnastes évoluent avec grâce. On hisse les trois couleurs. Ils font des pyramides. C'est un beau spectacle. Mais le roi a l'air absent. Le professeur Nicolae Iorga, le Monocle noir et nous tous, qui nous trouvons auprès de lui, remarquons que le roi considère le ciel. Nous levons aussi les yeux pour découvrir ce que le roi voit dans le ciel. Au-dessus de nos têtes, à basse altitude, plane majestueusement un aigle. Sous les rayons du soleil ses ailes semblent d'argent. On a l'impression que l'aigle est descendu pour voir, lui aussi, le spectacle que les gymnastes de Straja Tarii, les Sentinelles de la patrie, offrent sur la pelouse verte au roi de Roumanie. La présence d'un aigle est réconfortante. Il symbolise la majesté, l'altitude, la pérennité. Les yeux de l'aigle sont capables de fixer le soleil sans faillir. La fermeté du regard avec lequel ce bel oiseau fixe le soleil l'a fait prendre pour emblème de la foi inébranlable. L'aigle éprouve ses aiglons en les élevant dans ses serres et en dirigeant leurs yeux vers le soleil. Ceux qui n'en peuvent soutenir l'éclat sont abandonnés.

Subitement, des coups de feu crépitent. Nous regardons vers le stade. Il y a un concours de tir à la carabine. L'aigle d'argent, effrayé par les détonations, s'élève verticalement et disparaît dans les hauteurs. Son mouvement fut si spectaculaire que j'ai eu l'impression d'entendre tout près de mes oreilles le frottement de ses ailes et le sifflement de son vol rapide. L'aigle a disparu dans la pelouse bleue du ciel, comme un cerf-volant dont le fil s'est subitement cassé et qui est emporté, happé par les hauteurs. Je dirige mon regard vers le stade. Mais je ne vois plus rien. M. Niki Stefanescu, le directeur de la sécurité, vient de se placer

1. Charles Baudelaire, *les Fleurs du mal*, « la Beauté ».

devant moi. Son corps me cache la vue comme un écran. Je n'ai pas même le temps de protester. Il me prend par le bras et m'entraîne vers la salle des fêtes.

– Sa Majesté invite tous les journalistes présents à sabler une coupe de champagne, dit-il. Venez.

D'autres policiers entraînent impérieusement les autres journalistes et les personnalités présentes vers la salle des fêtes. Je cherche la silhouette du roi. Sa Majesté n'est plus sur la lisière du stade.

– Sa Majesté vous attend tous dans la salle des fêtes, dit Niki Stefanescu en me tirant toujours par le bras. Le roi est pressé. Son départ est imminent. C'est à cause de cela que la fête a été écourtée.

Le roi est en effet déjà dans la salle des fêtes. Il est entouré du Monocle noir, du commandant Sidorovici, du professeur Iorga et des officiers du palais. Le roi tient à la main une flûte de champagne. Au moment où j'entre, il porte la flûte à ses lèvres, et la boit, comme il se doit, d'un trait. Il parle avec passion, comme s'il voulait convaincre le Monocle noir et le professeur Iorga de quelque chose. Un capitaine de la garde royale se tient à la gauche du roi, avec une bouteille de champagne dont il remplit la flûte vidée.

Je m'approche du roi pour entendre ce qu'il dit. Il parle avec colère. Sa voix est rauque. Il a bu trop de champagne. J'ai raison de préférer voir le roi dans les portraits officiels. Un rayon de soleil darde par la fenêtre et éclaire la joue gauche du roi tel un projecteur. Le roi est gêné par la lumière et tourne le dos à la fenêtre. Je vois le roi de face, j'entends clairement ses paroles. Il se penche vers le professeur Iorga et lui demande :

– Qu'est-ce qu'un dictateur a de plus qu'un roi?

– Un dictateur n'a rien de plus qu'un roi, Votre Majesté, répond le professeur Iorga.

– Vous affirmez qu'un dictateur n'a rien de plus que le roi?

– C'est exact, Votre Majesté.

– Vous, monsieur Calinescu, pensez-vous aussi qu'un dictateur ne possède rien de plus que le roi?

– Certainement, Votre Majesté, un dictateur n'a rien de plus qu'un roi, répond servilement le Monocle noir.

– Pourquoi, alors, les foules aiment-elles les dictateurs et n'aiment-elles point les rois?

– Son peuple aime Votre Majesté, proteste Nicolae Iorga.

– Vous appelez cela de l'amour, professeur? s'écrie le roi. Il est cramoisi, sous l'effet de la colère – ou du champagne. Furieux.

– Sa Majesté nous ordonne de vous conduire à Bucarest, avec une voiture officielle, dit Niki Stefanescu, le directeur de la sécurité.

Il s'est placé à nouveau en face de moi. Comme un écran. Je ne vois plus le roi et je n'entends plus ce qu'il dit.

– Sa Majesté désire que tous les journalistes soient conduits en voitures officielles. Que vous arriviez au plus vite à vos journaux respectifs pour écrire les reportages sur la cérémonie. Tous les autres journalistes sont déjà partis. Vous avez aussi une voiture qui vous attend. Venez.

Niki Stefanescu me prend derechef par le bras, et m'entraîne vers la porte. Je le suis avec le regret de ne pouvoir plus entendre ce que le roi pense des dictateurs. La voiture mise à ma disposition par l'ordre du roi me conduit à Bucarest à vive allure. On me dépose à l'entrée de l'immeuble Dragomir, à mon journal. Les deux policiers qui m'ont amené attendent, en voiture, devant la porte du journal, jusqu'à ce que je prenne l'ascenseur et monte à la rédaction. C'est seulement après qu'ils partent.

Ce comportement me semble bizarre. La largesse du roi qui, malgré sa colère et sa mauvaise humeur, met des voitures officielles à la disposition de chaque reporter, me semble aussi curieuse, bizarre. Mais je ne suis pas encore habitué à approfondir tout ce qui m'arrive et à couper les cheveux en quatre. Je prends les événements comme ils viennent. A mon âge, il est naturel de procéder ainsi. D'ailleurs je n'ai plus le temps de réfléchir comme j'avais l'habitude de le faire. A peine ai-je pénétré dans la salle de rédaction que la réceptionniste me dit, paniquée :

– Le patron vous attend de toute urgence dans son bureau. Il vous cherche depuis deux heures. Il a téléphoné deux fois à Breaza...

Cézar Petrescu me reçoit dans son bureau. Tous les chefs de service du journal y sont réunis. Une demi-douzaine de personnes. Dès que je pénètre dans le bureau, les regards se braquent sur moi. On me dévisage comme si j'étais un ange annonciateur descendu du ciel. Comme si la destinée du journal dépendait de ce que j'allais dire.

– Vous venez directement de Breaza? demande Cézar Petrescu. Dites-nous ce qui s'est passé là-bas.

– C'était le baptême de la nouvelle promotion de commandants strajers, en présence du roi... Y participaient le professeur Iorga, M. Armand Calinescu.

– Il ne s'agit pas de ça! me coupe brutalement Cézar Petrescu. Racontez-nous ce qui s'est passé, ce matin, à Breaza.

– Rien de spécial, dis-je. On a supprimé la première partie du programme, le roi étant pressé.

– Vous étiez ce matin à Breaza, oui ou non? s'emporte Cézar Petrescu.

Il est en colère contre moi.

– Certainement que j'y étais.

Tous me regardent.

– Avez-vous vu le roi? demande Biciola.

– Oui, dis-je. J'étais pendant toute la cérémonie à un mètre de distance du roi.

– Que s'est-il passé avec le roi? demande Cézar Petrescu.

– Il ne s'est rien passé. Le roi a regardé sans grand intérêt les exercices des gymnastes. Il était fatigué. Il avait l'air soucieux.

– Que s'est-il passé à la fin de la cérémonie?

– Rien de spécial. Le roi, au lieu de regarder le stade, suivait un grand aigle qui planait au-dessus de nos têtes. Il y avait un concours de tir. Quand on a tiré le premier coup, l'aigle a pris vertigineusement son vol. A l'instant même où l'aigle disparaissait, Niki Stefanescu, le directeur de la sûreté, m'a poussé dans la salle des fêtes, en me disant que le roi offrait le champagne aux journalistes présents et que la cérémonie était écourtée. Quand je suis entré dans la salle des fêtes, tous les journalistes s'y trouvaient déjà.

– Mais il ne s'est rien passé sur le stade à ce moment-là?

– Je l'ignore, monsieur, je ne pouvais plus voir ce qui se passait sur le stade. Niki Stefanescu m'obstruait la vue en se plaçant devant moi. Par la suite, il n'y avait plus rien à voir sur le stade, la cérémonie étant terminée.

– Quel était le comportement des personnalités qui se trouvaient auprès du roi, dans la salle des fêtes? demande le directeur.

– L'atmosphère était pesante. Les personnalités qui entouraient le roi avaient l'air gênées.

– Pourquoi gênées?

– Je pense à cause du roi. Le roi avait trop bu, il parlait en vociférant. Il posait des questions dépourvues de sens. Il s'adressait au professeur Iorga, en lui demandant : « Dites-moi, professeur, pourquoi les foules aiment-elles autant les dictateurs? Pourquoi les foules n'aiment-elles pas le roi? » Le professeur Iorga lui a répondu : « Votre peuple vous aime, Majesté. » Le roi, le visage cramoisi, lui cria : « Vous appelez cela aimer le roi? Ce qui vient de se passer, vous appelez cela de l'amour? » A ce moment-là, je dus quitter la salle. Je ne pouvais plus écouter le reste de la conversation. Niki Stefanescu est venu me presser de partir tout de suite. Une voiture m'attendait devant la porte. Les autres journalistes étaient déjà loin. Je fus le dernier à quitter Breaza.

– Ce matin, à Breaza, on a essayé de tuer le roi. De l'assassiner. Il y a eu un attentat. On a tiré sur Sa Majesté au fusil, dit Cézar Petrescu.

La nouvelle tombe, comme un coup de massue, sur ma tête.

– Vous ne le saviez pas, monsieur? demande Cézar Petrescu. Pourtant, vous étiez présent. Vous dites que vous étiez toute la matinée auprès du roi. Et vous ne savez pas qu'on a tenté d'assassiner le roi? Et vous ne savez rien?

– Non, monsieur, je ne le sais pas.

J'étais humilié.

– La nouvelle de la tentative d'assassinat contre le roi de Roumanie est diffusée depuis deux heures sur toute la planète. Par tous les postes de radio. Par tous les téléscripteurs. Elle est connue dans toutes les rédactions de tous les journaux du monde. Avec d'amples détails. Un étudiant, membre de la Garde de Fer, qui participait au concours de tir à la carabine, sur le stade de Breaza, a dirigé son arme vers le roi et a tiré sur lui. A une distance de deux cents mètres. Avec des balles réelles. A Breaza, où l'attentat eut lieu, nous avions un reporter sur place qui devait nous apprendre la nouvelle. Nous l'apprenons de Londres. C'est inimaginable. Ce reporter, c'est vous.

– Il n'y avait aucun journaliste anglais à Breaza, dis-je.

– C'est justement pour cela que les Anglais ont appris l'attentat, explique Biciola. Tous les journalistes présents sur place, à Breaza, l'ignorent. La police a isolé les journalistes dans l'instant même qui suivit l'attentat. On a refoulé les journalistes dans la salle des fêtes sous prétexte que le roi désirait leur offrir le champagne. Ensuite, on les a expédiés, un par un, à Bucarest, dans des voitures officielles. Le tour fut joué. La police a admirablement travaillé. Elle a réussi son coup. S'il y avait eu des journalistes étrangers à Breaza, ils auraient, eux aussi, ignoré l'attentat. Mais les grandes agences de presse n'envoient pas de journalistes professionnels. Elles utilisent comme correspondants des ministres en fonctions, des directeurs de la police, de hautes personnalités et les maréchaux du palais. Il y a des pays en Orient et en Afrique où leur correspondant est le souverain du pays lui-même. Aucun journaliste ne pourrait lui faire concurrence. Nous serons toujours condamnés à apprendre ce qui se passe chez nous en écoutant Radio-Londres. Ce n'est pas la faute de nos journalistes si les pays occidentaux, étant plus puissants que la Roumanie, dirigent le monde entier.

M. Biciola, se tournant vers moi, me rassure :

– Ne vous tracassez plus, monsieur. Vous avez fait tout ce qu'un journaliste roumain était en mesure de faire. Il n'y a aucune raison de vous sentir humilié. Certes, ayant été tout près du roi, vous auriez pu être atteint par la balle qui lui était destinée. Mais vous l'ignoriez. Sachez que les hommes ignorent pour la plupart les événements réellement importants qui se produisent autour d'eux. Les Romains ignoraient que Dieu était né dans leur empire. Ils l'apprirent un siècle plus tard par la bouche de leurs esclaves. C'est pour le moins vexant, en effet, d'apprendre par Londres ce qui se passe chez nous, en Roumanie. Il est très difficile d'être reporter. Dieu seul pourrait être un bon reporter, car Dieu seul voit et sait tout. Allez maintenant écrire votre reportage. Je vous ai réservé une pleine page.

Je prends congé et je m'en vais. J'écris de mon mieux le compte rendu de la festivité de Breaza...

Le lendemain, mon reportage ne fut pas publié. A sa place, un communiqué officiel du palais royal annonçait succinctement que Sa Majesté, accompagnée par le professeur Iorga et par le ministre de l'Intérieur, avait assisté au baptême de la nouvelle promotion de commandants strajers à Breaza.

Pas un mot sur l'attentat.

J'appris que la censure venait parallèlement d'interdire aux journaux de publier toute information concernant les déplacements et l'emploi du temps du roi, hormis les communiqués officiels.

Je m'avise du fait que ma carrière de reporter est singulièrement menacée. Pratiquement supprimée. La circulation des nouvelles est interrompue. Elle est remplacée par les communiqués officiels. C'est décidément la dictature.

6

Aujourd'hui, 1er mars 1938, est un jour anniversaire pour moi. Il y a un an que fut publié mon premier livre, *la Vie de tous les jours du poète.* Mais au lieu de me réjouir, je suis triste. Comme je viens de la rédaction avec un crêpe de deuil, mon collègue Viorel Visoiu s'étonne :

– As-tu perdu quelqu'un de ta famille? Qui as-tu perdu?

– Gabriele D'Annunzio, dis-je.

– C'était un parent à toi? C'était un oncle, un cousin?

– Gabriele D'Annunzio est un poète. Un des plus grands poètes contemporains. C'est donc mon frère à moi.

– Tu portes le deuil de tous les poètes qui meurent?

Viorel Visoiu est éberlué. Il n'a jamais entendu une pareille chose. Je lui dis que, depuis que j'étais adolescent au lycée, j'ai prié pour tous les poètes que j'aime, comme je prie pour mon frère ou pour ma sœur. Les poètes sont mes frères. Et quand un frère meurt, je porte le deuil. C'est peut-être naïf et puéril, mais c'est ainsi.

Viorel Visoiu n'a jamais lu d'autres poésies que celles figurant dans ses manuels scolaires. Je lui explique que le poète D'Annunzio est né, comme Ovide, en Italie, dans les Abruzzes. Je lui récite une des poésies de D'Annunzio en la traduisant en roumain, où le poète dit :

Il demandera pour sa fête
Le seul anneau des horizons les plus lointains...

Ei chiederà per la sua festa
Sol l'annelo degli ultimi orizzonti.

Je lui demande :

– N'est-ce pas beau de demander l'anneau de l'horizon, pour le porter à son doigt?

Visoiu préfère mettre un terme à cette discussion. Le sujet ne le concerne pas.

Le directeur m'appelle. Il me propose de faire, indépendamment des faits divers, la chronique des tribunaux militaires. Autrefois, il n'y avait pas de chronique permanente sur la justice militaire. Rarement des reportages. Mais, depuis le 10 février 1938, date de l'abolition de la Constitution, le pays ayant été gouverné par des décrets, toute infraction à ces derniers, si mineure soit-elle, est jugée par les tribunaux militaires. Comme en temps de guerre. Par la force des choses, la chronique de la justice militaire occupe donc désormais une grande place dans les journaux.

J'accepte avec enthousiasme la nouvelle chronique. Dès le lendemain, je me présente au tribunal militaire de la capitale. Il se trouve dans une vieille caserne, au bord de Dambovitza, près du faubourg Cotroceni. L'atmosphère qui y règne m'est familière, ayant vécu huit ans dans une caserne. Les officiers de la justice militaire portent des uniformes bleu marine comme ceux des officiers de l'enseignement militaire. J'ai l'impression de revenir au lycée militaire. Les séances du tribunal militaire ont lieu le matin, à partir de huit heures, contrairement à celles des tribunaux civils. Le Code militaire est plus court et plus précis que le Code civil. Il ne permet pas beaucoup d'interprétations. Les plaidoiries des avocats sont presque superflues. Car les lois militaires sont comme les mathématiques, aucun avocat ne peut plaider que deux et deux font cinq. Tout prévenu sait, avant le procès, quelle sera la sentence. Je me rends vite compte qu'il est inutile d'assister aux séances. Je me borne – sauf pour les procès importants – à examiner les dossiers au greffe. Cela me prend tout au plus une heure par jour. Je me lie d'amitié avec les juges. Nous ne sommes guère que deux reporters accrédités au tribunal militaire et d'ailleurs très bien accueillis. Les officiers de la justice militaire ne sont pas habitués aux journalistes. Voir leurs noms figurer dans les journaux les flatte.

Depuis cinq semaines, je vais chaque matin au tribunal militaire. Aujourd'hui, vers la mi-avril, le tramway stoppe une station avant celle où je descends habituellement pour me rendre au tribunal militaire. Le conducteur annonce :

– Tout le monde descend. On ne circule pas plus loin, c'est une zone interdite.

Nous sommes peu de passagers dans le wagon. J'ignorais jusqu'à cet instant qu'il puisse y avoir des zones interdites, même pour les tramways. Je m'apprête à parcourir à pied le reste du trajet jusqu'au tribunal militaire. Les rues sont presque désertes. C'est un faubourg peu engageant. Des deux côtés il y a des entrepôts, des casernes et quelques arbres solitaires et tristes qui s'y sont égarés. La route et les trottoirs sont aussi mal pavés que mal tenus. Dans ce décor lugubre et désolant j'entends une voix féminine qui me hèle en criant mon nom. Je me retourne. Deux filles courent vers moi à une distance d'une dizaine de mètres. Ce sont deux étudiantes de la faculté de philosophie, deux camarades. Je suis surpris de les trouver dans ce quartier. Je les connais très bien. Ce sont deux étudiantes membres de la Garde de Fer, des légionnaires. Je les ai vues souvent en chemise verte, avec des brodequins, des manteaux de cuir et des sacs à dos. Les filles légionnaires sont plus sectaires que les garçons. Elles évitent de parler aux étudiants qui ne font pas partie de la Garde de Fer. La devise de la légion, « Qui n'est pas avec nous est contre nous », elles l'appliquent à la lettre. Pour elles, les garçons qui ne sont pas légionnaires ne sont pas fréquentables, et elles les évitent.

Les étudiantes légionnaires n'utilisent jamais de rouge à lèvres, de parfum ou d'autres cosmétiques. Elles font de la gymnastique, de longues marches et vont à l'église régulièrement en rang serré. L'amour, pour elles, signifie le mariage. Le garçon qu'elles épouseront devra être un légionnaire. Avant les fiançailles, ils se rendront tous deux devant le capitaine Corneliu Zelea Codreanu, le chef de la Garde de Fer, pour lui faire part de leur intention de se marier.

Les jeunes mariés ont la certitude absolue de leur fidélité réciproque, car ils sont intégrés dans la légion. Il ne leur serait pas loisible d'être infidèles ou de se permettre des écarts de conduite : tous leurs camarades veillent sur leur fidélité conjugale et sur leur bonne conduite.

Le mariage d'une fille, hors la légion, avec un non-légionnaire serait considéré comme un mauvais mariage. A cause de cela, d'habitude, les étudiantes légionnaires nous évitent. Je me suis très rarement trouvé dans la compagnie de mes camarades féminines de faculté faisant partie de la légion. Elles se tiennent à distance de tous les garçons non légionnaires. Même dans les amphithéâtres, au cours, elles évitent soigneusement de s'asseoir à côté de nous.

Il y a encore une infinité de petites choses qui nous séparent, bien que nous nous rencontrions chaque jour. Les étudiantes légionnaires, par exemple, ne semblent pas apprécier ma manière de leur parler. Au lycée militaire, on nous enseigne à nous comporter en société, surtout dans celle des femmes, avec galanterie, enjouement et toujours avec une gracieuse légèreté. Ainsi, pour les Anglais bien élevés, c'est un manque de savoir-vivre que de s'entretenir à table de sujets graves, d'aborder dans une société de femmes des sujets rébarbatifs, tels que la politique, l'économie ou la philosophie. Un Aigle du roi, un élève du lycée militaire, ne doit entretenir son entourage féminin que de sujets agréables, gracieux et divertissants, qui font plaisir à écouter. Autrement, il serait un rustre. Il manquerait de savoir-vivre.

C'est précisément ce comportement élégant et courtois qui répugne aux étudiantes légionnaires. Elles ne veulent entendre de la bouche des garçons que des choses sérieuses, édifiantes. Sur la mission de la jeunesse, sur la valeur du sacrifice, sur l'exemplaire beauté de la conduite morale. Elles détestent l'humour, l'ironie, la galanterie... Elles ne m'ont jamais regardé de très bonne grâce. Je suis donc stupéfié que deux étudiantes légionnaires me courent littéralement après, en pleine rue, en m'apostrophant par mon nom.

Je m'arrête. Elles s'approchent de moi, me prennent par le bras en se serrant contre moi. Comme si nous étions des amoureux qui se rencontreraient par un heureux hasard.

Elles m'entraînent dans une rue adjacente. D'autres filles que je ne connais pas apparaissent. Elles sont une dizaine en tout, de mon âge, à m'entourer. Mes deux camarades de faculté me présentent à leurs amies, avec maints superlatifs, en me couvrant d'éloges. Elles me tiennent toujours par le bras, en disant à leurs camarades, qui font cercle autour de nous, que je suis un étudiant très studieux et brillant, que je travaille pour payer mes études, parce que mon père est un pauvre curé de campagne. Je suis éberlué qu'elles sachent tant de choses sur moi. A l'université, quand je les rencontre à l'amphithéâtre ou dans les couloirs, elles répondent à mon salut comme si elles ne me connaissaient que de vue.

Et voici tout à coup que toutes ces jeunes filles, qui ont couru pour me rejoindre, sont autour de moi – comme un essaim. Elles ont les joues empourprées, les yeux brillants, et toutes me regardent avec sympathie, déployant des trésors de charme. Je sens l'odeur de leurs corps tout près de moi, le parfum de leurs cheveux et l'haleine de leur respiration. Tout cela m'enivre. Ma tête tourne... Je comprends pleinement pourquoi Ulysse commanda à ses compagnons de le lier au pied du mât quand les sirènes s'approchèrent et pourquoi il boucha ses oreilles avec de la cire. Les filles qui gravitent autour de moi sont elles aussi des sirènes, pareilles à celles qui abordèrent au navire d'Ulysse.

– Quelle joie de vous rencontrer! me disent-elles avec ravissement.

Elles me couvrent de fleurs, me tournent des compliments. J'en suis ravi, rempli d'orgueil. Les graves filles légionnaires se sont converties en sirènes enchanteresses. C'est grâce à ma séduction que cette métamorphose s'est opérée. Je me laisse envoûter. Je n'avais jamais, auparavant, éprouvé une si agréable sensation de ravissement et d'euphorie...

– Nous sommes ici depuis quatre heures du matin, me dit l'une d'elles. Mais, grâce à Dieu, notre patience a été récompensée. Vous êtes arrivé! Que Dieu soit loué...

Après un temps, elle se remet à parler :

– Le plus difficile pour nous est de devoir se cacher sans arrêt. De continuellement changer de cachette. Il y a des agents partout. Plusieurs centaines de mes camarades sont arrêtés. Chaque demi-heure, les camions de police partent remplis de nos camarades arrêtés dans la rue.

– Pourquoi vous arrête-t-on?

– Il est défendu de s'approcher du tribunal militaire. La zone est interdite. Il suffit d'être jeune pour être interpellé. On ne nous demande rien, on nous embarque. Aussi bien les filles que les garçons. Tout ce qui est jeune est suspect. Mais nous sommes sauvés : vous êtes arrivé! C'est Dieu qui vous envoie.

– Pourquoi suis-je votre chance? dis-je étonné.

– Parce que vous êtes le seul à avoir accès au tribunal militaire. Vous êtes journaliste, vous avez un laissez-passer. Nous avons fait venir dans la matinée une dizaine d'avocats, des camarades sympathisants. Mais ils ont été refoulés. Les avocats eux-mêmes sont refoulés de l'enceinte du tribunal s'ils ne sont pas accrédités. Vous l'êtes. Vous êtes notre sauveur. Nous attendrons ici votre retour. Toute la journée s'il le faut.

« Et si l'on venait nous arrêter, vous trouveriez ici d'autres camarades qui seront venues nous remplacer. Elles vous attendront comme le Messie.

– Pourquoi m'attendre?

– Pour obtenir grâce à vous des nouvelles du capitaine, me dit la fille comme si cela allait de soi.

– Je ne connais pas le capitaine, dis-je. Est-il au tribunal militaire?

– Il s'y trouve. Nous le savons avec certitude. Le Monocle noir et sa police ont tout fait pour que nous ne le sachions pas, mais nous l'avons appris. Nous avons déjoué leur ruse. Le capitaine se trouve ici, au tribunal militaire. Ils voulaient l'enlever sans que personne le sache. A minuit, les gendarmes ont fait irruption dans la villa du capitaine, à Predeal. Ils lui ont accordé quelques minutes pour s'habiller. Puis il l'ont emmené avec eux, sous bonne escorte, par des chemins détournés, en changeant plusieurs fois de voiture et de parcours afin que nous perdions sa trace. Mais l'alerte fut donnée à temps. Juste au moment de l'enlèvement. Car la légion veille sans arrêt. Elle ne dort jamais. Tous les légionnaires ont été alertés. A deux heures du matin, tous les légionnaires étaient avertis de ce que le capitaine avait été enlevé. En pleine nuit, nous avons reçu l'ordre de découvrir l'endroit où il avait été séquestré. Une grande partie du peuple collabore avec la légion. Nous sommes innombrables. Dès que nous avons reçu l'ordre de découvrir où se trouvait le capitaine, nous sommes tous partis à sa recherche. On a placé des vigiles à chaque sortie de ville et de village, sur toutes les routes du pays, devant les prisons, les postes de police, les casernes. Aucune voiture ne pouvait circuler sans être signalée, identifiée et contrôlée par les légionnaires. Nous étions partout. Personne ne pouvait bouger dans la rue, cette nuit, sans que la légion ne le sache. Nous avons de la sorte très vite identifié le convoi qui a enlevé le capitaine à Predeal, et nous l'avons suivi. Vers la fin de la nuit, le capitaine a été introduit dans les bâtiments du tribunal militaire de Bucarest. Ici.

« Nos camarades sont en faction partout, tout autour du tribunal, dans toutes les rues avoisinantes. Le gouvernement a déclaré le quartier zone interdite. On a même interdit la circulation des tramways. Mais cela ne leur sert à rien. Malgré le secret et les interdictions diverses, nous savons que le capitaine se trouve ici. Nous montons la garde autour de lui. Depuis ce matin, des centaines de camarades qui étaient en faction dans cette rue ont été arrêtés. Malgré cela, nous sommes toujours là. Au poste. Car dès que des camarades sont arrêtés d'autres viennent les remplacer. Il les remplacent à l'instant même où les autres sont arrêtés. On ne peut pas arrêter les vagues de l'océan. Et les mettre à l'écart. Si une vague se brise, une autre vague la remplace immédiatement. La légion est comme l'océan, rien ne peut l'arrêter. La victoire est à nous. Maintenant, vous êtes ici. Grâce à vous le contact avec le capitaine est établi.

– Je ne peux pas entrer en contact avec le capitaine, dis-je.

– Vous entrerez en contact avec le capitaine, affirme ma camarade de la faculté de philosophie. Vous irez voir le capitaine et nous apporterez des nouvelles de lui. Nous vous attendons ici. Si nous venons à être arrêtées, d'autres camarades vous attendront à notre place. Et vous leur apporterez les nouvelles du capitaine. Elles les transmettront à tous nos camarades. Et tous seront au courant de l'état du capitaine. Vous êtes notre courrier providentiel! Vous êtes tombé du ciel, comme un ange! Au moment même où nous avions besoin de vous!

L'essaim de jeunes filles qui m'entoure a augmenté. Elles sont toujours excitées, les yeux brillants, les joues empourprées. Elles sont métamorphosées en charmeuses affriolantes. Je me remémore à nouveau les sirènes qui barraient la route aux vaillants navigateurs. Tous ceux qui les approchèrent moururent. L'île des Sirènes avait des plages blanches des ossements des navigateurs qui répondirent à leurs appels et se laissèrent envoûter par elles.

– Je ne peux pas vous aider. Ce n'est pas de la mauvaise volonté ni de la peur. Mais de tels agissements sont contre ma nature. Je ne suis pas fait pour des actions subversives. Les médecins m'ont appris après des examens aux rayons X que j'étais né avec un cœur vertical. Mon cœur est perpendiculaire. Ma conduite est pareille à mon cœur, loyale, droite. Jamais en zigzag, par des chemins tortueux et obscurs. Les actions illégales, clandestines, les complots et les conspirations ne sont pas de mon ressort.

Je m'éloigne d'elles. Je trouve vain d'entreprendre des actions que je serais obligé de dissimuler aux hommes, du moment que je ne peux pas les cacher à Dieu.

– On ne vous demande rien d'illégal, poète, proteste ma collègue. Vous vous méprenez sur nos paroles.

– Qu'est-ce que vous me demandez, exactement?

– On vous demande de voir le capitaine, c'est tout. Il n'y a rien de subversif à cela.

– Vous me demandez de le voir, mais pourquoi?

– Pour venir ensuite nous dire que vous l'avez vu, dit ma collègue. Personne ne peut entrer au tribunal militaire. Vous le pouvez. Nous vous demandons de voir le capitaine. Ce n'est pas un complot.

– Uniquement le voir? dis-je, incrédule.

– Rien de plus. Uniquement le voir.

– Vous voulez que je le voie, pour vous confirmer qu'il est bien au tribunal militaire?

– Pas du tout! s'exclame ma collègue. Cela, nous le savons. Nous n'avons pas besoin de confirmation. Nous vous demandons uniquement de le voir et, ensuite, de nous dire que vous l'avez vu.

– Simplement de le voir? Sans lui parler? Sans lui transmettre quoi que ce soit?

– Uniquement le voir, répètent les jeunes filles à l'unisson.

– A quoi vous sert-il donc que je le voie?

– Vous n'êtes pas légionnaire, dit ma collègue. Vous ne pouvez pas comprendre cela. Si vous étiez légionnaire, vous n'auriez pas besoin d'explications. Si vous étiez légionnaire, vous sauriez que le simple fait d'écouter les paroles d'une personne qui a vu le capitaine dans ces moments difficiles est un bonheur sans pareil. Un immense réconfort. En revanche, vous êtes croyant. Quel bonheur ce fut, pour les premiers chrétiens, d'écouter la parole de ceux qui virent et entendirent le Christ! C'est la même chose pour nous. En vous écoutant nous dire que vous avez vu le capitaine, c'est comme si nous le voyions nous-mêmes de nos yeux.

– S'il en est ainsi, je vous promets d'aller le voir, dis-je.

Je me sépare d'elles intrigué. Les jeunes filles qui me demandent d'aller voir leur capitaine sont-elles hystériques? Sont-elles folles? En tout cas, elles ne sont pas une exception. Il y a de nos jours des millions de jeunes filles et de jeunes garçons qui adorent Hitler, Staline ou le capitaine, comme on adore Dieu. Les dictateurs sont divinisés. Les paroles du roi Carol II qui, à Breaza, après l'attentat perpétré contre lui, demandait au professeur Iorga et à ses ministres : « Qu'ont-ils, ces dictateurs, pour que les masses les divinisent? » prennent tout leur sens. Le roi ne demandait pas cela parce qu'il avait trop bu. C'était une question importante. La question primordiale de notre temps. Car des milliers d'êtres fanatisés quittent leur pays et vont se faire immoler dans la guerre d'Espagne, pour Staline ou pour Hitler. Ce sont des sacrifices humains en l'honneur de tyrans. Comme dans les époques noires de l'humanité. Un vent de folie meurtrière, dévastatrice, empoisonne le monde. Les hommes divinisent les tyrans et les dictateurs. Ils se comportent comme le peuple juif qui, au pied du Sinaï, durant l'absence de Moïse monté sur le sommet pour rencontrer Dieu, ont fabriqué un veau d'or et l'ont adoré comme on adore Dieu. Les masses procèdent toujours ainsi. Nous sommes entrés de nouveau dans *le siècle de « l'homme masse »*. L'individu n'existe plus. Il a disparu. Il s'est noyé dans la masse. L'homme, déchu de son indépendance d'individu et de personne humaine, est transformé en masse. Et les masses sont imperméables au spirituel. La masse des juifs demandait à Aron : « Faites-nous des dieux qui marchent devant nous » : *Surge, fac nobis deos qui nos precedant* [1]. Les masses réclament toujours des dieux, qu'elles puissent les voir et les toucher. C'est de l'idolâtrie. Au pied du Sinaï, les masses divinisaient le veau d'or. Aujourd'hui, les masses divinisent les tyrans. On leur rend culte et sacrifices. Comme à Dieu. Car les dictateurs sont matériels et les masses ne peuvent croire qu'en ce qui est matériel. La pire déchéance de l'homme est lorsqu'il devient masse. Qu'il cesse d'être un individu. *C'est la véritable chute du paradis.* Nous vivons aujourd'hui le siècle des masses.

J'arrive au tribunal militaire bien perplexe. Je raconte au procureur militaire ce qui vient de m'arriver. Il s'appelle Virgil comme moi. Nous nous sommes liés d'amitié. Il m'écoute, le sourire aux lèvres.

– Je vous ferai voir le capitaine, dit-il. Vous avez promis aux jeunes filles de le voir. Il faut tenir votre promesse. Il faut toujours être galant avec les femmes. Dans dix minutes, je ferai venir le capitaine dans mon bureau. Vous pourrez le voir soit dans mon bureau, soit dans le corridor, quand il passe. C'est à vous de choisir.

Le jeune procureur ordonne au planton de lui amener le prisonnier Corneliu Zelea Codreanu. Avant de quitter le bureau je demande :

– Sous quelle inculpation l'avez-vous arrêté?

– Ce n'est pas nous qui avons arrêté Codreanu, dit le procureur. Ce sont les civils. Le ministère de l'Intérieur. C'est le Monocle noir qui l'a arrêté. On nous l'envoie ici pour le condamner. Le professeur Iorga a déposé une plainte en diffamation. Codreanu a adressé une lettre calomnieuse au professeur Iorga. Le capitaine sera condamné à six mois de prison conformément à la loi, au Code militaire. Mais vous n'avez pas la permission d'écrire quoi que ce soit sur cette affaire. Elle doit faire l'objet d'un communiqué officiel qui sera publié dans tous les journaux.

Je décide de voir Codreanu dans le corridor et non dans le bureau du procureur. Je sors de son bureau. J'ai honte de me trouver à côté du juge, du procureur ou du policier, quand comparaît un prisonnier. Mes ancêtres ont tous été des prêtres, depuis des siècles. J'ai toujours désiré ardemment, depuis mon enfance, être moi-même prêtre. Or, l'Église interdit aux prêtres de poursuivre les brigands. S'ils le font, ils sont déchus [2]. Je suis poète. Héréditairement et organiquement, je me place toujours à côté du prisonnier. De n'importe quel prisonnier, sans exception aucune. Il m'est moralement, et même physiquement impossible de m'asseoir à côté du juge. J'ai la certitude de commettre un péché en le faisant. Car : « Qui es-tu, toi qui juges ton prochain? Il n'y a

1. Exode, 32, 1-6.
2. Canon 55 de saint Basile le Grand.

qu'un seul législateur et juge... [1] » « Qui que tu sois, ô homme, toi qui juges, tu es inexcusable, car en jugeant les autres tu te condamnes toi-même [2]. »

Je guette dans le corridor le passage de Corneliu Zelea Codreanu. Je veux le voir de près pour pouvoir dire à mes collègues de faculté, qui m'attendent dans la rue, que je l'ai vu – réellement. Je le fais à contrecœur. Il n'est pas agréable de voir des hommes enchaînés. Captifs. Mais je le leur ai promis. Ensuite, comme dit le jeune procureur militaire : « Il faut toujours être galant avec les femmes. »

Dans cette partie du bâtiment, se trouvent les bureaux des juges militaires. C'est un long corridor, large, avec le plancher en ciment gris, comme un trottoir. Il est éclairé par une très forte lumière crue, diffusée par des ampoules nues, suspendues au plafond par des fils. Il n'y a aucun siège. On y est comme dans un tunnel de chemin de fer, ou un passage souterrain. Aucune fenêtre. A gauche et à droite, les murs grisâtres, les portes des bureaux des juges sont fermées. Il s'y répand une forte odeur de désinfectant commune à toutes les casernes.

Subitement, on perçoit des pas, tels des sabots de cheval. C'est le bruit des brodequins ferrés des gardes qui amènent le prisonnier. Le corridor vide amplifie le bruit des pas comme une caisse de résonance. Au point qu'on a l'impression que c'est toute une colonne qui s'avance en cadence.

Au fond du couloir surgit, de derrière l'angle, la tête du prisonnier. Uniquement sa tête. Sans corps. Encadré par deux gardes, Corneliu Zelea Codreanu s'est penché, de tout son corps en avant, et n'a laissé passer dans le corridor que sa tête. Exactement comme les fauves traqués, avant de s'aventurer sur un terrain inconnu. Codreanu marque un temps d'arrêt, de quelques fractions de seconde. D'un coup d'œil d'aigle, il examine le corridor pour s'assurer qu'il n'y a pas de piège ou d'embûche tendue. En quelques infimes fractions de seconde, le regard du prisonnier a tout enregistré. Il a vu la longueur du corridor, sa largeur, les portes, la matière du sol et les ampoules électriques suspendues au plafond.

Codreanu marche, encadré par les deux gendarmes, en les ignorant complètement. Comme s'il marchait seul. C'est un homme de grande taille, souple, de plus d'un mètre quatre-vingts. Mais il a l'air beaucoup plus grand. C'est parce qu'il se tient droit. Très droit. Il porte une chemise sport, bleu pâle, sans cravate, le col ouvert. Il est habillé d'un costume deux-pièces, couleur feuilles-d'automne. Le tissu est pareil à celui dont les gentlemen se font confectionner leur veston pour le week-end, mais aussi à celui des robes de moines. C'est un tissu en laine, entre le homespun et la bure. Il porte des chaussures très grandes. Au

1. Saint Jacques, 4, 11.
2. Saint Paul, *Épître aux Romains*, 2, 1.

moins de la pointure quarante-quatre, avec des semelles épaisses. Codreanu est un bel homme. Il a trente-neuf ans. Je le vois pour la première fois, mais je le reconnais d'après ses portraits. Et même les personnes qui n'auraient jamais vu les photographies de Codreanu devraient avoir l'impression, en le voyant, de l'avoir déjà vu. Son visage, sa démarche, sa taille et ses gestes sont ceux d'un premier rôle de western hollywoodien. Codreanu semble le prototype des héros de films américains d'aventures : celui qui est brave, juste, vaillant, qui n'est jamais vaincu et se tire toujours indemne de toutes les embûches. Sa ressemblance avec l'une des plus célèbres vedettes de cinéma d'outre-Atlantique est si frappante que les spectateurs roumains, chaque fois qu'ils voient un film avec cet acteur, applaudissent en scandant : « Le capitaine! Le capitaine! » La censure interdit souvent les films dont l'acteur principal ressemble à Codreanu, parce que chaque projection se transforme en une manifestation de sympathie pour la Garde de Fer et son capitaine.

Corneliu Zelea Codreanu est originaire de Bucovina, la province où est née la femme de Tudor Arghezi et Mihai Eminescu, le plus grand poète roumain. On l'appelle « la douce Bucovina » – Bucovina la douce – ainsi que « le Jardin de la Roumanie ». Elle se trouve au nord de la Moldavie et au sud de la Pologne. Bucovina est la plus pittoresque province roumaine.

Corneliu Zelea Codreanu est grand, souple et droit comme les arbres et les hommes du nord de la Moldavie et de Bucovina. On dit qu'il n'est pas un bon orateur. Mais il électrise toujours par sa seule présence. Quand il apparaît parmi les jeunes, c'est le délire. Les foules l'acclament, l'ovationnent et le suivent partout. Il écrit dans le style des communiqués officiels et des manifestes, avec des phrases courtes, précises et autoritaires. Ses articles font toujours penser à des ordres du jour.

Les deux militaires qui encadrent Codreanu sont des adjudants de gendarmerie. Des gradés. Des gendarmes chevronnés. On ne confie pas un prisonnier comme Codreanu à de simples soldats.

Après avoir avancé de deux pas dans le corridor, Corneliu Zelea Codreanu marque un nouveau ralentissement. Puis il s'arrête. Un arrêt de quelques fractions de seconde : il vient de découvrir ma présence au bout du corridor. Il est intrigué. Ma présence lui est insupportable. Je ne devrais pas me trouver sur son passage. Je ne suis ni sentinelle, ni planton, ni fourrier. Je n'appartiens pas au tribunal, je ne suis pas en uniforme. Tous, ici, sont des militaires. Je ne peux pas être policier non plus, étant trop jeune. Je ne suis ni avocat ni journaliste. Toute la matinée ses supporters, des avocats célèbres et des journalistes, des directeurs même de journaux ont essayé de prendre contact avec lui. Ils ont tous été refoulés.

Codreanu est intrigué, comme un fauve qui découvre une présence insolite sur son territoire. C'est plus dangereux que de rencontrer un ennemi. Ses yeux sont fixés sur moi, telles deux pointes de sabres, largement ouverts, fixes. Tout le corps du prisonnier est en alerte. Ses muscles se contractent. Son attention est concentrée au maximum. Tous ses sens se sont intensément mobilisés. Il m'examine de la tête aux pieds. Avec une rapidité vertigineuse. Au fur et à mesure qu'il m'examine, son inquiétude augmente. Son regard scrutateur tente désespérément de percer le mystère de ma présence dans le corridor. Je supporte avec peine d'être ainsi transpercé dans ma chair par les rayons que me dardent ses yeux. C'est un de ses pouvoirs, qui explique l'ascendant de Codreanu sur ses adeptes. On dit que personne ne peut rien cacher au capitaine. Quand on se trouve en face de lui et qu'il vous regarde avec ses yeux métalliques, perçants, dominateurs, on lui avoue tout.

Ces yeux sont maintenant fixés sur moi. Codreanu a une longue expérience des embûches, des guets-apens, de toute sorte de pièges employés par la police et il a appris à les déjouer. Depuis l'âge de dix-neuf ans, il vit dans une quasi-clandestinité. Dans la conspiration. Subitement, il a la certitude que je suis un étudiant. Je suis donc un légionnaire, comme presque tous les étudiants. Un de ses supporters. Heureux d'offrir sa vie pour son capitaine. Mais, au lieu de se réjouir, il fronce les sourcils. Il est mécontent. Si j'étais légionnaire, je n'aurais pas pu pénétrer dans l'enceinte fortifiée du tribunal militaire sans la complicité de la police. Même en étant de bonne foi, je ne puis être là que manipulé par la police. Il décide de m'éviter, de ne pas m'écouter, de ne rien recevoir de moi, de m'ignorer. De ne pas tomber dans un piège. Il poursuit son avance. Il marche lentement, avec tout son corps, non seulement avec ses pieds. Il marche comme les grands fauves, comme les lions, les tigres et les jaguars. Il regarde devant lui. Mais je sens, avec certitude, que tout en faisant semblant de m'ignorer, un coin de son œil me surveille. Je peux sortir une arme et tirer sur lui au moment où il sera près de moi. La police a souvent utilisé cette méthode. Il est préparé aussi à faire face à cette éventualité. Il ne veut pas être tué par surprise. Au moment où Corneliu Zelea Codreanu est à deux pas de moi, je me rends compte qu'il est très fatigué. Les traits de son visage sont tirés. Il a des cernes sous les yeux. Il n'est pas rasé. On sait qu'il est malade. Il a été d'innombrables fois incarcéré, battu et torturé par la police. Pendant tout un hiver il fut enfermé et gardé dans une cellule humide et sans chauffage. Il y contracta la tuberculose dont il n'est toujours pas guéri. Malgré tout, il marche et s'avance d'une allure assurée, la tête haute, confiant en lui. Codreanu se croit investi d'une mission divine. Pour sauver son pays. Il a la certitude d'être prédestiné. C'est un mystique.

A l'âge de vingt-huit ans il rédigea l'acte de naissance de son mouvement dans les termes suivants : « Ordre du jour numéro un : Aujourd'hui vendredi 24 juin 1927 (fête de saint Jean-Baptiste) à dix heures du soir, est fondée la “ Légion de l'archange Michel ” sous ma direction. Que vienne dans ses rangs celui qui croit de façon illimitée, que reste en dehors celui qui a des doutes. Je désigne comme chef de la garde de l'Icône Radu Mironovici. »

Le chef céleste de la Garde de Fer est l'archange Michel. C'est en plaçant leur confiance dans les puissances d'En-haut que les légionnaires ne reculent jamais. C'est à cause de cela que le pas de Corneliu Zelea Codreanu est ferme, déterminé et sûr. Personne ne saurait vaincre celui qui est secondé par Dieu. La foi que des millions de jeunes vouent à Corneliu Zelea Codreanu, et qui sont prêts à mourir pour lui, le rassure et le confirme dans sa certitude d'être investi par le ciel et aidé par les anges, les archanges et les puissances célestes.

Au moment où il arrive à un mètre de moi, je suis envahi par une immense pitié pour lui. Je vois nettement sur son visage la marque de la mort. Il sera tué. Il est lui-même la cause de sa propre mort : « Tous ceux qui prendront l'épée périront par l'épée. » Lui qui voit tout, qui entend tout, prévoit tout et sait déjouer toutes les ruses de ses adversaires, a omis une chose essentielle. Et, à cause de cette omission essentielle, Corneliu Zelea Codreanu va mourir. Il sera tué. Je vois la mort sur son visage, dans ses yeux, dans sa démarche. Mais il ignore qu'il est à l'heure de la mort. Il est tout au contraire sûr de sa victoire. Parce qu'il persiste à croire que les anges sont avec lui. Or, justement, les anges ne sont plus avec lui. Si Corneliu Zelea Codreanu avait une mère comme la mienne, il aurait appris que celui qui lève une arme contre son prochain met les anges en fuite. Celui qui pointe une arme vers son semblable est abandonné par son ange gardien et reste sans défense. Celui qui tue un être humain est interdit à la communion. Il lui est interdit de s'approcher de l'autel. S'il entre dans une église, il doit rester debout, près de la porte et, avant le moment solennel de la consécration des dons, le criminel est obligé de quitter l'église. Il n'a pas le droit d'approcher Dieu. Et les puissances célestes ne s'approchent pas de lui. Celui qui tue un seul être humain sera condamné comme s'il avait détruit le cosmos entier. Et Codreanu a tué. Plusieurs fois. De sa propre main. Il a aussi ordonné à ses fidèles de tuer. L'étudiant Stelescu, en 1936, de deux cents coups de revolver, dans son lit d'hôpital. Puis la victime a été coupée avec des hachettes, sur l'ordre de Codreanu. Aucun ange ne s'approche plus de lui. Même les enfants savent cela. Lui seul l'ignore. Il persiste à croire qu'il est soutenu par Dieu, les archanges et les chérubins. Et il croit cela à cet instant précis où il marche vers son propre tombeau... Tout le monde sait qu'il sera tué.

Le décret de sa mort a été réellement signé le 20 décembre 1938, aussitôt après les élections générales. Les puissances occidentales, nos alliés et nos protecteurs ont été irrités par le choix des électeurs roumains.

Pendant cinq siècles, lorsque la Roumanie était la vassale des Turcs, le sultan faisait venir à Constantinople, à la Sublime Porte ottomane, le prince indésirable de Roumanie et lui faisait couper la tête devant les ambassadeurs étrangers. Cela s'est passé avec le prince Constantin Brancovan le 15 août 1714, fête de la Sainte-Marie. Ce prince fut décapité avec le yatagan – devant le sultan – ainsi que ses fils Constantin, Radu et Matei, ce dernier n'ayant que onze ans.

Les puissances occidentales déclarèrent donc indésirable le gouvernement que les électeurs roumains s'étaient donné. C'était leur droit de suzerains. Les puissances occidentales avaient raison d'être irritées. Le gouvernement sorti des élections était ami des Allemands. Ordre fut intimé au roi de se débarrasser du gouvernement indésirable sorti des urnes.

Le 10 février, le roi Carol II a démis le gouvernement du poète Octavian Goga. Il l'a remplacé par un gouvernement ayant à sa tête le patriarche de Roumanie. Mais les puissances occidentales, nos suzerains actuels, réclament en plus la tête de Corneliu Zelea Codreanu, le capitaine de la Garde de Fer, qui est partisan de Hitler et de Mussolini.

La situation est embarrassante, nouvelle. Dans ce domaine nous manquons de savoir-faire.

Jadis, quand nos suzerains les Turcs n'aimaient pas les princes que nous choisissions, ils les convoquaient à Constantinople et leur coupaient la tête avec le yatagan. Et l'affaire était réglée. Nos suzerains actuels réclament la tête de Codreanu, mais ils refusent de le faire venir à Paris pour le guillotiner eux-mêmes, sur la place de Grève, ou de l'amener en Angleterre pour lui trancher la tête dans la Tour de Londres.

Nos suzerains occidentaux nous firent savoir que les Roumains faisaient actuellement partie d'un peuple libre et indépendant, et qu'en conséquence ils devaient jouir de la faculté de trancher eux-mêmes la tête de leurs chefs qui déplaisaient aux suzerains. Nous fûmes extrêmement flattés de l'honneur et de la confiance que nos suzerains d'Occident nous accordaient. Car c'est un immense bonheur que de nous permettre de couper nous-mêmes la tête de nos dirigeants politiques qui ne leur plaisent pas. Le sultan de la Sublime Porte ottomane, dans sa grande bonté, ne nous avait jamais accordé cette preuve de sa confiance.

Pour trouver une manière démocratique de couper la tête de Corneliu Zelea Codreanu, comme le réclamaient les puissances occidentales, le roi Carol II a fait appel au plus savant des Roumains, au professeur Nicolae Iorga qui écrivit plus de douze cents livres et vingt-cinq mille articles, dont, entre autres, l'*Histoire de l'Empire ottoman* ainsi que l'*Histoire de l'Empire byzantin* où l'on apprend à chaque page comment il faut procéder pour décapiter, crever les yeux de l'adversaire ou le faire disparaître sans jamais laisser de trace.

Iorga, qui connaissait tous ces détails techniques (car c'était un très grand savant, de renommée mondiale), conseilla au roi d'arrêter d'abord légalement Corneliu Zelea Codreanu. Et, dès qu'il serait arrêté, de le jeter démocratiquement dans un cachot. Enchaîné, on l'aurait à disposition et l'on pourrait faire tout ce que l'on voudrait de lui. Pour motiver l'arrestation, Iorga a déposé, lui-même, contre Codreanu une plainte pour outrage. A la suite de cette plainte, un détachement de gendarmerie a fait irruption, cette nuit même, dans la villa de Codreanu à Predeal, l'a arrêté et amené au tribunal militaire de Bucarest. Il est abusif d'arrêter quelqu'un en pleine nuit et de le jeter en prison pour un problématique délit. Mais il y avait instruction de le tuer et il n'y a pas trente-six façons de tuer un homme démocratiquement, Iorga l'eût fait savoir. Et la Roumanie est un véritable pays démocratique, garanti et protégé par les grandes puissances occidentales.

Quelquefois, le but excuse les moyens. Le but, en l'occurrence, était de ne pas laisser en vie un partisan de Hitler. Il fallait le supprimer. Le processus d'assassinat étant maintenant déclenché, le prisonnier était virtuellement mort.

En raison de cet arrêt suprême, lorsque Corneliu Zelea Codreanu passa près de moi, dans le corridor du tribunal militaire, j'ai vu distinctement, sur son front, l'estampille de la mort. Il avait l'odeur et la couleur de la mort. Il marchait vers son tombeau. J'avais pitié de son assurance. Car il pensait qu'il ne mourrait pas. Il se croyait protégé par l'archange Michel. Mais il se trompait. Il était seul. Sans protection aucune. L'archange Michel n'était pas auprès de lui. Son ange gardien même l'avait abandonné. Car les anges abandonnent toujours les homicides. Et Codreanu était un homicide.

7

Quelques jours après son arrestation, Corneliu Zelea Codreanu est condamné par le tribunal militaire de Bucarest à six mois de prison pour avoir écrit une lettre outrageante au professeur Nicolae Iorga. La peine est d'une extrême sévérité par rapport à la faute imputée. Iorga a beau être un monument national, infliger six mois de bagne à un citoyen qui aurait manqué de respect à un autre ne s'est jamais vu. Les juges militaires, qui ont prononcé la sentence, sont eux-mêmes mal à l'aise. Certes, leur responsabilité est limitée, ils sont des militaires et exécutent les ordres de leurs supérieurs hiérarchiques. Mais ils savent aussi qu'il est excessif d'envoyer un homme au bagne parce qu'il a transgressé aux règles de la politesse et de la bienséance.

Malgré cette sentence outrancière, les puissances occidentales sont mécontentes. Londres et Paris refusent toujours de recevoir le roi de Roumanie, qui doit effectuer un périple en Europe de l'Ouest. La visite est programmée de longue date. Mais elle est annulée *sine die*. On fait savoir au roi qu'il ne sera reçu ni à Paris ni à la cour de Saint-James (malgré sa proche parenté avec les souverains anglais) tant qu'il n'aura pas éliminé radicalement Corneliu Zelea Codreanu...

Le roi chargea Armand Calinescu, son ministre de l'Intérieur, de trouver d'urgence un moyen légal d'éliminer radicalement Corneliu Zelea Codreanu de la scène politique du pays.

Le Monocle noir se fit un plaisir d'organiser, en toute hâte, un nouveau procès contre le chef de la Garde de Fer. Le tribunal militaire reçut l'ordre souterrain de condamner Codreanu pour soulèvement militaire contre l'État, préparatifs de guerre civile, complot militaire, intelligences avec des puissances étrangères, menées pour assassiner le roi et une longue série de crimes dont la loi prévoit comme punition la prison à vie. De la sorte, on avait la certitude que Codreanu ne sortirait pas vivant de sa geôle.

Mais le tribunal militaire, réuni en hâte, ne réussit pas, malgré sa bonne volonté, à condamner Codreanu à la peine maximale. Il fut condamné à dix ans de travaux forcés, dans les salines, malgré les consignes reçues. La sentence du tribunal militaire de Bucarest provoqua une terrible réaction de colère en Occident. Elle fut considérée comme un défi lancé par la Roumanie aux pays civilisés. Dix ans de travaux forcés infligés à un allié de Hitler, ce n'était pas une véritable peine. C'était un simple palliatif. La Roumanie en fut discréditée. La France et l'Angleterre refusèrent plus que jamais d'accepter la visite du roi Carol II.

Les partisans de Codreanu étaient eux aussi en colère. Ils clamaient que le capitaine était une victime. Que le procès avait été truqué. Que l'on ne pouvait retenir aucune accusation sérieuse contre Codreanu. Les universités se soulevaient. Les manifestations prenaient de l'ampleur. On redoutait une émeute générale. On craignait une révolution.

Nicolae Iorga fut derechef consulté. Lui seul pouvait apporter une solution. Tous les yeux se tournèrent vers lui. Quand un peuple a la chance de compter dans son sein un si grand génie, un savant universel comme Nicolae Iorga, on en profite pour le solliciter dans toutes les circonstances périlleuses et on suit ses conseils. Les hommes politiques consultèrent donc le prodigieux génie qu'était Iorga, à l'instar des Grecs, implorant à Delphes la pythie de rendre ses oracles. On demanda à Iorga ce qu'il fallait faire pour éviter la guerre civile et la révolution qui menaçaient de façon imminente, car les étudiants descendaient déjà dans la rue.

– Vous avez peur des enfants? demanda Iorga. Moi, j'ai demandé au colonel Boyle, qui était attaché militaire anglais en Russie : « Comment avez-vous réussi à sauver seul, en 1917, toute la colonie roumaine d'Odessa encerclée et menacée d'être massacrée pendant la révolution bolchevique? » Le colonel Boyle me répondit : « Monsieur le professeur, je suis canadien et je suis chasseur. Chez nous, au Canada, le gibier le plus dangereux, c'est le loup. Il attaque toujours en bande. On peut tuer deux, cinq, ou dix loups, ceux qui survivent s'acharnent sur vous pour vous déchirer. Le bon chasseur observe d'abord quel est le loup qui mène la bande. Il ne s'occupe que de lui. Il vise entre ses yeux et tire. Au moment où le loup meneur de la bande tombe, tous les autres prennent la fuite et se dispersent. Il faut donc toujours repérer le chef, viser entre ses yeux et le tuer. C'est ainsi que j'ai procédé à Odessa, avec les bolcheviques, en 1917. Exactement comme les chasseurs de loups du Canada. »

Iorga conseilla de procéder de même : de tuer Codreanu. Et l'on obtiendrait à ce prix la paix et la confiance des grandes puissances occidentales.

On rapporta au roi l'interprétation immuable prononcée par le Calchas roumain devant les sénateurs. Le roi fut effrayé. Il était un Hohenzollern, une des plus anciennes dynasties royales du monde. Les Hohenzollern règnent en Europe depuis un millénaire, avant même Charlemagne. Un roi Hohenzollern ne peut se comporter comme les chasseurs de loups du Canada. Il refusa de tuer Codreanu. Mais le roi Carol II avait une maîtresse. Une très belle femme. Une juive aux cheveux roux, nommée Magda Lupescu. Il l'aimait passionnément. Il était esclave de sa passion.

Les comploteurs contactèrent Magda Lupescu, la maîtresse du roi. Ils la comblèrent de présents. Ils lui offrirent des cadeaux magnifiques. Ils la supplièrent de réclamer au roi la tête de Codreanu. Et la belle courtisane se rendit à leur supplique. Cela se passa comme dans la Bible où il est dit que le roi Hérode n'osait pas décapiter Jean-Baptiste, qui se trouvait enfermé dans une prison de Jérusalem. Les ennemis de Jean amenèrent alors la belle Salomé devant le roi et la firent danser. Le roi Hérode fut tellement séduit qu'il dit à la belle danseuse : « Tout ce que tu me demanderas je te le donnerai, fût-ce la moitié de mon royaume [1]. » La jeune fille répondit : « Je veux que tout de suite tu me donnes sur un plat la tête de Jean-Baptiste. » Le roi dépêcha un garde, en lui ordonnant d'apporter la tête de Jean. Le garde s'en alla, le décapita dans sa prison, puis apporta sa tête sur un plat qu'il présenta à Salomé... Le roi Carol procéda de même qu'Hérode. Il promit à Magda Lupescu de tuer Codreanu, mais comme il désirait d'abord être reçu en grande pompe à Londres et à Paris, ce ne serait qu'à son retour qu'il ferait tuer Codreanu.

Émule du tétrarque de Galilée, le roi tint sa parole. Au retour de son voyage triomphal à Londres et à Paris, il fit assassiner Codreanu. Le Monocle noir – qui attendait avec impatience le signal de son roi pour procéder à l'exécution – fit sortir de leurs geôles Corneliu Zelea

1. Saint Marc, 6, 14-30.

Codreanu et treize de ses compagnons. Tous des assassins. Il y avait les *Decemvirii*, les dix légionnaires qui, en 1936, avaient exécuté l'étudiant Stelescu à l'hôpital, taillant ensuite son corps en morceaux avec des hachettes, ainsi que les *Nicadors*, les trois légionnaires qui assassinèrent, en 1933, le Premier ministre Duca. Les treize prisonniers et leur capitaine furent entassés dans des fourgons cellulaires, mains et pieds enchaînés. Dans une forêt, près de Bucarest, les quatorze prisonniers furent étranglés par les gardes, leurs cadavres jetés dans un fossé, dans la forêt de Jilava, et recouverts d'une plaque de béton.

Le lendemain matin – le 30 novembre 1938 – le gouvernement annonça, par un communiqué officiel, que Corneliu Zelea Codreanu et treize de ses compagnons ayant essayé de s'évader pendant leur transfert dans la prison de Jilava, les gardes les avaient abattus.

Les quatorze meurtres secouèrent le pays. C'était trop odieux, trop barbare. Même le professeur Iorga, qui conseilla d'abattre les légionnaires comme on le fait des loups au Canada, fut choqué par la monstruosité de l'assassinat collectif.

Le professeur d'histoire Constantin Marinescu, proche collaborateur de Iorga, raconte que, le lendemain du meurtre, Iorga refusa de recevoir Armand Calinescu. Le professeur Marinescu se trouvait dans le bureau de Iorga, au domicile de celui-ci, chaussée Bonaparte, à ce moment-là. Il envoya la servante dire à Armand Calinescu que le professeur refusait de parler avec des assassins.

Dans la même matinée, le professeur Iorga participa à une séance de l'Académie roumaine. L'académicien Gheorghe Ionescu Sisesti fit un récit détaillé de l'assassinat perpétré dans la nuit. Les membres de l'Académie l'écoutèrent, sidérés. Seul Iorga parla. Il dit : « On a procédé avec maladresse. Avec une très grande maladresse. » Ce fut son oraison funèbre.

La nuit même où furent assassinés Codreanu et ses treize compagnons, à Munich se réunissaient Hitler, Mussolini, Chamberlain et Daladier, pour signer l'acte de démembrement de la Tchécoslovaquie, par le rattachement des Sudètes à l'Allemagne.

Les puissances occidentales se déclarèrent satisfaites de la conduite du roi Carol II de Roumanie. A Bucarest, on sabla unanimement le champagne en apprenant l'assassinat de Codreanu.

La Roumanie fut de nouveau acceptée comme un allié sûr. En foi de quoi la France demanda au roi Carol de permettre le passage de l'Armée rouge sur son territoire pour aller en Tchécoslovaquie y assurer la défense de l'Europe, de la liberté et de la civilisation occidentale.

Le roi Carol, ne pouvant pas s'opposer au plan de défense de la liberté et de la civilisation par les troupes soviétiques, accepta le survol de son territoire par les avions soviétiques qui se dirigeaient vers la Tchécoslovaquie. Réconforté par la confiance qu'il inspirait au monde occidental, le roi Carol forma un parti unique, du nom de Front de la renaissance nationale. Tous les ministres durent porter l'uniforme du parti unique.

L'uniforme était de couleur bleu marine, avec un brassard tricolore frappé des lettres FRN, et sur la tête une casquette plate. Le jour de la prestation du serment, les ministres du nouveau gouvernement étaient tous en uniforme, alignés face au roi comme des soldats, et saluèrent, le bras droit levé, en criant « Sanatate ». Le salut du parti unique.

Pour combattre les dictatures, il faut se transformer soi-même en dictature. Autrement on ne peut pas vaincre. Le roi de Roumanie n'avait donc pas d'autre solution que de s'investir lui-même dictateur.

Mon reportage sur les festivités qu'inaugurèrent les ministres en uniforme ne fut pas publié. A dater de ce jour-là les comptes rendus de toutes les cérémonies officielles firent l'objet de communiqués du gouvernement, ainsi que ceux des procès des tribunaux militaires. Les assassinats comme celui de Codreanu et de ses compagnons ressortissaient au domaine réservé du gouvernement. Le gouvernement remplaçait, dorénavant, les reporters de faits divers et tous les autres reporters.

XV

LA MUSE DU POÈTE

1

On dit que la reine d'Espagne écrivit à Colomb, qui était parti pour découvrir de nouvelles terres : « Navigue tout droit et, si la terre que tu cherches n'existe pas, Dieu la créera spécialement pour récompenser ton héroïsme et ta foi. » Quelquefois, j'incline à croire que l'Amérique n'existait pas. Que Dieu la créa expressément pour récompenser la vaillance, l'endurance et la foi de Christophe Colomb.

Je cours aussi, tout droit, vers mon but. Sans que rien ne puisse m'arrêter. J'ai vingt-deux ans et trois mois.

Je suis certain que je combats avec héroïsme, sans fléchir. Dieu me récompensera. Comme il a récompensé Colomb. Je serai le grand poète de mon peuple. Le poète du Christ et de la Roumanie. Je ne sais pas ce que je réaliserai ni comment je finirai, mais je poursuis ma route. « Oubliant ce qui est derrière moi et tendu vers ce qui est en avant [1]. » Il n'y a pas de progrès sans la marche suivante. Et celui qui s'arrête et cesse de monter est déjà en recul. « Ce n'est pas que j'aie déjà saisi le prix ou que j'aie déjà atteint la perfection, mais je poursuis ma course pour tâcher de la saisir, oubliant ce qui est derrière moi et me portant de tout moi-même vers ce qui est en avant, je cours droit vers le but [2]. »

Je cours au journal, essoufflé. Le directeur m'a demandé d'écrire le bilan des faits divers de l'année 1938. Chaque jour je développe un fait divers que je publie, en le signant. Mon nom figure ainsi, chaque matin, dans le journal. Je commence à être connu. J'ai inventé une manière nouvelle de présenter les faits divers. Je commence avec un *catch phrase*, une phrase qui accroche. Qui frappe le lecteur. J'expose ensuite les faits, par une accumulation lyrique, en augmentant le *suspense*.

1. Saint Paul, *Philippiens*, 3, 12-14.
2. Saint Grégoire de Nysse, P.G. 44, col. 401 A.B.

Chaque fait divers est ainsi une brève nouvelle. Je la rédige afin qu'elle soit *effective*, agissante. Avec effet direct et immédiat sur le lecteur, en mettant bien l'accent sur le détail concret, sensoriel. J'évite toute abstraction. De la même manière, je veux présenter cette chronique de tous les événements qui se sont passés au cours de l'année. L'année 1938 a été marquée par des événements exceptionnels. Dans notre pays, l'abolition de la Constitution et l'instauration de la dictature royale, du parti unique et le port de l'uniforme par les ministres. Il y a eu le procès de Zelea Codreanu et sa liquidation. A l'extérieur c'est le démembrement de la Tchécoslovaquie. L'Allemagne a annexé la région des Sudètes. En Irlande, c'est l'instauration de la dictature d'Eamon De Valera. En Turquie, la mort d'Atatürk. En Roumanie encore, c'est la permission accordée aux avions soviétiques de survoler notre territoire. Et, en Espagne, la guerre continue...

Au bilan des faits, je donnerai une grande place à la mort de la reine Maria, la mère de notre roi, survenue le 18 juillet 1938. Pendant ses obsèques, Bucarest fut, conformément à la volonté de la reine, pavoisée en violet, la couleur de son deuil, soit le violet, le parme. La reine n'aimait pas le noir. Et son cœur a été inhumé au bord de la mer Noire, à Balcic, au sud de la ville de Tomis Constantza, où est mort le poète Ovidius, en exil, il y a deux mille ans.

Un autre fait important de l'année est la mort – le 7 mai 1938 – du poète Octavian Goga, l'ancien Premier ministre. Il est décédé à l'âge de cinquante-sept ans, trois mois après l'instauration de la dictature royale. Il fut évincé du pouvoir à la demande des puissances étrangères, malgré son élection à la tête du gouvernement par le vote universel.

En pensant au bilan de l'année, je dresse aussi celui de mon activité. Je n'ai pas publié de nouveau livre cette année. Je suis mécontent de moi. J'ai vingt-deux ans et trois mois. Un âge qui ne s'oublie pas. J'ai deux ans de plus que le royaume de la Grande Roumanie et une année de plus que l'Union soviétique. Quand il avait mon âge, Arthur Rimbaud avait achevé déjà son œuvre immortelle.

Je cours plus vite vers le journal. Comme si je voulais récupérer le temps perdu. Car le temps presse. J'accélère le pas et j'entre au journal en courant. Dans le hall, quelqu'un m'apostrophe. C'est l'intendant du prestigieux immeuble Dragomir où se trouve la rédaction du journal *Romania*. Il est accompagné par sa jeune femme. C'est une très belle femme brune, aux yeux incandescents. Son corps, telle une amphore, est moulé dans une robe de soie bleue. Elle se raccroche au bras de son mari comme à la branche d'un arbre dans lequel elle voudrait grimper. Elle est toujours souriante. Quand elle parle, ses narines frémissent à l'instar de celles des chevaux avant le départ de la course. Ses jambes trépignent. Son corps est en permanence tendu, comme les cordes d'un instrument de musique.

L'intendant et sa femme sont de mes lecteurs. Ils lisent régulièrement mes reportages. Ils me témoignent à chaque occasion leur sympathie. Je me réjouis chaque fois que je les rencontre. Mais, aujourd'hui, je suis pressé et je ne peux pas m'attarder.

– J'ai à vous parler, j'ai une chose pour vous, dit l'intendant en me serrant la main. Avez-vous un moment?

– Impossible, dis-je. J'ai un grand reportage à écrire sur les événements de l'année, je dois le donner ce soir. C'est pour l'édition spéciale de fin d'année. Je suis déjà en retard.

– Il s'agit d'une chose très importante pour vous. Sûrement qu'elle vous intéressera. Elle ne nous prendra pas plus de quelques minutes.

– Venez, dit la femme de l'intendant.

Ils m'entraînent dans l'ascenseur. L'intendant pousse sur le bouton du dernier étage. Je sais qu'ils y habitent. Ils m'ont invité plusieurs fois chez eux, mais je n'y étais encore jamais allé.

– Vous serez ravi de ce qu'on va vous montrer, dit la femme de l'intendant. Car nous savons que vous aimez la beauté.

Nous parvenons au dernier étage. L'intendant tourne la clé dans la serrure.

– C'est ici que vous habitez? demandé-je.

– Non, dit-il, notre appartement est un peu plus loin.

Il ouvre la porte et allume. Devant nous apparaît un spectacle féerique. Exactement comme au théâtre, au lever du rideau. La chambre dont on vient d'ouvrir la porte se présente, éclairée, comme la scène d'un théâtre. Les murs sont tendus de soie rose pastel, les rideaux et le divan de velours cramoisi. La lumière jaillit d'une suspension de perles de cristal. La pièce est grande comme la cabine d'un paquebot de luxe. Comme le compartiment d'un sleeping-car de l'Orient-Express. Il n'y a que de la soie, du velours, des cuivres dorés et de l'acajou. Je pense aux cabines du *Titanic*, que j'ai découvertes au cinéma et aux vers de Valery Larbaud, où le poète chante les trains de luxe :

Prête-moi ton grand bruit, ta grande allure si douce,
Ton glissement nocturne à travers l'Europe illuminée,
Ô train de luxe! et l'angoissante musique
Qui bruit le long de tes couloirs de cuir doré,
Tandis que derrière les portes laquées, aux loquets de cuivre lourd,
Dorment les millionnaires...
Je parcours en chantonnant tes couloirs
Et je suis ta source vers Vienne et Budapest,
Mêlant ma voix à tes cent mille voix,
Ô Harmonika – Zug...
J'ai senti pour la première fois toute la douceur de vivre
Dans une cabine de Nord-Express, entre Wirballen et Pskow...

– Entrez, dit la femme de l'intendant. C'est à l'intérieur que vous découvrirez les véritables merveilles qui y sont cachées. Entrez.

Je franchis le seuil. Les semelles de mes chaussures s'enfoncent dans le tapis aux couleurs raffinées, moelleux comme la neige. La femme de l'intendant allume, pour me les montrer, l'une après l'autre, les ampoules discrètes fixées au-dessus du lit, aux abat-jour en pétales de fleur. Ce sont de douces et discrètes lumières pour la lecture. Elle allume ensuite les ampoules à la lumière presque blanche au-dessus des miroirs en cristal. Une partie du mur, mi-acajou, mi-soie, avec un loquet en cuivre brillant, comme de l'or, se déplace. Derrière, la salle d'eau. Il y a des cuvettes en cuivre et des récipients en porcelaine avec les bords dorés, des robinets en bronze, des miroirs en cristal. Je reviens sur mes pas. Chaque mur, couvert de soie, recèle des tiroirs en acajou, des placards, des boîtes magiques où sont enfermés des tabourets, des guéridons, des flacons, des plaids en cachemire, des coussins. Tout y est soigneusement rangé, comme les rouages dans la boîte d'une montre de haute précision. Chaque meuble et chaque objet est ouvragé avec art. Les fenêtres sont doubles, avec des loquets en cuivre et munies d'un appareil électrique pour le conditionnement de l'air.

– Elles appartiennent à qui, toutes ces merveilles? dis-je, ébloui. Je n'en ai jamais vu de semblables. C'est comme dans les contes de fées. Il faudrait emprunter le tapis volant des *Mille et Une Nuits* pour découvrir d'aussi jolies choses.

En regardant autour de moi je cherche un nom, pour l'attribuer à cette pièce qui est en même temps boudoir, alcôve, garçonnière, bonbonnière, cabine de paquebot de luxe, et compartiment de sleeping-car de l'Orient-Express. Tout y est raffinement et poésie. Comme un sonnet. Comme une partition de musique.

– Il vous plairait d'habiter ici? demande l'intendant.

– Qui ne voudrait pas y habiter? dis-je. A qui appartient cette chambre?

– Elle vous appartient, à vous, si vous l'aimez, dit l'intendant.

– C'est pour des milliardaires, pas pour moi. A qui appartient-elle?

– Je vous le répète, dit l'intendant, si elle vous plaît, je vous en donne immédiatement la clé. Vous pouvez emménager à l'instant même. Je sais que vous habitez dans un foyer d'étudiants. C'est tout de même mieux ici. Voulez-vous signer le contrat tout de suite? Je l'ai préparé. J'étais certain que la pièce vous plairait.

– Mais le prix? dis-je.

– C'est le prix du loyer d'une chambre de bonne. C'est même moins cher que le prix d'une chambre de bonne ordinaire. Voici le contrat. Lisez-le.

La femme de l'intendant insiste. Je lis le contrat. Le nom du propriétaire ne me dit rien.

– Qui est ce monsieur?

– C'est le président de la société qui a construit l'immeuble Dragomir. En fait, c'est le propriétaire de l'immeuble. C'est lui qui possède la majorité des actions. A la fin des travaux, l'architecte lui a offert cette chambre décorée et aménagée. Aux milliardaires, on ne peut faire que des cadeaux qui valent des millions. Avec l'argent qu'on a dépensé pour l'aménagement de cette chambre, on aurait pu construire une charmante petite maison dans la banlieue. Le patron fut ravi de ce cadeau. Il gardait en permanence la clé de cette garçonnière dans sa poche. Et, de temps en temps, il venait la voir. Comme on vient regarder un tableau ou un objet d'art. Personne ne l'a encore habitée. Tout y est neuf. Un jour, l'épouse du patron a trouvé la belle petite clé dans la poche de son mari. Elle a procédé à des investigations et a vite découvert l'existence de la garçonnière. Elle est venue la voir. Elle était au comble de la colère. Elle soupçonnait son mari de la tromper. C'est une très belle femme, du genre femme fatale. Mais c'est une vraie panthère, un volcan en éruption. Elle sortit ses griffes. Elle a donné vingt-quatre heures à son mari pour se débarrasser de la garçonnière. Il a dû choisir entre la garçonnière et son épouse : elle l'a menacé du divorce.

« Il faut dire que sa femme possède plus de la moitié de leur fortune. Si elle le quitte, la moitié de son argent s'en va avec elle. Mais il ne veut pas se séparer de son pied-à-terre, il l'aime trop. Il ne veut pas non plus le louer. Si n'importe qui s'installait ici, la pièce ne serait plus pareille. Cette chambre est un article de luxe. Une œuvre d'art ne peut être transformée en objet utilitaire. Mais il est obligé soit de la louer, soit de la vendre. Et le temps presse. Le pauvre patron est venu me demander conseil. Je lui ai parlé de vous. Plus précisément, c'est ma femme qui, la première, lui a parlé de vous. Elle lui a dit que vous êtes un jeune poète, presque aérien. Que si vous habitez cette chambre, ce sera comme si personne ne l'habitait. Qu'elle resterait intacte. Elle dit que vous êtes détaché de la terre, que votre présence est presque immatérielle...

« Le patron m'a ordonné de vous contacter d'urgence et de vous convaincre d'occuper la chambre. Si vous acceptez de l'habiter, vous ferez une bonne action. Le patron vous sera profondément reconnaissant. Et, de votre côté, vous faites vous-même une bonne affaire. Vous y serez heureux. Le roi n'a pas une chambre si belle. L'architecte qui l'a aménagée est un grand artiste, il s'est surpassé en la décorant. Il n'y a qu'à la regarder. Signez le contrat et installez-vous. Sans tarder. Ce soir même. Une femme de chambre, payée par l'immeuble, assurera votre ménage. Vous avez un téléphone direct avec le portier. Il a ordre de se tenir à votre disposition. Vous avez un autre avantage : en descendant deux étages, vous êtes au journal. C'est comme si vous habitiez la rédaction. Et puis, nous serons voisins. Notre appartement est sur le même palier. Vous pouvez frapper à notre porte à n'importe quelle heure. Ma femme et moi nous sommes à votre disposition.

Le soir même, je prends ma petite valise au foyer de la rue Pictor-Grigorescu et je m'installe dans la belle chambre. J'en suis très heureux, car c'est la première fois de ma vie que j'ai une chambre à moi. Jusqu'à ce jour, j'ai toujours dormi dans des dortoirs communs au lycée militaire, ou dans des foyers d'étudiants. Avant de chercher ma valise, je descends au journal. Le secrétaire de rédaction me convoque dans son bureau :

– Demain débute, à la cour d'assises, le procès d'Eliza Dornescu, dit-il. Le directeur vous charge du reportage. Vous aurez quotidiennement une page. C'est le plus grand procès de l'année. Il durera deux ou trois semaines. Tout Bucarest y assistera. Comme à une première à l'Opéra. Vous connaissez bien l'affaire, n'est-ce pas?

Heureusement que le secrétaire n'exige pas une réponse de ma part! Pour lui, il va de soi que je n'ignore rien du crime passionnel qui va se juger en cours d'assises. Tout le monde le connaît. Mais moi, je l'ignore complètement. C'est la première fois que j'entends parler de ce crime. Les journaux ont écrit, à propos de ce crime, des pages entières, mais je ne les ai pas lues. Avant d'être reporter de faits divers, je ne lisais dans les journaux que la page littéraire. Le lendemain je vais, pour la première fois, à la cour d'assises. Tous les journaux de Bucarest ont envoyé leurs plus célèbres journalistes pour effectuer le reportage de ce procès. Pour moi, c'est une occasion inespérée de me trouver à côté d'eux que de me voir chargé du reportage de ce procès qui passionne tout le monde. Eliza Dornescu est une jeune belle femme qui a tué, avec cinq balles de revolver tirées à bout portant, son amant, un riche et beau play-boy de l'aristocratie roumaine, parce qu'il voulait la quitter.

Ce procès changea complètement mon existence.

2

L'hiver 1939 vient de se terminer. Je commence mon troisième printemps à Bucarest. Je suis devenu un reporter célèbre. Chaque matin dans les tramways, aux terrasses des cafés et dans toute la ville, les gens lisent mes reportages du procès d'Eliza Dornescu, qui est jugée à la cour d'assises de Bucarest. Mes reportages sont publiés chaque jour, en première page, sous de gros titres, et portent ma signature en évidence. Mes reportages sont annoncés par des affiches dans les kiosques à journaux et sur les murs.

De temps en temps, d'autres faits partagent l'exclusivité avec mes reportages.

Au cours du mois de mars, est mort à Cannes le patriarche Miron Cristea, chef de notre Église, ancien chef du gouvernement et régent de la Roumanie. Le lendemain de sa mort, le Monocle noir a été nommé Premier ministre. Le 14 mars, l'armée allemande a occupé la Tchécoslovaquie. Ce beau pays a été rayé de la carte de l'Europe. Partageant, au nord, une frontière commune avec la Tchécoslovaquie, et pour tenter de l'aider, nous avons permis aux Soviétiques de survoler notre pays. Mais cela n'a servi à rien. Les Tchécoslovaques ont été très touchés de cette marque d'amitié. Avant d'être occupée, la radio de Prague a consacré des émissions de gratitude envers la Roumanie.

Le 22 mars 1939, l'armée allemande a occupé le territoire de Memel, en Lituanie.

Le 25 mars 1939, la sanglante guerre d'Espagne, qui a duré deux ans et demi, a pris fin. Avant de s'enfuir, les brigades de l'Armée rouge ont volé le trésor d'Espagne. Il fut transporté en Union soviétique par bateau et débarqué à Odessa. Les vainqueurs trouvèrent les caisses de l'État vides.

Le 23 mars 1939, les Allemands ont imposé à la Roumanie un traité commercial. Ils nous demandaient du pétrole et du blé. On ne pouvait pas les leur refuser, ils étaient trop puissants. Nous devions accepter. Nous leur devions même de la reconnaissance pour ne pas nous avoir sanctionnés après l'exécution de leur allié, Codreanu, comme nous nous y attendions...

Le Monocle noir déclara, magnanime, qu'il donnerait aux Allemands du blé et du pétrole pour ne pas leur donner de la terre et du sang.

Nos alliés occidentaux ont de nouveau mal réagi, nous accusant de nourrir Hitler. Pour rétablir l'équilibre, la Roumanie a signé le 13 avril 1939 un traité économique identique avec la France et l'Angleterre, en leur livrant la même quantité de blé et de pétrole qu'elle avait livrée à l'Allemagne. Pour faire plaisir aux Français, qui ont toujours aimé les Soviétiques d'un grand amour, nous avons reçu à Bucarest, en grande pompe et avec tous les honneurs, un des tueurs soviétiques, Potenkin, vice-ministre des Affaires étrangères.

Le 7 avril 1939, l'armée italienne a envahi et occupé l'Albanie. Le roi Zogu Ier s'est réfugié à Bucarest. Il vit à l'hôtel Athénée-Palace. Je suis apitoyé par son sort. Rien n'est plus désolant sur terre qu'un roi dépossédé de sa couronne, chassé de son pays et qui vit, en fuyard, sur un sol étranger, caché dans une chambre d'hôtel. Je suis allé voir le roi Zogu.

Le jeune policier qui est en faction dans le couloir de l'hôtel, devant la chambre de Zogu, me dit :

– Il n'est pas malheureux du tout, ce brave Zogu. Il est même en pleine forme.

– Un roi détrôné, un roi en fuite, un roi sans terre est le symbole même de la détresse. Toutes les tragédies antiques nous arrachent des larmes pour eux. Depuis des millénaires, les spectateurs pleurent, au théâtre, quand apparaît sur la scène le roi Œdipe ou quelque autre roi déchu. Ils incarnent la tragédie même et le malheur suprême. Je me suis toujours imaginé les rois chassés de leur royaume pieds nus, pas rasés, avec un bâton de mendiant à la main et de la cendre répandue sur leur tête...

– Il faut regarder le roi Zogu pour vous détromper, dit le policier, Zogu quitte l'hôtel, chaque soir, à neuf heures. Toujours pimpant et en fredonnant. Il ne rentre qu'à l'aube. Toutes les nuits, il fait la fête. Il attend l'arrivée d'un bateau anglais à Constantza, d'où il va s'embarquer pour Londres. Il a la certitude que les Anglais chasseront les Italiens d'Albanie et qu'il s'installera de nouveau sur le trône d'Albanie. Pas un seul instant il n'en a douté. La perte de son trône et l'occupation de son pays ne sont pour lui que des vacances royales. Il en profite pour se donner du bon temps, comme tout un chacun pendant les vacances. Il a bien raison! Le brave Zogu!

La porte s'ouvre. Le roi Zogu apparaît inopinément. Il est jeune, souple, élégant. Il a une belle moustache noire et porte un chapeau mou, incliné sur l'oreille. Il fredonne.

– Salut, Zogu, dit le policier.

Le roi, en costume gris perle, comme les riches vacanciers d'autrefois, sur la Côte d'Azur, porte une rose blanche à sa boutonnière. Il se dépêche. Il est attendu, pour le déjeuner, à l'ambassade de Grande-Bretagne. Il sourit et serre la main du policier. Ensuite, parce que je suis à côté du policier, il me serre aussi la main. Très décontracté, primesautier, il disparaît vers l'ascenseur en laissant traîner dans son sillage une fine odeur d'eau de toilette et de brillantine. Je demande :

– Vous lui avez dit « Salut, Zogu »? Vous le tutoyez? Vous tutoyez le roi?

– Il ne sait pas que je le tutoie, me répond le policier. Zogu ne comprend pas le roumain. Et même s'il le comprenait, il rirait, considérant que je le fais comme un copain. Il est en vacances. En vacances, on aime rire, faire des blagues et être copain avec tout le monde!

Je me sauve brusquement. Je suis choqué. J'ai été Aigle du roi pendant toute mon adolescence. Pour moi un roi est un symbole sacré. Mais je me console vite. Ce qui vient de se passer est un incident. Un simple incident. Les rois sont effectivement des aigles. Quelquefois, les aigles volent plus bas que les poules, certes. Mais les poules ne volent jamais si haut que les aigles...

3

Les débats du crime passionnel d'Eliza Dornescu, à la cour d'assises de Bucarest, touchent à leur fin. Le procureur général vient de réclamer les travaux forcés à perpétuité pour l'accusée. Aucune circonstance atténuante.

Une demi-douzaine d'avocats de la défense plaident depuis quatre jours, en se relayant mutuellement. Ils implorent la clémence du jury pour la malheureuse meurtrière.

La salle de la cour d'assises est noire de monde. Le public se passionne pour ce procès qui est un long feuilleton judiciaire. Un roman-fleuve. Des dizaines de témoins sont venus à la barre pour retracer en détail l'histoire d'amour des deux amants. Les témoins de la défense ont décrit Eliza Dornescu comme une fille modèle, qui a eu le malheur d'être belle, d'une humble famille d'ouvriers d'un faubourg misérable. Ils ont raconté comment elle fut séduite. L'amant, un jeune homme diabolique, très riche, venait dans le quartier pauvre, chaque soir, en voiture de sport luxueuse, et enlevait la jeune fille naïve pour la conduire dans les boîtes de nuit, dans les hôtels de luxe et dans tous les lieux de perdition de la capitale.

La candide et pure jeune fille pauvre se laisse séduire. Elle croit en ses mensonges et à la sincérité du séducteur. Celui-ci lui fait miroiter le mariage. Il l'entraîne même dans sa monumentale maison au centre de Bucarest, chez ses parents. Il lui dit qu'il est fils unique et que cette belle maison sera la leur. Elle est émerveillée, heureuse.

Or, au bout de quelque temps, le jeune homme en a assez d'elle. Comme il en eut vite assez des nombreuses jeunes filles qui précédèrent Eliza Dornescu dans sa vie. Il lui signifie son congé. Il la met à la porte, lui ordonne de partir. Il n'a plus besoin d'elle. Il a trouvé une autre adolescente à séduire.

Eliza Dornescu refuse de partir. Elle ne peut plus rentrer chez ses parents. Elle est déshonorée. Elle refuse obstinément de partir.

Le jeune homme a hâte de se débarrasser d'elle. Un jour, après une violente dispute, il arrête la voiture en pleine campagne, ouvre la portière et pousse Eliza Dornescu sur la chaussée, au milieu de la route. Comme on jette un vieux chiffon qui ne sert plus à rien.

Eliza Dornescu se saisit du revolver du jeune homme dans la poche de la portière, et le tue, en tirant cinq balles à bout portant.

L'accusée n'a rien d'une héroïne de roman, d'une femme fatale, ou d'une meurtrière. Elle a l'aspect banal d'une petite employée de bureau. Elle participe aux débats de son propre procès comme une écolière pas très douée ferait des efforts d'attention pour comprendre ce qui se dit, sans y parvenir entièrement.

Tout ce que le procureur, les témoins et les avocats disent sur elle et sur sa propre vie est strictement exact. Malgré cela, elle n'a rien vécu, absolument rien de ce qu'ils racontent. Les choses se sont passées tout à fait différemment. Elle est mieux placée qu'eux pour le savoir. Car c'est elle qui les a vécues. C'est elle qui est née dans le pauvre faubourg, c'est elle qui a aimé et tué le jeune homme riche.

Tout ce que l'on raconte sur elle dans la salle de la cour d'assises n'est pas sa vie. Ni son drame.

Le cérémonial du procès est impressionnant, solennel. Le protocole de la justice est pareil à celui de l'Église. Les juges, les avocats et les greffiers portent des uniformes, des robes noires ou rouges, comme les diacres, les prêtres ou les cardinaux. Quand les magistrats entrent dans la salle, les gens se lèvent en silence, comme les fidèles à une cérémonie religieuse. Les juges sont solennels comme les prêtres pendant la célébration. Ils suivent un rituel fixe, comme à la liturgie. Je me sens ici, au tribunal, d'une certaine manière, dans l'atmosphère religieuse des cérémonies de mon enfance. Il y a incontestablement une grande similitude entre le protocole de la justice et celui de l'Église.

En justice, personne n'a le droit de contester la sentence des juges, comme on n'a pas le droit de contester les dogmes révélés de l'Église. Pourtant, malgré cette similitude apparente, rien n'est plus différent que l'Église et le tribunal.

La preuve en est que, dans le calendrier de l'Église, parmi les milliers de saints, il n'y a pas d'avocats ni de juristes. Les saints sont issus de toutes les classes sociales, de toutes les professions et de tous les corps de métier. Il y a des bergers, des esclaves, des empereurs, des militaires, des agriculteurs et même des prostituées et des voleurs. Mais il n'y a pas dans le calendrier des juristes et des avocats. Une seule exception : c'est saint Yves. Mais il était plutôt breton qu'avocat. Au Moyen Age, le métier de juriste – comme celui de cabaretier – était un inconvénient pour celui qui voulait faire le salut de son âme. Quand Martin Luther décida d'étudier le droit, ses amis et sa famille furent horrifiés.

Les gens qui pensaient ainsi n'avaient pas totalement tort. Dans les débats au tribunal – comme ici, au procès d'Eliza Dornescu – les avocats des deux parties ne cherchent pas *la* vérité, mais chacun s'efforce d'imposer *sa* vérité. Deux vérités contradictoires. Les juges, eux-mêmes, cherchent la vérité selon les preuves qu'on leur fournit et les témoignages qu'ils entendent. Ce n'est pas celui qui a raison qui gagne mais celui qui est le plus malin, le plus rusé et le plus habile, en présentant les arguments et les preuves les plus solides. Le juge doit rendre sa sentence d'après les preuves et les témoignages. Et non d'après la vérité. Si l'agresseur présente des preuves et des arguments plus solides, c'est la victime qui sera condamnée. La loi l'exige ainsi.

Les prêtres, les philosophes et les poètes cherchent la vérité absolue, tandis que les juristes cherchent la vérité selon les preuves matérielles, les arguments et les témoignages. La vérité des prêtres, des philosophes et des poètes n'est pas la même. Selon les premiers il n'y a qu'une seule vérité, une et indivisible, et selon les juristes, la vérité est multiple et changeante, suivant les témoignages et les preuves matérielles.

Un procès au tribunal est un combat dans la fange. Une lutte dans la boue. Une compétition dans laquelle le gagnant n'est pas celui qui a raison, mais celui qui est le plus rusé.

Je suis content que le procès touche à sa fin. Je ne serai plus obligé de passer mes journées au tribunal. L'atmosphère y est pesante, fastidieuse. On assiste à une vilaine et sale compétition de mensonges et de tricheries. Ce n'est pas un endroit pour les poètes. En attendant la fin des plaidoiries, j'écris une poésie sur le désir ardent du poète de retourner à ses travaux purs, à ses outils naturels, à son blanc papier, à ses rêves, à sa plume et à son encrier... Brusquement, il y a un mouvement dans la salle. Il vient de se produire quelque chose. Tout le monde bouge et se redresse. Les têtes se tournent vers la stalle de l'accusée. Même les juges la regardent, émus. La meurtrière vient de fondre en larmes. Elle sanglote.

Elle témoigne d'un tel chagrin que les cœurs se fendent. Même les braves gendarmes qui l'encadrent sont apitoyés. Ils essayent de la consoler. L'un d'eux sort un mouchoir de la poche de son pantalon et le tend à l'accusée pour étancher ses larmes. Mais les larmes d'Eliza Dornescu continuent à couler, intarissables, comme deux rangées de perles, sur ses joues de poupée. C'est la première fois depuis le début du procès qu'elle pleure. Jusqu'à aujourd'hui elle semblait indifférente à tout ce qu'on disait sur elle.

Maintenant, elle a craqué.

Du banc de la défense, c'est la benjamine des avocats qui prononce en ce moment sa plaidoirie. C'est elle qui a déclenché le torrent de larmes et de sanglots, dans le box. L'avocate qui plaide est une toute jeune femme. C'est Me Burbea Ecaterina. Elle vient à peine de terminer ses études. Elle a prêté son serment d'avocat il y a très peu de temps. C'est sa première grande cause. Sa robe d'avocate est toute neuve. C'est pour défendre Eliza Dornescu qu'elle l'a passée pour la première fois en cour d'assises.

J'ai mentionné plusieurs fois le nom de Me Burbea Ecaterina dans le journal, à côté des autres avocats, mais aucun commentaire. Pendant les débats, elle s'est levée deux ou trois fois pour poser des questions aux témoins. De très courtes interventions. C'est, aujourd'hui, la première fois qu'elle intervient réellement dans le procès. Elle prononce sa plaidoirie.

Me Burbea Ecaterina est toute petite, frêle, très mince. Pour paraître plus grande, elle porte des escarpins avec de hauts talons. Malgré ses hauts talons, elle est toujours petite. Elle a l'allure d'une écolière égarée parmi les imposants avocats qui siègent sur le banc de la défense. Son corps menu est caché de la tête aux pieds dans l'imposante et sévère robe d'avocate, exactement comme certaines fleurs semblent dissimulées derrière leurs propres pétales.

Debout, au milieu de la salle, Me Burbea Ecaterina est comme une tulipe noire. J'ai hésité, avant de l'appeler ainsi dans mes comptes rendus du procès. Je craignais de la froisser en la comparant à une fleur. Vraiment, elle se donne toutes les peines du monde pour paraître plus grande, plus grave et plus solennelle. La comparer à une tulipe serait flétrir l'image qu'elle veut se donner. Mais le surnom que je lui ai donné obtint son petit succès. Tout le monde l'appelle ainsi.

A présent, Me Burbea Ecaterina – la Tulipe noire – est debout et prononce sa plaidoirie qui a déclenché les larmes de l'accusée. Elle dit :

– La malheureuse jeune femme que l'on juge ici est accusée d'homicide volontaire avec préméditation. L'accusation est erronée. Injuste. Fausse. De toutes les preuves consignées dans le dossier, et de tous les témoignages qui ont été apportés ici, amplement débattus et analysés, il ressort clairement les circonstances dans lesquelles le drame s'est produit.

« L'amant riche, au cours d'une promenade avec sa maîtresse, a arrêté la voiture en pleine campagne. Il a déversé une pluie d'injures et de paroles infamantes à l'adresse de sa maîtresse, dont il avait pris la décision de se débarrasser. Il l'a frappée. Sauvagement. Ensuite, il a ouvert la portière et l'a poussée hors de la voiture. Sur la chaussée. En lui assenant d'autres coups. En la poussant dehors avec les pieds. Comme on pousse un cadavre. Puis il a démarré... Eliza Dornescu s'accroche désespérément, avec les deux mains, à la poche intérieure de la portière. Le jeune homme la frappe avec acharnement, afin de lui faire lâcher prise et qu'il puisse fermer la portière. La voiture a déjà démarré. Il a hâte de s'éloigner. Eliza Dornescu, toujours accrochée à la portière, est traînée sur la chaussée, le corps déchiré. Au moment où elle est sur le point de lâcher prise, ses doigts crispés touchent le revolver du jeune homme dans la poche de la portière. Elle se trouve subitement avec le revolver dans sa main. Elle le sort et tire machinalement, d'une main, en s'accrochant de l'autre à la voiture qui la traîne sur la chaussée. Elle tire afin d'arrêter la voiture qui la traîne et déchire son corps. Je vous demande la pitié pour cette jeune femme éperdue et son acquittement, malgré le malheur survenu. Elle n'a fait que tirer sur une machine qui la traînait sur la route en déchirant son corps... Je vous demande l'acquittement.

C'est court. C'est poignant.

Le jury se retire pour délibération. Après une heure il revient avec la sentence : Eliza Dornescu est acquittée.

Après le verdict, je cherche Me Burbea Ecaterina, la petite Tulipe noire, pour la féliciter en lui disant :

– Maître, je désirerais publier votre plaidoirie, *in extenso*, avec une photo. Voudriez-vous m'en confier le texte?

C'est elle-même qui apporte à la rédaction, vers sept heures du soir, sa plaidoirie et une photo. Elle est habillée d'un tailleur beige clair, très strict. Sans la robe noire d'avocate, la jeune Burbea Ecaterina paraît plus mince encore. Elle n'est plus une tulipe noire. Elle est une tulipe blanche. Une petite tulipe blanche...

4

Sitôt passé le procès d'Eliza Dornescu, je suis tombé malade. Je suis amoureux de la Tulipe noire, de Mᵉ Burbea Ecaterina. Mon état est grave : je ne pense qu'à elle, je ne vois qu'elle. La Tulipe noire a envahi tout mon être, comme un parfum qui pénètre par les fenêtres ouvertes et emplit toute la maison. Elle est partout. Je ne peux pas me débarrasser d'elle. Et je ne veux pas me laisser posséder. « L'amour est une fièvre heureuse. Rien ne reste quand il passe [1]. »

Je connais les symptômes de cette maladie. Elle a provoqué bien des ravages autour de moi. Tous mes camarades ont été amoureux. Je les regardais avec pitié. Ils languissaient, semblaient étourdis et perdaient leur intelligence, leur sens de la responsabilité et de la dignité la plus élémentaire. Les élèves amoureux causaient le désespoir de leurs parents et de leurs professeurs. Ils se faisaient éliminer de l'école et décevaient leurs camarades. J'ai toujours craint de contracter cette maladie pernicieuse. Je ne me laisserai pas contaminer maintenant. Mon but est de devenir un grand poète de mon peuple. D'utiliser toutes mes forces pour y parvenir. J'ai tout sacrifié pour cela. Il serait trop bête de succomber maintenant. Trop bête et trop humain. L'homme digne de ce nom doit se surpasser. Je me récite à moi-même le vers de Racine : *Ah! lâche, fais l'amour et renonce à l'Empire* [2]... Renoncer à l'Empire pour un simple attachement terrestre qu'on a de commun avec les bêtes n'est pas digne d'un grand poète.

Malgré cela, la Tulipe noire m'obsède. Elle a pénétré en moi, dans mes pensées, dans mon âme, dans tout mon corps. Elle est dans ma peau et dans ma chair. Je suis imprégné d'elle, comme une éponge d'eau parfumée. Elle s'est infiltrée au profond de mon être comme un nuage embaumé, une odeur enivrante. Elle est présente dans chaque pore, dans chaque molécule de ma personne. Je ne pourrai plus l'éliminer de moi qu'en m'anéantissant moi-même...

Sans me rendre tout à fait compte que c'est à cause d'elle que je le fais, je me récite à haute voix le poème de Rilke : « Le courage lui-même doit une fois s'étendre et se replier sur lui-même... N'être pas toujours soldat. Porter une fois les boucles ouvertes et le large col ouvert. *Nicht immer Soldat sein*... N'être pas toujours soldat... Et commencer à réapprendre comment sont les femmes. Comment sont les blanches, et comment sont les bleues : quelle sorte de mains elles ont, et quel est leur rire [3]. »

Cela m'amène à me persuader que c'est une bonne chose, pour

1. Stendhal, *Journal* (le 25 septembre 1813).
2. Racine, *Bérénice*, 4, 4.
3. Rainer Maria Rilke, *Chant de l'amour et de la mort du cornette Christophore Rilke.*

un poète, de se laisser charmer par une femme. Dieu, lui-même, en terminant la création du cosmos, contempla son œuvre et la trouva belle. Tout était parfait. Le ciel, la terre, la lune et les étoiles, les océans et les montagnes, les arbres et les fleurs étaient resplendissants de beauté. Mais c'était une beauté incomplète. Comme un artiste qui – au dernier moment – saisi d'une inspiration géniale, donne une ultime touche de pinceau à son œuvre, Dieu créa la femme. Au sixième jour. Quand toute la création du cosmos était déjà terminée, il prit une côte de l'homme – qui est le chef-d'œuvre de la création – et il modela la femme.

Soudainement, tout l'univers changea.

Sans la femme, le cosmos était incomplet. Il était inachevé. La femme, par sa seule présence, est capable de remplacer toutes les autres formes de la beauté. Dans le désert, chez les Bédouins, où il n'y a que du sable, la femme remplace – à elle seule – la beauté des océans, des rivières, des forêts et des arbres. La femme est toute la beauté du cosmos : elle est jardin, elle est source, elle est fleuve, elle est sommet de montagne et plaine sans fin. Elle est tout cela en même temps. Grâce à la femme, les hommes qui vivent dans le sable du désert connaissent le parfum de toutes les fleurs de la terre, les arômes de tous les fruits, la fraîcheur des montagnes et des sources...

La Tulipe noire est elle aussi une femme. A mes yeux elle est même supérieure à toutes les femmes. Mais néanmoins je décide de l'éviter, de marcher tout droit, d'un pas ferme et décidé, vers le royaume de la poésie. De ne jamais m'arrêter.

En me jurant à moi-même de ne plus penser à la Tulipe noire, je me dirige vers la préfecture de police pour recueillir la manne des faits divers de la journée. Il est midi. Des cellules de la prison souterraine on fait sortir les prisonniers qui y ont passé la nuit, pour les transférer au tribunal. Devant les magistrats. C'est un spectacle désolant. Rien n'est plus déchirant à voir qu'un homme en captivité. L'homme est le roi, le chef-d'œuvre de la création. Tout ce qui existe dans l'univers, le soleil, la lune, les espèces des règnes animal, végétal et minéral, tout est créé pour l'homme. Et quand on voit un de ces rois de la création captif et enchaîné comme une bête, on ne peut pas contenir sa révolte et sa colère. Dans la demi-douzaine de prisonniers sortant de la prison souterraine pour être embarqués dans les fourgons cellulaires qui les attendent dans la cour, j'aperçois un visage familier. C'est le tout jeune poète Stelaru : « l'Homme des étoiles ». Il a à peine vingt ans. C'est le bohème le plus malheureux de Bucarest. Il est habillé en permanence d'un vieil imperméable beige, très sale, fermé jusqu'au cou. On dit qu'il n'a ni veston ni chemise, qu'il passe son imperméable à même son torse nu et que c'est pour cela qu'il le porte toujours fermé.

– C'est le poète Stelaru? dis-je aux gardiens. Je le connais. C'est un très grand poète. Pourquoi l'a-t-on arrêté? C'est un gamin, un enfant malheureux. Il n'est pas légionnaire. Je me porte garant qu'il ne fait pas partie de la Garde de Fer.

– C'est pour vol qu'il est arrêté, dit le policier responsable du convoi. Ce n'est pas pour la politique.

Je vais, en courant, chez le chef de la police judiciaire, le questeur Paximade. C'est un beau jeune homme, grec, docteur en droit, qui aime la publicité et qui est très gentil avec les journalistes.

– J'ai vu le poète Stelaru parmi les prisonniers que l'on transfère au tribunal, dis-je. Pourquoi l'avez-vous arrêté?

– Vol qualifié, me répond le questeur.

– Je vous prie de le libérer, dis-je. Je m'en porte garant.

– Il est trop tard. Stelaru est déjà déféré au tribunal. Même le ministre de l'Intérieur ne pourrait plus rien faire pour lui. Il est entre les mains de la justice. Il n'est plus chez nous. Il faut s'adresser au parquet. Au procureur. Si vous étiez arrivé chez moi une heure plus tôt, j'aurais peut-être pu tenter quelque chose. Il a hurlé toute la nuit dans sa cellule. Comme un fauve. Les autres détenus voulaient le lyncher. Aucun prisonnier n'a pu fermer l'œil à cause de lui. C'est ce qu'on m'a rapporté ce matin. C'est une des raisons pour lesquelles on l'a transféré si rapidement. Est-il réellement un bon poète? Je n'ai rien lu de lui et vous savez que je suis grand amateur de poésie.

– C'est un vrai poète, dis-je. Et le plus malheureux de tous. Il est absolument seul au monde. Il n'a ni parent ni domicile. Au début, il signait ses poésies Orfanu, *l'orphelin*. Le poète Eugène Jebeleanu l'a pris sous sa protection. Il a écrit un article élogieux sur lui, et il a modifié son nom en l'appelant, non pas *l'orphelin*, car celui qui est le fils des Muses ne peut pas être un orphelin, mais *Stelaru*, l'Homme des étoiles. Vous ne pouvez vraiment rien pour lui, intervenir au parquet pour le faire relâcher?

– Impossible, dit le questeur Aristide Paximade. Ça m'est interdit par la loi. Tout ce que vous pouvez faire à l'heure actuelle, c'est de lui trouver un avocat qui puisse parler au procureur. Vous êtes ami avec la célèbre avocate Burbea Ecaterina. Une avocate qui a fait acquitter Eliza Dornescu, une criminelle qui tua son amant de cinq balles de revolver, pourra faire aisément libérer un jeune homme accusé d'un petit larcin... Allez parler à Mᵉ Burbea, votre Tulipe noire, comme vous l'appeliez, je crois, dans vos articles. C'est bien ainsi que vous l'avez surnommée? C'est une épithète qui lui convient très bien. Il y a quelque chose de sérieux entre vous, n'est-ce pas?

Je quitte le bureau du questeur, les joues brûlantes. Je cours au tribunal pour chercher la Tulipe noire. Pour lui demander de libérer le poète des étoiles, comme elle a libéré Eliza Dornescu...

A partir de ce moment je suis pris dans l'engrenage. Je sais que si je rencontre de nouveau la Tulipe noire, je ne pourrai plus me séparer d'elle. Mais je dois absolument la rencontrer et lui parler : c'est pour libérer un poète captif. Le poète qui a hurlé toute la nuit dans sa cellule. Car un poète n'est pas fait pour être enfermé comme les fauves. La Tulipe noire le libérera.

Je m'enquiers de l'adresse de la Tulipe noire au barreau. Elle habite juste en face du tribunal. J'y vais. Dans l'immeuble, il n'y a aucun cabinet d'avocat. Maître la Tulipe noire habite une pension de famille, elle n'a pas encore son cabinet pour recevoir les clients.

– Si vous cherchez Me Burbea Ecaterina pour une consultation, il faut venir de très bonne heure le matin, entre sept heures et sept heures et demie, me dit la patronne de la pension de famille. A huit heures moins le quart elle est déjà partie. Elle ne revient que tard dans la soirée.

– Êtes-vous certaine, madame, que Me Burbea Ecaterina ne donne de consultations qu'à sept heures du matin?

– Si vous ne venez pas avant huit heures moins le quart, vous ne la rencontrerez pas. Tous les clients viennent à sept heures du matin.

C'est une heure inhabituelle pour des consultations juridiques, me dis-je. Mais si je ne reviens pas demain, le poète Stelaru ne sortira pas de prison. D'autre part, l'idée de m'adresser à un autre avocat est exclue. Pour moi, le seul avocat du barreau de Bucarest est Me Burbea Ecaterina, la Tulipe noire.

Je reviens donc le lendemain, à sept heures, à la pension de famille vis-à-vis le tribunal. C'est une pension de famille douillette, pour les jeunes filles de bonne famille et pour les étudiantes aisées. Me Burbea Ecaterina apparaît, avec une immense serviette remplie de dossiers. Elle n'est pas surprise de me voir. On lui a fait part de ma visite de la veille. Moi, au contraire, je suis très ému. J'en ai presque oublié le motif de ma visite. Par la suite je me suis rendu compte que, même si j'étais venu réellement pour la défense du poète Stelaru, ce n'était qu'un prétexte. Le motif principal de ma venue ici, c'était de rencontrer la Tulipe noire.

– Avez-vous pris votre petit déjeuner? me demande la Tulipe noire en regardant sa montre. Même si vous l'avez pris, accompagnez-moi à la *cafeteria* d'en bas. C'est une sorte de tout petit salon de thé. Mais très agréable. C'est là que je prends mon petit déjeuner chaque matin. C'est là aussi que je donne rendez-vous à mes clients. Vous pourrez m'exposer votre cas. On gagne aussi du temps. D'après ce qu'on m'a dit, vous venez pour une demande de mise en liberté? Il s'agit d'un de vos amis, un jeune poète arrêté pour vol, n'est-ce pas?

Nous descendons l'escalier à moquette rouge. Me Burbea me précède. Elle serre fortement sa volumineuse serviette sous son bras, comme si elle redoutait qu'on la lui arrache. Elle parle en marchant, et en se retournant de temps en temps vers moi.

Je suis intrigué par ses chaussures, ses *scarpino*, ses tout petits souliers. Je pense au voyage de Gulliver dans le pays de Lilliput. Ce ne sont pas de ces chaussures comme j'ai l'habitude d'en voir à la campagne, au lycée militaire ou au foyer des étudiants. Les souliers de la Tulipe noire sont comme des coccinelles. Comme des petits scarabées. Et ils semblent vivants. C'est la première fois que je me rends compte que les chaussures des femmes sont totalement différentes de celles des hommes. C'est aussi la première fois que j'examine attentivement les chaussures d'une femme...

Le petit salon de thé se trouve dans le même immeuble que la pension de famille. Je suis passé d'innombrables fois sur ce trottoir, sans l'avoir jamais remarqué.

Le patron et la serveuse saluent Me Burbea Ecaterina avec déférence. On nous installe au fond du salon, à une table tranquille. Le patron sait que Me Burbea donne des rendez-vous matinaux à ses clients dans sa *cafeteria.*

Je commande un café noir. Me Burbea me jette un regard désapprobateur. Mais elle ne me dit rien. Je comprends qu'elle ne trouve pas raisonnable de commencer sa journée avec un simple café. Elle commande un *cappucino*, un café avec de la crème et un croissant au beurre.

Elle dispose sur la table, à côté de la tasse, un bloc-notes et un crayon.

– Comment s'appelle votre ami? me demande-t-elle.

– Stelaru, dis-je.

– C'est son véritable nom?

– Non, mais tout le monde l'appelle Stelaru, l'Homme des étoiles. C'est ainsi qu'il signe ses poésies. C'est sûrement un pseudonyme. Mais personne ne lui connaît d'autre nom.

– Pour rédiger une demande de mise en liberté au parquet, il faut connaître le nom exact de celui pour lequel on intervient. On ne peut pas requérir la mise en liberté d'un prisonnier dont on ne connaît pas le nom exact. Vous êtes d'accord, n'est-ce pas? Et vous ne connaissez pas non plus son domicile, en supposant qu'il en ait un. Vous n'avez pas non plus ses coordonnées, date et lieu de naissance, nom du père et de la mère? En somme, vous ne connaissez rien de tout cela? Vous ne connaissez à peu près que ses poésies. Ne vous tracassez pas. On va tout arranger. Vous dites qu'il a été déféré au parquet hier à midi, n'est-ce pas? Je trouverai moi-même son nom sur la liste des prisonniers qui sont arrivés hier à midi au tribunal. C'est pour une histoire de vol qu'il aurait été arrêté? Si ce n'est que pour cela, je le ferai libérer aujourd'hui même.

La serveuse apporte le *cappucino* dans une belle tasse blanche, du café noir, très chaud, fumant, et un petit pot en porcelaine avec de la crème blanche comme de la neige fraîche.

Me Burbea Ecaterina ferme son bloc-notes et le glisse dans son énorme serviette d'avocate, puis elle dispose la tasse, la cuiller et la soucoupe devant elle. Avec des gestes lents. Méticuleux. Elle touche la tasse et la cuiller avec le même air pénétré de gravité que mon père, lorsqu'il range à l'église la patène et le calice sur l'autel, avant la célébration de la liturgie.

C'est la première fois de ma vie que je me trouve en face d'une femme qui prend son petit déjeuner. C'est un des plus ravissants spectacles qui soient au monde. Je regarde la Tulipe noire boire son café et manger son croissant avec les yeux étonnés du navigateur découvrant de nouvelles et merveilleuses terres, inconnues jusqu'alors.

Je suis émerveillé comme le jour où, dans mes montagnes, j'ai aperçu un écureuil, installé sur une branche d'un beau sapin, grignotant une noisette. L'écureuil tenait la noisette entre ses deux petites pattes de devant et la roulait, en la décortiquant et la mangeant sans laisser tomber une seule miette. Il était suspendu sur la branche, sans perdre son équilibre. Sans craindre que la petite noisette lui échappe des pattes. Il la retournait et la roulait, à une vitesse vertigineuse. De prestidigitateur. Avec une élégance et une maestria sans pareilles. C'est tout à fait de la même manière que la Tulipe noire mange son croissant doré en le prenant dans ses petits doigts, en le fractionnant, et en ne laissant tomber aucune miette. Je suis les mouvements délicats de ses doigts, comme je suivais émerveillé l'agilité de l'écureuil. C'est la même élégance.

La femme mange comme elle célébrerait une liturgie. L'homme ne peut l'imiter. Je comprends à présent pourquoi notre lointain ancêtre Adam a perdu le paradis : en voyant Ève manger une pomme. Il ne pouvait pas résister à cette célébration.

Quand la Tulipe noire porte la tasse de café à ses lèvres, elle accomplit ce mouvement comme les faons et les cerfs qui s'abreuvent dans la rivière sans jamais troubler avec leurs lèvres la surface de l'eau. Les faons et les cerfs boivent l'eau comme s'ils ne la touchaient pas. Pendant qu'ils boivent, la surface de l'eau est immobile, tel un miroir. La Tulipe noire boit son café avec la grâce et l'élégance des faons et des cerfs.

Je suis séduit et émerveillé du spectacle, comme Adam a dû l'être en regardant Ève goûter le fruit défendu au paradis.

Je suis terriblement amoureux de la Tulipe noire. Être devant elle et la regarder, c'est contempler un univers merveilleux, de fleurs, de sources, peuplé de faons, d'écureuils et de beautés de toutes les couleurs.

– Vous faites toujours les faits divers la nuit? demande Me Burbea Ecaterina. Vous êtes obligé de vous coucher très tard, n'est-ce pas? A quelle heure vous êtes-vous couché cette nuit?

– Vers cinq heures du matin, dis-je.

– Vous vous êtes couché à cinq heures du matin et à sept heures et demie vous étiez chez moi! s'étonne-t-elle. Vous n'avez donc pas dormi de toute la nuit. Vous devez être mort de sommeil. Allez vous coucher!

Elle se lève, consulte sa montre. Elle prend sa volumineuse serviette en disant :

– Je ne peux pas vous fixer un prochain rendez-vous à une heure aussi matinale qu'aujourd'hui. Mais parce que vous vous couchez si tard, je viendrai moi-même au journal vous apporter le résultat de ma requête dans l'affaire Stelaru. Je passerai à votre journal ce soir à sept heures et demie. Je ne peux pas vous faire perdre encore une nuit à cause de mon rendez-vous.

Me Burbea regarde une fois de plus sa montre, me serre la main et s'en va. Je veux régler les petits déjeuners, mais le patron refuse mon argent :

– Me Burbea a un compte chez nous, dit-il.

Le soir, à sept heures et demie précises, Me Burbea Ecaterina arrive à la rédaction pour m'annoncer qu'elle a pu faire libérer le poète Stelaru. Mais je le savais déjà. La nouvelle s'est répandue dans toute la ville. Dans l'après-midi, le malheureux poète Stelaru a surgi au café de la Paix, en criant que l'ange protecteur des poètes était descendu dans la geôle souterraine où il était enchaîné et l'avait libéré. Comme l'ange avait libéré jadis saint Pierre, en lui ouvrant largement les portes de sa cellule à Rome.

Stelaru révéla que l'ange libérateur des poètes enchaînés était Me Burbea Ecaterina, la Tulipe noire, qui fit acquitter il y a peu la meurtrière Eliza Dornescu.

Stelaru raconta comment la Tulipe noire était descendue dans les ténèbres de sa cellule, comment elle l'avait pris par la main et fait sortir à la lumière du jour en lui disant : « Va, Homme des étoiles, tu es libre! »

A partir de ce jour, Me Burbea Ecaterina est devenue l'avocate des poètes, la salvatrice des artistes et la protectrice des bohèmes.

– Quels sont vos honoraires, maître, pour la libération de Stelaru? Les poètes se sont cotisés pour acquitter vos honoraires. Ils m'ont chargé aussi de vous exprimer leur profonde gratitude.

– Il n'y a pas d'honoraires, répond Me Burbea. Nous sommes des collègues. Entre confrères, on n'accepte pas d'honoraires.

Je ne comprends pas en quoi consiste la confraternité. Aucun de nous n'est avocat, pour se dire confrère de Me Burbea, et elle n'est pas poétesse pour se dire notre consœur...

Dans les semaines et les mois qui suivirent j'ai rencontré Me Burbea chaque jour. Même plusieurs fois par jour. J'étais la plupart du temps en sa compagnie. On ne se quittait plus. Je l'accompagnais au tribunal, elle venait au journal. On était ensemble chaque jour. Tous les jours. Partout.

– Je suis née dans une typographie, me dit-elle. A cause de cela je suis collègue de tous les journalistes, les poètes, les écrivains, les typographes. Ils font partie de ma famille. Tous. Vous faites aussi partie de ma famille.

La mère de Me Burbea, Mme Eleonora Burbea, était la directrice et la propriétaire du plus grand journal de la basse Moldavie. C'était le plus ancien journal de la région. Il s'appelait *Galati Noi*. La maison natale de Me Burbea était au centre de la ville de Galatzi. Une immense bâtisse, en pierre massive. Aux étages inférieurs était la typographie, avec les lourdes Linotypes et les rotatives, importées d'Allemagne.

Au-dessus de la typographie se trouvaient les bureaux de la rédaction et de l'administration, et au-dessus de la rédaction, les appartements de la famille Burbea. Son père, parlementaire indépendant, était l'homme politique le plus en vue de la région.

– Nous étions sept enfants, confie Me Burbea. Pour faire plaisir à nos parents, nous avions tous appris le métier de typographe dès notre plus tendre enfance. Nous sommes nés et avons grandi dans la typographie et dans la rédaction. Le journal, l'imprimerie sont notre univers. Il est normal que les gens de l'édition soient mes collègues. Ne trouvez-vous pas?

J'ai vu la photo de Mme la directrice Eleonora Burbea, la maman de la Tulipe noire. Elle évoque les portraits des reines d'Angleterre et des femmes de la Renaissance illustrant les livres d'histoire. Habillée de velours et de soie, avec des robes qui montent jusqu'au menton.

– Pas plus mes frères et sœurs que moi n'avons jamais vu notre maman en robe de chambre. Elle était toujours habillée comme dans ses portraits. Nous la rencontrions le plus souvent dans son bureau de directrice.

D'une activité débordante, Mme Eleonora Burbea écrivait chaque jour l'éditorial de la une dans son journal. Elle patronait les institutions philanthropiques, les orphelinats, les hôpitaux et les organisations de bienfaisance pour les artistes et les nécessiteux de la région. Sans négliger les associations culturelles, les fêtes et toute sorte de manifestations locales. Elle participait activement à la vie politique de la région. La ville de Galatzi étant à l'époque le siège de la Commission internationale du Danube, tous les pays de l'Europe y avaient leur consulat. La ville était un grand port et un centre commercial important.

Mme Eleonora Burbea ayant eu trois langues maternelles : le roumain, le français et l'allemand, ses enfants apprirent eux aussi les trois langues conjointement. Sa passion était la musique et rien ne la délassait davantage que d'improviser librement, au piano, des heures entières, avec les enfants et les amis réunis au salon autour d'elle. Comme cela ne suffisait pas, elle ajoutait à tous ces dons celui d'écrire des nouvelles et des contes qu'elle publiait dans son journal.

– Elle est décédée avant l'âge de quarante-sept ans. Un soir, notre mère s'est sentie très fatiguée, raconte Me Burbea. Depuis la mort de notre père, maman était souvent fatiguée. Un soir, disais-je, elle ne voulut pas se reposer avant d'écrire l'article pour le lendemain. Cela lui a demandé un effort plus grand que d'habitude. Ensuite, elle envoya l'article à la typographie. Peu après, elle s'est allongée dans son lit et mourut. Subitement. Le lendemain son article parut, avec sa signature, en première page du quotidien. Mais elle était déjà morte...

Les parents de la Tulipe noire furent très riches. Mais ils étaient des philanthropes. Ils dépensèrent sans compter leur immense fortune pour secourir les pauvres. Les pauvres étaient et sont toujours, hélas, innombrables. Plus on leur donne, plus il s'en trouve de nouveaux auxquels il faut venir en aide. Ils les aidèrent tant et si bien que, lorsque Eleonora et Ion Burbea décédèrent, ils étaient ruinés. On vendit la typographie, le journal et la maison pour payer les dettes. Ensuite, les sept enfants durent travailler pour payer leurs études. Ecaterina devint avocate. Sa sœur Margareta, ingénieur-chimiste, fut engagée par les laboratoires du ministère des Transports. Une autre sœur, devenue médecin, se maria à un ingénieur des chemins de fer. Un frère, Radu, est ingénieur dans l'industrie pétrolière. Le frère aîné est resté à Galatzi et un autre frère, le plus jeune, poursuivait ses études, épaulé par ses frères et sœurs. La vedette de la famille est Maria Burbea, actrice au Théâtre national de Bucarest. Elle fit ses études d'art dramatique à Paris, au cours Charles-Dullin, où elle obtint un prix. C'était une très belle femme. J'avais un immense plaisir à la rencontrer le soir, sur Calea Victoria, quand elle se rendait au théâtre, toujours très élégante. Elle affectionnait les grands chapeaux, du genre capeline, et les gants. Tous les gens se retournaient sur son passage, dans la rue, pour l'admirer.

Une des premières questions que j'ai posées à la Tulipe noire fut de lui demander pourquoi elle donnait ses consultations avant huit heures du matin.

– Je suis avocate de la Banque roumaine de crédit, dit-elle. Je dois m'y trouver très tôt le matin, pour préparer les dossiers de la journée.

Elle paraissait froissée que je ne le sache pas. C'est un emploi extrêmement envié. N'importe quel juriste ne peut être avocat de la Banque roumaine de crédit, ce sont des spécialistes du droit commercial et bancaire que l'on y emploie. Car, après la Banque nationale, c'est la plus grande banque de Roumanie. C'est l'ancien Premier ministre, Constantin Argentoianu, un grand ami de ses parents, qui l'a fait nommer au service du contentieux de la Banque roumaine de crédit. Il séjournait dans leur maison, chaque fois qu'il venait à Galatzi. D'ailleurs, tous les chefs des partis politiques séjournaient dans la maison de ses parents quand ils venaient à Galatzi. Ion Burbea, le père de la Tulipe noire était le leader politique indépendant le plus populaire de la basse Moldavie. Tous les hommes politiques recherchaient son amitié – surtout à la veille des élections.

Je fus extrêmement surpris en apprenant que la Tulipe noire était spécialiste en droit commercial et pour les questions bancaires. Ce sont des disciplines arides. Je regardais intrigué sa volumineuse serviette d'avocat. Elle la serrait près de son corps, comme si l'on menaçait de la lui arracher.

Un jour, au tribunal, au bureau des timbres, j'ai vu que sa serviette était remplie de billets de banque. Des grosses coupures. Toutes neuves. En piles. Elle les sortait de sa serviette et les donnait à la vendeuse de timbres. J'en étais tout étonné. Je n'avais jamais vu personne porter sur soi autant d'argent.

– Me Burbea est ma plus grosse cliente, dit la marchande de timbres. Elle achète, régulièrement, en timbres fiscaux, pour des milliers de lei. Je n'ai pas une seconde cliente aussi importante qu'elle.

Chaque jour me réservait d'autres surprises. La Tulipe noire était comme un continent inconnu qui me révélait incessamment des choses merveilleuses et inattendues. Elle était comme un diamant qui, bien qu'il soit tout petit, a d'innombrables facettes, plus brillantes les unes que les autres. Dans toutes ses facettes miroitent le soleil, la lune, le firmament et tout le cosmos...

La Tulipe noire n'était pas une fleur. Elle était un jardin, avec des variétés inouïes de couleurs et de parfums. J'appris qu'elle allait voir toutes les pièces de théâtre, tous les films et tous les spectacles d'opéra représentés à Bucarest. Il y avait certaines pièces de théâtre qu'elle avait vues plusieurs fois. Elle en savait des passages par cœur, pouvant décrire dans leurs moindres détails la mise en scène, les décors et les costumes des acteurs. Elle connaissait tous les acteurs de cinéma et de théâtre, les chanteurs d'opéra et les danseuses. Elle les connaissait même mieux que sa sœur actrice, Maria Burbea.

Elle connaissait aussi les hommes politiques, les anciens et les actuels ministres, des députés et sénateurs. La plupart d'entre eux étaient des amis de son père, qui avait séjourné dans la maison des Burbea, à Galatzi.

La Tulipe noire est, elle-même, responsable politique d'une section du parti national paysan, dans une circonscription du centre de Bucarest. Elle est également l'avocate bénévole de l'Association des chauffeurs de taxi de Bucarest et d'une fédération sportive.

La Tulipe noire est pour moi comme un continent que je viens de découvrir. Il est plus vaste et plus varié que les Amériques. Elle est pour moi tous les continents réunis. J'ai écrit plusieurs poèmes pour elle. Nouvel Arvers (toutes proportions gardées), je les ai publiés sans rien lui dire. Elle les a découverts dès leur parution. J'étais étonné qu'elle lût les revues littéraires et qu'elle connût tous les poètes, même débutants. Un jour, j'ai dit à la Tulipe noire que mon rêve était de la rendre heureuse, mais que je n'en avais pas le courage.

– Je ne suis pas certain de pouvoir te donner tout le bonheur que j'aimerais t'offrir.

– Si tu n'as pas de bonheur à m'offrir, eh bien, tu me donneras ta peine... C'est toujours un don, un partage...

Le 29 juillet 1939, la Tulipe noire et moi nous nous sommes mariés. Nous savions que nous ne pourrions plus vivre l'un sans l'autre. Le matin de notre mariage, je me suis rendu à la rédaction de mon journal. J'ai demandé à deux de mes camarades que j'y ai trouvés, Dumitru Banu et Stan, de m'accompagner en ville. Je ne leur ai pas dit pourquoi, mais uniquement que ce ne serait pas long. Ils m'ont accompagné à la mairie bleue. Chaque mairie de Bucarest porte le nom d'une couleur. Ils ont été les témoins de notre mariage. Le maire fut très surpris et heureux de nous recevoir et de nous marier. Il s'appelait Ispir. C'était un boyard originaire de Buciumeni, le village des vignobles et de Natalia Negru, l'épouse successive des deux malheureux poètes Iosef et Anghel.

Nous étions très pressés de nous marier. Car c'était le 29 juillet 1939. Trente jours plus tard exactement, la Seconde Guerre mondiale éclata. C'était notre cadeau de mariage.

5

L'été 1939 est le plus pesant et le plus angoissant que Bucarest ait jamais subi. Les habitants respirent mal l'air de leur ville. L'atmosphère est empoisonnée. La lumière du soleil est jaune, comme le safran, du matin au soir. La chaleur amollit l'asphalte des trottoirs et, à certaines heures, on sent sous ses semelles le goudron fondant, visqueux comme la viande pourrie, de la couleur du sang noir et coagulé. Même les gens qui n'ont jamais songé à l'enfer en viennent à penser au feu inextinguible où Satan fait bouillir ses chaudrons remplis de goudron liquide et de soufre.

L'air de la capitale brûle les lèvres, irrite les narines et laisse dans la bouche et sur la langue un goût amer, âpre, de cendre et de gravats. L'air est chargé d'une poussière lourde qui fait mal à la gorge et aux poumons. Les nourrissons ne cessent de pleurer jour et nuit dans toute la ville. Les chiens désertent les rues et cherchent un abri frais dans les caves et dans les sous-sols. Les habitants de Bucarest restent toute la journée enfermés dans leur lieu de travail ou dans leurs maisons, volets fermés et rideaux clos. Ils ne descendent que le soir, après le coucher du soleil, quand l'air semble moins brûlant. Mais le soir et pendant la nuit les ténèbres ne font qu'augmenter l'angoisse et la peur immense qui pèsent sur toute la ville – sur tout le pays. Tout le monde sait avec certitude qu'une grande calamité, un terrible cataclysme, une catastrophe sans pareille s'approche de nous. C'est imminent. L'angoisse terrible et la terreur qui pèsent sur le pays, sur sa capitale, ne sont pas imaginaires. Le danger et la menace des catastrophes existent réellement. Inéluctables.

Sur la rive gauche du Dniestr se dresse, effroyable, comme un immense dragon aux écailles métalliques, empoisonnées et rouges de sang, le pays de Staline et des soviets. C'est l'empire du Mal absolu. Il en est surgi, comme la bête de l'Apocalypse, la révolution bolchevique en 1917. Son but est d'assujettir tous les peuples de la planète et de les parquer derrière les barbelés, selon le modèle soviétique. L'empire du Mal, celui des soviets, a supprimé les classes sociales et a instauré à leur place deux castes, comme il est de règle dans toutes les prisons du monde. Il y a la caste des gardiens et la caste des prisonniers. C'est le système carcéral. C'est la république pénitentiaire. On veut l'imposer à toute la terre. Les soviets menacent chaque jour d'envahir la Roumanie et de l'annexer. Les Roumains cherchent désespérément une aide. Pour se défendre. Car le péril soviétique est trop grand, trop proche.

Mais, à l'ouest, vient de naître un autre empire du Mal, celui de Hitler et du nazisme. Un empire du Mal aussi effrayant que celui des soviets. Au lieu d'être rouge de sang, comme l'Empire des soviets, celui de Hitler est brun comme la brique des murs des prisons et des fours crématoires. Mais, hormis la couleur, le reste est exactement le même fléau. Les hitlériens veulent, comme les soviets, conquérir tous les peuples de la planète et établir un Ordre nouveau mondial, où il y aura une caste dominante, celle des seigneurs blonds d'Allemagne, et les autres races, inférieures, qui seront les esclaves des blonds Aryens du Nord.

La Roumanie est placée dans le même dilemme où furent les juifs qui fuyaient l'Égypte. S'ils avançaient, ils mouraient noyés dans les eaux de la mer Rouge qui était devant eux. S'ils reculaient, ils étaient massacrés par les armées du pharaon qui les poursuivaient. Il n'y avait pas de salut pour eux. Nulle part. Pas de solution. Le danger était partout, il venait de tous les côtés.

La Roumanie est menacée de tous les côtés. Comme les juifs. Et en même temps. Nos alliés de toujours, la France et l'Angleterre, sont très loin. Ils ne peuvent pas venir à notre secours comme ils l'ont fait par le passé. Il est exact que le 13 avril 1939, Londres et Paris ont signé un traité d'alliance et d'amitié nous garantissant nos frontières et l'intégrité de notre territoire. Ces deux grandes nations montrèrent ainsi leur bonne volonté. Ils garantirent par la même occasion l'indépendance et l'intégrité de la Grèce. Un autre pays ami. Mais ni la France ni l'Angleterre ne pouvaient signer des traités qui garantissaient leur propre indépendance et leur propre sécurité. Les dragons y sont. Hitler et Staline sont présents. Tous les deux. Quand les dragons surgissent dans l'Histoire, ils menacent aussi bien les grandes nations que les petites. La France, l'Angleterre, la Belgique, la Hollande et les autres nations étaient, elles aussi, menacées comme la Roumanie. Il n'y avait qu'une seule manière d'amoindrir la menace qui pesait sur le monde. C'était d'empêcher que les nations civilisées ne s'allient avec l'un des dragons. Si les nations occidentales s'alliaient avec l'une ou l'autre des bêtes apocalyptiques, l'humanité était vouée aux ténèbres. L'alliance des peuples libres avec le dragon rouge ou avec le dragon brun produira la fin du monde. Un désastre aussi grand que le Déluge.

On raconte qu'en Chine surgirent une fois deux dragons qui menaçaient le pays – comme Hitler et Staline menacent l'Europe à l'heure actuelle. Chacun des deux dragons voulait s'emparer de l'Empire céleste des Chinois. Ils se livrèrent bataille. C'était un combat comme on n'en vit jamais de pareil. Car les deux dragons étaient tous les deux invincibles. Aucun d'eux ne pouvait être vaincu. Ils se combattirent avec un tel acharnement qu'ils se dévorèrent réciproquement, membre après membre, et os après os, tout leur corps. Quand le combat prit fin, il ne restait plus rien des deux dragons. Il n'y eut ni vainqueur ni vaincu. Les deux dragons s'étaient entre-dévorés, réciproquement. Complètement. Sur le lieu du combat il ne restait qu'une immense mare de bave, de mousse et de sueur, que les deux dragons sécrétèrent pendant leur combat.

Nous espérons que Hitler et Staline s'affronteront et s'entre-dévoreront réciproquement, en s'exterminant l'un l'autre à l'instar des dragons de Chine. Et qu'il ne restera plus rien d'eux. La Roumanie et le monde seraient ainsi délivrés de la terreur comme le fut l'Empire céleste des Chinois.

Mais rien de cela ne se passa. Au contraire. La terreur et l'angoisse redoublèrent : Hitler et Staline, au lieu de s'entre-dévorer, se sont alliés.

Le 23 août 1939, Hitler et Staline signèrent un traité d'alliance et d'amitié. Les deux dragons se réunissaient dans un seul corps à deux visages. La terreur est à son apogée. C'est le paroxysme de la peur. Tous les peuples de l'Europe, grands et petits, s'attendent à être dévorés par le monstre.

Une semaine après leur alliance, la double bête de l'Apocalypse, l'effroyable dragon bicéphale, Hitler et Staline, attaquèrent de concert. La première victime ne fut pas la Roumanie, comme l'on s'y attendait. Ils attaquèrent la Pologne, ce beau et héroïque pays très catholique qui est situé au nord de la Roumanie. Hitler et Staline attaquèrent la Pologne en même temps. Le monstre brun attaqua le pays de saint Stanislas à l'ouest et le dragon rouge à l'est. La Pologne fut dévorée par les deux fauves en quelques jours. Il ne resta plus sur toute l'étendue de son territoire que des cendres, des larmes et du sang. Les armées de Hitler et de Staline opérèrent leur jonction dans la ville de Brest-Litovsk, sur le Boug. Ils y célébrèrent la mort de la Pologne le 18 septembre 1939.

La France et l'Angleterre réagirent à l'occupation de la Pologne promptement et selon les règles du droit international, du savoir-vivre et du protocole, en adressant aux Allemands des cartons de protestations et des ultimatums. Comme il est de bon ton entre les gens du monde.

Officiellement, la France et l'Angleterre sont en guerre contre les Allemands. Mais on ne pousse pas la guerre très loin, pour ne pas risquer de heurter les communistes occidentaux et leur chef, Staline, qui est l'allié de Hitler.

La Roumanie sait qu'elle sera la prochaine victime des deux dictateurs réunis. La Roumanie mobilise tous les réservistes. On masse des troupes aux frontières. Mais sans grande illusion. Les Roumains sont chrétiens. On utilise souvent le mot *roumain* à la place du mot *chrétien* et le mot *chrétien* à la place de celui de *roumain*. Utiliser les deux à la fois est un pléonasme.

« Nous savons que si Dieu ne défend pas la cité, les sentinelles veillent inutilement [1]. »

Nous avons donc mis tout notre espoir en Dieu. Le monstre bicéphale est invincible. Nous ne pourrons pas le vaincre. Il est trop puissant et nous sommes trop petits et trop faibles. Mais c'est Dieu qui a édifié les lois de la nature et il peut les défaire quand il le veut. Dieu a fait que le petit David soit vainqueur contre Goliath, le géant. En 570, les Arabes de La Mecque furent attaqués par une armée venue du sud avec des éléphants. Dieu envoya une nuée d'hirondelles – de petits oiseaux que les gens du pays appellent *ababil* – qui projetèrent une pluie de petits cailloux sur les éléphants. Les cailloux lancés par les hirondelles étaient minuscules comme des grains, mais ils frappèrent les éléphants dans les yeux et dans les oreilles. Les éléphants furent pris de panique. Et, ainsi, Dieu montra que, s'il le veut, les toutes petites hirondelles peuvent mettre en fuite les éléphants. A cause de cela nous mettons tout notre espoir en Dieu. Nous avions pensé à saint Georges qui, sur toutes les icônes, terrasse le dragon avec sa lance. Mais le dragon tué par saint Georges à Beyrouth était un dragon normal. Nous sommes menacés par un dragon bicéphale et saint Georges n'est armé que d'une seule lance. S'il l'enfonce dans l'une des têtes du dragon, l'autre tête restera vivante.

Le 7 septembre, la Roumanie se déclara officiellement neutre. Le partage et l'occupation de la Pologne par Hitler et Staline furent pour nous, les Roumains, aussi douloureux que l'occupation de notre propre pays. Surtout pour nous, les Moldaves du Nord, qui avons une frontière commune avec les Polonais. Nous nous sentons ici, dans le nord de la Roumanie, davantage compatriotes avec les Polonais, les Slovaques, les Hongrois et les Ruthènes qui habitent la même montagne que nous, qu'avec les Roumains qui vivent aux autres extrémités de la Roumanie,

1. Psaumes, 127, 1.

par exemple ceux qui peuplent la vallée du Danube ou l'Olténie. Nous, les gens qui habitons dans les montagnes du nord du pays, nous nous habillons, nous mangeons, et nous construisons nos maisons de la même manière que les Polonais, les Slovaques et les Ruthènes. Nous avons la même attitude et les mêmes réflexes de douleur, de joie et d'impuissance, devant les calamités des saisons et de l'Histoire. Nous vivons en même temps les mêmes jours de pluie, de tempêtes ou de soleil. Nous buvons l'eau des mêmes sources. Nous cultivons la même terre et nous coupons le bois pour nous chauffer dans les mêmes forêts. Nous fréquentons les mêmes foires annuelles, nous y rendant par les mêmes routes, avec la même manière de marcher, de regarder, de réagir et de subir tout. Les Polonais ne sont pas uniquement mes voisins, ils sont mes compatriotes. Réellement. Le malheur de la Pologne est mon malheur. Pour cette raison, quand ce pays fut dévasté, j'ai écrit une poésie de lamentation, intitulée « Vae, vae, vae, Polonia », « Malheur, malheur, malheur, Pologne ».

Le jeune peintre polonais Rybicza, qui s'était réfugié à Bucarest depuis peu de temps, fit mon portrait en m'écoutant lire ce poème publié depuis dans mon recueil *Ceasul de Rugaciune – l'Heure de la prière.*

Dans de lamentables convois, quelques centaines de milliers de Polonais se sont réfugiés en Roumanie pour échapper aux envahisseurs. Il se sont réfugiés chez nous comme on s'abrite dans la maison du voisin quand il vous arrive malheur.

Nous avons appris par la suite, avec honte et colère, que le Premier ministre roumain, le Monocle noir, a envoyé le préfet de police de Bucarest dans le Nord, à la frontière, pour fouiller les bagages des Polonais venant se réfugier chez nous. Fouiller des réfugiés est un sacrilège plus impardonnable que de fouiller les poches des morts et de dépouiller les cadavres. Devant les gens navrés, comme devant les morts, on retire son chapeau. On se découvre devant eux. Comme au passage d'un convoi funèbre. On ne les fouille pas. On ne les vole pas.

Malheureusement, les Roumains ne sont pas les seuls à avoir commis de tels sacrilèges. D'autres nations, plus civilisées et plus importantes, ont procédé de même. Voire pis. L'Angleterre a envoyé à Constantza plusieurs bâtiments de guerre, de la Royal Navy. On était heureux de les voir venir chez nous. On pensait que les beaux bateaux de guerre anglais étaient venus sauver les pauvres Polonais qui avaient perdu leur patrie et erraient, désemparés, sur les routes roumaines, à la recherche d'un foyer, d'une terre d'asile. Nous fûmes vite déçus. Les navires anglais n'ont embarqué aucun réfugié polonais. Ce n'était pas leur mission. Sa Gracieuse Majesté avait envoyé ses bateaux dans le port de Constantza, dans la mer Noire, pour charger l'or du trésor polonais et le transporter en Angleterre. C'était normal. L'or est une valeur sûre. Les réfugiés, eux, ne sont pas cotés en bourse. Les Anglais sont des gens pratiques, civilisés. Ils ont assez de leurs ennuis. Et dans l'adversité, ils n'ont pas besoin de s'encombrer d'une multitude d'êtres chassés de leur patrie.

Les navires de Sa Majesté britannique ont donc appareillé à Constantza, et se sont dirigés vers Londres en y transportant 82,4 tonnes d'or, dans 1 261 caisses. La Roumanie a livré cet or aux Anglais sans difficulté, en en conservant elle aussi une partie au passage : 2,738 tonnes d'or, contenu dans 51 caisses.

Le cœur des Roumains fut déchiré par les malheurs que venait de subir le peuple polonais. Une foule de gens qui habitaient la Pologne depuis longtemps, pour la plupart des communistes, au moment de l'invasion se sont mis au service de Hitler et de Staline, pour saccager, martyriser et détruire le pays où ils vivaient. Ils sont venus avec des bouquets de fleurs au-devant des armées étrangères qui envahissaient la Pologne en offrant leurs services aux dévastateurs. Cette foule de gens qui vivaient en Pologne se conduisirent exactement comme les Iduméens de Palestine lorsque Nabuchodonosor II dévasta Jérusalem. Le Psalmiste dit : « Souvenez-vous, Seigneur, pour les châtier, des Édomites qui au jour de malheur de Jérusalem couraient devant l'envahisseur étranger et disaient : " Détruisez Jérusalem! Détruisez la ville, jusqu'à ses fondements! Égorgez les habitants [1]. " » Les nouveaux Iduméens, les Édomites polonais, collaborèrent avec Hitler et Staline réunis à la dévastation du pays, en guidant et en incitant les envahisseurs à détruire jusqu'aux fondements la Pologne et à égorger ses habitants.

Ils ont aidé les envahisseurs à exterminer les élites et le corps des officiers de Pologne. On découvrit plus tard, un peu partout, comme dans la forêt de Katyn, des charniers avec des dizaines de milliers de cadavres de Polonais livrés aux envahisseurs et assassinés par les Édomites – et les communistes. Les communistes de tous les pays occupés par Hitler et Staline réunis ont procédé de la même façon que ceux de Pologne. Les crimes des communistes dans les pays occupés à cette époque sont si abominables qu'ils dépassent la justice des hommes : Dieu seul pourra les châtier.

Mais, dans ces jours de désolation et d'horreur de la nation polonaise, s'inscrit une page pure comme la neige, immaculée, sublime. Une page blanche comme les pétales d'un nénuphar qui émerge de la boue sur la surface des eaux sales. C'est celle des cadets polonais. Les élèves de l'école d'officiers, qui devaient recevoir leurs galons dans quelques semaines, se trouvèrent encerclés par les armées conjointes de Hitler et Staline. Toute résistance était vaine. La région autour de l'école était entièrement occupée par l'Armée rouge et par la Wehrmacht. Les élèves de l'école d'officiers polonais revêtirent leur uniforme de parade, astiquèrent leurs boutons, leur sabre et leurs chaussures. Ils assistèrent

1. Psaumes, 136, 7.

au service religieux, à genoux. Ensuite, sabre au clair, ils sortirent par la porte principale de l'école et chargèrent les envahisseurs. Ils combattirent avec les sabres contre les blindés, les canons et les mitrailleuses. Un combat qui dura le temps d'un éclair. Pas plus. Quelques instants seulement. Tous les cadets périrent, fauchés par les armes automatiques. Ils montèrent au ciel. Directement. Ils forment, Là-Haut, une unité qui s'est jointe à l'armée des anges pour défendre éternellement la Pologne de saint Stanislas et de leurs glorieux ancêtres...

6

La fureur de Hitler et de Staline contre la Roumanie est à son paroxysme. Les deux dictateurs réunis enragent. Les SS de Hitler et l'Armée rouge de Staline viennent d'opérer leur jonction à Brest-Litovsk, sur le Boug. La Pologne est coupée en deux, partagée entre les deux tyrans. La Pologne n'existe plus. Mais les envahisseurs sont privés de leur butin. Le trésor de la Pologne a traversé la Roumanie, embarqué sur les navires anglais, au port de Constantza dans la mer Noire, en route vers l'Angleterre. Des dizaines de milliers de soldats et d'officiers polonais ont, eux aussi, traversé la Roumanie, en se dirigeant vers l'Occident. Le président de la Pologne et un bon nombre de dirigeants politiques réussirent à échapper aux Allemands et aux Soviétiques. Cela, grâce à la Roumanie qui, le 7 septembre 1939, en se déclarant neutre, ouvrit son territoire aux Polonais.

Hitler et Staline décidèrent de châtier la Roumanie. Immédiatement. De faire un exemple. Pour effrayer les petits peuples qui oseraient à l'avenir s'opposer à leurs plans en se déclarant neutres. Ils organisèrent ensemble un coup d'État préparé à la hâte. De toute urgence. Ils décidèrent de faire assassiner le Premier ministre roumain et d'installer un gouvernement communiste ou fasciste. Un gouvernement qui soit leur allié inconditionnel.

Trois jours à peine après l'occupation totale de la Pologne, le 21 septembre, le Premier ministre roumain, Armand Calinescu, fut assassiné. En plein centre de Bucarest. Dans la rue. Et en plein jour. Le Monocle noir se dirigeait vers le quartier Cotroceni, où il habitait. Dans la rue Stirbey-Voda, la voiture du Monocle noir dut s'arrêter. Un chariot à bœufs venait de déboucher du boulevard Ardealul en bloquant la circulation. Neuf membres de la Garde de Fer, groupés en commando, encerclèrent la voiture du Premier ministre et criblèrent son corps de balles. Le Monocle noir et son garde du corps furent tués sur le coup. Un assassinat sauvage. Comme celui de Stelescu.

Les assassins parcoururent la rue Stirbey-Voda, revolver à la main, sous les yeux effrayés des passants. Ils allèrent rue Berthelot, envahirent le bâtiment de la Radiodiffusion roumaine, prirent tous les employés en otages, pénétrèrent dans les studios et s'emparèrent des micros. Un des assassins annonça à la radio que les légionnaires venaient d'assassiner le Monocle noir, que le gouvernement était renversé et le pouvoir aux mains de la Garde de Fer.

L'ingénieur Ionescu arracha le micro des mains du légionnaire qui ne put terminer son message. Les auditeurs entendirent des coups de feu. Ensuite, le speaker habituel annonça que tous les meurtriers du Premier ministre qui s'étaient emparés, pour quelques minutes, de la station de radio, avaient été tués.

Les neuf assassins du Monocle noir furent tous tués. Leurs cadavres furent exposés immédiatement sur le lieu où ils abattirent Armand Calinescu. Ils y furent exposés pendant trois jours et trois nuits. La population fut invitée à défiler devant leurs dépouilles et à lire les pancartes suspendues portant l'avertissement : « Qui fera comme nous subira notre sort. »

La Roumanie fut prostrée par l'horreur. La répression fut confiée à Gavril Marinescu, le préfet de police de Bucarest. Un homme de sang. Un personnage sinistre. Il ordonna à tous les préfets d'exécuter immédiatement, dans chacun des soixante et onze départements de Roumanie, trois ou quatre légionnaires, et d'exposer pendant trois jours les cadavres sur la place publique du chef-lieu du département. C'était un ordre démentiel. Mais il fut exécuté. Dans les heures qui suivirent l'assassinat du Monocle noir, deux cent quarante-deux jeunes garçons, tous des légionnaires, furent massacrés par la police et leurs cadavres exposés, criblés de balles et tachés de sang, sur les places publiques de toutes les grandes villes du pays.

La Roumanie était littéralement noyée dans le sang. Les meurtres et les délits sont relatés dans les journaux par les reporters de faits divers. Je suis un reporter de faits divers. Mais, cette fois, je ne fus pas obligé de mouiller ma plume dans le sang et de décrire les horribles meurtres qui venaient d'être perpétrés. Dieu m'a épargné ce sacrilège.

Depuis le 10 février 1938, c'est la dictature dans mon pays. Et dans un régime dictatorial ce ne sont pas les reporters de faits divers qui relatent les crimes exceptionnels. C'est le gouvernement lui-même qui assume cette tâche.

Le proverbe assure qu'à quelque chose malheur est bon. Pour un reporter de faits divers, il y a du bon dans la dictature, car les dictateurs ne se contentent pas seulement de commettre les crimes, ils les annoncent eux-mêmes dans les journaux. Le reporter de faits divers n'a pas ainsi la tâche répugnante de tremper sa plume dans le sang versé par les dictateurs. Les dictateurs se chargent eux-mêmes de cette sale besogne. Peu de Roumains ont pu fermer les yeux cette nuit-là. Moi, je ne l'ai pas pu. Ce n'était pas une nuit faite pour dormir. J'ai entendu, toute la nuit, les forêts, les prairies et les rivières de Roumanie se lamenter sur les massacres qui venaient de s'accomplir sur notre sol.

J'ai écrit, sous la dictée des arbres, des rivières et de la terre de mon pays qui pleuraient cette nuit-là, un long poème de lamentations intitulé *Armand Calinescu*. Il a été publié, dans une très élégante plaquette, par Émile Ocneanu, aux éditions Socec de Bucarest. Hitler et Staline étaient furieux que le coup d'État échouât et que la Roumanie restât toujours neutre.

Le 24 septembre 1939 – trois jours après le terrible massacre – la radio soviétique de Tiraspol annonça dans ses émissions en langue roumaine que le roi Carol II avait fait fusiller dans une seule nuit deux cent quarante-deux « camarades prolétaires » et exposer leurs cadavres sur les places publiques. Les deux cent quarante-deux jeunes assassinés étaient, tous, des membres de la Garde de Fer. Des légionnaires. Des partisans de Hitler, de Staline et de Mussolini. Ce n'étaient pas des « prolétaires communistes ». Mais depuis l'alliance Hitler-Staline conclue le 23 août 1938, tous les fascistes, les nazis et les membres de la Garde de Fer sont devenus, selon la dialectique marxiste-léniniste, des camarades prolétaires, des communistes. L'Armée rouge avait donc le devoir d'envahir la Roumanie pour sauver de l'extermination les camarades légionnaires de la Garde de Fer.

Pour l'Armée rouge, tous les prétextes sont bons pour envahir et annexer à l'Union soviétique.

XVI

LE POÈTE COURONNÉ PAR LE ROI

1

Automne 1939 à Bucarest. La crise atteint son paroxysme. Le danger de guerre est inévitable. Imminent. Chaque Roumain s'endort, le soir, angoissé, terrorisé. Nous savons que le lendemain, en nous réveillant, nous pourrions trouver dans les rues de la ville les soldats de l'Armée rouge et les SS de Hitler largués en parachutes. Comme cela s'est passé en Pologne. Nous sommes menacés d'être rayés de la carte de l'Europe. Comme la Pologne. Notre pays sera envahi par les deux dictateurs associés. La double invasion est inévitable. Rien ne saurait empêcher Hitler et Staline de se partager la Roumanie. Comme ils se sont partagé la Pologne.

Nos craintes se sont transformées en cauchemar et en terreur quand, le 18 novembre 1939, nous avons appris par la radio que l'Armée rouge avait envahi la Finlande. Les journaux publient les photographies des soldats finlandais, tout de blanc vêtus, et à skis, essayant de défendre leur petit pays sur le front blanc de neige. Tous les petits pays de l'Europe orientale sont menacés de disparaître. Engloutis. Avalés par les monstres associés. Par les deux bêtes apocalyptiques qui ont surgi du néant, à l'Est et à l'Ouest. Par Hitler et Staline.

Après la Finlande, ce sera le tour de la Roumanie d'être envahie. L'armée roumaine est massée aux frontières. On construit des fortifications. On creuse des tranchées. On a rappelé les réservistes. On réquisitionne les chevaux, les voitures, les camions. On est sur le pied de guerre. En alerte permanente.

La Tulipe noire et moi, nous sommes moins angoissés que les autres Roumains. Nous savons, certes, que la situation est très tendue et qu'il y aura la guerre. Mais cela ne nous effraie et ne nous tourmente pas outre mesure. D'ailleurs, nous ne pensons pratiquement pas à la guerre ni à la situation politique. Nous avons loué un appartement. Il est tout neuf.

Nous sommes enchantés de notre appartement. C'est notre premier foyer. Nous venons d'y emménager. Nous n'avons pas de meubles. Uniquement un lit. Nous y sommes heureux, même sans meubles. Nous ne pensons pas à la guerre. Bien qu'elle soit imminente. Nous sommes tellement amoureux l'un de l'autre que nous n'avons pas le temps de penser à autre chose. Et nous ne pourrions concevoir que quelque chose de fâcheux et de triste puisse nous arriver. Quand on est amoureux on voit tout en rose. Tout est beau autour de soi. Les amoureux vivent à l'écart du monde. Complètement. Uniquement eux deux. Isolés du monde. Comme des îles. Ils sont pareils à ce solitaire qui, stoïque, disait que, si on lui annonçait la fin du monde pour demain, il continuerait quand même à planter aujourd'hui des pommiers. Nous sommes tout à fait semblables à lui. Tous les amoureux sont pareils.

Notre appartement est tout neuf. Personne ne l'a habité auparavant. Nous sommes les premiers locataires. L'immeuble aussi est neuf, inachevé. Il est sur la rue Staint-Ilie. Une rue neuve également. Elle n'est pas encore ouverte à la circulation. On pose en ce moment le revêtement en ciment et les trottoirs. Elle se trouve au centre de la ville. Tout près du tribunal et à dix minutes de mon journal.

Quelques jours après notre emménagement, nous recevons une visite. La première visite dans notre appartement. Les visiteurs arrivent à six heures du matin. Ils sont deux. Deux soldats. Ils sont habillés en uniforme de combat. Avec casque d'acier et carabine sur l'épaule. Ils sont venus en motocyclette. Nous sommes à peine réveillés. La Tulipe noire est occupée à sa toilette.

– Qu'est-ce? demande-t-elle.

– J'ai reçu l'ordre d'incorporation, dis-je. Cette nuit même, je dois partir. Demain matin à six heures je dois être présent à la caserne des chasseurs alpins. A Brasov.

Je ne suis pas seul à avoir reçu l'ordre d'incorporation. Tous les ajournements du service militaire ont été annulés. La Roumanie est en danger d'être envahie par les troupes ennemies. J'ai vingt-trois ans. Je dois revêtir l'uniforme militaire et défendre ma patrie.

2

Depuis quatre-vingts jours je suis soldat dans le corps des chasseurs alpins, à Brasov. Quatre-vingts jours longs comme une éternité. Le héros de Jules Verne accomplit le tour du monde en quatre-vingts jours. C'était une mobilité prodigieuse pour l'époque. Mais, personnellement, j'ai exécuté mes premiers quatre-vingts jours de service militaire à une vitesse plus grande encore que celle du héros de Jules Verne. Je suis le premier étonné de ce que mon corps ait pu résister à une telle agitation. Le poète Tudor Arghezi, mon maître, avait raison de me prévenir que si je continuais à courir à ce rythme, mon corps se disloquerait comme la carrosserie d'une vieille voiture sur laquelle on a adapté un moteur puissant et que l'on a lancée à toute allure sur la route.

Il m'a été impossible d'obtenir l'autorisation de faire ces trois mois d'instruction à Bucarest.

Je suis chasseur alpin. J'appartiens à une troupe qui doit être instruite dans la montagne, comme les marins doivent l'être en mer. A Bucarest il n'y a pas de montagnes. Les montagnes les plus proches sont à Brasov. On m'y a donc envoyé.

Le jour de mon arrivée à la caserne j'étais désespéré. Il était cinq heures du matin. Brasov est une ville de la Transylvanie, à 170 kilomètres au nord de Bucarest. Le voyage par le train dure environ trois heures. Brasov fut contruite au cœur de la montagne, au temps où la Transylvanie était sous domination autrichienne. C'est une ville gothique, très belle, comme une gravure romantique. Ses rues sont étroites, avec des murs massifs en pierre, des tours, des fortifications crénelées. Les toits et les clochers pointus s'élèvent vers le ciel comme des fers de lances.

C'était la première fois que je me trouvais dans une ville gothique. Le jour ne s'était pas encore levé. Il y avait un brouillard fin qui estompait le contour des maisons. J'avais l'impression d'évoluer dans un conte d'Hoffmann. Je m'attendais à rencontrer au détour d'une rue quelque poète romantique : Novalis, Lenau ou Schiller, avec leurs belles coiffures et leurs visages pâles.

Tout autour de la ville s'élèvent, majestueusement, les montagnes, couvertes de forêts de sapins, comme des couronnes vertes. Les Allemands appellent Brasov Kronstadt – *la ville de la couronne.* L'air y est pur et fort comme à Petrodava.

Le train qui part de Bucarest traverse, pour arriver à Brasov, la vallée de Prahova, avec ses mille puits de pétrole, avec les beaux coteaux ensoleillés qui recèlent de l'or noir dans leurs flancs. Le train traverse, dans un décor de carte postale, avec des montagnes de forêts de sapins, les villes de Campina, Sinaia – où se trouve le château royal –, Breaza, Busteni, Predeal et Poiana, qui sont le domaine des skieurs et des amoureux de la neige. La Roumanie est ronde. Ses frontières forment un cercle parfait. Et Brasov en est le centre. A Brasov je suis au cœur de ma patrie. Malheureusement, je dois quitter la ville pour gagner la caserne. La caserne des chasseurs alpins est située hors les murs, dans une banlieue triste, plate, sans poésie et sans beauté. Les casernes, les prisons, les hôpitaux et les cimetières sont toujours dans des quartiers laids et éloignés de la ville. Les rues sont défoncées. Il n'y a que des entrepôts, des hangars et des bâtiments tristes, des deux côtés de la rue. Je sens de loin l'odeur de la caserne. J'ai vécu huit ans, toute mon enfance et mon adolescence, dans cette odeur de caserne. Mes narines la hument de loin. Je suis pris de panique, d'angoisse. Quand on pénètre dans une caserne, c'est comme si l'on entrait dans une prison. Votre corps même ne vous appartient plus, vous êtes la propriété de l'armée. On vous dirige, on vous utilise comme un objet. On vous commande de manger, de dormir, de courir, de chanter ou de vous reposer. On ne dispose plus de soi-même. On est une pièce militaire sur l'échiquier de l'armée. Un soldat.

La sentinelle vérifie mon ordre d'incorporation. J'entre dans l'enceinte de la caserne. Je me récite mentalement, avec désolation, l'inscription que Dante a placée sur la porte de l'Enfer : *Lasciate ogni speranza, voi ch'entrate!* : « Laissez toute espérance, vous qui entrez [1]. »

Dans la cour, entourée de murs gris, il y a des flaques d'eau sale et gelée, de la boue et un peu de neige, déjà piétinée, bien qu'il ne fasse pas encore jour.

Je suis tellement abattu que je pense au Christ quand il se trouvait au jardin de Gethsémani, avant la Passion, et à son cri : *Eli, Eli, Lama Sabachtani,* « Mon Dieu, mon Dieu, pourquoi m'avez-vous abandonné [2]? »

Les immenses et affreux bâtiments de la caserne sont vides. Nous ne sommes que quelques dizaines de recrues. Les soldats, les officiers sont tous aux frontières. Ils y creusent des tranchées. Ils construisent des fortifications et élèvent des lignes de défense. Toute l'armée roumaine est massée sur les frontières. Les chasseurs alpins sont au nord, en Maramures. Après trois mois d'instruction nous irons bientôt les rejoindre.

En Maramures, nous avons des frontières communes avec la Pologne, la Tchécoslovaquie et la Hongrie. Les deux premiers de ces trois pays sont déjà occupés par Hitler et Staline. Nous préparons notre défense pour ne pas subir le même sort. Dans les bâtiments de la caserne il y a un air de détente. Comme à l'école, à la rentrée des classes, après les vacances. On nous amène au dépôt et on nous distribue des uniformes. De nos vêtements civils nous faisons des baluchons, et nous nous habillons en soldats. Le tissu des uniformes est beaucoup plus épais et plus raide que celui des uniformes que je portais au lycée militaire. La coupe est très grossière. Je me sens humilié. Mais ma bonne humeur revient dès que je chausse les brodequins de chasseur alpin. Ce sont des chaussures à triple semelle. Ferrées. Fabriquées dans un cuir dur, comme le métal. Elles sont très lourdes. Comme le plomb. C'est la première fois de ma vie que je me sens réellement marcher. D'habitude, on marche sans même s'en rendre compte. Mais, dès que je chausse les brodequins de chasseur alpin, je sens le poids et l'importance de chaque pas. Lever le pied n'est plus un geste automatique. Il faut faire un effort.

1. *La Divine Comédie,* Ch. III, v. 9.
2. Matthieu, 28, 46.

On le perçoit chaque fois qu'on lève le pied et qu'on le pose par terre. Cela crée en moi un sentiment de stabilité. De sécurité. Je sens que je suis prêt pour de grandes marches. Pour des voyages merveilleux. Je repense aux fameuses bottes de sept lieues de l'ogre dans le conte du Petit Poucet. Voici que je chausse à présent ces bottes tant enviées naguère.

Le couvre-chef des chasseurs alpins est un grand béret kaki. La ceinture est faite d'un cuir tellement dur qu'on a de la peine à le plier. Elle a la couleur et la rugosité de l'écorce des vieux chênes. Dans la vie civile on utilise ce cuir pour confectionner des semelles ou des harnais.

Comme il n'y a pas de miroir dans la caserne, je ne peux pas me voir sous l'uniforme de soldat des chasseurs alpins. Mais je vois mes camarades. Je les regarde. Je dois être identique à eux. Les rugueux uniformes nous déguisent comme des costumes de carnaval. Mes camarades sont tous de jeunes paysans. Ils me témoignent un intérêt touchant. Même de la tendresse. Ils n'ont envers moi aucune méfiance du fait que je sors d'un autre milieu qu'eux. Les jeunes incorporés paysans ont envers moi la même attitude que mes camarades du lycée militaire. Ils me traitent avec bienveillance, d'un air protecteur, comme si j'étais une créature sans défense, expulsée d'un royaume inconnu, égarée parmi eux, dans la cour de la caserne. Ils voient clairement que je me trouve par accident parmi eux, dans un environnement qui n'est pas le mien. Ils essaient de me consoler. Ils m'adoptent. Exactement comme les soldats recueillent, dans leur caserne, un oiseau blessé ou un petit animal égaré, dont ils font leur mascotte.

Ma présence les console et leur donne du courage, car ils voient bien que je suis encore plus désorienté qu'eux-mêmes.

A dix heures, nous sommes dans la cour. Alignés. En uniforme. On fait l'appel. Puis arrive un lieutenant. Il reçoit le rapport du sous-officier. Et il m'appelle par mon nom. Il sort du rang, la main tendue. J'en suis choqué. C'est contraire au règlement. Ce n'est pas un comportement militaire.

– Je suis le lieutenant Aurel Marin, dit-il. Je suis le poète Aurel Marin. Nous ne nous sommes jamais rencontrés. Mais je vous connais et vous me connaissez aussi. Vous avez même écrit sur moi dans les revues des lycées militaires. De très aimables articles. Je vous en remercie.

Le lieutenant poète s'adresse aux soldats qui n'ont rien perdu de ce qu'il me disait, car il parlait à haute voix.

– Votre camarade est un poète de grand talent, je suis fier qu'il soit dans ma compagnie.

Après le rapport, le lieutenant m'appelle et me dit :

– J'ai vu votre nom sur la liste des nouvelles recrues. J'ai demandé au colonel de vous affecter dans ma compagnie. Je peux ainsi vous aider, mieux vous protéger. Le colonel me l'a accordé. C'est bien que vous signiez vos reportages, les gens connaissent votre nom. En apprenant que vous êtes poète, ils liront peut-être aussi vos poésies et, après, les poésies des autres poètes. Avez-vous trouvé une chambre en ville? Il est hors de question que vous dormiez à la caserne.

– Non, je n'ai aucune chambre en ville. Je suis arrivé ce matin, en espérant obtenir un nouveau sursis, n'étant pas tenu de rester à Brasov.

– Vous pouvez dormir chez moi deux ou trois jours. Je n'ai qu'une seule chambre, mais très grande. Ma logeuse vous installera un divan. C'est une femme remarquable. Elle s'appelle Elisabeta Hentzia. Elle aime beaucoup la lecture. Elle lit énormément. Elle a été très heureuse quand je lui ai parlé de vous et lui ai dit que peut-être vous dormiriez chez moi. Elle connaît vos poésies. Elle se chargera par la suite de vous trouver une chambre en ville. Elle connaît beaucoup de monde...

J'explique au lieutenant Marin que je suis toujours reporter de faits divers au journal *Romania*. Que, souhaitant un nouveau sursis, je n'ai pas prévenu mon journal de ce départ pour l'armée. Que M. Lefter, reporter de *Universul*, me remplace pour l'instant. Mais que je dois continuer à écrire chaque jour un grand reportage avec ma signature.

– Vous serez libre de faire ce que vous voulez, me rassure le lieutenant. J'en ai parlé au colonel. Il n'y voit pas d'inconvénient. Il a été officier au lycée militaire de Kichinev. Il vous connaît. Vous serez présent chaque matin à l'appel, dans la cour de la caserne. Ensuite, vous pourrez partir. Vous connaissez les choses qu'on enseigne aux recrues, pour les avoir apprises au lycée militaire. Vous êtes donc libre de faire ce que vous voulez, sitôt après l'appel. Le samedi et le dimanche, et quelquefois même le lundi, vous serez dispensé de venir à l'appel. Vous pouvez vous rendre à Bucarest, même chaque jour. De temps en temps, je vous accorderai un ou deux jours de congé. Vous y serez ainsi, pratiquement, toute la semaine... Sans que vous vous en rendiez compte, vous aurez accompli votre service militaire. Trois mois passent vite. Enfin, vous serez affecté dans un bureau, à Bucarest.

L'après-midi même, j'ai pris le train pour Bucarest. Le soir, j'ai écrit ma chronique de faits divers et mon reportage, comme d'habitude. Une heure après minuit, je sautais dans le train pour Brasov et, à cinq heures, j'étais présent dans la cour de la caserne. Cela s'est passé, de la même manière, avec ponctualité et précision, durant quatre-vingts jours.

Aurel Marin, le poète lieutenant, et le colonel n'étaient pas les seuls à me protéger. Le poète Gherghinescu Vania, avec lequel j'avais travaillé à *Straja Tarii*, était maintenant juge en chef à Brasov. Chez lui, j'ai rencontré le commandant militaire de la ville, et tous les notables de Brasov. Grâce à eux, aussi, j'ai pu aller à Bucarest tous les jours. Chaque soir j'étais présent à la rédaction de mon journal et chaque matin, à cinq heures, dans la cour de la caserne, pour l'appel. Un quart du temps de la journée et un quart du temps de la nuit je les passais dans le train. Ce fut le plus grand exploit physique de ma vie. Un marathon de quatre-vingts jours. J'étais comme le héros chevaleresque de Jules Verne, l'honorable Phileas Fogg, qui avait parié avec ses collègues du Reform-Club d'accomplir le tour du monde en quatre-vingts jours. Entre la rédaction de mon journal à Bucarest et ma caserne de chasseurs alpins à Brasov, il y avait une distance de 170 kilomètres. Mais je ne fus jamais absent, ni en retard. Pas plus à la rédaction qu'à la caserne. J'ai gagné le pari. Mais j'avais perpétuellement sommeil. Quatre-vingts jours d'un terrible manque de sommeil. Aujourd'hui, quatre-vingt-unième jour de mon exploit, ma chance a tourné. A cause d'une inspection. Je n'ai pu prendre le train hier pour aller à Bucarest donner ma chronique de faits divers. Sans doute suis-je déjà congédié du journal. Ce n'est plus la peine d'y retourner. Ma faute professionnelle est tellement grave que je suis automatiquement mis à la porte. Aucune excuse n'est possible. La faute est commise. Le mal est fait. J'ai perdu mon emploi de reporter, pour lequel je me suis héroïquement battu contre le sommeil, contre la fatigue et les montres.

Je me trouve avec la compagnie dans une clairière, au-dessus de Brasov, en pleine montagne, attendant l'inspection d'officiers d'état-major qui sont dans la garnison. La neige tombe en gros flocons sur les forêts de sapins qui nous entourent et sur nos uniformes. Les soldats installent les mitrailleuses sur la neige. La ville s'étale à nos pieds, comme une belle carte illustrée, avec ses tours, ses clochers et ses toits pointus.

En installant nos mitrailleuses sur la neige, nous pensons aux soldats finlandais qui dans leur pays du Nord résistent héroïquement à l'Armée rouge. Les photos des soldats finlandais qui luttent, vêtus de blanc, sur le front de neige sont publiées quotidiennement dans tous les journaux. On les admire. C'est un combat légendaire. David contre Goliath. Nous nous sentons solidaires avec eux. Car nous nous préparons aussi à combattre sur la neige, contre l'invasion soviétique qui menace notre pays.

A dix heures arrive le colonel. Il a sur sa capote un beau col en fourrure de loup. Il annonce au lieutenant Marin que l'inspection n'aura plus lieu. Les officiers inspecteurs ont quitté la garnison. Le colonel tient à la main un journal. Il le montre au lieutenant Aurel Marin. Il m'appelle. Je me tiens au garde-à-vous devant lui.

– Je vous félicite, dit-il. Avez-vous lu ça? Sa Majesté le roi vous a décerné le prix royal de poésie, pour votre livre *Calligraphie sur la neige*. Votre nom est dans tous les journaux. On a annoncé la nouvelle à la radio. Vous êtes fêté dans tout le pays. Vous êtes un lauréat. Vous êtes un poète couronné par le roi. C'est un grand honneur pour tous les chasseurs alpins, vos camarades.

Le colonel me serre la main. Aurel Marin aussi. Il est heureux. Il est plus heureux que le colonel parce que je suis son protégé.

– Vous êtes attendu avec impatience à Bucarest. Certainement, dit le colonel, que vous serez présenté au roi. Bravo poète! Je suis très fier de vous. Vous avez encore dix jours de caserne, pour terminer les trois mois requis par la loi. Vous avez accompli quatre-vingts jours. Je vous accorde, de ma propre autorité, dix jours de permission. Partez à Bucarest! Maintenant que vous êtes couronné par Sa Majesté le roi, on vous gardera certainement dans la capitale. Vous continuerez votre service militaire à l'état-major, dans un bureau. Mais si vous passez une fois par Brasov, venez nous voir. N'oubliez pas vos camarades, les chasseurs alpins. Car c'est en uniforme de chasseur alpin que vous avez reçu votre couronne de poète décernée par le roi.

Je prends congé du colonel, du lieutenant Aurel Marin et de mes camarades. Je descends en ville. Je vais saluer Mme Elisabeta Hentzia, le poète Gherghinescu Vania et les autres poètes de Brasov. Puis je me dirige vers la gare, à pied. Les cloches de toutes les églises de Brasov sonnent à midi. Je marche lentement. Il continue à neiger. J'ai la certitude que les cloches sonnent expressément pour moi. Je rêve. J'exagère. Mais c'est ainsi. Pour la cérémonie de mon sacre comme poète. Car être couronné poète par son roi est un office religieux. Une consécration mais aussi un sacre. Une cérémonie divine. Le roi détient sa dignité de Dieu. Et c'est Dieu lui-même qui couronne par la main du roi. Car « tout don parfait vient d'En-haut et descend du Père de Lumières [1] ». Le poète reçoit la couronne de la même manière que les rois et les prêtres, qui sont oints par Dieu. Le Christ lui-même a été oint et portait une couronne [2]. Dante, le poète de *la Divine Comédie*, porte la couronne sur sa tête. Virgile, Horace, Ovide et tous les véritables poètes sont couronnés. Comme les rois.

Nous deux également nous portons des couronnes.
Moi, poète, je la reçois. Roi, tu la donnes.

L'Écriture dit : « Heureux l'homme qui supporte l'épreuve, car il recevra la couronne [3] ». Les martyrs ont reçu la couronne à cause de la fidélité. « Sois fidèle jusqu'à la mort et tu recevras la couronne de la vie [4]. » J'ai été, moi aussi, fidèle à la poésie. Et je le resterai. Jusqu'à la mort. Comme les martyrs. Être couronné est le signe qu'on s'abandonne, totalement. Les héros donnent leur vie pour la patrie, et les martyrs pour Dieu. Les époux, à la cérémonie de leur mariage, sont couronnés. Le prêtre pose des couronnes sur leurs têtes, car ils s'abandonnent

1. Jacques, 1, 17.
2. Apocalypse, 1, 13-14.
3. Jacques, 1, 12.
4. Apocalypse, 2, 10.

l'un à l'autre. L'époux dit à sa femme, comme Adam : « Tu es os de mes os et chair de ma chair. » Ils deviennent deux personnes en une seule chair. Ils s'abandonnent l'un à l'autre. Totalement. Indissolublement. Je me suis donné à mon peuple roumain, je suis sa bouche et sa langue.

La neige continue à tomber, de plus en plus dense. Les étoiles de neige couvrent ma tête. Comme une couronne blanche, faite des innombrables étoiles. Dieu m'a amené, ici, sur la montagne, à Brasov, pour me couronner comme poète.

Quand j'arrive à la gare, ma capote de soldat est blanche de neige et majestueuse comme la chlamyde d'hermine d'un empereur.

Je monte dans le train. Je jette un regard sur la ville de Brasov. Elle est sur la montagne. Au cœur de la Roumanie. Le second nom de Brasov est Kronstadt. *La ville de la couronne.* Pour moi, Brasov est littéralement la ville de la couronne. Car c'est ici que le roi m'a couronné comme poète. J'ai hâte d'arriver à la maison.

Aujourd'hui, j'apporte à la Tulipe noire mon premier véritable cadeau : je lui offre ma couronne de poète. Et je la pose sur sa tête. Car elle est ma Muse.

XVII

MUTILATION DE LA ROUMANIE, CHUTE DU ROI, MASSACRES ET TREMBLEMENT DE TERRE

1

Mon livre de poésies couronné, *Calligraphie sur la neige*, a paru aux Éditions royales pour « Littérature et Art » avec le monogramme du roi sur la couverture. C'est le même monogramme royal que j'ai porté pendant huit ans sur chaque bouton de mon uniforme, sur le képi, sur les épaulettes. Le stage de l'instruction de trois mois est terminé. Je poursuis mon service militaire à Bucarest, au Centre d'écoute de l'armée. J'ai ici une activité que j'accomplis avec enthousiasme. Le Centre est installé dans une ancienne caserne, à la périphérie de Bucarest. A la frontière ouest de la capitale. Au-delà de cette caserne, c'est la campagne. Des champs de blé, de maïs, des cultures maraîchères et des fermes de production laitière. C'est le printemps de 1940. Les champs et les arbres sont verts. Il y a des fleurs partout.

Dans le bâtiment de notre Centre sont installés une cinquantaine de postes de radio récepteurs. Ils sont allumés jour et nuit. Nous sommes environ deux cents soldats, répartis en quatre équipes, qui se relaient en permanence pour écouter les émissions de radio de tous les pays et dans toutes les langues. Vingt-quatre heures sur vingt-quatre. Mes camarades écoutent tout ce qui se dit, dans toutes les langues et dans tous les pays qu'on parvient à capter. Ils traduisent et écrivent tout ce qu'ils ont entendu, avec le nom de la station émettrice, la date et l'heure de l'émission, sur des grandes feuilles, à l'en-tête du Centre. Ils apportent ensuite les feuilles à mon bureau. Je suis le rédacteur du bulletin. Je trie les nouvelles et les classe selon les sujets. Notre commandant, le colonel Ionescu, centralise nos informations et, d'après elles, rédige un bulletin, qu'il fait taper à la machine en sept exemplaires. A six heures du matin les bulletins sont expédiés, par courriers motocyclistes. L'un d'entre eux est destiné au roi et, les autres, au Premier ministre, au ministre des Armées, au chef du bureau de contre-espionnage, au ministre des

Affaires étrangères et au ministre de l'Intérieur. Le septième exemplaire est conservé chez nous. Nous informons ainsi, chaque matin, le roi, le gouvernement et les chefs militaires de tout ce qui se passe dans le monde. J'ai fait un travail important. Dès que j'arrive au Centre d'écoute de l'armée, j'ai le sentiment que je pose mon oreille sur la poitrine de la terre, pour écouter le battement de cœur du monde.

Pour ausculter le cœur de quelqu'un il faut s'approcher de plus près et pénétrer dans son intimité. Ce sont les enfants qui entendent le mieux les battements de cœur de leur maman, quand celle-ci les serre sur sa poitrine. Ce sont les amoureux qui connaissent le mieux les battements de cœur de leur bien-aimée, quand ils la serrent dans leurs bras.

Au Centre d'écoute de l'armée, j'ai la sensation que je colle mon oreille sur la poitrine de la terre, comme sur la poitrine d'un être vivant. C'est comme si je tenais le globe terrestre dans mes bras pour ausculter les mouvements de son cœur, et les communiquer ensuite au roi, au gouvernement et aux chefs militaires de mon pays. Je connais, depuis que je travaille ici, tous les mouvements d'humeur du monde, exprimés dans toutes les langues, sur toutes les latitudes et sur toutes les longitudes. J'ai le sentiment que la terre est dans mes bras, comme dans le livre de la Genèse, où Dieu dit à l'homme, après la création : « Voici que je te donne toute la terre [1]. »

Malheureusement, en ce printemps de 1940, le cœur du monde, et surtout le cœur de l'Europe, celui que nous pouvons écouter le mieux, bat éperdument de frayeur et de panique, comme le cœur d'un oiseau qu'on vient de capturer et qui se débat désespérément dans votre main.

Les deux dictateurs associés, Hitler et Staline, comme deux fauves, se partagent l'Europe, en la déchirant et en la dévorant lambeau après lambeau, à belles dents.

Il y a quelques mois, Hitler et Staline réunis ont déchiré la Pologne, en la dévorant entièrement, sous nos yeux, comme deux panthères dépècent une noble et élégante gazelle. Personne ne porta secours à la belle et noble Pologne. Elle fut rayée de la carte.

Hitler et Staline attaquèrent par la suite séparément. Dans des secteurs différents. Pour avancer plus vite.

Le 17 mars 1940, l'Armée rouge envahit la Finlande. Les héroïques combattants finlandais déposèrent les armes, écrasés par le nombre de l'ennemi. Nous, les soldats roumains, qui avions entendu la nouvelle au Centre d'écoute de Bucarest, nous étions atterrés, tristes, désespérés, comme si c'était notre propre pays qui était envahi. Des rideaux noirs de deuil flottent maintenant sur le pays blanc des Finlandais et sur ses neiges.

1. Genèse, 1, 27.

Le 9 avril 1940 nous entendîmes une autre terrible nouvelle, transmise par tous les postes de radio de la planète, comme une longue litanie : Hitler, l'allié de Staline, a envahi et occupé la Norvège et le Danemark. Deux pays pacifiques. Deux pays neutres. J'ai écrit un long poème, comme un psaume de lamentations, pour le Danemark, dont le monument le plus populaire est une petite sirène, dont la statue est érigée au centre de sa capitale. Aucune ville moderne du monde n'a jamais élevé une sirène au rang de monument, comme Copenhague l'a fait.

Le Danemark est la patrie des contes de fées, car il a vu naître sur son sol Hans Christian Andersen. Nous sommes tous et nous serons toujours jusqu'à la fin des temps émerveillés par les *Contes* d'Andersen. Il est célèbre d'un bout à l'autre de la terre. Aucun pays du monde n'a donné un conteur plus génial que le petit Danemark. Un collègue à moi, de la faculté de philosophie de Bucarest, se mit à apprendre la langue danoise, pour lire dans le texte original Soren Kierkegaard, tellement il aimait l'œuvre de ce philosophe danois.

Les bibelots de porcelaine de Copenhague sont chacun, en eux-mêmes, des contes de fées ravissants, avec leur couleur gris-bleu, comme les plumes des mouettes des mers du Nord.

Tout près du Danemark, de l'autre côté du détroit de Skagerak, se trouve la Norvège, le pays des fjords, des Vikings et du grand romancier Knut Hamsun. Elle aussi est envahie et occupée.

Le 10 mai 1940, jour de la fête nationale roumaine, Hitler, de concert avec Staline, envahit la Belgique, le Luxembourg et la Hollande. Trois pays qui ornent comme trois pierres précieuses la couronne de l'Europe.

La Belgique est le premier pays étranger qui ait connu une de mes poésies. J'étais élève au lycée militaire de Kichinev. A la mort tragique du roi Albert Ier de Belgique, le 17 février 1934, à Marche-les-Dames, j'ai écrit un poème. Mon professeur de géographie trouva belle ma poésie. Il la traduisit en français et l'envoya, par le consulat belge de Kichinev, à la famille royale de Belgique qui me remercia par une très belle lettre.

Aujourd'hui, la Belgique est occupée. Les envahisseurs sont dans le pays des poètes Maeterlinck et Émile Verhaeren.

Luxembourg est aussi occupé. Une grande partie des colons établis en Roumanie depuis des siècles sont originaires de la région de Luxembourg. Ces colons de Roumanie sont nos compatriotes et, à travers eux, nous sommes compatriotes avec leurs familles et leurs parents de Luxembourg.

Le troisième pays occupé en même temps que la Belgique et le Luxembourg, c'est la Hollande, le pays des moulins à vent, des peintres, des tulipes, et des digues contre la mer. C'est la patrie d'Érasme, de Rembrandt et de Bruegel. Pendant une longue période de l'histoire, la

Hollande fut le seul pays de l'Europe où les philosophes et les écrivains pouvaient imprimer librement leurs livres, sans censure. C'est pour cela que Descartes s'y réfugia et vécut en exil. La Hollande est le pays des hommes durs au travail, qui ont fait reculer la mer, qui ont récupéré la terre du fond de l'Océan, et l'ont transformée en champs, l'ont cultivée comme l'on cultive aujourd'hui.

La Hollande est avant tout le pays des tulipes. Au printemps, le pays est couvert d'un bout à l'autre de tulipes de toutes les couleurs, cultivées sur d'immenses surfaces. A perte de vue. Entre les Hollandais et les tulipes, il y a un lien passionnel. Un véritable roman d'amour. En 1630, peu de temps après que la tulipe fut introduite en Europe, la fièvre des Hollandais pour cette belle fleur devint un engouement. Chaque Hollandais chercha à posséder des oignons de tulipe... Le commerce des tulipes fut organisé. Il se créa une bourse de tulipes accessible à tout le monde. La passion d'acquérir de belles tulipes s'empara de toutes les couches de la population. Nous lisons dans un ancien ouvrage intitulé *De opkomst en ondergang van Flora*, imprimé à Amsterdam en 1643, que nobles, marchands, artisans, marins, paysans, porteurs de tourbe, ramoneurs, domestiques, fripiers, tout le monde était envahi par la passion des tulipes... On passait des marchés pour la livraison de certains oignons de tulipes, et lorsque, ainsi que le cas s'est présenté un jour, deux exemplaires seulement de cette espèce se trouvaient sur le marché, on vendait maison et terre, chevaux et bœufs, tout ce qu'on possédait, pour les acquérir [1]. Il y avait des espèces de tulipes dont le bulbe coûtait 2 000 florins. Une variété appelée « Amiral Liefken » fut payée 4 400 florins, « Vice-roy » coûta 3 000 florins. Dans une seule ville hollandaise, les affaires sur les tulipes avaient porté, en deux ans, sur 10 millions de florins. Les Hollandais sont amoureux des tulipes. Ils se ruinent pour les avoir.

Le 10 mai 1940, en plein printemps, quand Hitler envahit la Hollande, les tulipes étaient en train de fleurir. Les chars, les blindés et les bottes des envahisseurs écrasent et piétinent les champs de tulipes, les plus belles tulipes du monde. Les tulipes des Hollandais. Et quand on écrase et on piétine la beauté, c'est comme si l'on écrasait et piétinait des êtres vivants. Pendant que Hitler occupe le pays des tulipes, Staline, son complice, envahit la Lituanie, la Lettonie et l'Estonie, ces tout petits pays du nord de l'Europe : les pays Baltes. Le poète lituanien O. V. de L. Milosz, dit de sa patrie : « Ô ma Lituanie cendreuse... ta chevelure sent l'été, la lune et la terre... Tu es le pays où le grand vent, la pluie et le brouillard ont leurs églises. » Les hommes qui habitent cette terre âpre et rude l'aiment, parce qu'ils y sont nés, ils la connaissent et la terre les connaît. Dès que le poète lituanien revient chez lui, « même le chardon et la haute ortie se ressouviennent de lui, le reconnaissent et le

1. Werner Sombart : *le Bourgeois*, Paris, 1936, p. 49.

saluent »... Maintenant cette terre est ravie à ses habitants, aux Lituaniens, aux Lettons et aux Estoniens, par les deux tyrans associés. Par Hitler et Staline.

La Pologne, la Finlande, la Belgique, le Luxembourg, la Hollande, la Lettonie, la Lituanie, l'Estonie ont été rayés de la carte. Engloutis.

Toute l'Europe est en train de disparaître. Dévorée, morceau par morceau, lambeau par lambeau, à belles dents, par les deux tyrans.

Au mois de juin 1940, les Soviétiques verrouillent l'Europe à l'est, pour permettre aux Allemands d'envahir la France. Les communistes français, comme ceux de Pologne, collaborent avec les envahisseurs. Exactement comme firent les Édomites le jour où Jérusalem fut occupée. « Le jour où des ennemis pénétrèrent dans ses portes et jetaient le sort sur Jérusalem, toi aussi, tu étais comme l'un d'eux [1]. » Les dirigeants communistes des pays occupés traversèrent l'Allemagne de Hitler, en trains de luxe, pour s'établir à Moscou.

Le 14 juin 1940, les Allemands pénétrèrent dans Paris. La Ville Lumière éteinte, toute l'Europe est dans le noir. Toute la terre est dans les ténèbres. Car Paris n'est pas une ville. Paris est une flamme. Paris est un flambeau. Paris, c'est la lumière du monde. Et maintenant, cette lumière est éteinte. C'est la nuit. C'est le temps des ténèbres.

Le professeur Nicolae Iorga est venu à la radio de Bucarest pour parler de l'occupation de Paris. Mais le savant éclata en sanglots. Il n'avait pu parler. Tous les Roumains pleurent dans les rues en marchant, en apprenant que Paris est occupé...

2

Quelques jours après l'occupation de Paris par les Allemands, un terrible malheur s'est abattu sur la Roumanie. Le plus terrible malheur qui puisse frapper une nation. Notre pays est mutilé. Démembré. Le royaume de Roumanie est écartelé. Amputé de ses provinces du nord et de l'est.

C'est le 26 juin 1940. Mes camarades du Centre d'écoute de l'armée captent une émission, en langue anglaise, non identifiée, qui annonce que les Soviétiques ont envoyé un ultimatum au roi de Roumanie, et que l'Armée rouge a déjà commencé l'invasion du territoire roumain. Nous sommes paniqués. Tous les soldats du Centre d'écoute collent, terrorisés, l'oreille aux appareils. Nous annonçons au colonel Ionescu, notre commandant, par téléphone, ce que nous venons d'entendre. C'est à une heure avancée de la nuit. Le colonel est à son domicile, mais il accourt. Il est sorti de son lit et est venu au Centre sans se soucier de sa tenue. Il a les cheveux en désordre. Les boutons de sa tunique sont fermés de

1. Abdias, 11.

travers. Nous ne l'avons jamais vu dans un tel état. Dès qu'il arrive, il mobilise les équipes de réserve et intensifie au maximum l'écoute. Nous écoutons toutes les émissions de tous les pays, dans toutes les langues, en enregistrant avec angoisse les nouvelles. A chaque poste il y a une double équipe. Que rien ne nous échappe. Mais aucun poste ne parle plus, ni de l'ultimatum soviétique ni de l'invasion du territoire roumain par l'Armée rouge.

Nous espérons que la nouvelle soit un canular. Mais le colonel Ionescu reste grave, préoccupé. Il considère que la nouvelle que nous venons de capter est sérieuse. Réelle. Il ordonne d'intensifier les écoutes au maximum et fait venir les équipes de jour, installant des triples groupes d'écoute devant chaque poste récepteur. Après une heure d'écoute intense la nouvelle tombe : l'envoi d'un ultimatum soviétique et l'invasion de la Roumanie par l'Armée rouge sont confirmés. La nouvelle est diffusée, en même temps, par tous les postes de radio de tous les pays. En toutes langues. Les Soviétiques eux-mêmes diffusent le texte de l'ultimatum. Donc, il n'y a aucune équivoque. L'Union soviétique ordonne à la Roumanie de céder les provinces de la Bessarabie et de la Bucovine. Les Soviétiques accordent aux Roumains un délai de trois jours pour l'évacuation des deux provinces en précisant que, ce délai écoulé, l'Armée rouge, massée à la frontière roumaine, a l'ordre d'occuper les territoires exigés.

Nous rédigeons, en hâte, un bulletin d'information en plusieurs exemplaires. Nous les envoyons, par courriers motocyclistes, en pleine nuit, au palais royal, au Premier ministre et aux chefs militaires. Jusqu'au matin, nous restons à l'écoute. Tous. Aucun soldat ne peut quitter son poste de réception radio. Bien qu'ayant entendu des dizaines de fois le même communiqué, nous ne pouvons pas croire que cela soit possible, tellement la nouvelle est atroce.

Au lever du jour, la radio nationale de Bucarest diffuse le communiqué du roi. Il confirme les faits. La Roumanie a reçu l'ordre d'évacuer les deux provinces dans lesquelles vivent presque quatre millions de Roumains, et de les céder à la Russie soviétique. Le communiqué ajoute que le roi a convoqué immédiatement le Conseil de la couronne. Y ont participé tous les membres du gouvernement, les chefs de tous les partis politiques, les savants, les chefs militaires et toutes les autres personnalités éminentes du pays. Le Conseil de la couronne a siégé autour du roi, au palais royal, toute la nuit. On a décidé de demander d'urgence l'aide de toutes les grandes puissances, des pays amis, de la Ligue des nations et des grandes organisations internationales. Les réponses ont été rapides : négatives, toutes. Personne n'acceptait de nous secourir. De nous venir en aide. Nous étions seuls. Cloués à notre malheur. Abandonnés à notre sort. Nos amis traditionnels, nos amis de toujours sont absents. La France est elle-même occupée par des troupes étrangères. L'Angleterre est assiégée par les sous-marins allemands. La

France et l'Angleterre, qui toujours, au cours de l'histoire, nous ont aidés, ne peuvent rien faire pour nous. Le communiqué du roi précise, enfin, que la Roumanie a accepté l'ultimatum soviétique. Le roi a donné l'ordre à l'armée de se retirer de ces deux provinces et de les abandonner aux envahisseurs.

On n'avait aucun moyen de procéder autrement. Dans le cas contraire, l'Armée soviétique aurait occupé toute la Roumanie. Le gouvernement allemand nous a avertis qu'il soutient les Soviétiques dans leurs revendications et, si la Roumanie refuse l'ultimatum, l'Allemagne ne s'opposera pas à l'occupation de tout notre pays par l'Armée rouge. Il ne reste plus à la Roumanie qu'à se soumettre.

Nous, les soldats du Centre d'écoute de l'armée, nous n'avons pu écouter la fin du communiqué du roi. Nous avons éclaté en sanglots. Nous pleurons, tous, comme des enfants malheureux. Le colonel Ionescu pose sa tête, avec ses cheveux défaits, sur son bureau, les tempes serrées avec ses deux mains, et pleure, lui aussi. Les postes de radio sont ouverts. Mais personne ne les écoute plus. Ils diffusent, tous, l'ultimatum adressé par les Soviétiques à la Roumanie et son acceptation par le roi Carol II.

La Bessarabie est abandonnée. Elle a une superficie de 44 422 kilomètres carrés, divisée en neuf départements, et une population de plus de trois millions d'habitants. Tous des Roumains. La Bucovine a une superficie d'un quart de la Bessarabie, avec presque un million d'habitants. La Bucovine est le pays des hêtres. On la surnomme la « Douce Bucovine ». C'est le jardin de la Roumanie. Mihai Eminescu, le plus grand poète roumain, y est né.

Maintenant, la Bessarabie et la Bucovine sont livrées aux Soviétiques. Avec leurs quatre millions d'habitants qui y vivent. Ces provinces sont roumaines depuis toujours. Elles ont été habitées par des Roumains, par nos ancêtres, sans interruption, depuis la création du monde. Les Soviétiques n'ont aucun droit sur ces terres. Ni sur leurs habitants. Les hommes et les femmes qui habitent la Bessarabie et la Bucovine sont nos compatriotes, nos frères et nos sœurs. Maintenant, quatre millions de nos frères et nos sœurs sont traînés en captivité. Leurs terres sont annexées par l'empire carcéral des Soviétiques.

3

Les trois jours fixés par l'ultimatum pour abandonner les deux provinces roumaines, la Bessarabie et la Bucovine, se sont écoulés. L'Armée rouge franchit le Dniestr. Elle occupe toute la rive droite du fleuve. La Bessarabie est annexée à la Russie. La « Douce Bucovine » aussi. La nouvelle frontière entre la Roumanie et l'Union soviétique est la rivière Prut. Elle est étanchement fermée. Soviétiquement verrouillée.

Personne ne peut plus sortir de la Bessarabie. Ni de la Bucovine. La Bessarabie et la Bucovine sont captives. Avec leurs quatre millions de Roumains.

Les interminables colonnes de réfugiés, qui ont fui à temps, pendant les trois jours fixés par l'ultimatum, sont maintenant à l'intérieur du pays. Ces colonnes sont comme de longs fleuves noirs. Interminables. Elles affluent, en venant de l'est et du nord. Elles sont comme des cortèges funèbres. Elles remplissent la campagne, les villes et les villages. Elles font pénétrer dans tout le corps du pays la désolation, la détresse, la douleur. La Roumanie souffre dans son corps. On essaie d'héberger les réfugiés. On les entasse dans les écoles, dans les mairies, dans les casernes, dans tous les bâtiments publics.

Je rencontre dans les rues de Bucarest mes anciens professeurs du lycée militaire de Kichinev. Car Kichinev est occupée par les Soviétiques. Kichinev est la capitale de la Bessarabie. Pour moi, Kichinev n'est pas une ville. Elle est mon adolescence. Elle est une partie de ma chair. Elle a été coupée de mon corps et livrée aux envahisseurs venus de l'est. Kichinev, c'est un lambeau de mon propre corps, déchiré de ma chair.

Je rencontre, par hasard, dans le centre de Bucarest, M. Negrescu, mon professeur de langue et littérature roumaines, l'académicien Stefan Ciobanu, grand historien, M. Pan Halippa, le directeur de la revue *Viata Basarabiei,* auquel je rendais visite le dimanche, pour lire avec lui des poésies. J'ai rencontré M. Gheorghe Mecu, le directeur de la plus grande librairie de Kichinev, le poète D. Iov Soroca. Ils sont épuisés, tristes, exténués. Ils ont été dépouillés de leurs biens. De tout ce qu'ils possédaient. Car les envahisseurs leur interdirent d'emporter quoi que ce soit. Il leur a fallu tout livrer à l'occupant. Les bâtiments publics et privés, les hôpitaux, les écoles, les usines, les bureaux, les entreprises publiques et privées, en parfait état. Avec inventaire. Clefs en main. Sans rien emporter.

Nous l'avons fait. Nous n'avions pas d'autre choix que de nous soumettre. De tout accepter. Autrement, l'Armée rouge occupait la Roumanie entière. Les commissions de contrôle et d'arbitrage pour la livraison de la Bessarabie et de la Bucovine aux Soviétiques, composées d'Allemands, ont scrupuleusement contrôlé que nous livrions tout ce que nous possédions à leurs alliés, les Soviétiques. Tous les deux, ils étaient très exigeants, même scrupuleux. Radio Tiraspol diffusa un féroce réquisitoire contre la Roumanie, en se plaignant qu'une caserne de gardes-frontières roumaine de Tighina avait été livrée aux Soviétiques avec des draps sales. Car il ne fallait pas uniquement leur livrer notre terre, notre maison, et notre propre lit, il fallait aussi laver les draps de lit, avant de les donner. Pendant que les trains bondés de malheureux réfugiés quittaient la Bessarabie, plusieurs trains spéciaux allemands – de la *Deutsche Eisenbahn* – avec des wagons-lits et drapeaux à croix gammée, transportèrent en Bessarabie Ana Pauker, le chef des communistes roumains, et ses camarades.

L'Armée rouge instaura le régime soviétique dans nos provinces ravies en les annexant à l'empire carcéral et pénitentiaire des soviets. C'est étrange de voir Ana Pauker – la fille d'un rabbin – et ses camarades, voyager, en tant que personnalités privilégiées, dans un train de Hitler, avec la croix gammée flottant sur la locomotive. Mais c'était une communiste, donc une alliée de Hitler. Et, comme le dit le poète grec :

On voit dans la vie bien d'étranges rencontres
La loi de la nécessité tranche en dernier recours,
nous faisant des amis de nos pires ennemis,
mettant dans l'autre camp ceux qui nous étaient favorables [1].

Les malheureux réfugiés de Bessarabie qui abandonnèrent leur toit, leur terre et leurs biens subirent encore d'autres épreuves et souffrances sur la route de leur exil.

Des commandos spéciaux organisés par les Soviétiques interceptaient les colonnes de réfugiés aux points de passage. Ils les conspuaient, les agressaient, les pillaient, en leur infligeant les pires exactions. On attentait même à leur vie. Dans les gares, les commandos soviétiques, déguisés en bons Samaritains, servaient aux réfugiés assoiffés, dans les trains, gratuitement, de l'eau fraîche. Par charité. Dès que le train partait, on s'apercevait que l'eau offerte était empoisonnée. Ces commandos étaient composés de gens qui parlaient la langue roumaine. C'étaient des communistes qui vivaient dans notre pays. Avec nous. Maintenant ils étaient associés aux envahisseurs. Avec nos ennemis. Comme les Édomites dont parle la Bible et qui, à la chute de Jérusalem, s'allièrent aux envahisseurs de la ville sainte :

« Le jour où les barbares franchirent les portes de Jérusalem, toi aussi tu étais comme l'un d'eux. Tu te délectes à la vue de ton frère au jour de son malheur. Tu fais ta joie au jour de sa ruine. Tu tiens des propos insolents au jour de son angoisse. Tu portes la main sur ses richesses, au jour de son infortune. Tu te portes aux carrefours pour exterminer les fuyards. Tu livres les survivants [2]. »

4

Le royaume de Roumanie, amputé de deux de ses provinces, saigne. Il saigne sur toutes les cartes affichées aux murs des écoles, des mairies et des bureaux de poste. Dans toutes les villes et les villages du pays.

1. Euripide, *Hécube*, 847.
2. Le livre d'Abdias, 10-15.

La carte de la Roumanie saigne abondamment dans le cœur de tous les Roumains où elle est gravée avec ses frontières naturelles et rondes comme la lune.

Amputer un être vivant de ses membres est le supplice suprême. Et maintenant la Roumanie est suppliciée. Les plaies resteront ouvertes tant que ses terres seront aliénées et ses millions de citoyens captifs.

Notre pays est au comble du malheur. Et voilà qu'un nouveau désastre s'abat sur nous. Une deuxième mutilation. Un autre territoire nous a été enlevé par Hitler de concert avec Staline. Un autre territoire aussi grand que la Bessarabie.

Il existe entre la Roumanie et la Hongrie un vieux litige de frontière. C'est une dispute presque inévitable entre voisins. Hitler, en tant que maître de l'Europe, avec Staline, profita de la mésentente roumano-hongroise pour infliger une nouvelle punition au roi de Roumanie, qui s'entête à rester neutre. Hitler propose son arbitrage, pour réconcilier les deux peuples voisins. Une commission de diplomates roumains, conduite par le ministre des Affaires étrangères, M. Manolescu, fut convoquée à Vienne. La conférence eut lieu au palais du Belvédère. Les arbitres étaient Joachim von Ribbentrop, ministre des Affaires étrangères de Hitler, et le comte Galeazzo Ciano, ministre des Affaires étrangères de Benito Mussolini, le Duce, et son gendre.

Dans la nuit du 29 au 30 août 1940, les ministres d'Allemagne et d'Italie prononcèrent l'arbitrage. On l'appelle le Diktat de Vienne. Car la décision a été prise d'avance. Sans consultation des intéressés. C'est le comte Ciano, mari d'Edda Mussolini, qui lit le texte du Diktat, par lequel Hitler et Mussolini ordonnent à la Roumanie de se retirer du territoire du nord-ouest de la Transylvanie, et de le céder à la Hongrie.

Le territoire dont on nous a amputés a une superficie de 43 492 kilomètres carrés et une population de 2 600 000 habitants. On enlève à la Roumanie la province de Maramures. C'est un des berceaux du peuple roumain. C'est une région rude, de montagne. C'est dans sa montagne que le peuple roumain, au cours de son histoire, se réfugiait, comme dans les murs d'une citadelle, pendant les invasions barbares venues de l'est. C'est un véritable sanctuaire national. C'est de Maramures qu'est descendue la grande lignée des princes qui régnèrent en Moldavie. En Maramures se trouvent les plus belles églises, entièrement construites en bois, jamais élevées par les Roumains à la gloire de Dieu. On extrait de ses montagnes un pur cristal de roche, appelé « diamant de Maramures ». Cette terre a été chantée par tous les poètes roumains.

Maintenant elle est enlevée à la Roumanie. La belle et riche province de Crisana nous est aussi arrachée. La nouvelle frontière de la Roumanie est fixée au nord de Brasov, non loin de la ville où se trouve ma caserne de chasseurs alpins. Pendant que j'étais soldat, tous mes camarades étaient en Maramures et en Crisana, pour y creuser des tranchées et élever des fortifications. Maintenant l'ordre est donné à mes camarades, les chasseurs alpins de Brasov, de se retirer de Maramures et de Crisana, sans combattre, et de céder cette terre roumaine aux étrangers.

La célèbre ville de Cluj, que nos ancêtres les Romains appelaient Napoca, est elle aussi cédée à nos voisins. Par l'ordre de Hitler. Et de Mussolini. Les dictateurs déchirent et dévorent notre patrie. La Transylvanie, chantée dans toutes ses poésies par le poète Octavian Goga, est une de nos provinces le plus profondément roumaines.

Quand les bergers roumains de Transylvanie rencontraient dans les montagnes de l'ancien Empire autrichien des bergers italiens, ils se comprenaient en parlant chacun leur langue. Ils étaient surpris de constater qu'ils appartenaient à la même famille latine. Et maintenant la terre latine de Transylvanie est enlevée à la Roumanie. Des millions de nos frères et sœurs passent sous domination étrangère.

La terrible nouvelle tomba en pleine nuit, comme la foudre. Comme le tonnerre. C'était comme un tremblement de terre. Les gens sont descendus dans les rues. Se sont rassemblés. La foule se lamentait, marchait en cortège, se massait aux carrefours et sur les places publiques. Il y avait des tribuns qui répétaient la nouvelle du désastre. Six millions de Roumains étaient abandonnés. Livrés aux étrangers. Cent mille kilomètres carrés furent découpés dans le territoire de la patrie et livrés aux étrangers. C'était la calamité. Le désastre. Le temps de la révolte. De la lamentation. Les foules rassemblées dans les rues conspuaient Staline et Hitler, les auteurs de notre désastre et de notre malheur. Mais la colère la plus terrible des foules était dirigée contre Benito Mussolini, le Duce, et contre son gendre, le mari de sa fille, Edda, contre l'exécrable et cynique comte Ciano.

Que Staline et Hitler aient mutilé atrocement la Roumanie, notre patrie, on peut à l'extrême rigueur le comprendre : Hitler et Staline sont des dictateurs. De leur part, on ne peut s'attendre qu'à des crimes, des assassinats, des massacres. Mais, de la part de Mussolini, on ne s'attendait pas à cela. Non. Certes, Benito Mussolini est, lui aussi, un dictateur comme Hitler et comme Staline. Mais Benito Mussolini, le Duce, est romain. Comme les Roumains. Benito Mussolini ne pouvait pas planter son couteau dans notre dos. Nous sommes ses frères. Nous descendons des mêmes ancêtres nourrissons, de Romulus et Remus, que l'on voit allaités par la Louve sur toutes les places publiques. Mussolini, notre parent, ne pouvait pas commettre ce crime envers nous. Et il l'a fait. C'est plus que ce qu'ont fait Hitler et Staline. C'est un fratricide. Benito Mussolini a perpétré le crime de fratricide. Il a poignardé son frère roumain. Comme Caïn a poignardé Abel. Les foules crient des slogans contre le Duce, Benito Mussolini. Contre sa fille Edda. Contre son gendre, contre la ville de Rome. Contre toute l'Italie, qui s'expose sur les cartes avec ses contours de botte. La foule en colère découvre dans un square du centre de Bucarest la statue de la Louve romaine, allaitant nos ancêtres nourrissons, les bambins Romulus et Remus. Toute la douleur que nous avons accumulée contre les dictateurs mutilateurs de notre pays se concentre subitement, en pleine nuit, contre la Louve romaine et ses bambins en bronze.

On tente de déboulonner la statue. De la descendre de son socle et la briser en morceaux. Car ce sont eux, cette Louve et ses bambins, ancêtres de Mussolini, de sa fille Edda et de Ciano, qui sont les auteurs de notre terrible malheur. Mais la foule ne parvient pas à renverser la statue. La Louve et ses nourrissons sont trop solidement fixés sur leur socle. On les conspue. On les injurie. Puis on y suspend un immense placard avec l'écriteau : « Duce, Duce, viens reprendre ta chienne »...

Dès le lendemain, on attache le même écriteau au cou de la Louve romaine qui est érigée dans toutes les villes roumaines. La Louve, dont nous étions si fiers jusqu'à maintenant, est reléguée au rang de chienne. De sale chienne. On ne l'appelle plus autrement. Car les malheurs viennent d'elle. De Mussolini, qui a sali le nom de Romain. On a honte de la Louve. On a honte de descendre, comme Mussolini et Ciano, de cette chienne qui donne la tétée aux deux bambins, dans nos squares.

Cette nuit-là, j'ai eu honte moi-même de porter le nom de Virgil. Car c'est un nom romain. Comme celui de Mussolini, le fratricide. La Roumanie est amputée maintenant de presque cent mille kilomètres carrés. Presque six millions de nos frères et sœurs ont été abandonnés aux pays étrangers.

Mais nos malheurs ne sont pas encore terminés.

Très peu de temps après, une troisième amputation de notre patrie est survenue. Les trois dictateurs, Staline, Hitler et Mussolini, ont mutilé la Roumanie, en donnant aux Bulgares la province de Dobroudja et une partie du littoral de la mer Noire. Dans ce territoire se trouve la ville de Balcic. C'est ici qu'est inhumé le cœur de la belle reine Maria de Roumanie. Les dictateurs réunis ont donné le cœur de notre reine aux étrangers...

Les dictateurs Hitler, Staline et Mussolini se sont acharnés contre le royaume de Roumanie comme des fauves. Ils sont fermement décidés à le couper en morceaux, à se le partager entre eux, à le livrer à leurs alliés.

Malgré cela, le roi de Roumanie refuse de s'allier à eux. Il garde la neutralité de la Roumanie. Même mutilée. Elle ne veut pas vendre son âme aux dictateurs. Nous espérons que Dieu, au Jugement dernier, tiendra compte de notre fermeté et de notre souffrance. Car la Roumanie souffre maintenant comme Job.

5

La Roumanie est à genoux. Meurtrie. Les coups successifs assenés par les trois dictateurs, Hitler, Staline et Mussolini, l'ont terrassée. Mais l'acharnement des trois tyrans n'est pas pour autant apaisé. Ils ont décidé de détrôner le roi Carol II, qui s'entête à conserver la neutralité de son royaume.

Le 4 septembre 1940, le roi est forcé de nommer le général Ion Antonescu Premier ministre. Celui-ci est un officier intègre, scrupuleusement honnête. Il jouit d'une immense popularité.

Ion Antonescu accepte la charge de Premier ministre, mais à condition d'être investi des pleins pouvoirs et de recevoir le titre de *Conducator*, chef du pays. Le roi accepte. Il n'a pas le choix. Mais, deux jours plus tard, le 6 septembre 1940, Antonescu demande au roi d'abdiquer.

Antonescu a le droit de l'exiger, car c'est le roi lui-même qui l'a investi des pleins pouvoirs, donc aussi du pouvoir d'exiger le départ de celui même qui l'a investi.

Le 7 septembre 1940, le roi Carol II part en exil et cède son trône à son fils Michel, âgé de dix-neuf ans.

Ion Antonescu, devenu maréchal, installe un gouvernement composé de membres de la Garde de Fer et de généraux.

Hitler aurait préféré un gouvernement composé exclusivement de légionnaires, de membres de la Garde de Fer. Mais ni le peuple ni l'armée roumaine n'auraient accepté d'être gouvernés par la Garde de Fer, qui était un mouvement minoritaire, extrémiste et composé de fanatiques. Les légionnaires sont des partisans inconditionnels de Hitler et de Mussolini. Ils sont de farouches ennemis du régime parlementaire et de la démocratie. Ils sont partisans du parti unique et de la dictature.

Malgré leur fidélité parfaite envers Hitler, lui-même se méfie de la Garde de Fer. Comme il se méfie des Croix de Feu, l'organisation similaire en Hongrie. Les légionnaires sont irresponsables. Des têtes brûlées. A cause de cela il a été favorable à l'installation d'un gouvernement légionnaire en Roumanie, mais ayant à sa tête le maréchal Antonescu, encadré par des militaires. Hitler voulait que la Roumanie fût un État vassal de l'Allemagne, mais un vassal responsable. Un vassal qui installe le fascisme en Roumanie, avec ordre et méthode. Mais les précautions prises par Hitler furent insuffisantes. Inefficaces. Même encadrés par les militaires et ayant comme chef un maréchal, les légionnaires, dès qu'ils s'emparèrent du pouvoir, n'en firent qu'à leur tête. Dans des cas similaires, il est dangereux d'ouvrir la moindre brèche. Si le serpent réussit à passer sa tête par le trou, il y passera son corps entier. Il n'est pas raisonnable de collaborer avec des fanatiques.

Ils sont imprévisibles comme les flammes. Et il est dangereux de jouer avec le feu.

Les militaires ont vite été désillusionnés, en pensant pouvoir commander une bande de fanatiques, d'illuminés et de gens assoiffés de sang. Car la Garde de Fer était tout cela à la fois.

Quelques jours après leur investiture comme ministres du gouvernement, les légionnaires se sont emparés de tout le pays. A la vitesse d'un incendie.

La devise de la Garde de Fer est : « Celui qui n'est pas avec nous est contre nous. » Comme les légionnaires ne représentent qu'une infime minorité du peuple, le peuple entier est considéré comme leur ennemi. Parce que le peuple n'était pas avec eux, dans la Légion, tout le pays est traité en ennemi. La Garde de Fer gouverne la Roumanie comme on gouverne une contrée ennemie.

Le pays est mis à feu et à sang. Les journaux qui ne sont pas légionnaires sont supprimés. Les gens qui ne sont pas inscrits dans la Garde de Fer jetés en prison. Ne pas être légionnaire, c'est être un ennemi du gouvernement. Car le gouvernement, c'est la Garde de Fer. La non-appartenance à la Légion est une raison suffisante pour être emprisonné, éliminé. La Garde de Fer s'installe partout.

Le journal *Romania* auquel je travaille est supprimé. Les locaux de la rédaction et de l'administration sont confisqués et livrés à la Garde de Fer.

Je suis engagé, toujours comme reporter de faits divers, au journal *Timpul*. Ce n'est pas un journal de la Garde de Fer. Au contraire. C'est un journal très libéral. Il n'est pas supprimé, car son propriétaire est M. Grigore Gafencu, l'ambassadeur de Roumanie à Moscou. M. Gafencu est *persona grata* des Soviétiques et de Staline. Comme Staline est l'allié de Hitler, tous les amis de Staline sont, par voie de conséquence, ceux de Hitler et de la Garde de Fer.

Nous avons dans la rédaction un commissaire légionnaire. Il surveille tout ce qui se fait, ce qui se dit et ce qui s'écrit. Tous les journaux, les entreprises publiques et privées ont des commissaires légionnaires. On ne peut rien entreprendre sans leur consentement. Au Centre d'écoute de l'armée, où je continue mon service militaire, on a introduit quelques dizaines de jeunes habillés en uniformes militaires. Ils ne connaissent aucune langue étrangère et ne sont d'aucune utilité. On a dû les accepter parce qu'ils sont détachés chez nous par ordre de la Garde de Fer. Même le colonel Ionescu, le commandant du Centre, n'a pas le droit d'envoyer les bulletins d'information quotidiens sans qu'ils soient au préalable révisés par l'un des hommes de la Garde de Fer.

L'organisation de l'État légionnaire roumain est en tout point identique à la société carcérale de l'État soviétique. Partout il y a des commissaires politiques. Ils supervisent, dirigent et prennent des sanctions. Les commissaires légionnaires enregistrent tout ce que nous faisons, ce que nous pensons et ce que nous disons. Et ils le communiquent au commandant suprême de la Garde de Fer. Chaque jour.

Les préfets, les commissaires de police, les directeurs et les gardiens des prisons ont été arrêtés et remplacés par des membres de la Garde de Fer. Les présidents des tribunaux d'exception, les juges d'instruction et les procureurs ont été remplacés par des magistrats légionnaires. Il y a un plan légionnaire qui prévoit l'assassinat de tous les anciens dirigeants du pays, les chefs des partis politiques, les anciens ministres, sénateurs, députés, préfets. Une partie de la population doute encore que la Garde de Fer ira si loin dans le déchaînement de sa folie meurtrière.

Mais, dans la nuit du 7 novembre, le plan d'assassinat est mis à exécution. Cette nuit, dans le fort de la prison de Jilava – près de Bucarest – sont massacrés un premier lot d'anciens dirigeants de la Roumanie. Les gardiens de la prison, tous légionnaires, pénètrent à minuit dans les cellules des personnalités politiques, et les abattent à coups de mitraillette. Exactement comme fut tué Stelescu, en 1936, à l'hôpital Brancobenesc, de 200 balles de revolver, et son cadavre coupé ensuite en petits morceaux avec des hachettes.

Dans cette nuit du 7 novembre 1940, à 23 heures et 45 minutes, les gardiens légionnaires de la prison de Jilava ouvrirent les portes des cellules, ordonnèrent aux prisonniers de se mettre au garde-à-vous et les fusillèrent.

Les assassins ont tiré sur les prisonniers à la mitraillette, pendant dix minutes. Ils ont troué tous les cadavres de balles, jusqu'à ce qu'ils soient complètement déchiquetés.

Soixante-cinq prisonniers furent assassinés à Jilava. Parmi les victimes étaient le général Gavril Marinescu, le préfet de police de Bucarest, les chefs de police Mihai Moruzov et Niki Stefanescu, les généraux Gheorghe Argeseanu et Ion Begliu, ainsi que l'ancien ministre Victor Iamandi.

Après la tuerie, les assassins se sont rassemblés en colonne de marche et sont allés, en chantant, prier sur la tombe de leur capitaine, Corneliu Zelea Codreanu.

A la même heure, d'autres crimes furent perpétrés, selon le même rituel, dans les sous-sols de la préfecture de police sur Calea Victoria, à Bucarest.

Le commandant Teofil Sidorovici, de la *Straja Tarii*, fut contraint de se suicider, en se tirant une balle de revolver dans la tête. D'autres personnes furent exécutées, cette nuit, dans divers endroits de la capitale. Et dans tout le pays.

Trois semaines plus tard, dans la nuit du 27 novembre 1940, les membres de la Garde de Fer enlevèrent le savant professeur Nicolae Iorga à son domicile, l'emmenèrent dans une forêt, près du village de Strejnicul, dans le district de Prahova, et l'assassinèrent. Le corps du savant fut atrocement mutilé, puis jeté sur la chaussée. Dans la même nuit, les légionnaires enlevèrent à son domicile l'ancien ministre Virgil Madgearu, et l'abattirent, dans la forêt de Snagov, en mutilant son cadavre et en le jetant dans une fosse.

Le pays entier fut horrifié par ce carnage. Non seulement la terre, mais aussi le ciel fut secoué d'horreur, car, dans la nuit du 8 novembre, entre les massacres de Jilava et celui de Nicolae Iorga, la terre trembla avec violence dans toute la Roumanie. Dieu nous avertissait ainsi que nous serions tous punis, comme les habitants de Sodome et Gomorrhe, si nous ne mettions pas fin aux horribles massacres. Cette nuit, l'immeuble Carton, l'un des plus prestigieux de Bucarest, s'est écroulé, comme un château de cartes. Toutes les hautes maisons de Bucarest furent lézardées. La terrible prison Doftana fut entièrement détruite. Les prisonniers de Doftana furent presque tous tués, ainsi que leurs gardiens.

Mais l'horreur ne cessa pas, malgré l'avertissement que le ciel nous lançait en faisant trembler la terre dans toute la Roumanie.

Le 20 janvier 1941, quatre mois après leur arrivée au pouvoir, les légionnaires de la Garde de Fer prirent les armes et se soulevèrent contre le maréchal Antonescu et contre l'armée.

Le maréchal Antonescu était chef du gouvernement légionnaire, mais lui n'était pas légionnaire. Il était donc un ennemi. Comme tous les non-légionnaires. Et il devait être abattu comme tous ceux qui ne portent pas la chemise verte, le manteau de cuir et les bottes. Pendant trois jours la Roumanie fut littéralement plongée dans les ténèbres. Dans chaque ville, il y avait des massacres, des crimes, des tortures, des spoliations. Bucarest était aux mains des légionnaires. Toute activité cessa. Les chemises vertes étaient maîtres de la capitale. Les légionnaires voulaient assassiner le maréchal Antonescu et ses collègues ministres qui n'étaient pas légionnaires. La Tulipe noire n'allait plus à la banque ni au tribunal. Moi, je ne pouvais plus aller au Centre d'écoute de l'armée, il n'y avait aucun moyen de transport. Les journaux ne paraissaient plus. J'avais envie de voir de près ce qui se passait en ville. Depuis que je suis reporter, j'enregistre tout ce qui se passe à Bucarest.

La Tulipe noire me supplia de ne pas sortir. Le deuxième jour, je suis allé à la morgue. Le directeur de l'institut médico-légal de Bucarest était le docteur Nicolas Rosu, un homme de grande culture et un des premiers critiques littéraires. Il avait consacré un article à mes poésies, dans la revue *Gandirea.* Il était à son bureau. La morgue était la seule entreprise qui travaillait à plein temps. A toute heure on apportait des cadavres. Car la Garde de Fer voulait tuer tous les non-légionnaires, pour rester seule dans le pays. Les magasins, les dépôts furent dévalisés, les banques, les usines pillées et les propriétaires assassinés. Le docteur Nicolas Rosu me dit que l'abattoir municipal était plus horrible que la morgue. J'y suis allé.

Dans l'immense salle de l'abattoir où l'on suspend les bœufs, avec des crochets, pour être dépecés, il y avait maintenant suspendus des cadavres d'hommes nus. C'était un spectacle horrible, qui dépasse toute la cruauté et la sauvagerie imaginables. Les légionnaires ne se contentaient pas d'assassiner et de mutiler les cadavres, ils les transportaient à l'abattoir et les suspendaient, comme on suspend les bêtes abattues. Sur certains cadavres était marqué à l'encre bleue le mot CUCHER. C'étaient des cadavres de juifs.

Pendant les premiers jours de carnage, la Garde de Fer avait nourri l'espoir que Hitler enverrait des soldats SS pour les aider dans leurs massacres. Mais Hitler ne les aida pas. Hitler lui-même était effrayé par les crimes de ses partisans de la Garde de Fer. Non pas qu'il ait été hostile au meurtre et à l'assassinat. Mais il ne supportait pas que l'on commette des massacres sans méthode et sans ordre. Ses amis roumains ignoraient le crime méthodique, scientifique. Un Allemand ne supporte pas le manque de méthode et de discipline. Hitler envoya des troupes pour aider le maréchal Antonescu à rétablir l'ordre. Les chefs de la Garde de Fer quittèrent la Roumanie, revêtus d'uniformes de soldats allemands, et se réfugièrent en Allemagne. Là-bas, Hitler ordonna leur internement au camp de concentration de Buchenwald. Il ordonna qu'on les garde en vie, afin de les utiliser si l'occasion se présentait. Le maréchal Antonescu, à son tour, arrêta les légionnaires restés en Roumanie. On les jugea pour meurtres. 1842 légionnaires furent condamnés pour meurtres, tortures et spoliations.

A partir de ces jours de janvier 1941, je n'ose plus regarder le monde avec les mêmes yeux qu'auparavant. Mon âme est souillée. J'ai honte de moi. Honte, parce que je suis roumain, comme les criminels de la Garde de Fer. C'est peut-être un scrupule excessif. Mais je ne peux pas l'éliminer. Il est dans ma poitrine, comme une tache noire, de sang et de deuil. Mon rêve a été de toujours conserver mon âme propre et immaculée, comme les étoiles de neige. Et voilà qu'on l'a souillée, horriblement souillée. Elle ne sera jamais plus immaculée.

Je sais qu'il existe des peuples incomparablement plus civilisés que le mien qui ont commis des atrocités pires que celles des légionnaires. Par exemple, ce que les peuples occidentaux ont accompli dans leurs colonies. Ou ce que les Français ont accompli pendant leur révolution, faisant fonctionner la guillotine, au centre de Paris, jour et nuit, et empilant les têtes coupées, comme des boules de bois. Ou bien les meurtres des Anglais, dans la Tour de Londres.

Mais leurs atrocités ne salissent pas mon âme. Elles sont perpétrées par les autres. Par des étrangers. Celles qui furent perpétrées en Roumanie ont été commises par des Roumains. Par mes propres frères. Par mes frères de sang. C'est comme si elles avaient été commises par moi-même. Car c'est le même sang qui coule dans les veines des meurtriers et dans les miennes. De plus, j'aime la Roumanie comme on aime sa propre mère. J'idéalise la Roumanie, comme chaque être humain idéalise sa propre mère. S'il est concevable d'accepter que d'autres femmes réalisent des choses laides, on n'accepte pas que sa propre mère puisse en faire.

Et voilà que ma mère fit cela. Je suis le frère de Caïn. Le fratricide. C'est terrible d'être le frère d'un assassin, le frère de Caïn.

Et comme cela n'est pas suffisamment atroce d'être le frère de Caïn, le meurtrier, je suis aussi le frère d'Abel, la victime. Des deux. En même temps.

La Bible parle d'Abel, la victime de Caïn, le meurtrier, mais elle ne parle nulle part du troisième frère, de moi, le poète roumain, qui est également le frère de la victime et du meurtrier.

XVIII

LE POÈTE A LA GUERRE

1

Le printemps de l'année 1941 est une saison noire, de deuil profond et de désolation pour tous les peuples de l'Occident. Paris, la Ville Lumière, est éteinte. Plongée dans les ténèbres. Des peuples vénérables et illustres de l'Europe vivent en servitude et en captivité. Ils sont envahis par les trois dictateurs réunis, Hitler, Staline et Mussolini – associés par leur pacte du 23 août 1939, pour asservir le monde et le dominer.

La Tchécoslovaquie est occupée. La Pologne partagée en deux, une moitié pour Hitler et l'autre pour Staline. La Finlande, la Norvège, la Lituanie, le Danemark, la Lettonie, la Belgique, l'Estonie, le Luxembourg, l'Albanie et la Grèce sont occupés. La Roumanie estropiée d'un tiers de son territoire.

J'accomplis toujours mon service militaire au Centre d'écoute radiophonique de l'armée. Les bulletins que je rédige chaque jour sont de véritables faire-part de deuil. Car, chaque jour, un autre pays de l'Europe disparaît de la carte.

Le 6 avril 1941, c'est la Yougoslavie qui est envahie et occupée. C'est un pays voisin. Un pays ami. Les Roumains et les Yougoslaves sont presque des compatriotes. La reine de Yougoslavie, Maria, est la fille du grand roi Ferdinand de Roumanie.

Immédiatement après l'occupation, la province de la Croatie se détache de la Yougoslavie et forme l'État indépendant croate, avec la capitale, Zagreb, ayant à sa tête le Dr. Ante Pavelitch, le Poglavnic.

Les Croates vivent là depuis le Ve siècle. Ils ont toujours lutté pour leur indépendance et contre l'union avec les Serbes. Le reste de la Yougoslavie est coupé en plusieurs morceaux et partagé entre les dictateurs ou annexé par les États voisins. La Slavonie du Nord et la basse Styrie sont annexées par Hitler. La Slovénie du Sud par Mussolini. La Macédoine serbe est annexée par les Bulgares. Du territoire yougoslave, les provinces Bacska et Baranya sont annexées par les Hongrois.

L'envoyé spécial de Hitler vient à Bucarest et propose à la Roumanie d'annexer la partie yougoslave du Banat. Le maréchal Antonescu refuse. Il n'accepte pas de dépouiller de ses terres un pays dans le malheur. Cela ne se fait pas.

Le 6 juin 1941, tous les journaux publient, en première page, en très gros caractères, l'ordre donné à l'armée roumaine de franchir la rivière du Prut et de libérer nos frères captifs de Bessarabie et de Bucovine.

A l'heure où paraissaient les journaux, l'armée roumaine se trouvait déjà sur l'autre rive du Prut. La libération est commencée. Nos soldats sont en train de libérer les provinces roumaines annexées par l'Union soviétique, le 26 juin 1940, en accord avec Hitler. Il y a quatre millions de Roumains qui y vivent et seront libérés.

Je suis euphorique. Ivre de joie. Car rien n'est plus beau, sous le soleil, que l'heure de la libération des captifs et des prisonniers. La terre elle-même, les arbres, les rivières, les oiseaux et les anges du ciel se réjouissent, tous, et exultent quand les chaînes se brisent, quand les murs des prisons s'écroulent et que les prisonniers recouvrent la liberté. C'est à cause de cela que, d'un bout à l'autre de la terre, tous les peuples chantent *la Marseillaise.* C'est l'hymne de la libération des captifs.

L'heure est exaltante. Comme les paroles du prophète Isaïe qui annoncent le retour des juifs en captivité : « Ce jour-là sonnera la grande trompette, ce jour-là reviendront et rentreront dans leurs maisons tous nos frères qui ont été traînés en captivité. Les captifs seront cueillis un à un et ramenés chez eux [1]. »

Cette exaltante nouvelle fut possible parce que les deux dictateurs, Staline et Hitler, qui ont scellé un pacte d'alliance le 23 août 1939, viennent de le rompre, après avoir perpétré ensemble tant de crimes et de massacres.

L'alliance des deux tyrans les plus sanguinaires de l'Histoire a duré deux années qui furent les plus noires pour les peuples de l'Europe. Et la voici rompue. Deux dragons réunis finissent toujours par s'entre-dévorer.

Staline, comme tous les tyrans de l'Asie, ne rêvait que de conquérir et de dominer l'Occident et les peuples de l'Europe. Gengis Khan, Attila, Tamerlan et tous les fléaux de Dieu, qui se sont levés à l'Est, n'ont eu qu'un seul grand rêve : conquérir l'Europe. La dominer. Toutes les autres conquêtes étaient secondaires. Le rêve d'or des tyrans d'Asie, c'est la conquête et la domination de l'Occident. Pendant leur collaboration sanguinaire, Hitler et Staline se sont équitablement partagé les pays conquis. La Pologne, ils l'ont coupée en deux, chacun sa part. Staline a occupé l'Estonie et la Lettonie, et Hitler la Hollande, la Belgique et le

1. Isaïe, 27, 13.

Luxembourg. Chacun sa part. Ensuite, Staline occupe la Finlande, la Bessarabie et la Bucovine, Hitler la Norvège, la France et le Danemark. Le partage des proies et du butin se faisait comme convenu. Toute l'Europe devait ainsi être partagée, entre Hitler et Staline. Plus de la moitié des pays sont déjà sous leur domination. Les émissaires d'une très puissante organisation internationale ont contacté Staline, depuis le début de la guerre, et l'ont convaincu de rompre l'alliance avec Hitler. Il recevra, en prime, la totale domination de l'Allemagne et d'une très grande partie de l'Europe occidentale.

Staline demanda des assurances et des précisions. Il les reçut directement de la Maison-Blanche et du président des États-Unis. Roosevelt, sans tarder, envoya à Staline d'immenses quantités de matériel de guerre. Gratuitement. L'armement américain arrivait en Union soviétique par les ports glacés du nord de la Russie. Staline était heureux. Il se voyait déjà le maître absolu de la merveilleuse terre de l'Europe occidentale, avec ses cathédrales, ses usines, ses villes. Il pourrait bientôt réaliser le rêve le plus grand, le rêve d'or de tous les tyrans asiatiques : dominer l'Europe.

Il décida, non pas de rompre uniquement son alliance avec Hitler, mais de lui déclarer la guerre. Dans le plus bref délai.

Mais Hitler fut mis au courant du plan. Il fut plus rapide que Staline. C'est Hitler qui attaqua le premier. Le 21 juin, Hitler déclara la guerre à Staline et envahit l'Union soviétique. Hitler, qui avait offert à Staline, une année auparavant, les provinces roumaines de Bessarabie et Bucovine, fit savoir aux Roumains que, s'ils voulaient récupérer leurs provinces perdues et leurs quatre millions d'habitants, ils pouvaient le faire. En échange, ils devaient aider Hitler dans sa guerre contre l'Union soviétique.

La Roumanie accepta. Nous avons récupéré la Bessarabie et la Bucovine. Nous avons libéré quatre millions de nos frères. Et nous avons aidé Hitler dans sa guerre contre l'Union soviétique. L'état-major de l'armée créa un service spécial *ad hoc* de reporters de guerre. Je suis un des premiers à y être affecté.

Je quitte le Centre d'écoute radiophonique de l'armée, et je me présente avec enthousiasme à mon nouveau service. A la fin du mois de juin 1941, je suis dépêché en Bessarabie, comme correspondant de guerre. Je jouis de privilèges spéciaux, car je suis un des rares reporters professionnels de Roumanie. Qui plus est, je suis un poète lauréat. Je suis amené à proximité du front, dans sa voiture, par le général Topor, le grand Pretor, le chef de la justice et de la police militaires.

Il me dépose à Ungheni, la ville de passage sur le Prut. De l'autre côté de la rivière, c'est la terre roumaine de la Bessarabie, qu'on est en train de libérer. C'est là que se trouve Kichinev, la ville de mon lycée militaire, la ville qui a été captive durant une longue année. J'ai hâte de franchir la rivière. Je contacte un courrier de l'état-major. Il va de l'autre côté. Mais il ne va pas à Kichinev. Ni sur la ligne du front. Il va à Balti, la petite ville qui se trouve à une centaine de kilomètres au nord de Kichinev.

Je pars en voiture avec lui et je descends à Balti vers la fin de la journée.

Quand j'y arrive, la ville brûle encore. Elle a été complètement abandonnée par ses habitants. Le centre de la ville est un tas de ruines d'où s'élèvent de lentes colonnes de fumée âcre. C'est la première fois que je vois une ville détruite par la guerre. Il y a aujourd'hui d'innombrables cités en ruine, dans toute l'Europe. C'est un spectacle désolant. Il n'y a personne à qui parler. Tout ce qui est vivant a fui la ville. Il n'y a plus à Balti que des chats. Des légions de chats. Ils cherchent de la nourriture parmi les décombres chauds et fumants. Ils s'enfuient dès qu'on les approche. Les chats sont les seules créatures qui sont restées fidèles à leur ville détruite, auprès des maisons, dans ces heures de désolation et de mort.

Il existe à proximité un poste de commandement militaire, mais je ne sais pas où il se trouve et il n'y a personne à qui le demander. Balti est une ville abandonnée. Je suis en uniforme de soldat, seul, au milieu des décombres fumants, sans armes, avec un sac à dos presque vide. Autour du bourg détruit il y a des champs verts de blé, de maïs, de trèfle et de luzerne. Des coquelicots sont parsemés parmi les récoltes, comme des taches de sang sur les pages vertes de la campagne. Les champs sentent bon. C'est le parfum de la terre, des récoltes et des feuilles vertes. Plusieurs personnes surgissent des ruines et s'approchent. Elles avancent lentement, formant un cercle autour de moi, craintives. Devant moi il y a un enfant, près de lui un adolescent, à côté d'eux un vieillard et une femme. Ils me demandent s'ils peuvent m'aider. Ils s'étonnent de ma présence solitaire, autour des ruines. J'apprends que la ville ne fut pas détruite et incendiée par l'armée. Il n'y a pas eu de combats à Balti. La ville a été détruite par les civils. Par des commandos spéciaux, composés par les camarades d'Ana Pauker, qui ont quitté la Roumanie une année auparavant, par les trains allemands, et qui sont venus en Bessarabie pour édifier le régime communiste. Ce sont eux qui ont dynamité la ville et l'ont incendiée, maison après maison, après la retraite de l'Armée rouge. Ce sont eux qui ont entraîné à leur suite une partie de la population civile et qui ont fusillé ceux qui refusaient de les accompagner.

Ce sont eux qui, au jour de malheur de la ville, criaient : « Détruisez, détruisez-la jusqu'aux fondements... » Au jour de la calamité ils se réjouissaient de nos malheurs. Ils parlaient la langue roumaine. Notre langue. Ils étaient nos Édomites : les communistes.

A l'arrivée des soldats roumains et allemands, la population est sortie devant eux en tenant dans les mains des icônes, et en les accueillant comme on recevait les saints libérateurs mentionnés dans le calendrier.

Ils ont reçu les soldats qui chassaient les Soviétiques, comme les peuples martyrisés par le dragon ont dû recevoir saint Georges, qui les en délivra, en le tuant.

A la sortie de la ville de Balti, au carrefour, il y a un soldat allemand. C'est un gendarme qui règle la circulation militaire. Il porte autour du cou une chaîne en métal blanc et une plaque comme les huissiers. Je m'approche de lui. Mais je ne parle pas l'allemand. Je connais par cœur une dizaine de poésies allemandes. J'en sais encore des bribes, quelques mots, que j'ai appris à l'école. Mais je n'étais pas un bon élève d'allemand. Je lui fais comprendre que je suis correspondant de guerre et que je désire aller à Kichinev. Il m'écoute avec bonhomie. C'est un homme âgé. Il pourrait être mon père. Il m'invite à m'asseoir au bord de la route, sur l'herbe. Dès qu'un camion militaire passera, il me fera monter et transporter à Kichinev qui se trouve à une centaine de kilomètres vers le sud.

Le vieux soldat allemand qui règle la circulation à Balti porte une lanterne attachée au bouton de sa tunique, sur la poitrine. Je suis assis sur l'herbe, dans le noir, en attendant toujours. Le blé n'est pas encore mûr. Il sent bon et embaume toute la campagne. De temps en temps la brise du soir tourne, et alors parvient l'odeur âcre de la fumée et des maisons qui brûlent. Toute la nuit je suis resté là, au croisement de la route. Aucun convoi ni aucune voiture ne sont passés en direction de Kichinev. A minuit, le soldat allemand partit. Un autre soldat allemand prit la relève. Vers trois heures de la nuit arrivait un troisième soldat. J'étais endormi. Il me tapa sur l'épaule, avec compassion, parce qu'il savait que j'attendais depuis neuf heures du soir.

Enfin, vers le lever du jour, passe une voiture de la Wehrmacht. Il y a dedans cinq soldats allemands. Le gendarme de la circulation leur dit que je suis reporter de guerre roumain, et que je vais à Kichinev. Ils me font monter à côté d'eux. Ils sont ravis en apprenant que je suis correspondant de guerre – *Kriegsreporter*. Ils voient déjà leurs photos dans les journaux et revues roumains. Les reporters de guerre sont très recherchés par les soldats allemands. Leur plus grand plaisir est de trouver leur photo dans un journal roumain, qu'ils envoient à leurs familles. Quand ils apprennent que je n'ai pas d'appareil photographique, ils sont terriblement déçus. Ils regrettent même de m'avoir fait monter dans la camionnette. Pour eux, un reporter de guerre est un soldat qui a un appareil photographique. Ils sont jeunes. Du même âge que moi. Ils sont de bonne humeur. Ils viennent à peine de se réveiller, de se raser, de se laver et de prendre le *Fruestuck*, le petit déjeuner. Ils me boudent quelques minutes, parce que je n'ai pas d'appareil photographique, ensuite ils se rendent compte que je suis très fatigué et que j'ai faim. Ils me donnent une petite tablette de chocolat. Ils avaient, tous, les mêmes tablettes de chocolat dans leurs poches.

J'apprends que les soldats allemands, sur le front, reçoivent le matin, non seulement du café au lait, du pain frais et du beurre, mais aussi du chocolat et des cigarettes.

Quand on m'a raconté cela, je ne pouvais pas le croire. Je pensais que c'était de la propagande. A présent, je viens de le constater moi-même. Et j'en suis humilié. Humilié, en tant que Roumain. La plupart de nos soldats à nous n'ont jamais goûté de chocolat. Ils n'ont jamais bu le matin du café au lait. Sur le front on leur donne un pain dur et un bol de liquide chaud, deux ou trois fois par jour, et pas toujours. En arrivant à Ungheni, j'ai appris qu'une unité roumaine, qui a franchi le Prut, la première, n'a rien reçu à manger dans les deux premiers jours. Sur le pont improvisé à la hâte, les camions de l'intendance n'ont pu passer, privant ainsi de nourriture les combattants pendant deux jours.

Heureusement, nous, les Roumains, nous avons un entraînement millénaire à supporter la faim, la fatigue et l'injustice.

J'admire les uniformes allemands. A leur tour, ils m'examinent avec compassion. Eux et moi sommes alliés dans la guerre contre l'Union soviétique. Nous sommes camarades de combat. Nous nous trouvons côte à côte sur le même front. Contre le même ennemi. Nous voyageons dans le même véhicule qui nous conduit, tous les cinq, vers la même ligne de feu. C'est une réalité. Incontestable. Mais tout cela est vrai uniquement en apparence. Entre eux et moi il n'y a que des différences. Les Allemands sont des guerriers. Moi, je ne le suis pas, malgré mon uniforme de soldat et malgré ma présence sur le front. Les Allemands sont ici pour faire la guerre. En maîtres de la guerre. Moi et mon peuple nous nous battons par malheur. Par malchance. Nous nous battons parce que nous avons été attaqués et parce que nous voulons libérer les quatre millions de nos frères qui sont captifs sur cette terre. Nous nous trouvons en guerre contre notre volonté. Par la cruauté de l'histoire. Eux, ils sont ici parce qu'ils sont des conquérants. Leur but et leur métier sont de faire la guerre.

La Bessarabie, la terre sur laquelle nous nous trouvons présentement et que nous voulons libérer, cette terre a été arrachée à notre pays et donnée aux Soviétiques par les Allemands eux-mêmes. Ce sont eux les auteurs de notre infortune. De nos malheurs. Je ne leur en veux plus, parce qu'ils ont changé de politique et de stratégie. Ils ont déclaré la guerre à Staline et nous aident aujourd'hui à récupérer ce qu'ils nous ont volé. Ils sont devenus nos alliés. Il est préférable de les avoir comme alliés et non comme ennemis. Car ils sont de redoutables et terribles guerriers. D'ailleurs, selon notre nature, nous aimerions être alliés avec tous les peuples de la terre.

Je sais très gré aux Allemands, surtout en ce moment, de m'avoir pris en auto-stop. Je sais qu'ils ne m'ont pas fait monter dans leur voiture en tant que camarade de guerre. Ils sont trop orgueilleux et trop fiers de leur force, de leur supériorité et de leur art militaire, pour me considérer comme un véritable camarade à eux. Ils m'ont accueilli au croisement de la route par un vague sentiment de devoir. Car, théoriquement, je suis leur camarade. En fait, ils m'ont pris comme un petit animal blessé sur la route. Les soldats font toujours cela. Par compassion.

Nous rencontrons de longues colonnes de prisonniers soviétiques. C'est la première fois que je vois des soldats de l'Armée rouge. Ils sont innombrables. Des colonnes de prisonniers longues de plusieurs kilomètres. Dès qu'une colonne est dépassée, on en rencontre une nouvelle. Et puis une autre. Toutes les routes de Bessarabie sont pleines de colonnes de prisonniers soviétiques qui se dirigent vers l'ouest. La guerre a commencé il y a une semaine. Et il y a des centaines de prisonniers. Des régiments, des brigades entières de l'Armée rouge se rendent aux Allemands sans combat. La Bessarabie est entièrement libérée. Les Allemands ont déjà franchi le Dniestr, et se dirigent vers Kiev sur la route de Moscou. Si la conquête allemande progresse à cette vitesse, dans quelques mois toute l'Union soviétique sera occupée.

Personne ne s'attendait à un écroulement aussi rapide. Mais cette défaite est logique. L'Union soviétique n'est pas un pays comme les autres, mais un État carcéral. C'est une république pénitentiaire. Organisée selon les règles des prisons. Le maître absolu de l'Union soviétique, c'est la police. Toute la population, y compris l'armée, vit sous une haute surveillance policière.

Devant l'attaque allemande, l'Union soviétique a réagi en tant que prison. Car elle n'est pas autre chose qu'une prison. Quand les Allemands ont pénétré sur le territoire soviétique, ils ont ouvert une brèche dans les murs qui entourent l'U.R.S.S. C'est exactement comme s'ils avaient percé un trou dans les murs d'une prison.

Dès qu'une brèche est ouverte dans les murs d'une prison, les prisonniers s'évadent. Même les prisonniers qui n'ont jamais pensé à s'évader. C'est un acte instinctif. C'est cela qui vient de se passer. L'armée et les citoyens prisonniers s'évadent de l'État carcéral soviétique, en profitant de la brèche ouverte par l'armée allemande aux frontières.

Les militaires soviétiques ressentent plus fortement que les civils leur État carcéral et de haute surveillance policière. Dans l'Armée rouge chaque compagnie, chaque bataillon, chaque régiment et chaque brigade sont encadrés par des commissaires politiques. Comme dans une prison, chaque section de détenus a ses gardiens. Les officiers – si haut gradés soient-ils – sont sous les ordres des commissaires politiques, qui ont des pouvoirs illimités. Et en temps de guerre ils ont même le pouvoir de vie et de mort. Aucun ordre donné par un officier n'est valable s'il n'est pas signé par le commissaire politique. La condition des militaires soviétiques prend une forme plus insupportable en temps de guerre.

Dès qu'ils ont réussi à se soustraire à la surveillance, ils ont profité de la brèche ouverte aux frontières par les envahisseurs, et se sont évadés. En masse. Dans la première semaine de la guerre le nombre des évadés se rendant volontairement prisonniers est de plusieurs centaines de milliers. Presque un demi-million. Les prisonniers soviétiques, qui se dirigent vers l'ouest, par colonnes interminables de plusieurs kilomètres chacune, sont encadrés par leurs propres officiers. Ils ne sont pas encadrés par les Allemands. Ils se dirigent vers les localités qui leur ont été indiquées sur la carte. Leurs uniformes sont neufs. Ils marchent en regardant devant eux. Pas en bas, comme les prisonniers. Car ils sont des évadés. Donc des hommes libres. S'évader d'une prison, c'est devenir libre. Et ils se sont évadés de l'Union soviétique. Ils ne sont pas des déserteurs. Ni des traîtres. Ils sont des hommes fidèles à leurs prérogatives indestructibles de créatures libres. Ils ne s'enfuient pas de leur pays pour aider l'envahisseur étranger. Ils fuient, au contraire, le régime qui tient leur peuple en esclavage. Ils désirent libérer leur pays de l'appareil carcéral qui le terrorise.

Leurs porte-parole ont exprimé aux Allemands leur désir de combattre à côté d'eux. Mais les Allemands sont euphoriques, ivres de leur succès foudroyant, ils se voient déjà maîtres de toute la Russie. Ils refusent d'écouter les millions de prisonniers. Aux yeux des Allemands, les Russes sont des *Untermenchen*. Des sous-hommes. Dans la doctrine de Hitler, on enseigne que les Allemands sont une race de seigneurs. Une race supérieure à toutes les autres races. Qui a la mission de dominer et de diriger tous les autres peuples. Car les autres peuples sont inférieurs à eux. Et les peuples inférieurs ne sont pas capables de se gouverner eux-mêmes. Ils ont besoin de maîtres. Les Allemands ont la mission d'être les maîtres des peuples.

D'innombrables prisonniers qui s'étaient évadés dans les premières semaines de la guerre, pour se rallier aux Allemands et renverser le régime communiste, se sont vite ravisés. Ils sont rentrés en Union soviétique. Tout en sachant qu'ils y seraient fusillés. Et ils ont été fusillés. Tous. Dès qu'ils ont mis le pied sur leur terre. Mais d'autres, après eux, sont rentrés. Pour mourir. Car il est préférable de mourir que de vivre en *sous-hommes*. Et pour les Allemands, les Slaves n'ont pas d'autre vocation que celle d'esclaves. Ils n'appartiennent pas à la race germanique, celle des seigneurs. Les quatre soldats allemands regardent avec orgueil les colonnes de prisonniers. C'est la preuve de leur victoire. De leur supériorité.

Ensuite ils se mirent à chanter, de belles marches militaires. J'étais intrigué de la façon dont ils me regardaient. Ce n'était pas un regard de haine, ni de pitié. C'était un regard d'étonnement. Comme celui des enfants au jardin zoologique. J'étais en même temps flatté et humilié par leur manière de me regarder.

Beaucoup plus tard, j'ai compris la signification de leurs regards. C'est la Tulipe noire qui me l'a expliquée. C'était en Allemagne. Après la guerre. La Tulipe noire, en attendant mon retour, passa quelques jours, seule, dans une pension allemande de Ludwigsburg. A chaque repas, avant de servir, la maîtresse de maison disait à ses enfants : « Kinder, regardez bien Frau Doktor et dites à votre maître d'école qu'il se trompe. A l'école on vous dit que les Roumains sont des Zigeuner, des peuples de couleur. Des sauvages. Regardez! Frau Doktor est roumaine. Elle n'est pas une femme de couleur. Elle a le même teint que nous. Elle est même plus instruite et cultivée que nous. Il faut dire cela à votre maître d'école. »

Les quatre soldats allemands me regardaient, pendant tout le voyage, avec le même étonnement que les enfants de la bourgeoise de Ludwigsburg regardaient la Tulipe noire – la Frau Doktor – pour constater qu'elle n'était pas une femme de couleur ni une sauvage, comme on l'apprenait à l'école. Car les quatre soldats allemands, eux aussi, ont appris à l'école – comme l'écrit le grand savant allemand Oswald Spengler – que les Roumains, ainsi que les peuples du Sud-Est européen, sont des peuples indigènes qui n'appartiennent pas à la race blanche [1]. Et les quatre jeunes soldats étaient étonnés de voir que moi, un Roumain, j'étais un homme semblable à eux...

Je descends à Kichinev. Eux, ils poursuivent leur chemin, plus loin. C'est la première fois, pendant toute la durée de la guerre, que je fus en contact avec les soldats allemands. Et la dernière fois. C'est notre unique collaboration en tant que camarades de guerre. A Kichinev, en premier lieu, je suis allé voir le lycée militaire. Mon lycée. Il a été partiellement détruit. Mais l'escalier de fer est toujours debout. C'est cet escalier qui retient les murs et une partie du toit. L'église du lycée militaire a été pendant l'occupation soviétique transformée en théâtre de l'Armée rouge. Des dessins et des images blasphématoires couvrent les murs et les icônes de mon adolescence.

Après Kichinev, j'ai visité les autres villes de Bessarabie. J'ai visité de nombreux villages. Un tiers de la population a disparu pendant l'occupation soviétique. On a entrepris, jour et nuit, de massives déportations. Toute la population s'attendait à être déportée. Ceux qui ont réussi à s'échapper avaient préparé la besace avec le pain sec, en attendant, chaque nuit, que la police vienne les chercher. Ce fut une année de terreur.

J'écrivais et envoyais aux journaux, chaque jour, des reportages sur tout ce que je venais de voir et tout ce que j'entendais dans ma Bessarabie meurtrie et libérée.

De retour à Bucarest, j'ai publié un livre de reportage intitulé *Ard Malurile Nistrului, Les rivages du Dniestr sont en flammes*. Mon livre est publié avec une belle préface de Tudor Arghezi, notre plus grand poète vivant.

1. Oswald Spengler : *l'Homme et la technique*, trad. fr., Paris, 1958, p. 173.

La première édition du livre fut épuisée en quelques jours. On réimprima, régulièrement, d'autres éditions. Ce fut mon premier grand succès populaire et de librairie.

Les rivages du Dniestr sont en flammes a plu aux lecteurs, parce que c'est un livre que j'ai écrit sous la dictée des champs, des rivières et des hommes de ma bien-aimée terre de Bessarabie. Ce n'est pas moi qui ai écrit ce livre, mais la terre martyrisée de ma patrie perdue et retrouvée.

2

La Bessarabie et la Bucovine ont été complètement libérées de l'occupation soviétique. Mais la guerre continue. Les Soviétiques, qui reçoivent d'Amérique d'immenses quantités d'armes, résistent. Il faut les poursuivre. Autrement, la guerre n'en finira pas. Et ils reviendront.

Je suis envoyé comme correspondant de guerre chez les sous-mariniers. La Roumanie possède un seul sous-marin. Il se trouve au bord de la mer Noire, dans le port de Constantza. Notre sous-marin s'appelle le *Delfinul*, le *Dauphin*. C'est un vieux sous-marin allemand, capturé par les Alliés, dans la Première Guerre mondiale, aux Allemands, et donné à la Roumanie, comme butin de guerre. Le *Dauphin* a toujours servi comme navire-école. Maintenant, parce qu'il y a la guerre, il a été armé et déclaré opérationnel.

Nous sommes une quarantaine des sous-mariniers. Tous de mon âge. Tous des volontaires. Notre mission est de renforcer, par mer, le siège de Sébastopol, et le blocus naval de la Crimée et du Caucase. Je suis enthousiaste de ma mission. La chance de combattre au fond de la mer, dans le monde mystérieux des profondeurs aquatiques, comme les personnages de Jules Verne, est d'un attrait irrésistible pour un poète.

La déception arriva dès le début. L'accès dans le sous-marin n'a rien de beau, ni de poétique. La porte du sous-marin est comme le couvercle d'une Cocotte-Minute. On pénètre à bord par une ouverture ronde comme une bouche d'égout. La descente se fait par une échelle métallique, presque verticale. A l'intérieur, tout est exigu. Inhospitalier. Comme l'intérieur d'un tonneau métallique. L'atmosphère est humide et froide comme dans une cave. Les lits sont pareils aux rayonnages pour les livres. Il faut se déchausser, parce que sous le plancher se trouvent les batteries électriques, et tout choc peut provoquer une explosion. Le feu et toute étincelle sont bannis. Pendant la durée de la mission on n'aura ni plat ni boisson chauds. On mangera et on boira froid.

Mes yeux s'arrêtent sur quelque chose qui brille. C'est une cage, avec des barreaux en cuivre, qui brillent comme de l'or. Elle est placée près du siège du capitaine. Elle est vide. C'est la seule chose qui soit belle à bord du sous-marin.

– C'est une pièce de musée, explique le capitaine. On n'en trouve plus de semblable. C'est un exemplaire unique. Quand notre sous-marin fut construit, il n'y avait pas encore d'appareils miniaturisés pour mesurer la composition de l'atmosphère, la quantité d'oxygène ou d'oxyde de carbone. A bord d'un sous-marin, mesurer la toxicité de l'air est vital. C'est la question primordiale.

« Et parce qu'on n'avait pas les appareils nécessaires, on apporta à bord, avant chaque immersion, les enfermant dans cette cage, sept lapins blancs. Un sous-marinier de quart devait regarder en permanence les lapins blancs qui se trouvaient dans cette cage. Les lapins blancs sont des créatures vivaces, joyeuses, qui bougent sans arrêt. Ils s'amusent entre eux tout le temps. Jouer est leur seule raison de vivre. Comme les enfants. Mais, dès que la quantité d'oxygène diminue à bord du sous-marin, les lapins blancs cessent de jouer. Ils s'immobilisent et somnolent. Ils refusent de boire et de manger. Le sous-marinier doit alors donner l'alerte. Cela signifie que l'air est devenu toxique, la quantité d'oxygène à bord a diminué. La vie de l'équipage est en danger. Le capitaine ordonne d'ouvrir le robinet distributeur d'oxygène. Et, dès que l'oxygène se répand, les sept lapins blancs recommencent à jouer, à grignoter et à boire. Du comportement des lapins dépendaient la vie ou la mort de l'équipage.

« Les lapins blancs meurent toujours sept heures avant les êtres humains. L'équipage avait donc les yeux fixés sur la cage. En cas de malheur, l'équipage savait qu'il n'avait que sept heures à vivre, après la mort du dernier lapin blanc. Voilà à quoi servait cette cage...

L'histoire des lapins blancs qui servaient d'instruments de mesure à bord du sous-marin impressionne mes camarades. Même le capitaine en est ému.

Sur les navires de surface, en cas de naufrage, il y a toujours une chance ou un espoir. Mais si un sous-marin fait naufrage, tout l'équipage meurt. Il n'y a pas de sauvetage pour les sous-mariniers. Nous le savons.

Pendant quelques heures, nous gardons le silence. Nous sommes obsédés par l'histoire des lapins blancs. Moi, je m'étends. Je somnole. Soudainement, éclatent autour de moi des rires. De plus en plus forts. Il y a une bonne humeur générale. Mes camarades s'amusent comme à la fête. Je demande pourquoi ils rient. Au lieu de me répondre, ils m'apportent des biscottes, des gâteaux secs et du thé froid. Avec un empressement qui me déroute. Mais, comme je refuse leur offre, car je n'ai pas envie de manger ni de boire, ils rient plus fort encore et sautent autour de moi.

J'ai aussitôt compris. Mes camarades, avec la permission de notre jeune capitaine, ont fait diminuer la quantité d'oxygène à bord. Et ils ont constaté que, dès que l'oxygène manquait, je m'étendais sur mon lit, en refusant la nourriture et la boisson qu'ils m'apportaient. Cela les amusait. Ils ont découvert que je me comportais exactement comme les lapins blancs. Car je suis poète. C'est dans la nature même des poètes de vivre, par anticipation, les événements futurs. Comme les lapins blancs. Les poètes sont de ce point de vue des personnes d'utilité publique. Ils signalent, comme les lapins blancs, à bord des anciens sous-marins, si l'atmosphère de la société dans laquelle ils vivent est respirable ou toxique. Les autres citoyens se rendent compte du danger sept heures plus tard que les poètes. Et, alors, il est déjà trop tard...

Notre mission a duré deux semaines. Elle fut prévue pour dix jours. Mais notre vieux sous-marin eut une avarie. Dès qu'on plongeait, l'huile s'échappait et formait au-dessus de nous une tache noire et grasse. Les avions soviétiques et les navires de chasse anti-sous-marins nous ont repérés dès le début et nous suivaient partout. Nous étions en plongée, cachés au fond de la mer, mais au-dessus de nous, sur la surface de la mer, comme un parapluie ouvert pour signaler notre présence, la tache d'huile s'échappait de notre sous-marin. Nous plongions le plus profondément possible, et nous restions là, cachés, avec les machines arrêtées en silence. Mais la tache d'huile signalait l'endroit où nous nous trouvions. Jour et nuit on jetait au-dessus de nous des bombes de toute sorte et des grenades qui tombaient sur la coque de notre vieux sous-marin avec le bruit que produit la grêle sur un toit en tôle. Les Soviétiques possédaient des appareils d'écoute et pouvaient localiser la profondeur à laquelle nous nous trouvions, mais aucune de leurs bombes ne nous a frappés correctement. Leurs bombes explosaient ou trop haut ou trop loin de nous. Quand l'explosion se produisait à proximité, notre sous-marin était secoué comme un navire en tempête, prêt à se renverser. A ce moment, tous les ustensiles et tous les appareils tombaient et nous nous couchions sur le plancher, sous lequel il y avait les batteries électriques, celles qui menacent de faire explosion au moindre choc. Les batteries se cognaient l'une contre l'autre sous nous. Mais elles n'ont pas explosé. Les Soviétiques arrivaient avec leurs avions, dès le lever du jour, repéraient notre position, nous bombardaient pendant une heure ou deux. Ensuite, arrivaient les navires de combat qui jetaient sur nous d'autres bombes, jusqu'au soir. Nous étions armés de quatre torpilles. Elles augmentaient nos risques. Mais le capitaine n'eut pas le courage de se débarrasser d'elles et les jeter à la mer.

Chaque jour, nous nous attendions à être touchés de plein fouet, et à sombrer. A descendre au fond de la mer et y attendre que l'oxygène soit épuisé dans nos réservoirs, et à mourir, l'un après l'autre. Je savais maintenant que je mourrais, comme les lapins blancs, sept heures avant mes camarades. Au moment de ma mort, leurs yeux seront fixés sur moi comme des flammes brûlantes. Comme les flammes des cierges. Ma mort sera un poème. Il annoncera, comme la trompette de l'archange, qu'ils ont encore sept heures avant de mourir.

Pendant quinze jours, mes jeunes camarades et moi avons vécu si près de la mort que nous nous sommes familiarisés avec elle. On était près de la mort comme les nourrissons sont près de la poitrine de leur mère. Nous connaissons maintenant le goût, l'odeur et la couleur de la mort. Collés à la mort. N'avoir plus peur de la mort est une libération. C'est uniquement à ce moment-là qu'on se sent réellement libre. Sans pesanteur. Comme dit le poète : « La crise et le péril sont passés : la fièvre qu'on appelle vivre est enfin vaincue [1]. » Nous sommes devenus des citoyens des deux royaumes, celui de la vie et celui de la mort. Nous nous sentons également bien dans les deux empires. Notre citoyenneté est élargie, doublée.

Au retour, j'ai écrit un livre intitulé *Avec le sous-marin au siège de Sébastopol*. Mon ouvrage fut accompagné d'une très belle présentation écrite par Ionel Teodoreanu, le romancier roumain le plus aimé de la jeunesse.

Ma mission suivante, comme reporter de guerre, fut d'accompagner mes camarades des chasseurs alpins, qui continuaient leur combat contre les envahisseurs soviétiques, loin de la patrie, en Crimée. J'ai rendu compte de cette mission dans un autre livre de reportage : *J'ai combattu en Crimée*.

3

Je suis un auteur très connu. Je suis engagé à la Radiodiffusion roumaine pour faire le premier journal de la journée, à sept heures du matin. Chaque jour je dois me lever à quatre heures. Je me rends à pied à la radio. A cette heure, il n'y a pas encore de moyens de transport. Pendant l'hiver, quand, dans les rues de Bucarest, la neige est haute d'un demi-mètre, j'arrive à la radio en nage. Mais j'en suis heureux. Car, à sept heures du matin, lorsque je suis devant le micro, je me sens en contact, physiquement, comme si je les serrais dans mes bras, avec mes concitoyens. Absolument avec tous, d'un bout à l'autre du pays. Je sens mes compatriotes près de moi. Je sens leur chaleur, leur respiration. Comme eux entendent la mienne. Je suis présent dans leurs maisons, à côté d'eux. Je n'ai jamais eu cette sensation d'embrasser mon peuple, tout entier, de me sentir joue contre joue, cœur contre cœur avec lui, que pendant la demi-heure du journal. Je suis exactement comme, à l'église, au moment de la communion. A la communion je mange et je bois le corps et le sang du Christ et je deviens concorporel avec Dieu.

1. Edgar Allan Poe.

Dieu et moi, nous sommes le même corps. De même, pendant la diffusion du journal, je me sens concorporel avec tout mon peuple.

Pendant le reste de la journée, je continue à faire mon service militaire et j'accomplis mon travail de reporter de faits divers. Je suis reporter au journal *Timpul* et, en même temps, je collabore, quotidiennement, aux journaux *Evenimentul, Seara, Capitala* et *Informatia.* Entre-temps, j'ai publié un livre de poésies intitulé *l'Heure de prière* et un roman intitulé *Ultima Ora.* Le très distingué critique littéraire Pompiliu Constantinescu lut le manuscrit de mon roman. Il m'a conseillé de ne pas le publier tout de suite. De le laisser dans un tiroir pendant quelques années et de le refaire plus tard. Il avait raison. Je le sais. Mais je n'ai pas suivi son conseil. Plus tard, j'en écrirai un autre, ou bien je referai celui-ci. Nul rosier ne donne que des roses, mais aussi des feuilles et des épines. Le poète est pareil. Il écrit des livres, dont certains sont beaux, comme les roses. D'autres sont beaux... comme les feuilles – et certains sont comme les épines.

Le jour où mon roman *Ultima Ora* parut, j'ai couru au tribunal porter le premier exemplaire à la Tulipe noire. Attendre jusqu'au soir pour le lui offrir me semblait trop long. Je l'ai trouvée dans la salle des pas perdus, habillée de sa robe d'avocate, s'entretenant avec des clients. Elle courut vers moi et me dit, toute rouge d'émotion :

– Le procureur général, M. Bénédict Stoenescu, nous a convoqués d'urgence dans son bureau. Il a ordonné de nous présenter tous les deux. C'est le greffier en chef qui m'a transmis la convocation.

Nous nous présentons, émus, dans le bureau du procureur général. L'huissier nous avertit que le procureur général délibère, mais il va lui annoncer notre arrivée.

Le procureur général est en compagnie de trois hauts magistrats de la Cour de cassation. Il nous invite à nous asseoir. Il nous dit qu'il est heureux de notre mariage. Que nous faisons un bon couple. Qu'il suit nos carrières avec intérêt. Que nous nous complétons très bien. Ensuite, il sort mon livre *Avec le sous-marin au siège de Sébastopol,* et dit :

– Si j'avais votre talent, monsieur, si je pouvais écrire des livres pareils aux vôtres, je quitterais sur-le-champ ma charge de procureur général et me consacrerais à la littérature... Vous écrivez, monsieur, avec du feu. Non avec de l'encre. Vos livres sont incandescents.

Je quitte le bureau du procureur général les joues en feu. La Tulipe noire avait des larmes aux yeux. Nous aurions voulu rester plus longuement ensemble. Mais elle a un procès qui commence dans quelques minutes et, quant à moi, je cours au journal. A *Timpul,* je suis convoqué par l'administrateur général du journal.

– C'est au sujet de votre carte de presse que je vous fais venir. On refuse de vous la délivrer. Vous n'avez pas rempli complètement les formulaires concernant l'origine ethnique.

– Je ne les remplirai jamais, dis-je. C'est une offense de me demander de remplir des formulaires concernant mon origine ethnique. Est-ce qu'on demande au Danube s'il est roumain? Je suis roumain, comme les Carpates le sont. Comme le Danube. Tous mes ancêtres ont vécu ici, sur cette terre. Depuis toujours. Depuis la création du monde. Depuis le déluge.

– Il ne s'agit pas de votre origine ethnique, mais de l'origine ethnique de votre femme.

– L'homme et la femme font un seul corps. Une seule chair. Si je suis roumain, ma femme l'est aussi...

– Me Ecaterina Burbea, la Tulipe noire, comme vous l'appelez dans vos poésies, est la fille d'Eleonora Burbea, n'est-ce pas?

– La Tulipe noire est la fille de la célèbre Eleonora Burbea, la directrice et la propriétaire du journal *Galatzi Noi*. Elle est aussi ma mère, étant celle de ma femme. Et je regrette profondément qu'elle soit décédée avant mon mariage. Je regrette de ne pas l'avoir connue et de ne pas avoir collaboré à son journal. C'était une femme exceptionnelle. Une deuxième Mme Eleonora Burbea n'existe pas dans tout le pays.

– Malheureusement, le nom de jeune fille de Mme Eleonora Burbea est Schenk. C'est un nom juif. Elle était juive. Et elle est la mère de votre épouse. Dans ces conditions, on ne vous délivre pas la carte de presse. C'est clair. Vous êtes marié à la fille d'une juive. Il faut que vous trouviez une solution.

– Une solution, pourquoi? Je ne comprends pas. Je n'ai besoin d'aucune solution. Je suis fier d'avoir épousé la fille de la très grande Mme Eleonora Burbea. C'est une de mes gloires. Pourquoi chercherais-je une solution?

– Je vous comprends très bien, dit l'administrateur général. Mme Eleonora Burbea était réellement une très grande dame et une grande personnalité. Nous l'admirions tous. Mais vous êtes marié à sa fille. La fille d'une juive. Et dans ce cas on ne vous délivre pas de carte de presse. Et vous ne pourrez plus exercer le métier de journaliste sans avoir la carte de presse.

– Il y a d'autres journalistes qui sont mariés à des juives et qui continuent d'écrire. Mon ami, le poète Eugen J..., est lui aussi marié à une femme juive, et personne ne l'empêche d'être journaliste. Pourquoi serais-je, moi, empêché?

– Eugen J... a trouvé une solution. De la sorte, il a reçu sa carte de presse et peut continuer à écrire. Il a divorcé d'avec sa femme. Bien entendu, c'est un divorce pour la forme. Lui et sa femme continuent à vivre ensemble, comme par le passé. Mais, légalement, ils sont divorcés. C'est cela que j'appelle une solution. Contourner, en quelque sorte, la loi.

– Et vous me demandez de faire la même chose. De divorcer? Il n'en est pas question.

– C'est pour la forme.

– Jamais, dis-je. Je suis fier d'être marié à la fille d'Eleonora Burbea et j'entends le rester. L'origine ethnique de la grande Eleonora Burbea ne me préoccupe pas. Qu'on soit né de parents turcs, juifs, grecs, roumains, cela n'a pas d'importance. Ce sont des choses dont nous ne sommes pas responsables. Ce dont nous sommes responsables, c'est de nos propres actes et de nos propres choix. Chacun de nous est son propre parent, car il se fait lui-même ce qu'il désire être. Il ne faut pas chercher nos parents ailleurs, mais en nous-mêmes, et dans nos libres choix.

– Votre argumentation est valable, dit l'administrateur. C'est beau, ce que vous venez de dire. De haute valeur morale. Mais cela ne vous servira pas à obtenir votre carte de presse.

– Tant pis, dis-je. Je ne serai plus journaliste. Je vivrai sans carte de presse. A quelque chose malheur est bon!

Ce soir-là, ma carrière de journaliste prit fin.

XIX

LE ROYAUME PERDU DE ROUMANIE

Je ne suis plus journaliste. Je suis nommé attaché culturel et de presse près de l'ambassade roumaine en Turquie. Je me présente au ministère des Affaires étrangères pour retirer mon passeport diplomatique. Je quitte la Roumanie dans dix jours. La Tulipe noire m'accompagne. Je regrette ce départ. Car je suis comme les arbres, qui n'ont pas envie de voyager et qui ne se sentent bien que là où leurs racines sont enfoncées.

Le directeur des affaires culturelles au ministère des Affaires étrangères est mon ancien rédacteur en chef au journal *Timpul.*

– Vous ne partez plus en Turquie, dit-il. Votre poste a été occupé par une autre personne. C'est un ordre d'en haut.

Je suis atterré. J'ai fait, pendant plusieurs mois, à longueur de journée, toute sorte d'interventions pénibles pour obtenir ce poste. Il n'a fallu qu'une seconde pour que je le perde.

– Je sais que l'on vous fait une injustice. Les postes d'attachés culturels sont occupés par des jeunes gens qui ont une protection, mais n'ont aucun rapport avec la culture et la presse. Vous êtes qualifié. Vous êtes un véritable poète, écrivain et journaliste. C'est un poste que vous méritez amplement. Mais vous avez de la malchance. C'est tout. Je vous propose d'aller comme attaché culturel et de presse à Zagreb, en Croatie. Ce n'est pas un bon poste. Plus tard, on vous détachera ailleurs. Si vous acceptez, vous pouvez partir dès la semaine prochaine.

J'accepte. La semaine suivante, je débarque à Zagreb. A partir de Vienne, on voyage en convoi militaire, avec des locomotives blindées, car le train traverse des régions qui sont occupées par les partisans communistes de Tito, ou par les Tchetniks serbes de Draza Mihajlovic.

Nous nous installons à l'hôtel Esplanade. Il est tout près de la gare. Autrefois c'était un palace. Aujourd'hui il est semi-abandonné. L'État indépendant croate est tout nouveau. Il n'a pas encore deux ans d'existence. Il a été créé le 10 avril 1941, au moment où la Yougoslavie fut occupée par les Allemands.

Les Croates sont un peuple ancien. Ils vivent sur cette terre depuis le Ve siècle. Autrefois, il y avait ici un royaume des Croates. Mais, face à des ennemis incomparablement plus forts qu'eux et plus nombreux, ils perdirent leur indépendance et leur patrie. Ils furent successivement occupés par les Autrichiens, par les Turcs et même par les Français. Napoléon avait une grande admiration pour leur valeur militaire.

Les Croates n'ont jamais cessé de combattre pour leur indépendance. Ils l'ont acquise, avec l'aide des Allemands, après la chute de la Yougoslavie. Mais ce n'est pas une véritable indépendance car ils sont obligés de suivre la politique des Allemands.

Zagreb est assiégée. On ne peut même aller dans la banlieue car elle est occupée sporadiquement par les partisans. Chaque nuit, les partisans pénètrent dans la ville et commettent des attentats et des enlèvements.

Notre voisin d'étage à l'hôtel Esplanade est M. Kazuiki Miura, l'ambassadeur du Japon. Il occupe deux chambres, l'une est pour lui, personnelle, et l'autre est le siège de l'ambassade impériale du Japon. M. Kazuiki Miura est le seul membre de son ambassade. Il n'a aucun collaborateur. L'ambassade de Roumanie est beaucoup plus grande que celle du Japon. Elle a cinq pièces au deuxième étage, qui appartient à notre consul honoraire. En dehors de la Roumanie et du Japon, il y a à Zagreb l'ambassade d'Allemagne et celle de la Hongrie.

Aucun autre pays n'y est représenté.

A l'ambassade roumaine, il y a trois diplomates. Et un homme de service.

Notre ambassadeur est M. Buzdugan, le fils de l'ancien régent de Roumanie. C'est un grand seigneur, comme l'étaient autrefois les boyards.

Quelques jours après notre arrivée, l'ambassadeur nous invite à déjeuner à sa résidence. Il habite le quartier Bosanska, dans une somptueuse demeure. Pour nous, c'est notre premier déjeuner diplomatique. Nous avons déjeuné dans une vaste salle à manger. Service de table luxueux, personnel stylé. On pouvait se croire dans une ambassade de Paris, Londres ou Rome.

A la fin du repas, l'ambassadeur nous dit :

– Vous êtes mal logés à l'hôtel. Je le sais. Moi, je rentre en Roumanie. Je peux donc vous offrir ma résidence pour y habiter jusqu'à l'arrivée du nouvel ambassadeur. Vous y serez plus confortablement installés qu'à l'hôtel. Il y a une condition à cela : que vous gardiez le personnel. Je l'ai amené d'Italie. Ce sont des domestiques de grande classe. Comme on n'en trouve plus nulle part. La cuisinière est un cordon-bleu. La femme de chambre, le valet et le chauffeur sont des personnes de toute confiance. Si vous les gardez, vous pouvez emménager dès la semaine prochaine. Moi, je pars mardi.

Le mercredi suivant, nous avons emménagé dans la luxueuse demeure de l'ambassadeur. Les domestiques nous ont accueillis, chacun dans leur uniforme, alignés devant la porte d'entrée, comme dans les films anglais. Ils nous ont fait visiter la maison. C'était une demeure superbe. Mais nous n'en avons pas beaucoup profité. Dès le premier soir, nous nous sommes procuré les manuels nécessaires et nous avons commencé à apprendre l'italien afin que nous puissions nous comprendre avec les domestiques, qui du matin au soir étaient autour de nous, sollicitant nos ordres, en nous parlant sans arrêt, comme uniquement les Italiens peuvent parler : d'abondance.

Zagreb est une ville assiégée. L'activité principale est presque exclusivement d'ordre militaire. A quelques kilomètres du centre de la ville, il y a quotidiennement des combats. La vie culturelle n'existe presque pas, à l'exception de quelques spectacles à l'Opéra et de quelques concerts. Je n'ai réussi à contacter aucun poète, écrivain ou artiste du pays, à part le père Bonifacici, qui est aussi le directeur de la culture croate. Les muses se taisent. Les artistes vivent cachés. Il n'y a pas de réceptions officielles aux ambassades. Il n'existe qu'un petit club diplomatique, avec restaurant, fréquenté le soir par une vingtaine de personnes, qui viennent pour le restaurant. Parmi les personnes officielles, je ne connais que M. Mintas, le directeur du protocole au ministère des Affaires étrangères, et son adjoint, l'admirable Hugo Osvaldini et sa femme. Mon activité consiste à lire tout ce qui se publie, à écouter les émissions de radio officielles et clandestines et à rédiger chaque mois une revue de presse que j'envoie à Bucarest. J'apprends avec assiduité la langue croate, en lui consacrant quelques heures par jour. J'étudie l'histoire, la civilisation, la culture de cette région des Balkans. J'ai commencé à rédiger une anthologie des poètes, romanciers, nouvellistes des Slaves du Sud. Je suis tellement pris par mon activité que j'ignore ce qui se passe ailleurs qu'en Croatie et dans cette région des Balkans. Je sais dans les grandes lignes qu'il y a une vaste offensive soviétique à l'est, que le président des États-Unis a rencontré Staline en Perse, et que tous les pays du monde apportent leur concours à Staline, afin qu'il puisse envahir et dominer l'Europe, tout seul, sans avoir à la partager, comme par le passé, avec son ancien allié Hitler.

Le 23 août 1944, à dix heures du soir, l'émission de la radio croate s'arrête brusquement. On diffuse une édition spéciale. Le roi de Roumanie ordonne à son armée de déposer les armes. La Roumanie a cessé la guerre. Elle a capitulé sans condition. L'armée soviétique a déjà occupé tout le pays. La Roumanie est captive. Ses frontières sont soviétiquement fermées. Personne ne peut plus s'enfuir. Mon père et tous les miens sont captifs.

J'éclate en sanglots. Je pleure toute la nuit. Je veille la mort de ma patrie. La Roumanie n'existe plus. Je suis sans terre. Exilé. J'implore avec les tragédiens grecs :

Ô terre des aïeux, ô ma maison,
qu'il me soit épargné de perdre ma patrie!
Que la mort, oui la mort,
vienne avant le jour de l'exil.
Car nul malheur n'est plus grand
que de perdre le sol natal [1].

Je pleure avec le Psaume 136 sur la captivité de Babylone. Pour moi, comme pour les juifs, déportés à Babylone, il n'est pas concevable d'écrire des poésies en exil. Je n'ai plus de patrie, mon peuple est captif. Je ne suis plus poète. L'exil clôt la bouche du poète comme la mort.

Aux saules de cette vallée, au bord des fleuves de Babylone, nous avons suspendu nos harpes. Oui, moi aussi, j'ai suspendu ma harpe au bord des fleuves des Slaves du Sud. Car comment chanterions-nous sur un sol étranger? Comment chanterais-je dans une langue étrangère et pour les étrangers? Il n'y a plus de poésie possible. Plus de vie digne d'être vécue.

Je fais des serments éperdus : « Si je t'oublie, royaume de Roumanie, que ma main droite soit aussi mise en oubli. Que ma langue s'attache à mon palais si je cesse de penser à toi... »

Ô ma douce Roumanie, ô mon beau royaume perdu de Roumanie. Je me souviens des autres pays disparus. Je pense à Jérusalem détruite, au royaume de l'Atlantide, qui sombra, englouti par les vagues de la mer; comme le royaume de Roumanie a sombré, englouti par les vagues des envahisseurs soviétiques. Je me souviens, en pleurant, de la ville de Troie, détruite et enfouie sous la terre. Au lever du jour la mort de Troie m'obsède encore : cette ville complètement détruite continue à vivre. Troie est plus vivante aujourd'hui qu'il y a trois mille ans, quand elle fut

1. Euripide, *Médée*, 644, 650.

rasée. Troie vit toujours grâce au livre de *l'Iliade.* Grâce à Homère. Grâce au Poète.

Aucun peuple et aucun pays ne peuvent disparaître tant qu'il y a un poète qui les chante.

Grâce au poète, tous les peuples sont immortels et soustraits à la destruction, à la mort et à la disparition.

Si je te chante, toi, mon beau royaume natal, tu ne mourras pas. Seuls, les pays qui n'ont pas de poètes sont mortels et disparaissent.

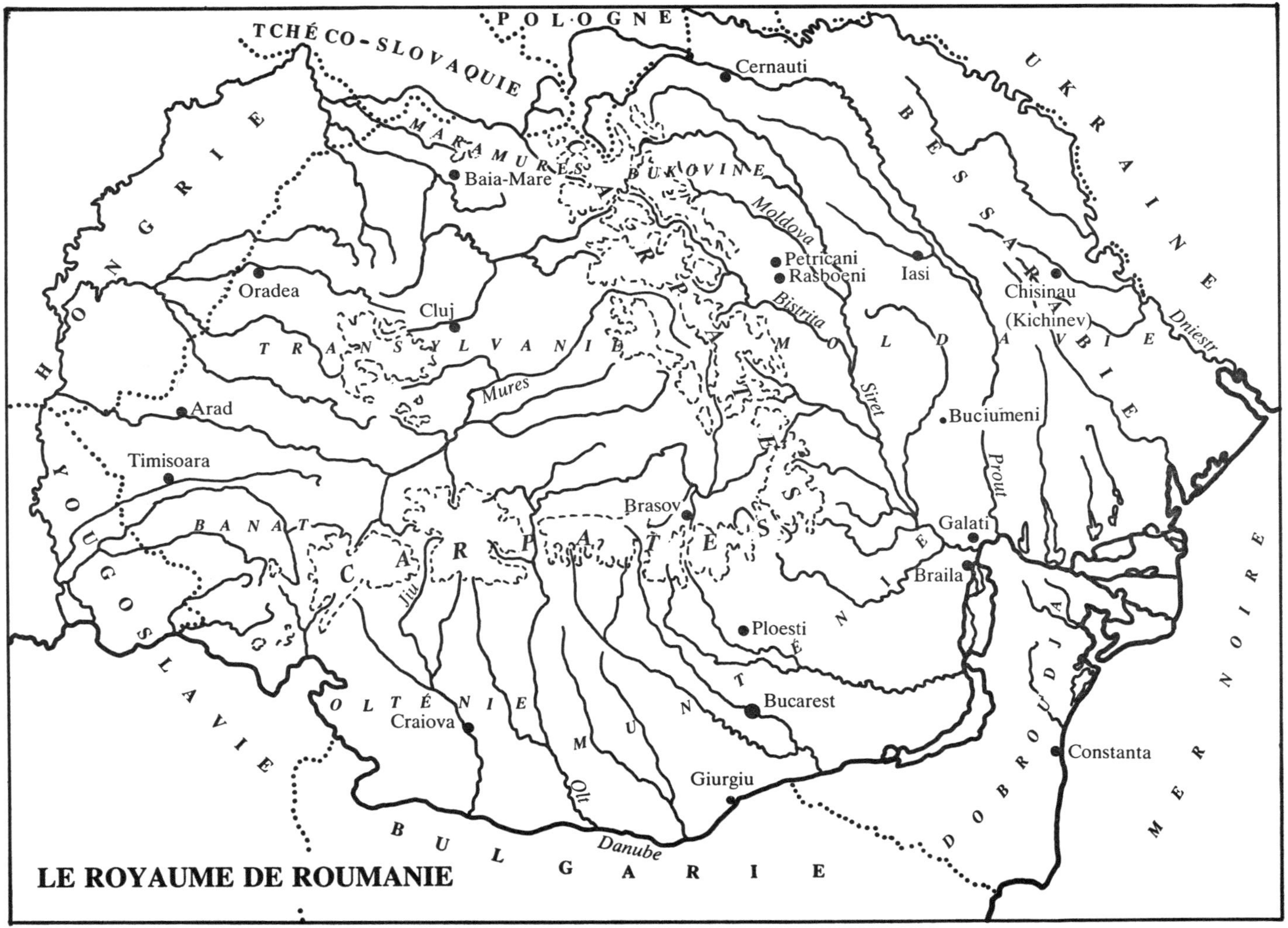

LE ROYAUME DE ROUMANIE

NORD

L'ANTENNE Billings de la région Nord-Pas-de-Calais et l'ANPFEC vous convient à la présentation à Lille d'un montage audiovisuel, suivi d'un échange entre tous, par René et Marie Sentis, sur « l'Amour don de soi, le respect de la vie et la maîtrise de la fécondité », jeudi 4 décembre à 20 h 30, à la Faculté libre de Médecine, 56, rue du Port.

QUEL projet d'entreprise ? Les sections du Centre chrétien des Patrons et des Dirigeants d'entreprises français (CFPC) du Nord-Pas-de-Calais et de nombreux groupes travaillent sur ce thème à la préparation des assises régionales qui se tiendront samedi 14 février, à la Maison des Professions de Marcq-en-Baroeul.

Pour relater une expérience, participer ou être informé des travaux du CFPC sur « Quel projet d'entreprise ? », contacter le CFPC, Maison des Professions, 40, rue Eugène-Jacquet, 59701 Marcq en Baroeul Cedex. Tél : 20.72.54.68.

NORMANDIE

TÉLÉVISION. A Yvetot, les AFC proposent aux parents et grands-parents ayant le souci d'un bon emploi de la télévision pour leurs enfants, une soirée de présentation des différents moyens d'utilisation de la télévision, le 27 novembre à 20 h 30. Cette soirée sera animée par M. Yves Meaudre de « Familles-Media », spécialisé dans l'exploitation des moyens audio-visuels. Elle sera l'occasion de présenter des extraits de la vidéo-cassette sur le dernier voyage du Pape en France, réalisée par CITEL et la CITIVI. Un catalogue sera proposé aux participants.

Jeudi 27 novembre, à 20 h 30 à La Source, place de l'Hôtel-de-Ville, 76190 Yvetot.

WEEK-END CANA les 13 et 14 décembre à Rouen. Renseignements et inscriptions auprès d'Alain et Martine Curtet, Maison Sainte-Marie, Veauville-les-Baons, 76190 Yvetot. Tél : 35.95.06.53.

PAYS DE LOIRE

EFFA de Nantes. « A la lumière de Vatican II et du Synode 1985, retour aux sources de notre foi. » Sur ce thème choisi pour l'année 1986-87, les EFFA vous convient, vendredi 12 décembre à 14 h 30 très précises, à une conférence donnée par le Père Pierre Marie de la Trinité, de la communauté Saint-Jean, intitulée « Nous croyons en un seul Dieu, Père, Fils, Esprit-Saint ».

Conférence Salle Saint-Similien, rue de Bel-Air à Nantes (garderie pour les enfants). Permanence des EFFA, 2, place Saint-Pierre, les mardis de 14 h 30 à 17 h et jeudis de 9 h 30 à 12 h, ou sur rendez-vous.

LLV-SOS Futures Mères de Nantes cherche pour aménager son local, chaises, tables et étagères, fournies à titre gratuit. Ce mobilier devrait permettre d'assurer une permanence d'information. Téléphoner au 40.73.69.18.

EFFA d'Angers. Réunion mardi 16 décembre, de 14 h 30 à 16 h 30 sur le thème « L'action de l'Esprit de Dieu dans le pour la Promotion de la Famille et l'Education conjugale (ANPFEC), chez les Sœurs dominicaines de la Présentation, 310, rue de Vaugirard, 75015 Paris. Début de la session samedi à 10 h 30 et fin le dimanche à 17 h 30.

Inscription auprès de l'ANPFEC, 55, rue de Port-Royal, 78470 Saint Rémy les Chevreuse, accompagnée d'une enveloppe timbrée pour la réponse. Coût de la session, repas compris, 140 F. Possibilité de garderie et de logement.

OSNY. Après le vif intérêt suscité par la rencontre d'octobre sur « les besoins de l'homme », la paroisse d'Osny, près de Pontoise, en organise une seconde, vendredi 28 novembre, à la Salle paroissiale, sur le thème « La Création - la Genèse », traité par M. Germain, de la Centrale catholique des Conférences. Même sujet à 14 h et à 20 h 30. Entrée gratuite.

GODSPELL. L'abbé de Parceveaux vous convie à un spectacle de Godspell donné au profit du Sahel par les jeunes des lycées et collèges 17e nord, des aumôneries des collèges Coysevox et Saint-Michel, et des Guides et Scouts de France, vendredi 5 décembre à 20 h en l'église Saint-Michel, 12, rue Saint-Jean, 75017 Paris (métro La Fourche). Entrée : 20 F.

MARIONNETTES. Comme chaque année, le Centre Chaillot Galliera accueille le spectacle de marionnettes à fils de la Compagnie André Blin « Panique à la cave », mercredi 17 décembre à 14 h 30 et 16 h 30.

Participation : 20 F, et pour les groupes de plus de 10 personnes, 12 F avec une place gratuite pour l'accompagnateur. Réservation par correspondance, accompagnée du règlement, en précisant l'horaire choisi, au Centre Chaillot Galliera, 28, avenue Georges-V, 75008 Paris. Tél : 47.20.71.50.

RETRAITE de Noël. Exercices spirituels selon la méthode ignatienne, du vendredi 26 décembre, 14 h, au mercredi 31 décembre, 14 h, sous la direction des Pères Coopérateurs, C.R., à la Maison du Christ-Roi, 21, rue du Général-de-Gressot, 91320 Wissous. Tél : 60.11.64.59.

Inscriptions à Wissous ou auprès du Père Francis Volle, 21 bis, rue Dareau, 75014 Paris. Tél : 45.81.08.73.

LORRAINE

ACCUEIL à l'enfant et aide aux futures mères. Le comité de Meurthe-et-Moselle regroupe actuellement plusieurs associations : Laissez-les vivre-SOS Futures mères, Médecins pour le respect de la vie, AFC de Nancy, Lunéville et Toul, Fédération des AFC de Meurthe-et-Moselle, Fraternité catholique des malades, Médaille de la Famille française, Union départementale des APEL, Magnificat.
Son objet est de sauvegarder les droits et de défendre les intérêts de l'enfant à naître dès sa conception, fonder et favoriser toutes organisations d'entraide et tous services nécessaires à la future mère, et procurer à ses membres la formation et l'information nécessaires à leurs responsabilités.
La coordination entre associations affirmant le respect de la vie, de la conception à la mort naturelle, permet des actions plus importantes d'information et d'éducation, et naturellement l'aide immédiate aux futures mamans en difficulté.
Toute association ou toute personne d'accord avec les buts poursuivis peut adhérer à ce comité en l'aidant par des dons (argent, layette, poussette, berceau, etc.), et sa participation à l'écoute téléphonique.
L'assemblée générale se tiendra lundi 15 décembre à 20 h 30, à la MJC Lillebonne, 14, rue du Cheval-Blanc à Nancy. Les adhérents des associations citées et les sympathisants y sont cordialement conviés.

Adresse du comité : 67, rue Isabey, 54000 Nancy. Tél : 83.56.22.22 (permanence d'écoute). CCP LLV-SOS Futures Mères 1 790 69 T Nancy. Chèque bancaire à l'ordre du comité.

CHAMPAGNE-ARDENNE

AUTOMNE de la vie. A Troyes, un service des Equipes Notre-Dame propose, samedi 29 novembre de 9 h à 17 h, une journée de rencontre et de réflexion ouverte à tous les foyers, veufs ou veuves, actuellement en retraite ou s'y préparant. Les thèmes proposés sont :

- « Le couple face à lui-même : l'automne de la vie, une chance pour un nouveau départ ; qu'avons-nous fait de notre amour ? »

- « Le couple face à Dieu : l'amour conjugal face à l'épreuve des ans. Espérance et Résurrection. »
- « Le couple face aux autres : aux carrefours des générations. La place du couple dans la société et l'Eglise. »

Le Père Gabriel Simonnet introduira la réflexion spirituelle. La rencontre se terminera par la célébration de l'Eucharistie.

Renseignements et inscriptions auprès de Bernard Disle, 13, rue des Amandiers à Troyes, tél : 25.74.56.35, ou de Bernard Merent, 14, rue Charles-de-Foucauld, 10120 Saint André les Verger. Tél : 25.79.35.28.

ÎLE-DE-FRANCE

LUMEN Gentium. Rencontre annuelle de l'Association jeudi 27 novembre, de 9 h et 21 h, chez les religieuses de l'Assomption à Paris. Les temps forts de cette journée seront la conférence du cardinal Thiandoum, archevêque de Dakar, sur « L'Eglise en Afrique, vingt ans après le Concile », et, à 17 h 30, un pèlerinage à sainte Thérèse de l'Enfant-Jésus, patronne des missions, suivi d'une messe concélébrée.

Religieuses de l'Assomption, 17, rue de l'Assomption, 75016 Paris, (métro Ranelagh, bus 22, 52, 70). Tél : 46.47.84.56.

MÈRE de Miséricorde ouvre les portes de son antenne parisienne dimanche 7 décembre, de 14 h 30 à 18 h. Elle propose un partage, une information et des témoignages relatifs à la vie de l'Œuvre. La visite de la Maison pourra être suivie d'un temps d'adoration.
Le 8 décembre, en action de grâces, le chapelet sera médité à 20 h 30 en la fête de l'Immaculée Conception.

Association Mère de Miséricorde, Antenne régionale de Paris, 2, rue de Zurich, 92500 Rueil Malmaison. Permanence téléphonique au 47.52.17.77. Moyens d'accès : RER ouest, bus 431 ou 144 B station Zurich.

INSTITUT de la Famille. Pour les jeunes, fiancés, couples, parents et éducateurs qui cherchent des réponses aux questions sur l'amour aujourd'hui, une conférence du Père Olivier de Dinechin sur « Le couple chrétien face aux progrès de la biologie », lundi 15 décembre à 20 h 30, au centre Chaillot-Galliéra, 28, avenue George-V, 75008 Paris.

Institut de la Famille, 8, rue de la Ville-l'Evêque, 75008 Paris.

WEEK-END CANA les 13 et 14 décembre à Paris. Renseignements et inscriptions auprès de la Communauté du Chemin Neuf, secrétariat de Cana, 61 rue Madame, 75006 Paris. Tél : 45.48.29.06.

MÉTHODE Billings. Session de formation approfondie, organisée les 13 et 14 décembre par l'Association nationa-

PRESENCES

EN FRANCE ET DANS SES RÉGIONS

JOYEUSE Lumière, centre d'animation entre jeunes pour une civilisation chrétienne de l'Amour, organise cet hiver trois camps de neige au Chazelet, 05320 La Grave.
1er camp : du 15 au 22 février ; 2e camp : du 22 février au 1er mars ; 3e camp : du 1er au 8 mars.
Ces camps ne sont pas orientés uniquement sur le ski. Ils ont une dimension apostolique. Ils constituent une expérience de vie communautaire évangélique. Thème des enseignements et échanges pour 1987 : « Les exigences de notre identité chrétienne aujoud'hui. »

Inscriptions auprès de Maurice Coquet, « Bellevue », 64800 Coarraze. Tél. : 59.61.28.99.

CANA, des sessions d'une semaine et des week-ends organisés par la Communauté du Chemin Neuf pour permettre à tous les couples chrétiens, fiancés ou mariés, quel que soit leur âge, de se retrouver et d'approfondir leur unité dans un moment privilégié. Les enfants à partir de trois ans, participants à part entière des sessions et des week-ends « Cana », sont pris en charge par une équipe veillant à leur encadrement, jeux et détente, dans le contexte d'un cheminement adapté à leur âge et à leurs attentes personnelles.
Un premier week-end « Cana » aura lieu les 13 et 14 décembre, simultanément dans 7 villes de France et à Genève, sur le thème « L'unité de notre couple : comment la recevoir ». Des couples chrétiens vous invitent à vivre avec eux ce temps de couple, de rencontre, de partage et de témoignages, pour s'arrêter et faire le point.

Renseignements pratiques dans les régions concernées. Participation aux frais selon les possibilités de chacun (adulte 90 à 110 F, enfant 50 à 70 F pour les 2 premiers), à régler sur place.

BRETAGNE

L'AFC de Pléboulle (Côtes-du-Nord) organise une réunion d'information, mardi 2 décembre à 20 h 15, à la Salle des Fêtes de Matignon. Toutes les familles du canton de Matignon y sont invitées.

WEEK-END CANA en Bretagne les 13 et 14 décembre. Renseignements et inscriptions auprès de René et Andrée Abernot, Kerancroc'h, Logonna-Quimerc'h, 29117 Pont de Buis. Tél. : 98.73.03.85.

TABLE

I. La véritable identité 9
II. Lieu et date de naissance 18
III. Les parents 37
IV. Les premières années sur ma terre natale 56
V. La grande liturgie cosmique de mon enfance 71
VI. Un nom pour l'éternité 104
VII. La constitution, l'abécédaire et le calendrier 112
VIII. L'Aigle du roi 139
IX. Asile de nuit pour prolétariat ecclésiastique 150
X. L'escalier de fer 205
XI. Un poète dans un nid d'aigles 219
XII. L'âpre route qui mène aux étoiles 251
XIII. La vie de tous les jours du poète 309
XIV. La chronique quotidienne de la vie à Bucarest 353
XV. La muse du poète 403
XVI. Le poète couronné par le roi 434
XVII. Mutilation de la Roumanie, chute du roi, massacres et tremblement de terre 443
XVIII. Le poète à la guerre 461
XIX. Le royaume perdu de Roumanie 477
Carte du royaume de Roumanie 483

Cet ouvrage a été réalisé sur
Système Cameron
par la SOCIÉTÉ NOUVELLE FIRMIN-DIDOT
Mesnil-sur-l'Estrée
pour le compte des Éditions Plon
le 27 mars 1986

Imprimé en France
Dépôt légal : mars 1986
N° d'édition : 260 – N° d'impression : 3716